中国古陶瓷研究第二十九辑

邛窑与唐宋窑业研究

中国古陶瓷学会
景德镇陶瓷大学考古文博学院　编
邛崃市文物保护中心

科学出版社
北京

图书在版编目（CIP）数据

中国古陶瓷研究.第二十九辑,邛窑与唐宋窑业研究 /
中国古陶瓷学会,景德镇陶瓷大学考古文博学院,邛崃市
文物保护中心编.-- 北京：科学出版社,2024.11.
ISBN 978-7-03-080023-7

Ⅰ.K878.54

中国国家版本馆CIP数据核字第20244AJ651号

责任编辑：张睿洋／责任校对：张亚丹
责任印制：张　伟／书籍设计：李猛工作室

科学出版社 出版
北京东黄城根北街16号
邮政编码：100717
http://www.sciencep.com

北京汇瑞嘉合文化发展有限公司印刷
科学出版社发行　各地新华书店经销
*
2024年11月第　一　版　开本：889×1194　1/16
2024年11月第一次印刷　印张：34 1/2
字数：992 000
定价：420.00元
（如有印装质量问题，我社负责调换）

编委会

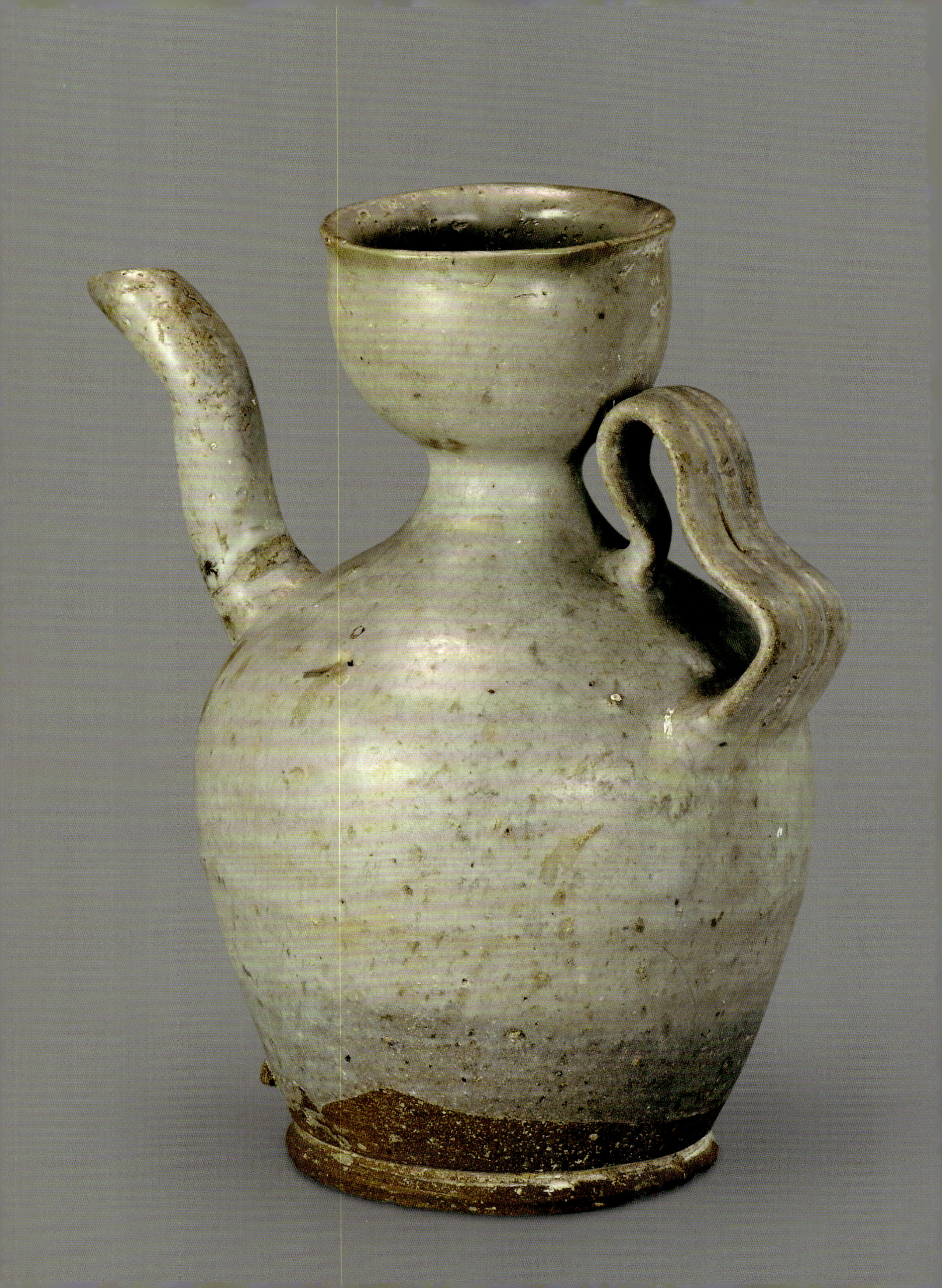

目 录

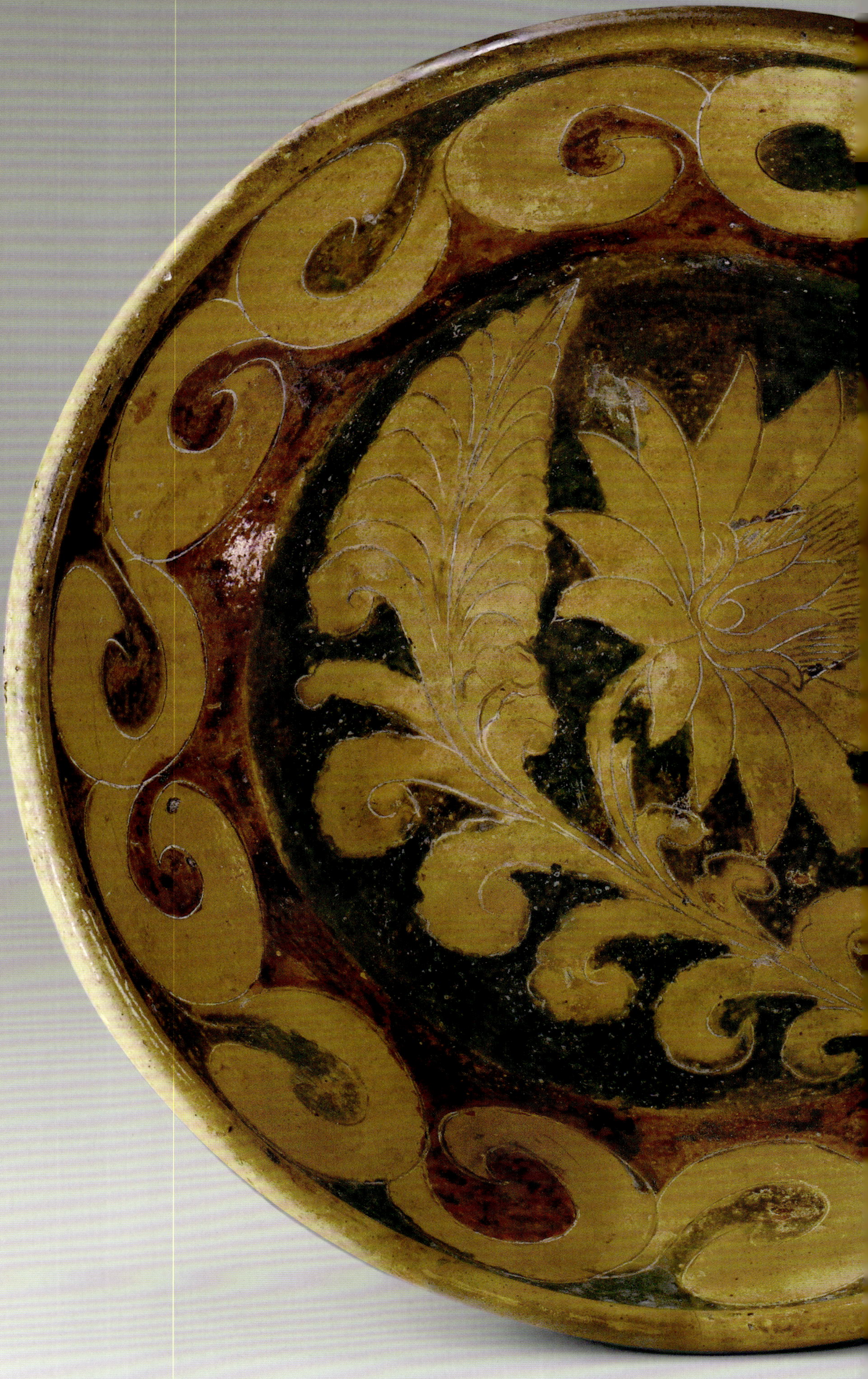

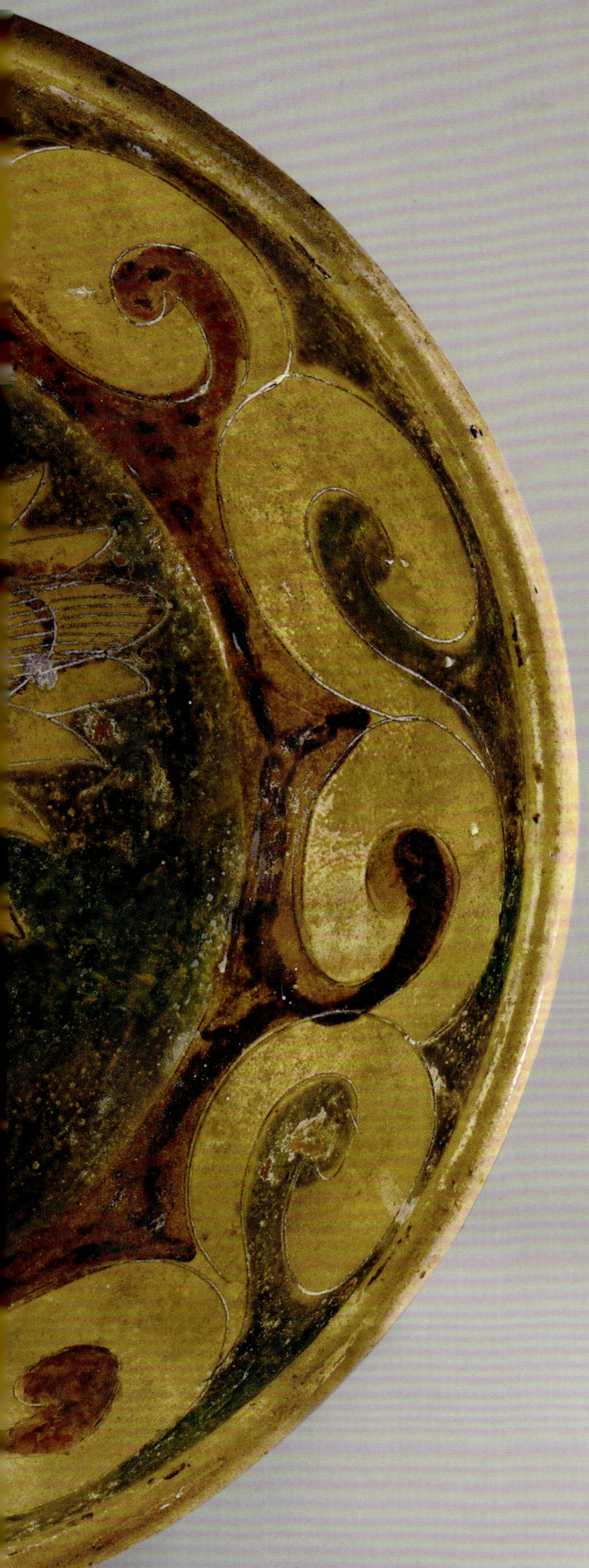

丝绸之路融合中西文化
——以邛窑连珠纹为例

陈丽琼[1]　董小陈[2]

（1.中国重庆三峡博物馆　2.重庆市文物考古研究院）

摘要：连珠纹是多类文物的主要装饰手法之一。而连珠纹与中西方文化有着重要关系。本文以青铜器、丝织品、金属钱币、金银器、陶瓷中的连珠纹为切入点，对中华文化与亚非文化、中西亚文化、古印度文化相互影响交融进行探讨。

关键词：邛窑　中西方文化　交流　连珠纹　何稠家族

中国地大物博、民族众多、历史文化源远流长，有着许多伟大的发明创造，不仅推动了中国文明的发展，也推动了世界文明的前进。在彼此交融中，中国文化影响了世界，中国文明也为世界文明增添了辉煌内容。这也是中国作为一个伟大开放的国家，立足世界之林的根本原因。

下文将对巴蜀古陶瓷文化中的连珠纹的肇始与演进，中外相关连珠纹艺术的相互影响进行综述阐释，论证连珠纹是中西文化交流的使者，阐述在汉唐之际的丝绸之路上，中国文化与欧非文化、中西亚文化、古印度文化相互交汇，共同推动了世界文化的发展。同时也折射出中国传统文化的内涵有相当一部分是受域外文化的影响，从而促使了中国文化更加辉煌。

在中国四川成都平原西边，经过 80 多年的考古发掘，证实邛崃市的邛窑古陶瓷始烧于东晋晚期，结束于南宋晚期。邛窑以青瓷为主，到南朝时已有黑彩装饰，在盘口四系罐上有黑彩绘草叶纹与"永元"字样。到隋代率先创烧了釉下多色彩绘瓷，有黑、绿、褐、白等色。纹饰多为圆点连缀的圆圈连珠纹、圆形的线圈纹、七瓣花朵纹，组合构成二方连续纹布于碗、盘、洗、罐上，以罐、洗为多。其纹样虽简约，但色彩鲜艳，为中国陶瓷装饰艺术开启了新航向，是后世彩绘瓷的先驱者，是中国瓷器装饰艺术的飞跃，是划时代的里程碑。因此，我们说浙江越窑是青瓷的发源地，是青瓷的故乡，邛窑则是中国多色彩绘瓷的发源地、多色彩绘瓷的故乡。

邛窑的多色彩绘瓷发展到唐代更加成熟，纹饰与色彩丰富多彩。主要是将隋代的连珠纹演变为网格纹、花卉纹，或与横竖的直线条组合成多姿多彩的纹饰。色彩新增了不同程度的黄色渲染，使纹饰既艳丽雅致，又雍容华贵。至唐五代或宋初，彩绘瓷更加普及，并将彩绘与刻画、堆塑、模印相结合，各展其美，别有情趣。其中的精品，真可谓"美之极致"。

邛窑的多色彩绘瓷艺术与釉中装饰深受世人青睐，被唐朝的名窑，如河南巩县的唐三彩窑、鲁山段店窑、郏县黄道窑、湖南的长沙窑等效仿。特别值得研究的是长沙窑，它在盛唐时已经十分出色地效仿出邛窑的彩绘艺术。长沙窑与邛窑一样有高温釉下彩，其彩绘装饰艺术中，连珠纹、圆形大斑块、乳油釉与邛窑十分相似。而且两窑都以连珠纹为主要装饰题材。所以研究邛窑与长沙窑的学者们，都对连珠纹的产生与来源有过激烈的讨论。例如，李知宴先生提出："邛窑釉下彩最常见的纹饰是连珠纹，一个一个圆形斑点、圆圈连缀成有规律的图案。这种纹饰在波斯萨珊王朝的金银器、玻璃器、钢质器和毛织品中都曾出现。"[1] 李效伟先生研究长沙窑纹饰时认为："点彩装饰（即连珠纹）是典型的伊斯兰风格。"[2] 周世荣先生在研究长沙窑与西域文化之间的关系时认为："一种用连珠纹组成圆形作串珠状，成三角形、四边形、弧形或圆形组合图案，而类似锦缎、波斯地毯或垂幔""这种富有变化的抽象性几何图形，主要是为了迎合'大食'及广大的阿拉伯世界伊斯兰教徒的商品需要。"[3] 李建毛先生研究长沙窑连珠纹时认为："连珠纹本为西亚、中亚地区的主要装饰纹样，由其组成的方、圆几何形图案和动植物图案，在萨珊波斯、粟特金银器、玻璃器及织物中，和绿色、黄堆捺花纹的陶器上屡见不鲜。随着西亚、中亚地区的金银器、玻璃器等大量输入中国，连珠纹图案被中原借鉴。长沙窑瓷器也大量借用这一装饰纹样。"[4] 据以上四位先生所论，可见连珠纹装饰艺术主要是受西亚与中亚的波斯萨珊王朝和粟特或伊斯兰文化影响，笔者很赞同，但其中受伊斯兰文化影响的只有长沙窑。长沙窑釉下彩连珠纹最早始于 8 世纪，而邛窑釉下彩连珠纹始于 5 至 6 世纪，阿拉伯帝国于 7 世纪才灭掉波斯萨珊王朝。至 8 世纪初，阿拉伯帝国的统治地域扩大，从西欧的比利牛斯山脉起，经过西班牙，横跨北非，又经叙利亚、亚美尼亚、美索不达米亚和波斯，再经中亚，延伸到印度和中国边境[5]。阿拉伯帝国汲取中亚与西亚文明，并创造了一种伟大的伊斯兰文明。而邛窑的连珠纹早于伊斯兰文明的传播，因此不言而喻，邛窑的连珠纹装饰艺术，没有受到伊斯兰文明的直接影响。关于长沙窑的连珠纹是受西亚与中亚波斯、粟特文化的影响，相对来说是较合理的。但学者们仅提出论点，未做较详细的举例阐释，让人"知其然而不知

1　李知宴：《论邛窑彩绘瓷的风格》，《邛窑古陶瓷研究》，中国科学技术大学出版社，2002 年。

2　李效伟：《长沙窑大唐文化的辉煌之焦点》，湖南美术出版社，2003 年。

3　湖南省文物考古所、湖南省博物馆、长沙市文物考古队：《长沙窑》，紫禁城出版社，1996 年。

4　李建毛：《湖湘陶瓷·长沙窑卷》，湖南美术出版社，2009 年。

5　中央民族学院研究室：《世界史（上册）》，生活·读书·新知三联书店，1974 年。

其所以然"。此外，笔者认为邛窑和长沙窑的连珠纹装饰，是受西亚与中亚文化或伊斯兰文化的影响，但其应当源于南欧的希腊文化。同时，它还应是中国传统文化与外来文化相互融合后，进行再创造的新装饰。为阐释这一观点，以下将列举中外古代主要工艺美术品中有关的连珠纹装饰，如青铜器、丝绸织品、金属钱币、金银器、陶瓷器中的连珠纹的起始及相互影响。

一、青铜器中的连珠纹

从目前检索的考古发现来看，最早以连珠纹美饰器物的中国青铜器，是前13世纪至前12世纪末商代晚期殷墟武丁之妻妇好墓出土的叶脉纹镜，这是目前所知中国最早的连珠纹装饰[6]。但不知为何，在西周至春秋战国时期的青铜器装饰中连珠纹消失了，直到前206—200年的两汉时期又较多地出现于青铜镜上。如西汉（前206—25年）的铜华连弧连珠纹镜[7]、昭明镜、清白镜、四乳四善镜、凤鸟纹镜等，在这些镜纽座的边缘均有平圆的连珠纹装饰。东汉时（25—220年），有神人画像镜、神人舞乐百戏镜、神兽画像镜、神人车马画像镜、神人龙虎镜等[8]。其连珠纹装饰不仅于镜纽周围，还增饰于镜面上。三国两晋南北朝（220—420年）的铜镜上虽仍有连珠纹，但较为稀少。主要有吴王伍子胥画像镜、七乳燕纹镜、云纹镜等。南朝时（420—589年）有落花四神镜[9]，这段时间的连珠纹有别于西汉时的平圆形连珠纹，而是自东汉始有的小圆凸颗粒状的连珠纹，故有人称"连点纹"。隋唐是连珠纹的极盛时期隋代，（581—618年）主要有落花四神镜[10]，唐代（618—907年）比较突出的有瑞兽鸾凤镜、二花枝、三花枝、六花枝、八花枝、缠枝花、宝相花、葵花与宝相花连珠纹镜[11]，以及金银平脱双鸾、四鸾衔花连珠纹镜、贴银鎏金鸟兽连珠纹镜、铅金石榴连珠纹镜等[12]。关于五代两宋时期的铜镜就不再列举。在唐代的连珠纹镜中，最值得注意的是初唐至盛唐流行的一种瑞兽鸾凤葡萄连珠纹镜，据孔祥星先生介绍："瑞兽鸾凤葡萄镜，圆形镜纽，连珠纹高圈分为内外两区，内区瑞兽葡萄纹，增加了鸾凤、孔雀等纹饰。"[13]关于这类瑞兽鸾凤葡萄连珠纹镜的流行时期，曾有说是汉代，后又说为唐代。但日本学者原田淑人认为它流行于六朝末唐初到唐玄宗时期[14]。后中国学者根据隋唐考古工作的新资

6 中国社会科学院考古研究所：《殷墟妇好墓》，文物出版社，1980年。

7 王磊义：《汉代图案选》，文物出版社，1989年。

8 管维良：《中国铜镜史》，重庆出版社，2006年。

9 周世荣：《铜镜图案——湖南出土历代铜镜》，湖南美术出版社，1987年。

10 周世荣：《铜镜图案——湖南出土历代铜镜》，湖南美术出版社，1987年。

11 管维良：《中国铜镜史》，重庆出版社，2006年。

12 管维良：《中国铜镜史》，重庆出版社，2006年。

13 孔祥星、刘一曼：《中国古代铜镜》，文物出版社，1984年。

14 原田淑人：《東亞古文化研究》，座右寶刊行會，1940年。

料，明确指出此镜型应是 7 世纪末期或 8 世纪前期的器物[15]。关于海兽葡萄连珠纹镜，被日本学者称为"多迷之镜""凝聚了欧亚大陆文明之镜"。孔祥星先生还提出这些纹饰是怎样产生的、是如何发展的、寓意是什么、它在中西文化交流中占有什么样的地位等问题。这成了唐镜研究得最多的课题[16]。原田淑人在《唐镜纹饰中的西方图案》中说："葡萄纹镜的图案是从波斯和拜占庭（东罗马）等传来的，但是到了中国后，进而与六朝末唐初的四神镜十二生肖镜、四神镜、六神镜等纹饰混合融合起来。"日本滨田耕作先生认为："葡萄纹从西方传入中国时，附随有鸟兽的图案。禽兽葡萄纹不是在中国发达起来的，其起源是在西亚的波斯。"[17]笔者也同意以上看法，同时认为还应把连珠纹归入其内。

此外，还有些学者从希腊、罗马的有关纹饰探究，并提出："从史籍记载看，葡萄已在汉武帝派张骞出使西域后带来种在上林苑了……瑞兽纹饰在中国自有传统，六朝、隋、初唐镜上颇为盛行。因此认为瑞兽葡萄镜是把在中国已经流行的这两种纹样合起来看是合乎事实的。"这主要是唐朝的图案纹饰正处于由瑞兽纹向花鸟纹转变的阶段。唐高宗—武则天时期正是瑞兽纹饰向花鸟纹转变的重要阶段。在瑞兽镜中加上当时人们喜爱的葡萄纹是很自然的事了。当然也可以推测，随着中西文化交流的频繁，通过丝绸之路传来的文化艺术中，有鸟兽葡萄纹饰，在它的影响下，中国的工匠们很容易把已在中国流行的两种纹饰巧妙结合，形成了自己民族风格的纹饰。这就是希腊、罗马、波斯等建筑纹饰和器物上的鸟兽葡萄纹与中国瑞兽葡萄镜的风格有所区别的原因。笔者很赞同这些客观的精辟论断。

以上铜镜纹饰的连珠纹与隋唐的瑞兽葡萄连珠纹镜的探讨，说明了葡萄纹是从西方传入，并源于西亚波斯，而附随葡萄纹的还有鸟兽纹以及连珠纹，至隋唐与中国传统的瑞兽纹相结合。故多数学者认同瑞兽葡萄连珠纹镜是凝聚了欧亚大陆文明之镜。

二、丝织品中的连珠纹

丝绸是我国的伟大发明之一，具有 3000 多年的悠久历史，在前 1 世纪至 3 世纪的汉代，即以新兴的商品，通过河西走廊的敦煌，经新疆的吐鲁番传入中亚与西亚，在地中海地区有着广阔的市场。在罗马帝国时，中国丝绸就与黄金等值，贵如黄金的丝绸在西方社会是财富的象征[18]。

关于丝绸上的连珠纹装饰，在叙利亚帕尔米拉出土的中国汉绮，其花纹就有对兽连

---

15 中国科学院考古研究所资料室：《日本高松塚古坟简介》，《考古》1972 年第 5 期。

16 孔祥星、刘一曼：《中国古代铜镜》，文物出版社，1984 年。

17 滨田耕作：《考古学研究》，座右宝刊行会，1939 年。

18〔法〕布尔努瓦著，耿昇译：《丝绸之路》，山东画报出版社，2001 年。

珠纹[19]可见在汉代中国丝绸就有连珠纹装饰。在 6 世纪前后，中国养蚕业传入西方，西方人开始自己制造丝织品，其纹饰以西方人的喜好为主。5 至 6 世纪乌兹别克斯坦的巴拉雷克节彼遗址壁画中的锦衣，与中国丝绸品纹样不同，是新疆拜城克孜尔石窟壁画中的鸟纹图案，头有绶带，口衔一串项链，颈部和翅膀均有一列连珠纹。据夏鼐先生说，这是萨珊式鸟纹的特征。在萨珊银器上，其动物纹一般都是绕以连珠缀成圆圈（即所谓的球路纹），这也是萨珊式纹饰特点[20]。再有就是乌兹别克斯坦的华拉赫沙出土的壁画上萨珊式图案，其立鸟口衔两串大小递增的连珠纹，颈饰连珠，全身由大小相套相绕的连珠纹圈围饰，整个画面以连珠纹为主体。这种纹样可能是所谓的"波斯锦"[21]。

夏鼐先生还提出："在隋和初唐时，中国丝绸织品为了满足西方市场的需要，有些图样便采用波斯风格。初唐的连珠翼马人物纹，即是中国仿波斯粟特的连珠翼马人物纹饰。"这一观点，赵丰同志举了许多纹样进行探讨比较，提出这类的连珠翼马人物纹，是隋代何稠仿制的波斯锦[22]。

根据考古发掘有以下出土物同样包含了连珠纹装饰。

梁大同三年（537 年）石刻佛像之袈裟与胸前束带，即刻饰有连珠团窠圈纹的装饰。据研究，此纹饰可能是南北朝时期益州本地织锦蜀锦[23]。这是四川成都万佛寺遗址出土的。

北朝至隋的连珠"贵"字纹锦，同时出土的还有高昌延昌三十六年（596 年）、延和三年（604 年）、义和四年（617 年）衣物。这是 1966 年新疆吐鲁番阿斯塔那北区 48 号墓出土。

隋代的连珠"胡王"纹锦和延昌二十九年（589 年）墓志，是 1965 年新疆吐鲁番阿斯塔那唐绍伯墓出土（下文的"新疆吐鲁番阿斯塔那"简称"阿斯塔那"）。

唐代的连珠对孔雀纹锦和高昌延寿十六年（639 年）墓志，是 1964 年阿斯塔那出土；连珠对马纹锦，有橙黄色、深蓝色、果绿色、白色的花纹。1959 年于阿斯塔那北区 302 号墓出土。

连珠骑士纹锦和唐显庆六年（661 年）墓志。连珠骑士纹锦为黄、褐色织花，1962 年于阿斯塔那北区 77 号墓出土。

连珠猪头锦纹、连珠对鸡纹锦和唐龙朔二年（662 年）墓志。连珠对鸡纹锦 1969 年于阿斯塔那北区 134 墓出土。

连珠对鸭纹锦、高昌延寿（639 年）墓志和唐总章元年（668 年）墓志。阿斯塔那北区 92 号墓出土[24]。另外，唐女舞俑身系连珠纹团花锦，阿斯塔那 206 号墓出土。

---

19 夏鼐：《新疆新发现的古代丝织品——绮、锦和刺绣》，《考古学报》1963 年第 1 期。

20 夏鼐：《新疆新发现的古代丝织品——绮、锦和刺绣》，《考古学报》1963 年第 1 期。

21 夏鼐：《近年中国出土的萨珊朝文物》，《考古学报》1978 年第 2 期。

22 赵丰：《唐系翼马纬绵与何稠仿制波斯锦》，《文物》2010 年第 3 期。

23 师若予：《梁大同三年佛立像衣带纹饰初步研究——兼谈蜀锦中的西域因素》，《考古》2014 年第 11 期。

24 中国美术全集编辑委员会：《中国美术全集·工艺美术编染织刺绣》，人民美术出版社，1981 年。

根据考古发掘，在甘肃的敦煌、新疆的吐鲁番出土了不少北朝至隋与初唐时期的丝绸，丝绸上有连珠纹图样。有北朝至隋的连珠环"贵"字纹锦、"胡王"纹锦。有初唐的连珠翼对马骑士人物纹饰、连珠对鸟纹锦、连珠猪头纹锦等。由于西方人对中国丝绸的喜爱，四川的蜀锦受到消费者的青睐。唐时安西诸郡的年费开支较大，需要大量丝织品，四川的蜀锦是其大宗。张籍的《凉州词》中有："无数铃声遥过碛，应驮白练到安西。"不仅描绘了唐代丝绸之路上风尘仆仆、载着中国丝绸西去的热闹繁荣情景，还告诉人们所载的丝绸中，四川蜀锦是大宗。诗中的"白练"指四川梓州生产的"小练"，在吐鲁番很畅销。吐鲁番的"帛练行"，据日本大谷敦煌文书 3097 号记"帛练行梓州小练一匹，上值钱三百九十文，次三百八十文，下三百七十文"[25]。由此可见，唐时蜀锦的梓州小练丝绸是明码实价的批量销售品。蜀锦不仅外销西亚，也销东亚邻国的日本，日本人根据《法隆寺献纳宝物帐》记录的"蜀江太子御绢伞"和"蜀江小幡"等名称，对照法隆寺所藏的古锦片，认为一种赤地经锦是蜀江锦，它的纹饰有基心，内是连珠莲花，也有连珠对禽对兽，它的时代应属初唐[26]。现在，我们可根据河西走廊与日本法隆寺保留的蜀锦纹饰相类似，又有文献证实四川蜀锦不仅数量多，而且深受东西方人的宠爱，可以肯定，它正如夏鼐先生所言："中国为了满足西方市场的需要，在隋和初唐，中国丝织品的图样有些便采用波斯风格。"

三、金属钱币中的连珠纹

世界金属钱币有四大体系：一是以希腊、罗马为代表的西方体系；二是以中国为代表的东方体系；三是受希腊、罗马钱币影响较深的以印度为代表的南亚次大陆体系；四是受希腊、罗马钱币影响较大的伊斯兰体系。这四大体系以金、银、铜为主要用币，除了以中国为代表的钱币不用连珠纹外，其他三大体系多以连珠纹装饰钱币。

钱币是商品经济交易的媒介，商贸活跃繁荣的地方钱币种类就丰富多彩。以地域而论，古中亚地区自古就是东西方经济、文化交流的必经之路，商品贸易的集散地、丝绸之路通往西方的要道，与中国古代文明有着千丝万缕的联系。所以，我们先以古中亚钱币为例进行分析。

所谓古中亚地区，据 1978 年联合国教科文组织讨论《中亚文明史》时，确定其地域范围："包括今位于阿富汗、中国西部、印度北部、伊朗东北部、蒙古、巴基斯坦及苏联诸中亚共和国境内各个地区。"这些地区有许多游牧和农耕民族，有希腊人、氏人、粟特人、塞克人、波斯人、突厥人、匈奴人、印度人、中国人。这片地域不仅是他们的家园，更是他们进行商贸交往、争夺驰骋的疆场。所以它的文化是多种文化，如希腊文化、伊朗文化、

---

25 四川省哲学社会科学研究所、四川省工艺美术研究所、成都市蜀锦厂：《蜀锦史话》，郫县印刷厂，1977 年。
26 四川省哲学社会科学研究所、四川省工艺美术研究所、成都市蜀锦厂：《蜀锦史话》，郫县印刷厂，1977 年。

印度文化和中国文化交流的大"巴札"[27]。

古中亚钱币，是指前3世纪至9世纪这段时间的钱币。

希腊早期钱币无连珠纹，但最迟到前550至前510年开始有连珠纹[28]。前4世纪中叶，希腊人认为多瑙河"野蛮"部族的马其顿王子亚历山大聪颖、大胆，是一个传奇式的人物。他的家世是马其顿的，但他的教育是希腊式的。他的导师是希腊最著名的哲学家亚里士多德。亚历山大对希腊文化极为推崇，他梦想征服世界，梦想将世界希腊化。经过十二年的征战，于前323年他占有小亚细亚、叙利亚、埃及、波斯、印度西北部，并把印度以西的地方置于马其顿总督的直接管辖之下。他使印度与希腊化的世界接触了，希腊化的工业制品、美术与思想经印度河输入印度。在建筑上开始流行使用石头，佛像用石头来雕刻，希腊化的宗教信仰也渗入了印度[29]，同时希腊化的钱币相继也传入印度与埃及。如希腊—巴克特里亚王国的狄奥多托斯一世，于前255—前235年推广使用的1标准金币，钱面国王头束带，头后绕饰连珠纹，背为宙斯，一手持霹雳杖，一手搭神盾裸身前行，有希腊文"安条克国王"。埃及托勒密王朝(前180—前116年)8德拉克马金币也以连珠纹为边饰[30]。此后，一直到希腊—巴克特里亚王朝的米南德一世(前165—前130年)的钱币边圈以连珠纹为饰。

米南德是德米特里乌斯二世之子，攸克拉提底斯一世父王，是印度—希腊王朝最著名的君主之一，我国称之为"弥南王"。他大力推崇佛教，与印度孔雀王朝阿育王(前275—前238年)、贵霜王朝迦腻色迦一世(139—161年)，并称为佛教三大护法王。他于前165—前130年推广使用的千德拉克马银币就以连珠纹为饰。币面王像头戴脊盔，身披神盾，手持长矛，边圈以连珠纹为饰。背为雅典娜手持盾牌和霹雳杖，边以希腊纹"救世主米兰德国王"环绕[31]。

在我国的文献记载中，将原居住于今甘肃河西走廊—祁连山一带的游牧民族称为大月氏，前176年大月氏被兴起的匈奴人击败，即西出伊犁河谷，经乌孙地，于前155年占据费尔干纳盆地(大宛)定居于大宛，前120年大月氏南渡阿姆河，进占了原为希腊—巴克特里亚王国疆域，大月氏很快就接受了这里的文化，即从游牧转为农耕民族。大月氏内部分为五部，其中贵霜部于1世纪初并吞其他四部，自立为王，国号贵霜。于30年继续南下，进入今巴基斯坦及北印度的犍陀罗、旁遮普。从而形成霜帝，到贵霜迦腻色迦一世时(127—147年)，达到鼎盛时期，其疆域西至伊朗高原，东至恒河中游，北达咸海，南至王尔马达河，帝国首都由巴克特里亚迁至犍陀罗，实力强大[32]。迦腻色迦是贵霜王朝最出色的

27 李铁生：《古中亚币（前伊斯兰王朝）》，北京出版社，2008年。

28 李铁生：《古希腊罗马币鉴赏》，北京出版社，2001年。

29 中央民族学院研究室：《世界史（上册）》，生活·读书·新知三联书店，1974年。

30 李铁生：《古中亚币（前伊斯兰王朝）》，北京出版社，2001年。

31 李铁生：《古中亚币（前伊斯兰王朝）》，北京出版社，2001年。

32 李铁生：《古中亚币（前伊斯兰王朝）》，北京出版社，2001年。

君王，他统治时期丝路通畅，佛教兴盛，他崇尚佛事，是佛教三大护法王之一。关于钱币上的连珠纹装饰，在他统治之前虽也有连珠纹，但数量极少，从迦腻色迦起，几乎所有的钱币均以连珠纹为边饰，至 360 年贵霜王朝的统治转为原附属国的寄多罗王朝，萨珊式的寄多罗钱币皆以连珠为饰。同时，其中最值得注意的是，迦腻色迦时（127—152 年）铸的 1 第拉尔金币，不仅有连珠纹，还有佛像，其正面有站立祭祀的王像，也以贵霜文"王中之王迦腻色迦贵霜王"。背面为头竖光环的佛陀站像，左方用希腊文字拼成"佛陀"字，以连珠纹为圈饰。这真实地反映了贵霜王朝迦腻色迦时代的文化是印度、伊朗、希腊文化的混合，同时也是尊佛崇佛、佛的地位与帝王相等的实物例证[33]。

中亚钱币中有连珠纹装饰的除以上两大币系外，还有印度—萨珊王朝钱币，以及在 4 至 6 世纪独霸中亚和北印度彦哒王朝钱币、西突厥王朝巴克特里亚、粟特钱币无不以连珠纹为边圈饰，其而还延伸到王冠、头发、耳环、项链、衣纹等[34]。以上这些均不一一列举，现仅将中、西亚古波斯币的连珠纹略述如下。

西亚东部的波斯（今伊朗），是古代文明地区之一。自前 6 世纪到 7 世纪，历时 1200 余年间，波斯人以伊朗高原为基地，先后建立了横跨亚、非、欧三大洲的帝国王朝：于前 550 年建立了阿契美尼德王朝，前 330 年亡于亚历山大希腊帝国。又于前 247 年建立了帕提亚王朝，至 224 年亡于萨珊王朝，萨珊王朝由 224 年至 651 年亡于阿拉伯帝国。在这三大王朝时，与西亚、中亚和古印度北部诸多王朝的关系复杂。在西方曾先后与希腊、罗马、拜占庭、阿拉伯帝国交战；在东方与塞克（斯基泰）、巴克特里亚、贵霜、哒、突厥、印度等王朝交战，互有胜负，长期扼守丝绸之路要冲，和中国早在前 2 世纪至 1 世纪已有交往，自 5 至 7 世纪，北魏至隋唐中国和波斯王朝更加密切，特别是萨珊王朝被阿拉伯人灭亡后，与中国唐王朝曾结下深厚的情谊[35]。

古波斯币，在以上三大王朝中均有以连珠纹为饰的钱币，但前两朝受希腊、罗马影响较重，唯萨珊王朝币独树一帜，故仅以萨珊王朝为例。

萨珊王朝以银币为主，铜币较少，金币更少流通。其钱币特征，有早、中、晚三期。萨珊王朝早期钱币（224—399 年）不仅边圈为连珠纹，其王冠、头发、须、耳珠、项、双飘带、衣纹、祭火坛等皆以连珠纹为饰。如阿达希尔三世的典型币，1 第拉尔金币（383—388 年）。萨珊王朝中期钱币（399—590 年）主要沿袭早期钱币的连珠装饰，但值得注意的是，巴拉什币（484—488 年）的典型 1 德拉克马银币与卡瓦德一世的 1 德拉克马的银币（499—531 年），已由一圈连珠纹增为两圈边饰连珠纹。萨珊王朝晚期钱币（590—591 年），两圈连珠纹为圈饰的现象更加普遍。至库思老二世（591—628 年），币面为两圈、背面为三圈

33 李铁生：《古中亚币（前伊斯兰王朝）》，北京出版社，2001 年。

34 李铁生：《古中亚币（前伊斯兰王朝）》，北京出版社，2001 年。

35 李铁生：《古波斯币（阿契美尼德·帕提亚·萨珊）》，北京出版社，2006 年。

连珠纹圈饰。如 621 年的 1 德拉克马银币 611 年的 1 第拉尔金币，以及 2004 年新疆吐鲁番阿斯塔那墓出土的库思老二世银币就是如此[36]。此后阿拉伯帝国的伊斯兰早期也沿袭萨珊王朝的连珠纹圈饰币[37]。此外，使用连珠纹装饰钱币的还有欧洲古罗马钱币，受古希腊钱币文化影响较大，具有古希腊的特点。从共和到帝国时代（前 510—476 年）一直以连珠纹为钱币圈饰，如罗马共和国时代，前 269—前 266 年的 2 德拉克马银币就以连珠纹为圈饰[38]，罗马君士坦丁一世（306—337 年）的索利多金币也以连珠纹为圈饰；到 324 年君士坦丁成为东罗马帝 20 国皇帝始即拜占庭时代，终止为 1453 年奥斯曼土耳其攻陷君士坦丁堡之日，在这 1130 余年中一直以连珠为饰。自 5 世纪时，不论王像或神像的冠、发、耳及衣纹的线条、十字架等都以连珠为饰，至 9 世纪时也有三圈连珠纹边饰。同时值得注意的是不仅有连珠的背光，还有耶稣基督胸像、圣母玛利亚怀抱圣婴均以连珠纹为背光[39]。

综上所述，世界四大货币体系的金属货币除了以中国为代表的东方金属币不用连珠纹装饰外，其他均以连珠纹为饰。其时间最早、影响最大的是希腊钱币中的连珠纹。

四、金银器中的连珠纹

根据传世品与出土的古代金银器，南欧的古希腊，北非埃及，中、西亚地区的金银器多有连珠纹装饰。现选其典型，按地域、时代顺序进行分析。

约前 1700—前 1500 年，欧洲古希腊连珠纹金饰（原名百兽之王）。这是伊吉纳宝藏中诺斯时代的金饰。金饰中人物（称百兽之王），两手各抓一只翅羽下垂的水鸟，足下垂饰连珠纹围绕三个太阳。

公元前 1 世纪，欧洲凯尔特连珠纹大金项圈（原名大金项圈）。出土于英国诺福克郡的斯内蒂瑟姆。金项圈是凯尔特人富有特色的装饰物。这件精品是由 8 股金索绞成，两端封口的铸金，饰有精致闪光的连珠纹链条佩饰。

约前 300—前 200 年，非洲埃及希腊化连珠纹红宝石耳环（原名双耳圆盘金耳环），根据记载，此物来自埃及。亚历山大于前 332 年征服埃及，埃及珠宝业几乎全面希腊化。此金耳环以大小不等的 27 枚宝石镶嵌，各宝石周边皆以单层或双层连珠纹绕饰。

春秋时期（前 770—前 476 年），金马形连珠纹佩饰，长 4.6 厘米，马呈蹲卧状，回首，竖耳、圆眼、阔鼻，鬃发与尾毛皆以连珠纹为饰，体态骏骏，造型生动，做工精细。背面

36 李铁生：《古波斯币（阿契美尼德·帕提亚·萨珊）》，北京出版社，2006 年。

37 阿卜杜拉·马文宽：《伊斯兰世界文物在中国的发现与研究·中国出土的伊斯兰钱币与全条》，宗教文化出版社，2006 年。

38 李铁生：《古希腊罗马币鉴赏》，北京出版社，2001 年。

39 李铁生：《拜占庭币（东罗马方国币）》，北京出版社，2004 年。

有两纽可佩戴。1986年内蒙古宁城县出土[40]。

战国晚期（约前3世纪），金虎咬牛连珠纹饰牌，长12.7厘米，宽7.4厘米。浮雕牛虎咬斗，牛尾虎爪皆以两排连珠纹为饰。1992年杭锦旗阿门其日格乡阿鲁柴登出土[41]。

东汉（25—220年）时期，广陵王连珠纹金玺，高2.1厘米，是东汉光武帝第九子刘荆之印，龟背像以连珠纹圈饰。广陵王连珠纹金饰，高1.5厘米，形似王冠，分上下节以大小金珠几掐丝焊接双龙，底沿以连珠纹绕饰，1980年江苏邗江县广陵王墓出土[42]。

东汉—魏晋（25—420年），金耳饰，长2.8厘米，镶嵌有两圆形玻璃片，中饰细小连球纹，中部为一粒深蓝色料珠。另一金耳饰，长3.1厘米，顶端呈圆盘状，周缘以鼓凸的连珠纹环绕，正中嵌玛瑙。银耳饰，长4.7厘米，分上中下三部分，上部呈圆盘状与之耳饰略同，盘中镶嵌一圆形蓝色玻璃珠，边缘以连珠纹绕饰，中部由银丝穿四枚银珠和一枚六棱的蓝色玻璃珠，最下嵌有两圆形蓝色玻璃和一枚长桃珠形蓝色玻璃。以上三件金、银耳饰，先后于1995年、1999年新疆营盘墓地出土。这些造型与镶嵌物以及萨珊玻璃器皿上亦有连珠纹装饰[43]，也许此耳饰也是外来品。

北朝（386—581年）。金牛首连珠纹步摇冠饰，高18.5厘米，牛首、顶插鹿角杖，杖尖穿桃尖形叶片，双耳各饰桃尖形叶片，耳面、眼、鼻及面部周边均以连珠纹饰示，并镶嵌绿、红石料。工艺精细、华丽。金马鹿首连珠纹步摇冠饰。高19.5厘米，马鹿首，竖耳，头顶为鹿杖角，杖尖挂饰连珠纹桃尖叶片。眼、耳、鼻与鹿杖角皆饰连珠纹或镶嵌红、绿石料。动之则叶片摇摆声响，即"步摇"。步摇冠饰为鲜卑贵族妇女特有的装饰。金龙连珠纹腰饰长128厘米，用金丝编织成长纯索状龙身，两端编缀为条状龙首，身挂连珠纹为饰的盾、戟、钺、梳等七件饰物。此装饰充分昭示出其佩戴者，必是一位英勇善战、战功赫赫的首领人物。以上两件步摇与此金龙腰饰，皆于1981年达尔罕茂明安联合旗西河子村出土[44]。鎏金银连珠纹执壶，高37.5厘米，鸭嘴状流，细长颈，斜肩有鼓凸的连珠纹一周，深椭圆形腹，腹上人物为胡人形象，圈足与足座皆有鼓凸的连珠纹，把手上一戴宽沿圆形帽人像，造型独特。据夏鼐、宿白先生鉴定，是从西方传入的工艺品，关于此壶的造型与纹饰布局，与艾尔米塔什博物馆藏的萨珊银壶几乎相同[45]，巴故已被学界认定是波斯萨珊金银器。此器是1983年宁夏固原李贤夫妇墓出土[46]。北朝金银器有连珠纹装饰的，还有山西

40　上海博物馆：《草原瑰宝·内蒙古文物考古精品》，上海书画出版社，2000年。

41　上海博物馆：《草原瑰宝·内蒙古文物考古精品》，上海书画出版社，2000年。

42　中国文物交流中心、湖南省文物局、湖南省博物馆：《走向盛唐》，中国社会科学出版社，2006年。

43　李文英：《新疆营盘墓地出土的古玻璃器介绍》，《丝绸之路上的古代玻璃研究》，复旦大学出版社，2004年。

44　上海博物馆：《草原瑰宝·内蒙古文物考古精品》，上海书画出版社，2000年。

45　何继英：《西方艺术对魏晋南北朝隋唐陶瓷器的影响》，《上海博物馆集刊（第七期）》，上海书画出版社，1996年。

46　宁夏回族自治区博物馆、宁夏固原博物馆：《宁夏固原北周李贤夫妇墓发掘简报》，《文物》1985年第11期。

大同南郊北魏的银连珠纹耳杯、鎏金连珠纹银盘[47]，山西大同南郊北魏墓 107 号墓出土的鎏金连珠纹银碗[48]，山西大同南郊北魏遗址出土的鎏金刻花连珠纹银碗、八曲连珠纹银洗、鎏金镶嵌连珠高足铜杯，鎏金连珠纹高足铜杯[49]。

隋代（581—618 年），金嵌宝石连珠纹项链，于隋大业四年（608 年）李静训墓出土，长 43 厘米。项链左右两端由 28 枚连珠纹嵌珍珠小球珠连缀，上端金扣，连珠纹中嵌深蓝色宝石五枚，正中的圆形宝石刻阴纹驯鹿。下端正中嵌红色玛瑙，其余为青金石，皆以珍珠与连珠框饰。项链做工精细，富丽豪奢极致。李静训是北周皇太后的外孙女，九岁即逝。经夏鼐先生研究，认为李静训墓出土的金嵌宝石连珠纹项链，是西亚萨珊帝国时代的输入品[50]。

唐代（618—907 年），赤金刻花连珠纹碗，高 5.5 厘米，腹部两层莲花瓣，瓣内刻鸳鸯、鸭、鹦鹉、鹿、狐及卷叶纹饰，唯足沿以鼓凸的连珠为饰。金八棱人物连珠纹杯，高 6.1 厘米，杯身以连珠纹分八面，每面以高浮雕舞人为饰，把柄与圈足边缘以连珠纹为饰。银鎏金人物连珠纹杯，高 6.5 厘米，杯身以连珠纹分隔八面，面内高浮雕人物做舞乐捧物状，把柄上有深目高鼻、长髯下垂、背对的两位老人，足沿以连珠纹为饰。

银鎏金八曲连珠纹人物杯，高 5.1 厘米，上腹呈八棱瓜棱状，瓣刻骑猎或贵妇人物，下腹为八瓣仰莲纹，把手环上饰连珠纹，口沿足沿皆以连珠纹为饰，银刻花连珠纹高足杯，高 7 厘米，杯体以上粗下细的凸弦纹划分为上、中、下三区，上下两区刻饰两方联系的缠枝花，中区刻画狩猎场景，有骑射人物。奔跑的野猪、鹿、狐等动物。足腰上饰一倒连珠纹。银刻花连珠纹盒，高 4.8 厘米，盒面以两圈连珠纹分隔为里外两区：里区阳线侧一张口裂齿奔跑的野兽；外区刻缠枝牡丹，花蕊以连珠为饰。盒侧上壁刻飞雁与折枝花环绕，下盒壁刻折枝花相隔虎豹飞驰。以上六件金银器均于 1970 年陕西南郊何家村唐代窖藏出土[51]。银鎏金连珠纹人物瓶，高 7 厘米，颈上下各一周扁平的连珠纹，腹上作桃形开光，二人物对坐，下腹刻莲花纹，1982 年江苏出土[52]。唐代出土金银器有连珠纹的，除陕西西安何家村外，另还有西安东郊出土的银连珠纹高足杯[53]，另还有西安文管会收藏的鎏金连珠银洗[54]，江苏扬州出土的金錾花连珠纹栉[55]。

辽代（907—1125 年），金八棱连珠纹杯，2003 年内蒙古科尔沁左翼后旗吐尔基山辽墓

47 马玉基：《大同市小站村花圪塔台北魏墓清理简报》，《文物》1983 年第 8 期。

48 山西省考古研究所、大同市博物馆：《大同南郊北魏墓群发掘简报》，《文物》1992 年第 8 期。

49 《"文化大革命"期间出土文物（第一辑）》，文物出版社，1973 年。

50 中国文物交流中心、湖南省文物局、湖南省博物馆：《走向盛唐》，中国社会科学出版社，2006 年。

51 陕西省博物馆、文管会革委会写作小组：《西安南郊何家村发现唐代窖藏文物》，《文物》1972 年第 1 期。

52 中国文物交流中心、湖南省文物局、湖南省博物馆：《走向盛唐》，中国社会科学出版社，2006 年。

53 西安市文物管理金龙连珠纹腰饰等，不与北朝典型的萨珊鎏金连珠纹银执壶风格相似。

54 李保全：《西安市文管会收藏的几件唐代金银器》，《考古与文物》1982 年第 1 期。

55 《"文化大革命"期间出土文物（第一辑）》，文物出版社，1973 年。

出土。杯身以鼓凸的连珠纹上至口沿，下至腹沿分为八面。面内有人物或坐或站，或行走或蹲卧的野兽。下腹有鼓凸的缠枝纹，足腹以连珠缀成桃形纹，足边饰鼓凸的连珠纹。此造型纹饰皆相似于何家村窖藏唐代金杯、银杯[56]。海棠形连珠纹金花盘，出土地点同上，宽口沿，沿上有鼓凸的枝花环绕，内沿边以鼓凸的连珠纹为饰，内底有两摩羯鱼张口戏珠[57]。综前所列述，金银器有连珠纹的器物，除欧洲国家与埃及外，从春秋战国到汉晋、北朝、唐、辽时期，出土地均在丝绸之路的要冲，即东西交通出入之咽喉。关于这些工艺品的文化特征。有的已有研究。有的还未有明确的界定。如春秋时的连珠纹金马鼠饰，战国晚期的金虎咬牛连珠纹饰牌，东汉—魏晋的金银连珠纹耳饰，北朝的金牛首、金马鹿首步摇、金龙连珠纹腰饰等，既不与北朝典型的萨珊鎏金连珠纹银执壶风格相似，也不与西汉时云南滇文化金银器相近，很难确认是中国原生的金银器工艺品，或是西亚与中亚，或是南古希腊传入的外来品。

正因如此，我们不妨也探索一下，如春秋时期（前770—前476年）的马形连珠纹佩饰，其马的造型与工艺，马体强壮，臀部鼓凸，有似古希腊亚平宁半岛南部锡巴里斯城约前550—前510年的银币，其币面皆有连珠纹与壮马。意大利西西里岛杰拉城约前480—前413年的连珠纹马饰银币上的马匹肥硕，臀部骙骙相似[58]。可见不同地域的金银器，共同的特点是皆有连珠纹；马的造型相似，体态强壮、肌肉突出，臀部特别鼓凸；制作工艺均采用模制行压成型；共具时代特征，见于前8—前4世纪，这个时间段正是古希腊古典时代最辉煌的岁月。故推测此马形连珠纹佩饰，有可能是古希腊产品，或是当地仿制，如果这一推想成立，则可见早在春秋时代，内蒙古就与位于欧洲、亚洲、非洲交界处的古希腊文明有所交往。

关于东汉—北魏的金耳饰，多镶嵌有红、绿石料。连珠纹也是其主要纹饰。与它同时的伴出物，还有典型的波斯连珠纹玻璃杯可作旁证，也许为波斯产品或外来品。此外，还有北魏李贤夫妇墓出土的鎏金连珠纹银执壶，山西大同北魏遗址出土的鎏金刻花连珠纹银碗、八曲连珠银洗（折曲面有连珠纹）、鎏金镶嵌连珠纹铜杯、鎏金人物连珠纹高足杯，西安何家村窖藏出土的三件八棱鎏金银杯与金杯。

据夏鼐先生研究，1970年北魏遗址中出土的一件海兽八曲银洗可以确定为萨珊制品，还有三件鎏金高足银杯和一件鎏金银碗，也是输入的西亚或中亚的产品，带有强烈的希腊风格，但不是萨珊式的，例如三件八棱鎏金银杯，器身作八棱曲，每面有浮雕的乐工或舞伎，底作鱼子纹，柄呈圆圈形。上有放置拇指的手襻，有的柄上饰以高鼻深目的胡人头像。足部有连珠纹，各棱面的分隔处也有一列竖直的连珠纹。除了部分人像和衣服具有中国风

56 内蒙古自治区文物考古研究所：《内蒙古考古五十年》，内蒙古自治区文物考古研究所，2004年。

57 内蒙古自治区文物考古研究所：《内蒙古考古五十年》，内蒙古自治区文物考古研究所，2004年。

58 李铁生：《古希腊罗马币鉴赏》，北京出版社，2001年。

之外，其余都是萨珊式特征。还有一些金银器，如高足银杯，器型是萨珊式。但花纹是唐代的中式的狩猎纹，底是鱼子纹，猎人的衣冠和面貌都是中式，花纹布满表面，不像萨珊式图案常分隔为不同单元，这可能是中国匠人的仿制品[59]。

夏鼐先生的以上高见，得到杨泓在《与中外交通有关的遗物的发现和研究》中，李继英在《西方艺术对魏晋南北朝隋唐陶瓷器的影响》中的赞同与引用[60]。同时也得到齐东方、张静的认同，但他们也提出一些新观点，如说何家村出土的三件莲瓣纹碗，认为不是萨珊器，应是粟特器物，其高足杯也不是萨珊式，而是源于拜占庭的影响。同时还把诸多学者公认为典型萨珊器的北魏李贤夫妇墓出土鎏金连珠纹壶、敖汉旗李家营子出土银壶，也认定为粟特器[61]。其两家之见，虽有差异，但均说明中亚地区的萨珊、粟特金银器皆共同爱好以连珠纹为饰相符。同时既与古希腊、埃及、希腊、凯尔特人的金器喜好连珠纹装饰相符，又与上节论述的金属币中的古希腊、古罗马，古中亚与西亚皆好尚以连珠为饰的历史事实相符。从而证实连珠纹源于古希腊、古罗马，而后逐渐传入中西亚各地。中国金器连珠纹始于汉，炽盛于唐。

五、瓷器工艺品的连珠纹

瓷器中的连珠纹器物，始见于三国末—西晋初。三国时期有青釉点褐彩连珠纹鸡首壶，至西晋中晚期开始盛行花蕊形连珠纹。从目前考古发现来看，最早的是三国东吴永安六年（263年）墓出土的越窑青瓷三足樽，盖面有模印花蕊形连珠纹，器身贴模印三佛像，首顶肉髻有头光，结跏趺坐状。

另有西晋太康八年（287年）越窑青瓷双系罐，肩上有花蕊形连珠纹一圈。还有西晋太熙元年（290年）越窑堆塑罐（又称谷仓罐或魂瓶），器上贴塑有佛像、飞鸟、吹奏的、舞乐百戏的胡人形象，龟趺碑上有铭文"太熙元年"，器腹满身打印花蕊形连珠纹[62]。

东晋时连珠纹瓷器极少，主要流行褐彩连珠纹，有东晋永和七年（351年）瓯窑青瓷点褐彩连珠纹双系罐、太和三年（368年）瓯窑青瓷点褐彩鸡首壶等[63]。

到南北朝时期，连珠以鼓凸的圆珠连缀，如北齐范粹墓出土的黄釉连珠纹扁壶，壶面有歌舞乐伎的胡人演奏场景[64]，又如1986年宁夏固原出土的绿釉连珠纹扁壶[65]；此外，还有

59 夏鼐：《近年中国出土的萨珊朝文物》，《考古学报》1978年第2期。

60 杨泓：《与中外交通有关的遗物的发现和研究》，《新中国考古发现和研究》，文物出版社，1984年。

61 齐东方、张静：《唐代金银器皿与西方文化的关系》，《考古学报》1994年第2期。

62 马起来：《妙趣横生的鸡首壶》，《东方收藏》2011年第9期。

63 浙江省博物馆：《浙江纪年瓷》，文物出版社，2000年。

64 浙江省博物馆：《浙江纪年瓷》，文物出版社，2000年。

65 河南省博物馆：《河南安阳北齐范粹墓发掘简报》，《文物》1972年第1期。

北京故宫博物院收藏的绿釉连珠纹扁壶。以上列举的三件连珠纹扁壶造型与纹饰多有不同，但固原与故宫的绿釉连珠纹扁壶相似度很高。两者除大小、造型、釉色相同外，壶面皆以鼓凸的圆珠缀成桃形开光，光内有六至七人演奏观赏场景：吹笛、拍鼓、弹琵琶、弄箜篌，正中为一体态健美、舞姿灵动、神采飞扬的舞者，与两个笑容绽放、张臂击掌欢跃助兴的观众，场面热闹。大多数人物头戴番帽，深目高鼻，留着胡须，身穿窄袖短衫，是典型的西域人形象。山西太原北齐武平元年（570年）娄睿墓出土的黄釉高柱灯，口沿、柱腰、足沿皆以连珠纹绕饰[66]。此黄釉灯的连珠纹，据日本学者森达也研究，认为与山西出土的中亚青铜高足杯装饰非常类似[67]。

隋朝，隋大业四年（608年）李静训墓出土的白釉连珠纹扁壶[68]、安阳相州窑出土的白釉连珠高足杯等[69]。从造型来看，相州窑连珠纹高足杯与黑海沿岸的彼尔塔瓦出土罗马拜占庭7世纪的金银器高足杯相似[70]。

在隋唐时期生产连珠纹瓷器的，还有四川的邛窑系、湖南的长沙窑。邛窑系成都青羊宫窑、邛崃固驿窑、邛崃十方堂窑、灌县金马窑、新津白云寺窑、双流牧马山窑、江油方水窑等。无论是邛窑系或长沙窑的连珠纹，多是在青釉下彩绘褐、黑，或褐、黑、绿、黄多色连珠纹。

邛窑系连珠纹始于隋，盛于唐。多绘于高足盘、敛口洗（又称钵）、四系罐、带把杯、敛口碗的内外壁。长沙窑始于中、晚唐，盛于唐末、五代，主要绘于壶、瓶、罐、盘等。现仅将邛窑系连珠纹列举如下。

隋代时期，成都青羊宫窑瓷器的连珠纹特点："装饰工艺有刻、印、堆塑，还出现了彩绘新工艺，特别是出现紫（褐）、黄、绿三色彩绘新工艺……在碟中有青釉下彩绘绿、黄、紫三色彩叶纹。"在敛口钵上有绘白、绿、紫连珠花圈，花瓣二方连续的花朵纹[71]。

隋代时期，邛崃固驿窑瓷器的连珠纹特点，"高足盘绘黑褐彩连珠纹三圈对称排列工整有序"，在13件罐（钵）的"上腹以绿、褐二色彩绘圆圈连珠纹和七瓣花朵纹，花心亦为圆圈连珠纹和七瓣花朵纹""腹遍布黑褐色彩点圆圈连珠纹""近口部和腹中部各饰褐绿彩点连珠纹一周，腹中部一周连珠纹之上各饰一周褐绿彩绘纹，上下两连珠纹带之间加饰黑褐彩点圆圈连珠纹""腹部饰黑褐或绿色彩绘圆圈纹和圆圈连珠纹组合图案""腹部饰白色彩绘七瓣花朵纹，仍以连珠纹围绕花心""领部饰褐彩连珠纹和凸弦纹各一周，腹部饰

66 山西省文物考古研究所：《太原市北齐娄睿墓发掘简报》，文物出版社，1983年。

67 森达也：《白釉与白瓷的出现年代》，《中国古陶瓷研究》，紫禁城出版社，2009年。

68 唐金裕：《西安西郊隋李静训墓发掘简报》，《考古》1959年第9期。

69 赵文军：《安阳相州窑的考古发掘与研究》，《中国古陶瓷研究》，紫禁城出版社，2009年。

70 齐东方、张静：《唐代金银器皿与西方文化的关系》，《考古学报》1994年第2期。

71 四川省文管会、成都文物处：《成都青羊宫窑址发掘简报》，《四川古陶瓷研究（二）》，四川省社会科学院出版社，1984年。

褐彩和圆圈连珠纹组合图案"[72]。

灌县金马窑瓷器的连珠纹特点："是以近似白釉的青釉做底，绘上黑褐、赭、黑、绿等颜色的线圈纹、连珠纹、草叶纹，有些于口沿绘一至三圈纹、连珠纹，然后以珠圈纹和线圈纹相隔，或双圈纹相套，或交叉交换，构成不同形式的图案""至于釉下彩绘连珠纹残片器中，及其大量高足杯，与安阳隋代青釉瓷相同、相似，可能为隋代作品。"[73] 现经过对比，完全可确认是隋代作品。

此外是双流牧马山窑、江油方水窑、新津白云寺窑，它们的连珠纹多单褐色。新津白云寺的"釉下彩之连珠圆圈珠碗，仍装饰于敛口器上"，它与邛崃固驿、双流牧马山、成都青羊宫、灌县金马皆有共似之处，都用了连珠纹的装饰艺术，以这一点看，似乎它们很像同时代的姊妹窑，因此，它的烧造时代，其上限可到南朝，下限可到隋代[74]。

邛崃固驿与十方堂窑，据发掘出土物可知，在隋代也有点彩连珠纹，在唐代更盛行，有褐绿彩连珠花朵纹，或单圈连珠纹，或以连珠缀成盛开的莲花和宝相花[75]，周或在变形的宝相花中绘连珠圆圈纹等[76]。

综上所述，四川邛窑系隋代连珠纹，多在青釉于乳白色釉下点绘，点绘色彩有黑、黑褐、褐、红褐、绿、白等色，而以褐绿为主。花纹组合主要为连珠线圈纹、连珠花朵纹。

1. 连珠线圈纹

第一种：单圈连珠纹，或数个单圈连珠纹呈等距成二方连续，或双圈连珠纹呈数个等距二方连续，或三个单圈连珠纹成"品"字形，或双圈连珠与上下二单圈连珠纹组合二方连续。

第二种：连珠纹与线圈纹组合，线圈纹与连珠纹相互搭配，有内连珠纹外线圈纹，或双线圈纹夹连珠纹，或外连珠纹内线圈纹与上下二线圈组合二方连续。

第三种：二线圈环带与二线圈夹连珠环带纹分隔为上下两层，各层皆以外连珠内线圈数个等距二方连续。

第四种：二圈线圈纹夹连珠环带，再以一线带环带纹组合为一区，其下以数个等距连珠线圈纹二方连续。

2. 连珠花朵纹

第一种：绘花瓣七至十瓣不等，以花朵中绘线圈与连珠纹组成团花纹，与上下两单连珠纹等距二方连续。

---

72 陈显双：《邛窑陶瓷简论》，《邛窑古陶瓷研究》，中国科学技术大学出版社，2002 年。

73 陈丽琼：《四川古代陶瓷》，重庆出版社，1987 年。

74 陈丽琼：《四川古代陶瓷》，重庆出版社，1987 年。

75 李知宴：《论邛窑彩绘瓷的风格》，《邛窑古陶瓷研究》，中国科学技术大学出版社，2002 年。

76 陈显双：《邛窑陶瓷简论》，《邛窑古陶瓷研究》，中国科学技术大学出版社，2002 年。

第二种：花朵中心以两线圈纹夹连珠纹或二线圈二连珠纹组成团花纹，以数个等距二方连续。

唐代连珠纹瓷器主要是邛崃十方堂生产，在隋代的基础上，其纹饰不局限于隋的连珠线圈、连珠花朵纹，创新了深浅与浓淡不同的褐、绿、黄，点绘成连珠莲花纹。连珠宝相花纹有似丝绸一样的细腻柔美，特别是褐、绿、黄彩的小圆点连缀成莲花纹，其连珠点绘之精细，花朵之艳丽，瓷质之细柔光润，几乎可以与丝绸媲美，这应该是模仿姊妹艺术的初唐纺织品"蜀江锦"连珠莲花纹图案，将其移植于邛窑瓷器的例证。

最后补充说明瓷器与陶器的连珠纹装饰。瓷器与陶器虽是两个不同质的物体，但实用功能大体一致，其造型与纹饰是互动的。我国远古时代陶器纹饰丰富多彩而灵动，但不盛行连珠纹，而南欧的希腊在迈锡尼（前1350—前1325年）时代的陶双耳樽，及雅典在前540—前530年的土陶罐即有连珠纹装饰，这可能是瓷器上的连珠纹受到希腊、雅典陶器文化及其他金银珠宝与钱币连珠纹的启迪而效仿的。

通过前文对中国青铜器、东西方金属钱币、东西方金银器、东西方丝绸工艺品、中国瓷器等的连珠纹装饰题材的叙述简介，我们可以梳理出，连珠纹首先始于古希腊米诺斯时代的金饰（约前1700—前1500年）。其次是中国商代殷墟武丁之妻妇好墓出土的叶脉纹镜，但只是昙花一现（距千年后才重现于两汉铜镜）。

而在西方欧洲的南端希腊、罗马，最迟于前510—前500年开始有连珠纹金币，在中亚的波斯，在希腊、罗马钱币文化的影响下，波斯的阿契美尼德于前490—前400年也开始有连珠纹金币。到前4世纪中叶，从希腊东北面多瑙河来的马其顿王子亚历山大，崇尚希腊文化，并梦想世界希腊化，经过十二年的征战，占有小亚细亚、叙利亚、埃及、波斯、印度西北部。埃及接受希腊文化，埃及珠宝全面希腊化，如埃及希腊化的红宝石连珠金耳环，约前300—前200年。亚历山大把印度以西的地方置于马其顿总督管辖之下，使印度与希腊化的世界接触了希腊化的钱币连珠纹装饰，也被印度借鉴。自此以后，连珠纹钱币装饰一直长盛不衰，辉煌流布于广大的中、西亚地区。在它自然崇拜、宗教信仰强势闪动光照之下，商品经济冲击与审美情趣互动之中，无论是丝绸织品、金银器、青铜器、陶瓷器以及北魏至隋唐时的壁画艺术中，多以连珠纹为主体纹饰。尤其是前3世纪至9世纪这段时间，这些地域的民族，有希腊人、粟特人、塞克人、波斯人、突厥人、匈奴人、印度人、中国人等，这一片区域，不仅是他们的商贸交往争夺驰骋的疆场，更是中国丝绸、陶瓷外销的广阔天地，多种文化交汇的地方。这是东西方文化交融互动、共创古代文明的先决主因。这些精彩、辉煌的创造，除少数被记入史册，大多湮没于沧桑巨变中，只有墓葬遗址留下的遗物，是其文化交汇、商贸交往的载体，最具共性和代表性的则是以上各类装饰艺术的连珠纹。这让我们知道，希腊的金饰及希腊、罗马钱币的连珠纹发展流布有序。不言而喻，整个西亚与中亚的连珠纹装饰，源于希腊的金饰，希腊、罗马钱币文化的连珠纹。

关于我国的丝织品、金银器、青铜镜、陶瓷器，在北朝至隋唐时代，外来文化的连珠纹艺术的传入已有所研究，但对两汉至西晋时段。除陶瓷器有所论及外，其余工艺品与邛窑系隋唐时代的连珠纹的研究尚显得微薄，尤其是对邛窑系连珠纹传入的研究还是一空白，笔者再初试论于下。

西汉初，经过"文景之治"，至汉武帝时，国势强大。汉武帝为联络西域邻国，驱除外患匈奴的侵扰，打通了大汉帝国与西域诸国的互通道路，扩大商贸往来。西域在汉时是指玉门关以西的总称（今甘肃敦煌西北）。但狭义专指葱岭以东，广义则指凡通过葱岭以东，能抵达的中亚、西亚、印度半岛、欧洲东部和非洲北部。这一地区是我国丝绸销往希腊、罗马的必经之道，是汉武帝派张骞初通之西域。据《汉书·张骞传》记："骞所至者，大宛、大氏、大夏、康居，而传闻者其旁大国五六。"由此可见，张骞出使西域，所到之地，有大宛、大氏、大夏、康居诸地。其大宛，即今乌兹别克斯坦的东北部。大月氏，最初于敦煌、祁连山，后迁新疆伊犁河一带，相继迁到阿姆河上游，1世纪于印度北部建立贵霜王朝。大夏在今阿富汗北部，属波斯帝国行省，文化多受印度、希腊、中国之影响，前3世纪初，国势强盛，领有北起阿姆河，南达印度河的广大地区。康居约在今巴尔喀什湖与咸海之间。这些地域正是中亚与西亚之要地，而这一段时间也正是中，西亚钱币希腊化时代，希腊化的钱币主要是以王为面，并以连珠纹辅饰。

据《史记·大宛传》记："安息，在大氏之西。可数千里，其俗土著耕田，田稻麦葡萄酒，城邑如大宛，其属大小数百城，地方千里……以银为钱，钱如其王面，王死辄更钱效王面焉。"其中的"安息"，译音为帕提亚，是亚洲西部的古国，是波斯帝国的一个行省，其地在今伊朗高原东北部，后隶属亚历山大帝国即塞疏西王国，于前249—前247年独立。在张骞赴西城时，有全部伊朗高原及两河流域，为西亚之大帝国。前1世纪到2世纪，安息是罗马帝国与中国贸易、交通、丝绸之路必经之地。其国势强盛时，东与贵霜、西与罗马帝国相抗衡，2世纪末衰微。226年为波斯萨珊王朝取代。值得注意的是安息"其俗土著耕田，田稻麦葡萄酒……以银为钱，钱如其王面，王死辄更钱效主面焉"，这说明安息产葡萄，通用的货币是银钱，钱面是国王的头像，国王死后，其钱币又换下一任国王的头像。今查古希腊时代，安息（即波斯）帕提亚王朝阿萨克斯一世前238—前211年的银币，即为阿萨克斯国王头像，背面辅以连珠纹，与阿萨克斯二世，前211—前191年银币的钱面也是国王头像，其背面辅以连珠纹[77]。不仅如此，在此后的萨珊王朝从3世纪到7世纪仍以王面及连珠纹造币。据记："张骞出使西域，还带回葡萄种在上林苑了。"[78] 带回的葡萄虽未直言出自安息，但也不排除是安息。而安息的钱币，以银为钱，以国王头像为钱面，辅以连珠纹装饰确为事实。这充分证实《史记》《汉书》记载是真实可靠的，从而还让人联

77 李铁生：《古波斯币（阿契美尼德·帕提亚·萨珊）》，北京出版社，2006年。

78 孔祥星、刘一曼：《中国古代铜镜》，文物出版社，1984年。

想张骞在如此了解西亚风情与世俗的同时，为了达到出使西域扩大汉帝国的商贸往来的目的，为迎合中、西亚的审美情趣，具有勇于纳新、创新的精神。把整个中、西亚与印度佛教艺术盛行的连珠纹，移植于两汉铜镜、汉代丝织品中，是极其自然的事，而这一自然的事实，还可以叙利亚的帕尔米拉出土的中国汉绮对兽连珠纹绮残片为佐证[79]。

六、何稠家族的传播

邛窑系连珠纹始于隋代，主要有三个因素：一是技术的进步，制瓷的窑炉得到改进，采用了抽力极强的龙窑烧造。在南朝始创黑色彩绘瓷的基础上，相继于隋代率先创制高温多色的黑、褐、绿、白色釉下彩绘，这进一步使中国制瓷工艺从单色褐彩步入多色彩绘，具有划时代的意义。

二是北方丝路交通的受阻，为益州开启了中亚交通的大门。东晋至南北朝，中原和河西被十六国和北朝占领，从江南到西域不能再走历来的中西交通大道——"丝绸之路"。在这种情况下，四川地区便成为东晋到南朝与西域往来的主要交通要道。《南齐书》卷十五《州志》记："益州（四川）……西通芮芮（即柔然，北方的一种民族）。河南（指今青海省黄河以南一带）。亦如汉时武威、张掖，为西域之道也。"这条路线是由西域先经新疆若羌，沿若羌过阿尔金山入吐谷浑，再东至察汗乌苏河，东南行，以达吐谷浑东境龙酒（今松潘）而入益州。这条路线即为四川与西域商贸与文化交流插上了腾飞的翅膀，因而不少西域胡人到蜀中经商传道。如《续高僧传》卷三十四《感通篇上》隋道仙传："释道仙，本康居国人，以游贾为业，梁、周之际，往来吴、蜀，行贾达于梓州（今成都三台）。"这种情况至隋唐更盛[80]。

三是社会经济文化的发展。在隋以前的两晋时期，四川长期处于战乱中，据东晋常理《华阳国志·序志》记载："李氏据蜀，兵连战结，三州顷坠。生民歼尽，庭府化为狐狸之窟，城郭蔚为熊黑之宿……宅游雉鹿，田栖虎豹……桑梓之田，旷为长野。"到南朝梁时，蜀地流亡的人减少，社会经济才有回升。梁武帝时，北魏邢峦上表于宣武帝，乘胜取蜀，说："益州殷实。户余十万，比寿春、义阳三倍非匹，可乘可利，实在于兹。"《周书·辛昂传》记载，周武帝时"益州殷富，军国所资"。《周书·裴文举传》记载："蜀土沃饶，商贩百倍。"《魏书·胡叟传》记载："蜀沙门法成，鸠率僧旅，几于千人，铸丈六金像。"从以上记载可知，西晋时四川社会经济萧条，到南朝时蜀中经济有复苏，佛教尚有新的发展。在佛教方面，从近十年考古新发现来看，在成都市有明确纪年的南朝石刻佛教造像即有南齐建武二年（495 年）、萧衍梁武帝天监二年（503 年）、天监十年（511 年）、普通四年（523 年）、

---

79 夏鼐：《新疆新发现的古代丝织品——绮、锦和刺绣》，《考古学报》1963 年第 1 期。

80 蒙默、刘琳、唐光沛，等：《四川古代史稿》，四川人民出版社，1989 年。

征光明，与诸神相伴，可彰显出圣威、驱邪除恶、永葆安宁。希腊东部的马其顿王子亚历山大崇尚希腊文明，希望世界希腊化。当他占有小亚细亚、叙利亚、埃及、波斯、印度西北部的时候，希腊的工业制品、美术、思想，以及希腊化的宗教信仰相继传播于各地。

特别是传播至印度后，印度不仅金属钱币全面希腊化，出现了以王者与连珠纹组合的货币，还产生了享誉全球的"犍陀罗佛教艺术"。印度孔雀王朝的阿育王（前275—前238年）、印度—希腊王朝君王米兰德六世（前155—前130年）、印度贵霜王朝的迦腻色迦一世（前161—前139年）大力推崇佛教，他们被誉为佛教三大护法王。在这段时期，印度佛教造像大兴。据说，孔雀王朝阿育王为了弘扬佛法，曾建8.4万座佛舍利塔，其技法虽以本土审美情趣为主，但许多细节仍受希腊与波斯的影响。到贵霜王朝第三代迦腻色迦时，佛事活动更加兴盛，广建寺塔、雕刻佛像。据说，"这里的佛像带有浓厚的希腊风格，或者说将希腊神话中诸神加以改装和点缀些佛教的象征物即成为佛……这种希腊化的佛像称为'犍陀罗佛教艺术'……佛教的特征为波浪形发髻，身披通肩大衣。衣褶深厚，强调写实，类似希腊的长袍，身背后有从希腊引入的太阳神的背光"[89]。

从以上实例可以看出，希腊文明对印度佛教艺术产生深远的影响，而且还与太阳神有直接关系，佛像身后的背光是移引希腊太阳神的背光。在背光边沿无不以连珠纹环绕，这应是用连珠纹象征太阳，展现光明，背光光芒四射普照大地，一切邪恶无法现身而沉沦消失。

印度对连珠纹的崇尚跟他们的宗教信仰不谋而合。在印度佛教中，将连珠称为牟尼珠或摩尼珠，摩尼珠是古印度传说中的宝珠，意为如意、清静。据《涅槃经》卷九："如摩尼球，投之浊水，水即为清。"关于摩尼珠的来源，《大智度论》记载："或谓佛之舍利在'法没尽时'所化。"[90]如此所记，摩尼珠是释迦牟尼圆寂后的灵骨，即佛之化身。故《大智度论》卷五九："此宝球名如意，无有定色，清澈微妙，其天下物，皆悉照现。是宝常能出一切宝物，衣服饮食，随意所欲，尽能与之。"[91]因为这样，在佛教造像中的冠帽、光背、衣纹、身姿装扮中莫不以连珠纹为饰。从宏观整体看具有典雅精美、庄严肃穆、神圣雄伟的效果。从微观赏识，庄严肃穆、明哲睿智的佛陀，智慧明辨的文殊，善良行愿的普贤，严谨持重的迦叶，文静温顺的阿难，美丽慈祥的各式观音，阳刚之美的天王，威勇壮强的金刚力士，翩翩起舞的乐伎飞天，殿堂两侧神态各异的罗汉，法器中的金刚杵、金刚铃等，均以连珠纹组合装饰。

佛的光背边栏，神祇所戴的宝冠，身上的璎珞、胸饰、臂钏、腕钏，佛与菩萨的莲座，寺窟的藻井，多以连珠纹组合装饰。这些熠熠生辉的艺术杰作，都出于名师巨匠之手。例

---

89 金申：《印度佛像的起源》，《东方收藏》2010年第1期。

90 李明权：《佛门典故》，汉语大词典出版社，2001年。

91 李明权：《佛门典故》，汉语大词典出版社，2001年。

如，梁朝的张僧繇，隋朝的杨契丹、董伯仁，唐代的韩干、阎立本、尉迟乙僧、吴道子等，他们都擅长画山水、人物、花鸟、车舆，但他们最擅长的是宗教画[92]。因此，佛教艺术对各类相关艺术的影响是不言而喻的。其中，蜀地邛窑系在隋朝创新地用连珠纹装饰瓷器就是在这种艺术潮流中诞生的。

连珠纹不仅是佛教艺术崇尚的纹饰，还是中、西亚地区喜爱的纹饰。琐罗亚斯德教可能源于中亚细亚西南部地区，约创始于前6世纪，是波斯帝国的国教，在南北朝时传入我国，称为袄教或拜火教[93]。其教义主张宇宙有光明与黑暗，即善与恶的斗争，一切善人都不停地与恶人斗争，善人一定得到胜利，如果他的行善多于罪恶，他就进入天堂[94]。琐罗亚斯德教，是在原始的自然崇拜和多神信仰的基础上形成的。它还把光明与黑暗和火的崇拜结合起来，也崇拜太阳之神密特拉和阿姆河女神[95]，在萨珊王朝期间（226—851年），萨珊家族的阿尔达希尔一世（226—241年）建国初，即宣布袄教为国教[96]。并随着波斯及萨珊王朝的扩张，影响欧亚各地，其势最盛时，东至中国，西至希腊、罗马，南入印度，北渐进高加索一带。因此不难理解，在这一带区域的钱币文化（中国钱币不在此列），于前6世纪以来，不管何种沧桑巨变、各帝国的兴亡、王者的更替，而诸神连珠纹与祭火坛始终作为主体纹饰，这些区域的各类工艺美术品，始终以连珠纹组合为饰。这就是人们审美意识中追求光明、反对黑暗与邪恶、祈求幸福美好的宗教信仰起着巨大的推动作用。

据余光仁、余明泾先生通过考古出土的墓葬石刻、壁画和萨珊王朝钱币的论证，提出昭武九姓的粟特人信仰袄教，其石刻中的"日月图案、连珠纹、高足豆等都是典型的火袄图案"；同时又通过考古发掘的北朝至隋唐的陶瓷器、金银器、丝织品、敦煌壁画的造型与纹饰，特别是连珠纹，论证多是粟特袄教文化的影响与传播[97]。这样的立论十分新颖，尤其使人耳目一新的是"日月图案，连珠纹，在隋代首饰、高足豆（即高足盘）上出现，这并非一般仅为美而作。而是一种宣扬、记忆袄教或佛教信仰的瓷器产品"。

关于粟特人昭武九姓，据《北史·西域传》记："粟特国在葱岭之西，古之奄蔡，一名温那沙，居于大泽，在康居西北……康国者康居之后也，迁徙无常，不恒故地，自汉以来相承不绝王……本性纹，月氏人也，旧居祁连山北昭武城，因被匈奴所破，西逾葱岭，遂有国枝庶各分王，故康国左右之国，并以昭武为姓，以示不忘本也……西域诸国多归之。米国、史国、曹国、何国、小安国、那色波国、乌那曷国、穆国皆归附之，有胡律置袄祠……国立祖庙，以六月祭之，诸国皆助祭奉佛。"据此记载，昭武九姓，旧居我国祁连山北朝

92 杨仁恺：《中国书画》，上海古籍出版社，1990年。
93 北京大学历史系简明世界史编写组：《简明世界史》，人民出版社，1974年。
94 中央民族学院研究室：《世界史（上册）》，生活·读书·新知三联书店，1974年。
95 北京大学历史系简明世界史编写组：《简明世界史》，人民出版社，1974年。
96 北京大学历史系简明世界史编写组：《简明世界史》，人民出版社，1974年。
97 余光仁、余明泾：《拜火教在中国的文化印记》，《东方收藏》2010年第12期。

武城（今甘肃临泽县境），原为大月氏人，后大月氏分两支：一支继续渡过阿姆河，进入阿富汗和印度，建立了贵霜帝国；另一支留两河间，以撒马尔罕为都，建立粟特王国，即昭武九姓，有康国、米国、史国、曹国、何国、小安国、那色波国、乌那曷国、穆国，各国皆有胡律置于祆祠，设祖庙，以六月拜祭，与此同时还助祭奉佛，即不仅信奉祆教，还尊崇佛教。

赵丰先生在《唐系翼马纬锦与何稠仿制波斯锦》中称何稠祖上来自中亚粟特何国，何稠无疑是粟特昭武九姓的何国人[98]。据此，笔者可以肯定，何稠祖父在隋朝寓居成都平原的郫县，是著名的巨商大贾，经济实力雄厚。他不忘祖上崇高的信仰，持续弘扬祆、佛二教，祈求永世聚集财富。把祆、佛二教视为光明吉祥的连珠纹绘于祭祀的高足豆上，以宣扬、享用或以行商贸。这种以连珠绘于祆教祭祀的高足豆（盘）上，有似于明清时外销瓷的纹章瓷。与此同时，邛窑系窑厂，为拓展市场、发展瓷业，勇于纳新、创新，在全国首创以黑彩、黑褐彩、褐红彩、绿色、黄色釉下彩绘连珠纹，以连珠纹为主体的图案纹饰于瓷器上。这不仅彰显了邛窑系制瓷人的智慧与胸襟，还显示了隋唐时代中西文化的交融，更显示了一个伟大开放的民族得以立于世界之林的根本原因。

---

98 赵丰：《唐系翼马纬锦与何稠仿制波斯锦》，《文物》2010 年第 3 期。

邛窑考古历程与文化特征简述

黄晓枫

（成都博物馆）

摘要： 邛窑遗址在20世纪二三十年代被世人发现，至今已有近百年的认识、研究历程。从猎奇、收藏，到田野考古、研究，再到现在邛窑国家考古遗址公园向公众的开放展示，邛窑所代表的四川地区、成都平原的瓷业生产面貌、文化特征成为区域文化描述中重要的一个方面。同时，新中国成立以来，四川地区的陶瓷考古围绕邛窑遗址开展了一系列的考古调查、发掘与研究工作，逐渐对此处在举火烧造之时几乎未见于史籍记载的窑业区展开了较为全面的研究。本文以邛窑考古历程的简述作为开端，总结邛窑在6—13世纪的数百年生产中各个阶段的产品、技术特征和瓷业文化成就，以期呈现中国古代陶瓷宏阔发展进程中邛窑的价值与地位。

关键词： 邛窑　考古历程　瓷业　文化

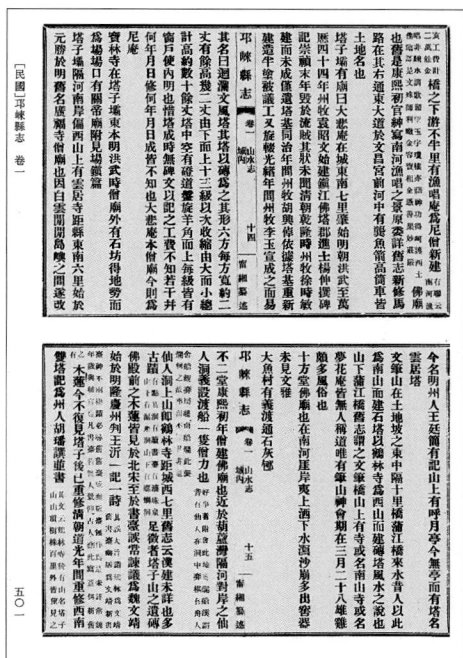

图1　民国十一年（1922年）《邛崃县志》载十方堂窑址环境状貌与瓷器的书影

邛窑不见于史料记载，对遗址直接的描述最早见于1922年春刊印的《邛崃县志》中："十方堂，佛庙也。在南河崖岸，夷上洒下，水泻沙崩，多出窑器，未见文雅。"[1]（图1）此处遗址被发现后，人们称其为"邛崃古窑址""蜀窑"等，后成都师范大学教师龚煦台提出将此处古窑场命名为"邛崃窑"，并简称"邛窑"[2]。

目前，邛窑的概念是指由邛崃境内的7处窑业遗址共同构成的遗址群，它们分别是十方堂遗址、瓦窑山遗址、大渔村遗址、尖山子遗址、柴冲遗址、黄鹤遗址、官庄遗址，分布在南河及其支流白沫江和西河沿岸。七处窑址中除了黄鹤遗址、官庄遗址时代晚至明清外，其余五处的烧造年

---

1 黄登（树）滋：《邛崃县志》，四川省地方志编纂委员会辑《四川历代方志集成》，国家图书馆出版社，2017年，第501页。

2 傅振伦：《巴蜀在中国文化上之重大贡献》，《四川古陶瓷研究（一）》，四川省社会科学院出版社，1984年，第312、313页。

代在元代以前，均以斜坡式龙窑生产青瓷为主体特征，在生产技术和产品的制作方法、装饰方法等方面都具有极为相似的特点，是分布在古代邛州境内南河流域产品、技术相近的瓷业生产遗址。瓦窑山遗址、大渔村遗址是邛窑遗址中两个年代较早的区域，出土器物表明其主要的烧造年代在南朝至隋代。尖山子遗址北与大邑相邻，面积 1384 平方米，现存窑包 1 处，生产年代在唐宋之际[3]。

十方堂遗址是迄今发现的邛窑遗址中保存面积最大、最完整的区域，现存 14 个窑包，总面积约 11 万平方米，其中 1—13 号窑包位于沿河道路南侧，由大量废弃的窑渣、废品等堆积而成，分布了不同时期的窑炉以及与之相关的生产遗迹，是最能集中反映隋唐至宋代邛窑生产面貌的遗址。14 号窑包则因临河且长期受河水冲刷，仅有少部分存留。

一、历年考古调查与发掘

十方堂遗址位于今邛崃城南的南河右岸，是 20 世纪初最早被世人发现的邛窑遗址，也是人们认识邛窑的开端，邛崃县城南十方堂的"陶窑出土器物"流传到了成都的古董市场，受到好古者的关注，同时，也逐渐出现在文人、学者、陶瓷爱好者的笔下，从不同角度对十方堂遗址出土瓷器的种类、形态、釉色、装饰等进行了描述与介绍。1936 年罗希成在《美术生活》上发表《唐邛窑奇品》："将最珍美之邛窑，摄成影片，专刊介绍，邛窑之名，由是风传海内焉。"[4] 同时，他还认为邛窑瓷器不仅有白瓷类，更有与汝窑、钧窑、龙泉窑相类似的釉色。1936 年 6 月，华西协合大学古物博物馆馆长、美国学者葛维汉（Graham, David Crockett），华西协合大学教授、英国学者贝德福（O. H. Bedford），华西协合大学教授、考古学家郑德坤一行三人前往十方堂窑址做了一次实地调查，这是最早由中外学者组成的邛窑遗址调查组。1937 年 1 月贝德福的《四川邛窑古窑址》发表于《中国杂志》（英文版），是第一篇关于邛窑的外文报道。1939 年葛维汉发表在《华西边疆研究学会杂志》的《邛崃陶器》一文是首篇关于邛窑的研究性论文，并将它与杜甫笔下的大邑白瓷联系起来[5]。

新中国成立后，对邛窑遗址的研究更多地借助田野考古工作得以实施与深入。1956 年 10 月，四川省文物管理委员会调查了十方堂窑址、尖山子窑址、瓦窑山窑址和柴冲窑址等处[6]，故宫博物院陈万里、冯先铭等学者也对十方堂、瓦窑山窑址进行了考古调查[7]，现在故

3　成都文物考古研究所、邛崃市文物局：《邛崃市尖山子窑址 2013 年调查报告》，《成都考古发现 2013》，科学出版社，2014 年，第 403—419 页。

4　罗希成：《唐邛窑奇品》，《四川古陶瓷研究（一）》，四川省社会科学院出版社，1984 年，第 96 页。

5　〔美〕葛维汉著，成恩元译：《邛崃陶器》，《四川古陶瓷研究（一）》，四川省社会科学院出版社，1984 年，第 101—113 页。

6　陈显双：《邛崃县古瓷窑遗址调查记》，《四川古陶瓷研究（二）》，四川省社会科学院出版社，1984 年，第 21—42 页。

7　陈万里、冯先铭：《故宫博物院十年来对古窑址的调查》，《故宫博物院院刊》1960 年总 2 期。

宫博物院瓷器标本室内的邛窑器物大多是这次采集的瓷器和窑具标本[8]。

1984 年至 1989 年，四川省文物考古研究所、邛崃市文管所对十方堂遗址 3 号、5 号窑包进行为期 5 年多的发掘[9]，发掘面积 3500 多平方米，清理出从隋代到五代的窑炉 9 座。其中有 7 座龙窑和 2 座马蹄形窑，并发现了一处唐代建筑遗址和一处五代作坊遗址。出土遗物包括生活用具、文具、工具、玩具、建筑材料等，出土文物标本数量以万计。

1988 年，四川省文物考古研究所对固驿瓦窑山窑址进行了一次抢救性发掘[10]，瓦窑山遗址位于邛崃市固驿镇公义村瓦窑山，由两个窑包组成，总面积 1.08 万平方米，年代自南朝至唐代早中期。一号窑包曾清理出一座长 46.2 米的龙窑，遗址内还有丰富的早期瓷器和窑具堆积。

2005 年至 2006 年，成都市文物考古工作队、邛崃市文物管理局再次对邛窑遗址进行正式发掘。此次发掘的区域集中在十方堂遗址 1 号窑包及其周围的平地、台地上，发掘面积近 2000 平方米，清理出五代至宋代的窑炉 1 座，作坊遗迹 6 处，并发现了 9 道围绕 1 号窑包的挡墙遗迹[11]。此次发掘，一是确认整个窑包及其周围均分布着从隋唐到南宋不同时期的遗迹和地层堆积，并对 1 号窑包宋代生产布局情况有了较为明确的了解：作坊区和生活面主要分布在遗址的东部台地、北部平地和南部坡地上，废品堆积区集中在遗址的西部平地、窑包的南北两侧坡地上，窑炉建于窑包西部坡地上。二是清理出了一组相互关联的五代至宋代窑炉、作坊、挡墙的共存遗迹。以往邛窑遗址发掘清理的多为单个遗迹现象，没有生产作坊的整体布局。此次有共存关系的相关遗迹现象，显示了从练制泥土、拉坯成型到瓷器烧造、产品出炉的生产流程，以及各个阶段的作坊分布，对我们认识古代邛窑瓷器生产状况、生产技术有很大的帮助。三是 1 号窑包的宋代地层及发掘出土的丰富的遗迹现象、出土遗物表明，直到南宋时期，十方堂区域还保持了大规模的瓷业生产，从而厘清了有关邛窑宋代生产状况、生产规模等问题。

2006 年 7 月，成都文物考古研究所、北京大学考古文博学院、邛崃市文物保护管理所联合对大渔村遗址进行了考古调查，确定了三处窑包的保存范围与面积，并对调查采集瓷片和窑具进行了时代判定，认为 1 号窑包烧制时间为隋至中唐以前，2、3 号窑包始烧于唐代前期，延烧至中唐[12]。窑址上采集瓷器种类较为单一，多为碗盘，少量钵、罐、瓶类器物，

8　冯先铭：《三十年来我国陶瓷考古的收获》，《故宫博物院院刊》1980 年第 1 期。

9　陈显双、尚崇伟：《邛窑古陶瓷简论——考古发掘简报》，《邛窑古陶瓷研究》，中国科学技术大学出版社，2002 年，第 123—260 页。

10　陈显双、尚崇伟：《邛窑古陶瓷简论——考古发掘简报》，《邛窑古陶瓷研究》，中国科学技术大学出版社，2002 年，第 123—260 页。

11　资料整理中，现存成都文物考古研究所、邛崃市文管所，可参见黄晓枫：《四川邛崃邛窑十方堂遗址》，《中国重要考古发现（2006）》，文物出版社，2007 年，第 56 页。

12　秦大树、黄晓枫：《四川省邛崃市大渔村窑区调查报告》，《成都考古发现 2005》，科学出版社，2007 年，第 308—334 页。

较之十方堂遗址大为逊色；同时三个窑包均尚未见匣钵，应为裸烧。

2014 年 11 月至 2015 年 7 月，为配合邛窑考古大遗址公园的建设，成都文物考古研究所与邛崃市文物管理局联合对 5、8、9 号窑包之间的临河平地区域进行了正式发掘，发掘面积共计约 600 平方米，发现有唐代晚期至南宋早、中期的地层堆积，清理作坊一处（ZF1，含储泥池 4 个，挡墙一道），道路遗迹 4 处（L1—L4），在发掘区东部发现了红砂石质建筑基础一处（F2），该遗迹位于第五层层表，与五号窑包红墙范围内建筑基址层位相当，材质相同，且与该遗迹东墙方向平行，初步判断应为红墙范围内唐五代建筑基址的西墙。此次发掘出土了数量众多、类型丰富的瓷器和窑具标本 [13]。

二、邛窑各时期瓷器生产主要特征

历次考古发掘和调查表明，邛窑始烧于南朝，盛于唐、五代、北宋而衰于南宋末期，烧造历史长达 8 个多世纪，是四川地区南朝至宋代最重要的制瓷之地，是我国西南地区烧造时间最长的陶瓷器生产窑场。邛窑从南朝至隋开始在瓦窑山窑业区兴烧，至南宋末年十方堂窑业区停烧，其间的生产分布在瓦窑山、大渔村、十方堂、尖山子、柴冲五个不同的地点，从 6 世纪到 13 世纪，瓷业生产可视作在邛窑区域连续未间断的一个整体 [14]，其生产面貌描述为如下四个时期。

1. 南朝至隋代

南朝是邛窑瓷器烧造的发生期，至隋代有了较快速的发展。这个时期的遗址以瓦窑山遗址、大渔村遗址 1 号窑包为代表。窑炉采用建于自然坡地上的斜坡式龙窑，装烧采用的是支柱、支钉结合的裸烧法，未发现匣钵，为明火叠烧，窑具形体较大，以拉坯制作的支烧具和捏制的间隔具为主。

瓦窑山窑区南朝时期的主要产品以青瓷为主，胎体较厚，造型简单而略显粗壮，胎质较为细腻；釉色以青黄、青褐色为主，釉层较薄而均匀，釉面有细小的开片。此时期的器型常见盘口四系壶、敛口钵、高足盘、深腹饼足碗、直腹饼足碗、直腹饼足杯，多青黄、青灰色釉，红色、砖红色胎居多，偶见器表装饰凸、凹弦纹，大多数器物为素面，胎体厚实。白釉瓷器的烧造是本时期邛窑的另一大特点，主要是饮食器具。1988 年抢救性发掘中出土的高足盘、钵、杯是最典型的器类，釉色米白，在胎釉之间施白色化妆土，是邛窑利用化妆土技术生产白瓷的开端，同时，化妆土技术自此开始逐渐普及，也为十方堂窑业区唐代盛行釉下彩装饰奠定了基础。

---

13 资料存邛崃市文物管理所。

14 黄鹤和官庄两处窑场经后期调研，认定其生产时间应为清到民国时期，这两个窑业区未组织相关考古发掘工作，考古材料尚待进一步丰富，故尚未将其纳入邛窑遗址的整体研究中。

图 2　釉下彩白瓷钵
瓦窑山出土

图 3　青瓷褐绿双彩连珠纹高足盘
瓦窑山出土

此期器表可见釉下彩装饰，目前可见花朵纹、连珠纹等纹样（图2），其中，内底装饰连珠圆圈纹的青瓷高足盘是迄今所见最早的褐绿双彩器（图3）。

2. 初唐至盛唐时期

唐代早期以后，十方堂窑业区逐步成为邛窑的生产中心。较之瓦窑山、大渔村窑业区南朝之隋的龙窑，十方堂区域的斜坡式龙窑不再建造在自然坡地上，而是建造在废弃品堆积形成的窑包上。五号窑包在发掘时自上而下共清理了龙窑5座，分布在不同的层位上，长度为8—12米[15]。此期邛窑开始使用匣钵作为主要的装烧器具，支钉（尤其是五齿支钉）是主要的间隔窑具。由于窑炉技术的改进，这个时期烧成的瓷器胎骨坚硬，胎色主要有灰色、深灰色、紫红色。器物造型增加了很多，产品的种类和功用几乎涵盖了日常生活的各个方面。

本期瓷器产品主要器型有碗、盘、盆、钵、罐、壶、瓶、碟、盏、灯、唾壶、茶具、枕、盒、炉、豆、杯、器盖、砚、水盂、水注、纺轮、网坠、杵、臼、研磨器、象棋、围棋、铃、骰子、弹子、人物瓷塑、动物瓷塑等数十种。

器表装饰的最大的特征是釉下彩的大量流行，以釉下彩装饰的器物胎釉之间施化妆土，沿袭了前期瓷器使用浅白色化妆土的技术，釉面呈灰白、浅青、浅黄等色，釉色介于青瓷与白瓷之间。釉下彩分褐彩、绿彩和褐绿双彩三类（图4），纹样主要有花草纹、斑纹和书写文字等，其中，文字装饰最有特色的"临邛"和"蜀"，地域指向明显，其作用是否与临邛本地窑场、成都平原窑场的产品标识相关尚待探讨（图5）。此外，还出现了釉下彩与刻划花纹相结合的装饰（图6）。

此期的邛窑器物在成型技术上也呈现出多样化的特征，除常见拉坯成型的器皿之外，模印、捏塑等不同成型技术出现并逐渐流行。模印成型的器物在本期以各类花口器为最大特色，如仿金银器造型的花口杯、花口长杯（海棠杯），还有胡人抱角杯、鹅杯等风行一时（图7）。此期的器物种类在不断丰富，同时在造型和纹样装饰上伴随着不少外域文化因素的呈现。如高鼻深目的胡人形象在人物俑、堆贴花纹、印模中大量存在；摩羯鱼不仅是碗盘内底的模印纹饰，也成为研磨器的造型；四瓣花纹饰、菱形纹饰在器物上也较频繁出现。这些外域文化因素体现出邛窑生产过程中对外来文化因素的吸收与采纳，以及对其他手工制造业技术的吸取。

---

15 蒙参与发掘的李子军等人惠告。

图4　十方堂遗址五号窑包出土彩绘瓷器
1.青瓷褐彩草叶纹亚腰杯　2.白瓷绿彩草叶纹环柄杯　3.青瓷褐绿双彩斑彩纹双系注子

图5　十方堂遗址五号窑包出土青瓷褐彩"临邛"文字亚腰杯

图6　青瓷褐绿双彩刻划莲花纹大盆
十方堂遗址五号窑包出土

3. 晚唐至五代

晚唐、五代是邛窑生产的新高潮，十方堂遗址是这个时期最典型的代表。这个时期的窑炉依然以斜坡式龙窑为主，十方堂五号窑包清理出了两个小型馒头窑，器物的装烧仍然采用匣钵装烧法。

此期器物的釉面装饰极其丰富，除了青瓷大量采用釉下彩装饰外，彩绘瓷器和"邛三彩"的烧造在本期大量出现。在我国陶瓷史上被称为"邛三彩"的，是一种呈现为三彩器物形态的釉下彩瓷器，也是本时期邛窑最引人注目的产品。其特点可以总结为：复合性成型技术、满釉支烧和二次烧成，既呈现出北方三彩对邛窑此类产品的深刻影响，也体现了邛窑陶瓷产品在生产技术上的创新特点。

第一，邛三彩器形态和工艺直接受北方三彩器的影响，以黄黏土、白鳝泥等多种胎土作为原料，并大量使用模制成型技法，此期的模印技术运用在"邛三彩"上时，不但追求整体造型的曲折优美，同时器壁厚度有了明显改善，大多数邛三彩器物规整而轻盈，胎体轻薄，是邛窑模印技术成熟的时期。第二，"邛三彩"以黄、褐、绿彩装饰为主，由于承袭了胎釉之间施白色化妆土的传统，"邛三彩"的釉、彩色泽明亮而艳丽，而明黄釉的大

图7　邛窑模印成型器物
1.青瓷绿彩花口长杯　十方堂遗址五号窑包出土　2.褐绿双彩青瓷花口单柄杯　成都市区出土

图8　黄绿釉堆贴莲瓣高足炉
成都市金河路遗址出土

面积使用则是邛三彩最大的特点之一。此外，"邛三彩"还采用了护胎釉技术，大多数器物的足部呈现出明亮的褐红色，与黄釉的主色调相互衬托，美丽而夺目。第三，"邛三彩"在入炉装烧时采用三角形支钉、三足支垫作为间隔窑具。这种源于北方三彩器窑业技术的支钉与瓷器的接触面积仅有米粒大小，将留在器物表面的支钉痕减到极小的程度。无论从制作、装烧工艺还是从产品形态上观察，"邛三彩"无疑是邛窑晚唐至五代时期的精细产品（图8）。

本期单色绿釉、黄釉器物采用了与邛三彩相同的成型、烧制技术，而部分器物分别将黄、绿彩施于器物内外壁，或黄、绿、褐三色施于器物不同部位，形成对撞的色彩组合，也是邛窑本期最具代表性的一类产品。以成都金河路遗址出土晚唐五代时期的黄绿釉堆贴莲瓣高足炉为例，香炉采用了拉坯成型、模制装饰部件、粘接成型、满釉烧制、二次烧成等技术，器物鲜艳明丽，造型华丽又不失轻盈。

值得注意的是，邛窑唐五代时期的一些产品出现了分相釉的特点，乳浊失透的釉面特点出现在了盘口四系瓶、四系罐等器物上，在积釉部位尤为明显，呈现灰蓝色的不透明釉色（图9）。此类器物标本的釉成分测试需要在后续工作中加以重视。

4. 两宋时期

宋代邛窑窑炉形制和装烧方法较前期变化很小，但产品的外观形态出现了较大的转变。最明显的是前期一直流行的釉下彩装饰在这个时期数量锐减，各种色调的绿色、蓝色釉为主的乳浊釉瓷器开始大量生产（图10）。器物种类也在碗、盘、杯、碟、注壶等餐饮器具外，出现了大量瓶、炉、砚滴等花事、香事、文房类产品，且以花瓶种类的丰富尤为引人瞩目。此外，从唐代中晚期开始较为流行的玩具类产品，在两宋时期也更加丰富，以捏塑成型为主，既有嬉水、骑马、游戏的男女孩童造型，也有水牛、狗、飞鸟、乌龟等动物造型，甚至还有小佛像的摆件。

这些变化与宋瓷的美学风格是一致的，宋代瓷器不仅重视釉色之美，而且更追求釉的质地之美。当时的钧瓷、哥窑、龙泉窑均生产各类质感凝重的乳浊釉、结晶釉和石灰碱釉产

图 9　唐五代时期出现的釉面乳浊失透现象
1.青瓷褐绿双彩卷草纹四系盘口瓶　十方堂遗址五号窑包出土　2.青瓷褐彩斑纹四系盘口瓶　大邑县城出土　3.青瓷褐绿双彩草叶纹盘口瓶　大邑县城出土
4.青瓷深直腹钵　十方堂遗址五号窑包出土

图 10　邛崃十方堂遗址出土宋代瓷器
1.乳浊月白釉杯口执壶　2.乳浊绿釉执壶　3.乳浊天青釉梨形砚滴

品。邛窑此期的产品主要是本地从唐代就开始萌芽的高温铜绿釉，以及各种类钧瓷的乳浊釉，高温铜红釉器物在这个时期的生产可能出现在了一些日用器皿上，已经较为常见和稳定。

三、邛窑遗址瓷业文化特征简述

　　纵观邛窑各个时期的生产状态，显示出两个显著的特征：它是四川地区最具本土特色的民间窑场，同时又是与外界技术与文化交流最频繁、包含文化因素最丰富的四川古代手工业生产区域。邛窑的产品面貌极其丰富，产品不仅包括了日用饮食器具，还有用于琴棋书画的文房用具，作为"闲事"的茶具、香具和花器，以及宗教用具和进行礼制性活动的礼器和明器等；既有陶瓷器特有的器物形态，又有仿金银器的高档器具，还在装饰上较多的模仿漆器和金银器的工艺；产品以青瓷为主，同时也大量生产白瓷、黑瓷、单色彩釉、釉下彩、高温三彩以及低温三彩器。其制作工艺和装饰手法的丰富性在全国各重要的古代窑场中是首屈一指的，充分体现了一个为城市、乡村提供全方位生活用器的民间窑场的特色。

在长期的烧造过程中，邛窑始终保持了与南北方各主要制瓷传统的密切联系。由于四川地区独特的地理位置，这个区域的窑炉技术、产品成型技术、产品形态特征兼具了我国南北方窑业生产体系的诸多特征。作为我国古代典型的窑业技术吸收区域，青羊宫窑、邛窑等分布在成都平原的瓷器窑场，总是能在较早的时期吸收各地先进的窑业技术运用于本地窑场的生产中，邛窑的考古资料所反映的窑炉技术和制瓷技术上证实了这一点。

1. 窑炉技术

中国古代的瓷器生产最早发生在长江下游的宁绍平原，东汉后期青瓷生产成熟以后，瓷器生产逐渐扩展到长江中游的赣江流域和湘江流域，形成了几个生产中心，两晋、南朝时期青瓷生产区域扩展到沿海的闽广地区和长江上游的四川地区。四川地区迄今未发现原始瓷器的烧造，成都的青羊宫窑址和邛崃的固驿瓦窑山、大渔村窑址是目前所见最早生产青瓷的本地窑场，其创烧时期大致推定在西晋至南朝。邛窑的制瓷传统在创烧之初便受到了长江中下游地区龙窑和青瓷烧造传统的深刻影响。由于地处丘陵地带，周围有丰富的林木资源，邛窑的瓷器生产选择了以龙窑烧造青瓷的制瓷技术体系。由于吸收了当时最为先进的长江中下游地区的烧造技术，邛窑的窑炉技术和制瓷技术一开始就显得成熟而先进。邛窑创烧期的窑炉建造在自然的山坡地上，与宁绍平原的越窑、赣江流域的洪州窑等相似。

1988 年发掘的固驿瓦窑山南朝时期的龙窑，是最能体现此期窑炉技术先进性的考古发现之一。该窑炉位于丘陵地带的自然山体上，炉身呈长条形，长 46.2 米，宽 2 米，坡度为 15°—21.5°，窑炉结构完整，由火膛、火厢、窑床、烟道等部位构成。装烧工具包含了各式支钉、垫柱、垫筒、垫圈等。采用裸烧法装烧，有器物直接叠叠的，也有相同器物间隔支钉的叠烧、大小不同器物的套装，甚至还出现了以大型垫圈为座、小型束腰支钉间隔的釉口覆烧工艺（图 5），值得注意的是，这种釉口覆烧工艺不仅出现在瓦窑山窑区，在距离瓦窑山窑场约 40 公里的天福窑也有同样的装烧方法。从瓦窑山窑区清理的窑炉体量观察，其窑炉的容量是青羊宫窑隋代短龙窑的 7—8 倍，而装烧方法的多样化，尤其不同器型器物的套烧法，都是增加单位产量、降低生产成本的手段，这种变化，一方面是瓷业生产技术改进的表现，另一方面也反映出瓷器产品需求的旺盛与瓷业生产商品化程度的提高。

唐代以后，随着全国龙窑技术的提高与普及，四川盆地的龙窑技术也更加成熟。邛窑的十方堂窑区、尖山子窑区、大渔村窑区，都江堰玉堂窑、成都琉璃厂窑是唐宋时期四川盆地继承本土的传统青瓷生产技术进行生产的主要窑场，其中十方堂窑区是承继传统窑业技术最多的典型窑场。十方堂窑业区选择了临近河道、较为平坦的地域设立窑场，在原料与产品运输上都具备了更好的条件，但是，将窑炉建在废弃的瓷片、窑具等堆积而成的窑包斜坡上的方法，这种依靠窑场产生的废品人为垒积而成的窑包对窑炉的长度形成了一定的限制，五号窑包五代至宋 Y1 窑炉长度为 21.5 米，三号窑包发现的宋代窑炉为 27.4 米，2005 年一号窑包发掘清理的 Y1 是目前十方堂遗址最长最完整的斜坡龙窑，全长 46 米，由窑前工作面、窑门、火膛、窑床、烟道以及烟道后的护坡组成（图 11），窑前工作面低于地面 2.6 米，有效加大了窑炉的长度，烟道位于窑包顶部，为了加强窑炉结构的稳固，在窑炉尾部砌筑了 7 道层层增高的护坡墙体，这一窑炉修建方式相较青羊宫窑隋代短龙窑、唐代馒头窑的修筑，充分体现了平地砌作龙窑技术的发展。

图 11　邛窑十方堂窑区一号窑包宋代龙窑（Y1）鸟瞰

此外，邛窑生产的主流是采用龙窑进行青瓷的烧造，而十方堂 5 号窑包的发掘证明，至迟在晚唐至五代时期，随着三彩瓷品种的生产，邛窑又采用北方地区流行的馒头窑烧制瓷器。同时，就已经发现的馒头窑来看，它们体量小、装烧量低，也从侧面印证了龙窑窑炉技术在十方堂区域的主导地位。

2. 制瓷技术

从隋代开始，邛窑逐步进入了生产的成熟期。其后的 6 个多世纪里，邛窑文化同四川地区的许多其他文化现象一样，从长江水道和蜀道两个方向接受外界的文化影响，不仅继续保持与长江中下游地区制瓷业的工艺技术联系，以青釉瓷器作为主流产品；而且也开始学习中原北方地区制瓷业的先进技术，我们从邛窑固驿瓦窑山、大渔村遗址的产品中可以看到一些中原北方地区瓷窑的器物类型和形制。至迟在隋代，邛窑就学习北方的技术开始使用白色化妆土，在南方地区率先生产出白釉瓷器。由于邛窑使用本地黄黏土作为瓷器的胎料，化妆土的使用就成为克服胎料缺陷生产白釉瓷器的最佳途径。因此，化妆土的技术一经应用，便在邛窑的各个窑场迅速传播开来，并成为邛窑瓷器生产根深蒂固的传统，也为唐代彩绘瓷器的大量出现奠定了良好基础。大约相当于中原地区的汝、钧创烧天青色釉瓷器前后，邛窑在很短的时间内也有这种釉色的瓷器生产，并形成了蓝、绿色调乳浊青瓷的独特釉色产品，成为一种兼具南北方制瓷工艺特色，并具有四川地区特点的制瓷传统。

在各个时期的生产中，邛窑并非亦步亦趋地学习其他窑场的工艺技术，而是在学习中不断创新，根据自身的原料条件发展出了不少新的工艺技术。由于这个区域的瓷器生产原料特别是胎土资源不是很理想，早在隋代，邛窑在使用化妆土的同时，又发明了用釉灰配置釉，成功地烧制出了具有乳浊性的分相釉，克服了原料的缺陷，美化了瓷器，开本地区两宋时期分相乳浊釉生产之先河。又如从隋代开始，邛窑开始仿制在长江中下游地区早已出现的彩绘瓷，到了唐代早中期釉下彩装饰在邛窑就已成熟，但邛窑却在唐代率先生产了以铜为显色剂的绿彩和以铁为主要呈色元素的褐彩同时装饰的复合彩。邛窑的另一项重要

图12　成都平原唐宋时期的釉下红彩举例
1.青羊宫窑址出土唐代红彩单柄杯
2.邛窑十方堂遗址一号窑包出土宋代红彩水盂
3.邛窑十方堂遗址一号窑包出土宋代紫红釉瓷片
4.邛窑十方堂遗址一号窑包出土宋代蓝绿釉红彩瓷片

的发明是被称为"邛三彩"的高温三彩的创烧与大量流行。从外观上观察，"邛三彩"具有唐三彩的一些特征，而且在烧造中使用了北方地区三彩器烧造惯用的三叉形支钉，但邛三彩却远远不是简单的仿烧产品，其胎料炼制、化妆土的使用、褐色和绿色的装饰搭配、护胎釉的运用，不仅有外地窑场的技术特征，更承袭了邛窑自隋唐以来形成的彩绘装饰，尤其是褐绿双彩的复合彩装饰风格，是邛窑在晚唐时期独特的创新产品；此外，以铜为主要呈色元素的釉彩配方在中晚唐时期已经在成都平原的青羊宫窑、十方堂窑被普遍运用，在青羊宫窑的考古发掘中也能见到烧制成功的高温铜红彩，其后在十方堂窑的宋代地层中更发现了一些高温铜红彩瓷片，呈现出与钧窑紫红釉彩一致的风格，此项技术在邛窑的发展与流变中非常值得关注（图12）。邛窑在学习其他窑场技术的过程中，不断革新自身的生产技术，在中国古代制瓷业中产生了广泛的影响，它所开创的复合彩绘工艺、邛三彩工艺、高温铜红彩工艺等，都在中国陶瓷发展史上产生过十分重要的影响。

邛窑的考古发现让我们认识到，在与外界文化和技术的交流中，器型、装饰方法、烧造技术在交流的背景下形成了邛窑的本土文化特征。因此，邛窑最重要的文化特征便是它体现在不同时期的外来文化因素与邛窑本身文化特征的融合。

四、结语

瓷器生产与成都平原的经济、社会发展息息相关。秦并巴蜀之后，在成都平原上修建了三座城池：成都、临邛、郫，这三座城池是在地理位置上互为犄角、相互照应的军事重镇。"临邛"因最靠近邛人所在地而得名，特殊的地理位置和得天独厚的自然资源，很快让临邛在城市发展中显示出了其重要的经济地位。李冰修都江堰、整饬平原水系、水道，密集的河网不仅使得田畴广布的成都平原农业灌溉省事弘力，为农业发展奠定了良好基础，同时也构建起了最好的水路运输通道，加之邛崃又是古老的"南方丝绸之路"西出成都的第一城，为其后产业与商业的发展创造了极为重要的水陆交通优势。汉代盐铁的大量开采与制造，为这座城市最早的商贸活动的兴起奠定了基础，以卓王孙等为代表的早期移民，因冶铁专营成为一方富豪，同时也使得临邛形成了产业发展的城市背景，极大提升了城市的经济地位。

邛窑的瓷业生产是成都平原古代经济与历史中亮丽的一页。自两晋南朝以来，各个窑场的兴起与延烧，形成了一个分布范围广阔、瓷业品种多样的古代窑业生产地。作为四川地区乃至西南地区最富代表性的古代窑场，其瓷业成就凸显在以下几个方面。

其一，邛窑是古代西南地区瓷业生产力最强、规模最大的窑场。就现在已经发现的古代窑场统计，南北朝至宋代的窑业生产区主要分布在南河沿岸的大渔村、十方堂、尖山子、柴冲区域，还包括南河流域南面的浅丘地带的瓦窑山窑区，其覆盖面积逾30平方公里，长时期、大范围的生产不仅是制瓷产业规模的体现，也是成都平原产业形态与地区文化的关联研究的重要材料。其二，在邛窑6—13世纪的生产中，其瓷业生产技术特色鲜明，是一个对我国古代南北方窑业技术兼收并蓄、融会贯通、创新发展的最具典型代表性地方窑场之一，南朝至隋代的白瓷生产、褐绿双彩的创烧，唐代釉下彩瓷的流行，晚唐五代独创"邛三彩"，两宋乳浊青瓷的风格改变，邛窑每个阶段的生产与发展都在发展中闪耀着创新的光辉，成为展现中国古代陶瓷文化多样性、地域性、创新性的生动案例。其三，作为古代四川地区最主要的瓷器产品来源地，其产品种类涵盖了餐饮器具、居室陈设、文房雅器等不同的日常生活所需，在以成都为中心的川西平原主要销售区域之外，邛窑的瓷器也流通到了平原的边缘，沿着陆路和水路销售到了川北山地、峡江地区，并影响着四川盆地各地的瓷器产品形态，成为本地区最具典范性的窑场，也极大丰富了地方物质生活史的研究材料。

近百年邛窑瓷器研究成果述评

陈宁　李芬
（景德镇陶瓷大学）

摘要： 邛窑作为中国西南地区现存的古瓷窑遗址之一，对于研究中国古陶瓷的发展历程以及四川地区窑业的发展状况具有重要意义。通过20世纪30年代至今近百年调查发掘工作的积累，邛窑遗址出土了数量众多、品种丰富的瓷器。针对此，学者对邛窑瓷器的烧造年代、窑系范围、器物特征等诸多方面进行了探讨，丰富了人们对邛窑瓷业的认识。本文主要针对近百年来学界有关邛窑瓷器的研究成果进行系统梳理，并对其研究现状加以评析，以期能给读者一个宏观的认知与思考，也期望为后续学者的相关研究提供便利。

关键词： 邛窑瓷器　研究现状　研究述评　近百年

一、引言

邛窑位于四川成都平原西南部的邛崃市境内，其窑址主要包括十方堂窑、瓦窑山窑、大渔村窑、尖山子窑、柴冲窑等。根据目前考古资料来看，邛窑始烧于南北朝，发展于隋，兴盛于唐五代，转型于两宋，宋末元初趋于衰落直至停烧。对邛窑的发现与发掘过程，可概括为这么三个阶段：一是20世纪三四十年代，邛窑遗址遭到军阀唐式遵等人盗掘[1]，这一状况引起国内外学者对邛窑瓷器的关注和重视，开始对其进行调查研究；二是20世纪五十至七十年代，四川省文物管理委员会等单位开始对其进行较为科学的考古调查，初步确认邛窑为四川早期窑场；三是20世纪80年代至今，四川省文物考古研究院、成都文物考古研究院等单位开始对邛窑进行更加全面系统的考古调查与发掘，基本探明其生产规模、生产区域、产品类型、工艺特征、艺术风格等。由于正式考古发掘资料尚在整理，遗址公园规划保护亦在建设之中，因此对其相关问题的解决亟待这些工作的持续向前推进。

---

1 《民国邛崃县志》，邛崃市地方志办公室重刊，2006年，第113页。

二、邛窑瓷器研究的主要类别

基于早期学者对邛窑遗址遭到破坏后的现状调查和记录材料，加上近些年来的考古调查发掘材料，近百年有关邛窑瓷器的研究出现了不少成果。根据其内容特点，可将这些研究成果划分为以下三种类别。

一是考古整理类。此类研究是基于出土遗存来分析邛窑瓷器生产发展情况，使学者对其有个初步的认知。概括而言，主要可分为两种。一是邛窑瓷器的考古发现。20世纪三十至六十年代，对邛窑遗址进行调查的主要有杨枝高、郑德坤、徐鹏章、罗希成、魏尧西等，其中英国学者贝德福的《四川邛州古窑址》[2]、美国学者葛维汉的《邛崃陶器》[3]这两篇文章对当时邛窑遗址的保存状况进行了描述。如贝德福一文将邛窑窑场废弃的原因归为原料耗尽，而葛维汉一文则对邛窑瓷器的纹饰进行了探讨，并将器物表面的釉彩作了科技检测分析，是早期对邛窑瓷器科技研究的先例。陈万里、冯先铭的《四川省古窑址》[4]是对四川地区窑址分布情况的一个整体性概括描述，为后续四川地区古窑址研究的学者提供了便利。20世纪70年代至今进入了科学考古阶段，如陈显双、尚崇伟的《邛窑古陶瓷简论——考古发掘简报》[5]，对十方堂窑址的考古发掘概况作了系统的梳理，对出土遗物作了分类，并通过地层将其年代上限划分为隋代，下限划分为宋代。此后，对于邛窑遗址的考古调查逐步扩大到大渔村窑[6]、尖山子窑[7]等。这些考古调查成果使邛窑瓷器的生产范围进一步明确，同时丰富了邛窑瓷器的资料来源。二是基于邛窑考古资料的相关研究。如陈丽琼的《邛窑新探》[8]就是根据考古资料对邛窑分期问题进行了系统探讨，并与川外窑口（如长沙窑）作了比较研究。不过，从目前的考古研究成果来看，这类研究仅对邛窑遗址的保存状况、地理位置以及年代问题等有了初步探讨，而对其窑系范围、发展状况、创烧时代等问题尚待作进一步的更深研究。

二是工艺技术类。此类研究比较注重对于矿料来源、烧成温度、胎釉成分等方面的分析。

2　〔英〕贝德福著，成恩元译：《四川邛州古窑址》，《四川古陶瓷研究（一）》，四川省社会科学院出版社，1984年，第93—95页。

3　〔美〕葛维汉著，成恩元译：《邛崃陶器》，《四川古陶瓷研究（一）》，四川省社会科学院出版社，1984年，第101—113页。

4　陈万里、冯先铭：《四川省古窑址》，《四川古陶瓷研究（一）》，四川省社会科学院出版社，1984年，第52—54页。

5　陈显双、尚崇伟：《邛窑古陶瓷简论——考古发掘简报》，《邛窑古陶瓷研究》，中国科学技术大学出版社，2002年，第135—221页。

6　成都文物考古研究所、北京大学考古文博学院、邛崃市文物保护管理所编：《四川省邛崃市大渔村窑址调查报告》，《成都考古发现2005》，科学出版社，2007年，第308—336页。

7　成都文物考古研究所、邛崃市文物局：《邛崃市尖山子窑址2013年调查简报》，《成都考古发现2012》，科学出版社，2014年，第403—419页。

8　陈丽琼：《邛窑新探》，《四川古陶瓷研究（一）》，四川省社会科学院出版社，1984年，第131—141页。

如张福康、尚崇伟等合著的《中国早期钴蓝的研究》[9]，栾天、毛振伟、王昌燧等合著的《邛崃窑彩绘瓷彩绘工艺的 SRXRF 研究》[10]，就是对于邛窑彩绘瓷的彩料来源、胎釉的成分分析以及相对关系等进行的专题研究。这类研究通过对瓷器文物标本进行科技分析检测，为相关研究者提供了科学、真实、有效的数据资料，所得出的结论具有较高的可信度和参引价值。不过由于是同种釉料，因此通过科学实验得出的结论大多大同小异，会出现研究结论重复的现象。有鉴于此，后续研究者应转换研究视角，拓宽研究范围，全方位、多角度地丰富邛窑瓷器的科技研究成果。

三是鉴藏鉴赏类。20 世纪 30 年代以来，大量精美的邛窑瓷器散落在民间，流散到各类古玩市场上，受到鉴赏者的喜爱与追捧，使其艺术与鉴赏类研究得以发展。这类研究成果比较注重对邛窑瓷器的赏析与品评，能使读者对邛窑瓷器的工艺特点有个基本认识，同时对邛窑瓷器的艺术风格具备一定的审美与辨别能力。如李知宴的《邛窑长沙窑的艺术风采和辨伪》[11]、李铁锤的《颇具创造性的四川邛窑彩绘、刻绘、三彩及单色釉瓷》[12]，就是从釉彩艺术的风格特点进行鉴定和赏析，进而辨识出邛窑瓷器与其他窑口瓷器的相似点与不同点。不过整体来看，这类研究仍然缺乏一定的系统性和深入化。人们对精美古瓷鉴藏鉴赏的热爱，是这类研究兴起发展的重要条件。

三、邛窑瓷器研究的主要成就

从 20 世纪 70 年代以前邛窑瓷器研究成果的呈现方式来看，这些研究以较为零散的考古调查为主，从宏观上大致探明了邛窑遗址的生产分布范围。20 世纪 70 年代以后，随着考古调查发掘工作的持续深入，学者对邛窑瓷器的研究逐步扩展到多个学科领域。尤其是 1984 年中国古陶瓷研究会（今名为"中国古陶瓷学会"）年会在四川邛崃的召开，使邛窑瓷器研究逐渐受到国内外学者的关注和重视，其会议学术成果刊载于《四川古陶瓷研究》[13]《邛窑古陶瓷研究》[14]等论文集中，并由此极大地丰富了邛窑瓷器的研究内容，使邛窑瓷器研究在诸多方面取得了较大的成就。综观近百年邛窑瓷器的研究发展，其主要成就可概括为以下四个方面。

9　张福康、尚崇伟、承焕生，等:《中国早期钴蓝的研究》,《邛窑古陶瓷研究》,中国科学技术大学出版社,2002 年,第 43—52 页。

10　栾天、毛振伟、王昌燧:《邛崃窑彩绘瓷彩绘工艺的 SRXRF 研究》,《光谱学与光谱分析》2006 年第 8 期。

11　李知宴:《邛窑长沙窑的艺术风采和辨伪》,《收藏界》2004 年第 3 期。

12　李铁锤:《颇具创造性的四川邛窑彩绘、刻绘、三彩及单色釉瓷》,《收藏界》2009 年第 10 期。

13　四川古陶瓷研究编辑组编:《四川古陶瓷研究（一）、（二）》,四川省社会科学院出版社,1984 年。

14　耿宝昌主编:《邛窑古陶瓷研究》,中国科学技术大学出版社,2002 年。

1. 考古调查发掘资料的丰富完善

随着邛窑遗址调查范围的扩大和考古发掘的进一步深入，出土遗物种类不断丰富，之前长期未能解决的问题逐渐得以初步探明。一是划分了窑系生产范围。如陈显双、尚崇伟的《邛窑古陶瓷简论——考古发掘简报》[15]一文将古代邛州（今四川邛崃）范围内的窑址作为邛窑系看待，其窑址包括南河十方堂、固驿瓦窑山、西河尖山子、白鹤大渔村、柴山冲、黄鹤、官庄等古瓷窑遗址，同时这也是第一次对邛窑遗址进行的考古发掘，该简报所披露的遗迹遗物为后来学者的邛窑瓷器研究提供了丰富可靠的实物资料。二是明确了窑场分布与变迁。如《四川省邛崃市大渔村窑区调查报告》[16]一文对邛窑的发展历程进行了较为系统的梳理，认为"隋到唐代中期的早期邛窑生产区域是由分散的小规模窑场构成的，而到了晚唐到宋初邛窑生产的繁荣时期，出现了窑场数量萎缩、生产作坊向十方堂窑场集中的现象"，同时提出唐代邛窑生产的瓷器受到中原文化影响的观点，为后来学者的相关研究提供了新的视角。三是厘清了瓷器生产面貌。通过系统查阅《邛窑出土瓷器选粹》[17]《邛窑》[18]等出土遗物的相关整理与研究成果可知，它们大多将邛窑的生产发展分为五个时期。一是隋代至唐代早期为邛窑生产的初创期，产品以青瓷占绝大多数，还有少量的白瓷。器型以碗、杯、高足盘等生活用器为主，器表多施化妆土，且多素面无纹。二是唐代中后期为其发展期，产品以青瓷和彩绘瓷为主，还有少量的白釉瓷和酱釉瓷等。器型更为多样，除了常见的碗、杯、盘等造型外，还出现了仿金银器造型的器物，同时诸如水盂、砚滴之类的文房用器逐渐增多。器表多施化妆土，且多有褐、绿双彩构成的草叶纹、卷草纹等彩绘装饰。三是唐代晚期至五代为其繁盛期，产品器形和釉彩种类更加丰富，陈设类、玩具类器物明显增多。器表少施化妆土，出现了通体施釉的器物，且部分器物釉面出现细小开片，装饰多以褐绿双色团彩、点彩图案构成，亦有少量模印、刻划装饰的。值得注意的是，这一时期开始烧造低温釉彩瓷器，并开始大量使用匣钵装烧，产品质量显著提升。四是北宋至南宋前期为其转变期，产品以乳浊釉瓷为主。器形多是碗、杯、盘等生活用器，釉色多为绿色或青白色，釉面呈乳浊失透状，常会出现窑变现象，且多素面无纹。五是南宋后期至元代为其衰落期，产品仍以乳浊釉瓷为主。器形基本是碗、杯、盘等生活用器，釉色多为酱色或绿色，器表流釉现象严重，大多素面无纹，匣钵装烧基本被废弃。黄晓枫的《邛崃十方堂窑遗址五号窑包的建筑、窑炉遗迹》[19]一文对邛窑处于生产繁荣期的唐至五代时期遗迹进行了详细

15 陈显双、尚崇伟：《邛窑古陶瓷简论——考古发掘简报》，《邛窑古陶瓷研究》，中国科学技术大学出版社，2002年，第135—221页。

16 成都文物考古研究所、北京大学考古文博学院、邛崃市文物保护管理所编：《四川省邛崃市大渔村窑区调查报告》，《成都考古发现2005》，科学出版社，2007年，第308—336页。

17 成都文物考古研究院编：《邛窑出土瓷器选粹》，文物出版社，2022年。

18 成都文物考古研究所、邛崃市文物管理局编：《邛窑》，四川人民出版社，2017年。

19 黄晓枫：《邛崃十方堂窑遗址五号窑包的建筑、窑炉遗迹》，《江汉考古》2012年第4期。

论述，为后续研究这一时期邛窑的生产状况和生产制度提供了重要资料。不过，由于受考古发掘资料的限制，其邛窑创烧年代仍然存在一定的争议，该问题的解决有待于更加全面的考古发掘和考古材料的进一步披露。

随着国家对文物和文化遗产保护力度的不断加大，科技考古的发展更进一步推动了考古事业的发展，也更进一步推动了邛窑瓷器的考古学研究，丰富了邛窑瓷器的研究内容。无论是对其窑系范围、窑场分布与变迁还是对其生产面貌的探讨，都有了比较系统的梳理，其深度和广度也都有了明显的提高；但在这些研究成果中，研究对象大都是陶瓷器物，侧重于对其断代、分类与窑系问题的研究，而对于邛窑生产模式的研究往往是被忽略的。

2. 工艺技术与文化交流研究的初步探明

邛窑是南北方制瓷技术与文化交流的融汇地。随着考古资料的日渐丰富完善，学界对其制瓷技术与文化交流方面的研究也得以持续深入。概括而言，这方面的研究成果大致可分为三类。一是邛窑与南方其他窑场制瓷工艺源流关系的研究。如张福康的《邛崃窑和长沙窑的烧造工艺》[20]从胎釉的色调、化学组成、显微结构等方面，通过对比邛窑和长沙窑的烧造工艺，来看两者之间的工艺技术交流。可惜的是，该文并没有从胎釉原料选择与配方之间的关系方面进行综合分析。又如伍秋鹏的《四川古代青瓷与越窑青瓷的关系探析》[21]通过考古发掘资料来对比邛窑瓷器与越窑瓷器在造型、釉色、装烧工艺等方面的相似性，但通过细致对比两窑生产的海棠式杯造型，伍氏认为越窑"圈足略外撇，杯里心多刻划荷叶纹"，邛窑则"圈足外撇呈喇叭状足，杯内壁模印麦穗、瑞草、鱼纹、莲瓣、连珠纹等纹饰组合而成的图案"，言其器物形状、装饰技法、纹饰图案等并不相同，以此来看两窑其实并没有直接的关联性，且唐代许多窑口都有仿金银器海棠式杯造型的器物。就此研究而言，也许是受材料所限，有关邛窑与越窑青瓷的造型、纹饰等方面的关系探究需要更加丰富的材料和更加精细的对比。二是邛窑与北方三彩窑场关系的研究。这方面的研究成果大多是从三彩器物或彩绘瓷器的角度来探讨其相互影响关系的。不过，冯冕的《唐宋时期川渝地区瓷业窑炉技术的选择》[22]则改变了研究角度，从窑炉技术的选择来对其窑炉结构进行探究，进而总结邛窑窑炉的工艺特点可能与北方三彩窑场有着密切关系，并从燃料的角度分析了使用这种窑炉结构的原因。三是邛窑与"南方丝绸之路"外销关系的探讨。如胡立嘉的《南方丝绸之路与"邛窑"的传播》[23]就通过收集大量的文献史料，并与考古资料相互印证，以此探讨邛窑瓷器的外销范围。可惜的是，目前由于缺乏国外出土的邛窑瓷器材料，因此其观点"邛窑瓷器通过丝绸之路销往阿富汗等国家"有待进一步证实。又如陈丽琼、

---

20 张福康：《邛崃窑和长沙窑的烧造工艺》，《邛窑古陶瓷研究》，中国科学技术大学出版社，2002 年，第 53—60 页。

21 伍秋鹏：《四川古代青瓷与越窑青瓷的关系探析》，《中国陶瓷》2015 年第 1 期。

22 冯冕：《唐宋时期川渝地区瓷业窑炉技术的选择》，《中国古陶瓷研究》第 28 辑，科学出版社，2023 年。

23 胡立嘉：《南方丝绸之路与"邛窑"的传播》，《中华文化论坛》，2008 年，第 127—138 页。

董小陈、董越的《邛窑系古陶瓷文化新释》[24]分上、下两篇，上篇较为系统地论述了邛窑产生的时代背景和发现发掘历程，下篇则从文化交流的角度探究了邛窑瓷器的文化内涵，以此揭示出古代陶瓷传播过程中不同文化交流的方式。整体而言，该书内容丰富，资料全面，尤其将邛窑瓷器纳入中外文化交流的背景下进行探究，给世人展现了一个多姿多彩、文化多元的窑业风貌。

邛窑工艺技术与文化交流方面研究的逐渐深入，使世人对邛窑文化的内涵与外延有了更深层次的认识。不过，就目前而言，学界对邛窑瓷器外销范围的研究还缺乏确切的实证，以至于有关邛窑瓷器外销其他方面的研究亦有较大的局限性。此外，有关文化交流层面的研究大多侧重于南北方窑场之间制瓷技术的探究，而有关邛窑瓷器外销文化及其路线方面的研究往往被忽视甚或遗漏。

3. 邛窑瓷器鉴赏研究的不断拓展

学界对邛窑研究的日益关注和重视，促使人们对邛窑瓷器也逐渐关注和重视。有关邛窑瓷器鉴赏类研究成果，大多是穿插于各类研究著述之中，专论之作相对较少。就其研究成果而言，主要可概括为两类。一是以文字资料为主的邛窑瓷器鉴赏类文章。如李铁锤的《华丽的邛窑单色釉及高温三彩》[25]、吴宏放的《邛窑瓷器精品赏析》[26]，从邛窑瓷器的釉色、胎质、造型、装饰等方面进行品评赏析，进而达到瓷器鉴赏的目的。这种鉴赏方法其实是对邛窑不同时期瓷器特征的总结归纳，不过具体鉴定还是要与实物本身紧密结合起来。由于这类研究者大多是古玩收藏家，对邛窑瓷器的评赏主要是基于自己的实物收藏，所面向的人群也主要是陶瓷收藏爱好者，这使他们在品评用语上缺乏一定的严谨性。不过总体而言，这些文章大多通俗易懂，文学性强，对于邛窑瓷器鉴定赏析具有一定的参考价值。二是以图片整理为主的邛窑瓷器图鉴类著作。如成都文物考古研究院编著的《邛窑出土瓷器选粹》[27]、邛崃市文物管理局（今名为"邛崃市文物保护中心"）与成都文物考古研究所（今名为"成都文物考古研究院"）编著的《邛窑》[28]。这些图鉴类整理成果，使邛窑瓷器更加直观全面地呈现在世人面前，也使世人可以快速了解到邛窑瓷器中的精品，且这些成果大多会标明每件瓷器的尺寸大小、造型釉彩、纹饰图案、文化寓意以及出土地、收藏地等较为详细的信息，以便世人查核。

文字鉴赏资料与图录鉴赏成果的不断出现，丰富了邛窑瓷器的研究内容，使世人对邛窑不同时期的瓷器发展状况有了更加清晰的认知，也使研究者对资料的收集查询更加便捷。

24 陈丽琼、董越、董小陈：《邛窑系古陶瓷文化新释》，四川美术出版社，2021年。

25 李铁锤：《华丽的邛窑单色釉及高温三彩》，《东方收藏》2017年第7期。

26 吴宏放：《邛窑瓷器精品赏析》，《收藏界》2013年第3期。

27 成都文物考古研究院编：《邛窑出土瓷器选粹》，文物出版社，2022年。

28 成都文物考古研究所、邛崃市文物管理局编：《邛窑》，四川人民出版社，2017年。

不过，这些著作大多属于资料罗列性质的著作，抑或是梳理归类后的特点介绍，在一定程度上缺乏从美学角度对于邛窑瓷器的系统深入评析。

4. 审美与设计研究的日渐兴起

近年来，学界对邛窑器物审美与设计方面的研究日渐兴起。一是装饰技法类。如魏崴的《四川古瓷的造型和纹饰研究》[29]、李玥洋的《浅谈古邛窑器物中体现的装饰美》[30]，通过分析邛窑瓷器的造型、装饰与彩绘纹饰来探讨四川地区的风俗与审美文化。又如陈丽琼的《邛窑古陶瓷发展概述》[31]对邛窑从创烧到衰落时期的器物特征、纹饰图案、艺术风格等作了较为系统的归纳与总结，然后按照时代顺序对邛窑瓷器特征进行品评，尤其是对唐五代时期邛窑瓷器装饰艺术风格及其形成原因作了较为详细的论述，且将邛窑彩绘分为图案画、没骨画、散点画、斑彩画四类，这一分类更易于世人对邛窑彩绘艺术与审美文化的理解。二是审美设计类。如詹颖的《邛窑器物设计的审美文化》[32]从工艺美术设计与审美的角度来系统探讨邛窑瓷器的纹样、工艺与审美文化的关系，认为邛窑瓷器纹样的文化来源，受到四川地区特有的自然环境和人文环境的影响。该书可谓是一部从美学角度系统探讨邛窑瓷器审美文化的著作，具有较高的学术价值和参引价值。

邛窑器物审美与设计研究的日渐兴起，使世人对于邛窑不同时期瓷器的审美风格变化有了更加清晰的认知，而其中提出的有关邛窑与设计相结合的发展策略或发展思路，对于当前邛窑国家考古遗址公园建设也具有一定的启示意义。同时，这类研究的日渐兴起，还有助于邛窑传统制瓷工艺传承发展与创新方面的研究。

四、邛窑瓷器研究的不足之处

邛窑作为四川地区十分重要的古代瓷窑之一，近百年来其研究成果不断得到丰富和发展。不过，就目前而言，仍存在较多不足之处，具体可概括为以下三个方面。

1. 邛窑传统制瓷工艺传承保护与创新发展研究有所欠缺

邛窑传统制瓷工艺的传承保护与创新发展，目前确实面临着较大困难，缺乏明确有效的策略研究。1972年，四川省轻二局为恢复邛窑的生产发展，成立了邛崃县美术陶厂，但由于研发方向不明确、经费投入不够、销售渠道偏窄等问题，1999年被裁撤解体，由此致使邛窑的传统制瓷工艺面临着传承与发展的问题。2008年，何平扬被四川省文化厅认定为四川省非物质文化遗产项目邛陶烧造技艺的代表性传承人，这在一定程度上意味着邛陶烧

---

29 魏崴：《四川古瓷的造型和纹饰研究》，《四川文物》，2003年第3期。

30 李玥洋：《浅谈古邛窑器物中体现的装饰美》，《陶瓷科学与艺术》，2016年第8期。

31 陈丽琼：《邛窑古陶瓷发展概述》，《邛窑古陶瓷研究》，中国科学技术大学出版社，2002年，第97—116页。

32 詹颖：《邛窑器物设计的审美文化》，中国轻工业出版社，2019年。

造技艺面临着濒临失传的窘境。近年来，学界对邛窑的研究基本停留在对邛窑瓷器的工艺技术、文化交流等方面，对邛陶烧造技艺的传承与发展方面的研究较为匮乏，未能引起足够的关注和重视。尽管有些学者从创新性视角出发，如詹颖的《关于手工技艺类非物质文化遗产的保护范式的思考——以"邛陶烧造技艺"的保护为例》[33]，就基于非物质文化遗产保护的视角进行了系统探讨，提出了邛陶烧造技艺的保护与发展应和瓷器蕴含的审美文化密切结合的路径，但是此类研究成果整体而言缺乏一定的广度和深度，且未能提出行之有效的解决策略和具体措施，这一状况促使人们对邛窑传统制瓷工艺传承与发展现状难以有一个整体的认知。

2. 邛窑瓷器生产模式研究相对匮乏

根据考古资料来看，邛窑自唐代中期以后，其窑场的生产规模急剧扩大[34]。从出土大批量的产品来看，如此大规模的生产是以何种生产模式进行管理的呢？黄晓枫的《从考古发现看邛窑的文化特征》一文曾提到"清理出一组相互关联的五代至宋代的窑炉、作坊、挡墙的共存遗迹"[35]，且出土有"明德三年八月八日造，老启记用""广政四年四月"等字样的印模，那么邛窑坯户与窑户之间是怎样的合作关系，作坊的生产体制又是怎样的？同时根据出土的"乾德六年二月上旬造官样，杨全记用"印模和在前蜀王建墓的发掘报告中提到的"灯台两件，可能系邛窑产品"[36]等材料信息，邛窑生产的瓷器不仅流向民间，还很可能具有贡御性质。不过，目前有关邛窑生产性质的研究，仅在少量的文章中略有提及，如易立的《试论邛窑低温釉瓷器的几个问题》[37]，缺乏研究的系统性和深入化。而针对邛窑的器物胎料制备、生产模式等问题的探究更是比较匮乏，尚未引起学界足够的关注和重视。

3. 邛窑瓷器传播路线与产品流布范围研究略显局限

四川地区在秦汉时期就有一条通往西亚的古栈道。据《史记·西南夷列传》记载："元狩元年（前122年），博望侯张骞使大夏来，言居大夏时见蜀布、邛竹杖，使问所从来？曰：'从东南身毒国，可数千里，得蜀贾人市。'或闻邛西可二千里有身毒国。"[38]基于此，有些学者就对邛窑瓷的传播路线与销售范围进行了大胆推测。一是在邛窑瓷器外销文化的研究中，提及最多的是南方丝绸之路、茶马古道与邛窑瓷器外销的关系，但从具体研究成果来看，目前还缺乏对其传播路线以及对外贸易的具体情况的相关探讨。二是根据出土资料来看邛

33 詹颖：《关于手工技艺类非物质文化遗产的保护范式的思考——以"邛陶烧造技艺"的保护为例》，《四川省干部函授学院学报》2013年第2期。

34 成都文物考古研究院编：《邛窑出土瓷器选粹》，文物出版社，2022年。

35 黄晓枫：《从考古发现看邛窑的文化特征》，《成都文物》2007年第2期。

36 冯汉骥：《前蜀王建墓发掘报告》，文物出版社，2002年，第65页。

37 易立：《试论邛窑低温釉瓷器的几个问题》，《边疆考古研究（第18辑）》，科学出版社，2015年，第247—263页。

38 （汉）司马迁撰，（南朝宋）裴骃集解，（唐）司马贞索隐，（唐）张守节正义：《史记》卷116《西南夷列传》，中华书局，第2295页，1982年。

窑瓷器的流布范围，目前大多集中在成都平原及其周边地区[39]，但缺乏对其周边城址及墓葬出土邛窑瓷器与邛窑遗址出土瓷器的对比分析研究，同时缺乏相应的科技检测分析与研究。

当然，除了上述三方面的研究不足外，邛窑瓷器研究还存在其他的不足之处，诸如邛窑遗址考古资料的进一步细化整理与研究、国内外收藏邛窑瓷器的系统整理与研究、国内外非窑址区出土邛窑瓷器的系统整理与研究等。这些不足都亟待解决和完善，以更好地适应当前邛窑国家考古遗址公园的建设与发展。

五、结语

整体而言，近百年有关邛窑瓷器的研究取得了不少成果，在一定程度上推动了邛窑瓷器研究的发展。早期研究大多注重对于考古调查资料和工艺技术方面的探讨，后来随着考古调查发掘工作的持续深入、人们对邛窑古瓷鉴藏的关注以及交叉学科的不断发展等，其研究的广度和深度都有了明显提高。具体而言，主要表现在考古调查发掘资料的丰富完善、工艺技术与文化交流研究的初步探明、邛窑瓷器鉴赏研究的不断拓展、审美与设计研究的日渐兴起四个方面。不过就目前而言，邛窑瓷器研究仍有较多不足之处，诸如邛窑传统制瓷工艺传承保护与创新发展研究有所欠缺、邛窑瓷器生产模式研究相对匮乏、邛窑瓷器传播路线与产品流布范围研究略显局限等，这些不足都亟待进一步解决和完善。因此，有关邛窑瓷器的研究亟须更多的优秀学者和实践者参与进来，从各自不同的学科角度进行互鉴互补性研究，进一步拓宽研究的视野和范围，以此来共同促进邛窑瓷器理论与实践研究的"双重"发展，助推邛窑国家考古遗址公园建设。

---

39 易立：《邛窑：成都平原大型窑址群的杰出代表》，《中国文化遗产》2015 年第 6 期。

邛窑十方堂出土唐五代时期佛教人物雕塑探析

唐志工[1]　马敏[1]　马正军[2]

（1.广元市石窟研究所　2.广元窑研究院）

摘要： 邛窑十方堂出土的唐五代时期佛教人物雕塑，有佛、弟子、菩萨、力士人物形象。其内容组合，与初唐高宗武周时期寺窟寺中一铺七身像组合相同。小佛像与菩萨像，是由长安地区佛教寺院中的善业泥发展而来。五代时期佛教人物又以佛传故事人物为主。迦棱频伽是唐代密宗曼荼罗中重要的装饰纹样。唐代邛窑烧制产品的功能性改变，对其后南北瓷业产生了重要影响，形成了各窑场瓷业发展的重要因素。

关键词： 邛窑　十方堂　唐　五代　佛教　人物雕塑

邛窑是以位于四川省邛崃市南河十方堂、固驿瓦窑山、白鹤大渔村、西河尖山子等古瓷窑的总称，以十方堂为主[1]，于20世纪30年代被地方军阀盗掘，窑址遭到严重破坏，新中国成立后，经过文物考古部门的多次调查，对窑址的分布、烧瓷历史以及装饰特征有了比较全面的认识和了解[2]。1988年公布邛窑遗址为全国重点文物保护单位。邛窑创烧于南朝时期，发展到两宗，固驿窑遗留有较多的南朝时期标本，如四系桥形壶、敛口小抔，见于四川南朝墓中，十方堂是邛窑典型的唐代瓷窑遗址。出土了很多完整器物和瓷器标本。十方堂除烧制大量日常生活用的瓶、壶、碗、洗、盘外，还大量烧制小件雕塑[3]。

在邛窑出土的小件雕塑瓷器中，可分为宗教类人物、世俗人物、圣人三大类。纵观考古发掘报告与图录，在宗教类人物中，以佛教人物雕塑形象引人注目。其造型风格的时代特征明显，人物内容丰富，本文从佛教文化的发展角度来进行探讨和分析，有助于我们对唐五代时期邛窑瓷业为宗教服务的功能性转变有更深入的认识。不当之处，敬请各位专家指正。

1　耿宝昌主编：《邛窑古陶瓷研究》，中国科学技术大学出版社，2002年。

2　冯先铭：《四川省古窑址》，《故宫博物院院刊》1980年第1期。

3　冯先铭：《四川省古窑址》，《故宫博物院院刊》1980年第1期。

一、邛窑十方堂出土唐五代佛教人物雕塑

（一）唐代

1.1936 年，杨枝高《访邛崃十方堂古窑记》

在文中分十类，用甲代表文具，乙代表陈列品，丙代表酒器，丁代表茶器，戊代表碗，己代表砖瓦，庚代表坛罐，辛代表造像，壬代表玩具，癸代表乐器。

在其分类中，以辛代表造像，"有孔子像（高六寸），观音像（高三四寸），释迦像，天王像种种。胎骨红白不一，间有彩釉，亦有全无釉者"[4]。

2.1937 年，罗希成《唐邛窑奇品》

在图版中，可见有佛坐像、佛头像、弟子像、观音坐像、观音立像、力士像、孝子像等[5]。

3.1948 年，魏尧西《邛窑》

文中分为十类，器具、造像、砖瓦、玩具、乐器、胎骨、釉水、图案、款识、年代。

以第 2 类为造像，"有孔子像，高约六寸。白胎素烧观音像，释迦天王像等。胎骨红白不一，亦有彩釉或全无彩釉者"[6]。

4.2002 年，李知宴《论邛窑彩绘瓷的艺术风格》

"邛窑成型、装饰除广泛使用雕塑工艺外，还与范制、模印、线刻工艺相结合。供家庭或寺庙供奉的佛，供陪葬用的俑，大型狮子以及胡商和保卫主人的武士、奴仆的雕塑品等等，虽然没有洛阳龙门、甘肃敦煌石窟那么雄伟壮观，但人物和动物形象的塑造都取材于现实，在写实的基础上加以夸张和抽象，以神取形，乐观豁达，完全是世俗现实生活的写照。此次邛窑陶瓷展出的标本（于 2001 年 4 月邛崃邛窑科技考研研讨会期间）中有一件巨型彩塑，很像敦煌、麦积山石窟中的彩塑，人物头戴冠帽，竖眉鼓眼，大耳薄唇，右臂上翘，左臂下斜，五指伸开，强健有力，肩披长巾，项挂璎珞，袒胸露腹，下着战袍，赤脚而立。这尊塑像和其他人物形象、动物形象一样，使我们认识到邛窑雕塑艺术的现实性。他的骨骼、关节和肌肉都表现得非常圆润，看到肌肉的健美、皮肤的柔软，更看到皮层下饱含着流动的血液。他比专门陪葬用的北方三彩釉陶俑更写实，比石窟佛像更世俗，这些艺术形象更令人有世间真实的感觉。民窑陶瓷工艺擅长写实，在邛窑雕塑上表现突出。"[7]

4　邛崃市政协文史资料研究委员会、邛崃市邛窑考古遗址公园服务中心编：《千年邛窑》，成都市兴雅致印务公司，2023 年，第 20、111、425、429 页。

5　邛崃市政协文史资料研究委员会、邛崃市邛窑考古遗址公园服务中心编：《千年邛窑》，成都市兴雅致印务公司，2023 年，第 20、111、425、429 页。

6　邛崃市政协文史资料研究委员会、邛崃市邛窑考古遗址公园服务中心编：《千年邛窑》，成都市兴雅致印务公司，2023 年，第 20、111、425、429 页。

7　邛崃市政协文史资料研究委员会、邛崃市邛窑考古遗址公园服务中心编：《千年邛窑》，成都市兴雅致印务公司，2023 年，第 20、111、425、429 页。

5.唐代青瓷小佛像

高 7 厘米，佛像的面目不太清晰细致，但仍透露出沉静与庄严。佛作盘腿坐姿，双手置于腿上，袈裟垂绦，衣纹井然，身后背光作两层尖桃形。通体施青釉，点染青褐斑彩，是邛窑瓷产品中最小的佛像。收藏于邛窑古陶瓷博物馆 [8]。

（二）五代

1.释迦牟尼降生像

其一印模，长 9 厘米，为叶片形贴饰的印模，外拱内凹，凹面刻细密的竖线条，中部饰两个跳跃的仙人形象。粉白胎，无釉。邛崃市临邛镇十方堂窑址出土，现藏于邛崃市文物管理局 [9]。

其二素胎印花长杯，口径 8.6—12.8 厘米，足径 5 厘米，高 5.7 厘米。为低温釉瓷器的素烧坯。敞口，尖唇，平面呈椭圆四曲花瓣形，弧腹分曲，矮喇叭形圈点。红胎，挂米黄色化妆土，内底心模印开光鱼纹，四周模印麦穗带、花卉和人物案。邛崃市临邛镇十方堂窑址出土，现藏于邛崃市文物管理局 [10]。

其三青釉童戏俑，高 5.3 厘米，童子仰头前视，双手前伸，掌合于头前，双腿向后展开，匍匐于盛开的莲花座之上。红褐胎，青灰釉，釉面可见细开片。邛崃市临邛镇十方堂窑址出土，现藏于邛崃市文物管理局 [11]。

2.龙浴太子

印模，直径 8 厘米，高 2.5 厘米。粉盒盖模，半圆形，外拱内凹，凹面刻双龙纹，首尾相顾，中间刻一童子足踩莲叶，手执莲花戏双龙，四周饰云纹。浅褐胎，无釉。邛崃市临邛镇十方堂窑址出土，现藏于邛崃市文物管理局 [12]。

3.佛弟子头像

明德三年款印模，高 14.8 厘米。半圆形，外拱内凹，凹面刻人面图案，拱面刻"明德三年八月八日造老启记用"。粉白胎无釉。邛崃市临邛镇十方堂窑址出土。现藏于邛崃市文物管理局 [13]。

4.飞天

印模，直径 6.7 厘米，高 2.5 厘米。粉盒盖模，半圆形，外拱内凹，凹面刻飞天图案。

8　成都市文物考古研究所、邛崃市文物管理局主编：《邛窑》，四川人民出版社，2017 年，第 227 页。

9　成都文物考古研究院：《邛窑出土瓷器选粹》，文物出版社，2021 年，图版 115。

10　成都文物考古研究院：《邛窑出土瓷器选粹》，文物出版社，2021 年，图版 013。

11　成都文物考古研究院：《邛窑出土瓷器选粹》，文物出版社，2021 年，图版 041。

12　成都文物考古研究院：《邛窑出土瓷器选粹》，文物出版社，2021 年，图版 114。

13　成都文物考古研究院：《邛窑出土瓷器选粹》，文物出版社，2021 年，图版 109。

粉白胎，无釉。邛崃市临邛镇十方堂窑址出土，现藏于邛崃市文物管理局[14]。

5. 迦棱频伽

成都金河路遗址出土五代时期黄绿釉印花高足炉，口径10.1厘米，足径8.3厘米，高15.7厘米。器形为子口，炉盖缺失，深弧腹，下接喇叭形高足，圈足中空，腹部外壁贴饰四重莲瓣和叶片，莲瓣表面模印竖线和飞天图案。属二次烧成的低温釉瓷器，暗红胎，挂米黄色化妆土，炉内壁施明黄釉，外壁施绿釉[15]。

二、邛窑十方堂出土唐五代佛教人物的名称

（一）唐代

以佛教石窟寺中人物名称定名。

1. 佛

佛是"佛陀"的简称。又译作"佛驮""浮陀""浮屠""浮图"等。在梵文中的意义为"觉者""知者""觉"。觉又有三层含义：自觉、觉他（使众生觉悟）和觉行圆满，是佛教修行的最高果位。佛教宣称，一般凡夫俗子以上三项都缺，毫无觉悟可言，只有佛才三项都全。小乘讲的"佛"，一般是专用作对释迦牟尼的尊称。大乘除指释迦牟尼外，还泛指一切觉行圆满者[16]。

在杨枝高《访邛崃十方堂古窑记》一文中，已识别出有"释迦像"，当为学者中最早识别邛窑出土佛教文物的第一人。其后，罗希成、魏尧西也有同样的认识。为自民国发现邛窑以来最早阶段的认识。

2. 弟子

在释迦牟尼两旁两尊比丘像，为一老一少。老的是摩诃迦叶，少的是阿难陀。在罗希成《唐邛窑奇品》图版中，有弟子摩诃迦叶像。

3. 菩萨

菩萨，是"菩提萨埵"的略称。在梵文中的意义是"觉有情""道众生""道心众生"。

指按大乘佛教修行，将来可以成就佛果的修行者。佛典上常提到的菩萨有弥勒、文殊、普贤、观世音、大势至等。对大乘僧侣或居士有时也可以尊称为菩萨，如印度大乘佛教学者龙树、世亲等也被称为菩萨。

在杨枝高《访邛崃十方堂古窑记》和罗希成《唐邛窑奇品》图版中，都有观音菩萨的坐像和站立像。

---

14 成都文物考古研究院：《邛窑出土瓷器选粹》，文物出版社，2021年，图版113。

15 成都文物考古研究院：《邛窑出土瓷器选粹》，文物出版社，2021年。

16 中国社会科学院世界宗教研究所佛教研究室：《佛教文化面面观》，齐鲁书社，1989年，第151页。

4. 力士

佛教的护法神金刚密迹，亦称金刚力士，手执金刚杵在佛国从事护法的护法神。在佛典《金光明经》中，力士是捍卫佛法，保护佛陀。在释尊入灭时，力士悲痛欲绝地说："云何世尊舍弃于我，独立涅槃？咄哉大苦，此金刚杵当用护谁？即便掷弃！"

在罗西城《唐邛窑奇品》图版中，有托座力士，当为力士的另一种表现形式。在李知宴《论邛窑彩绘瓷的艺术风格》中，对收藏于邛崃邛窑古陶瓷博物馆的力士进行了分析，认为很像敦煌、麦积山石窟中的彩塑。从人物的造型和纹饰比较中有了更进一步的新认识。其造型当为石窟寺佛教人物力士像。与《金光明经》中记载一致，其造型右手应持有金刚杵。

（二）五代

以佛传故事人物及其他人物为主。

1. 释迦牟尼降生像

其一，为莲花瓣印模。用细密的竖线条表示莲花瓣筋脉，两个相对的童子臂绕披帛，一手指天，一手持披帛。其表现形象为佛教中释迦牟尼的降生像。据佛经讲，佛主降生后，即向东西南北各行七步，并以左手指天，右手指地，同时做大狮子吼："天上地下，唯我独尊。"造像特征一般为童子形，上身赤裸，下着短裙，左手指天，右手指地。

其造像形式与佛经中记载的释迦牟尼降生像内容相同。对于两个相对的释迦牟尼降生像，在构图中，设计者使用了对称型构图法，除可能用来表示图案构图内容丰富外，也反映出佛教仪轨在五代时期邛窑产品设计中，对释迦牟尼降生故事的具象构图和理解。

其二，为莲花瓣花口式杯，杯内两组左右对称的童子图案，在上一件的造型基础上又增加了一组，使之形成两组对称图案。童子身后同样有披帛，脚踩祥云，当为佛经中所讲的释迦牟尼从摩耶夫人"右胁降生"的故事场景。

其三，为青釉莲台童子双手合十像，童子为俯卧于莲台上，双手高举于前，作合十状，无披帛。其内容同为反映的释迦牟尼降生像。只是表现形式为手捏圆雕像。较前面内容一致，具体表现形式有所不同，表现的佛教汉化特征和世俗化特征明显。

2. 龙浴太子

为合盖印模。图案处饰祥云，内侧饰左右对称双龙纹，中间饰一站立的童子，右手高举持莲花，左手下垂，双腿作奔跑状，脚踩于一枝莲叶上。当为佛经中所讲的净饭王之妻摩耶夫人身怀有孕，出游蓝毗尼园中，手攀树枝，太子悉达多从其右腋下降生。时有九条神龙飞至太子头顶，口吐香水，为太子洗浴，诸天护俱来守护。

3. 佛弟子头像

为佛弟子纪年款印模。从人物面相观察，应表现的是佛身边两大弟子之年轻的阿难陀像。

4. 飞天

为飞天散花印模。图案中心为两个对称的飞天人物在空中散花,高双发髻,肩披长巾,呈飘逸状,上体半裸,下身着长裤。图案边饰为五瓣花边饰。

图案中二飞天内容,当表现的是香间神的乾闼婆,散花飞天,在空中飞翔。另一位是歌舞神的紧那罗,天宫伎乐,飞翔于天空。两位天神合为一体,成为飞天,又叫散花飞天。

在敦煌石窟中唐代的飞天,一方面表现在大型经变画中的佛陀说法场面,散花、歌舞、礼赞作供养;另一方面表现在"西方净土"画中。同时,也有用在佛陀的头顶作为装饰,在唐后期的《涅槃经变》图上方多有飞天。

5. 迦棱频伽

在成都金河路遗址出土,为黄绿釉高柄莲瓣纹饰迦棱频伽炉。无盖,在腹部外壁贴饰四重莲瓣的叶片上,模印密集竖线和饰迦棱频伽图案。

迦陵频伽,又作歌罗频伽鸟,迦兰频伽鸟、迦陵毗伽鸟。从梵语意译为好声鸟、美音鸟、妙声鸟。该鸟生于印度,出于雪山。在卵壳中即能鸣,音色清婉、美妙,为天、人、紧那罗,一切鸟声所不能及。

在佛教经典中,常以其鸣声比喻佛菩萨之妙音。即极乐净土之鸟,在净土曼荼罗中,作人头鸟身形。见大般若波罗蜜多经卷 381,新华严经卷 78,大智度论卷 28,慧苑音义卷下、翻译名义集卷 6。

三、邛窑十方堂出土唐五代佛教人物题材的分析

(一)唐代

1. 唐代佛教人物的组合

从邛窑十方堂出土的唐代佛教人物的题材分析,内容包含了佛、弟子、菩萨、力士人物形象。从中国佛教石窟开凿发展演变和邛窑十方堂窑址唐代地层出土人物分析,这种佛教人物的组合形式与初唐高宗、武周的佛教石窟寺中人物组合内容相同,即一佛二弟子二菩萨二力士一铺七身像组合[17],十方堂窑址出土的人物内容上,虽然不是一铺或两件成组的出现,但是,可见半成品和个别成品的单体人物,这对于充分认识邛窑十方堂窑址生产的产品类型及内容非常重要,对今后判断邛窑中无纪年的产品的生产时间尤为珍贵。

2. 唐代长安善业泥的影响发展

对于邛窑十方堂窑址出土的唐代佛教人物的题材,我们通过对比分析认为,它是继承

---

17 广元皇泽寺博物馆、成都市文物考古研究所:《广元石窟》,巴蜀书社,2002 年,第 31 页。编号第 535 号窟原名莲花洞内附 10 龛,龛内雕一座佛二弟子二菩萨,龛口立二力士。其外侧各雕一蹲狮。龛外左侧题记有"⋯⋯大周万岁通天(396—697 年)囗年"。

了南北朝时期佛教寺院中善业泥的发展而来的[18]。邛窑十方堂窑址出土的小型坐佛像，是唐代长安地区善业泥像传播到益州（成都）发展的结果[19]，从制作工艺看，由南北朝时期延续发展至唐代的泥制品，传播到益州、邛州后，又进一步进入窑场上釉高温烧制，使其硬度提高，使用时间延长，同时可批量生产。它的使用功能同长安地区的佛教寺院善业泥性质一样，为佛教信徒供奉到寺院的供品。

3. 成都发现的南朝善业泥题材石像

在成都地区，考古发现中没有出土南北朝至唐代的善业泥像，但不能说明不受善业泥的影响，1995 年在成都西安路出土的 10 件南朝造像中，1 号坐佛像为红砂岩质，为一块桃形石上浮雕的小佛像，有圆形头光，结跏趺坐，施禅定印[20]。该窑藏同时出土有纪年佛造像一尊，为南朝梁太清五年（551 年）[21]。该石质小坐佛像的性质，也应当为善业泥像的性质，从质地看有别于南京发现的善业泥像[22]，更有别于西魏大统八年（542 年）扈郑兴造善业泥像[23]。

4. 佛教典籍和文献中善业泥的流源与制作

在唐代义净《南海寄归内法传》中记："造泥制底及拓模泥像，或印绢纸，随处供养，或积为聚以砖裹之，即成佛塔。或置空野任其消散，西方法俗莫不以此为业。又复凡造形像及以制底，金、银、铜、铁、泥、漆、砖、石，或聚沙雪，当作之时，中安二种舍利，一谓大师身骨，二谓缘起法颂，其颂曰：诸法从缘起，如来说是因，彼法因缘尽，是大沙门说。"

又见义净《大唐西域求法高僧传》中记："僧哲禅师，澧州人，归东印度，到三摩坦咤国，国王名曷社跋毛，其王既深敬三宝……每于日日造拓模泥像十万身躯。"

在清代董诰《全唐文》中，唐代段成式的《东塔记》记录了唐代"常乐坊赵景公寺"寺塔迁移之时所见："塔下有舍利三斗四升，移塔之时……满地现舍利，士女不敢践之，悉出寺外。守公乃造小泥塔及木塔近十万枚葬之，今尚有数万存焉。"

从以上唐代义净法师的著述中，可知善业泥像是在早期佛教产生的印度发展起来的，唐代仍流行于印度，之后传播到国内又盛行。南朝的建康、益州两地早期善业泥可能比北方流行略早，材质为石、铜，至唐代长安地区佛教寺院再普遍流行，进而又传播到益州、邛州，应当是随佛教寺院的教派礼佛变化而传播的。

再从印度造各种材质的善业佛像到国内唐代长安地区善业泥像，以及造小泥塔和木塔

18 贺云翱：《南朝善业泥像鉴赏》，《收藏家》2001 年第 6 期。
19 王云城：《中国佛像真伪识别》，海南艺文出版社，2004 年，第 55 页。
20 四川博物院、成都文物考古研究所、四川大学博物馆：《四川出土南朝佛教造像》，中华书局，2013 年，第 149 页。
21 四川博物院、成都文物考古研究所、四川大学博物馆：《四川出土南朝佛教造像》，中华书局，2013 年，第 149 页。
22 贺云翱：《南朝善业泥像鉴赏》，《收藏家》2001 年第 6 期。
23 王云城：《中国佛像真伪识别》，海南艺文出版社，2004 年，第 55 页。

像，在其发展过程中，不断丰富材质，增加新的内容。表现形式更强烈。因此，邛窑十方堂窑址出土的唐代佛教人物雕塑像，又为唐代善业泥像的材质增加了新的材料即陶瓷。为唐五代之后长江中下游窑业中景德镇窑、龙泉窑、德化窑等宗教人物的雕塑发展奠定了基础。

（二）五代

1. 佛传故事人物突出

邛崃十方堂出土的五代佛教人物题材，其内容以佛传故事人物为主，改变了初唐时期以佛、弟子、菩萨、力士题材组合为主的局面。表现形式上以刻划、模印为主，已不见初唐时期用手捏塑的佛教人物像。以装饰在小件器物上为主。如佛教用的高柄莲瓣纹炉，带盖的盒盖上等。其装饰主体纹饰的周边纹饰多样化，如线刻纹、云纹、花朵纹、花瓣形边饰、鱼纹、麦穗纹。

2. 唐密曼荼罗与迦棱频伽

释迦牟尼涅槃后，由多闻弟子阿难传之后世，成为"林邑八乐"之一。其形象是人首鸟身，形似仙鹤，彩色羽毛，翅膀张开，两腿细雨长，头戴童子冠或菩萨冠，立在莲花或乐池平台上，有的张翅引颈歌舞，也有抱持乐器演奏。在《正法念经》中说："山谷旷野，其中多有迦陵频伽，出妙音声，如是美音，若天若人，紧那罗（歌神）等无能及者，唯除如来（佛）言声。"《妙法莲华经》卷六："山川岩谷中，迦陵频伽声，命命等诸鸟，悉闻其音声。"

在《佛说阿弥陀经》中："彼国常有种种奇妙杂色之鸟：白鹤、孔雀、鹦鹉、舍利、迦陵频伽、共命之鸟。"迦陵频伽形象最早从北魏的石刻上出现，在唐代的敦煌壁画中也可见到。

从考古发掘中，可见到 1987 年 4 月在陕西扶风发现唐咸通十五年（874 年）法门寺塔基地宫中 [24] 出土的《临送真身使随真身供养道具及恩赐金银衣物账》碑中提到："……第五重银金花银钹函一枚重四十两二分。" [25]

在法门寺出土的金银器中，第五重宝函等均是御制专奉成组配套，并融密教金胎两界大曼荼罗于其上，不仅是金银器中极品，更是密教至尊 [26]。从出土的银器款识内容，可知为唐代文思院制作 [27]。

1994 年开始，学界对法门寺地宫研究取得了突破性进展。认为法门寺唐代地宫在封闭

---

24 韩金科：《法门寺文化史》，五洲传播出版社，1998 年，第 504 页。

25 韩金科：《法门寺文化史》，五洲传播出版社，1998 年，第 528 页。

26 韩金科：《法门寺文化史》，五洲传播出版社，1998 年，第 554 页。

27 韩金科：《法门寺文化史》，五洲传播出版社，1998 年，第 554 页。

时被布置为唐密曼荼罗[28]。

梵语曼荼罗，译为坛场，义为轮圆具足，含蕴集精华、辐射光芒之意。据密宗经典记载，法身佛大日如来为十地以上菩萨讲授《大日经》和《金刚顶经》，在南天铁塔内外分别传出了胎藏界（物质世界）和金刚界（精神世界）两部大法，于7世纪分别为印度高僧善无畏和金刚智所传承。善无畏、金刚智未在印度传授，而率其弟子不空（师徒3人史称开元三大士）于唐开元年间先后来到长安结坛传法并相互传授，是谓"金善互授"，善无畏和金刚智传于印度僧人不空和中国僧人一行。不空尽得两部真谛又传于中国僧人惠果[29]。

一行原系天台学人，侧重胎藏界，其《大日经疏》为胎藏界解释《大日经》之根本论典，无不依为原典，称为大疏，台密以他为创造台密的实际宗祖[30]。

特别是为代宗、德宗、顺宗皇帝国师的惠果，融汇两部大法侧重于金刚界，其创绘的金刚界曼荼罗与金刚密号等，为金刚界理解《金刚顶经》之根本依据，其内涵多与中国传统文化相结合，创立了继承印密而又别有发展的唐密体系，推动佛教密字中国化而成为唐密大法，东密公认他为初祖[31]。

从青龙寺至大兴善寺智慧轮的唐密一系，由日本的空海、最澄回日创立东密、台密后，其间中国虽经唐武宗的会昌法难，但在日本一直传承并发展[32]。

特别是法门寺地宫，以绘画、雕塑结合儒家礼制结坛，供养佛指舍利，聚集为金，胎两部曼荼罗，以辐射遍照，成为唐密的大千世界。是佛教由小乘、大乘发展到密乘最高阶段，聚集所有佛和菩萨、包含显密全部教相（理论）、事相（实践）的圆满悉地无上成就。

在法门寺地宫出土的第五重宝函上，分别有释迦说法曼荼罗、文殊说法曼荼罗、大日说法曼荼罗、普贤说法曼荼罗、金轮曼荼罗[33]。

从金轮曼荼罗的构图布看，中央八叶莲台安供八辐金轮，环绕珠圈。四方绘四迦陵频伽鸟，人头鸟身，趾立莲座，前后面两尊鸟手捧供状，左右两尊鸟合掌。四隅均为蓬茎上置三钴金刚杵。坛外四周，均饰以蔓草绕迦陵频伽鸟。此即唐密金轮曼荼罗[34]。

该图曼荼罗，无经轨可考，揆度其法义，中间八叶蓬捧金轮，即金胎合一之义。中间金轮，象征法轮常转即金刚界大日尊。迦陵频伽鸟，为声音最优美之鸟，于西方极乐世界净土常奏法乐，梵音嘹亮，演说法音。此处四方四迦陵频伽，表示宝函下面四尊，即前面侧面释迦，后侧面大日，左侧面文殊，右侧面普贤等广说种种妙法之音。象征阿閦等四佛。

---

28 韩金科：《法门寺文化史》，五洲传播出版社，1998年，第605页。

29 韩金科：《法门寺文化史》，五洲传播出版社，1998年，第604页。

30 韩金科：《法门寺文化史》，五洲传播出版社，1998年，第604、605页。

31 韩金科：《法门寺文化史》，五洲传播出版社，1998年，第605页。

32 韩金科：《法门寺文化史》，五洲传播出版社，1998年，第605页

33 韩金科：《法门寺文化史》，五洲传播出版社，1998年，第713—717页。

34 韩金科：《法门寺文化史》，五洲传播出版社，1998年，第717页。

东方文殊表阿閦；西方大日，表大日与阿弥陀之同体；南方普贤表宝生；北方释迦即释迦佛。四隅三钴刚杵表内四供四尊，以金刚杵为供养，即以金刚法门为供养。盖取法金刚界成身会中台院之法义而总示宝函四个侧面诸尊说法之图像也。《摄真实经》云，安毗卢遮那佛像，于其前安置舍利，此曼荼罗名金刚界云。本图即据此演造。故在后面造像为大日，前面造像为释迦，即毗卢遮那佛像安置舍利之意，左右面为释迦佛之左右二胁侍，又取诸显教常说教义。整个宝函合为金刚界，覆盖第一枚佛指舍利之上，亦显示毗卢遮那佛像前安置舍利之意。总之，此为唐密大小圆融显密圆融之诸尊说法曼荼罗造像也。可命为诸尊说法宝函 [35]。

唐密曼荼罗极重视法供养，在地宫出土文物中，有不少迦棱频伽鸟纹饰，如迦陵频伽鸟鎏金银棺就是明证。因地宫是唐密供养佛指舍利曼荼罗，所以法供养、法布施的图像为多，"上供下施"就是密教法门的根本实践 [36]。

从以上法门寺供养佛指舍利第五重宝函顶部迦陵频伽的布局纹样，可知在唐密曼荼罗中广泛应用，从用具到宝函再到金棺上使用，是唐密曼荼罗中不可缺少的题材。

对成都金河路遗址出土的黄绿釉高柄莲瓣纹饰迦棱频伽炉，我们认为它同样属于唐密曼荼罗中供养用具，使我们能清楚地看到唐密曼荼罗从唐代长安传到成都流行。其后，发展到五代时期，邛窑又为寺院的唐密罗荼使用者，按照密教仪轨所需要生产出该炉，用于唐密曼荼罗的供养。因此，该炉应为五代时期密教曼荼罗供养使用的迦棱陵频迦莲瓣纹炉。是邛窑五代时期为佛教寺院烧造的重要唐密曼荼罗遗物，其历史价值、文物价值和宗教研究价值极其珍贵。同时，也充分体现了邛窑自唐代以来，到五代时期为佛教寺院烧制佛教用品的重要功能传承。邛窑唐五代时期生产的佛教类用品，在邛窑历史发展中跨越两个时代，形成了唐五代时期邛窑自身独具特色的产品，在借力佛教文化的推广发展中，组成了邛窑在唐五代时期独特的佛教文化基因符号。

四、邛窑唐五代时期瓷业的烧制功能性转变

在中国陶瓷史的发展中，从早期的青瓷发展与传播看，在相当长的历史发展进程中，其主要的烧制产品以社会大众使用为主。从产品观察，其各种技术进步性在较长时间发展很慢，产品的使用功能单一。在南方青瓷越窑的产品中有少量与早期佛像出现，应是一种信众自发的展示，在南北朝时期莲瓣纹在青瓷中广泛应用，应当与佛教有内在关系。但产品功能单一。在北方地区的部分青瓷中也能见到莲瓣纹。其产品来自南方，长江中游洪州

---

35 韩金科：《法门寺文化史》，五洲传播出版社，1998 年，第 718 页。

36 韩金科：《法门寺文化史》，五洲传播出版社，1998 年，第 718 页。

窑和岳州窑的产品[37]。

陶瓷技术发展到唐代时期，北方瓷业发展繁荣。从邢窑官款白瓷到巩县窑、耀州窑的三彩瓷业，在使用的功能性方面，已有所变化，既供官方使用，同时社会大众也会使用。由于唐代佛教文化的繁荣，长安地区的皇家寺院很快发展并传播了善业泥制作与使用，又传播到益州、邛州，特别是益州、邛州佛教文化的兴盛，寺院教派与邛窑工匠融汇了佛教文化中所需的供养产品生产，进而促成改变了邛窑发展进程中产品的功能性转变——生产佛教产品。

相对于南方地区民窑而言，邛窑功能性转变是一种质的飞跃。因为寺院各教派有广大的信众供养，教派又多为上层社会皇室显贵供养。因此，从瓷业发展的产销中建立了一个闭环，既有生产者，又有使用者，这种业态的形成应当是唐五代时期邛窑可持续发展的重要因素。

对于唐代邛窑的功能性转变，在这之后又影响到长江中下游地区，如湖南长沙铜官窑、浙江越窑、龙泉窑，江西景德镇窑，北方定窑、磁州窑等诸多窑场[38]。在各窑场的产品中横向又融入了儒家文化、道教文化、圣人、民间信仰诸神等人物形象。邛窑开启了唐代及其以后的中国瓷业功能性发展。

五、结语

通过对邛窑十方堂遗址出土的唐五代时期佛教人物雕塑的探讨，从出土文物的定名，到题材的分析，在认识论上有了更进一步的认知。邛窑十方堂出土的唐代高宗武周时期佛教人物组合形式与石窟寺考古中所见的组合形式相同，特别是与川北广元石窟寺中所见的唐代高宗武周时期的造像组合形式一致，有助于为判断无纪年款的邛窑佛教人物的烧制时间作对比参考。对邛窑十方堂出土的小型佛像，菩萨像的产生，我们认为是受到京城长安地区善业泥传播影响的结果。

五代时期邛窑十方堂出土的佛传人物形象独具特色，主题人物形象在一件器物装饰中重复使用，并列、对称构图，表现形式多样，突出装饰效果。在佛教人物的题材上，迦棱频伽是唐密曼荼罗中重要的装饰纹样，广泛应用于密教曼荼罗的供养中。

唐代邛窑的烧制功能性转变对唐五代之后的南北瓷业产生了重要影响，成为各窑场瓷业发展的重要因素。

---

37 刘未：《北朝墓葬出土瓷器的编年》，《庆祝魏存成先生七十岁论文集》，科学出版社，2015 年。
38 中国硅酸盐学会编：《中国陶瓷史》，文物出版社，1997 年，第 180 页。

邛窑兴衰论
——以模制器物为考察对象

张琴

（四川博物院）

摘要： 模制器物作为邛窑的重要产品，是其制瓷技术发展到一定水平才出现的，对研究邛窑的发展史有重要的意义，尤其是部分精美的模制器物的短暂流行是邛窑瓷器走向兴盛的一个标志。模制器物的兴盛及衰落一方面反映了唐宋之际四川的历史、经济和社会风尚的变化，另一方面体现出北方瓷器生产技术的革新和传播对四川陶瓷生产的影响。

关键词： 邛窑　模制器物　制瓷技术

　　邛窑是中国古代陶瓷史上极其重要的地方窑。"邛窑"是指四川邛崃市境内多处古瓷窑遗址的总称，主要包括十方堂、固驿瓦窑山、白鹤大渔村、西河尖山子以及柴冲、黄鹤、官庄等几处较大的古瓷窑遗址。这些窑址在制作工艺、装烧方式及装饰技术方面前后承袭，相互影响，联系紧密，时代连续性十分清晰[1]。模制器物不是邛窑的主流产品，是其制瓷水平发展到一定阶段才出现的，这正好从一个侧面反映了邛窑的发展过程。关于邛窑的发展过程，有多种不同的观点。比如对邛窑的鼎盛时期及其特点的研究，就有多种观点。陈丽琼与吴俊芳都认为邛窑兴盛于唐五代[2]。从十方堂窑址的地层来看，十方堂窑址的鼎盛时期为唐到宋初[3]。而有学者对大渔村窑区调查后提出"邛窑产品的真正丰富可能出现在晚唐、五代到北宋初的时期"[4]，也就是说邛窑的鼎盛时期是晚唐到北宋初。作为邛窑的重要但非主流产品，模制器物的研究有助于我们更加准确地认识邛窑的发展过程。模制器物的兴盛是邛窑进入鼎盛时期的又一例证，而其衰落也为我们考察邛窑的衰落提供思路。本文以模

1　易立：《试论邛窑低温釉瓷器的几个问题》，《边疆考古研究（第18辑）》，科学出版社，2015年，第247页。

2　陈丽琼：《邛窑古陶瓷发展概述》，《邛窑古陶瓷研究》，中国科学技术大学出版社，2002年，第97、98页；吴俊芳：《邛窑古陶瓷发展初步研究》，四川省社会科学院硕士学位论文，2019年。

3　陈显双、尚崇伟：《邛窑古陶瓷简论——考古发掘简报》，《邛窑古陶瓷研究》，中国科学技术大学出版社，2002年，第123—260页。本文中十方堂窑址出土的器物除特殊注明的以外，皆同此注。

4　成都文物考古研究所、北京大学考古文博学院、邛崃市文物保护管理所编：《四川省邛崃市大渔村窑区调查报告》，《成都考古发现2005》，科学出版社，2007年，第334页。

制器物为中心，对其进行分期；并在此基础上分析模制器物的兴盛期、衰落期及原因，以期为研究整个邛窑瓷器的发展史提供线索。不当之处，敬请指正。

一、模制器物概况

模制器物是指用模具参与制作的器物，其模制部分包括器型、部件及纹饰等，而单独制作纹饰又可称为模印。因此，考察模制器物的模制工艺主要从成型工艺和装饰技法两方面入手。从模具及模制器物情况来看，邛窑模制器物成型工艺分为整体成型工艺和局部成型工艺。整体成型工艺主要是指用带有纹饰（或无纹饰）的模具翻模得到主体完整、纹饰丰富的器物，塑型与制作纹饰一步完成。根据模制成型部位的不同可分为器物内部整体成型工艺和器物外部整体成型工艺。局部成型工艺是指用模具制造出器物的部件或附件，如器物的足、耳及贴饰等，然后再将其粘贴在器物上从而得到完整的器物。邛窑模制器物的装饰技法主要是指用带有纹饰的模具压印器物或者戳印在器物上从而得到纹饰的方法。

就目前考古发现情况而言，邛窑模制工艺只在固驿瓦窑山窑址和十方堂窑址两个窑址中采用。其中固驿瓦窑山窑址内仅出土少量模制器物，大量使用模具制作器物唯十方堂窑址独有。除窑址以外，遗址和墓葬中也出土有模制器物。邛窑模制器物主要以生活用具为主，包括碗、盘、杯、器盖、水盂、碟、钵、注壶、多足炉及熏炉等。除此以外，模制的瓷塑也占一定的数量。（表）

二、模制器物的分期与特征

邛窑模制器物最早出现于固驿瓦窑山窑址，器型仅有瓷钵[5]。瓷钵模制工艺主要表现在装饰技法上，采用带有纹饰的模具将纹饰印于瓷钵上腹部，纹饰为朵花纹。该瓷钵纹饰制作方法与青羊宫窑址出土的瓷钵[6]相似，年代为隋代。而模制器物大量出土于十方堂窑址，"在该窑址的第二、三层大量出现，第四层少见，第五层绝迹"[7]。根据十方堂窑址内地层出土情况，并结合遗址和墓葬中出土的模制器物，从现已公布的资料及四川博物院馆藏出发，可将邛窑模制器物分为三个阶段。

5 四川省文物管理委员会等：《四川邛崃县固驿瓦窑山古瓷窑遗址发掘简报》，《南方民族考古（第三辑）》，四川科学技术出版社，1990 年，第 345 页。

6 四川省文管会、成都市文管处：《成都青羊宫窑遗址发掘简报》，《四川地方窑研究论文选》，巴蜀书社，2015 年，第 192、204、206、215 页。

7 陈显双、尚崇伟：《邛窑古陶瓷简论——考古发掘简报》，《邛窑古陶瓷研究》，中国科学技术大学出版社，2002 年，第 231 页。

图 6　五代低温釉五足炉
采自《邛窑出土瓷器选粹》

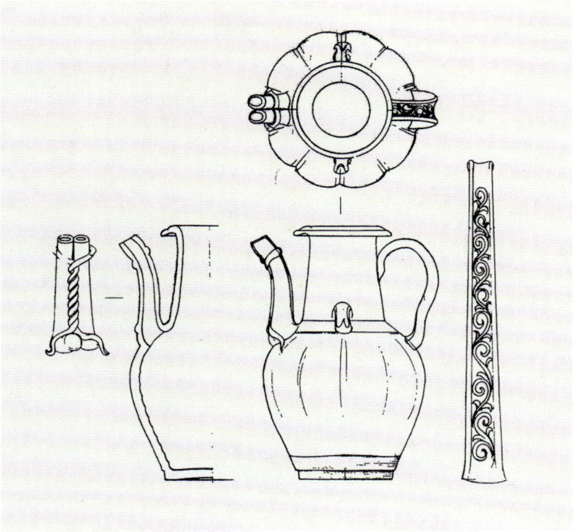

图 7　五代绿釉印花双流执壶
采自《邛窑出土瓷器选粹》

图 8　五代至北宋乳浊青黄釉花口碟
采自《邛窑》

图 9　水盂

图 10　五代低温黄绿釉堆贴莲瓣高足熏炉
采自《邛窑出土瓷器选粹》

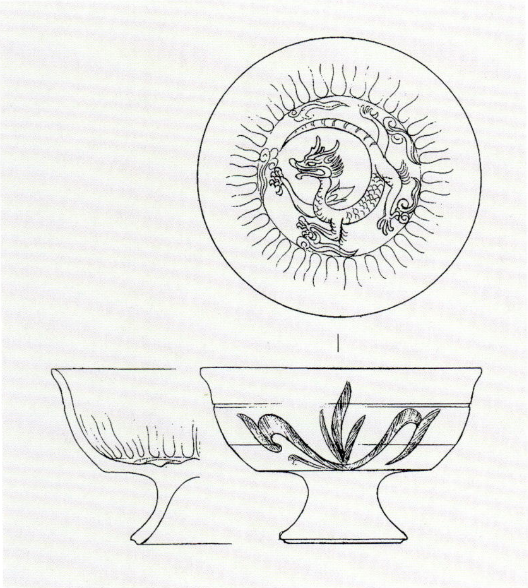

图 11　唐代晚期至五代青釉高足碗
采自《邛窑出土瓷器选粹》

图 12　晚唐至宋初菱花形盘
采自内部资料

图 13　五代素胎葵花形盘
采自《邛窑出土瓷器选粹》

图 14　宋青釉印花折沿盘
采自《四川邛崃龙兴寺 2005—2006 年考古发掘报告》

盘足较多；盘外壁贴塑模制的兽面形，而盘足采用整体模制成型后再贴附在盘底，多为兽形。圈足盘的内底和内壁采用器物内部整体成型工艺，制作时，将具有器物轮廓的坯泥压于模具外部，拍印成形，模具形制与器物内部形制相同，且刻绘有丰富纹饰。模制之后需另外捏塑器足，并粘接于器底，最终得到完整的器物。根据口沿形制的不同，可将圈足盘分为菱花形盘（图 12）和葵花形盘[15]（图 13）。盘内印圆圈、连珠环带、麦穗纹、朵花、草叶、飞鸟等组合纹饰。平底盘的内底采用模具压印纹饰，纹饰有菊花纹，双层花瓣（图 14）[16]。杯分为圈足杯和平底杯，均采用整体模制成型工艺，只是模制成型部位不同。圈足杯的制作

15　葵花形盘出土于十方堂窑址。

16　成都文物考古研究所、邛崃市文物管理局：《四川邛崃龙兴寺 2005—2006 年考古发掘报告》，文物出版社，2011 年，第 237 页。

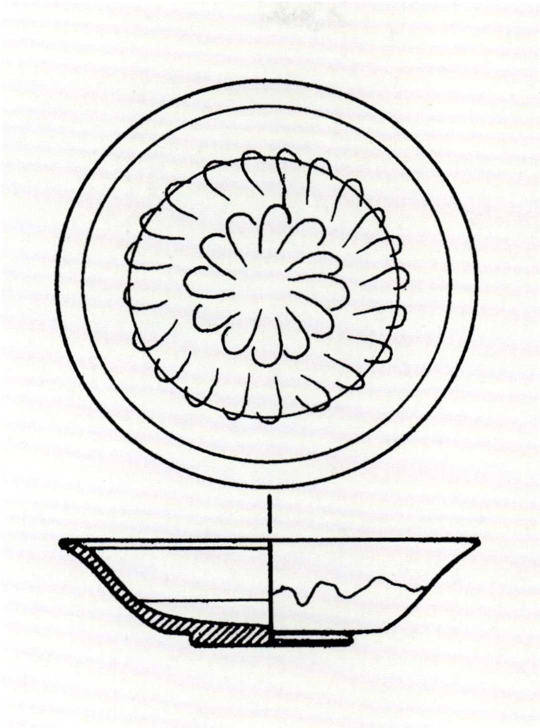

图 15　五代低温绿釉海棠杯
采自《邛窑》

图 16　五代圆形三彩杯
采自《邛窑》

工艺与圈足盘相同。根据口沿形制的不同,可将圈足杯分为海棠形杯 [17](图15)和圆形杯 [18](图16)。海棠形杯又叫"花口长杯",形制来源于唐代的金银长杯,因其形制精美犹如花瓣而得名。海棠形杯有高温釉、低温釉和素胎产品;圆形杯为低温釉瓷器。平底杯主要为柳斗杯,即"笆斗形盏",最大的特点是外壁有仿柳条的纹样(图17)。与圈足杯不同的是,柳斗杯在杯外壁采用整体模制,内壁无纹饰。

值得注意的是,圈足盘和圈足杯多为内壁纹饰丰富的异形器。异形的杯和盘是模仿金银器器型和工艺的产品,如海棠形杯(图15)、菱花形盘(图12)、葵花形盘(图13)等。而模仿的金银器有三个特点:一是器物内壁并非常见的圆弧壁,而是方形、多曲折、多层的折壁;二是器壁薄;三是内壁纹饰丰富。为了完美再现金银器的器型和纹饰,采用常规的轮制拉坯成型或捏塑很难成型,更不用说成型后再在器壁刻绘或模印纹饰。因此,集器物成型和刻绘纹饰于一体的整体模制工艺就被运用于仿金银器的瓷器生产。从现已公布的资料来看,仿金银器的模制器物生产时间较短,从晚唐开始,五代流行,到北宋初就消失了。

17　此海棠形杯出土于十方堂窑址。成都市文物考古研究所、邛崃市文物管理局:《邛窑》,四川人民出版社,2017年,第124页。

18　成都市文物考古研究所、邛崃市文物管理局:《邛窑》,四川人民出版社,2017年,第116页。

仿金银器器型和工艺的瓷器的成功生产就是邛窑模制工艺的巅峰之作，它与注壶、碟、水盂、熏炉、碗等模制器物一起见证着邛窑模制器物的兴盛。

另外，还有部分模制器物独具特色，那就是低温釉模制器物。如上文提到的圆形杯、熏炉、多足炉、器盖及蝴蝶瓷塑等。低温釉瓷器即"邛三彩"瓷器，其"形态和工艺直接受到北方三彩器的影响，无论从制作、装烧工艺还是从产品形态上观察，都是邛窑晚唐至五代时期的精细产品"。[19] 低温釉瓷器烧造年代相对集中，大部分集中在五代的前、后蜀时期，部分遗

图17　柳斗杯

物的上限可能早到唐末，下限晚至北宋初年[20]。由此可见，邛窑低温釉瓷器烧造时间为晚唐到北宋初年，这恰好与模制器物的流行时间吻合。而兼具低温三彩技术与模制技术两项工艺的低温釉模制器物，实现了多种工艺的强强联合，也进一步证明了晚唐至北宋初不仅是模制器物的兴盛期，更是邛窑瓷器的兴盛期。只有邛窑整体的生产技术达到顶峰，才能制造出如此精美绝伦的模制器物。

3. 北宋初期之后

这一时期的模制器物主要发现于十方堂窑址。模制器物数量和种类开始减少，器型只有碗、多足盘、器盖、炉、壶和部分瓷塑。模仿金银器器型和工艺的模制器物消失，模制工艺并无创新和发展，邛窑模制器物开始走向衰落。

三、模制器物的兴盛与衰落之因

从前面的分析可知，邛窑模制器物兴盛于晚唐至北宋初的十方堂窑址，北宋初期开始走向衰落。模制器物在十方堂窑址的独有性进一步证明了十方堂窑址的中心地位。在唐代中晚期，除十方堂窑址以外，邛窑其他窑址相继没落。邛窑开始从多个分散的小窑场向十方堂窑场聚集，生产技术不断进步，产品种类增多。作为邛窑的重要产品，模制器物的兴盛和衰落都对邛窑整体的发展产生着重要的影响。因此，考察模制器物的兴盛与衰落将为研究邛窑的发展史提供线索。下面具体分析模制器物的兴盛与衰落之因。

19　黄晓枫：《从考古发现看邛窑的文化特征》，《成都文物》2007年第2期。

20　易立：《试论邛窑低温釉瓷器的几个问题》，《边疆考古研究（第18辑）》，科学出版社，2015年。

（一）兴盛之因

1.历史背景

安史之乱以后，唐朝政局不稳，到唐朝末年，北方中原地区更是连年战乱，社会经济遭到严重的破坏。四川盆地在唐末也饱受战乱之苦，唐大顺二年（891年）三月，成都城因长久围困，出现"饿殍狼藉，死者相继"[21]的局面。唐乾宁元年（894年）夏五月，"（王）建久攻彭城不下，城中人相食。锦里耆旧传云：彭城内窘蹙，初年米每斗五千，第二年十千，三年粮尽，百姓递相啖食"[22]。因目睹四川的困境，在唐天复四年（904年）六月，西川诸将劝王建乘李茂贞之衰，攻取凤翔时，王建却接受节度判官冯涓的建议，与李茂贞和亲修好，实行"无事则务农训兵，保固疆场"的休兵息民政策；且"茂贞数求货及甲兵于建，建皆与之"[23]，支持李茂贞从而以其为屏障与宋隔断。王建还在称帝后的武成三年（910年）六月，下诏劝农桑，"爱念蒸民久罹干戈之苦，而不暇力于农桑之业。今国家渐宁，民用休息，其郡守县令务在惠绥，无侵无扰，使我赤子乐于南亩，而有豳风七月之咏焉"[24]。正是由于王建采取休兵恢复农业的政策，才使得盆地内的经济得到了很大的恢复。到后唐使者李严入蜀时见到"其人物富盛""蜀都士庶，帘帷珠翠，夹道不绝"[25]。但是，在前蜀末期至后蜀孟知祥称帝前，蜀中又出现动荡，在后唐天成四年（929年）春，出现大饥荒，"米斗钱四百文"，且盗贼猖獗。因此，孟知祥"择廉吏，除横赋，安集流散，下宽大之令，与民更始。遣将赵廷隐、张知业率兵分讨，诸盗悉平"[26]。孟昶继位后，于明德元年（934年）十二月，颁劝农桑诏曰"刺史县令，其务出入阡陌，老来三农，望杏敦耕，瞻蒲劝穑。春鹍始啭，便具笼筐；蟋蟀载吟，即鸣机杼"[27]。孟知祥平定盗乱稳定了社会环境；而孟昶要求县令出入田间，鼓励农民种田栽桑。因此，在广政十三年（950年）九月，"蜀中久安，赋役俱省。斗米三钱，城中之人子弟不识稻麦之苗，以笋芋俱生于林木之上，盖未尝出至郊外也。村落闾巷之间，弦管歌诵合筵，社会书夜相接。府库之积，无一丝一粒入于中原，所以财币充实"[28]。由此可见，唐末五代的战乱确实给四川盆地的经济带来了一定的破坏，但是因为四川盆地独特的地理位置及丰富的自然资源，在社会环境稍有安定之时，即前蜀王建、后蜀孟知祥、孟昶统治前期，统治者一旦采用休战发展生产的措施就会带来社会的安定及经济的复苏，加之蜀地产出无一粒上交中央，蜀地的储备充足，促使社会有消费瓷器的需求

21（清）吴任臣：《十国春秋》，中华书局，1983年，第487页。

22（清）吴任臣：《十国春秋》，中华书局，1983年，第491页。

23（清）吴任臣：《十国春秋》，中华书局，1983年，第498页；（宋）司马光：《资治通鉴》卷二六五《唐纪八一》，文渊阁《四库全书》第310册，台湾商务印书馆，1983年，第186页。

24（清）吴任臣：《十国春秋》，中华书局，1983年，第511页。

25（宋）欧阳修：《新五代史》卷六十三《世家前蜀世家第三王建》，中华书局，1974年，第793页。

26（清）吴任臣：《十国春秋》，中华书局，1983年，第681页。

27（清）吴任臣：《十国春秋》，中华书局，1983年，第707页。

28（宋）张唐英：《蜀梼杌》卷下，文渊阁《四库全书》第464册，台湾商务印书馆，1983年，第217页。

和能力，这些都给制瓷业的发展奠定了基础。

由于战乱，北方人民流离失所，寻求避难之地，富庶而稳定的四川盆地就成为人口迁徙的目的地。从唐末开始，大批的中原移民向四川盆地聚集。在人口大迁徙的过程中，不仅带来了掌握先进生产技术的手工业者，还有大量精美的瓷器。这些都对本地的陶瓷生产产生了冲击，促使本地窑场学习北方先进的瓷器生产技术，并同本地陶瓷生产传统相结合制造出新的产品。在唐代，唐三彩是绝对的流行和先进技术的代表。唐三彩的模制技术对邛窑的模制技术有直接的影响。笔者曾在《邛窑模具及其相关问题研究》一文中指出邛窑的模制技术一方面继承了本地陶瓷生产的传统，一方面受到唐三彩窑场模制技术的影响。

2. 市场需求

瓷器作为一种商品，其形状、装饰和用途等都受到市场的影响。这主要表现在以下两个方面。

人们对金银器的喜爱和金银器稀少之间的矛盾，促使人们转向对瓷器生产的新需求。一直以来，金银器就是人们喜爱的物品，到唐代更胜。对统治者而言，金银器不仅作为生活用品，还被用于赏赐大臣、笼络人心，礼送少数民族首领、维护民族团结。唐高祖李渊以金瓶赏赐秦叔宝，因其"又从征于美良川，破尉迟敬德，功最居多。高祖遣使赐以金瓶。"而李建成与李元吉还以金银招揽尉迟敬德、段志玄等人，"密致书以敬德"，并"仍赠以金银器物一车"。对段志玄"以金帛诱之"[29]。唐高宗时，"六年，帝将立昭仪武氏为皇后，无忌屡言不可，帝乃密遣使赐无忌金银宝器各一车、绫锦十车，以悦其意"[30]。到唐肃宗时，对收复两京有功的回纥"赐锦绣缯彩金银器皿"，并将幼女封为宁国公主下嫁毗伽可汗，命"瑀送国信缯彩衣服金银器皿"[31]。而对大众来说，因为金银器贵重，被用于珍藏，同时也被作为礼品用来送礼或贿赂。金银器皿的进奉之风从唐玄宗开始兴盛，并愈演愈烈。到唐代中晚期，因进奉而升官或者免罪的事情常常发生[32]。正是由于对金银器的狂热追捧，促使瓷器技工们开始生产出具有金银器元素的瓷器来满足广大追逐金银器的人们的需求。为了完美地模仿金银器，瓷器技工们不仅模仿金银器的造型、纹饰，甚至还包括金银器的制作工艺。鸭首杯、高足杯、葵花形碗、海棠形杯、菱花形盘、葵花形盘就是邛窑技工模仿金银器生产出来的新器型。其中金银质地的海棠形杯、菱花形盘和葵花形盘的器壁薄、多曲、多层，纹饰突出，采用传统的陶瓷生产方法——拉坯成型和刻划花是很难办到的，因此邛窑技工们采用了器物内部整体模制的方法。模制而成的碗、盘、杯之折壁和曲部圆滑，纹

---

29 （后晋）刘昫：《旧唐书》卷六十八《列传十八 尉迟敬德、段志玄、秦叔宝》，中华书局，1975 年，第 2502、2479 页。

30 （后晋）刘昫：《旧唐书》卷六十五《列传十五 长孙无忌》，中华书局，1975 年，第 2454 页。

31 （后晋）刘昫：《旧唐书》卷一百九十五《列传一百四十五 回纥》，中华书局，1975 年，第 5199、5201 页。

32 齐东方：《唐代金银器研究》，中国社会科学出版社，1999 年，第 261—264 页。

饰清晰、凸出于器表，与金银器"锤揲"和"模冲"工艺冲压出的凹凸起伏的图案一样[33]。

　　自古以来流行的用香文化在唐宋时期走向一个新的阶段，使得盛香的用具——香炉大量使用。到唐代，随着陆上和海上丝绸之路的进一步开通，外国的香料不断涌入中国，成为上层社会奢侈生活的标志之一。在五代时的成都，诸市中有专门卖香药的"香市"。其香药大都来源于海外，经岭南、南汉、荆楚之地，由长江转运而来。前蜀王衍的昭仪李舜弦的家族世代经营香药，其兄弟李四郎仍然"鬻香药为业"。《清异录》中有多条关于香的记载。而与四川相关的有"雪香扇""四奇家具"条。记载的是孟昶与花蕊夫人以香涂扇的故事，及孟知祥以沉香钵、木香匙箸赐削发为僧的庄宗儿子的故事[34]。不仅如此，宋人陈敬的《陈氏香谱》中还记载了后蜀皇室的许多香方，从中可知后蜀制香、焚香的方法。由此可见，在唐宋时期，香料使用广泛。因此，用于盛香的用具——香炉也就有其广大的市场需求。香炉最初以金、银、铜等质地较多。随着制瓷技术的进步，瓷器器型与纹饰变得越来越精美，瓷质香炉流行。为了适应市场需求，邛窑生产了大量的香炉。从考古发现来看，遗址和窑址中都出土了大量的香炉。这些香炉分为两种。一种是多足炉，炉足和炉壁贴饰采用模制而成，然后再粘贴到炉下部。另一种是精品化的香炉，又名熏炉。熏炉外部贴塑多层莲瓣，莲瓣采用模制成型，莲瓣上还印有飞天形象。莲瓣和飞天都是佛教元素形象，熏炉帮助禅宗修行入定，这也是香炉流行原因之一。莲瓣和炉足作为香炉的重要配件，需要大量生产，且要求形态大小与纹饰完全相同；因此，如果采用单独制作的方式，费力且成品率低。但是通过模具制作之后，搭配到不同的器物上，既提高了生产效率，又保证了器物的美观性、一致性和稳定性。进入宋代以后，焚香更加流行，成为宋人的日常之事。因此，在宋代，虽然邛窑模制器物的数量和种类有所减少，但是香炉依然作为流行品种之一而大量存在。

（二）衰落之因

　　在北宋平蜀后的三四十年间，由于宋廷掠夺式的管理方式和对蜀兵的暴政，激发了社会矛盾，四川盆地先后爆发了全师雄领导的蜀兵起义、王小波李顺起义和王均兵变，社会的动荡对陶瓷生产产生了重要影响。从考古发现情况来看，四川诸多窑场（如邛窑、玉堂窑、磁峰窑等）的生产在北宋初期都有所停滞，北宋初期的产品少见或者不见。从北宋中期开始，各大窑场开始恢复生产，产品种类逐渐增多，产量增加。而在模制器物方面，北宋中期以后的四川盆地存在着两种不同的技术路径：一种是以邛窑为代表，模制技术沿袭唐代以来的生产技术，主要是受到黄堡窑、巩义窑等唐三彩窑场的影响；一种是以磁峰窑

33　张琴：《邛窑模具及其相关问题研究》，《中国国家博物馆馆刊》2019 年第 12 期。此文中具体介绍了邛窑模制工艺受金银器制作的影响。

34　（宋）陶谷：《清异录》，文渊阁《四库全书》第 1047 册，台湾商务印书馆，1983 年，第 926、927 页。

为代表，包括玉堂窑、金凤窑等，其模制技术受到北方定窑、耀州窑模制技术的影响。这两种模制技术是北方瓷器模制技术的变革和传播在四川的表现，而邛窑模制器物的衰落就与这一生产技术的变革有很大的关系。

在唐代，模制技术主要运用于生产塑像类器物及器物附件，以唐三彩窑场（黄堡窑、黄冶窑等[35]）的模制器物为代表。塑像类器物如人物、动物形象及埙、铃铛等，以整体模制为主；器物的附件如把、流、足、系和腹上的贴花等采用局部模制。另有少量生活用品采用模制而成，如仿金银器的盒、小型瓶类器等采用整体模制；而洗底模印宝相花。可以说，在唐末以前，模制技术更多地运用于唐三彩窑场的塑像类器物，而生活用品较少。到唐代末年，人们将对金银器的喜爱转移到类金银器的瓷器上，各大窑场加大生产仿金银器造型的日常生活用器，如定窑的白瓷海棠形盘[36]、长沙窑的海棠形高足杯[37]等。此类金银器的瓷器采用整体模制而成，所得的成品纹饰和形制一次完成，因器型各异且不规整，部分器物更是素面无纹饰，所以器物的成型是采用模制技术的主要目的。

从北宋中期开始，模制工艺的重点开始发生变化，这以定窑和耀州窑两个窑口为代表。定窑在北宋中期开始了"满印花装饰"，逐渐形成定窑瓷器的特色风格[38]。耀州窑在继承唐末黄堡窑模制工艺的基础上，吸收了北宋初期耀州窑刻划花技艺的精髓，采用与刻划花同样风格的印花模和范模制器物[39]。与唐五代瓷窑相比，北宋中期以后的定窑与耀州窑在生产模制器物方面表现出两点不同。首先，重点器型不同。定窑与耀州窑以生产器型规整的器物为主，如定窑的碗、盘，耀州窑的碗、盘、碟、洗、盏、盆等。而唐代瓷窑以生产塑像类器物及器物附件为主。其次，采用模制技术的目的不同。因定窑与耀州窑主要是生产器型规整的圆器，在成型方面并无困难，所以制作满器的纹饰才是难点。定窑与耀州窑通过采用与器物内部形状相似的刻满纹饰的模具制作器物，印花和成型一次高效完成；模具成型只是一个辅助功能，其重点在于印花。这与唐末流行的类金银器的瓷器以成型为主要目的不同。由于定窑与耀州窑模制技术的目的在于印花，定窑的精细白瓷和耀州窑的青瓷对印花纹饰的凸显更是如虎添翼。瓷器的胎体洁净，釉面清透、平滑、晶莹、光泽、温润，从而使繁缛富丽的纹饰得以在瓷器上清晰地呈现出来。因此，定窑与耀州窑的模制器物大受欢迎，而其模制技术更对南北方的瓷器生产产生了重要的影响。江西景德镇窑、山西的浑源窑和介休窑等生产的印花瓷器，皆有定窑的风格[40]。而"耀州窑瓷器影响了整个陕西地

35 河南省文物考古研究院、中国文化遗产研究院、日本奈良文化财研究所：《巩义黄冶窑》，科学出版社，2016 年；陕西省考古研究所：《唐代黄堡窑址》，文物出版社，1992 年。

36 浙江省博物馆、杭州市文管会：《浙江临安晚唐钱宽墓出土天文图及"官"字款白瓷》，《文物》1979 年第 12 期。

37 长沙窑课题组：《长沙窑》，紫禁城出版社，1996 年，第 234、235 页。

38 秦大树、高美京、李鑫：《定窑涧磁岭窑区发展阶段初探》，《考古》2014 年第 3 期。

39 陕西省考古研究所、耀州窑博物馆：《宋代耀州窑址》，文物出版社，1998 年，第 618 页。

40 袁胜文：《宋元瓷器装饰述论》，《文物春秋》2017 年第 3 期。

区、河南豫西和豫西南以至靠近海岸港口的广西和广东等地，形成了一个地域广阔和窑场众多的宋代耀州窑体系"[41]。

在这一影响下，北宋中期以后，四川盆地开始出现以生产印花瓷器为主的瓷窑，以磁峰窑为代表。磁峰窑创烧于北宋初期，一开始就以生产质量较高的白瓷为目标，并在此基础上学习定窑的模制技术，生产出纹饰丰富的碗、盘类印花瓷器。磁峰窑碗、盘类模制器物质量高、数量多，迅速占领市场，这从四川宋代遗址和窖藏中出土的大量磁峰窑印花瓷碗、盘即可证明。而在这一变革中，邛窑因瓷土原料不佳，无法生产出高质量的青瓷；且未学习耀州窑（黄堡窑的继承者）的模制技术，而是继续沿用唐代以来的模制技术生产瓷器，使得其模制技术固步不前；最终，在激烈的市场竞争中，邛窑因原料不好、技术不佳、产品不好，模制器物种类骤减，不再生产碗、盘类，只能生产多足炉、多足盘、器盖、瓷塑等，模制器物开始走向衰落。

四、结语

从上可知，模制器物的衰落与北方瓷器模制技术的变革和传播有很大的关系。唐晚期，邛窑在本地陶瓷生产技术传统的基础上，学习唐三彩窑场的技术，并创新性地采用模制技术生产类金银器的瓷器，使得邛窑模制器物的生产达到顶峰。而从北宋初期的短暂停滞开始，邛窑瓷器生产缺乏技术革新，不愿采取新的模制技术，导致其模制器物的种类和数量减少，而最终使得模制技术成为点缀，如南宋注壶柄部表面的模印图案[42]。对于旧生产技术的因循守旧、抱残守缺也反映到邛窑其他产品的生产上，如乳浊釉瓷器的生产。乳浊釉瓷器是北宋中后期以后邛窑的典型产品，被大量生产。因为过分追求产量，而忽略了产品的质量，乳浊釉瓷器在装烧过程中很少使用匣钵，反而采用明火叠烧的方式，这在宋代大部分窑厂都采用先进的 M 型和漏斗型匣钵的形势下，无疑是一种故步自封、裹足不前、自取灭亡的做法。最终，一个个曾经辉煌灿烂的产品的没落构成了整个邛窑的衰落。

---

41 陕西省考古研究所、耀州窑博物馆：《宋代耀州窑址》，文物出版社，1998 年，第 690 页。

42 成都文物考古研究院：《邛窑出土瓷器选粹》，文物出版社，2022 年，第 288 页。

附表：邛窑模制器物出土情况统计表

出土地点/收藏单位	盘	杯	碗	炉（多足炉和熏炉）	器盖	水盂	碟	钵	瓷塑	壶	时间
固驿瓦窑山古瓷窑遗址								1件			隋
十方堂窑址				多足炉1件	鼠形盖1件				立狮1件；狮1件；男俑头1件；女俑头5件		唐
成都市龙泉驿区洪河大道南延线唐宋墓葬				足2件							唐晚期
成都指挥街唐宋遗址				多足炉2件；足1件	圆形盖6件；曲形盖1件						唐末
四川大邑县新场石虎村唐宋遗址					龟形盖1件						晚唐五代
十方堂窑址		柳斗杯1件								1件	晚唐到五代
成都市金河路古遗址	花口盘2件	柳斗杯1件	花口碗1件	多足炉2件；熏炉1件	7件				绿釉龟		唐末北宋初，主体五代
成都通锦路唐净众寺园林遗址				足1件							五代
十方堂窑址	葵花形盘1件；菱花形盘1件；五足盘1件	海棠形杯1件、柳斗杯1件	6件		鸟形盖2件；粉盒盖9件；壶盖1件；鼠形盖1件	1件			蝴蝶饰片1件；卧狮1件；女俑头1件		晚唐到宋初
十方堂窑址		海棠形杯3件（唐代晚期至五代青釉长杯、五代绿釉印花长杯、五代素胎印花长杯）唐代晚期至五代青釉柳斗杯	1件（唐代晚期至五代青釉彩绘印花高足碗）	1件（五代青白釉多足炉）		1件（五代素胎印花盂）				1件（五代绿釉印花双流注壶）	唐代晚期至五代

出土地点／收藏单位	盘	杯	碗	炉（多足炉和熏炉）	器盖	水盂	碟	钵	瓷塑	壶	时间
成都市下同仁路遗址南朝至唐代佛教造像坑				多足炉5件；足4件	3件，1件低温釉器盖						五代末至北宋早期
四川邛崃龙兴寺	平底盘1件			熏炉1件；香炉2件							晚唐至北宋初
成都市杜甫草堂唐宋遗址				足3件							五代末至北宋早期
成都市江汉路古遗址		柳斗杯1件		足1件							五代末至北宋早期
成都市东丁字街古遗址				炉外壁残片1件；炉足2件	3件						五代末至北宋初
成都市内姜街遗址					1件						宋
十方堂窑址			五曲葵瓣碗1件；残件6件		1件				鱼1件；龟1件		宋
十方堂窑址				北宋青釉多足炉、南宋绿釉三足炉、南宋酱釉多足炉						南宋绿釉印花注壶	宋

玉堂窑与邛窑的对比与研究

卞再斌
（都江堰市文物局）

摘要： 都江堰市玉堂窑和邛崃市十方堂窑，都是唐宋时代四川的古窑遗址，先后被国务院公布为全国重点文物保护单位。两处窑址都位于成都市内的邛崃山脉，相距不远，交通方便，不仅时代相近，规模较大，而且烧制的器物在种类、器型、施釉、纹饰上都十分相似，如各种样式的碗、盘、壶、瓶、罐、盏和省油灯等，特别是釉下彩装饰手法都如出一辙。

关键词： 玉堂窑　邛窑　器型　装饰工艺

陈丽琼老师在《邛窑新探》一文中说："邛窑与灌县（都江堰市）玉堂窑、郫县大坟包窑，在纹饰上相似之处比较多。只是时间早晚长短不同，纹饰精细度不同，而共同的因素是主要的。笔者认为，以上各窑与邛窑应是一个窑系，均可统称为邛窑或蜀窑。"四川省收藏家协会的一位收藏家，在一次瓷器鉴赏会上很风趣地说："邛窑和玉堂窑是川窑中的姐妹窑，邛窑是大姐，玉堂窑是二姐，长沙窑是三妹"。这个说法，跟湖南省文物考古研究所专家周世荣的说法完全一致。周世荣在《邛窑古陶瓷研究》一书中发表了一篇文章，标题就是《邛崃窑和长沙窑是一对孪生的姐妹窑》，他说："邛崃窑和长沙窑简直像一对孪生的姐妹窑，邛崃窑是姐姐，长沙窑是妹妹。不过，妹妹比姐姐长得漂亮。"

所以，历来有很多收藏者都会将玉堂窑的器物认为是邛崃窑的。据笔者所知，曾经有邛窑的收藏家，就多次到都江堰市和街子古镇去收集玉堂窑的器物，笔者也在邛崃窑展示的器物和相关图册中发现了玉堂窑的身影。

依据省市考古队的发掘报告和带有纪年款的出土器物，试析玉堂窑与十方堂窑的异同之处如下。

①兴盛期相同：十方堂窑和玉堂窑烧造的兴盛期，都是唐代早中期至南宋末，时间长达600多年。

②规模较大：十方堂共有14座窑包，玉堂窑共有18座窑包。两处窑址均为烧青瓷的民窑，都是生产规模大，产品数量多（图1、图2）。

图1 玉堂窑文物保护碑
作者摄

图2 邛窑十方堂窑址

③窑型相似：两处窑址都选择在沿山斜坡上修建，而且大多数都为"龙窑"。

④器型相同：两处窑都烧制碗、盘、杯、碟、盏、瓶、壶、罐、匣、钵、灯、香炉、砚台等民间生活用具。

⑤施釉相同：釉色有青、绿、黄、白、酱色等。有的施全釉，有的施半釉。大多数器物在施釉前，都要先施一层浅色的化妆土。

⑥烧制温度相同：两处窑都是烧制高温釉下彩瓷器，采用木柴燃烧，窑温在1260℃左右。

⑦胎质相同：两窑都采用本地泥土或白鳝泥土，其主要成分为氧化硅、氧化铝、氧化钙和少量的矿物质等，因窑温等原因，呈现出不同的灰胎或砖红胎。

但是，由于创烧时代不同、工匠不同、技艺有别等原因，也存在不同之处。

①创烧时期不同：邛窑中的固驿窑、十方堂窑的创烧时间为南朝和隋代，与都江堰市横山子窑时期相同，但玉堂窑创烧于唐代早中期，时代要晚一些。

②窑具不同：唐宋时，十方堂窑大量使用匣钵装烧，使器物更完整、更精美，成品率更高。而玉堂窑则大量使用支钉、垫筒、垫板等窑具叠烧，所以烧出的残次品较多，但这也是如今能发掘出很多各种器型的玉堂窑器物的原因。

③部分器型不同：由于玉堂窑位于川西高原与盆地的出山口，气候较寒冷，所以创烧了一种能装入热水、用于冬季驱寒取暖的紧口双系罐，老百姓称为"水烘笼"，这种器物在其他的窑却很少见。另外，由于都江堰市在唐宋时代，不仅是茶叶种植地，更是川西"灌松茶马古道"的起始点和茶马物资集散地，所以，玉堂窑烧制的茶具和酒具特别多。其中最有代表性的器物就是用于"煎茶""煮茶"的瓷匜，又称"茶铫"，但四川老百姓习惯称之为"瓢"。

④釉下彩不同：虽然两处窑都是唐代釉下彩绘的发源地之一，但玉堂窑主要是采用釉下点彩、釉下彩绘、釉下彩书等手法。而邛窑的釉下三彩比玉堂窑更丰富、更精美。

图3　2007年玉堂窑考古发掘现场
作者摄

一、玉堂窑概况

1977年，四川省文物考古研究所和灌县文管所在文物普查中发现了玉堂窑，并对3处窑包进行过局部考古发掘，在罗家窑包清理出龙窑一座。2007年5月，成都文物考古研究院与都江堰市文物局，再次对玉堂窑址进行了全面的文物复查，并对另外2处窑包进行了考古发掘（图3）。通过几次考古发掘，不仅出土了数量众多、釉色精美、器型多样的瓷器残件和窑具，同时探明玉堂窑在唐代为创烧期和发展期，在宋代为鼎盛期，与成都平原的邛窑、青羊宫窑等青瓷窑场有着较深的渊源，在胎质、釉色、器型等方面都相同或类似。玉堂窑址也是唐宋釉下彩发源地之一，不仅丰富了四川盆地陶瓷文化，而且再次证明了成都平原是西南地区陶瓷业的中心，使蜀地瓷业的轮廓更加清晰，为研究四川陶瓷的发展、繁荣和衰亡过程提供了实物例证。

在玉堂窑的发掘中，先后出土了唐"开元通宝"（713—741年）、北宋"皇祐通宝"（1049—1054年）等钱币，还发现了刻有"咸通十年"（869年）、"广明□年十月五日"（880—881年）和"淳熙十四年季冬"（1187年）的器物，它们为确定这个窑址的时代提供了可靠依据。玉堂窑的烧造年代应为唐代早中期至南宋末期，时间长达600多年。玉堂窑址共有18座窑包，生产规模大，产品数量多，证明都江堰市在唐、宋时期的商贸繁荣，人口众多。

玉堂窑有一件宋代白釉香炉，尽管炉沿有些残缺，但刻有70多个字铭文的玉堂窑瓷器实属罕见。该香炉上的铭文为"成都府路永康军青城县广济（乡）（瓷）窑居住男弟子苟字少察（乾）（道）（庚）（寅）岁三月二十八日生发心造焚（乾）（坤）（炉）"。据此推断，该香炉的烧制时间为南宋乾道庚寅岁，即1170年。该器物不仅印证了都江堰市在南宋时是成都府管辖的永康军，永康军又管辖河东的导江县和河西的青城县，今天的玉堂镇就是宋代青城县管辖的广济乡，而且还证实了广济乡（今玉堂镇）内有专烧瓷器的瓷窑。该香炉对研究都江堰市在宋代时的建制、经济、文化、宗教、生产生活、民风民俗等，具有很高的历史文化价值。

二、玉堂窑的器型

玉堂窑的瓷器主要为青瓷，胎体较厚重，种类较多，装窑时使用齿状支钉间隔器物，采用仰烧或裸烧的方式。主要有碗、盘、洗、盆、碟、盏、杯、壶、罐、钵、瓶、盂、盒、炉、灯、匣、纺轮、圆球、管饰、瓷枕、陶俑等20多个种类。产品主要为民间百姓的日常生活瓷器，也有部分文房用品、玩具、祭祀明器等。这些器物种类齐全，数量较多，器型各异，釉色精美，其烧制的各种瓷器不仅具有经济实用价值，而且还具有很高的历史文化价值和文物研究价值。

1. 执壶

壶上有把，便于手持，故称为执壶。流有长短变化，是为时代不同。广口者多为茶具，小口者多为酒具（图4）。执壶是茶房、酒肆、饭馆、家居和宴席上的必备器物，相当于现代的酒壶或茶壶。在玉堂窑出土了数量众多、大小不一的各类执壶，证明唐宋时川西地区饮酒成风，饮茶成风。大壶可装一斤，小壶约装半斤，古人饮茶饮酒时，既可将壶中的茶水或酒水，注入杯盏后再慢慢品饮，也可手握壶把，从壶嘴直接倒入口中开怀豪饮。部分注壶的器型，至今仍然还在流行。

图4 玉堂窑各式酒壶、茶壶
作者摄

图 5 玉堂窑各式花瓶
作者摄

2. 花瓶

用于插花观赏，或文房把玩类器物，历来被文人雅士和老百姓所喜爱和珍藏。玉堂窑烧制的花瓶样式很多，有的是瓜棱形，有的是椭圆形，有的是高腰，有的为垂腹，有的为喇叭口，有的为小圈口；有的是绿釉，有的是白釉，有的是单色釉，有的是釉下点彩或绘画装饰，既美观又实用（图5）。不仅体现了玉堂窑在拉坯制陶、施釉上色、控制窑火的精湛技术和绘画艺术，而且表明当时社会繁荣和老百姓追求美好的生活。这些花瓶都具有较高的艺术价值、观赏价值和收藏价值。尤其是其中的宋代绿釉四管插瓶，不仅釉色漂亮，造型精美，而且样式典雅，与众不同，是宋代玉堂窑的代表性器物之一。但有的收藏家将这种直立多管型器称其为油灯，值得商榷。

3. 省油灯

灯盏是古代百姓家中必不可少的夜间照明用具，而读书人尤为喜爱邛窑和玉堂窑的省油灯。省油灯又称"夹瓷灯盏"，中空，可将冷水注入夹腹中，以水降低油温，减少燃油挥发，比普通灯盏省油近一半。据陆游在《老学庵笔记》中记载："省油灯盏，盖夹灯盏也，一端作小窍，注清冷水于其中，每夕一易之，寻常盏为火所灼而燥，故速干，此独不然，其省油几半。"陆游还进一步赞美它："书灯勿用铜盏，惟瓷盏最省油。蜀有夹瓷盏，注水于盏唇窍中，可省油之半。"读书人常常挑灯夜读，因此更喜爱省油灯。省油灯设计科学，又经济实用，是中国灯盏科技史上的一项重要发明，不仅体现了古代蜀中读书风气盛行和勤劳节俭的美德，更表现了窑工们的聪明与智慧（图6、图7）。

4. 匜（茶铫）

其形如瓢，有流有柄，流用于倒水，柄用于手持，老百姓称为水瓢。水匜又称为茶铫，是一种茶器，不仅可用于厨房内舀水、舀酒、舀油等，还可用于煎茶、煮茶。玉堂窑匜的釉色有黄釉或绿釉，器型有深腹和浅腹，手柄有竹管型或螺纹橄榄型等不同样式，它们也

图 6　玉堂窑省油灯

图 7　绿釉双层莲花灯台

图 8　玉堂窑绿釉匜（茶铫）
作者摄

是玉堂窑的代表器物（图 8）。后来，由于瓷匜烧制困难、成本较高，而且易碎不耐用、不便运输和携带等原因，逐渐被木瓢或竹管器物取代。邛窑与玉堂窑的匜在器型、釉色上都有区别。

5. 罐

一种陶瓷容器，用途十分广泛，从古至今都在大量生产并普遍使用。但是，由于都江堰市位于川西高原与盆地交界处，冬天气温十分寒冷，为了御寒取暖，玉堂窑早在 1000多年前的唐宋时代，便创造性地烧制了一种用于御寒取暖的瓷器，名双系紧口罐，老百姓称它叫"水烘笼"。它是玉堂窑的独特器物，其他地方窑场很少烧制（图 9）。这种罐形体扁圆，重心稳定，腹大口小，盛水不溢。冬季时，将热水注入罐中，用干玉米芯封堵壶口，以防热水外溢。将此"水烘笼儿"放入布袋中包裹保温，白天放在杯中暖手，夜间放在被窝里暖脚。在一些农村和山区，采用金属制成这种形状的水烘笼儿至今还在生产和使用。但在1000 多年前的唐宋时代，这种既能保暖又可防寒的瓷罐罐也算是一种创新产品。

图9　玉堂窑酱彩双系罐

三、玉堂窑的釉色及装饰

玉堂窑的瓷器釉色多样，发色淡雅，沉稳朴素。早期为青瓷单色乳浊釉，后期釉色更加丰富，有白釉、绿釉、乳黄釉、青釉、酱釉等。有的器物施全釉，有的器物施半釉。胎质以褐胎、灰胎为主，由于胎质粗劣，多数器物在胎釉之间先施一层白色的化妆土，以增加器物的美观，使烧出的器物釉色更加均匀、明亮。

玉堂窑器物的装饰方法主要有印花、划花、点彩、彩绘、彩书、堆贴等。釉下彩书是以酱色或褐色釉料书写于器物内底或腹部，书写自然，是工匠们随手写上去的。如"好""大""古""日月""元"等。釉下彩绘内容有兰花、虫、鸟、莲瓣、云朵、波浪、圆弧、条线纹等。彩书和彩绘广泛用于碗、盘、钵、罐等器物身上，构图简单、线条粗放，自然醒目，富于早期釉下彩的特色，艺术效果尤佳。

综上所述，邛窑与玉堂窑是川西唐、宋时期的姐妹窑场，都处于青瓷向其他颜色瓷发展过程中的繁荣阶段，也都是唐代釉下彩的发源地之一。两处窑址的生产技术源流和产品形态及特征，是四川地区陶瓷史研究的重要实物资料。

但是，玉堂窑在产品特征上和装烧方法上又有鲜明的地方特色，与邛窑、金凤窑、磁峰窑等相邻的川西地方窑场，存在产品的异同和时代的关联，充分体现了川窑在生产和贸易过程中，相互交流与影响的关系。玉堂窑不仅丰富了四川盆地陶瓷文化，而且再次证明了成都平原是西南地区陶瓷业的中心，使蜀地瓷业的轮廓更加清晰，为研究四川陶瓷的发展、繁荣和衰亡过程提供了实物例证，也将为中国陶瓷史的研究提供更多、更新、更全面的材料。

邛窑省油灯与其他地区省油灯浅议

罗勇[1]　罗梓文[2]

（1.成都艺大乐器博物馆　2.广元市利州区广元窑传承保护发展中心）

摘要：省油灯是我国古代灯具的一朵奇葩，是古人在长期生活实践中最为独特的发明创造之一。省油灯在汉代发源于四川，唐宋时期，邛窑的工匠们经过改良，让省油灯更加省油节能。四川地区在广泛使用的同时，随着商贸交流，还逐渐传播到其他地区。而蒙宋战争以后，随着四川陶瓷业的衰落，发源于蜀地省油灯也退出了历史舞台，而传播到中国其他地区省油灯制作技术却被很好地传承下来。

关键词：省油灯　邛窑　四川地区　唐宋时期

中国古代油灯是一种特殊的生活用品，它的出现离不开古代先民对火的发现，离不开人类对照明的需求，它的起源更早、延续和发展时间更长。在电灯没有被传入中国之前，油灯延续使用了几千年。考古资料显示，北京猿人早在旧石器时代就已开始以火为生，而作为照明工具的油灯，只要有一个装有燃料的盘状物体，再加上油料、灯芯等，就可以完成。另外，古人以期用微弱的灯光来减轻对黑夜的恐惧。

中国古代油灯的发展历经了多个阶段。在新石器时代，就出现了原始的灯具"陶豆"，它既是食器，又是燃烛照明的用具。"瓦豆谓之登（镫）"揭示了灯的形制从豆演变而来的这一历史事实。晋代郭璞注《尔雅·释器》"瓦豆谓之登"云："即膏登也。"（图1）

到春秋战国至两汉时期，油灯的发展达到了一个高峰，其材质多为青铜（图2），造型精美，有的还带有纹饰，反映了当时的社会、政治、经济、手工业等各方面的繁荣。从各地博物馆陈列的灯具来看，王侯将相所使用的灯具更是一种身份象征。这一时期的油灯也成为反映社会政治规制法度的礼器，已经脱离了最初实用的特定要求。灯的材质除了陶、青铜和玉，还有以石头为原料来制作的（图3）。

随着工艺的不断进步，油灯的材质和形状也在不断地进化和发展。魏晋南北朝时期，因为陶瓷烧制技术的日渐成熟，使得陶瓷灯具在民间被广泛使用，成为普遍的照明工具，慢慢取代了青铜灯的地位。唐代时期，油灯的制作工艺更加精湛，出现了省油灯（图4）等新的科技发明。宋代时期，省油灯得到广泛流行，同时陶瓷业的发达也使得陶瓷油灯成为

图1 历代陶瓷油灯

图2 古代金属灯具

图3 石头灯具、莲瓣纹石头灯

图4 成都隋唐窑址出土的唐代省油灯

主流。明清时期，油灯的种类更加丰富，不仅有青花灯、瓷灯等陶瓷制品，还有铁灯、锡灯等金属制品。

省油灯是一种中国古代传统的节能灯具，文献记载最早出现在唐代四川地区。这种灯具的特别之处在于其独特的设计，具有省油的特点，因而得名"省油灯"。但省油灯并不是在唐代横空出世的，有实物证明，早在汉代，四川地区就有陶质省油灯出现了，笔者在四川一位民营博物馆主那里见到一件汉代的省油灯。该灯整体呈豆形，以灰陶制作而成，足墙外撇垂直于柄，实足，柄加粗形成中空用以盛水，最上面的灯盘外撇，高度稍矮于足墙，内凹盛油。在灯盘和中空柄的上部一侧，安装了一个硕大的注水孔，孔的外壁装饰有线条状凸起，孔的上沿与灯盘上口齐平。这样注入冷水后，就保证了灯盘的底部充分接触水面而降温，来达到省油的目的。这件汉代灰陶省油灯的发现，让四川地区制作并使用省油灯的历史提前了两百年左右，弥足珍贵（图5）。这并非个例，一生致力于川窑古陶瓷研究的李铁锤先生，他在《试论川窑省油灯的窑口、年代及其他》一文中也提及一件四川汉代的高柄中空柱灰陶省油灯。

图 5　四川汉代灰陶省油灯

图 6　唐代邛窑省油灯

　　唐代时期，四川邛窑的工匠们，改进了省油灯的设计，这时高高的豆形中空柄柱不见了，极具创造精神的工匠将灯盏做成夹层，腹部中空，可以注入冷水。在使用时，人们先把灯油置于灯盏表面的内凹处，放入灯芯，再将清水通过小孔注入与之相通的夹层中。利用油灯燃烧时水温升高蒸发带走一部分热量而降低油温的原理，使灯油的挥发速度减慢，来达到省油节能的目的。这种设计不仅巧妙地解决了油灯油耗过大的问题，也展示了古代人民对物理原理的巧妙运用，使用起来更加方便合理。邛窑及四川其他地区的省油灯形态变化不大，基本是小盏状，腹内中空形成夹层，在上部灯口沿处留一小孔用以注水。早期邛窑的省油灯盏面靠近口沿安放有一泥条状柄，注水孔亦有加长成管状，盏面有深有浅（图6）。唐代邛窑和琉璃厂窑的省油灯（图7），有的在盏腹部还安装一耳，方便手执，防止滑落。带耳（执手）的省油灯在宋代四川的一些窑口还可以看见，有的还发展成双耳（图8）。如今，邛窑省油灯已成为博物馆中的珍贵展品，让人们能够近距离欣赏到这一古代智慧的结晶。同时，它也为我们提供了了解古代生活、文化和科技发展的重要线索。

图 7　唐代琉璃厂窑省油灯

图 8　宋代四川广元窑双耳省油灯

图 9　宋代乐山西坝窑省油灯

　　到了宋代，省油灯在四川地区使用更加广泛，目前发现生产省油灯的窑口有邛窑、乐山西坝窑（图 9）、川北广元窑（图 10）、都江堰玉堂窑、当时属地为华阳的琉璃厂窑（图 11）、横山子窑（图 12）、雅安芦山窑等。历史上关于邛窑省油灯的记载极为丰富，著名的南宋诗人陆游在游历四川各地接触并使用省油灯后，他的《陆放翁集·斋居纪事》中就写道："书灯勿用铜盏，惟瓷盏最省油。蜀有夹瓷盏，注水于盏唇窍中，可省油之半。"他又在《老学庵笔记》中对四川省油灯节能的描写

图 10　宋代四川广元窑省油灯

得更加详尽："宋文安公（宋白）集中，有省油灯盏诗，今汉嘉（四川芦山）有之，盖夹灯盏也。一端作小窍，注清冷水于其中，每夕一易之。寻常盏为火所灼而燥，故速干，此

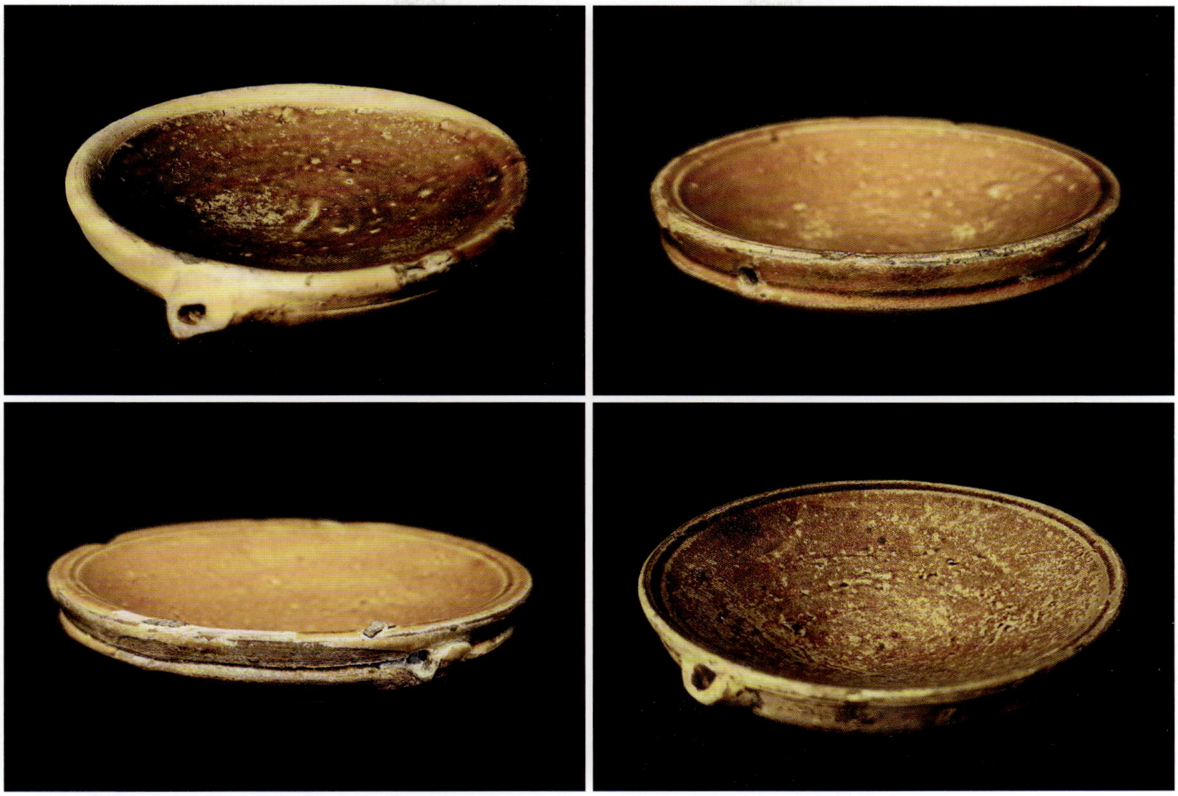

图11　宋代琉璃厂窑省油灯

图12　宋代横山子窑省油灯

独不然，其省油几半。邵公济牧汉嘉时，数以遗中朝士大夫。按文安亦尝为玉津令，则汉嘉出此物几三百年矣。"此外，省油灯还以其造型别致、颜色淡雅素净的特点受到人们的喜爱，被誉为中国古代油灯中的珍品。

省油灯在唐宋时期四川地区使用广泛使用的同时，随着商贸交流，还逐渐传播到其他地区。其受欢迎的原因在于它满足了当时人们对于节约能源和提高照明效果的需求。随着技术的不断进步和文化的交流融合，省油灯的设计和制作工艺也不断完善和发展。而蒙宋战争以后，基本不见四川制作的省油灯。

省油灯传入秦岭以北地区后，当地工匠结合本地油灯样式，制作出了与蜀地省油灯截然不同的形制，并传承至清末。耀州与蜀地相隔不远，有可能是最早接触并生产省油灯的，笔者藏有两件耀州的省油灯。一件黑釉，鼓腹，圈足，不像蜀地呈盏状，更像一个饼。灯面内凹，口沿处安一板状柄，截面呈三角形，这在其他地区没有见到过。正对柄的下方，

图13　宋代耀州窑黑釉省油灯

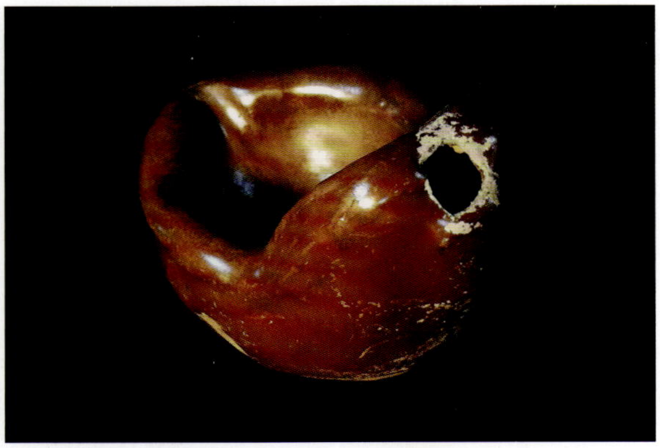

图14　宋代耀州窑紫金釉省油灯

有一注水孔。靠近圈足及圈足内皆无釉，灯面的边缘一处也刮去了釉面，这是防止釉面光滑而灯芯滑落故意为之（图13）。另外一件省油灯造型就比较奇特了，整体似一个大勺子；又像一只古代的官靴。是用两张薄薄的勺子状泥片上下粘接而成，勺柄几乎和灯面一样宽，柄和灯腹整体中空，柄的顶端开一孔，孔较大，用来注水，很是奇特。胎质细腻，烧制温度较高，紫金釉，实足，底无釉，手感轻，这也正符合耀州窑瓷器的特征（图14）。

山西、河北一带的省油灯在制作上又有一些区别。笔者收藏一件磁州窑早期的省油灯，整体略呈桃形，鼓腹中空，施褐釉，灯芯放置于桃尖部分，灯盘内凹，圈足和下部无釉。这时柄和注水孔却有了变化，柄在后部成一立柱状，中空，与灯的腹腔相通，形成注水孔。沿口外撇，防止手执时油灯滑落（图15）。后来，北方的省油灯不再封闭形成中空腹，而是采用两个口径大小不同的瓷盏组成，小瓷盏略高在中间装油安放灯芯，灯嘴向外伸出搭在外盏沿口。另外一端也是一柱状中空柄形成注水孔，开口于内外盏形成的夹槽上，这样在向大盏中注入冷水时就不会流到小盏中。灯盏内外施酱褐釉，下部及圈足无釉，有的口沿还因为釉薄而形成金黄色的灯草边，非常漂亮（图16）。清中后期，这种省油灯的中空柱状柄不见了，变成了用泥片捏了一个执手直接搭在内外盏上，灯嘴向外延伸得更长，已经超出了外盏的边缘，也不修饰，显得非常随意和粗犷，形制也变小，更加方便、实用和节能（图17）。这些形制的省油灯，在山西晋城博物馆中收藏有几件，北方几家博物馆中也有收藏，但报道的不多，世人知之甚少。

省油灯不仅四川和北方地区生产使用，南方地区也有生产，笔者收藏一件南方窑口制作的省油灯。该灯是青白瓷，胎质灰白，致密坚硬，高岭土烧制而成，施透明釉，釉面泛青。省油灯由上下两部分组成，上面是件普通灯盏，短而矮的中空灯柱直立于灯盏中间，下端开孔。下面直接用一圈足深腹盏，下部及圈足均无釉，上口边沿开 U 形孔，和上面的灯盏由釉料在高温窑炉中熔融作为粘合剂粘接而成，形成腹部中空，制作成别具一格的省油灯（图18）。

图 15　明代磁州窑省油灯 　　　　图 16　明代山西窑口省油灯

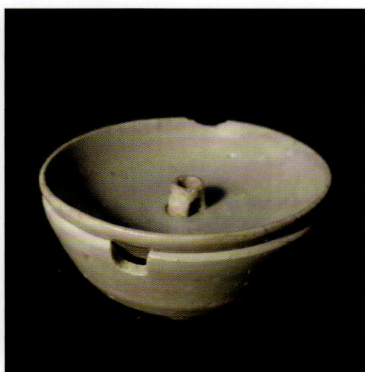

图 17　清代山西窑口省油灯　　　　图 18　宋代南方窑口省油灯

四川古代先民在汉代时就制作并使用省油灯，唐宋时期更是将其改良设计和推广。今天在博物馆和历史遗址中，我们可以见到一些保存完好的省油灯实物。它们不仅展示了古代人们的智慧和创造力，也为我们提供了了解古代生活和文化的重要线索。邛窑及其他地区的省油灯作为中国古代传统灯具的一种，体现了人类对于能源利用和照明技术的不断探索和创新。

唐代邛三彩瓷器研究

施泳峰

（上海市文物交流中心）

摘要： 本文以唐代邛窑生产的邛三彩瓷器作为研究对象，通过对邛窑烧制工艺的进步、邛三彩的工艺特征、邛三彩与唐三彩的区别、邛三彩出现的历史原因等问题的探讨，认为邛三彩是邛窑为李唐皇室与达官显贵烧造的器物，以满足封建统治阶级奢侈生活的需要。

关键词： 邛窑　邛三彩　唐三彩

2023 年 6 月由国家文物局、四川省人民政府主办的邛窑国家考古遗址公园揭牌仪式在四川省邛崃市举行，邛窑遗址成为继三星堆遗址、金沙遗址之后，四川省的第三个国家级考古遗址公园。

一、邛窑概况

邛崃位于成都平原，古称"临邛"。邛崃城始建于秦惠文王十四年（前 311 年），距今已有 2300 多年历史，是四川省最早建成的古城之一。公元前 311 年秦国蜀郡太守张若筑成都（今成都市）、江州（今重庆市）、郫城（今郫都区）、临邛（今邛崃市）四城，东晋常璩的《华阳国志·蜀志》记载"临邛城周回六里，高五丈，造作下仓，上皆有屋，而置观楼射栏"。西汉置临邛县，唐代改邛州，近代设邛崃县。

邛窑，因窑址分布于邛崃而得名，是巴蜀窑系中窑场数量最多、烧造时间延续最长、产品流散地域最广、社会影响最大的民间瓷窑。邛窑是我国最古老的民间窑场之一，始烧于东晋，成熟于南北朝，极盛于唐代，衰落于南宋末期，烧造时间长达 800 多年。邛窑烧造的产品丰富，种类繁多，形式多样，涵盖了人们日常生产生活的众多方面，其中省油灯更是闻名遐迩，在我国陶瓷史上占有举足轻重的地位，是我国"高温釉下三彩和彩绘瓷的故乡"。

邛窑的窑址包括南河十方堂、固驿瓦窑山、西河尖山子、白鹤大渔村，以及柴山冲、黄鹤、官庄等遗址，现存规模逾 30 平方千米。此外，成都青羊宫窑、华阳琉璃厂窑、都江堰玉堂窑、彭州磁峰窑、郫都区横山子窑、乐山荻坪山窑等，也属于邛窑系古窑址。1988 年邛窑遗址被国家文物局公布为第三批全国重点文物保护单位，2006 年邛窑遗址列入"国家大遗址保护重点项目"名录，2016 年"邛窑遗址保护规划"荣膺首届中国考古学大会"金尊奖"，2018 年沉积千年的邛窑重新燃起窑火焕发出新的光彩。

在 19 世纪末到 20 世纪初，被人们偶然发现的邛窑产品流落到成都古董市场，引发邛窑盗掘之风。20 世纪 30 年代我国著名考古学家郑德坤与美国学者葛维汉、英国学者贝德福等前往四川邛崃作实地调查，并建议将此处古瓷窑命名为"邛崃窑"，简称"邛窑"。1936 年四川军阀唐式遵驻防邛崃县，更是大规模盗掘邛窑，收获颇丰，并公然运到上海展览售卖。

1956 年四川省文物管理委员会在邛崃进行文物普查，发现了尖山子遗址、瓦窑山遗址、柴冲土巴桥遗址等邛窑古窑址。1976 年至 1981 年四川省博物馆、重庆市博物馆、四川省古陶瓷史编写组、四川大学历史系考古学专业、邛崃文化馆等多家单位先后 5 次对邛窑遗址进行考古调查。1984 年四川省文物管理委员会办公室考古队、邛崃文物管理所对邛崃的古窑址进行全面普查，调查了十方堂遗址、瓦窑山遗址、尖山子遗址、大渔村窑址，采集标本 248 件。

1984 年至 1989 年四川省文物管理委员会考古队、邛崃文物管理所对邛窑的十方堂遗址、固驿瓦窑山遗址开展考古发掘，清理出 10 座窑炉，出土 5 万多件器物。2005 年至 2007 年成都市文物考古研究所、邛崃市文物管理局再次组成联合考古队，对邛窑十方堂遗址 1 号窑包进行考古发掘，发掘面积近 2000 平方米。2014 年成都文物考古研究所在邛窑十方堂遗址 5 号窑包西侧进行第二次扩大发掘，发掘面积约 860 平方米，初步形成相关考古研究报告。

二、邛窑兴起的原因及烧造技艺

邛窑是四川青瓷的代表，是自南北朝以来在成都平原形成的瓷窑体系，具有鲜明的地方特色和深远的文化影响。其中，十方堂遗址是邛窑最重要的窑场，也是邛窑保存现状最好、窑包最多、堆积最厚、烧造时间最长、产品最丰富的古瓷窑遗址，代表了邛窑高超的烧制水平，是邛窑古代陶瓷制作工艺的典型遗址。

邛窑在成都平原的兴起有着深刻的历史原因。

首先，是社会生产力发展使然。随着秦昭王时期蜀郡太守李冰在成都修建水利工程都江堰后，成都平原成为鱼米之乡，人们对陶瓷用品的需求日益增长。在魏晋南北朝时期，陶瓷生产工艺已由堆烧、坑烧发展到窑烧，馒头窑、龙窑相继出现，这为邛窑的出现提供了强有力的技术支撑。

其次，是汉代手工业发展为邛窑打下了基础。汉武帝时，西汉才女卓文君之父卓王孙因冶铁而富可敌国，推动了邛崃以冶铁、制盐、酿酒为主的手工业及商贸的进步与发达，这为邛窑的发展打下了良好的手工业基础。邛崃当地有着丰富的陶（瓷）土资源，这为邛窑的陶瓷器烧造提供了重要的保障。

最后，是聚集了陶瓷烧造人才。魏晋南北朝时期的社会大动乱，导致北方大批手工业者纷纷逃到相对安定、经济富庶的成都平原，这使得邛窑的陶瓷烧造技术在南北方融合中得到迅速发展与提升。

考古发掘资料显示，新中国成立后我国的考古工作者在邛崃相继出土了秦代绳纹板瓦，汉代瓦当、画像砖、陶缸、燋斗、陶天然气管、"瓦棺"等，这表明邛崃早在秦汉时期就已经能够生产出大量精美的实用陶器了。

元代诗人吴来在《大食瓶》诗中吟唱"定州让巧薄，邛邑斗轻坚"，定窑是宋代五大名窑之一，吴来将邛窑与定窑相提并论，充分说明邛窑的重要地位和烧制技术的先进。邛窑对我国古代陶瓷生产的贡献，主要体现在以下几方面。

第一，普遍使用化妆土。邛窑在烧制中普遍使用化妆土，即在器物坯胎上涂一层白色护胎釉。这种白色的护胎釉，既起到护胎的作用，又能增加釉面的光洁度，美化瓷器，是提高产品质量的重要工艺。

第二，广泛使用多彩釉。邛窑青瓷的釉料中含有铅质，属于含铅的青釉，尤其是在烧造过程中将琉璃混合于青釉中，这是邛窑的创新，这对我国古代陶瓷多色釉彩的普遍使用起了先导和推动作用。

第三，丰富多彩的装饰。邛窑产品的装饰工艺千姿百态、群芳争艳，纹饰类有图案画、没骨画、散点画、斑块等，素色类有印花、划花等。其中，邛三彩更是大胆突破传统局限，向多色釉的方向发展，或褐釉、绿釉、黄釉，或绿釉、蓝釉、黄釉，或青釉、褐釉、绿釉等装饰于器物上，釉面平整不会脱落。这在青釉与白釉盛行的隋唐时期，为我国陶瓷装饰技艺开辟了全新路径，开创了我国彩釉瓷器的先河。

第四，采用圆筒式匣钵。邛窑在唐代初期就开始普遍使用圆筒式匣钵烧造，使用圆筒式匣钵能把火焰与产品隔离开来，不仅可以避免落渣、粘釉、火刺、变形等缺陷，也避免了烟气粉尘对坯体的污染，而且解决了生坯叠装时的负重问题，提高了炉窑的利用率，烧造出来的产品器型端正、器壁减薄、釉面光润，极大地提高了产品的质量。

第五，使用斜坡式龙窑。为解决产品烧制温度，邛窑使用以木柴为燃料的"斜坡式龙窑"，窑炉分窑门、火膛、炉堂、炉尾和烟道，烟道设在窑炉最高点的炉尾，以"挡火墙"调节窑室内的抽力和温度，利用自然抽风使炉火旺而均匀，解决了抽力大、火焰速度过快的难题。邛窑十方堂遗址具有代表性的1号龙窑，长达42米，宛如一条长龙斜卧在窑厂中心山体上，窑床坡度为 15°—17°，这是古代斜坡龙窑的科学坡度。斜坡式龙窑的普遍使用，确保了邛窑产品烧造的质量。

三、唐三彩概况

从唐代开始，邛窑烧造的乳浊绿釉、铜红釉、釉下多色彩绘瓷、邛三彩等陶瓷产品闻名于世，其中邛三彩更是邛窑的精华之作，不但可与唐三彩媲美，而且还有自己独创的特色。邛三彩以氧化铜、氧化铁、氧化锰、氧化钴为着色剂绘画或点染，以高温一次烧造而成，黄釉、绿釉、褐釉、蓝釉等多种釉色交相辉映，争奇斗艳。邛三彩晶莹明亮的釉层与鲜艳绚丽的色泽展现出独特的魅力，堪称我国古代陶瓷文化遗产中的瑰宝，是邛窑留给后世美轮美奂的奇迹，艺术价值不言而喻。

自从 1905 年修建陇海铁路邙山段时发现唐三彩以来，国内陆续发掘出土唐三彩。中国硅酸盐学会主编的《中国陶瓷史》认为"关于三彩陶器的制作始于何时，从有纪年的唐墓考察，早于高宗时期的唐墓没有出土三彩陶器，这一事实似乎说明三彩陶器始作于唐高宗朝，而开元朝则是它的极盛时期。这一时期产量大，质量高，色彩多样，三彩陶人俑，不仅人体结构准确，而且形态逼真传神。天宝以后数量逐渐减少。至于三彩陶器怎样发生、形成，它的前期作品如何。目前这方面发现的资料不多，现在所能说的只是三彩陶器似乎是从单色釉到二彩釉、再演进到三彩釉这样一个简单轮廓"。

唐三彩，即唐代彩色釉陶器，是以含有大量高岭土的白色黏土为原料，先在 1000℃ 以上的窑温中烧制素坯，上釉后在 800℃ 左右低温烧成。釉料由含氧化铁、氧化铜、氧化钴、氧化锰等多种呈色元素的矿物质配制，作为助熔剂的氧化铅，既可降低烧造温度，又能使釉面光亮。各种着色金属氧化物熔于铅釉之中，相互交融，自然流淌，形成斑驳美丽的釉色。唐三彩的釉色有黄色、绿色、白色、蓝色、褐色等，其中蓝釉是我国最早的以钴料呈现的釉色。唐三彩大都为明器，只有小部分为生活用具，主要有陶俑、动物、模型器、建筑构件等。

唐三彩出现于唐代早期，兴盛于唐代中期，曾传至朝鲜、日本、印度尼西亚、伊拉克、伊朗、埃及等地，"安史之乱"后逐渐衰落，唐三彩对宋三彩、辽三彩的发展有着重要影响。贞观之治以后，唐王朝国力强盛，百业俱兴，导致官员生活腐化，厚葬之风盛行。唐三彩作为陪葬的明器，唐代曾经规定官员允许随葬的唐三彩件数，但是唐代的达官显贵并不满足于明文规定，他们往往比官府规定增加很多倍数，追求厚葬。

迄今为止，已经发现烧造唐三彩的窑址有河南巩义市、陕西铜川、西安西郊、河北内丘等地，四川邛崃是目前已知唯一的在南方地区烧造三彩器的窑场，故学术界有"北有唐三彩，南有邛三彩"之称。

唐三彩与邛三彩有一个共同的显著特点。二者均以多色釉料交错、间隔施用，釉料交融垂流，釉面斑驳淋漓，斑块、点线交错，釉色艳丽晕散，多彩多姿。但是，邛三彩多为碗、盘、杯、罐及小件雕塑等日常生活用品，种类丰富，乖巧耐看，而唐三彩主要是明器。

邛三彩的特点在于色彩艳丽，釉面光亮，多细片，修胎精细，胎体轻薄，形似金银器。那么历经千年岁月的洗礼，邛三彩为何仍旧靓丽如初？秘密就在邛三彩的釉料配方之中。经中国科学院上海硅酸盐研究所、复旦大学现代物理研究所、中国科技大学通过 PIXE（质子激光射线荧光分析）、原子吸收仪、等离子光谱等方法测定，邛三彩的釉料成分如下。

透明绿釉：二氧化硅 59.91%，三氧化二铝 10.11%，三氧化二铁 2.56%，二氧化钛 0.73%，氧化钙 17.52%，氧化镁 4.27%，氧化钾 1.54%，氧化钠 0.32%，氧化锰 0.47%，氧化铜 1.48%，五氧化二磷 1.87%。

透明黄釉：二氧化硅 59.92%，三氧化二铝 10.76%，三氧化二铁 2.96%，氧化钛 0.72%，氧化钙 16.54%，氧化镁 4.50%，氧化钾 1.38%，氧化钠 0.43%，氧化锰 0.37%，氧化铜 0.08%，五氧化二磷 2.34%。

从中可以看出，邛三彩不含氧化铅，这是一种创新。釉料中不含氧化铅，会产生两种结果。

第一，是烧制温度提高。烧造温度达到 1100℃左右或更高，因此邛三彩是瓷器，而唐三彩是陶器。邛三彩可以作为实用器使用，而唐三彩只能用作陪葬的明器。

第二，是产品适宜保存。由于釉料中不含铅，即使在四川这样多雨潮湿、埋于酸性红土的恶劣条件下，历经千年仍光彩如初，色彩艳丽，历经千年而不褪色。

由于邛三彩的釉料不含氧化铅，无"泛铅"现象，烧成温度达到 1100℃以上。这样大大增加了釉彩的化学稳定性，因此可以作为各种高档实用器，以替代需求剧增的金银器，所以邛三彩多仿金银器。要判断邛三彩器物的烧造时代，必须参照金银器才行，即"依型断代"。目前已知的许多带圈足，甚至高圈足的邛三彩器物，可能是唐代、最迟不晚于五代的产品。

四、邛三彩概况

邛三彩是在 1100℃以上的高温中一次烧成，胎釉结合紧密，釉面不易脱落，釉色明艳雅致，器物形态轻巧，既有陈设器、实用器，也有明器，种类繁多。

1. 邛三彩的胎

邛三彩的胎体有红色、粉色、褐色、浅褐色、灰色、白色、黄色等，其中红色胎体的数量最多，灰色胎体的数量最少，白色胎体与黄色胎体的修胎较精细。由于泥料较粗，普遍含有细砂粒。胎体普遍施化妆土，器物足部无色釉的区域呈现出明亮的褐红色，与黄釉

图1　唐代邛三彩杯
邛窑考古遗址公园博物馆藏

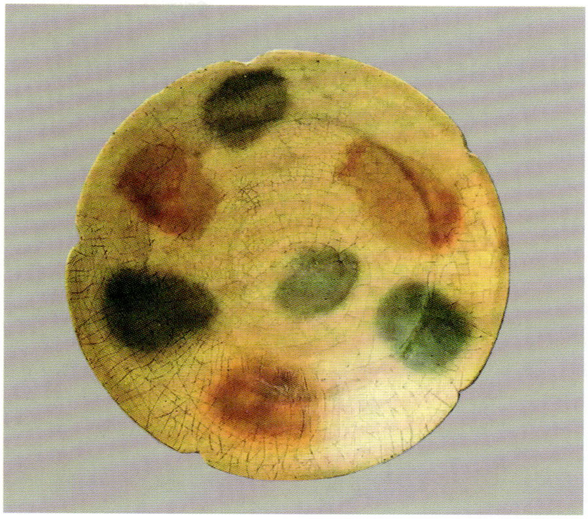

图2　唐代邛三彩花口盘
邛崃市博物馆藏

的主色调相互衬托。

2. 邛三彩的釉

邛三彩的釉面以黄色为主色调，用绿釉与褐釉点染交错，经高温烧制后，各种色彩晕散交融，器物上不留空白，既有单色釉，也有多色釉交错，或装饰在器物表面，或在器物内壁或口沿随意点染。釉色鲜艳明亮，釉面光洁莹润，有冰裂纹，黄釉、褐釉、绿釉呈现出夺目的美丽。与唐三彩相比，邛三彩采用黄釉、褐釉、绿釉等色彩融合的施釉方法，色斑之间的边沿相互交融，看上去浑然一体，华贵富丽。胎釉之间施有白色化妆土，提高了邛三彩的釉彩鲜艳程度。邛三彩的黄釉有鹅黄色、柠檬黄色、金黄色等，透明度极高，在灯光下呈现出金色的光亮，色泽娇艳，因此被称为"金珠"。由于釉料中不含氧化铅，产品完全可以作为实用器使用，而不像唐三彩那样只能作为陪葬品使用。

3. 邛三彩的造型

邛三彩器物造型优美，品种丰富，设计奇巧，用途广泛，产品注重实用性，有碗、杯、盘、罐、执壶、小件雕塑等，既有拉坯成型，也有模制成型，器物造型规整轻盈（图1–图8）。出现了大量花口器和花形器，模制印花的器型和装饰增多，具有大气圆和的时代特征。常见大饼足碗、短流壶、高足杯、多足砚等，新增"风"字砚，瓷塑作品栩栩如生，具有独特的审美情趣。部分器物造型出现改良，如壶流增长，或者底足是三只短圆形柱足等。

4. 邛三彩的装饰

邛三彩一改唐代以来"南青北白""重釉不重纹饰"的现状，将胎体装饰，如刻花、划花、贴花、堆塑、模印等，以及釉面装饰、高温彩绘、低温彩绘、釉下彩绘、釉上彩绘等集于一身，复杂多样，韵味无穷，开创了我国彩绘工艺的崭新局面，是我国古代陶瓷艺术与科

图3　唐代邛三彩花口折壁洗
邛崃市博物馆藏

图4　唐代邛三彩海棠杯
四川博物院藏

图5　唐代邛三彩多足香炉
成都博物馆藏

图6　唐代邛三彩高足炉
成都博物馆藏

技发展新的里程碑，影响深远。

那么，邛三彩与唐三彩有哪些区别呢？

第一，是化学成分不同。唐三彩是铅釉，邛三彩是石灰釉。唐三彩的釉料中含有氧化铅，而邛三彩的釉料中不含氧化铅。

第二，是产品类型不同。唐三彩主要是明器，常见有人物俑、动物俑、模型、建筑构件等，生活用器较少，制作工艺精湛。邛三彩既有陈设器、实用器，也有明器。产品面向市场，满足人们日常生活的各种不同需求，种类繁多，如盘、盏、洗、壶、杯、瓶、炉、玩具等。唐三彩大件器物较多，邛三彩小件器物居多，制作工艺复杂多样，产品既可欣赏，也可把玩，人文气息浓厚。

第三，是生产工艺不同。唐三彩的成型工艺主要是模制，亦有轮制或捏塑。邛三彩的

图7　唐代邛三彩乌龟
邛窑考古遗址公园博物馆藏

图8　唐代邛三彩双耳壶
邛窑考古遗址公园博物馆藏

成型工艺主要是轮制或捏塑，手工特征明显，制作工艺更加精细，手法更加娴熟，产品具有浓烈的生活气息。

第四，是烧造温度不同。唐三彩的烧造温度在800℃左右，烧造温度较低，陶胎，容易破碎，胎釉结合不紧密。邛三彩的烧造温度在1100℃以上，烧造温度较高，瓷胎或半陶半瓷化，胎釉结合紧密，釉层光洁艳丽，故又被称为"高温邛三彩"。

第五，是彩绘技术不同。唐三彩的釉彩以平涂作为装饰技法，二次烧造成形。即先烧造出陶胎，再上釉彩，然后二次入窑低温烧制而成。釉彩的色泽较为暗淡，釉面玻璃质感较差。邛三彩的釉彩以绘画作为装饰技法，有各种图案，多为一次烧造成形。以金黄色釉作为基础色调，再用氧化铜、氧化铁、氧化锰、氧化钴等矿物质色料在釉上或釉下绘画、点染，以高温烧成而成，色彩鲜艳，黄釉、绿釉、褐釉、蓝釉等多种颜色交相辉映，争奇斗艳。有时还在化妆土上彩绘，再上透明釉，或直接在乳白釉上彩绘，画工技巧纯熟，气势流畅连贯，信笔挥就，一气呵成，飘逸洒脱，对唐代以后的釉上彩和釉下彩有着极大的影响。

邛三彩可谓是"沉睡上千年，一醒惊天下"。因此，故宫博物院研究员耿宝昌在《邛窑古陶瓷研究》中认为"邛三彩是邛窑的代表作品……其工艺传播于江南诸名窑，而又湖南长沙铜官窑受其影响最深，因之两窑产品颇为相似，成为姐妹艺术，堪与其周边名窑相媲美"。我国著名古陶瓷研究权威陈丽琼称赞："（邛三彩）是一个飞跃的进步，划时代的创造。我国陶瓷装饰艺术，由单色的釉下彩向五彩缤纷的彩瓷世界发展而发端于此。"

五、邛三彩的兴起

从考古发掘的情况来看，邛三彩几乎均出土于成都平原的大城市中心地带，以文房类、陈设类、酒具、茶具、灯具等器物为主，器型多仿金银器，依形断代可参照金银器。邛三彩在四川其他地区极少发现，即使是邛窑十方堂遗址也很少出土邛三彩器物。但是，邛窑生产的其他产品却分布广泛，遍及成都平原、四川周边省份以及长江中下游地区，这说明邛三彩的供应范围十分狭窄。此外，邛三彩的主要烧制年代是中唐到晚唐时期，甚至延续至五代十国时期。

那么，邛三彩在四川出现的历史原因是什么？

第一，这与唐代四川经济社会发展密切相关。唐代四川地区出产的名酒、名茶很多，比如成都春酒、郫筒酒、戎州春酒等，以及峨眉雪芽茶、蒙顶山茶、青城山茶等，均享有盛名。李白、杜甫、白居易、岑参、李商隐等唐代诗人为后世留下了许多赞美四川名酒、名茶的佳句。美酒香茶不仅能激发唐代诗人的创作灵感，而且还能催生出与之相关的瓷器艺术精品。于是，釉色艳丽的邛三彩壶、盏、盂、洗、炉、盒等诞生于世人面前，反映出唐代四川经济社会生活的状况。

第二，这与唐代四川多元的文化氛围密切相关。唐代的成都平原经济发达，推动了城市的繁荣，故有"天府之国"之誉。成都平原的地理位置又位于南北丝绸之路的交会点，是我国较早接触佛教的地方，也与中亚、西亚地区有着密切的经济文化往来，邛三彩的舞俑、抱球俑、胡人俑、抱角俑等器物的观赏性与实用性完美地结合在一起，反映出唐代对外交流的活跃以及多元文化的影响，是东西方文化交流的历史见证。发达的经济、多元的文化为邛三彩的出现奠定了广泛的人文基础。

第三，这与唐代邛窑烧制工艺的创新密切相关。唐代邛窑不但广泛采用匣钵、火标的烧造技术，而且还创烧出满釉支烧技术，表现出烧制技术的创新性。"火标"可以检验窑内的烧造温度与坯件成熟的情况，"匣钵"可以确保器物的釉色纯净以及避免粘上烟灰窑渣，"支烧"可以确保器物满釉且不粘连。邛窑的支烧技艺远远早于宋代的定窑、汝窑，有的芝麻钉痕小于 1 毫米，唐代邛窑无疑是我国古陶瓷支钉支烧技艺的先行者。

第四，这与唐代皇帝赴四川躲避战乱密切相关。唐代历史上一共发生过两次唐皇入川避难的事情。一次是至德元年（756 年）唐玄宗为躲避"安史之乱"赴川，在四川待了一年零两个月。另一次是中和元年（881 年）唐僖宗为躲避"黄巢农民起义"赴川，在四川待了四年。两次唐皇赴川避难，大批李唐皇族、达官显贵、社会名流也跟着纷纷逃到四川躲避战乱，不仅为四川带来了北方先进的手工业生产技艺，而且也为邛窑带来生产高档日用瓷器的需求。这为邛三彩的应运而生带来了契机，邛窑烧制出艳丽明亮的邛三彩产品以满足上层社会的需求也就不足为奇了。考古发掘出土的邛三彩器物明显是模仿贵重的金银器而烧制，这说明邛三彩器物的使用者远非普通的平民百姓，也不可能是普通百姓用得起的。

第五，这与唐代实行手工业生产制度密切相关。唐代的手工业生产分为官营、私营两种，官营手工业生产的产品供皇室宫廷使用，私营手工业生产的产品供商贾贩卖。在唐代凡属皇室宫廷所需的手工业生产与经营，都由专门机构负责掌管。"少府"与"将作府"是唐代负责管理手工业生产的专门机构，少府掌管百工技巧诸务，将作府掌管宫室建设诸务，少府的主官是少府监，将作府的主官是将作大匠。成书于唐玄宗时期的《唐六典》是我国现存最早的一部行政性质法典，其中记载到"少府有匠一万九千八百五十人……将作有匠一万五千人"。管理陶瓷工匠、制造各种明器的是"甄官署"，"掌琢石、陶土之事，供石磬、人、兽、碑、柱、碾、碱、瓶、缶之器，敕葬则供明器"。"两府（即少府与将作府）"挑选有技能的工匠，在原住州县专立户籍，轮番服役，称为"番匠"，即为政府服劳役的工匠。唐代官营手工业作坊的工匠必须是具有匠籍的番匠，由"两府"从全国番匠中选拔出来，手艺精湛者叫"巧儿匠"。"两府"是唐代手工业生产的精英所在，代表了唐代手工业生产的最高水平。

在邛窑遗址的考古发掘中出土有"乾德六年二月上旬造官样杨全记用"印模，造型和纹饰规整雅致，是我国最早出土的"官样"实物。"乾德"是前蜀后主王衍的年号，乾德六年即924年。这说明，至少在五代十国前蜀后主王衍时期，邛窑仍有官方瓷器生产，由官府或宫廷进行管理。从邛窑十方堂遗址5号窑包考古发掘的建筑遗址规模与形制来看，极有可能是晚唐五代时期官府或宫廷负责瓷器生产的一处建筑用房或管理机构。

盛唐以后接踵而至的安史之乱、藩镇割据、宦官专权、牛李党争、甘露之变、唐蕃战争、乾符民变等，导致各种社会矛盾尖锐化与表面化。所以《旧唐书·列传七十·郭子仪传》说："夫以东周之地，久陷贼中，宫室焚烧，十不存一……井邑榛棘，豺狼所嗥……人烟断绝，千里萧条。"这表明，唐代的统治阶级已经很难再维持原有的腐朽奢侈生活。

综上所述，我认为邛三彩是唐代少府与将作府从邛窑中选拔出来的"巧儿匠"，生产出来的器物专供逃亡四川的李唐皇室与达官显贵享用，产品形制模仿金银器，以满足封建统治阶级纸醉金迷的生活所需。因此，唐代诗人杜甫写道："大邑（即邛窑）烧瓷轻且坚，扣如哀玉锦城传。君家白碗胜霜雪，急送茅斋也可怜。"

《旧唐书·本纪第十·肃宗本纪》记载，唐肃宗乾元二年（759年）"壬寅，诏以寇孽未平，务怀挥挹，自今以后，朕常膳及服御等物，并从节减，诸作坊造仿并停"。安史之乱爆发以后，国难当头，唐肃宗不得不下旨"诸作坊造仿并停"。迄今为止出土的邛三彩器物均集中于成都平原的大城市中心地带，极有可能与此有关。

南宋末期，由于宋元战争爆发，邛窑毁于战火之中，从此湮没于历史的长河之中。但是，邛窑醒，天下惊，尘封已久的邛窑被考古工作者揭开了神秘的面纱，向人们娓娓道来遥远深厚的历史。唐代邛窑烧造的邛三彩产品，精光内蕴的釉色，圆浑柔美的造型，端庄大方的神韵，深受巴蜀地区独特文化影响呈现出自然朴实、充满生机、富有生命的律动感，寓巧于拙，寓动于静，它不仅是巴蜀文化的重要组成部分，更是我国陶瓷史上不可或缺的宝贵财富。

论邛窑出土瓷塑及其特征

陈锐　　刘丰

（湖南博物院）

摘要： 邛窑瓷塑小巧，造型丰富，具有浓郁特色。本文在全面整理邛窑窑址出土瓷塑的基础上，探讨了邛窑瓷塑的胎、釉、彩、工艺特征及其所蕴含的文化特色。邛窑瓷塑胎质坚硬，或高温釉一次烧成，或低温釉二次烧成。二次烧成的低温釉瓷塑是邛窑融合南北窑业技艺的创新产品。邛窑窑工擅长将塑形、雕刻、釉下彩装饰与实用功能相结合制作瓷塑。邛窑瓷塑具风格写实，生动传神，且融合多元文化的特征，是研究唐宋时期川蜀地区陶瓷工艺和文化的珍贵实物资料。

关键词： 邛窑　瓷塑　长沙窑　黄冶窑

邛窑，又称邛崃窑、邛州窑。邛窑是指邛州（邛崃市）境内，文化属性一致，制作、工艺、装烧方法、装饰技术相似，窑与窑间，前后承袭、相互影响，彼此关系明显，连续性也很清楚的多处古瓷窑遗址的总称。它包括南河十方堂、固驿瓦窑山、西河尖山子、白鹤大渔村及柴山冲、黄鹤、官庄等古瓷窑遗址[1]。邛窑始烧于南朝，盛烧于唐五代，渐衰于两宋，是四川地区最具代表性的窑口。邛窑产品十分丰富，有碗、盘、盆、钵、壶、罐、瓶、炉、杯、提梁杯、长杯、柳斗杯、碟、灯碟、盏、盏托、省油灯、枕、水盂、盒、套盒、研磨器、瓷塑、净瓶、唾壶、鸟食罐、铃铛等。其中，邛窑瓷塑独具一格，具有鲜明特色，是邛窑擅长雕塑和三彩装饰的见证。

一、窑址出土的瓷塑

自邛窑窑址于19世纪30年代被发现以来，出土了大量瓷塑产品。邛窑窑址出土瓷塑有三种情形：军民乱掘、窑址调查和考古发掘。

1　陈显双、尚崇伟：《邛窑古陶瓷简论——考古发掘简报》，《邛窑古陶瓷研究》，中国科学技术大学出版社，2002年，第123页。

（一）军民乱掘出土瓷塑

19世纪30年代邛窑窑址遭到军民私挖乱掘，兹将记载在文章中的邛窑窑址出土瓷塑整理如下。

①考古学家郑德坤先生撰文道20世纪30年代邛窑窑址遭受乱掘，出土邛窑瓷塑有龟、象、狮、禽鸟、鱼、狗、马、龙、兔、牛、鼠、猴、鸭、鸡、人像、哨子、桃、柿等[2]。

②华西大学博物馆贝德福先生于20世纪30年代在邛窑窑址见当地农民私挖窑包，被掘出的瓷塑有俑头、兽头等[3]。

③成都加拿大教会医院的杨枝高先生于1936年8月前往十方堂窑址，知军民等约三四百人争先恐后昼夜挖掘窑包。他在邛崃留住十日，遍访当地绅耆商贾，了解邛窑出土器物，所记出土瓷塑有龙、虎、狮、象、猫、犬、马、牛、羊、猪、鱼、鸭、鹅、鸡、龟、蛇、兔、骑马者、骑牛羊者、卧者、仰者、抱小儿者、人头俑、独角兽形埙、人头形埙等[4]。

④华西大学博物馆葛维汉先生在20世纪30年代往邛窑窑址，见用作口哨的人头像瓷塑[5]。

（二）窑址调查出土瓷塑

新中国成立后，考古学家、陶瓷专家以及文物部门工作人多次调查邛窑窑址，在十方堂窑采集到不少邛窑瓷塑。

①1956年四川省文物管理委员会工作人员调查了邛崃县的几个古窑址，十方堂窑出土瓷塑有龟、鱼、鸡、犬、羊、猫、鹦鹉等[6]。

②冯先铭先生调查邛崃窑，指出十方堂窑除烧制大量日常生活用的瓶、壶、碗、洗、盘外，还大量烧制小件雕塑，既可见到活泼可爱的胖娃形象，又有各种飞禽走兽，姿态都很生动可爱[7]。

③陈丽琼先生在20世纪七八十年代数次调查邛窑，采集了狮、龙、虎、猴、狗、牛、羊、龟、豚、象、兔、鸡、鸭、鱼等小瓷玩[8]。

④四川省博和重博在1976年初调查邛崃十方堂窑址，采集各类标本120件。其中，邛

2　郑德坤著，成恩元译：《邛崃、琉璃厂窑遗址》，《四川古陶瓷研究（一）》，四川省社会科学院出版社，1984年，第31页。

3　〔英〕贝德福著，成恩元译：《四川邛州古窑址》，《四川古陶瓷研究（一）》，四川省社会科学院出版社，1984年，第93页。

4　杨枝高：《访邛崃十方堂古窑记》，《四川古陶瓷研究（一）》，四川省社会科学院出版社，1984年，第99、100页。

5　〔美〕葛维汉著，成恩元译：《邛崃陶器》，《四川古陶瓷研究（一）》，四川省社会科学院出版社，1984年，第103页。

6　徐鹏章：《川西古代瓷器调查记》，《四川古陶瓷研究（一）》，四川省社会科学院出版社，1984年，第46页。

7　冯先铭：《四川省古窑址》，《四川古陶瓷研究（一）》，四川省社会科学院出版社，1984年，第63页。

8　陈丽琼：《试谈四川古代瓷器的发展及工艺》，《四川古陶瓷研究（一）》，四川省社会科学院出版社，1984年，第71页。

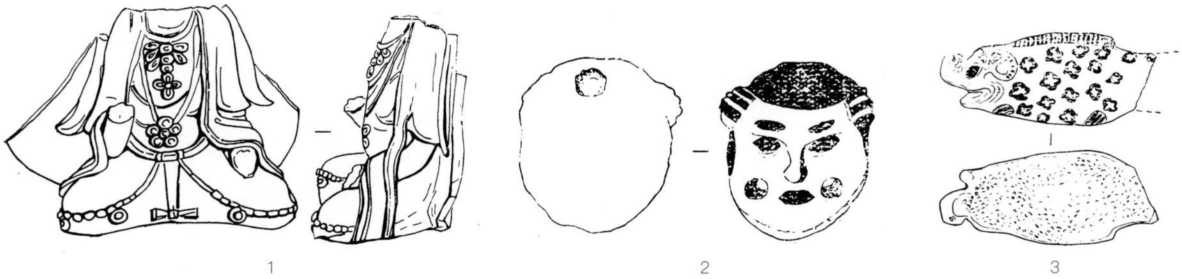

图1 邛窑窑址采集的邛窑瓷塑线图
1. 菩萨像线图 2. 人面形埙线图 3. 摩羯形研磨器线图

窑瓷塑有鱼、龟、造像和一件抱角杯的三彩瓷像 [9]。

⑤1984年2月，四川省文物考古工作队对邛崃县境内古窑址进行全面普查，采集到比较丰富的邛窑瓷塑产品 [10]，整理如下。

菩萨像，1件，残，席地而坐，身着圆领广袖长服，腰系带，身挂璎珞宝饰，背有佛光，残高9.2厘米（图1-1）。

孩童俑，8件，其中4件匍匐于圆形底座上，作游泳状；3件席坐于圆形底座上，其中2件童子双手抱球于胸前，1件童子左手下垂、右手贴胸；1件仰首跪于圆形底座上，两臂上抬，合掌于胸；长6.1—6.3厘米，高4—6.5厘米。

龟，1件，缺头，残长4.6厘米，高17厘米。

狗，1件，残，昂首竖耳，长6.3厘米，高4.2厘米。

鸭，1件，缺头，残高4.6厘米。

埙，1件，人面形，头部和脸颊两边各有一孔（图1-2）。

摩羯形研磨器，1件，残，为张嘴的摩羯形，上颚有一穿孔，嘴里有齿，浑身施彩，点绘鳞和鳍（图1-3）。

（三）考古发掘出土瓷塑

①1984年，四川省文物管理委员会考古队和邛崃县文物保管所联合发掘了十方堂窑址的三号和五号窑包，清理出数以千计的邛窑产品，收获了大量瓷塑 [11]，兹整理如下。

玩球俑，8件，其中1件为童子抱球坐莲花座（图2-1），7件为童子坐圆形座，或抱球于胸前（图2-2），或球置腿间（图2-3），高6.9—8.2厘米。

---

9 丁祖春：《四川邛崃十方堂古窑》，《四川古陶瓷研究（一）》，四川省社会科学院出版社，1984年，第123页。

10 陈显双：《邛崃县古瓷窑遗址调查记》，《四川古陶瓷研究（二）》，四川省社会科学院出版社，1984年，第33、34、39、40页。

11 四川省文物管理委员会、邛崃县文物保护保管所：《邛窑发掘的初步收获》，《四川古陶瓷研究（二）》，四川省社会科学院出版社，1984年，第61—66、83—86页。

图 2　十方堂窑址三号和五号窑包出土的瓷塑线图
1—8. 童子瓷塑线图　9—14. 俑头瓷塑线图　15—16. 动物瓷塑线图

捧盘俑，1件，童子发分两侧，双手捧盘，下部残，残高 6.5 厘米。

合手俑，3件，童子坐于圆座，或躬身合手作恭迎状（图2-4），或合掌胸前作虔诚状（图2-5），高 5.5—5.8 厘米。

举手俑，1件，童子头戴帽，身着交领长服，双手上举，屈膝而坐，高 6.7 厘米（图2-6）。

抱手俑，1件，童子发分额前，抱手，盘腿坐圆座上，高 8 厘米（图2-7）。

曲臂俑，1件，童子屈臂，盘腿而坐，高 5.2 厘米。

人形砚足，1件，砚残，其上残留一人形砚足，人仰头屈腿，右手上举托砚腹，左手屈伸，残高 7.9 厘米。

骑兽俑，1件，残，头戴帽，头微侧，骑于兽背，双手握兽首，高6.2厘米。

匍匐俑，2件，其中一件童子于莲座上，仰头前视，两手合掌于头前，双脚屈腿后伸，高5.3厘米（图2-8）；另一件童子于圆形座上，仰首前视，双手抱球于头前，双脚屈腿后伸，高4厘米。

男俑头，7件，或光头，或戴风帽，或戴冠，或梳双锥髻，或梳单髻（图2-9），高2—6.9厘米。

女俑头，7件，或挽堕马髻（图2-10），或盘高髻，或盘发于耳上方，或盘发呈两鬓抱面状（图2-11），或单辫上盘成双髻（图2-12），或双髻包巾（图2-13），或上盘为双环（图2-14），高3.5—5.7厘米。

俑身，1件，头、手及下部缺，内穿圆领贴身衣，外套裸胸服，着披肩，胸前垂璎珞珠饰，高7.6厘米。

俑手，2件，一件手指微曲，另一件手平伸。

动物俑，14件，有鸟、鸭、狗（图2-15）、猴、虎（图2-16）、狮、龟、鱼等，高4.3—8.7厘米。

②陈显双和尚崇伟二先生对邛窑十方堂窑址的五号窑包以及三号、六号、八号窑包中已露头的窑炉进行了发掘，公布了出土瓷塑情况，有玩球俑10件，抱物俑6件，捧手俑4件，交手俑5件，长袖舞俑1件，匍匐俑6件，倒立俑2件，侧卧俑1件，胡人俑1件，骑兽俑7件，俑身5件，男俑头13件，女俑头16件，鸡2件，鸭4件，鸭头1件，鱼2件，龟5件，狗5件，猴2件，虎3件，狮3件，象1件，鸟7件，鹦鹉头1件，鸟身1件，动物形器盖3件[12]。

综上，邛窑瓷塑产品十分丰富，有玩球、抱鸭、持物、捧盘、合掌、举手、挽手、曲臂、杂耍、骑兽、坐莲、游泳等各种人物俑；有鸟、鸡、鸭、狗、猴、鱼、虎、狮、龟、鱼等各类动物俑，有核桃、柑橘、桃、柿等植物瓷塑，有胡人抱角形杯、摩羯形研磨器等瓷塑器皿。从出土情况看，邛窑瓷塑兴于中唐，盛于晚唐五代，渐衰于宋代。

二、胎釉彩特征

（一）胎

邛窑瓷塑胎质坚硬，胎色有灰白、深褐、褐、灰褐、黄褐、红褐、砖红、砖黄、灰紫等。

---

12 陈显双、尚崇伟：《邛窑古陶瓷简论——考古发掘简报》，《邛窑古陶瓷研究》，中国科学技术大学出版社，2002年，第203—222页。

图3 晚唐五代低温釉核桃瓷塑
1. 褐色相连核桃瓷塑　2. 黄色核桃瓷塑

（二）釉

邛窑瓷塑釉色有米黄、酱黄、青黄、金黄、黄褐、青灰、青、酱青、青绿、褐绿、绿等。邛窑瓷塑施釉情况较为复杂，有的瓷塑仅施化妆土不上釉，邛窑化妆土颜色不甚白，多呈米黄色或黄色；有的瓷塑先施一层化妆土再上釉；有的瓷塑上釉但不施化妆土；有的瓷塑施半釉；有的瓷塑施釉及底。

邛窑瓷塑的釉既有低温釉，又有高温釉。低温釉的釉面光泽度高，有细小开片，具玻璃质感，釉色鲜艳，如：四川邛崃龙兴寺遗址出土的两件核桃瓷塑[13]，其中1件两个核桃相连，釉色黄褐（图3-1），1件核桃釉色金黄（图3-2）。邛窑高温釉的釉层较薄，釉面匀净，光泽度不高。

邛窑高温釉瓷塑为高温下一次性烧造而成。十方堂窑址出土的晚唐五代青釉彩绘童子俑（图4-1）便是一件典型的邛窑高温釉瓷塑。此俑高3.4厘米，灰褐胎，青釉，釉层较薄，釉面匀净，头及脚部饰褐彩，童子呈昂首状，双臂前展，匍匐于圆形底座上[14]。这件邛窑童子俑与湖南博物院藏唐长沙窑青釉彩绘童子俑（图4-2）有同工之妙。邛窑与长沙窑被誉为唐代彩瓷窑姊妹花，都大量烧造瓷塑产品，两窑开启彩绘高温釉瓷塑的先河。

邛窑也烧造低温釉瓷塑。十方堂窑址出土的五代绿釉骑兽俑[15]（图5）是一件典型的低温釉瓷塑，胎质坚硬，胎色灰白，绿釉，釉面光洁，有细小开片，釉面略泛蛤蜊光，属二次烧成的低温釉瓷塑。因低温釉瓷塑需二次烧成，故窑址出土了不少素烧坯。如十方堂窑址出土晚唐五代素胎胡人俑[16]（图6），高10.7厘米，红褐胎，胎面挂米黄色化妆土，胡人浓眉大眼高鼻，头戴鹦鹉形帽，身着紧袖长袍，腰间束带，为低温釉瓷塑的素烧坯；又如五

---

13 成都文物考古研究所、邛崃市文物管理局：《四川邛崃龙兴寺2005—2006年考古发掘报告》，文物出版社，2011年，第280页。

14 成都文物考古研究院：《邛窑出土瓷器选粹》，文物出版社，2022年，第186、187页。

15 成都文物考古研究院：《邛窑出土瓷器选粹》，文物出版社，2022年，第181页。

16 成都文物考古研究院：《邛窑出土瓷器选粹》，文物出版社，2022年，第182、183页。

图 4　青釉彩绘童子俑
1. 晚唐五代邛窑童子　2. 唐长沙窑童子

图 5　五代绿釉骑兽俑

图 6　晚唐五代素胎胡人俑

图 7　五代素胎卧兽

代素胎卧兽（图 7），高 1.9 厘米，灰白胎，胎面无化妆土，作俯卧状，为低温釉瓷塑的素烧坯 [17]。低温釉瓷塑是邛窑瓷塑的一大特色。

17　成都文物考古研究院：《邛窑出土瓷器选粹》，文物出版社，2022 年，第 193 页。

图 8 　唐青釉彩绘摩羯形研磨器

图 9 　晚唐五代青釉彩绘狮形枕

（三）彩

从出土产品看，邛窑瓷塑的施彩有三种情形：不施彩，有无釉无彩的素胎，有的上釉但不施彩；施单彩，或彩绘斑块，或点彩；施多彩，有褐、绿彩绘眼、鼻、皮毛，有黑、绿、褐三彩描绘头发、眉、眼等。

邛窑瓷塑的彩有褐、黄、绿、黑、白等，其中褐彩和绿彩最为常见。邛窑瓷塑的彩多见于胡人、孩童等人物瓷塑以及狮、虎等动物瓷塑上。如邛窑十方堂窑址出土的唐青釉彩绘摩羯形研磨器（图8），残长 17.2 厘米，宽 8.2 厘米，褐胎，胎面挂米黄色化妆土，青黄釉，饰以褐、绿二彩[18]。又如十方堂窑址出土的青釉彩绘狮形枕（图9），长 16.9 厘米，高 8 厘米，红褐胎，青釉，枕中部塑一狮子，饰以褐、绿色彩绘，枕面饰绿釉点彩[19]。

三、工艺特征

邛窑瓷塑高度通常在 5—16 厘米，小巧是邛窑瓷塑的显著特点，工艺上较邛窑器物精细。兹从制作和装饰方面阐释邛窑瓷塑的工艺特征。

---

18 成都文物考古研究院：《邛窑出土瓷器选粹》，文物出版社，2022年，第70、71页。

19 成都文物考古研究院：《邛窑出土瓷器选粹》，文物出版社，2022年，第170—173页。

图10　黄冶窑盛唐三彩小俑

（一）制作工艺

邛窑瓷塑的制作工艺主要为手捏成型和陶模成型。

手捏成型法由来已久，四川地区早在新石器时代便用此法捏制陶塑。邛窑烧造的各种姿态生动的孩童俑都是手捏成型的，他们活泼、自然、富有朝气，充满了孩童的天真与烂漫。

邛窑工匠采用模具生产的瓷塑有胡人俑、俑头、兽头、核桃、柿子、柑橘、人面埙等。采用此法制作素坯效率高，对工匠艺术素养要求低，但瓷塑缺乏灵动感。邛窑是四川地区烧造瓷器较早的窑

图11　黄冶窑盛唐三彩人面埙

址，从南朝开始烧瓷，经隋至盛唐，几乎不见模具制作的邛窑瓷塑。而到了中晚唐时期，邛窑开始大量使用陶模制作瓷塑。这应与安史之乱迫使北方工匠南迁川蜀，从而带来了新工艺有关。

在盛唐时期，北方窑口已普遍使用模具烧造小俑，如小龟、小狗、小鸟、小狮、小猴、小马、人面埙等。以巩义黄冶窑为例，考古发掘出土的黄冶窑第三期前段（盛唐时期）文化遗物中有不少用模具制作的狗俑、狮俑、猴俑、兔俑、鸽俑、鸳鸯俑、骑马俑、骑驼俑、骑牛俑、吹箫俑、抱瓶俑等小俑（图10）和人面埙（图11），通高3.3—6.7厘米，尤以三彩最为精彩[20]。黄冶窑盛唐时期地层中还出土了人物模、狮子模、牛模、狗模、鸭首模和人面埙模等陶模（图12），通高5.8—10.6厘米[21]。

邛窑陶模成型法制作瓷塑时间上晚于北方窑口，但在工艺上却十分相似，采用模具合模制作。邛窑十方堂窑址出土的晚唐五代制作瓷塑的陶模，凹面刻图案[22]，与北方窑口盛唐

20　河南省文物考古研究院、中国文化遗产研究院、日本奈良文化财研究所：《巩义黄冶窑》，科学出版社，2016年，上册第102、103、112—114、126—128页；下册彩版六九、七〇。

21　河南省文物考古研究院、中国文化遗产研究院、日本奈良文化财研究所：《巩义黄冶窑》，科学出版社，2016年，上册第129—131页；下册彩版八八、八九。

22　陈显双、尚崇伟：《邛窑古陶瓷简论——考古发掘简报》，《邛窑古陶瓷研究》，中国科学技术大学出版社，2002年，第199、200页。

图 12 黄冶窑盛唐陶模

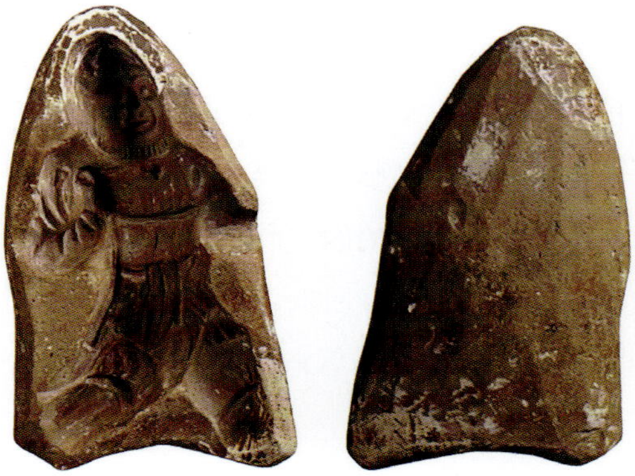

图 13 邛窑晚唐五代胡人陶模

图 14 邛窑后蜀明德三年款人首陶模

时期陶模相似。如晚唐五代胡人陶模，高 16 厘米，呈半圆锥体，外拱内凹，凹面刻深目高鼻、满脸络腮胡的胡人形象 [23]（图 13）。又如后蜀明德三年款人首陶模，高 14.8 厘米，半圆形，凹面刻人面图案，拱面刻"明德三年八月八日造老启记用" [24]（图 14）。这些模具显然受到北方窑口模具影响。可见，用模具制作瓷塑不是邛窑传统制作工艺。

（二）装饰工艺

邛窑瓷塑常用的装饰手法有雕刻、贴塑和釉下彩。雕刻和贴塑使成型的瓷塑更为形象。以彩描绘人的头发、眉眼以及动物的头部、四肢和皮毛，再施釉，彩绘与釉色的结合使瓷塑更加生动。

邛窑瓷塑装饰工艺最大的特点是辅以雕刻的釉下彩。如邛崃市博物馆藏晚唐青瓷人面

---

23 成都文物考古研究院：《邛窑出土瓷器选粹》，文物出版社，2022 年，第 217 页。

24 成都文物考古研究院：《邛窑出土瓷器选粹》，文物出版社，2022 年，第 202、203 页。

图 15　晚唐青瓷人面埙　　　　　　　图 16　晚唐五代青瓷龟

埙（图15），直径 3.7 厘米，高 1.7 厘米，呈胡人面形 [25]。此埙为模制成型，然后镂空头顶的吹孔和面颊的音孔，刻画眼眶和胡须，再以黑彩描绘卷发、眉毛、眼睛、嘴唇和胡须，以褐彩画鼻翼，施青黄釉。这些装饰手法使一个卷发、浓眉、大鼻、满脸胡须的胡人形象瓷埙充满生命力。又如十方堂窑址出土的晚唐五代青瓷龟（图16），长 5.8 厘米，高 4 厘米，灰褐胎，龟昂首曲颈，作爬行状 [26]。龟背上刻圆圈纹以表现龟壳纹理，再褐彩点睛，最后施青釉，瓷塑便生动鲜活起来。

　　注重装饰与实用相结合是邛窑瓷塑的另一特征。兹以胡人抱角杯、鸭衔梅花杯为例。四川大学博物馆藏唐青釉褐绿彩胡人抱角杯（图17），高 16.5 厘米，为葛维汉先生于 20 世纪 30 年代采集自十方堂窑址 [27]。其造型为双手抱角杯的胡人形象，胡人头戴毡帽、单腿下跪，作献美酒状。角杯上半部以釉下褐绿彩点绘花草纹，下半部刻画花纹，胡人被塑造得惟妙惟肖，为邛窑瓷塑器皿中的精品。四川大学博物馆藏唐青釉褐绿彩鸭衔梅花杯（图18），长 12.5 厘米，宽 7.0 厘米，高 6.5 厘米，20 世纪 30 年代出土于十方堂窑址 [28]。此杯整体造型为回首衔梅花的鸭形，也称鸭形杯，杯口设计呈梅花状。河南巩义窑亦烧制此造型的唐三彩，比邛窑的稍早。邛窑鸭衔梅花杯，通体施青釉，以褐绿彩点染鸭的双翅和尾部，长长的脖子和美丽的翅膀形成了杯体优美的弧线，这是集装饰与实用于一体的瓷塑器皿佳作。此外，摩羯形研磨器、人面埙和动物形器盖 [29]（图19）都是邛窑瓷塑体现装饰与实用并重的典型器。

25　成都文物考古研究所、邛崃市文物管理局主编：《邛窑》，四川人民出版社，2017年，第 238 页。

26　成都文物考古研究院：《邛窑出土瓷器选粹》，文物出版社，2022年，第 101 页。

27　成都文物考古研究所、邛崃市文物管理局主编：《邛窑》，四川人民出版社，2017年，第 239 页。

28　成都文物考古研究所、邛崃市文物管理局主编：《邛窑》，四川人民出版社，2017年，第 60、61 页。

29　成都文物考古研究院：《邛窑出土瓷器选粹》，文物出版社，2022年，第 175、176 页。

图 17　唐青釉褐绿彩胡人抱角杯

图 18　唐青釉褐绿彩鸭衔梅花杯

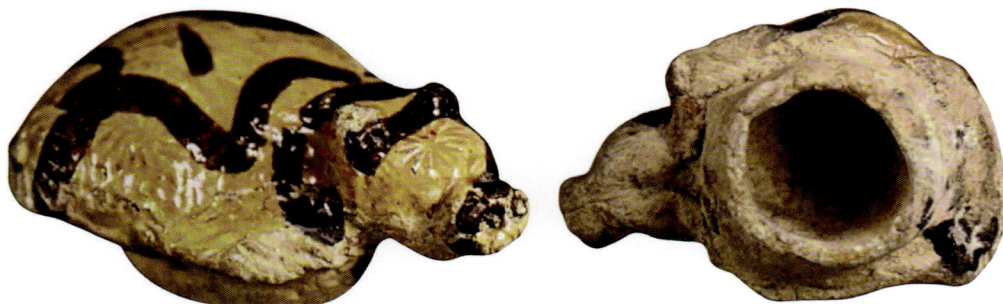

图 19　晚唐五代牛形器盖

四、文化特色

造型各异的邛窑瓷塑蕴含了丰富的文化内涵，有着鲜明的地域文化特色，主要体现在以下三个方面。

（一）传承本土文化基因

邛窑瓷塑的表情里总含着笑，龟、鱼、鸭、狗、牛、鸟等动物俑憨态可掬，玩球、作揖、匍匐、游泳、倒立、骑兽等童子俑天真烂漫，乃至在唐代诗歌中常提及的胡儿愁的胡人俑也笑意盈盈。它们与东汉时期川蜀地区烧造的各种各样笑脸盈盈的陶俑一样，内心欢愉，外露笑意。邛窑瓷塑传承了自汉代以来川蜀地区千年微笑的喜悦。这是本土文化基因深深植入技艺深处的表现，是留在数千年时光里的印记。

邛窑南朝始烧瓷，至唐代烧造小瓷塑。邛窑的低温釉瓷塑为二次烧成，先高温烧瓷质素胎，再施低温釉，二次入炉低温烧成。这既保留了邛窑瓷胎传统，胎质坚硬，又吸收了来自北方工匠的低温釉装饰技艺，使瓷塑更为鲜艳生动，光彩照人。二次烧成的低温釉瓷塑是邛窑在继承自身传统的基础上融合了北方工匠带来的唐三彩低温釉技术的创新之作。

（二）融合异域文化元素

唐代有"扬一益二"的说法，"益"是成都，可见成都的繁华。安史之乱，唐由盛转衰，唐玄宗避难于蜀。蜀地相对于北方，政治稳定，经济繁荣，胡商胡客不绝于川。因而，中晚唐时期邛窑瓷塑中大量出现胡人。这是邛窑工匠将外来文化元素融合在瓷塑创作上的结果，体现了邛窑兼收并蓄、广采博纳的精神，展现了邛窑的创新力。

（三）体现唐宋民间风尚

邛窑的人物瓷塑形象取材于生活，生动地展现了唐宋民间风尚。邛窑女俑头的发式丰富，有各种高髻、双髻、盘髻、包巾和堕马髻，是研究唐宋民间妇女发式的珍贵实物资料。邛窑戴帽人物瓷塑戴帷帽、毡帽、幞头、风帽、荷叶帽或尖顶帽等，是当时民间流行的款式。高鼻深目的胡人俑或舞蹈状，或献酒状，生动朴实，充满生活气息。邛窑孩童俑，身形圆滚，活泼可爱，有的光头，有的脑门前留着一撮或两撮头发，有的分头，有的头发齐肩或齐颈，是唐宋孩童形象的真实写照。

我国唐宋时期有赠送蜡制、泥制或玉雕童子，名唤"摩睺罗"，以求子的习俗。邛窑瓷塑中数量多且造型最为丰富的便是孩童瓷塑。这些形态各异、天真烂漫的孩童瓷塑正是川蜀地区民间赠送童子瓷塑习俗的实物见证。特别值得一提的是，邛窑烧造有童子匍匐在莲座上的瓷塑，这与长沙窑童子坐莲模印贴花的文化寓意一样，是佛教中的"莲花化生"信仰在民间求子观念影响下逐渐演变成"连生贵子"的习俗[30]。

邛窑瓷塑中有菩萨像、摩羯形研磨器，以及出土于佛寺遗址的核桃等供果，是研究四川地区佛教盛行以及佛教影响民间生活的重要实物资料。

五、结语

邛窑瓷塑胎体普遍坚硬，胎色深浅不一，化妆土不甚白，釉色浓淡不同，施彩以褐彩和绿彩为主。邛窑瓷塑的制作融合了南北方窑业制瓷技艺。二次烧成的低温釉瓷塑是邛窑瓷塑的创新产品，其显著特征是胎体坚质，釉色鲜艳，小巧可爱。邛窑瓷塑造型丰富，涵盖了人物、动物、植物等各种形象，体现了多元文化因素。风格写实、生动传神的邛窑瓷塑反映了唐宋时期的民俗和风尚，是研究唐宋时期川蜀地区陶瓷工艺和文化的珍贵实物资料。

---

30 李建毛：《湖湘陶瓷二 长沙窑卷》，湖南美术出版社，2009年，第185、186页。

邛窑遗址低温绿釉瓷器的陈列型修复研究 *
——以低温绿釉多足炉为例

范慧玲[1]　罗冬梅[2]　邓敏[3]　李红梅[3]　张玉涛[2]　樊攀[2]　何超[2]　赵军[2]　黄晓枫[4]　袁枫[1]

（1.景德镇陶瓷大学考古文博学院　2.邛崃市文物保护中心　3.邛崃市邛窑国家考古遗址公园服务中心 4.成都博物馆）

摘要： 四川省邛崃市邛窑遗址经考古发掘出土一批晚唐至五代时期的低温绿釉瓷器，制作精美，釉色莹亮，数量较为稀少且尤为珍贵，为配合邛窑国家考古遗址公园的建设，亟须进行保护修复研究。本文以低温绿釉多足炉为例，充分遵循最小干预、真实性、可识别性、可逆性的文物保护修复原则，选取修复材料进行渗透性、抗折强度等性能测试，筛选保护修复材料后，对低温绿釉多足炉进行清洗、加固、粘接、配补、作色和仿釉等修复措施，完成陈列型修复工作。满足了日常展陈和学术研究的需要，丰富了陶瓷类文物保护修复种类，为低温绿釉瓷器的保护修复研究提供数据基础和借鉴。

关键词： 邛窑　低温绿釉瓷器　陈列修复

　　邛窑坐落在四川省邛崃市境内南河、西河沿岸的浅丘台地之上，是四川盆地著名的古代窑址群，包括有十方堂、瓦窑山、大渔村、尖山子等几处规模较大的窑址[1]。邛窑十方堂窑以其规模最大、堆积最厚、产品最丰富、连续烧造时间最长而著称于世，创烧于南北朝，盛于唐、五代，衰于宋[2]。邛窑遗址中出土有一定数量的低温绿釉瓷器，胎体颜色有粉白色和红色两种，其中，红色胎体上一般施有米黄色化妆土，釉色莹亮，釉层玻璃质感强，具有重要的历史、艺术和科学价值。

　　低温绿釉多足炉（图1），出土于十方堂遗址1号窑包，经考古出土后一直存放在邛崃市文物库房中。炉身高3.94厘米，内径7.41厘米，重102.73克。年代为晚唐至五代时期，

---

* 基金项目：江西陶瓷文物遗存保护暨御窑研究协同创新中心项目"元代釉上彩瓷保护修复研究"（项目编号：JXYY2302）。

1　成都文物考古研究院：《邛窑出土瓷器选粹》，文物出版社，2022年。

2　高久诚：《邛窑古陶瓷精品考述》，《邛窑古陶瓷研究》，中国科学技术大学出版社，2002年，第73—96页。

尖唇，大翻沿，沿面较宽，筒形腹，平底，下接五只兽形足。红胎，胎体较疏松，胎面挂米黄色化妆土，施深绿釉，釉面局部脱落，泛银光，有细密的开片。炉足有五个，现仅剩一只且与器物腹部完全断开，其余四只均已缺失。器物存在拼对粘接的历史修复痕迹。

图 1　邛窑遗址出土低温绿釉多足炉

一、现状调查

对低温绿釉多足炉进行现状调查，旨在厘清该器物已存在的病害情况，以"保护第一、加强管理、挖掘价值、有效利用、让文物活起来"的文物工作方针为指导，采用科学技术手段和方法，消除不稳定病害，提高化学稳定性，延长文物寿命。通过清洗、加固、粘接、配补等措施恢复文物外观完整性，使得文物达到陈列展出的要求。

低温绿釉多足炉保存状态较差，共出现破碎、缺损、伤釉、裂缝、附着物五种病害[3]。器物共破碎成 6 块碎片，缺损面积约 40%，其中口沿大部分缺失，兽形足缺失四只；器物腹部及足部釉面出现大面积磨损及剥落现象；腹部与底部的相接处有约 3.5 厘米的裂缝；器物断面有黑色的胶状附着物，口沿、外腹部和器物内底都有泥土附着物；有历史修复痕迹。

二、修复材料选择与实验

为日后的展览陈列和学术研究的需求，对其进行陈列型修复。故本文对低温绿釉多足炉拟采取清洗、加固、粘接、配补、作色、仿釉等修复措施。

本次筛选保护修复材料遵循可逆性、安全性、耐久性和适配性原则。可逆性，是选择修复材料时需遵循的第一原则，指的是文物经修复后需要更换或清理时，修复部位所用材料易于去除，同时也不改变和损坏文物的原始状态。安全性指的是修复工作中所用的工具和材料不会对待修复文物或者修复工作人员造成危害。耐久性是文物修复后对文物安全和延长寿命的关键，有利于文物长久且安全地保存。适配性指修复材料和待修复文物本体的性能相匹配，使文物在修复后呈现出较好的稳定性和展示效果。

为了确保修复实施过程中低温绿釉多足炉的安全性及保护修复材料和工艺的科学性，针对低温绿釉多足炉病害的具体情况和拟采取修复措施，本文选取部分文物保护修复材料

3　中华人民共和国国家文物局：《可移动文物病害评估技术规程·瓷器类文物》，《中华人民共和国文物保护行业标准 WW/T　0057-2014》，2014 年。

开展试验并讨论。以期为日后修复材料的选择提供一定的参考，为低温绿釉器的修复提供借鉴案例。

1. 清洗

清洗指清除古陶瓷器物表面或裂缝或茬口或内部的各类杂质及污渍，既包括损坏陶瓷器胎釉结构的有害物质，又包括古陶瓷器表的外在堆积、污垢或陈旧的修复材料。清洗方法主要分为物理清洗和化学清洗两种，其中物理清洗指用软毛刷、手术刀、竹签、超声波清洗器等工具清除污物，通常去除陶瓷器上的覆盖泥土、杂物、土锈等附着物。化学清洗指通过化学试剂与污物进行反应从而达到清洁的目的，主要针对清除瓷器物表面或断面茬口部位，所存在的油脂类和树脂类污渍、盐类结壳等附着物。

低温绿釉多足炉有泥土附着物和胶状残留物。清洗中依据由弱到强的清洗原则。

一是清理附着物，使用物理清洗法清除器表的浮土和灰尘，首先用无纺棉布、软布、毛笔、毛刷等工具清扫、擦拭、吸取；再采用手术刀或竹刀清除器表牢固硬结物；最后使用软布、软刷配合去离子水清洗泥土附着物。同时，在局部试点清洗过程中，笔者发现部分硬结物若强行清理就会破坏文物本体，故这类病害不做过度清理可适当保留。

二是胶状残留物，首先采用物理清洗法，即用手术刀剔除，但残留物渗透严重，极难清理。其次采取化学清洗法，选取无水乙醇、丙酮溶液、环氧树脂脱除剂、二甲基甲酰胺溶液与二氯甲烷溶液四种除胶试剂进行小范围实验。实验结果如下（表1）。结果显示，上述化学试剂清洗效果从大到小排列为二甲基甲酰胺溶液、二氯甲烷溶液、丙酮溶液 > 二甲基甲酰胺溶液、二氯甲烷溶液 > 环氧树脂脱除剂，无水乙醇和丙酮溶液均无反应。

表1 化学试剂清洗胶状残留物的效果

化学试剂名称	清洗方法	清洗效果
无水乙醇	滚涂、湿敷法	无反应
丙酮溶液	湿敷法	无反应
环氧树脂脱除剂	滚涂法	无明显效果
二甲基甲酰胺溶液、二氯甲烷溶液 [4]	湿敷法	胶状残留物膨胀软化呈液体状，但茬口缝隙处清理不彻底
二甲基甲酰胺溶液、二氯甲烷溶液、丙酮溶液	湿敷法	效果明显

综上所述，从清洗效果与附着物的种类来看，本次实验中泥土附着物和沉积物均采用物理清洗法，主要使用手术刀、毛刷等工具配合去离子水清除干净；胶状残留物的清洗材料为二甲基甲酰胺溶液、二氯甲烷溶液和丙酮溶液。

4　Han W S,Bae J S,Park G J,et al.*Study on the Chemically Method of Epoxy Restoration Material in Antic Ceramics and Stabilization of Their Materials*. Journal of Conservation Science,2010,26（1）: 25-32.

图2 不同浓度加固试剂样品色差对比图
（上排为 Primal SF016 水溶液；下排为 Paraloid B72 丙酮溶液）

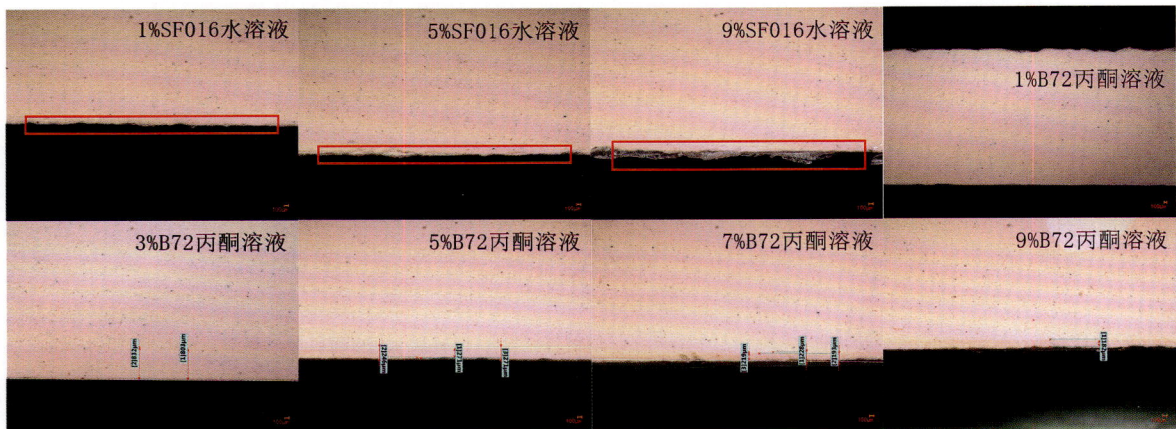

图3 加固样品显微观测渗透深度效果图

2. 加固

邛窑低温绿釉瓷器的胎釉剥离和胎体粉化现象严重，亟须采取加固保护，改善釉面剥离的现状，避免釉面剥离继续恶化，延长文物的保存时间和寿命。截至目前为止，市面上可用于陶瓷器加固处理的试剂可分为溶剂型和乳液型。依据目前对于古陶瓷文物保护修复中加固材料的研究及实际使用情况发现 Paraloid B72、Primal SF016 和 Primal SF029 作为加固试剂广泛使用，结合低温绿釉瓷的实际情况，本文选取 Paraloid B72 和 Primal SF016 两种试剂做色度和渗透性能对比实验（图2）。

Primal SF016 是一种纯丙烯酸分散体，无味环保，可使用去离子水或酒精稀释，具有优异的抗粉化性和可逆性。Paraloid B72 是一种热塑性丙烯酸树脂粘结剂，固态为无色透明颗粒，可溶于丙酮、甲苯、二甲苯、乙醇等溶剂，具有可逆性、稳定性及耐老化性。

将 Primal SF016 和 Paraloid B72 分别按 1%、3%、5%、7%、9% 的比例配制，其中 Primal SF016 按比例加入去离子水稀释备用，Paraloid B72 按配置比例加入丙酮溶液静置 3 小时后待其充分溶解备用。选取素烧白色坯体做加固实验并观察其表面色差和断面渗透性能情况。在实验样品表面使用一次性注射器固定注射容量，平均二十分钟进行一次注射，共注射 3 次。使用超景深显微镜来观测溶液渗透深度，实验结果如图3，渗透结果详见表2。

表2　加固试剂渗透性筛选实验

序号	实验试剂	渗透性
1	1%SF016 水溶液	无渗透，表面为膜状
2	3%SF016 水溶液	无渗透，表面为膜状
3	5%SF016 水溶液	无渗透，表面为膜状
4	7%SF016 水溶液	无渗透，表面为膜状
5	9%SF016 水溶液	无渗透，表面为膜状
6	1%B72 丙酮溶液	无渗透
7	3%B72 丙酮溶液	渗透深度为 803—832um
8	5%B72 丙酮溶液	渗透深度为 246—271um
9	7%B72 丙酮溶液	渗透深度为 193—228um
10	9%B72 丙酮溶液	渗透深度为 182um

经测试，发现色度变化最小的是加固剂 Primal SF016 水溶液，1%、3%Paraloid B72 丙酮溶液，渗透效果从大到小排列为 3%Paraloid B72 丙酮溶液 >5%Paraloid B72 丙酮溶液 >7%Paraloid B72> 丙酮溶液 9%Paraloid B72 丙酮溶液，1%Paraloid B72 丙酮溶液观察后没有看到渗透现象，而 Primal SF016 水溶液都是在样品表面结膜，并未发现渗透现象。且在其表面使用指甲刻划后无明显划痕，用手术刀轻轻剔除也未发生剥釉现象。结合加固剂选择要求，故选用 3%Paraloid B72 丙酮溶液作为低温绿釉多足炉釉面剥落的加固材料使用。

3. 粘接

低温绿釉多足炉存在破碎病害，需筛选出合适的粘接剂对碎片进行粘接处理，所筛选的粘接剂应着重查看粘接强度、无色透明、可逆性、抗老化性能四种性能。在查阅陶瓷器修复粘接的资料中发现，许多学者对常用粘接剂展开抗折、耐老化、耐紫外线、耐高温等性能的研究。故本文粘接剂的选择结合前人研究的基础上，挑选适合低温绿釉瓷器的粘接剂。

目前，我国陶瓷修复常用的粘接剂主要有天然粘接剂、环氧树脂粘接剂、α‑氰基丙烯酸酯类粘接剂、丙烯酸酯树脂粘接剂、聚醋酸乙烯粘接剂、硝酸纤维素粘接剂六种粘接剂[5]。天然粘接剂有虫胶、桃胶、大漆等材料，因粘接强度和抗老化性能较差，无法满足展览陈列修复的基本要求，现在极少作为修复粘接材料使用。现常用的有北京化工 502、ergo5800、合众 AAA 胶、HxtalNYL-1 双组份环氧胶、红星 509 环氧树脂透明胶等。丙烯酸酯类粘接剂流动性和渗透性较强，在孔隙率较大的瓷器本体上会产生胶痕，且抗潮湿能力、耐高温、耐碱性等性质较差，不易祛除，综合低温绿釉瓷器物理特性以及对出土保存环境

5　中华人民共和国国家文物局：《可移动文物病害评估技术规程·瓷器类文物》，《中华人民共和国文物保护行业标准 WW/T　0057-2014》，2014 年。

因素的综合考虑，该粘结剂不适用于低温绿釉瓷器的粘接材料。

目前，国内对环氧树脂粘接剂的研究较为重视，对于不同类别环氧树脂粘接剂性能以及与各类型文物适用情况都有大量的对比实验和数据分析。如盛经纬[6]陶器黏结材料效果最佳，赵倩[7]筛选后觉得在饱水彩绘陶器的修复粘接中用环氧树脂德国 WEICON Easy-Mix S50（易混合型粘合剂 S50）效果最佳，胡珺经试验后选择 Hxtal NYL-1 环氧胶在瓷器粘接上使用效果良好，而刘潮[8]在实验中发现红星 509 环氧树脂透明胶比 Hxtal NYL-1 环氧胶及合众 AAA 胶耐老化能力更强，与之相比是更好的粘接材料。

通过对比以上几种类型的环氧树脂可知，Hxtal NYL-1 环氧胶流动性和渗透性强，不适用于低温绿釉瓷器这类胎体粉化严重的文物，会因胶体渗透过强在器物上留胶痕的风险，对其造成修复性伤害，故不可作为本次的粘接材料。德国 WEICON Easy-Mix S50 环氧胶固化迅速，对修复人员的能力要求较高，也不宜列为本次实验粘接材料。国内学者刘潮对红星 509 环氧树脂透明胶抗老化、高温降解后色变程度进行了实验分析，结果显示该材料抗老化性能高，不易变色。综合考虑粘胶剂的基底颜色、附着力、耐紫外老化性、修复对象的特征和人员技术等因素，红星 509 环氧树脂透明胶符合低温绿釉瓷对于粘接材料的要求，故选择红星 509 环氧树脂透明胶作为低温绿釉瓷器的粘接剂。

4.配补

配补即使用填充材料将文物的缺失部分补齐，恢复文物造型的完整性，增强文物的结构稳定性。同时，配补材料需具备以下条件：第一，可塑性，在常温下能方便捏塑成形；第二，干燥成形后材料完全固化且不变形，其硬度与机械强度应大致与待修复文物胎质相接近，防止强度过硬易折或过软不易保存；第三，材料具有可逆性；第四，配补材料与上色层有较好的接合力。因此，选择和制备配补材料，应配合修复文物的特点、需求和修复目的最终筛选确定。

根据红星 509 环氧树脂透明胶的耐水、耐油、耐沸水煮、耐暴晒、耐酸碱以及防腐特性，本研究挑选红星 509 环氧树脂透明胶充分搅拌并掺高岭土粉最终和成面团状做填充材料，下面对添加不同比例高岭土的红星 509 环氧树脂透明胶做抗弯强度测试。

将红星 509 环氧树脂透明胶调配比例固定为 1 : 1.3，分别按 3%、4%、5%、6% 的比例掺入经 1050℃煅烧的高岭土，室温下固化两天脱模取出备用。抗弯强度实验结果见表 3。编号中 G509 代表红星 509 环氧树脂透明胶调配高岭土粉。

使用西安力创材料检测技术有限公司生产的 WDW-10 型号电子万能试验机对填充材料

6　Han W S,Bae J S,Park G J,et al.*Study on the Chemically Method of Epoxy Restoration Material in Antic Ceramics and Stabilization of Their Materials.* Journal of Conservation Science,2010,26（1）: 25-32.

7　赵倩：《信阳城阳城址战国楚墓出土彩绘陶器保护修复研究》，西北大学硕士学位论文，2017 年。

8　刘潮、李其江、吴隽，等：《古陶瓷保护修复常用材料抗色变性能研究》，《中国陶瓷工业》2019 年第 3 期。

的抗弯强度进行测试，将制备的胶条压断，用样品受弯曲作用破坏时所受弯曲力距断裂处的断面模数之比来表示其抗折强度，测试条件为：抗折度仪压力条件为跨距 L 为 30mm，实验速度为 0.5mm/min，预载为 0.5N。

表3 红星509环氧树脂透明胶掺高岭土粉固化后的抗弯强度值

样品名称	样品状态	抗弯强度（Mpa）				平均值（Mpa）
G509-1（3%）	流动性强，高岭粉较少	44.3	37.4	39.4	36.2	39.2
G509-2（4%）	流动性较弱，胶感较重	53.5	47.4	46.4	40.6	46.9
G509-3（5%）	流动性，高岭粉适中，搅拌正常	33	38	38.2	35.7	36.2
G509-4（6%）	无明显流动性，高岭粉较多，搅拌困难耗时长	28.7	42.9	48.4	44.3	41

从表 3 中看出，红星 509 环氧树脂透明胶掺 3% 高岭土腻子的抗弯强度数值较为稳定，剩下三组不同比例的面团腻子抗弯强度数值间跨度较大，变动较大，由此选用红星 509 环氧树脂透明胶掺 3% 高岭土粉作为本次修复的配补材料。

三、低温绿釉多足炉的陈列型修复

低温绿釉多足炉缺损面积较大，修复时应时刻注意补缺规整度。另外，由上述修复材料的实验结果，本次陈列型修复采用物理化学相结合的清洗方法；3%Paraloid B-72 丙酮溶液作为渗透加固剂；红星 509 环氧树脂透明胶作为黏结剂；红星 509 环氧树脂透明胶掺 3% 高岭土粉作为缺损部分的配补材料；矿物色粉为作色颜料、油性丙烯酸树脂为仿釉材料。遵守保护修复原则对低温绿釉多足炉实施陈列型修复。

1. 清洗

低温绿釉多足炉的表面主要是浮土、泥土附着物、土沁和胶状残留物。器物本体大部分粉化严重，胎釉结合不紧密，釉面易剥落且有些附着物已渗透入胎体，为遵循文物保护修复原则，针对此类附着物病害不做过度清理，仅清理表面。采用物理清洗和化学清洗相结合的方法。浮土和泥土附着物。使用软毛刷轻柔地刷洗后，发现还有局部残留，采用浸泡离子水的脱脂棉贴敷在附着物处待其软化，再配合手术刀和软竹签仔细清除。胶状残留物。因文物有历史修复痕迹，疑似采用 α-氰基丙烯酸酯类流动性强的粘接剂简单处理，部分断面和器身存有胶体残留物。针对该类病害本次修复采取化学清洗局部湿敷法，将脱脂棉放入二甲基甲酰胺和二氯甲烷溶液直至完全浸湿，再将其贴敷在断面残留胶上，并用保鲜膜裹紧器物，静置 1 小时，及时查看脱脂棉的干湿状态适当添加二甲基甲酰胺和二氯甲烷溶液避免脱脂棉过度干燥，待残留胶软化膨胀出器表后，再使用含丙酮溶液的湿棉球湿敷，依旧用保鲜膜包裹避免溶液挥发，静置10—20分钟后取下棉球。随后，使用大量的去离子水进行冲洗，直至无清洗溶剂的残留。观察断面是否还有残胶，如有可使用手术刀仔细清除，直至断面无胶体残留。

2. 加固

选用 3%Paraloid B72 丙酮溶液进行保护加固，使用喷涂法和注射法对低温绿釉多足炉进行加固，首先，在喷壶中加入 3%Paraloid B72 丙酮溶液进行大面积加固，其次，针对釉面开片裂纹处进行缓慢注射，静待 30 分钟加固剂完全渗透方可重复上述操作开始第二遍加固。

3. 拼接

低温绿釉多足炉有三处破损，两处均在器物口沿部分，保存有四块残片，经初步拼对可恢复口沿原貌；另一处为兽形足断裂，器足尚在，经比对可进行粘接修复。但因断裂时间过久，器身与器足断面磨损甚多，使得拼接部位无法严丝合缝，对此，笔者寻找了低温绿釉多足炉的同类器形作为参考器（图4），确定待修复低温绿釉多足炉的具体高度，进而判断兽形足断面与器身断面所需补充的具体填充尺寸。

首先对碎片预拼接，确定好拼对粘接位置后用纸胶带暂时固定；其次按照 2∶1 比例调配红星 509 环氧树脂透明胶，并进行充分搅拌让两者混合均匀；最后用竹签将调配好的胶体填入缝隙中等待完全固化。

4. 配补

配补环节具体实施步骤：（1）对其缺失口沿部位用牙科模型红蜡片进行翻模处理，兽形足使用半透明硅胶做整体模具；（2）将红星 509 环氧树脂透明胶掺 3% 高岭土腻子倒入翻好的模具内；（3）等待填补材料完全硬化干透后将模具拆分；（4）再使用打磨机和不同目数的砂纸进行打磨修型抛光处理至配补部分的大小、厚薄等方面与原器物相一致。

5. 作色仿釉

对修复部位进行上色处理，令其色泽与器物的原部位一致，从而达到淡化修复痕迹的目的，还原器物原貌。上色时，用仿釉涂料加矿物质颜料，调制颜色与原器物釉色相一致，上色前先在白色瓷板上试色，完成后再在原器上角落小范围涂抹试色后再进行微调，待色正后用喷笔进行喷绘作色，由浅入深，多次多层喷绘后达到上色效果。修复后的低温绿釉多足炉，如图 5 所示。

图 4　低温绿釉多足炉同类参考器
采自四川省文物局官网

图 5　修复后低温绿釉多足炉照片

四、结论

低温绿釉多足炉经调查发现共出现破碎、缺损、伤釉、裂缝、附着物五种病害。针对邛窑出土低温绿釉瓷器的病害类型和状况，经实验筛选修复材料，即清除胶痕可采用二甲基甲酰胺、二氯甲烷溶液和丙酮溶液湿敷法；乳液型加固剂 3%Paraloid B72 丙酮溶液为加固剂；红星 509 环氧树脂透明胶为粘接剂；红星 509 环氧树脂透明胶掺 3% 高岭土腻子为配补材料。

低温绿釉多足炉保护修复严格按照瓷质文物保护修复流程进行，从出土文物基本信息、低温绿釉瓷现状调查与分析、保护修复材料实验以及陈列型修复的实施，完成低温绿釉多足炉的陈列型修复，以满足日常展陈和学术研究的需求。

论邛窑系统瓷业 *

伍秋鹏

（成都中医药大学）

摘要： 从考古学文化的角度来看，以邛窑为代表的川渝地区古代青瓷烧造业可以称为邛窑系统瓷业。邛窑系统瓷业兴起于南北朝时期，停烧于南宋末。按照产品特征，邛窑系统瓷业可以分为青羊宫窑类型、十方堂窑类型、玉堂窑类型、琉璃厂窑类型四个类型。邛窑系统瓷业在器形、釉色、胎质、窑具、装烧工艺及窑炉等方面具有较鲜明的特色。邛窑系统瓷业的制瓷技术最初主要来源于南方地区的岳州窑、洪州窑、怀安窑等瓷窑。唐宋时期，邛窑系统制瓷业与南方地区的越窑、龙泉窑和北方地区的巩义窑、邢窑、黄堡窑、鲁山窑、耀州窑、磁州窑等瓷窑之间存在一定的文化和技术交流关系。

关键词： 邛窑系　川渝地区　制瓷业

学术界将分布在邛崃市境内的十方堂、瓦窑山、尖山子、大渔村等统称为邛窑。除邛窑外，川渝地区其他古代瓷窑烧造的青瓷类产品在产品特征及烧造工艺等方面与邛窑之间具有非常多的共性。按照古陶瓷研究的"窑系"理论，川渝地区的古代青瓷属于同一窑系，有学者称其为邛窑系陶瓷。鉴于"窑系"概念目前在理论上尚存在一定争议，本文将川渝地区的古代青瓷烧造业称为邛窑系统瓷业，拟对邛窑系统瓷业的相关问题进行探讨。

一、邛窑系统瓷业的命名

邛崃在秦汉至南朝时为临邛县，在唐宋元明清时期大多数时候称为邛州。20 世纪 30 年代，在邛崃十方堂窑址发现之初，当时的收藏家和学者即将此窑称为邛窑。1936—1937 年，罗希成将自己收藏的邛窑瓷器图片发表在《美术生活》杂志上，以《唐邛窑奇品》为题进行连载 [1]（图1）。1936 年，杨枝高在《华西学报》上发表《访邛崃十方堂古窑记》一文，

---

* 本文为教育部人文社会科学研究项目"川渝地区古代制瓷业与外地制瓷业之间的关系研究"（项目编号 22XJA780003）阶段性成果。

1　罗希成：《唐邛窑奇品》，《美术生活》1937 年第 32、33、35、36 期。

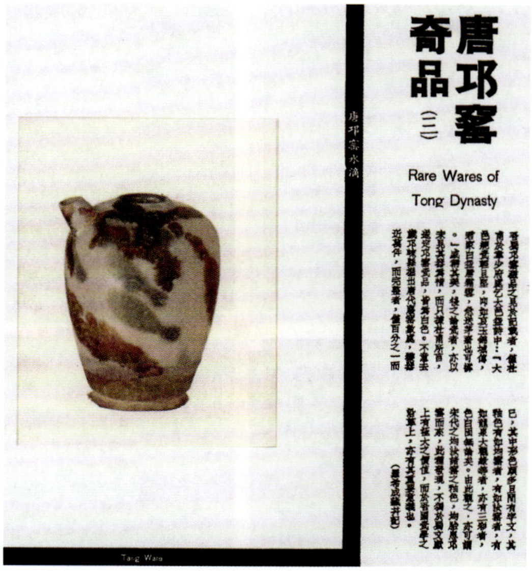

图1 民国《美术生活》杂志上刊载的邛窑瓷器

文末有"唐宋邛窑"之语[2]。1941年泽人发表《中国陶瓷总说》一文，将邛崃十方堂窑称为邛窑，文中提到"民国二十五年邛崃县发掘唐代窑基数处，获得邛窑器近万件，完整者虽仅百分之一，然已可确证邛窑形色之众多"[3]。1946年，魏西尧在《东方杂志》上发表的《邛窑志略》一文中，也将邛崃十方堂窑称为邛窑[4]。

20世纪50年代以后，在邛崃境内陆续发现了尖山子、瓦窑山、大渔村等窑址，考古学者将这些窑址统称为邛窑。随着成都地区古代窑址发现数量不断增多，学术界认识到各窑产品在器型、造型特点及烧造工艺等方面具有很多共性。20世纪80年代初，陈显双认为，邛窑、青羊宫窑、琉璃厂窑和都江堰玉堂窑可以划为同一窑系，即四川青瓷窑系。其中邛窑的窑址分布最广，窑址面积最大，窑包数量最多，产品最精，品种最多，产品流散最广，烧造时间延续最长，因而可以作为这个窑系的代表，四川青瓷窑系可以简称为"邛窑系"[5]。陈丽琼将"邛窑系"窑场的范围扩大，认为邛窑，成都青羊宫窑，新津白云寺窑，都江堰玉堂窑、金马窑，郫都区大坟包窑，双流牧马山窑等窑均以烧青瓷为主，与邛窑之间具有共同风格。这些瓷窑与邛窑属于同一窑系，可以统称为"邛窑"[6]。21世纪初，陈丽琼认为，除成都平原的窑场外，分布在绵阳、江油、乐山、芦山等成都行政区划范围外的青瓷窑场也属于"邛窑系"[7]。在2021年出版的《邛窑系古陶瓷文化新探》一书中，陈丽琼将近年来新发现的犍为金花庵窑、遂宁窑、涪陵石沱窑、丰都石板溪窑、沙溪嘴窑等窑址也纳入了"邛窑系"的范畴[8]。由此可见，学术界所称的邛窑系陶瓷，应是指分布在川渝地区各地的古代青瓷窑场，这些窑场的产品与邛窑产品具有共同风格，年代从南朝延续至两宋时期。

学术界通常将生产同一类风格产品的一批窑场划分为同一窑系。近30年来，水既生[9]、

2　杨枝高：《访邛崃十方堂古窑记》，《华西学报》1936年第4期。

3　泽人：《中国陶瓷总说》，《人类的前途》（学林第7辑），1941年。

4　魏西尧：《邛窑志略》，《东方杂志》1946年第17期。

5　陈显双：《邛崃县古瓷窑遗址调查记》，《四川古陶瓷研究（二）》，四川社会科学院出版社，1984年。

6　陈丽琼：《邛窑新探》，《古陶瓷研究》第1辑，中国古陶瓷研究会，1982年。

7　陈丽琼：《邛窑古陶瓷发展概述》，《邛窑古陶瓷研究》，中国科学技术大学出版社，2002年。

8　陈丽琼、董小陈、董越：《邛窑系古陶瓷文化新探》，四川美术出版社，2021年，第27页。

9　水既生：《对古陶瓷研究中窑系问题的浅见》，《中国古陶瓷研究现状及展望》，《中国陶瓷工业》杂志社，1994年。

刘毅[10]、蔡小辉[11]、秦大树[12]、白宪波[13]、徐军[14]等学者先后对"窑系"理论进行了探讨。综合各位学者的观点，窑系理论尽管存在一定积极意义，但同时也存在较明显的局限性。其中秦大树特别指出，窑系的划分是以某些特定的釉色和装饰作为依据，体现的是收藏和鉴赏的需求，但对于考古学的研究意义不大。鉴于窑系这一概念目前在理论上尚存在较大争议，为了与现有的窑系理论相区别，本文拟采用"瓷业系统"这一概念来命名具有相同瓷业面貌的一群瓷业遗存。"瓷业系统"的内涵与"考古学文化"之间具有较高的相似性。属于同一瓷业系统的产品和窑场，不仅在产品的胎、釉、造型、装饰等方面具有大致相同的特征，同时在窑具形制、窑具种类组合、装烧工艺、窑炉形制与结构等方面也具有共同特征。以此观之，以邛窑为代表的川渝地区古代青瓷烧造业，即目前学术界所称的"邛窑系陶瓷"，实际上可以称为邛窑系统瓷业。

在目前已发现的邛窑系统窑址中，存在有部分窑址同时烧造多种类型产品的现象。都江堰玉堂窑以烧造邛窑系统产品为主，同时兼烧部分白瓷[15]。这些白瓷产品，有的造型和装烧工艺与青釉类产品相同，应属于邛窑系统产品。有的白瓷产品的造型、装饰及装烧工艺与彭州磁峰有较多相似之处。此外，在窑址中还出土了少量磁州窑风格的白地黑花瓷。玉堂窑烧造的后两类白瓷产品显然不应划为邛窑系统产品。坛罐窑以烧黑瓷为主，兼烧青瓷和白瓷[16]。其中青瓷类产品从釉色、胎质和装烧工艺来看属于邛窑系统产品，但是黑瓷和白瓷不属于邛窑系统产品。

二、邛窑系统瓷业的窑址分布与发现概况

依据 2021 年出版的《邛窑系古陶瓷文化新探》一书中所附的《邛窑系窑址调查登记表》进行统计，邛窑系统瓷业的窑场分布在川渝地区的成都、邛崃、都江堰（原灌县）、新津、大邑、崇州、金堂、蒲江、江油、乐山、芦山、遂宁、犍为、涪陵、丰都等市县区[17]。此外，邛窑系统瓷业的窑址在四川双流、郫县（现郫都区）、彭山、青神、洪雅、武胜、重庆合川等县区也有分布。从窑址发现情况来看，邛窑系统瓷业的窑址主要分布在成都平原各县

10 刘毅：《论"窑系"》，《中国古陶瓷研究》第八辑，紫禁城出版社，2002 年。

11 蔡小辉：《也谈"窑系"——兼谈古代名瓷的被仿烧问题》，《东南文化》2005 年第 3 期。

12 秦大树：《论"窑系"概念的形成、意义及其局限性》，《文物》2007 年第 5 期。

13 白宪波：《也谈"窑系"》，《南方文物》2010 年第 3 期。

14 徐军：《浙西地区古代瓷业技术的发展历程与渊源》，《中国古代瓷器生产技术对外传播论文集》，浙江人民美术出版社，2014 年。

15 成都文物考古研究所、都江堰市文物局：《2007 年四川都江堰玉堂窑遗址 17 号窑包试掘简报》，《南方民族考古（第六辑）》，科学出版社，2010 年。

16 伍秋鹏：《四川青神县坛罐窑调查》，《四川文物》2009 年第 2 期。

17 陈丽琼、董小陈、董越：《邛窑系古陶瓷文化新探》，四川美术出版社，2021 年，第 181—183 页。

市区，以及成都平原边缘的乐山、芦山、洪雅、江油等地，其中成都平原各县市区的窑址分布较密集、窑址规模较大，其余地区的窑址多为零星分布，窑址规模一般较小。

从邛崃十方堂窑址发现迄今，近 90 年来发表的邛窑系统窑址调查和发掘资料数量较多。主要窑址有成都青羊宫窑[18]、琉璃厂窑[19]、邛崃瓦窑山窑[20]、十方堂窑[21]、尖山子窑[22]、大渔村窑[23]、柴（才）冲窑[24]、都江堰金马窑[25]、玉堂窑[26]、新津白云寺窑[27]、玉皇观窑[28]，双流牧马山窑[29]，崇州天福窑[30]，金堂金锁桥窑[31]，郫都区横山子窑[32]，江油青莲窑[33]，乐山苏稽

18 江学礼、陈建中：《青羊宫古窑址试掘简报》，《文物参考资料》1956 年第 6 期；四川省文管会、成都市文管会：《成都青羊宫窑址发掘简报》，《四川古陶瓷研究（二）》，四川省社会科学院出版社，1984 年；四川省文物考古研究院、成都文物考古研究所：《成都十二桥》，文物出版社，2009 年，第 168—205 页。

19 林坤雪：《四川华阳县琉璃厂调查记》，《文物参考资料》1956 年第 9 期；丁祖春：《成都胜利公社琉璃厂古窑》，《四川古陶瓷研究（一）》，四川省社会科学院出版社，1984 年；成都文物考古研究所：《成都市琉璃厂古窑址 2010 年试掘报告》，《成都考古发现 2010》，科学出版社，2012 年；成都市文物考古研究院：《成都琉璃厂窑址 2018—2019 年考古发掘报告》，文物出版社，2021 年。

20 徐鹏章：《川西古代瓷器调查记》，《文物参考资料》1958 年第 2 期；陈丽琼：《四川陶瓷考古调查记略》，《四川古代陶瓷》，重庆出版社，1987 年；陈显双、尚崇伟：《邛窑古陶瓷简论——考古发掘简报》，《邛窑古陶瓷研究》，中国科学技术大学出版社，2002 年。

21 丁祖春：《四川邛崃十方堂古窑》，《四川古陶瓷研究（一）》，四川省社会科学院出版社，1984 年；陈显双：《邛崃县古瓷窑遗址调查记》，《四川古陶瓷研究（二）》，四川省社会科学院出版社，1984 年；四川省文物管理委员会、邛崃县文物保护保管所：《邛窑发掘的初步收获》，《四川古陶瓷研究（二）》，四川省社会科学院出版社，1984 年；陈显双、尚崇伟：《邛窑古陶瓷简论——考古发掘简报》，《邛窑古陶瓷研究》，中国科学技术大学出版社，2002 年。

22 陈显双：《邛崃县古瓷窑遗址调查记》，《四川古陶瓷研究（二）》，四川省社会科学院出版社，1984 年；成都文物考古研究所、邛崃市文物局：《邛崃市尖山子窑址 2013 年调查简报》，《成都考古发现 2012》，科学出版社，2014 年。

23 陈显双：《邛崃县古瓷窑遗址调查记》，《四川古陶瓷研究（二）》，四川省社会科学院出版社，1984 年；成都文物考古研究所、北京大学考古文博学院、邛崃市文物保护管理所编：《四川省邛崃市大渔村窑区调查报告》，《成都考古发现 2005》，科学出版社，2007 年。

24 徐鹏章：《川西古代瓷器调查记》，《文物参考资料》1958 年第 2 期。

25 陈丽琼：《四川陶瓷考古调查记略》，《四川古代陶瓷》，重庆出版社，1987 年。

26 四川省文物管理委员会、灌县文物管理所：《四川灌县古瓷窑遗址试掘简报》，《中国古代窑址调查发掘报告集》，文物出版社，1984 年；四川省文物管理委员会、灌县文物管理所：《灌县马家古瓷窑遗址试掘记》，《考古与文物》1984 年第 6 期；成都文物考古研究所、都江堰市文物局：《2007 年玉堂窑遗址调查报告》，《成都考古发现 2007》，科学出版社，2009 年；成都文物考古研究所、都江堰市文物局：《2007 年玉堂窑遗址六号窑包试掘简报》，《成都考古发现 2007》，科学出版社，2009 年；成都文物考古研究所、都江堰市文物局：《2007 年四川都江堰玉堂窑遗址 17 号窑包试掘简报》，《南方民族考古（第六辑）》，科学出版社，2010 年；成都文物考古研究所、都江堰市文物局：《都江堰市玉堂窑遗址马家窑包（6 号）2013 年试掘简报》，《成都考古发现 2012》，科学出版社，2014 年。

27 陈丽琼：《四川陶瓷考古调查记略》，《四川古代陶瓷》，重庆出版社，1987 年。

28 罗永祚：《四川省新津县邓双乡发现古代窑址二处》，《文物参考资料》1957 年第 1 期。

29 林向：《成都附近古窑址调查记略》，《文物》1966 年第 2 期。

30 成都文物考古研究所、崇州市文物管理所：《四川崇州公议镇天福窑址考古调查简报》，《成都考古发现 2008》，科学出版社，2010 年。

31 陈丽琼：《成都金堂县金锁桥古窑址》，《四川古陶瓷研究（一）》，四川省社会科学院出版社，1984 年。

32 支沅洪：《四川崇宁县铁砧山的古窑址》，《文物参考资料》1956 年第 3 期；林向：《成都附近古窑址调查记略》，《文物》1966 年第 2 期；陈丽琼：《四川陶瓷考古调查记略》，《四川古代陶瓷》，重庆出版社，1987 年。

33 黄石林：《四川江油市青莲古瓷窑址调查》，《考古》1990 年第 12 期。

窑 [34]、关庙窑 [35]，犍为金花庵窑 [36]，雅安芦山窑 [37]，青神坛罐窑 [38]，彭山瓦子堆窑、武阳窑 [39]，洪雅瓦子坡窑 [40]，遂宁龙凤窑 [41]，武胜礼安窑 [42]，重庆合川孙家坝窑 [43]，丰都大沙坝窑 [44]、老院子窑 [45]、石板溪窑 [46]、壕沟窑 [47]、铺子河窑 [48] 等。此外，见于陈丽琼的《重庆、四川古代瓷窑调查表》《邛窑系窑址调查登记表》两表，但目前未见较详细调查资料的窑址还有大邑敦义窑、静惠山窑，蒲江复兴窑，绵阳龙门窑，涪陵石沱窑等窑址 [49]。

三、邛窑系统瓷业的文化特征

邛窑系统瓷业在产品特征、烧造工艺等方面具有十分鲜明的特色，与同时期的其他瓷业系统之间存在较明显区别。以下从釉色、胎质、器型、装饰、窑具、装烧工艺、窑炉等方面进行简要概述。

1. 釉色

邛窑系统瓷业是以烧青瓷为主，各类产品的釉色十分丰富。釉色有青、青灰、豆青、青黄、青褐、米黄、青绿、乳白、青中泛白、绿、灰绿、酱黄、酱色、酱褐、三彩（含黄、绿单彩）等（图2）。器物多施半釉或施釉至外壁下半部，通体施釉或施釉至外壁底足处的器物

34 陈丽琼：《乐山市古窑址调查》，《古代陶瓷研究》，重庆出版社，2001年。

35 陈丽琼：《乐山县关庙古窑址》，《四川古陶瓷研究（一）》，四川省社会科学院出版社，1984年。

36 四川省文物考古研究院、犍为县文物管理所：《四川犍为县金花庵唐宋窑址调查试掘简报》，《四川文物》2017年第2期。

37 李铁锤：《四川雅安芦山窑与南丝绸之路》，《巴蜀古陶瓷文集》，四川美术出版社，2013年。

38 伍秋鹏：《四川青神县坛罐窑调查》，《四川文物》2009年第2期。

39 黄一汀：《四川省眉山市窑业资源调查初步成果及认识》，《中国古陶瓷研究》第28辑，科学出版社，2023年；黄家全：《岷江中下游考古调查简报》，《四川文物》2007年第2期。

40 黄一汀：《四川省眉山市窑业资源调查初步成果及认识》，《中国古陶瓷研究》第28辑，科学出版社，2023年。

41 四川省宋瓷博物馆：《遂宁市船山区龙凤镇宋代窑场遗存清理简报》，《四川文物》2016年第2期。

42 陈丽琼：《四川陶瓷考古调查记略》，《四川古代陶瓷》，重庆出版社，1987年，第162—180页。

43 林必忠：《重庆早期青瓷窑址发现的回顾》，"重庆考古"微信公众号：https://mp.weixin.qq.com/s/qUxTyWgsFpwcin8sJWsTrQ。

44 湖南省文物考古研究所、长沙市文物考古研究所、重庆市文物局、丰都县文物管理所：《丰都大沙坝窑址发掘简报》，《重庆库区考古报告集》2001卷下，科学出版社，2007年。

45 湖南省文物考古研究院、长沙市文物考古研究所、重庆市文物局、丰都县文物管理所：《丰都老院子窑址发掘简报》，《重庆库区考古报告集》2001卷下，科学出版社，2007年。

46 成都市文物考古研究所、绵阳市博物馆、丰都县文管所：《丰都石板溪窑址2001年度发掘报告》，《重庆库区考古报告集》2002卷下，科学出版社，2010年。

47 重庆市文物考古研究院、丰都县文物管理所：《丰都农花庙遗址壕沟窑址2014年度发掘简报》，《重庆三峡后续工作考古报告集》（第三辑），科学出版社，2022年。

48 山西省考古研究所、重庆市文物局：《丰都铺子河遗址考古发掘报告》，《重庆库区考古报告集》2001卷下，科学出版社，2007年。

49 陈丽琼、董小陈、董越：《邛窑系古陶瓷文化新探》，四川美术出版社，2021年，第181—183页；陈丽琼：《重庆、四川古代瓷窑调查表》，《古代陶瓷研究》，重庆出版社，2021年。

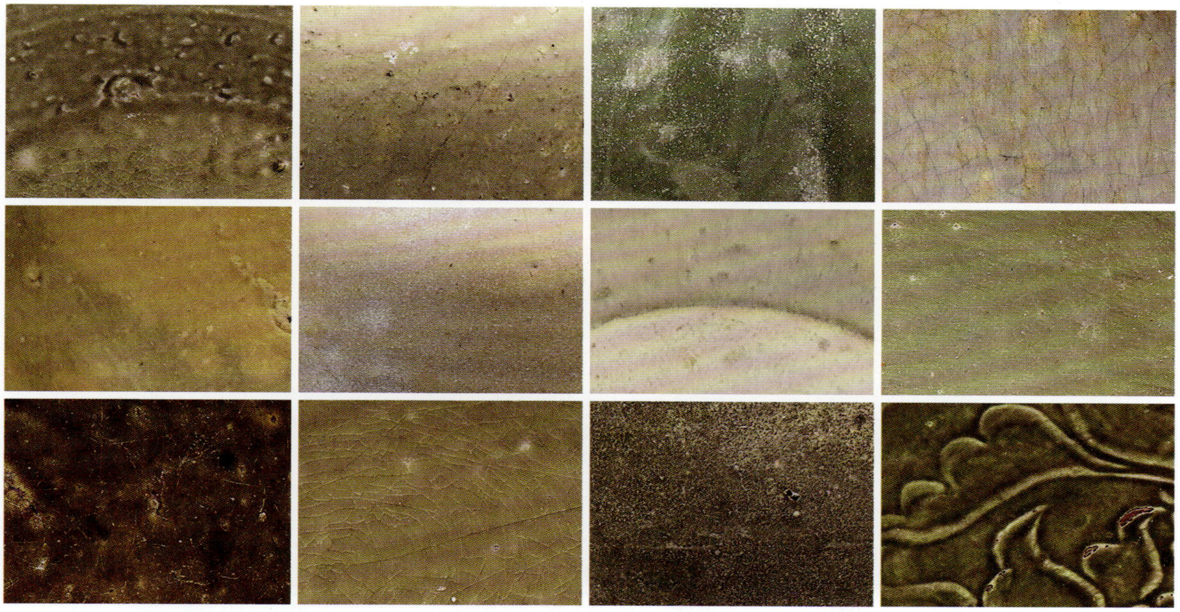

图2　邛窑系统瓷器的釉色

数量很少。各种釉色有深浅浓淡的色调变化，如若仔细区分，各种釉色（色调）有数十种之多，其中青黄、青褐、绿、乳白、酱黄、酱褐等釉色较常见。多数器物的釉层均不透明，其中乳白釉和多数绿釉为乳浊釉。各类产品的釉质差别较大，质量好者施釉均匀，釉层肥厚，釉面莹润，釉色较纯净；质量较差者，施釉不均匀，釉层单薄，釉面不够莹润，釉色较斑驳。邛窑系统产品的釉色、釉质与同时期其他瓷窑的产品有较大区别，有许多产品仅从釉色、釉质特征即可以判断为邛窑系统产品。

2. 胎质

邛窑系统产品的胎质颜色较丰富。胎质呈深灰、浅灰、灰、灰黑、灰白、紫红、砖红等色，其中紫红色、砖红色、灰色、深灰色胎质的数量较多（图3）。由于多数器物的胎质均较粗糙，许多器物的胎上都施有一层白色或浅黄色化妆土。

3. 器型

邛窑系统产品的器型种类繁多，包括生活用器、陈设器、文房用器、玩具、雕塑等类别，其中以生活用器和陈设器的数量最多。从窑址调查和发掘资料来看，各窑产品的器型种类多寡不一，一般来说窑址规模较大、产品质量较高的瓷窑器型种类较丰富，窑址规模较小、产品质量较粗的瓷窑器型种类较少。在目前已发表较详细调查、发掘资料的窑址中，青羊宫窑、邛崃十方堂窑、琉璃厂窑、玉堂窑的器型种类较丰富。

邛窑系统瓷业的器型种类，随时代不同而变化。从器型种类来看，邛窑系统瓷业与同时期的其他瓷业系统大致相同，但器物的造型风格和具体形制，与其他瓷业系统之间存在明显区别。此外，还有一部分具有特色的器型，不见于其他瓷业系统或者在其他瓷业系统

图3 邛窑系统瓷器的胎质

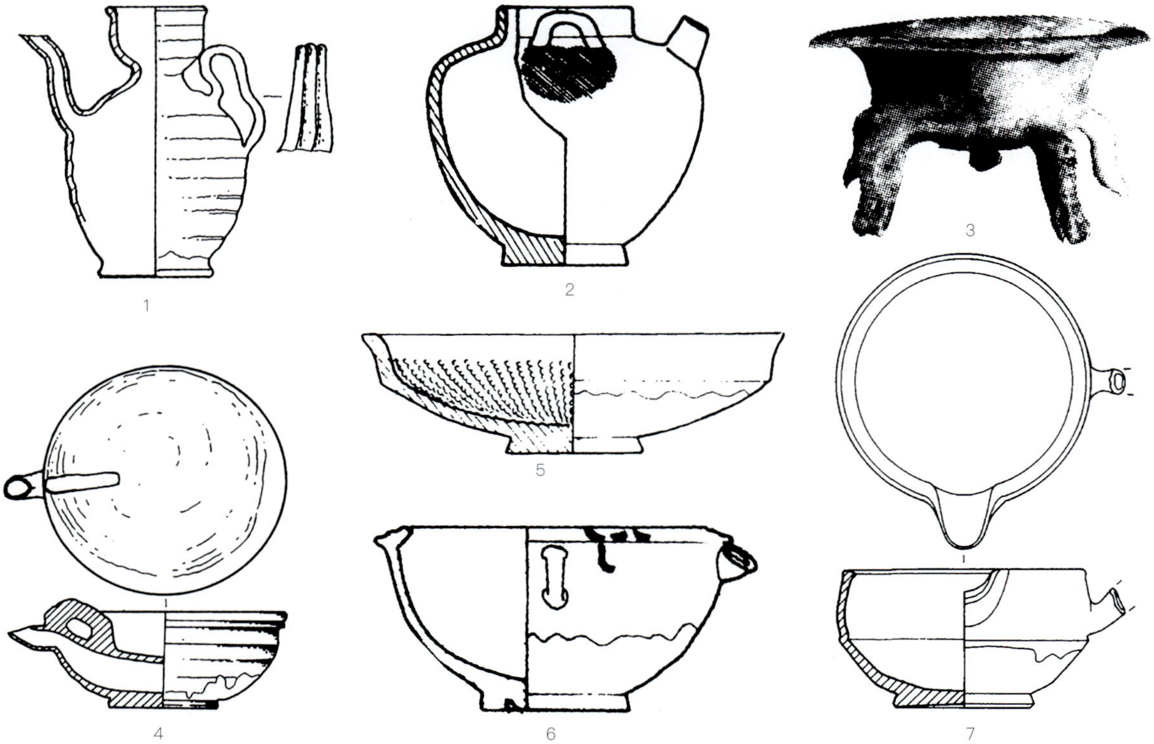

图4 邛窑系统瓷器中的特色器型
1. 执壶 2. 双耳无柄壶 3. 五足香炉 4. 省油灯 5. 研磨器 6、7. 匜（1—6. 邛崃十方堂窑；7. 琉璃厂窑；1、3、7 为宋代，余为唐代）

中较少见，但在邛窑系统瓷业中较常见。这些器型主要有省油灯、双耳短流无柄壶、匜、研磨器、五足香炉等（图4）。

从器物的具体形制特征和演变规律来看，邛窑系统产品也与其他瓷业系统存在较明显的区别。中国古代瓷器的底足形制，经历了一个从假圈足（饼足）到玉璧形足，再到圈足的发展过程。除邛窑系统以外的其他各窑，在圈足出现后，假圈足（饼足）一般就消失不见了。邛窑系统产品的底足演变过程较特殊，在玉璧形足、圈足出现后，仍然一直沿用假圈足（饼足）。在五代、两宋时期，当外地瓷窑的各类器型均普遍流行圈足的时候，邛窑系统产品的底足大多数仍然是假圈足（饼足）。南朝至宋代，邛窑系统产品中的碗、盘、碟、钵、杯、瓶、罐、盒、执壶、水盂、灯盏、省油灯等各类器物均流行假圈足（饼足）器。邛窑系统产品尽管在唐代中晚期也出现了玉璧形底足，在五代、两宋时期有部分器物的底足为圈足，但是玉璧形足、圈足器在所有器物中所占比例不高。在邛窑系统产品中，底足为玉璧形足、圈足的器型主要有碗、盘、瓶、钵、盆、匜、唾壶、盏托、盒等器物。受邛窑系统瓷业的影响，川渝地区宋代瓷窑烧造的很多黑釉盏及部分黑釉碗，底足也流行饼足。在彭州磁峰窑中出土的白釉斗笠碗，有的底足也是饼足[50]。五代两宋时期，邛窑系统产品中有部分执壶的柄为弓形，即柄的中部向内弯曲，目前在其他瓷窑中尚未发现此类特征的壶柄。

4. 装饰

邛窑系统瓷业的装饰方法较丰富，有贴塑、刻划花、印花、剔花、戳印、彩绘等多种。其中贴塑、刻划花、印花、剔花、戳印等装饰方法虽然具有一定特色，但或多或少受到了同时期外地瓷窑的影响。在邛窑系统瓷业的各类装饰方法中，最具特色者当属其彩绘装饰（图5）。在邛窑系统各窑中，邛崃十方堂窑、都江堰玉堂窑、成都琉璃厂窑中的彩绘装饰较丰富，其余各窑中的彩绘装饰数量较少。

邛窑系统彩绘纹饰所用的呈色剂主要是铁和铜，彩料呈褐、绿、青、黄、蓝、黑等，其中以褐色、绿色最常见，此外还发现少量的铜红彩。邛窑系统产品上的彩绘纹饰，有时褐、绿二色并用或多色并用，有时仅用褐、绿单彩。陈丽琼将邛窑的彩绘装饰分为图案画、没骨画、散点画、斑块纹四类[51]。从纹饰特点及装饰手法来看，邛窑系统产品上的彩绘装饰，大体上可以分为图案画、点彩、斑彩、绘彩、刻花填彩、釉料（或化妆土）绘彩、文字等几种。

图案画，主要见于隋代至唐初的钵类器物上。主要纹饰有连珠圆圈纹（用连珠纹围成的圆形）、圆圈外饰连珠圆圈纹、圆圈纹、同心圆式双圆圈纹、朵花纹、上下弦纹夹连珠纹等。连珠圆圈纹和圆圈纹的形状十分规则，纹饰制作方式应是用连珠圆形纹、圆圈纹的印模蘸彩料印在器表后形成的纹饰。

点彩，即将褐、绿色等的颜料以点的形式施于器物的口沿、器身、柄、流、耳、盖等部位（图5-7）。

斑彩，即将褐、绿、黄、蓝等彩料以斑块的形式施于器物的口沿、器身、流、把手、

50 成都市文物考古研究所、彭州市博物馆：《2000 年磁峰窑发掘报告》，《成都考古发现 2000》，科学出版社，2002 年。
51 陈丽琼：《邛窑新探》，《古陶瓷研究》第 1 辑，中国古陶瓷研究会，1982 年。

图5　邛窑系统瓷器的彩绘装饰

器盖及雕塑品的头、身、足、尾等部位（图5-5）。斑彩一般是单独使用，有时也与点彩结合使用。斑块的形状大多不规则，形状有长条形、椭圆形、半圆形、大面积的斑块等，有碗、盘、灯盏、钵等器物在口沿施一圈较宽的绿釉或褐色釉，也属于斑块装饰。各类斑块装饰大多具有较明显的流淌感。十方堂窑三彩器上的装饰也属于斑块装饰。邛窑三彩器一般是在黄釉上饰褐、绿二色斑块，斑块的形状一般较大（图5-8）。邛窑三彩的这种斑块装饰方法与北方地区的巩义窑、邢窑、黄堡窑等窑的三彩产品之间存在明显区别。

绘彩，即使用毛笔在器物表面绘制纹饰。绘画方法可分为两种，实笔绘和没骨法。实笔绘，不用勾勒，也无渲染，以寥寥数笔绘出兰草、卷草、水草、朵花、棱格、圆圈、卷云、直线、曲线等纹饰（图5-1—图5-3）。没骨画，即以彩料直接点染出花卉纹饰，与国画中的没骨画法相似，多用于绘制牡丹纹，纹饰上的花、叶浓淡分明，层次丰富（图5-6）。

划花填彩，是在器物的胎上刻划出鱼纹、莲纹、卷草、花卉、人物、龙纹、凤鸟等图案，在图案上填绘绿色或青黄色，纹饰的周围施另一种釉色，以突出刻划纹饰的主体地位。划花填彩装饰出现于宋代，主要见于大盆、香插、壶、瓶、梅瓶、砚台等器物上，多数为琉璃厂窑产品（图5-4）。

釉料（化妆土）彩绘，民间收藏者多数称之为"沥彩"，认为与沥粉画的特点相似，其实并不完全准确。这种装饰的特点是用釉料（或化妆土）进行绘画，纹饰凸起于器物表面。邛窑系统产品上的釉料（化妆土）彩绘装饰，主要流行于两宋时期，多数为琉璃厂窑产品。釉料（化妆土）彩绘装饰，一般是将黄褐色彩料（白色化妆土）绘于酱褐色、酱色、青色釉面上，形成线条、网格、斑块、花卉等具有凸起效果的纹饰。有的器物在胎上用化妆土绘纹饰，然后在纹饰之上施青釉，纹饰在瓷器烧成后成为釉下彩。这种装饰方法与四川广元窑绿釉瓷器在褐地上用绿釉绘花卉纹有相似之处，也与湖南衡山窑中的彩釉绘花装饰有一定相似之处。

文字，即用彩料在器物上书写文字。邛窑系统产品上以彩料书写文字的器物数量较少。多数器物上的文字均较简短，内容有器物用途、姓氏、吉语等（图5-9）。在邛窑系统产品上，目前未发现像长沙窑那样用彩料书写的诗文。

目前多数学者和民间收藏者认为邛窑彩绘瓷是釉下彩。事实上，邛窑系统瓷器上的彩绘装饰，并非全部都是釉下彩，还有相当一部分属于釉上彩。从实物观察，邛窑系统产品上的釉下彩绘色彩鲜艳，彩绘之上常有均匀莹润的釉层。在一些器物上，釉层没有完全覆盖纹饰，可以清晰地看到彩料位于化妆土之上，彩料之上又施青釉。邛窑系统产品的釉上彩，是在器物的素坯上先施青釉，然后在青釉上绘纹饰，入窑经高温一次烧成。这种釉上彩与明清时期的二次烧成的低温釉上彩不同，有学者称其为"高温釉上彩"。从实物观察，釉上彩绘的色彩多晦暗，有的纹饰在烧制过程中融进釉中，多数纹饰浮于釉表，用手抚摸有凸出感，彩料受到不同程度的侵蚀，彩绘之上一般无明显的釉层。现代科学测试也表明，邛窑彩绘瓷既有釉下彩，也有釉上彩。栾天、毛振伟、王昌燧等学者采用SRXRF探针技术，对邛窑彩绘瓷残片进行了线扫描分析，确定彩料在釉层中的位置，结果表明邛窑彩绘瓷器中既有釉上彩又有釉下彩[52]。

5. 窑具与装烧方法

邛窑系统瓷业各窑址中出土的窑具主要有筒形支座（又称窑柱、垫柱）、齿足支钉、三角形支钉、匣钵、圆形垫板、璧形（环形）垫板、三角形垫板、垫圈、垫环、垫条等。其中筒形支座和齿足支钉在各窑中发现的数量均较多。三角形垫板仅见于都江堰玉堂窑。三角形支钉仅见于邛崃十方堂窑址，是专用于烧造三彩类器物的窑具。

筒形支座和齿足支钉是各窑中最常见的窑具。筒形支座的形状呈圆筒形，形状变化较多，有直筒形、上小下大的喇叭形、上小下大的圆台形等形状，内部一般中空，多数无底，有的为平底。齿足支钉的形状变化较多，有直筒形、束腰筒形、上大小小的筒形、圆饼形、上小下大的喇叭形，器内一般中空，顶部有直口、敞口、口沿向内平折、平顶等多种形状。

---

52 栾天、毛振伟、王昌燧：《邛崃窑彩绘瓷彩绘工艺的 SRXRF 研究》，《光谱学与光谱分析》2006 年第 8 期。

支钉的下部为齿足,齿足的数量一般为3—8个,其中五齿支钉的数量最多,其次为六齿支钉。

匣钵在各窑中发现的数量都较少,主要见于邛崃十方堂窑、都江堰玉堂窑、成都琉璃厂窑、乐山苏稽窑、犍为金花庵窑、洪雅瓦子坡窑等窑址。匣钵的形状多为直筒形,直口或微敛口,直腹,平底。有少数匣钵的形状为敞口,斜腹,平底;或敛口,斜腹,平底;或敞口,鼓腹,内凹底。匣钵的腹部一般有2—4个较大的圆形通气孔,通气孔的孔径4—6厘米。在邛崃十方堂窑址中曾出土1件刻有"贞元六年润(790年)"铭文的匣钵残片,说明邛窑系统瓷业在中唐时期已开始采用匣钵装烧技术。

邛窑系统瓷业最常用的装烧方法是明火叠烧。碗、盘、高足盘、钵、香炉、盆、罐等各类器物在装烧时大多都采用叠烧。装窑时将支座放置于窑底,其上放置器物坯件,坯件之间用齿足支钉进行间隔。采用齿足支钉间隔叠烧的器物,内底一般留有数个较粗的支钉痕,支钉痕的形状一般为长方形或方形。碗、盘类器物的叠烧方式有仰烧和覆烧两种。仰烧时,齿足支钉的足部与支座的顶部平面接触,支钉的顶部朝上,器物的底足放在支钉的顶部,然后在器物的里心放置一个齿足向下的支钉,在支钉的顶部再放置另一件器物。以此方式层叠多件器物,器物的放置方式均为口朝上底朝下。从邛崃瓦窑山窑、大渔村窑、崇州天福窑出土的标本来看,隋唐时期碗类器物在仰烧时,有时是将碗的底足从齿足支钉的顶部套进齿足支钉的空腔内。覆烧时,齿足支钉的放置方式是齿足朝上,支钉顶部平放在支座的顶部,器物的口沿向下,器物内底与支钉的齿尖接触,然后在器物外底上再放置一个齿足支钉,仍然为支钉齿足朝上,支钉顶部倒放在器物底上。以此方式层叠多件器物,器物的放置方式均为口朝下底朝上。南朝至唐五代时期,器物在叠烧时一般都用齿足支钉进行间隔。宋代碗、盘、碟等器物在叠烧时,坯件之间除使用齿足支钉进行间隔外,还采用垫环、砂粒(砂粒堆)进行间隔。使用砂粒(砂粒堆)进行间隔叠烧的装烧方式主要发现于成都琉璃厂窑和都江堰玉堂窑。在川渝地区的白瓷中也常用这种砂粒(砂粒堆)间隔叠烧的装烧方法。同一摞叠烧的碗、盘类器物,有时交替使用砂粒(砂粒堆)间隔和齿足支钉间隔(图6)。

除明火叠烧外,邛窑系统瓷业还采用匣钵装烧、套烧、对口烧、伞形装烧等装烧方法。邛崃十方堂窑址中出土的几件筒形匣钵,尺寸分别为内径8.5厘米,高8.4厘米,内径21厘米,高21.5厘米,内径15厘米,高9厘米,内径15.3厘米,高9.3厘米,内径18.5厘米,高13厘米[53]。学者们一般认为邛窑的匣钵装烧方式为一匣多器叠烧。从匣钵的尺寸来看,唐代邛窑的匣钵装烧方式,可能既有一匣多器叠烧,也不能排除一匣一器装烧的可能。窑址中出土的匣钵,从尺寸来看,可能用于装烧质量较高的碗、钵、盆、罐、壶、香炉等器物。

---

53 陈显双、尚崇伟:《邛窑古陶瓷简论——考古发掘简报》,《邛窑古陶瓷研究》,中国科学技术大学出版社,2002年。

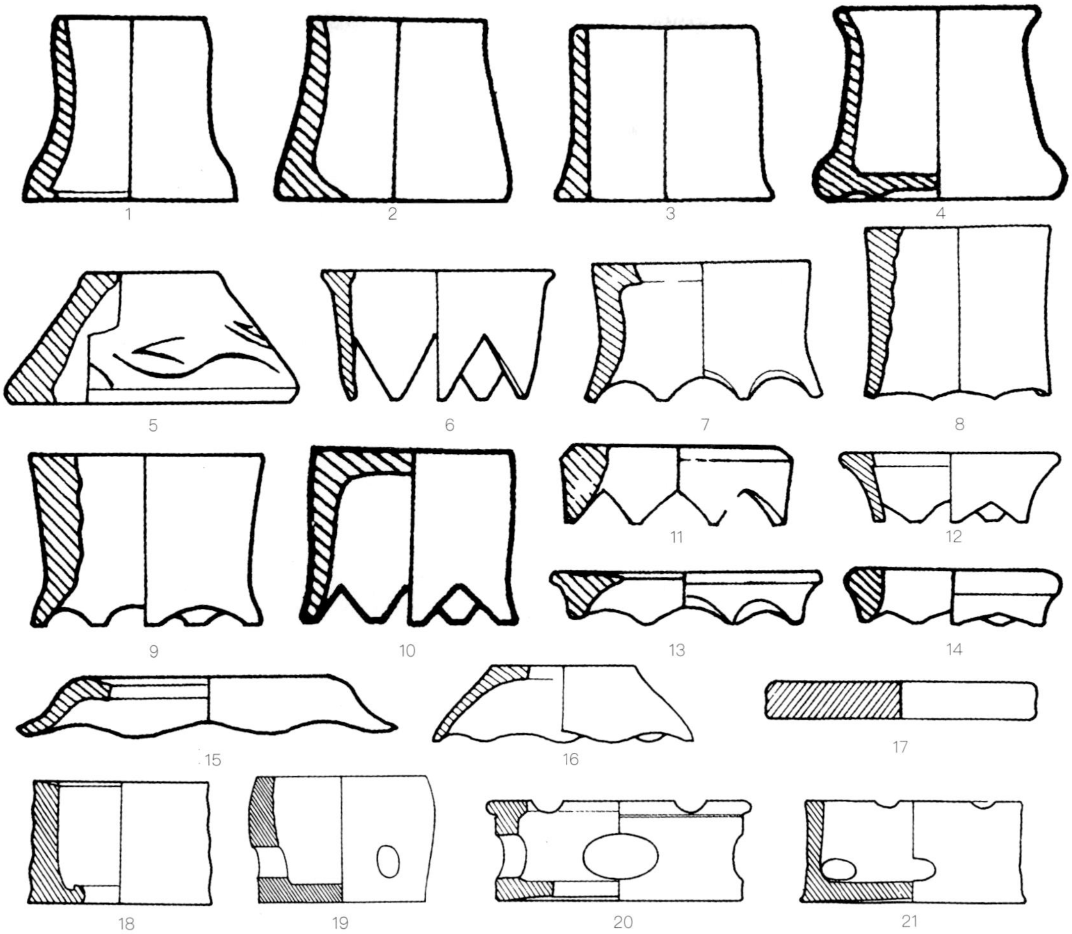

图 6 邛崃十方堂窑出土的窑具
1—5. 支座　6—16. 齿足支钉　17. 圆形垫板　18—21. 筒形匣钵

6. 窑炉

邛窑系统瓷业使用的窑炉主要为龙窑，在有的窑址中发现有馒头窑。两类窑炉的窑壁一般用砖砌成。邛窑系统瓷业的龙窑和馒头窑在形制、结构方面，与同时期南方及北方流行的龙窑、馒头窑存在较大区别。

龙窑的形状一般为斜坡式长条形，由火膛、窑床、窑尾（烟道）等部分组成。青羊宫窑在 1982—1983 年发掘中共发现了 9 座窑炉，既有龙窑，也有馒头窑[54]。邛崃瓦窑山窑和十方堂窑在 1984—1989 年发掘中，均发现了龙窑窑炉。瓦窑山窑在发掘时，清理出 1 座南朝至唐代龙窑（88QGY1）。邛崃十方堂在发掘时共清理出 9 座窑炉，其中 6 座为龙窑[55]。都江

---

54 四川省文管会、成都市文管会：《成都青羊宫窑址发掘简报》,《四川古陶瓷研究（二）》, 四川省社会科学院出版社, 1984 年。

55 陈显双、尚崇伟：《邛窑古陶瓷简论——考古发掘简报》,《邛窑古陶瓷研究》, 中国科学技术大学出版社, 2002 年。

堰玉堂窑罗家包窑址在 1977 年发掘时，清理出 1 座北宋龙窑[56]。成都琉璃厂窑在 2010 年发掘时，清理出 1 座南宋时期的窑炉[57]。在 2018—2019 年发掘中，清理出 3 座斜坡式龙窑[58]。以上窑址中发现的龙窑，除琉璃厂窑龙窑的火膛平面近椭圆形外，其余窑址中发现的龙窑火膛平面一般呈长方形。此外，在重庆丰都大沙坝窑、铺子河窑、柑子园堡窑、万州方家岭窑、插子柳窑等窑址中也发现有龙窑。其中铺子河窑中发现的龙窑为斜坡式短龙窑，平面呈圆角长方形，长 5.7 米，宽 2.3 米。窑炉由火膛、火道、窑室等部分组成，火膛呈椭圆形，火道呈双股 U 字形，窑底铺一层黄沙[59]。

邛窑系统窑址中发现的馒头窑数量不多。青羊宫窑中发现的馒头窑，平面呈弧形腰等腰三角形，由火膛、窑室、烟室等部分组成[60]。1986 年发掘的邛崃十方堂窑 5 号窑包 4 号窑炉（86QS5YY4）为马蹄形馒头窑，年代为五代至北宋前期。窑壁用砖砌成，窑炉由窑门、火膛、窑床等部分组成。火膛呈半圆形，低于窑床[61]。邛崃十方堂五代馒头窑（Y3）的窑壁用砖砌成，由火膛、窑室、烟室等部分组成，平面略呈马蹄形，火膛呈半椭圆形，窑室与烟室之间砌隔墙[62]。在十方堂窑址馒头窑及附近作坊区出土有较多三彩器残件和制作素烧器的印模，此类馒头窑应是用于烧造三彩类器物的窑炉。丰都铺子河窑在发掘时清理出 1 座馒头窑，窑壁为红烧土，平面呈椭圆形，由火门、火膛、窑室、烟道等部分组成。火膛略呈扇形，低于窑室底部。窑室与烟道（烟室）之间有挡火墙，墙下有 5 个烟道火眼[63]。

犍为金花庵窑在发掘时曾清理出 1 座窑炉的局部，发掘者推测其形制为馒头窑。发掘简报载，"平面略呈弧形，双排窑砖砌筑，现长 1.75、宽 0.4 米。从其所处地形推测该窑炉为半倒焰型馒头窑炉"[64]。从发掘简报所载信息来看，此座窑炉应是龙窑，而非馒头窑。青神坛罐窑是一处以烧黑瓷为主兼烧青瓷、白瓷的窑址。从考古发掘资料来看，川渝地区宋代以烧造黑瓷为主或以烧黑瓷为主兼烧白瓷的瓷窑使用的窑炉均为馒头窑，由此推测青神

56 四川省文物管理委员会、灌县文物管理所：《四川灌县古瓷窑遗址试掘简报》，《中国古代窑址调查发掘报集集》，文物出版社，1984 年。

57 成都文物考古研究所：《成都市琉璃厂古窑址 2010 年试掘报告》，《成都考古发现 2010》，科学出版社，2012 年。

58 成都市文物考古研究院：《成都琉璃厂窑址 2018—2019 年考古发掘报告》，文物出版社，2021 年，第 15—18 页。

59 山西省考古研究所、重庆市文物局：《丰都铺子河遗址考古发掘报告》，《重庆库区考古报告集》2001 卷下，科学出版社，2007 年。

60 四川省文管会、成都市文管会：《成都青羊宫窑址发掘简报》，《四川古陶瓷研究（二）》，四川省社会科学院出版社，1984 年；陈丽琼：《四川唐宋时代陶瓷窑炉与装烧工艺特点》，《古陶瓷科学技术 1——国际讨论会文集》，上海科学技术文献出版社，1992 年。

61 陈显双、尚崇伟：《邛窑古陶瓷简论——考古发掘简报》，《邛窑古陶瓷研究》，中国科学技术大学出版社，2002 年。

62 陈丽琼：《四川唐宋时代陶瓷窑炉与装烧工艺特点》，《古陶瓷科学技术 1——国际讨论会文集》，上海科学技术文献出版社，1992 年。

63 山西省考古研究所、重庆市文物局：《丰都铺子河遗址考古发掘报告》，《重庆库区考古报告集》2001 卷下，科学出版社，2007 年。

64 四川省文物考古研究院、犍为县文物管理所：《四川犍为县金花庵唐宋窑址调查试掘简报》，《四川文物》2017 年第 2 期。

图9　玉堂窑类型瓷器
1、3.碗　2.盘　4、5.执壶　6.匜（1—6均为宋代）

纹、连珠纹与圆圈组合而成的莲蓬纹、朵花纹、草叶纹、莲瓣纹、飞鸟纹、龙纹、双凤纹、童子戏双龙、飞天等。三彩类产品包括三彩器和低温单色绿釉器、黄釉器。三彩器的釉色主要为黄、绿两色，釉面莹润光亮，玻璃质感很强，一般以黄釉为底釉，其上饰绿色、褐色彩斑。

十方堂窑中出土的宋代瓷器数量不多，但产品的胎、釉质量较高。釉色呈青灰、青中泛黄、青褐、青中泛白、酱、绿、灰白色等。胎质呈红褐、褐、灰褐、砖红、灰白色等，胎上多施白色、灰白色、米黄色化妆土。器物多为素面，有的器物釉面有绿色点彩，有的碗外壁刻莲瓣纹。

3. 玉堂窑类型

玉堂窑类型是以唐宋时期的玉堂窑为代表的瓷业类型（图9）。玉堂窑类型瓷业的发展可以分为唐五代和宋代两个时期。

唐、五代时期的产品以各种色调的青釉瓷为主，釉色呈青、青黄、米黄、青灰等色。胎质坚硬，呈灰黑、灰、深灰、紫红、砖红色等，胎上普遍施一层灰白色或浅黄色化妆土。器物多为素面，有的钵、罐、盘口壶在肩、颈部位饰弦纹，有的罐、钵等器物上饰釉下褐彩，纹饰有草叶纹、花卉纹、斑块纹等。

宋代产品的釉色丰富，釉色可以分为乳浊绿釉、透明绿釉、白釉、酱釉、乳浊青白釉、青釉等几类，其中以绿釉瓷的数量最多，其次为乳浊青白釉，青釉产品所占的比例不高（图

9)[67]。在宋代大量烧造绿釉瓷和乳浊青白釉瓷,是玉堂窑类型瓷业在产品釉色上最突出的特点。各类釉色的产品胎质较一致,多呈紫红、暗红、砖红、灰、深灰、灰黑等色,多数器物的胎上施一层灰白色、米黄色化妆土。许多透明绿釉碗、盘的内壁模印缠枝牡丹、缠枝花卉、牡丹花卉、荷叶莲花等纹饰,有的透明绿釉碗内壁刻划水波游鱼纹。

4. 琉璃厂窑类型

琉璃厂窑类型是以唐宋时期的琉璃厂窑为代表的瓷业类型。除琉璃厂窑外,遂宁龙凤窑、丰都大沙坝窑、老院子窑、石板溪窑、壕沟窑、铺子河窑等窑从产品特征来看也属于琉璃厂窑类型。

琉璃厂窑唐五代时期的产品以青釉瓷为主,兼烧部分酱釉瓷和缸釉瓷。釉色多呈青黄色、淡青色。胎质多呈砖红、暗红、棕灰等色,胎上普遍施一层米黄色化妆土。器物多为素面,有的器物上饰褐色、绿色点彩或彩绘,彩绘纹饰多为卷草纹、草叶纹(图10)。

宋代产品以酱釉瓷和缸釉瓷为主,兼烧部分白釉瓷。胎质多呈砖红、暗红、棕灰等色。青釉瓷和白釉瓷的胎上普遍施一层米黄色、灰白色化妆土,酱釉瓷和缸釉瓷多数不施化妆土。部分青釉瓷上有绿色、褐色彩绘。大多数青釉大盆和部分执壶、梅瓶等器物采用独具特色的刻划花填彩装饰工艺。部分酱釉瓷和缸釉瓷上,用米黄色化妆土(或釉料)绘花纹、竖线纹、斜线纹、网格纹、斑块等纹饰。大多数器物采用齿足支钉间隔叠烧,宋代时大多数白釉瓷和部分青釉瓷采用石英砂间隔叠烧。部分碗的圈足内模印文字、符号、花卉等标记。

除以上瓷业类型外,唐宋时期的其他邛窑系统瓷窑或多或少分别受到来自十方堂窑、玉堂窑、琉璃厂窑的影响,或者同时受到其中两个窑、三个窑的影响。这些瓷窑目前难以划入其中某一瓷业类型。

五、邛窑系统瓷业的兴起和停烧年代

关于四川地区古代制瓷业的兴起时期,以往存在几种不同观点。陈丽琼、刘平等学者认为川渝地区东汉墓中出土的青瓷为四川本地产品,认为四川地区在东汉时期已开始烧造成熟的青瓷[68]。何志国认为,四川地区六朝墓中出土的瓷器为四川本地产品,指出四川六朝瓷器与长江中下游地区六朝瓷器是同步发展的[69]。近年,刘雨茂等学者对绵阳崖墓中出土的瓷器进行了研究,将绵阳崖墓中出土的瓷器分为四川本地窑场产品和外地窑场产品两组,认为本地窑场产品的年代上限定为两晋之交[70]。

---

67 图 9-6 采自中共都江堰市委宣传部:《中华玉堂窑首届精品展》(内部资料),2021 年,第 47 页。

68 陈丽琼:《试谈四川古代瓷器的发展工艺》,《四川古陶瓷研究(一)》,四川省社会科学院出版社,1984 年;刘平:《略谈成都地区青瓷的发展》,《文物考古研究》,成都出版社,1993 年。

69 何志国:《四川六朝瓷器初论》,《考古》1992 年第 7 期。

70 刘雨茂、易立、唐光孝:《绵阳崖墓出土瓷器的初步研究》,《考古》2017 年第 1 期。

图 10　琉璃厂窑类型瓷器
1—4. 执壶　5. 盆　6—8. 碗（1—7 为宋代，8 为唐代）

　　从考古发掘资料来看，以上观点并不正确。川渝地区墓中出土的东汉成熟瓷器，在造型、釉色、纹饰等方面大多数与湖南岳州窑中出土的同类器物基本一致。从器物特征来看，川渝地区东汉墓中出土的成熟瓷器，多数都是湖南岳州窑产品。以往有学者认为，青瓷碗的内底留有八至十多枚支钉痕是四川本地瓷器装烧工艺的特色。此类青瓷碗在川渝地区各地的六朝墓及遗址中均有出土（图 11-1—图 11-5）。这些青瓷碗的造型、釉色、胎质及装烧工艺与湖南岳州窑窑址及湖南耒阳白洋渡、衡东城关等南朝墓中出土的瓷器几乎完全相同（图11-7—图 11-11）。由此可知，内底留有多个支钉痕的青瓷碗应是湖南岳州窑的产品，并非四川本地产品[71]。除岳州窑产品外，川渝地区六朝墓中出土的青瓷，还有一部分属于洪州窑产品，越窑瓷器发现的数量很少。

　　刘雨茂等人在《绵阳崖墓出土瓷器的初步研究》一文中列举的本地窑场产品，除 1 件四系盖罐（图 11-6）的年代为西晋末至东晋前期外，其余瓷器的年代为隋至唐初。这件四系盖罐的造型及胎、釉特征与湖南资兴（图 11-13）[72]、耒阳白洋渡（图 11-12）和湖北鄂城（图11-14）[73] 等地西晋至南朝墓中出土的四系罐盖罐（四系罐）基本相同，从造型及胎、釉特征来看，应属于湖南岳州窑产品。因此，目前将四川本地窑场产品的年代上限定为两晋之交，

71　伍秋鹏：《四川地区瓷业兴起时间与早期瓷业技术来源的初步研究》，《南方民族考古（第二十四辑）》，科学出版社，2022 年。

72　湖南省博物馆：《湖南资兴晋南朝墓》，《考古学报》1984 年第 3 期。

73　南京大学历史系考古专业、湖北省文物考古研究所、鄂州市博物馆：《鄂城六朝墓》，科学出版社，2007 年，第 154 页。

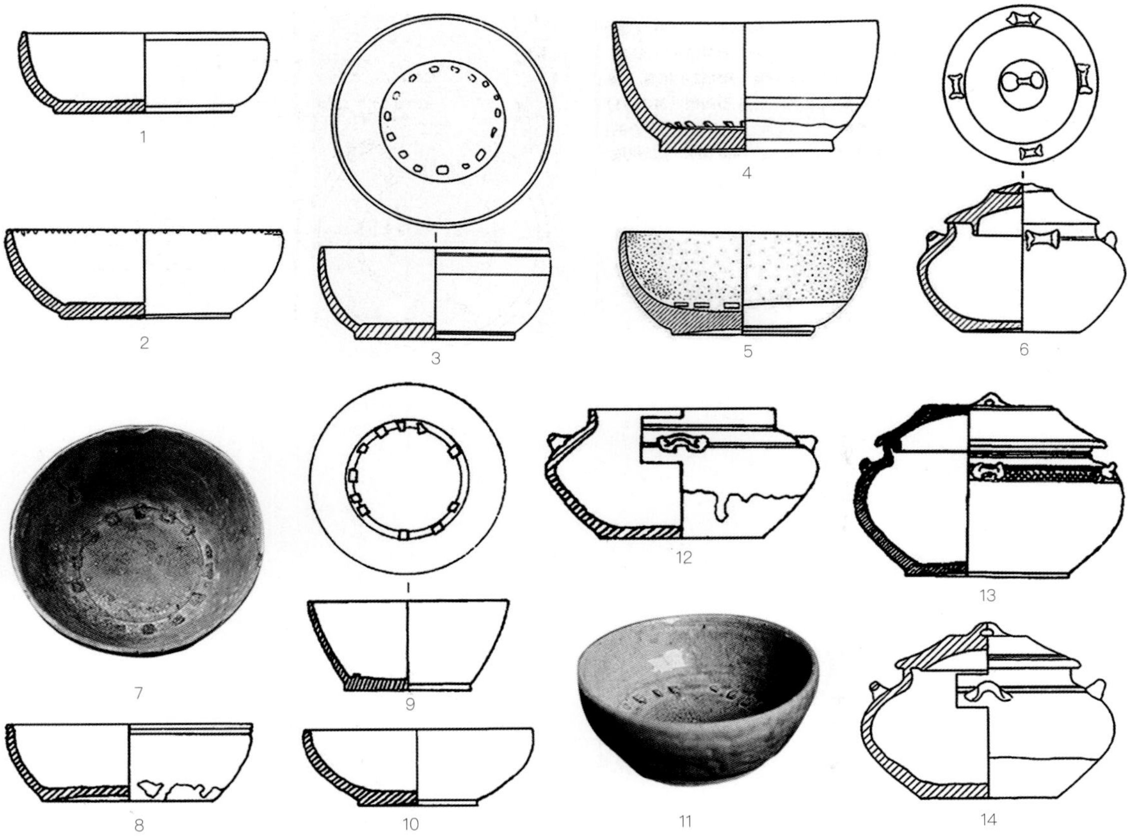

图 11 川渝地区出土的六朝瓷器及对比资料
1—5、7—11.碗 6、12—14.罐（1—6 川渝地区出土，7—14 湖南地区南朝墓及岳州窑址出土）

并无充足依据。

以往有学者认为四川地区有些窑址的烧造年代上限可早至东晋。故宫博物院陈万里、冯先铭在调查青羊宫窑址后，认为该窑的烧造年代可上溯到南朝甚至东晋[74]。1978 年、1981年陈丽琼对瓦窑山窑进行了两次调查，认为瓦窑山窑的烧造年代可早到东晋，下限晚至隋代[75]。从窑址调查和发掘资料来看，在四川地区烧造年代较早的窑址主要有成都青羊宫窑、邛崃固驿瓦窑山窑、崇州天福窑、都江堰金马窑等。以上几窑中均未发现具有较明显东晋特征的器物，因此认为邛窑系统瓷业的烧造年代上限可早到东晋的观点，缺乏相应的实物依据。在几处窑址中出土的碗、杯、高足杯、高足盘、钵、盘口壶、砚等瓷器，在造型上与南朝、北周、北齐墓葬中出土的同类器物相似。其中有的器物造型，同时也与湖南岳州窑、广西桂州窑、福州怀安窑、江西洪州窑、河北磁县贾璧村窑、河北临漳邺城倪辛庄窑、邺南城西南窑、河北邢窑、山东淄博寨里窑、安徽寿州窑等南朝或北朝窑址中出土的同类

---

74 陈万里、冯先铭：《故宫博物院十年来对古窑址的调查》，《故宫博物院院刊》1960 年总第 2 期。

75 陈丽琼：《四川陶瓷考古调查记略》，《四川古代陶瓷》，重庆出版社，1987 年。

图12　青羊宫窑出土的盘口壶及对比资料
1、2.青羊宫窑　3.江西永修天监九年墓出土　4.江西清江樟树南朝墓出土（M8：2）　5.江西赣县白鹭南朝墓出土

器物相似。由此可知，四川地区在南北朝时期已开始瓷业生产[76]。

关于四川古代青瓷烧造的年代上限，目前发现的纪年资料较少。成都青羊宫窑第11号探方的第3层为南北朝时期的地层。在地层中发现了2枚南朝梁武帝天监元年（502年）铸造的天监五铢钱和1枚北周武帝建德三年（574年）铸造的五行大布钱。青羊宫窑中出土的盘口壶，多数仅残留盘口至上腹部分或盘口部位已残（图12-1、图12-2）。从造型来看，此类盘口壶与江西永修县马口镇爱华村南朝梁天监九年（510年）墓中出土的青釉六系盘口壶（图12-3）[77]以及江西清江、赣县等地的南朝墓中出土的同类盘口壶相似（图12-4、图12-5）[78]。由此可推测，青羊宫窑烧造瓷器的年代上限可早至南朝梁武帝时期。

关于邛窑系统瓷业的停烧年代，一般认为是南宋末，目前未发现宋代以后的邛窑系统窑址。邛窑衰落的原因与长达半个世纪的宋蒙战争有直接关系[79]。由于战争对社会经济的严重破坏，导致邛窑系统各窑从此一蹶不振。明清时期川渝地区有一些烧造粗瓷的瓷窑，尽管在产品特征、制瓷工艺等方面与唐宋时期的邛窑系统瓷业之间存在一定延续性，但是这些粗瓷烧造业，从文化面貌来看已经不属于邛窑系统瓷业。

76　伍秋鹏：《四川地区瓷业兴起时间与早期瓷业技术来源的初步研究》，《南方民族考古（第二十四辑）》，科学出版社，2022年。

77　杨厚礼：《永修县发现南朝梁墓》，《江西历史文物》1981年第1期；图片采自段少京：《南朝纪年墓出土青瓷研究》，《南方文物》2003年第4期。

78　赖斯清：《江西赣县白鹭南朝墓》，《考古》1994年第7期；江西省博物馆考古队：《江西清江南朝墓》，《考古》1962年第4期。

79　胡立嘉、何吉民：《论邛窑衰落之原由》，《成都文物》2008年第3期。

六、邛窑系统瓷业的分期

邛窑系统瓷业从南朝兴起至南宋末停烧，烧造时间前后延续约800年。邛窑系统瓷业的发展，可以分为南北朝至唐初、盛唐至五代、两宋三个阶段。同时期的各窑产品在釉色、胎质方面存在较大差别，但在造型、装饰、窑具、装烧工艺等方面存在较多共性。

1. 南北朝至唐初

南北朝[80]至唐初的邛窑系统窑址主要分布在成都平原，主要有成都青羊宫窑、邛崃固驿瓦窑山窑、十方堂窑、大渔村窑、崇州天福窑、都江堰金马窑、郫县横山子窑、大邑敦义窑、金堂金锁桥窑、双流牧马山窑、新津白云寺窑、玉皇观窑、江油青莲窑等。多数窑址创烧于隋代，其中青羊宫窑、邛崃瓦窑山窑、崇州天福窑的烧造年代可以早到南北朝。在经过考古发掘的窑址中，以青羊宫窑和瓦窑山窑最具代表性。

南北朝至唐初的主要器型有碗、盘、钵、杯、高足杯、盅、高足盘、盘炉、盆、罐、盘口壶、砚。装饰方法有刻划、印花和点彩。刻划花纹饰有弦纹、莲瓣纹、草叶纹、连弧纹、水波纹、忍冬纹、卷草纹、竖条纹等。印花纹饰有朵花纹、连珠纹、圆圈纹等。有的钵在肩腹部用褐、绿、黄色等点绘（彩印）连珠纹、朵花纹。窑具有筒形支座、齿足支钉、璧形垫板、圆形垫板等。装烧方法多为叠烧、套叠烧、伞形装烧，坯件之间用齿足支钉进行间隔。

2. 盛唐至五代

盛唐至五代，是邛窑系统瓷业发展的繁荣阶段。窑址数量急剧增多，烧造规模扩大，窑址除集中分布在以成都为中心的成都平原各市县区外，还扩展到成都平原外围的乐山、芦山、绵阳、武胜、重庆合川等县市区。主要窑址有成都青羊宫窑、琉璃厂窑、邛崃瓦窑山窑、十方堂窑、大渔村窑、尖山子窑、都江堰金马窑、玉堂窑、大邑敦义窑、金堂金锁桥窑、新津玉皇观窑、双流牧马山窑、郫县横山子窑、彭山武阳窑、乐山苏稽窑、关庙窑、雅安芦山窑、武胜礼安窑、江油青莲窑、绵阳龙门窑、重庆合川孙家坝窑等。各窑的烧造延续年代不一，绝大多数南北朝、隋代时期的窑址在唐代仍然延续烧造，有的窑址延续烧造至宋代。多数创烧于唐代的窑址，烧造年代一般从唐代延续至宋代。在经过考古发掘的窑址中，以邛崃十方堂窑和都江堰玉堂窑最具代表性。

盛唐至五代的主要器型有碗、盘、碟、杯、钵、盆、罐、无柄壶、执壶、梨形壶、瓶、净瓶、葫芦瓶、五管瓶、灯盏、省油灯、匜、唾壶、枕、盒、盏托、五足炉、行炉、三足鍑、提梁杯、砚台、水注、器盖、器座，以及人物、动物瓷塑等。除常见青釉产品外，各窑中还有乳白釉、绿釉等乳浊釉产品。邛崃十方堂窑在晚唐、五代时期还烧造三彩类产品。装饰方法有彩绘、刻花、印花、模印贴塑等。除邛崃十方堂窑的装饰较丰富外，其他窑中有

---

80 川渝地区在南北朝时期先后属于南朝和北周所辖。

装饰的器物数量较少,一般仅为简单的彩绘装饰。窑具有筒形支座、齿足支钉、璧形垫板、圆形垫板、筒形匣钵等。多数器物采用明火叠烧,坯件之间一般用齿足进行间隔。碗、盘、钵等器物的里心一般留有支钉痕。匣钵装烧一般也采用多件叠烧,坯件之间用齿足支钉进行间隔。

3. 两宋时期

两宋时期是邛窑系统瓷业的延续发展和衰落阶段。窑址的数量较唐代减少,窑址分布成都、邛崃、都江堰、江油、乐山、犍为、芦山、洪雅、彭山、遂宁、重庆丰都等地。大多数创烧于南朝、隋代的瓷窑已停烧,多数窑址的年代为创烧于唐代延续至宋代,有部分窑址为宋代新创烧。主要窑址有邛崃十方堂窑、都江堰玉堂窑、成都琉璃厂窑、江油青莲窑、乐山苏稽窑、犍为金花庵窑、雅安芦山窑、青神坛罐窑、彭山瓦子堆窑、洪雅瓦子坡窑、遂宁龙凤窑、丰都大沙坝窑、老院子窑、石板溪窑、壕沟窑、铺子河窑等。其中邛崃十方堂窑、都江堰玉堂窑和成都琉璃厂窑的烧造规模较大,产品质量较高,其余窑址的烧造规模较小,产品质量不高。

宋代产品的主要器型有碗、盘、杯、碟、盏、盏托、罐、瓶、执壶、盆、钵、罐、灯盏、省油灯、香炉、匜、鸟食罐、枕、盒、水盂、砚、瓷塑动物等。器物多为素面,装饰方法主要有刻划、彩绘、印花等。琉璃厂窑的盆、执壶等器物上流行刻划花填彩装饰。有的玉堂窑绿釉碗、盘和琉璃厂窑的青黄釉、酱黄釉碗、盘上有印花装饰。琉璃厂窑的酱黄釉瓶、罐、执壶、钵等器物上流行釉料(或化妆土)绘彩装饰,纹饰有花草纹、竖线纹、斜线纹、网格纹、斑块纹等。其他瓷窑的产品装饰较少,一般仅有简单的彩绘纹饰。窑具主要有筒形支座、齿足支钉、筒形匣钵、圆形垫板、璧形垫板等。器物装烧多采用叠烧,碗、盘、钵、盆等器物的内底留有支钉痕。有的碗、盘采用石英砂间隔叠烧,内底留有一圈或数堆石英砂痕。

七、邛窑系统瓷业与外地制瓷业之间的关系

从产品特征和制瓷工艺来看,邛窑系统瓷业与同时期的其他瓷窑(瓷业系统)之间存在一定的文化交流和技术交流关系。

1. 邛窑系统早期制瓷业的技术来源

四川地区的早期瓷业是受到南方地区瓷业影响而出现的。南北朝、隋代的四川地区各个瓷窑(以下称早期瓷业),在产品造型、装饰、窑具及装烧工艺等方面,分别受到了来自南方地区的洪州窑、岳州窑、桂州窑和怀安窑的影响[81]。

---

[81] 伍秋鹏:《四川地区瓷业兴起时间与早期瓷业技术来源的初步研究》,《南方民族考古(第二十四辑)》,科学出版社,2022 年。

从产品造型和装饰来看，四川早期瓷业与南方地区瓷窑之间存在较多相似之处。四川早期瓷业中的碗、杯、钵、高足杯、高足盘、盘口壶、小盘口壶、砚、盘炉等器型，分别与同时期的岳州窑、洪州窑中的同类器物相似。其中器物造型受岳州窑的影响较明显，四川各窑中的小盘口壶器型来源于岳州窑，青羊宫窑中的盘炉，与岳州窑中的盘炉十分相似。青羊宫窑碗外壁的刻划莲瓣纹，与岳州窑、洪州窑碗外壁的莲瓣纹较相似。青羊宫窑和邛崃瓦窑山窑中钵、高足盘等器物上的朵花纹，纹饰风格与岳州窑、洪州窑上的印花纹饰有一定相似之处。

从窑具来看，四川早期瓷业各窑中的环形齿足支钉、覆盂形齿足支钉、圈形支座、筒形支钉、筒形上下齿足支钉分别与洪州窑[82]、怀安窑[83]、桂州窑（属岳州窑系统瓷业）[84]中的同类窑具基本相同或相似（图13）。四川早期瓷业中的伞形装烧方式与湖南岳州窑和广西桂州窑中使用伞形窑具的装烧方式较相似。杨宁波认为，四川地区窑场使用的这种装烧方式源于岳州窑[85]。从窑炉来看，四川早期龙窑可能受到了洪州窑龙窑的影响。四川早期龙窑的火膛平面均呈长方形，洪州窑龙窑的火膛呈长方形或近似长方形的梯形，二者可能存在一定联系。

2. 唐五代时期邛窑系统瓷业与南北方制瓷业之间的关系

唐五代时期邛窑系统瓷业与南北方制瓷业之间都存在一定的交流关系。

唐五代时期，邛窑系统瓷业与南方地区制瓷业之间的关系，主要表现为邛窑系统瓷业受到了越窑制瓷业的影响。越窑对邛窑系统瓷业（特别是邛崃十方堂窑）的影响主要表现在造型、釉色、装饰等方面。有的器物是模仿越窑瓷器的某个特征，有的器物则同时模仿越窑瓷器的几个特征，后者在器物整体风格上与越窑极为相似[86]。邛窑系统青瓷中的碗、盘、海棠杯、盏、灯盏、盏托、器盖、葫芦瓶、唾壶、套盒、水盂、粉盒等器物造型（图14-1—图14-15）[87]，与越窑中的同类器型较相似（图14-16—图14-30）[88]。邛窑系统产品中有部分青釉瓷器的釉色与越窑瓷器的釉色较相似。邛窑系统青瓷上的刻划、印花装饰在总体风格和纹饰题材方面与越窑青瓷具有一定相似性。两窑共同的纹饰题材有龙、凤、鹦鹉、鱼纹、莲瓣、牡丹、海棠、芙蓉、菊花、缠枝花卉等。不同之处在于越窑青瓷的装饰以刻划为主，

82 北京大学中国考古学研究中心、江西省文物考古研究院、江西省丰城市博物馆：《丰城洪州窑址》，文物出版社，2018年，第59、61页。

83 福建省博物馆、福州市文物管理委员会：《福州怀安窑址发掘报告》，《福建文博》1996年第1期。

84 桂林博物馆：《广西桂州窑遗址》，《考古学报》1994年第4期；李铧：《广西桂林窑的早期窑址及其匣钵装烧工艺》，《文物》1991年第12期。

85 杨宁波：《论东亚伞状支烧具的技术体系及始源地问题——兼论岳州窑与桂林窑的关系》，《湖南考古辑刊（第11集）》，科学出版社，2015年。

86 伍秋鹏：《四川古代青瓷与越窑青瓷的关系探析》，《中国陶瓷》2015年第1期。

87 陈显双、尚崇伟：《邛窑古陶瓷简论——考古发掘简报》，《邛窑古陶瓷研究》，中国科学技术大学出版社，2002年。

88 浙江省文物考古研究所、慈溪市文物管理委员会：《慈溪上林湖荷花芯窑址发掘简报》，《文物》2003年第11期。

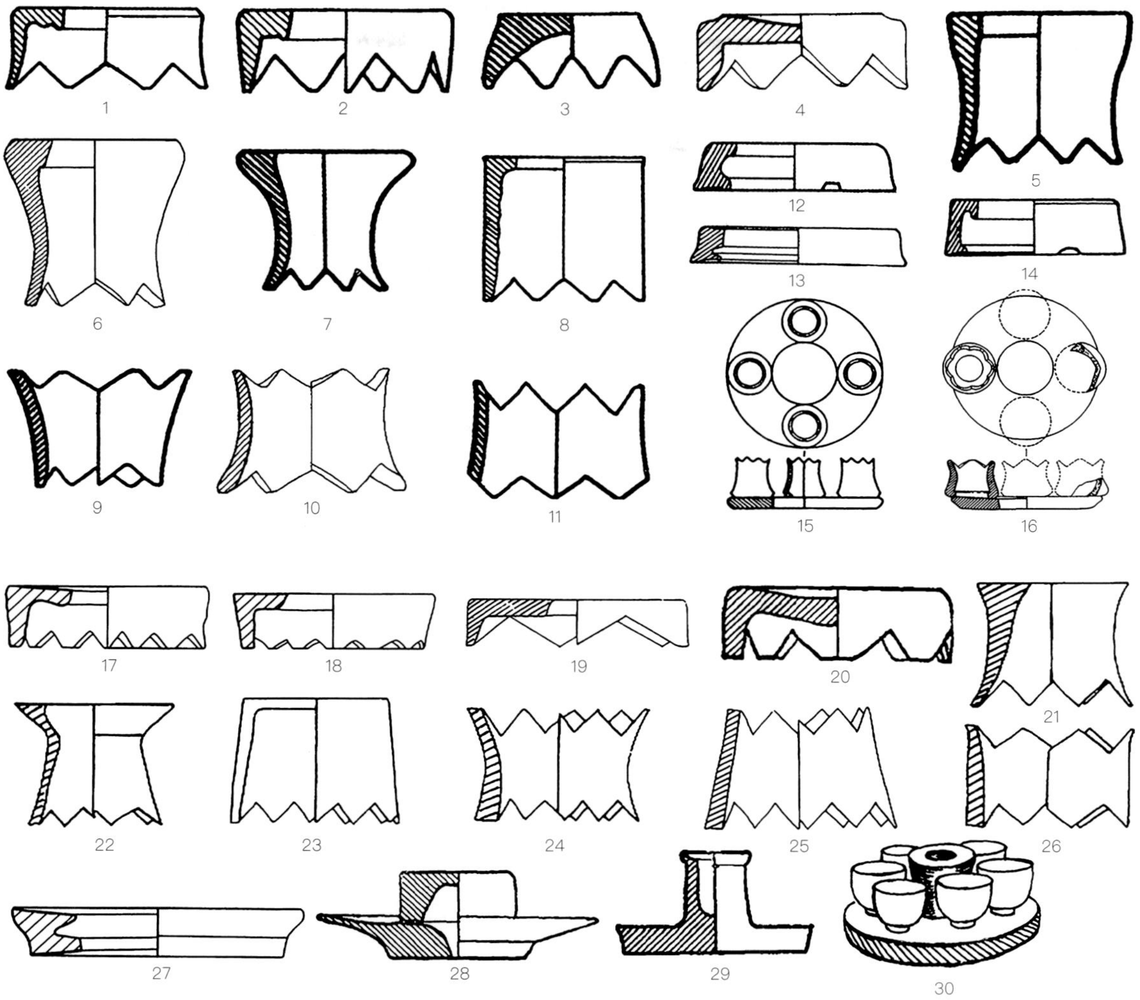

图13 四川早期瓷业与南方地区瓷窑的窑具比较

1—11、17—26. 齿足支钉　12—14、27. 圈形支座　15、16. 伞形装烧标本（璧形垫板装烧）　28、29. 伞形窑具
30. 伞形窑具装烧示意图（1—16 邛窑系统窑具，1—3、5、7、8、10—15 邛崃瓦窑山窑出土，4、6、9、16 崇州天福窑出土；
17—30 南方地区瓷窑窑具，17、18、27 洪州窑出土，19、21—26 怀安窑出土，20、28—30 桂州窑出土）

而邛窑系统产品上的印花装饰较多，而刻划装饰相对较少。

　　唐五代时期，邛窑系统瓷业与北方地区制瓷业之间的关系，主要表现为邛窑系统瓷业的器物造型受到了北方地区瓷窑的影响，同时邛窑三彩也是受北方地区三彩影响的产物。从器型来看，邛窑系统产品中有部分器型，如碗、钵、盆、水注、行炉、腰鼓、水盂、执壶、盒、五足炉等器物，造型分别与北方地区巩义窑、邢窑、黄堡窑和鲁山窑等瓷窑中的同类器型相似。邛崃十方堂窑烧造的三彩类产品，尽管产品风格与北方地区唐三彩存在明显区别，但是邛窑三彩在二次烧成技术、三角形支钉、馒头窑形制等方面与北方地区三彩之间存在密切关系。

　　3. 宋代邛窑系统瓷业与南北方制瓷业之间的关系

　　宋代南方地区制瓷业对邛窑系统瓷业的影响较小，主要表现在器物造型方面。邛崃十

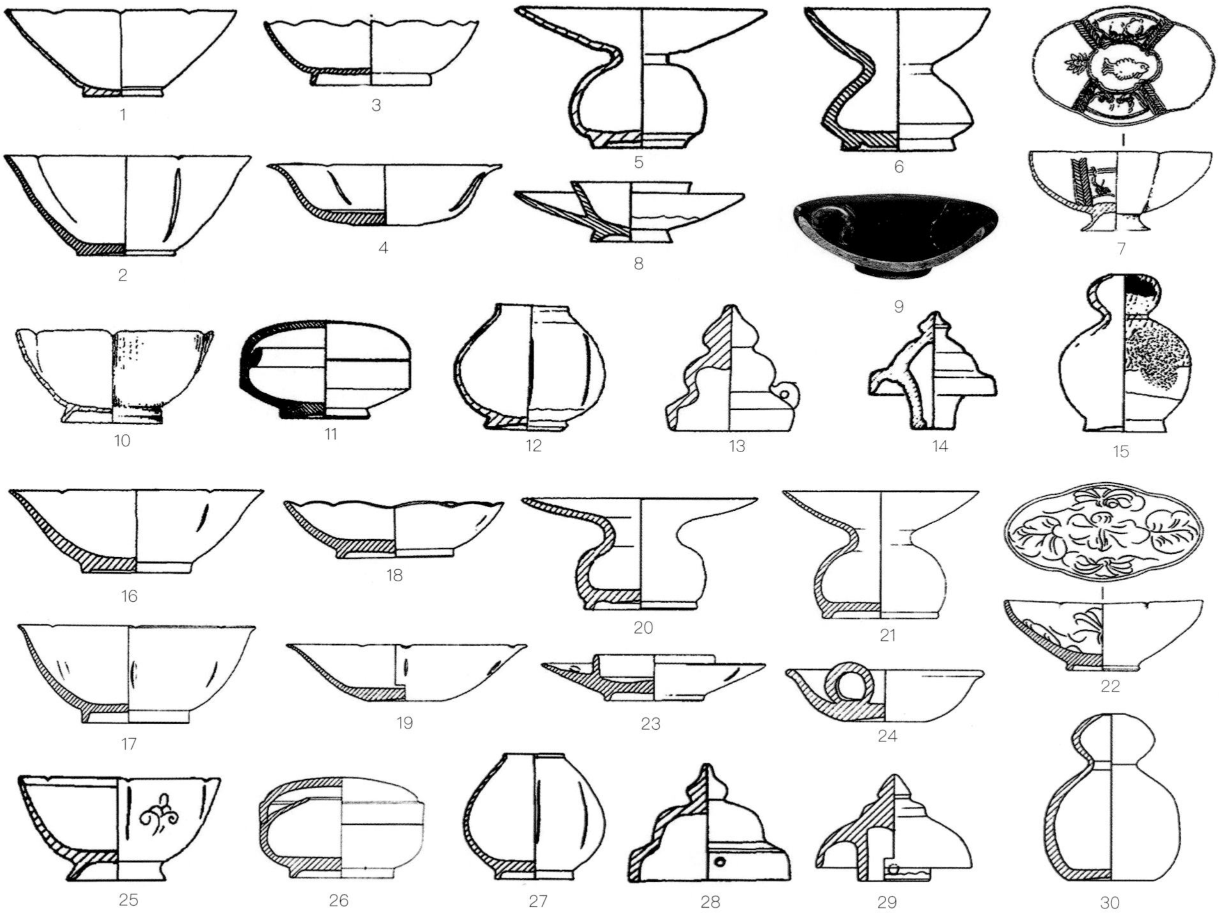

图 14　唐五代时期邛窑与越窑瓷器的造型对比
1、2、16、17. 碗　3、4、18、19. 盘　5、6、20、21. 唾壶　7、22. 海棠杯　8、23. 盏托　9、24. 灯盏　10、25. 盏　11、26. 盒
12、27. 水盂　13、14、28、29. 壶盖　15、30. 葫芦瓶（1—15 邛崃十方堂窑出土，16—30 慈溪上林湖荷花芯窑出土）

方窑中出土的绿釉五管瓶和都江堰玉堂窑中的绿釉五管瓶，造型与浙江龙泉窑中的青釉五管瓶较相似。邛窑系统瓷业中的五管瓶应是受龙泉窑影响而出现的器型。

　　宋金时期北方地区制瓷业对邛窑系统瓷业的影响主要表现在器型和装饰方面。成都琉璃厂窑产品中的青黄釉、酱釉碗、盏、碟，造型与宋代耀州窑的碗、盏、碟相似，不同之处在于琉璃厂窑的盏、碟为饼足，而耀州窑的盏、碟为圈足（图15）。除素面外，琉璃厂窑中的这类碗、盏、碟的里心有刻划花、印花装饰，与耀州窑中的刻划花、印花装饰有相似之处。其中有一件琉璃厂窑青黄釉盏的里心刻折扇纹，纹饰风格与耀州窑中的同类纹饰较相似。琉璃厂窑中的此类青黄釉、酱釉器物应是从釉色、造型和装饰等方面模仿耀州窑的产品。磁州窑对邛窑系统瓷业的影响主要表现在装饰方面。成都琉璃厂窑宋代瓷器上的化妆土（釉料）彩绘竖线纹、剔花、露胎星形等装饰（图16），都是受北方地区磁州窑影响的装饰方法。

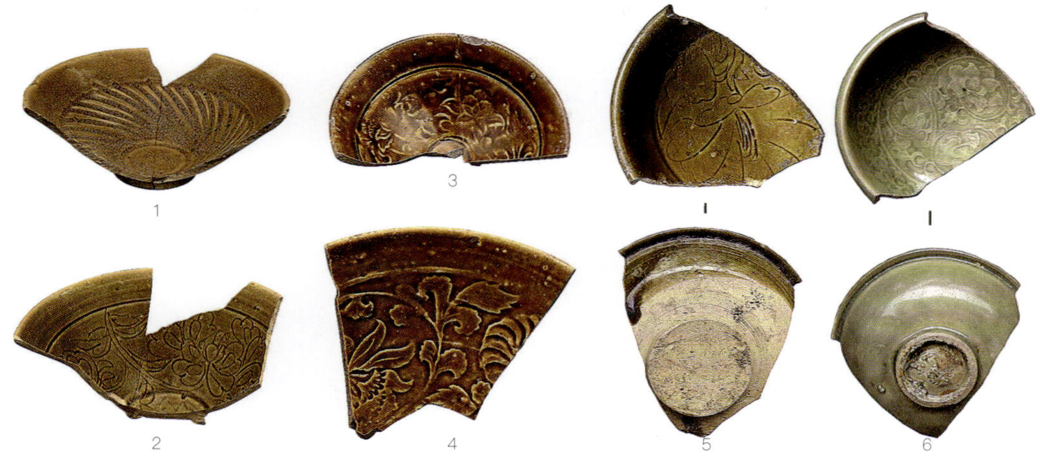

图 15　宋代琉璃厂窑瓷器上的耀州窑因素及对比资料
1—3. 盏　4. 碗　5、6. 碟（1—5 琉璃厂窑，6 耀州窑）

图 16　宋代琉璃厂窑瓷器上的磁州窑风格装饰
1、2. 盆　3. 碗　4. 双耳罐

八、结语

从考古学文化的角度来看，以邛窑为代表的川渝地区古代青瓷烧造业可以称为邛窑系统瓷业。邛窑系统瓷业兴起于南北朝时期，停烧于南宋末，前后延续烧造时间长达 800 年。邛窑系统瓷业按照产品特征，可以分为青羊宫窑类型、十方堂窑类型、玉堂窑类型、琉璃厂窑类型四个类型。邛窑系统瓷业在器型、釉色、胎质、窑具、装烧工艺及窑炉等方面具有较突出的特点，与同时代的南北方制瓷业之间存在较明显区别。邛窑系统瓷业是中国古代陶瓷史上具有鲜明特色的一支陶瓷考古学文化。

邛窑系统瓷业在兴起之初，制瓷技术主要来源于南方地区的岳州窑（桂州窑）、洪州窑、怀安窑等瓷窑。唐五代时期，邛窑系统瓷业在器型、装饰及烧造技术方法分别受到了南方地区的越窑、北方地区的巩义窑、邢窑、黄堡窑、鲁山窑等瓷窑的影响。宋代邛窑系统瓷业在器型和装饰方面与南方地区的龙泉窑、北方地区的耀州窑、磁州窑之间存在一定的文化和技术交流关系。

天津博物馆藏邛窑瓷器文具和生活用具初探

刘渤

（天津博物馆）

摘要： 邛窑是四川古代最大的民间青瓷体系，连续烧造时间长达700至800年。本文通过对天津博物馆藏唐、五代邛窑文具和生活用具与国内博物馆藏品和考古发掘品进行对比研究，以揭示其文物价值。所藏箕形砚是唐代邛窑的流行样式，笔筒有待进一步研究。生活用具中，高足杯是仿同时代的银器，是在拜占庭风格影响下，由中国工匠制作的新器型，它是中西文化交流的产物。研磨盘是中国本土茶文化、中医药文化发展的产物。鸡头罐则具有明显的地域特征，其出土地主要集中在古代隶属于邛州的蒲江县。

关键词： 邛窑　文具　生活用具

　　邛窑是四川古代最大的民间青瓷体系，传统说法是始烧于南北朝，历经隋、唐、五代、北宋，盛于唐、五代，至南宋式微，连续烧造时间长达 800 多年 [1]。也有部分专家和学者如叶喆民先生 [2]，易立先生 [3] 认为始烧于隋，盛于唐、五代，而衰于宋末元初，前后也有 700 多年的烧造史。本文通过天津博物馆藏唐、五代邛窑文具和生活用具与国内博物馆藏品和考古发掘品进行对比研究。对有疑问的，在此就教于方家。

一、唐邛窑文具

　　天津博物馆藏唐邛窑文具主要是砚台和笔筒，唐代的砚台主要流行两种样式，一是辟雍砚，二是箕形砚。邛窑均有烧制。天津博物馆以藏砚名闻遐迩，享誉中外。后者包括石、陶瓷两种形式。藏有唐箕形端砚（图1）、唐安再遇箕形陶砚（图2）。唐邛窑比较盛行烧造

1　四川省文化厅、四川省文物管理局：《天府藏珍——四川馆藏文物精华》，四川科学技术出版社，2009 年，第 182 页。

2　叶喆民：《中国陶瓷史》，生活·读书·新知三联书店，2011 年。

3　易立：《邛窑始烧年代考论》，《边疆考古研究（第 23 辑）》，科学出版社，2018 年，第 227—242 页。

图 1　唐箕形端砚

图 2　唐安再遇箕形陶砚

图 3　唐邛窑黄褐釉簸箕砚

图 4　唐邛窑青瓷青褐釉撮箕砚

的箕形砚，天津博物馆也藏有 3 件，还有笔筒 1 件。

唐邛窑黄褐釉簸箕砚（图 3），高 3.4 厘米，长 13.8 厘米，宽 12.5 厘米。形似簸箕，圆头，方足。上窄下宽，砚堂与墨池，以斜坡相接，箕口下有双足，连成一体，很实用。砚堂露红褐色胎，墨池和砚边施黄褐色釉。砚堂无釉，便于研墨，砚池有釉便于存墨汁写字。邛窑古陶瓷博物馆藏有同样形制的唐邛窑青瓷青褐釉撮箕砚（图 4）[4]，高 3.5 厘米，长 12.5 厘米。

唐邛窑黄白釉风字砚（图 5），2 件，一件高 2.3 厘米，长 11.5 厘米，宽 9.8 厘米。另一件高 3.1 厘米，长 9.4 厘米，宽 7.4 厘米。这种簸箕砚，古人又有凤凰池之称。宋人米芾《砚史》中载："有如风字两足者，独此甚多，所谓凤凰池也，盖以上并晋制。"成都大学天府陶瓷博物馆藏有相似的邛窑褐釉风字砚[5]（图 6）。

唐邛窑青釉白条纹笔筒（图 7），高 14 厘米，口径 7.3 厘米。圆筒形，口微撇，圈足。口内施红褐色釉，笔筒外部施青釉，绘白色条纹，口沿和腰部各有刻划的弦纹两组，外底

4　成都文物考古研究所、邛崃市文物管理局主编：《邛窑》，四川人民出版社，2017 年，第 156 页。

5　成都大学天府陶瓷艺术研究中心：《成都大学天府陶瓷博物馆藏品集萃》，四川大学出版社，2021 年，第 91 页。

图 5　唐邛窑黄白釉风字砚

图 6　唐邛窑褐釉风字砚

图 7　唐邛窑青釉白条纹笔筒

露土黄色胎。1959 年收藏入馆。关于邛窑文具的出土报告和研究文章，提到最多的是砚台、水盂、砚滴、笔格等，未找到出土及馆藏同时代笔筒对比物，只有文献提到。仅见杨枝高先生在《访邛崃十方堂古窑记》中有记载：1. 种类分十品：甲；2. 文具条提到水滴、小盂大小形式极多，难以笔记，笔格只二山，笔筒罕见；3. 年代之推测：以图案、花纹、釉色三者而论，皆系唐宋间制作[6]。文中未见笔筒详细描述，只有"笔筒罕见"四字。

关于笔筒的起始年代，学术界也不统一。《中国古陶瓷图典》笔筒条："文房用具。插放毛笔之用。始见于宋，流行于清。器形似筒状，宋代笔筒口径较小，传世不多。未有实物照片。"《中国古代瓷器鉴赏辞典》笔筒条："文具之一，晋代已有烧制，以越窑青瓷制品为常见。直筒型，平底。未见图。"笔者在温州博物馆参观时，见到展出的三国瓯窑青釉笔筒 2 件（图 8），一件高 16.3 厘米，另一件高 16.8 厘米，口径均是 8.2 厘米，底径均是 7.8 厘米。是 1960 年鹿城区杨府山东吴墓葬出土。直口，圆唇，直壁下略收，平底，土黄色胎。通体施青黄色釉，釉面滋润，开细碎纹片。口沿下和外壁中部装饰三组平行的弦纹，间饰两周水波纹装饰带，书中称为三国吴青釉筒形器[7]，2 件，可以说是最早的笔筒之一。北京故宫博物院收藏有东晋青釉笔筒[8]（图 9），圆筒形，内外施青釉，素面，平底。另外上虞遗址出土过东晋青釉弦纹笔筒（图 10）、宁波遗址也出土过相似的东晋青釉弦纹笔筒。也有学者认为是明器中的水井，这是一个值得研究和探讨的问题。天津博物馆藏这件笔筒有跟三国瓯窑、东晋越窑笔筒相似的弦纹，但是青釉加白彩在邛窑中也不多见。

6　邛崃市政协文史资料研究委员会、邛崃市邛窑考古遗址公园服务中心编：《千年邛窑——邛崃文史资料第二十七辑》，2023 年，第 111—115 页。原载《华西学报》1936 年第 4 期。

7　张柏编：《中国出土瓷器全集 9 浙江》，科学出版社，2008 年，图 44。

8　张荣主编：《中国文房四宝全集 4 文房清供卷》，北京出版社，2008 年。

图8　三国瓯窑青釉瓷笔筒
温州博物馆藏

图9　东晋青釉笔筒
北京故宫博物院藏

图10　东晋青瓷弦纹笔筒
上虞遗址出土

二、唐、五代邛窑生活用具

天津博物馆藏邛窑唐、五代生活用具，主要有唐邛窑青白釉点褐彩高足杯、唐邛窑青釉罐、五代邛窑青釉双耳鸡头罐、唐邛窑黑釉研磨盘。

唐邛窑青白釉点褐彩高足杯（图11），高7.4厘米，口径7.4厘米，足径4.4厘米。撇口，圆腹下收，下面接喇叭足，足上有算盘珠状凸起。杯内施青白釉，杯外青白釉上点褐彩，釉下有化妆土。杯足底部露胎，呈土黄色。中华人民共和国成立后，在邛窑遗址调查中，在邛崃县西和乡尖山子窑曾发现高足杯，高13厘米，直径10厘米。直腹弧形内收，小足，足底似斗笠形平边，有两道弦纹，足底深凹，无釉[9]。邛崃市博物馆也藏有多件唐邛窑青瓷褐彩带柄杯（图12），造型与天津博物馆藏品一致，尺寸有高8.5厘米，口径9.4厘米，底径5.8厘米；高7.6厘米，口径7.6厘米，底径4.4厘米[10]。其点褐彩也是条纹或草叶纹。纹饰也相似。釉彩是青釉褐彩，而藏品是青白釉点褐彩。邛崃市文物管理局藏唐邛窑青釉彩绘高足杯、唐邛窑青釉高足杯（图13），均出土于临邛镇十方堂窑址，尺寸为高7.6厘米，口径7.6厘米，底径4.4厘米；高8.4厘米，口径8.2厘米，底径4.2厘米[11]。造型、胎釉、尺寸均很接近。这类高足杯是仿唐代高足银杯而制，陕西历史博物馆藏何家村窖藏出土狩猎纹高足银杯（图14），是其母型。何家村窖藏还出土一件高足残杯底座，可知这种银杯分三次制作，杯体、托盘分别锤揲成型，錾刻纹饰。杯座一次成型，高足中部有算盘珠节。银质高

9　黄微曦：《邛窑调查纪实》，《景德镇陶瓷》1984年总第26期。

10　成都文物考古研究所、邛崃市文物管理局主编：《邛窑》，四川人民出版社，2017年，第88页。

11　成都文物考古研究院：《邛窑出土瓷器选粹》，文物出版社，2022年，第50—52页。

图 11　唐邛窑青白釉点褐彩高足杯

图 12　唐邛窑青瓷褐彩带柄杯

图 13　唐邛窑青釉高足杯

图 14　唐狩猎纹高足银杯
何家村窖藏出土

图 15　唐邛窑青釉罐

足杯是在拜占庭风格影响下，由中国工匠制作的[12]。北京大学赛克勒考古和艺术博物馆也收藏一件唐狩猎纹筒腹银高足杯[13]，造型与何家村窖藏出土一致，纹饰略有不同。

唐邛窑青釉罐（图15），圆口，直领，短颈，溜肩，圆腹下收，平底，微内凹。通体施青绿釉，釉面滋润，口沿有三处小的崩缺，底足是平底，露灰胎无釉。2011年9月天津市民陈景同先生捐赠，同时还拿来一件唐邛窑青釉碗（图16），釉色与此罐一致，因碗口是夹扁的，当时未有收藏。据陈先生说，是他朋友20世纪30—40

图 16　唐邛窑青釉碗

12 陕西历史博物馆、北京大学考古文博学院、北京大学震旦古代文明研究中心：《花舞大唐春——何家村遗宝精粹》，文物出版社，2003 年，第 56—61 页。

13 齐东方：《唐代金银器研究》，上海古籍出版社，2022 年。

图 17　五代邛窑青釉双耳鸡头罐

图 18　五代邛窑双耳青瓷罐
蒲江县文管所藏

年代在四川收藏的。重庆中国三峡博物馆也收藏一件唐邛窑青釉碗 [14]，口部是夹扁的，高 4.3
厘米，口径 11.6 厘米。两件碗釉色、造型几乎一致，应是唐代邛窑同时期产品。

　　五代邛窑青釉双耳鸡头罐（图 17），高 8.5 厘米，口径 5.7 厘米，腹径 9.8 厘米，足径 5.5
厘米。罐呈直口，矮颈，肩部贴有对称的圆柄形双耳，圆腹下收，平底露胎，呈黄红色。
罐大部分施青釉，罐口内还伸出一个青釉鸡头，突出鸡冠。鸡有吉祥、大吉之意。"罐""冠"
与"官"谐音，可理解为"官上加官"之意。此种鸡头罐没有实际用途，尺寸较小，应是
随葬的明器。四川省成都市蒲江县文管所收藏有多件五代和宋代的邛窑青釉鸡头罐、青釉
小兽罐。从藏品看，五代邛窑青釉罐肩部多带双耳（图 18），宋代青釉罐有的不带双耳，有
的带双耳，宋代罐内的鸡被简化。有的罐内还放有铜钱。2014 年成都文物考古研究所（今
"成都文物考古研究院"）与蒲江县文物管理所在蒲江县朝阳镇杨柳村清理发掘 5 座北宋中
晚期墓 [15]，M5 出土 4 件瓷小罐（内含小兽），罐子不带双耳。邛崃市文物管理局收藏 1 件北
宋邛窑青白釉贴塑小罐 [16]（图 19），通高 4.5 厘米，口径 3.1 厘米，最大腹径 5.5 厘米，足径 3.3
厘米。是邛崃市固驿镇公义村宋墓出土。内底带一鸟头贴饰，罐内残留铁钱，褐胎，青白
釉呈乳浊失透状。另外，所见五代邛窑乳浊釉龙形器的龙首 [17]，与天津博物馆藏鸡头罐的鸡
首很相像。四川省大邑县文管所藏有宋邛窑青灰釉鸟首兽身瓷塑 [18]（图 20），头部特征也很

14　重庆中国三峡博物馆官网：http://www.3gmuseum.cn/web/cultural/toOneCultural.do?itemno=4028808a5e3b12de015e3b22ed9
　　40000&itemsonno=4028808a5e3b12de015e3b2c79340003&relicno=50609。

15　成都文物考古研究院、蒲江县文物管理所：《四川蒲江县杨柳村宋墓发掘简报》，《四川文物》2019 年第 5 期。

16　成都文物考古研究院：《邛窑出土瓷器选粹》，文物出版社，2022 年，第 254、255 页。

17　吴宏放：《邛窑瓷器精品赏析》，《收藏界》2013 年第 3 期。

18　成都博物馆官网：http://www.cd3000y.com/html/movablerelics/A-01-0007631-2130383227.html?unite=&age=&type=&key=%5B
　　8B%u909B%u7A91&page=1&dbtype=0。

图 19　北宋邛窑青白釉贴塑小罐

图 20　宋邛窑青灰釉鸟首兽身瓷塑
大邑县文管所藏

图 21　唐邛窑内素胎锥刺纹外红褐釉研磨盘

图 22　宋琉璃厂窑酱釉研磨碟
四川博物院藏

相像。都是眼珠凸出，龙首鬃毛和鸡冠呈曲折形，器物表面施青绿釉。天津博物馆藏原定名为唐邛窑鸡罐，根据四川邛窑出土文物和博物馆、文管所藏品应定名为五代邛窑青釉双耳鸡头罐，似乎更为确切。

　　唐邛窑内素胎锥刺纹外红褐釉研磨盘（图21）。高3.9厘米，口径13.2厘米，足径5厘米。圆口有酱褐色釉，浅腹形壁，平底，盘内灰褐色胎，从内底中心向四周呈放射形锥刺排列，作茶叶加工研磨用。成都永陵博物馆藏唐褐黄釉研磨瓷盘[19]。重庆中国三峡博物馆收藏有宋褐釉瓷研磨蝶[20]，高3厘米，口径11.4厘米。四川博物院也有相似的宋琉璃厂窑酱釉研磨碟（图22）收藏，并在展厅展示。除锥刺纹，盘中心有一圆形是平底露胎的。高2.4厘米，口

19　成都博物馆官网：http://www.cd3000y.com/html/movablerelics/A-01-0002968-1807018620.html?unite=%u6210%u90FD%u6C38
　　%u9675%u535A%u7269%u9986&age=&type=10&key=&page=5&dbtype=0。

20　重庆中国三峡博物馆官网：http://www.3gmuseum.cn/web/cultural/toOneCultural.do?itemno=4028808a5e3b12de015e3b22ed9
　　40000&itemsonno=4028808a5e3b12de015e3b2c79340003&relicno=34500。

图 23　唐长沙窑青釉擂钵

图 24　唐黄堡窑茶叶末釉擂钵

图 25　唐黄堡窑白釉擂钵

径 11.1 厘米，足径 3.5 厘米[21]。这种研磨盘跟中国古代的茶文化和中医药文化的发展有密切的关系，要加工茶叶和药材有两类工具。一类是茶碾（药碾），主要由碾槽和碾轮组成；另一类是茶臼（药臼），"臼"始见于战国文字，本义是舂米用的捣缸。到唐、宋时期陶瓷制品主要由特制碗盘与杵，配套使用，把茶饼或药材研磨成粉状备用。这些茶臼也叫"擂钵"。河北曲阳涧磁村晚唐层出土内无釉外白釉茶臼，唐长沙窑也出土有青釉擂钵（图 23），唐代黄堡窑还出土了大量的茶臼（擂钵），有黑釉擂钵、茶叶末釉擂钵（图 24）、白釉擂钵（图 25）等各种各样的茶臼（擂钵）和素烧的杵[22]。在陕西耀州窑博物馆展出 1 件元代"年五月"款素胎研磨棒（图 26），也就是杵。它是 2003 年在陕西省铜川市印台区立地坡窑址出土的。而四川邛崃市文物局也收藏 1 件宋邛窑锥形杵（图 27），杵把施青釉，杵头是素胎。上述文物都证明这种研磨具在唐、宋、元时期很盛行。至今在湘、桂、黔、川、鄂、赣等地的交界地区还流行喝擂茶。这是中国茶文化的传承和延续。

21　高久诚：《邛窑古陶瓷精品考述》，《邛窑古陶瓷研究》，中国科学技术大学出版社，2002 年，第 83 页。
22　刘兰华：《埏埴灼烁——中国古代陶瓷与文化》，中国文史出版社，2023 年。

图 26　元代"年五月"款素胎研磨棒
耀州窑博物馆藏

图 27　宋邛窑锥形杵
邛崃市文物局藏

三、结语

综上所述，天津博物馆藏邛窑文物主要是文具和生活用具，时代是唐、五代。文具中箕形砚是邛窑兴盛期的典型产品，唐代流行的箕形石砚、陶砚也证明了它具有典型的时代特征。笔筒还有待于进一步研究，未找到邛窑出土和传世的对应品。但对瓷笔筒历史的探索，还应加强。生活用具中，高足杯、罐、研磨盘也是唐代流行的器物，高足杯仿银器，是中西文化交流的产物，研磨盘是中国本土茶文化、中医药文化发展的产物。鸡头罐仅见于四川省成都市的蒲江县，很可能跟当地的历史、文化和风俗习惯有一定的关系。

十方堂邛窑遗址出土乳浊绿釉瓷器科技分析研究[*]

袁枫[1]　张湘苓[2]　罗冬梅[3]　李红梅[4]　邓敏[4]　黄淑安然[4]　刘星语[4]　张吉[4]

何吉民[4]　黄晓枫[5]

（1.西北大学文化遗产学院　2.景德镇陶瓷大学考古文博学院　3.邛崃市文物保护中心
4.邛崃市邛窑国家考古遗址公园服务中心　5.成都博物馆）

摘要：乳浊绿釉瓷器作为邛窑文化的代表性产品，具有极高的历史、艺术和科学价值，是承载中国丰富历史文化信息的重要实物资料。乳浊绿釉瓷器的釉色极不稳定，通常可呈绿、淡绿、青绿等颜色，装饰技法有彩绘、模印、刻划花、贴塑等，釉面普遍不够光泽莹亮，少数玻璃质感强，且带有细小的开片。本文利用EDXRF、SEM、色度仪、热膨胀仪等科学仪器测试分析了乳浊绿釉的胎釉成分、微观形貌、色度、烧成温度等理化特征，研究其制作工艺特点及呈色机理。

关键词：邛窑　乳浊绿釉瓷　化学组成　微观结构　呈色机理

　　邛窑是四川古代最大的青瓷窑系，创烧于南北朝，盛于唐、五代，衰于宋，以其堆积最厚、产品最丰富、连续烧造时间长而著称于世。十方堂邛窑考古遗址公园与三星堆、金沙遗址并称为四川三大考古遗址公园，被列入国家大遗址保护名录。邛窑考古工作不断取得进展，大量乳浊绿釉瓷器被发掘出土，乳浊釉瓷器是十方堂邛窑数量最多的一类产品，也是最有代表性的产品之一。它们承载着丰富的历史文化信息，是极为典型和珍贵的历史实证资料。

　　民国十一年（1922年）刊本的《邛崃县志》卷一《山水志》中的"十方堂"条："十方堂，佛庙也。在南河崖岸，夷上洒下，水泻沙崩，多出窑器，未见文雅。"[1]描写了邛窑地区的土质与陶瓷生产间的关系。1939年，前华西大学博物馆馆长 D. G. Graham（葛维汉）在书中提到因为军阀严重盗掘，华西博物馆决定收集一批邛陶，文中还有他对于邛窑始烧年代的分析，可推测在此之前就有不法分子意识到其价值进行市场交易[2]。前华西大学化学系教授

---

*　基金项目：江西陶瓷文物遗存保护暨御窑研究协同创新中心项目"元代釉上彩瓷保护修复研究"（项目批准号：JXYY2302）。

1　四川省邛崃县志编纂委员会：《邛崃县志》，四川人民出版社，1993年。

2　葛维汉：《邛崃陶器》，《四川古陶瓷研究（一）》，四川省社会科学出版社，1984年，第101—113页。

高毓灵从实地考察分述器物类型到科技检测分析器物胎釉化学组成[3]。这些研究成果为后来的研究者提供了可靠且宝贵的原始资料和启发。

后来学者越来越关注乳浊釉瓷器的科技研究，2003年，李伟东等学者研究介绍了邛窑地区分相乳浊釉的化学组成、微观结构、烧制工艺与釉料外观之间的关联性[4]；同时，他们通过 X 射线衍射、高温显微镜、电子显微镜等方式首次证明汝釉是典型的具有双重着色机制的晶相分离釉，是乳浊釉瓷器中的一类，为乳浊绿釉的科技分析提供一定经验借鉴[5]。郑建明全面梳理了21世纪以来乳浊釉（分相釉）瓷窑址考古的新进展，他认为中国历代分相釉从显微结构来看可分为三类：单一的分相结构、分相—析晶釉和析晶—分相—析晶釉，而与邛窑称为"姐妹窑"的长沙窑属于第一类分相结构[6]。

随着文化旅游的兴起，大众对于文化消费体验的需求日益增长。乳浊绿釉瓷器作为邛窑文化的代表，对其科学内涵的阐释研究，能更加准确地还原邛窑历史风貌，促进相关文化内容建设，为遗址博物馆展示设计提供研究依据，增强文物科学价值传播效果，提升邛窑考古遗址公园的文化影响力。

一、实验部分

（一）标本

分析标本共 11 片，来源于十方堂邛窑遗址考古发掘出土，由成都文物考古研究院提供。

（二）方法

1. EDXRF 分析

采用美国 EDAX 公司生产的 Eaglet±Ⅲ型能量色散 X 射线荧光光谱仪测试样品胎釉元素组成，实验结果见表 1、表 2。仪器配置为侧窗铑靶，下照射式，入射 X 射线束斑直径为 300um，Si（Li）探测器，真空光路，测试时间 200 秒，为 25% 左右，对于轻元素（原子序数 ≤ 22）采用 10kV 管电压，700μA 管电流，对于重元素（原子序数 >22)采用 50kV 管电压，200μA 管电流。选取代表样品用于化学元素组成分析。测试样品处理：首先将样品切割成1 厘米 ×1 厘米方块，随后在流动的蒸馏水中使用软毛刷刷去表面杂质，再放入干燥箱中调至 120℃恒温烘干 5 小时备用。

3　四川古陶瓷研究编辑组编：《四川古陶瓷研究（一）》，四川社会科学院出版社，1984 年。

4　Li W, Li J, Wu J, et al. *Study on the Phase-Separated Opaque Glaze in Ancient China from Qionglai Kiln*. Ceramics international, 2003, 29(8): 933-937.

5　Li W, Li J, Deng Z, et al. *Study on Ru Ware Glaze of the Northern Song Dynasty: One of the Earliest Crystalline—Phase Separated Glazes in Ancient China*. Ceramics international, 2005, 31(3): 487-494.

6　郑建明：《21 世纪以来乳浊釉（分相釉）瓷窑址考古的新进展》，《文物天地》2019 年第 12 期。

2. SEM 分析

采用英国蔡司（ZEISS）Sigma300 型场发射扫描电子显微镜观测标本胎釉处断面情况、胎体结构特征及其釉面外貌情况。电子枪种类：冷场发射二次电子图像分辨率：1.2nm @15 kV，放大倍数：10-1000000×，加速电压：调整范围：0.02-30 kV（无须减速模式实现），背散射电子图像分辨率：2.0nm。将样品切割为 0.5 厘米 × 0.5 厘米方块，随后在流动的超纯水中用软毛刷刷去表面浮土等杂质，再放入超声波清洗器中清洗 2—5 分钟，将样品放电热鼓风干燥箱中调至 120℃恒温烘干 3 小时备用。把待测样品放置于样品台，并在样品观察面镀一层导电膜，随后打开场发射扫描电镜的舱门，将样品台卡在基座卡槽中，检查卡紧后缓慢关闭舱门，在操作页面点击抽真空大约 30 分钟，抽取完毕后即可进行观测。

3. 烧成温度分析

采用德国耐驰公司的 NETZCH DIL402C 热膨胀仪。通过热膨胀烧成温度测试测量样品在不同温度下的热膨胀行为，分析烧成温度。

4. 色度分析

采用日本 NIPPON DENSHOU 生产的型号 NF333 的快速分光色差仪对釉面色度进行分析。

表1　十方堂邛窑遗址出土乳浊绿釉瓷胎体元素组成（Wt%）

样品编号	Na_2O	MgO	Al_2O_3	SiO_2	K_2O	CaO	TiO_2	Fe_2O_3
QYR-2	0.03	1.01	16.44	77.12	2.16	0.17	0.56	1.51
QYR-5	0.34	1.38	14.70	78.74	1.61	0.31	0.49	1.42
QYR-10	1.08	1.29	14.35	78.65	1.70	0.39	0.51	1.03
QYR-11	0.49	1.06	15.93	76.82	2.00	0.46	0.50	1.74
QYR-16	1.51	1.74	16.42	75.05	1.89	0.30	0.66	1.42
QYR-19	1.05	1.71	14.91	76.29	2.02	0.34	0.51	2.17
QYR-20	0.36	0.84	13.13	80.25	1.95	0.31	0.49	1.67
QYR-21	0.69	1.30	12.75	79.09	1.96	0.33	0.74	2.16
QYR-31	0.04	1.03	14.52	78.72	1.97	0.28	0.54	1.91
QYR-32	0.77	1.42	12.34	79.92	1.48	0.23	0.44	2.40
QYR-34	0.92	1.26	14.29	77.11	1.66	0.62	0.51	2.63

表2　十方堂邛窑遗址出土乳浊绿釉瓷釉面元素组成（Wt%）

样品编号	Na_2O	MgO	Al_2O_3	SiO_2	K_2O	CaO	TiO_2	Fe_2O_3
QYR-2	0.03	4.50	8.16	65.22	1.84	17.67	0.36	1.22
QYR-5	1.13	2.66	15.51	70.21	5.57	1.33	0.84	1.74
QYR-10	1.26	3.10	9.53	66.71	1.65	14.93	0.34	1.47
QYR-11	1.01	2.15	9.76	70.61	2.42	10.58	0.32	2.14

样品编号	Na$_2$O	MgO	Al$_2$O$_3$	SiO$_2$	K$_2$O	CaO	TiO$_2$	Fe$_2$O$_3$
QYR-19	0.52	4.22	9.88	61.96	1.02	19.42	0.35	1.64
QYR-20	0.03	4.62	8.51	64.54	1.50	17.94	0.35	1.64
QYR-21	0.54	4.36	8.83	64.23	2.56	16.81	0.32	1.35
QYR-31	0.04	3.64	10.16	68.33	1.50	13.60	0.35	1.38
QYR-33	0.04	5.75	8.31	64.42	1.21	18.15	0.23	0.88
QYR-34	1.05	3.83	11.90	64.34	1.40	13.27	0.42	2.78

二、结果与讨论

（一）胎体化学组成

使用 XRF 分析得出十方堂邛窑遗址出土乳浊绿釉瓷样品成分分析结果数据（表1），该批乳浊绿釉瓷器样品胎体的主要成分包含 SiO$_2$、Al$_2$O$_3$、Fe$_2$O$_3$、K$_2$O、MgO、CaO、Na$_2$O、TiO$_2$。样品中 SiO$_2$ 含量处于 75.05%—80.25% 间，Al$_2$O$_3$ 含量处于 12.34%—16.44% 间，具有高硅低铝的特点。Fe$_2$O$_3$ 含量处于 1.03%—2.63% 间，K$_2$O 含量处于 1.48%—2.16% 间，MgO 含量处于 0.84%—1.74% 间，CaO 含量处于 0.17%—0.62% 间，Na$_2$O 含量处于 0.03%—1.51% 间，TiO$_2$ 含量处于 0.44%—0.74% 间。

瓷胎中的 Fe$_2$O$_3$ 含量一般在 0.5% 以下显为白色，在该批乳浊绿釉瓷器样品中，胎中的 Fe$_2$O$_3$ 含量在 1.51%—6.63% 之间，这一范围内的含量变化导致了胎的呈色深浅不一，主要呈灰黑色，与样品实际情况呈一致性，也许与邛窑地区当时的矿物构成相关[7]。

（二）瓷釉化学组成

该批乳浊绿釉瓷样品釉的主要成分包含 SiO$_2$、Al$_2$O$_3$、Fe$_2$O$_3$、K$_2$O、MgO、CaO、Na$_2$O、TiO$_2$。样品中 SiO$_2$ 含量处于 61.96%—70.61% 间，Al$_2$O$_3$ 含量处于 8.16%—15.51% 间，符合高硅低铝特征。Fe$_2$O$_3$ 含量处于 0.88%—2.78% 间，K$_2$O 含量处于 1.02%—5.57% 间，MgO 含量处于 2.15%—5.75% 间，CaO 含量处于 1.33%—17.94% 间，Na$_2$O 含量处于 0.03%—1.26% 间，TiO$_2$ 含量处于 0.23%—0.84% 间。

以瓷釉中的主要熔剂氧化物的含量为划分依据，可分铁系釉和钙系釉。钙系釉又包含钙釉、钙－碱釉，以 CaO 为主要熔剂，还有碱－钙釉则是 K$_2$O、Na$_2$O 为主，CaO 为辅[8]。由表2可知，该批乳浊绿釉瓷器样品钙釉和钙－碱釉占据绝对比例，仅有 QYR-5 样品中 K$_2$O

7　禹洽飞：《广西元代柳城窑青瓷调查与化学组成分析》，广西民族大学硕士学位论文，2023年。

8　罗宏杰、李家治、高力明：《中国古瓷中钙系釉类型划分标准及其在瓷釉研究中的应用》，《硅酸盐通报》，1995年第2期。

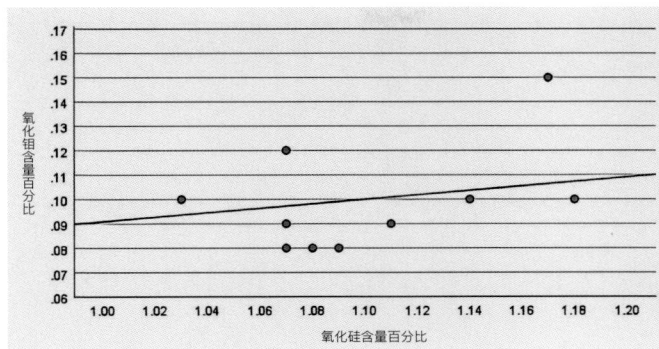

图1 邛窑乳浊绿釉釉式图

图2 样品 QYR-25 SEM 釉面分相液滴状显微结构图

和 Na$_2$O 的含量大于 CaO，属于碱－钙釉。

学者陈显求等人通过总结中国历代分相釉的化学组成得出，若瓷器釉中 SiO$_2$/Al$_2$O$_3$ 的摩尔比为 10.7，或在此附近及以上均能产生分相结构[9]。依据此结论，结合表 2 中的数据制作十方堂邛窑遗址出土的乳浊绿釉釉式图（图1），可知此次 10 件邛窑遗址乳浊绿釉瓷器的釉式数据基本分布在 RO$_2$/R$_2$O$_3$=11 的直线附近，说明釉层可以分相。再以样品 QYR-25 的釉层为例，扫描电镜（SEM）观察出明显的釉面分相液滴状显微结构（图2），使之具有乳浊感。

（三）烧成温度

决定乳浊绿釉瓷器根本原因除了内部胎釉元素组成外，还包括其烧成工艺，古陶瓷烧成温度的研究对挖掘其制作工艺的秘密有着重要的进步意义。在众多检测方法中，热膨胀法拥有较高的准确性。选取 QYR-24、QYR-28 两件样品作为研究邛窑遗址出土乳浊绿釉瓷器烧成工艺的对象。

表3 邛窑遗址出土乳浊绿釉瓷器烧成温度

样品编号	QYR-24	QYR-28
烧成温度 /°C	1085.6	1172.1

根据图 3、图 4 可知，样品 QYR-24 随着温度的升高，其长度经历了先增加后减小的反复趋势，显示了正热膨胀和负热膨胀（收缩）的交替过程，反映了内部晶体结构和分子排列在不同温度下的变化。样品 QYR-28 在温度 200℃升高至 1200℃的过程中，样品呈持续增长趋势，尤其是在温度达到峰值后，长度变化激增，初步推断可能发生了特定的化学反应导致体积的增大，并影响其最终的性能和外观。

---

9 陈显求、黄瑞福、陈士萍，等：《中国历代分相釉——其化学组成、不混溶结构与技术外观》，《古陶瓷科学技术 1——国际讨论会论文集》，上海科学技术文献出版社，1989 年，第 25—37 页。

综上所述，邛窑遗址出土的乳浊绿釉瓷器主要属于低温、中温烧制，胎体烧结程度较低，瓷化程度不高，使得瓷器在敲击时发出较为沉闷的响声。同时，胎体生烧导致膨胀系数较低，与釉面膨胀系数不匹配，致使釉面被拉伸产生裂纹。若研究更为具体的烧成工艺，则需要精准的元素含量梯度变化对应图谱分析，再结合当时的烧制水平和习惯，综合地域因素等多种影响要素。

（四）呈色机理

本文采用日本 NIPPON DENSHOU 生产的型号 NF333 的快速分光色差仪进行色度检测，仅做物理表观测试。颜色可用 a*、b*、L* 三个数值表示。色品指数 a* 正值大小表红色深浅，负值绝对值大小表绿色深浅；色品指数 b* 正值大小表黄色深浅，负值绝对值大小表蓝色深浅；L* 表示黑白，0 为黑色度，100 为白色度，中间值表示灰度[10]。通过选取该批部分乳浊绿釉瓷器样品进行数值对比，可精确区分釉面颜色的微小差异以及探索其呈色规律。

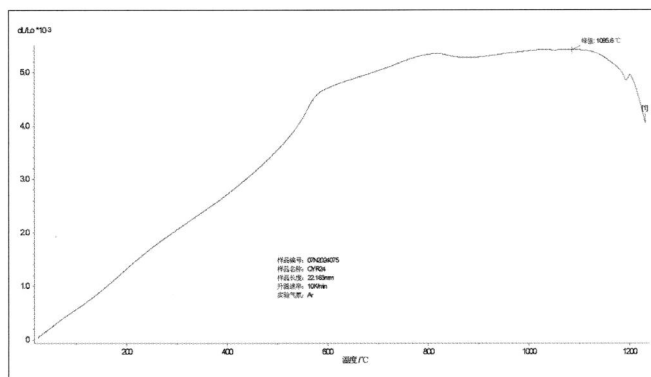

图 3　样品 QYR-24 的热膨胀曲线图谱

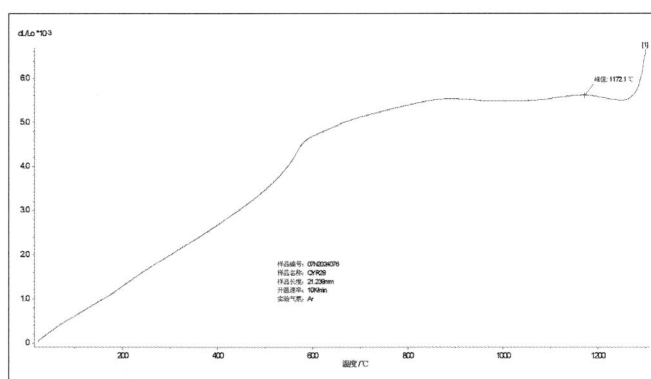

图 4　样品 QYR-28 的热膨胀曲线图谱

表4　典型乳浊绿釉瓷样品色度值

样品编号	L*	a*	b*
QYR-2	61.87	−0.45	20.86
QYR-5	41.74	−2.32	4.65
QYR-10	42.4	4.66	9.52
QYR-11	37.7	0.08	8.39
QYR-16	36.95	−7.01	2.51
QYR-20	53.41	−3.31	16.03
QYR-31	56.82	−6.23	16.54
QYR-34	40.22	0.7	25.28

10　杨长安：《分相釉及其结构呈色的研究》，陕西科技大学博士学位论文，2016 年。

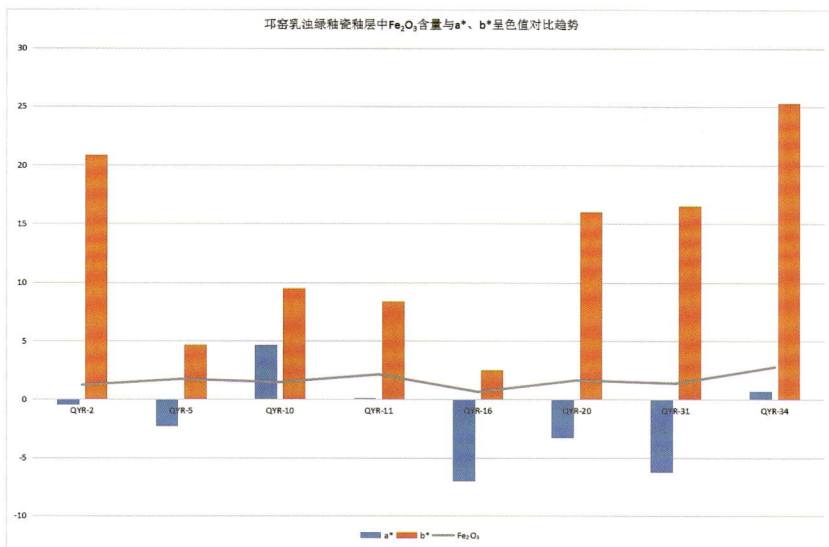

图 5　邛窑乳浊绿釉瓷釉层中 Fe_2O_3 含量与 a、b 呈色值对比趋势柱状图

分析表 4 数据可知，当 a^* 值为负即处于绿色区间内，Fe_2O_3 含量普遍较高，如样品 QYR-5、QYR-16、QYR-31；反之，当 a^* 值为正即处于红色区间内，Fe_2O_3 含量相对较低，如 QYR-10、QYR-11；因此初步判断在一定含量范围内，a^* 值的负值（绿色深浅）与 Fe_2O_3 含量呈正相关，即 Fe_2O_3 含量越高，釉面越偏绿。

图 5 中的数据 b^* 值普遍为正，代表黄色深浅。尽管有高 b^* 值，如 QYR-2、QYR-34 能够对应较高的 Fe_2O_3 含量，但仍存在例外，如 QYR-5。表明 b^* 值与 Fe_2O_3 含量之间的关系并不呈现显著相关性。色品指数受多种物质影响，再结合本文样品数量较少，无法凭借 b^* 值的变化来推测邛窑出土乳浊绿釉瓷器釉层中 Fe_2O_3 的含量。因此，在一定含量范围内，a^* 值的负值（绿色深浅）与 Fe_2O_3 含量呈正相关，b 值（黄色深浅）可能受一定影响，但并不是决定性因素。

三、结论

十方堂邛窑遗址出土乳浊绿釉瓷呈现南方地区生产瓷器"高硅低铝"的特征，瓷胎中 Fe_2O_3 含量较高，可能与邛窑所使用的瓷土矿，铁含量较高相关，这也是胎质呈现深灰色的重要因素之一；瓷釉以 CaO 为主要熔剂，属于钙 - 碱釉，釉面着色剂主要为 Fe_2O_3，其釉面呈绿、淡绿、青绿等深浅程度变化与 Fe_2O_3 含量呈正相关。在烧成温度方面属于中低温烧成，瓷胎略显生烧，导致胎釉热膨胀系数不一致，釉面普遍出现细小裂纹，同时瓷器敲击声略显沉闷。对十方堂邛窑遗址出土乳浊绿釉瓷器的科学研究，有助于深化对邛窑文化内涵的发掘和阐释，同时丰富古代乳浊釉研究的科学数据信息库。

北京艺术博物馆藏宋金时期彩绘瓷器研究
——兼谈邛窑釉下彩纹饰等相关问题

杨俊艳

（北京艺术博物馆）

摘要： 宋金时期是彩绘瓷器工艺与艺术发展的一个重要阶段，烧造地域更加广泛，南北名窑众多，创新品类繁杂，风格面貌多样。本文依托北京艺术博物馆藏宋金时期彩绘瓷器藏品，本着库房保管实践性的学科特色，吸收借鉴前辈的鉴定经验，同时结合最新古瓷窑址出土资料与研究成果进行梳理与研究，并对邛窑釉下彩纹饰等相关问题作初步探讨。

关键词： 邛窑　釉下彩　宋金时期　彩绘瓷

彩绘瓷器是指以彩绘作为装饰的瓷器。宋金时期是彩绘瓷器发展的又一繁盛时期，彩绘工艺在承袭隋唐时期青釉褐彩、绿彩、三彩等基础上，进一步发展了白地黑花、红绿彩等更富表现力的装饰。目前，专家们从烧造窑场、工艺技法、绘画源流、题材内容等多方面进行过探讨、分析与研究，基本构建起彩绘瓷器研究的理论框架与学术基础。但以北京艺术博物馆藏品（以下简称"馆藏"）为切入点进行的研究尚有欠缺。本文在馆藏品研究基础上，试对邛窑釉下彩纹饰等相关问题作初步探讨。

一、馆藏宋金时期彩绘瓷器研究

馆藏宋金时期彩绘瓷器共有 35 件。按照装饰工艺的不同，分为釉下彩和釉上彩两大类。釉下彩又称"窑彩"，是先在已成型晾干的素坯（即半成品）上用彩料绘制纹样，然后罩以白色透明釉或者其他浅色釉，入窑高温一次烧成。品种有青釉褐彩和白地黑花。釉上彩是在烧成的瓷器釉面上用各色彩料绘画，再经 700—900℃低温二次烧成。品种有红绿彩和三彩。

（一）青釉褐彩瓷器

青釉褐彩是指装饰以褐色纹饰的青瓷制品。技术源于三国东吴时期的越窑，繁盛于东晋、南北朝、隋唐时期。烧造窑场除了越窑，还有瓯窑、洪州窑、邛窑等。从制作工艺上看，青釉褐彩可分釉上褐彩与釉下褐彩两种方式。常见的为釉上褐彩，即指在青釉瓷器上以含铁色料进行绘饰，入窑经高温烧成后呈现褐色彩斑的瓷器。釉下褐彩则是指在瓷胎上以含铁色料进行绘饰，罩青釉后再入窑经高温烧成的褐色彩斑瓷器。馆藏宋金时期的青釉褐彩瓷器只有1件，为这件宋代邛窑青釉褐彩卷草纹执壶。

邛窑的窑址位于四川省邛崃市境内，制瓷历史悠久。依据考古发掘出土资料，邛窑彩绘瓷器繁荣发展于盛唐及唐代中期。装饰技法多样，主要有釉下绿彩、釉下褐彩、釉下褐绿彩三大类。器物造型多为杯、水盂、瓶、罐、研磨器、枕、器盖等。装饰部位一般位于外腹部化妆土的范围内，纹样除一般的点彩外，其他题材还有简体草叶、团花、条带等[1]。宋代以后，邛窑青釉褐彩瓷器仍继续烧造，但无论工艺与艺术水平都呈现出明显的下降趋势。

馆藏这件北宋邛窑青釉褐彩卷草纹执壶，口径 4.6 厘米，底径 5.9 厘米，高 9.7 厘米。撇口，短束颈，溜肩，圆腹，短流，饼底。肩部一侧置短流，另一侧置柄（已残缺）。灰胎，通体施青釉，釉色青中泛黄，釉面剥釉严重。肩部前后皆绘有二方连续式的褐色卷草纹。制作工艺较为粗糙，纹饰绘画草率，风格粗犷，具有宋代衰落时期邛窑彩绘瓷器的特征（图1）。

图1　北宋邛窑青釉褐彩卷草纹执壶
北京艺术博物馆藏

（二）白地黑花瓷器

白地黑花，也称白地黑彩。其工艺流程是先在成型的瓷坯上施一层白色化妆土，然后用毛笔蘸黑色彩料在器表绘画纹饰，再罩一层透明釉，最后入窑经高温烧成。其技术源于白地褐色点彩，如晚唐时期的磁州窑就出现了在化妆白瓷上使用毛笔点酱彩绘草叶纹和麦穗纹的技法[2]。另外，同时期地缘相近的邢窑也见有白地褐色点彩瓷器[3]。宋金时期是白地黑花瓷器发展的繁盛时期，产地范围扩大，窑场遍布各地，除了河北磁州窑、邢窑，还有河南扒村窑、当阳峪窑以及山东淄博窑、山西介休窑、江西吉州窑等。馆藏宋金时期白地黑花瓷器共有26件，烧造窑场涉及磁州窑、当阳峪窑、扒村窑、介休窑等。

1　成都文物考古研究院：《邛窑出土瓷器选粹》，文物出版社，2022年，第16页。

2　北京艺术博物馆编：《中国磁州窑》，中国华侨出版社，2017年，第34页。

3　北京艺术博物馆编：《中国邢窑》，中国华侨出版社，2012年，第150、387页。

图2 北宋磁州窑白地黑花花卉纹碗
北京艺术博物馆藏

图3 金代磁州窑白地黑花草叶纹炉
北京艺术博物馆藏

1. 磁州窑白地黑花瓷器

磁州窑的窑址位于河北省邯郸市磁县和峰峰矿区，因古代属磁州管辖，故而得名。白地黑花瓷器兴起于北宋后期，繁盛于金元时期，是磁州窑极具代表性的瓷器种类，造型丰富，装饰题材广泛。馆藏宋金时期磁州窑白地黑花瓷器共有13件，其中北宋时期磁州窑白地黑花瓷器8件，尤以这件花卉纹碗为代表。口径15厘米，底径5.7厘米，高5.7厘米。敞口，弧腹，圈足。造型规整。先通体在胎上施一层白化妆土，然后在碗内壁绘黑彩弦纹一圈，内底绘黑彩花卉纹。纹饰构图简单，色彩浓黑，具有鲜明时代特色（图2）。馆藏金代磁州窑白地黑花瓷器5件，尤以这件草叶纹炉为代表。口径5.3厘米，底径7.2厘米，高12.3厘米。造型为圆唇，直口，宽平沿下斜，直腹呈圆柱状，束腰，喇叭形台式高足，足底外卷。沿与腹部先施白化妆土再施白釉，釉色白中泛灰，半木光。足部不施釉。沿面及腹部绘黑彩草叶纹，纹饰线条流畅，风格洒脱，颇具艺术感染力。此器与1961年河北省磁县观台窑址金代地层出土的白地黑花炉[4]的造型、纹饰、绘画风格等都十分相似，从而为其产地与年代问题的研究提供了参考依据（图3）。

2. 当阳峪窑白地黑花瓷器

当阳峪窑的窑址位于河南省焦作市修武县西村乡当阳峪村。始烧于唐代，盛烧于宋金时期。白地黑花瓷器为其主要产品之一，尽管装饰工艺与艺术风格均与磁州窑产品相似，但从实物对比而言，当阳峪窑白地黑花瓷器比磁州窑产品胎体要厚些，纹饰线条也更加洒

---

4 张柏主编：《中国出土瓷器全集·河北》，科学出版社，2008年，图136。

图4　北宋当阳峪窑白地黑花花叶纹碟
北京艺术博物馆藏

图5　金代扒村窑白地黑花花卉纹圆形器底
北京艺术博物馆藏

图6　金代介休窑白地黑花花卉纹腰圆枕
北京艺术博物馆藏

脱，绘画风格显得较为粗犷豪放。

馆藏当阳峪窑白地黑花瓷器共有11件，均为北宋时期的制品。造型有碗、碟、钵、罐、炉、器盖、哨、研磨器和人物俑。典型如这件白地黑花花叶纹碟，口径10.6厘米，底径4.7厘米，高1.6厘米。圆唇，敞口，折沿，浅腹，平底。黄灰胎，质地稍粗，釉下敷一层白色化妆土。碟内底以黑彩绘花叶纹，构图随意，风格简约，具有北宋当阳峪窑白地黑花瓷器的典型特征（图4）。

3. 扒村窑白地黑花瓷器

扒村窑的窑址位于河南省禹州市扒村，产品以白地黑花瓷器为主，装饰工艺和艺术风格亦与磁州窑产品相似，但其纹饰画法较磁州窑更加粗放凝练，黑彩也更加浓厚。馆藏金代扒村窑白地黑花瓷器仅有1件，为这件花卉纹圆形器底残片。直径27.2厘米，厚1.5厘米。周边有打磨痕迹，显然是由残器的器底加工而成。正面中心饰黑彩花卉纹。画面上可见枝干摇曳，叶片婆娑，花朵盛开，色彩浓黑纯正，花纹洒脱自然，显示出高超而娴熟精湛的彩绘工艺水平（图5）。

4. 介休窑白地黑花瓷器

介休窑的窑址位于山西省介休市洪山镇，故又称洪山窑。宋金时期是介休窑白地黑彩瓷器发展的繁盛时期，有的还饰以褐彩或黄彩，颇具地域特色。馆藏宋金时期介休窑白地黑花瓷器仅有1件，为这件金代花卉纹腰圆枕。长23.3厘米，宽19.7厘米，高13.2厘米。枕面前低后高，中腰下凹，两端上翘，周边出檐，边墙竖直，平底。灰白色胎，胎体坚致。枕体中空，前壁底部留有一出气孔。通体施白釉，釉色泛黄，半木光，底部无釉露胎。枕面边缘刻划一圈双弦纹，作四瓣海棠花形开光。开光内绘黑彩折枝花卉纹，枝叶舒展，花瓣绽放，画面简洁，线条流畅，具有金代山西介休窑白地黑花瓷器的艺术特色（图6）。

（三）红绿彩瓷器

红绿彩，是指在釉上饰以红、绿二彩图案为主的彩绘瓷器。墓葬考古中，白釉红绿彩瓷器均出土于金墓，而不见于宋墓，故断定这种工艺出现于金[5]。金代红绿彩瓷器的烧造窑场有磁州窑、当阳峪窑、长治窑、扒村窑、八义窑、淄博窑等。造型除了盘、碗类日常生活器皿外，还有人物俑、动物俑、佛像等。

馆藏金代红绿彩瓷器共有 5 件，其中尤以这件童子像为代表。底径 5.7 厘米 ×7 厘米，高 17.5 厘米。童子双手捧宠物立于台座上。台座为鼓凳式，上圆下方，具有立体效果。童子圆脸，以黑彩绘眉眼，红彩画小口，神态天真淳朴。发式独特，分别以红色的头绳扎起，形成三个小髻。身上所穿的衣服更是颇具民族风格，其为左衽交领窄袖式长衣，与汉服右衽交领不同。除了领襟饰黑边绿彩外，整体遍施红彩，色调浓艳。底座中空，无釉露胎，并在顶板上留有两个圆形出气孔。从开脸、施彩、装饰风格及工艺特征看，此童子像与 1974 年出土于河南省禹州市钧台窑址的一件金代红绿彩童子像[6]颇为相似，均制作工艺精湛，色彩鲜亮明快，形象生动活泼，充分代表了河南地区红绿彩瓷器烧造的工艺与艺术水平（图7）。

图7　金代红绿彩童子像
北京艺术博物馆藏

（四）三彩瓷器

三彩瓷器是在唐三彩陶器基础上发展而来的彩绘品种。北方著名的烧造窑场有河北磁州窑、河南当阳峪窑、山东淄博窑等，釉彩以黄、绿二色为主，兼饰有白或黑等色彩。南方著名的烧造窑场则首推晚唐五代时期的邛窑，被誉为"邛三彩"。"邛三彩"是邛窑特殊的釉下彩瓷品种，"以色彩艳丽、釉色明亮著称，继承了自盛唐以来的釉下双彩技术，以黄釉为主色调、釉下装饰褐绿双彩"[7]。

馆藏金代三彩瓷器共有 3 件，包括磁州窑枕 2 件、当阳峪窑烛台 1 件。磁州窑三彩枕中以这件狮形枕为典型代表。长 30 厘米，宽 17.8 厘米，高 14.1 厘米。枕为卧狮状，顶面呈荷叶式。通体施黄、绿二彩，眼睛和牙齿则分别涂饰黑彩、白彩，制作精美，形象生动。枕面还采用了珍珠地划花技法装饰洞石、竹林、双鹿等纹饰。外底露胎，刻"大郭"二字楷书竖款。无论造型还是装饰艺术风格均具有金代磁州窑三彩枕的特征（图8）。另外，当阳峪窑三彩狮形烛台也颇具代表性。长 11.7 厘米，宽 4.2 厘米，高 3.5 厘米。通体施黄、绿、

5　冯先铭主编：《中国古陶瓷图典》，文物出版社，1998 年，第 219 页。

6　张柏主编：《中国出土瓷器全集·河南》，科学出版社，2008 年，图 197。

7　成都文物考古研究所、邛崃市文物管理局主编：《邛窑》，四川人民出版社，2016 年，第 110 页。

图 8　金代磁州窑三彩狮形枕
北京艺术博物馆藏

图 9　金代当阳峪窑三彩狮形烛台
北京艺术博物馆藏

图 10　盛唐时期青釉釉下绿彩草叶纹单耳杯[11]
邛崃市临邛镇十方堂窑址出土
邛崃市文物管理局藏

图 11　盛唐时期青釉釉下褐彩草叶纹杯[12]
邛崃市临邛镇十方堂窑址出土
邛崃市文物管理局藏

白三色，色彩明丽，具有河南地区金三彩艺术特色（图9）。

二、兼谈邛窑釉下彩纹饰等相关问题

在对馆藏彩绘瓷器研究过程中，笔者不仅纠正了一件邛窑青釉褐彩卷草纹执壶的时代与名称问题，还补充了装饰工艺、纹饰等相关信息，同时激发了对邛窑釉下彩纹饰研究的兴趣。其中，草叶纹、云纹、连珠纹、卷草纹等都是邛窑釉下彩瓷器中较为流行的纹饰，且颇具代表性。

（一）草叶纹

草叶纹，是指以植物中的各种草叶为装饰题材的图案。最早兴起于隋代，尤以青瓷戳印草叶纹为代表，典型如洪州窑戳印树叶纹[8]、寿州窑戳印松叶纹[9]等，构图严谨，纹饰清晰。唐代，长沙窑的白釉绿彩草叶纹颇有特色，图案作对称式、四方连续式或散点式，一般排列比较有规律[10]。邛窑的青釉釉下草叶纹装饰工艺更加娴熟精湛，技法多样，常见有釉下绿彩、釉下褐彩、釉下褐绿彩等，绘制水平较高，草叶纹形象生动，风格写实，极具装饰效果（图10、图11）。

8　江西省博物馆、首都博物馆编：《赣水流韵 辉耀千载：江西古代文物精品》，北京文物出版社，2014年，第98页。

9　淮南市博物馆：《寿州窑》，北京文物出版社，2014年，第25页。

10　周世荣：《长沙窑瓷鉴定与鉴赏》，南昌江西美术出版社，2001年，第54页。

11　成都文物考古研究院：《邛窑出土瓷器选粹》，文物出版社，2022年，第47页。

12　成都文物考古研究院：《邛窑出土瓷器选粹》，文物出版社，2022年，第49页。

（二）云纹

云纹，即以大自然中的云气为装饰题材的图案，常采用简练的线条展现云在空中飘动上升的形态。瓷器上的云纹兴起于唐代，典型如越窑青瓷褐彩云纹[13]、黄堡窑素胎黑花卷云纹、长沙窑青釉褐绿彩云朵纹等。唐代邛窑彩绘云纹也较为常见，所用彩色有黄、褐、绿色等，构图较为简单，但设计多样，灵活多变，技法娴熟（图12）。

（三）连珠纹

连珠纹，即由一个个小圆圈排列构成的装饰图案。瓷器上的连珠纹最早兴起于三国时期的越窑青瓷[15]，其采用压印技法制作而成，并与弦纹、网格纹、锯齿纹等组成带状花纹，相间排列，十分美观。历经两晋、南北朝时期发展，瓷器上的连珠纹更加普及运用，除了压印阴文连珠纹，北齐时期的北方地区还流行阳文印制而成的凸起于器表的、更具装饰性的连珠纹。邛窑的连珠纹样在隋唐之际最为盛行，一般为6个小圆点一组形成一个圆圈状的纹样，可见褐彩、褐绿双彩两种釉下彩形式[16]（图13）。类似的连珠纹在唐代长沙窑外销瓷器中也十分流行，带有西亚风格，生动反映出中外文化交流的相互影响。

（四）卷草纹

卷草纹是指以连续不断的缠绕藤蔓为装饰的图案。也称缠枝纹或蔓草纹。南北朝及至隋唐时期，瓷器上极为盛行卷草纹装饰，典型如隋代湖南湘阴窑青釉刻花卷草纹[18]、唐五代时期耀州窑青瓷划花卷草纹[19]、越窑青瓷刻划花卷草纹等。其形象经过艺术提炼与概括后富于变化，姿态舒展，线条流畅，极富动感。唐代邛窑瓷器上的卷草纹，技法丰富，既有青釉褐彩，也有白釉褐绿彩。构

图12　盛唐时期青釉釉下褐绿云纹长颈瓶[14]
邛崃市临邛镇十方堂窑址出土
邛崃市文物管理局藏

图13　隋代青瓷褐绿双彩连珠纹高足盘[17]
邛崃市临邛镇十方堂窑址出土
邛崃市文物管理局藏

---

13 明堂山考古队：《临安县水邱氏墓发掘报告》，《浙江省文物考古所学刊》，文物出版社，1981年。

14 成都文物考古研究院：《邛窑出土瓷器选粹》，文物出版社，2022年，第63页。

15 浙江省博物馆编：《窑火遗韵》，浙江古籍出版社，2009年，第34页。

16 成都文物考古研究所、邛崃市文物管理局主编：《邛窑》，四川人民出版社，2016年，第58页。

17 成都文物考古研究所、邛崃市文物管理局主编：《邛窑》，四川人民出版社，2016年，第58页。

18 周世荣、周晓赤：《岳州窑》，湖南美术出版社，2011年，第112页。

19 祷振西主编：《中国耀州窑》，中国华侨出版社，2014年，第78页。

图14　唐代青瓷褐彩卷草纹钵[20]
邛崃市博物馆藏

图15　唐代白釉褐绿双彩卷草纹钵[21]
邛崃市博物馆藏

图巧妙，色调柔和，笔法细腻，具有文人绘画气息（图14、图15）。

三、结语

北京艺术博物馆藏宋金时期彩绘瓷器的烧造窑场，主要有磁州窑、当阳峪窑、扒村窑、介休窑、邛窑等。其中尤以北方窑场的产品为代表，不仅数量最多，且品种较为丰富，特色之鲜明，体系之完整，在北京地区亦享有盛誉。此外，馆藏邛窑产品虽然数量少，但通过研究却也从一个侧面体现了其装饰工艺技术不断创新、互通互融、密切交流影响的历史面貌，从而为研究彩绘瓷工艺技术发展史、社会生活艺术史等提供了难得的实物资料。

20　成都文物考古研究所、邛崃市文物管理局主编：《邛窑》，四川人民出版社，2016年，第92页。

21　成都文物考古研究所、邛崃市文物管理局主编：《邛窑》，四川人民出版社，2016年，第93页。

故宫博物院藏邛窑陶瓷

王照宇

（故宫博物院）

摘要： 邛窑是四川地区著名的古代瓷窑，在中国陶瓷发展史上具有重要意义。故宫博物院目前收藏的川渝地区窑口的陶瓷器尤以邛窑数量为最多，产品面貌最为丰富。本文在前人研究基础上，对故宫博物院藏邛窑陶瓷器进行梳理，择要者略作介绍，并结合窑址发掘资料和院藏邛窑标本，对部分瓷器的窑口进行研判。

关键词： 邛窑　故宫博物院　窑口研判

故宫博物院目前收藏有约 36 万件陶瓷文物，上起新石器时代，下迄近现代。陶瓷发展历史中的重要窑口，基本涵盖。此外，故宫博物院目前还收藏有古陶瓷窑址标本 7 万余件，涉及全国 24 个省、自治区、直辖市的 500 余处窑址。本文对故宫博物院藏邛窑陶瓷文物、标本进行梳理，择要者略作介绍，并对部分瓷器的窑口进行研判，以就教于方家。

一、故宫博物院收藏邛窑陶瓷基本情况

邛窑，一般指位于四川省邛崃市境内南河、西河沿岸，盛行于唐、五代，衰落于宋末元初，生产区域至少包括十方堂、瓦窑山、尖山子和大渔村等几处的四川盆地著名的古代瓷窑遗址[1]。

根据《故宫博物院藏品总目》可知，故宫博物院目前收藏的名称为"邛窑""邛崃窑"的器物共 187 件[2]，其中文物 142 件，窑址标本 45 件；隋代器物 6 件，唐代器物 164 件，五代器物 1 件，宋代器物 16 件；器类包括器碗、盏、碟、瓶、炉、壶、钵、渣斗、水丞、砚、省油灯、铃、器盖、盖盒、塑像、模具、窑具等；品种有青釉、青釉褐彩、青釉绿彩、青釉褐绿彩、黄釉、黄釉褐绿彩、绿釉、乳浊釉、酱釉、素胎等；这批器物主要来源于 20

---

1 成都市文物考古研究院：《邛窑出土瓷器选粹》，文物出版社，2022 年，第 7—29 页。

2 参见故宫博物院官网《故宫博物院藏品总目》：https://zm—digicol.dpm.org.cn/cultural/list?k=%E9%82%9B%E7%AA%91；
https://zm—digicol.dpm.org.cn/cultural/list?k=%E9%82%9B%E5%B4%83。

图1 邛窑青釉点彩碗
故宫博物院藏

图2 邛窑青釉点彩碗
故宫博物院藏

图3 邛窑青釉彩绘碗
邛崃市临邛镇十方堂窑址出土

世纪 50 至 80 年代的收购、文物局调拨、地方博物馆拨交、接受捐献以及院窑址调查采集。

二、瓷器选粹

故宫博物院目前收藏的川渝地区窑口的陶瓷器尤以邛窑数量为最多，产品面貌最为丰富。从时代上来看，故宫收藏的邛窑陶瓷器主要集中于唐宋时期。就品种而言，以青釉、青釉彩绘、黄釉、黄釉彩绘、绿釉、乳浊釉等为主。就器类而言，常见碗、杯、单耳杯、高足杯、柳斗杯、注壶、多足炉、水盂、碟、省油灯、玩具等。下面择其主要，略作介绍。

（一）唐　邛窑青釉点彩碗

①碗侈口，尖唇，弧腹，饼足微内凹。器身施青釉，釉下挂粉黄色化妆土，内壁及底满绘褐彩斑点，外壁绘数组褐彩三斑点。釉层多剥落。灰胎（图1）。

②碗侈口，尖唇，弧腹，饼足微内凹。器身施青釉，釉下挂粉黄色化妆土，口沿内及底绘褐、绿彩斑块。褐胎（图2）。此碗与现藏于邛崃市文物管理局的出土于邛崃市临邛镇十方堂窑址盛唐时期青釉彩绘碗形制相似[3]（图3）。

此外，邛崃市临邛镇十方堂五号窑址曾出土一件"先天二年（713年）"款青釉褐彩碗[4]（图4），为此类碗的时代提供了纪年参考。

3　成都文物考古研究院：《邛窑出土瓷器选粹》，文物出版社，2022年，第45页。

4　陈显双、尚崇伟：《邛窑古陶瓷简论——考古发掘简报》，《邛窑古陶瓷研究》，中国科学技术大学出版社，2002年，第131—133页。

图 4　邛窑 A 型 XVI 浅腹碗线图
邛崃市临邛镇十方堂窑址出土

图 5　邛窑青釉彩绘草叶纹杯
故宫博物院藏

图 6　邛窑青釉彩绘草叶纹杯
故宫博物院藏

图 7　邛窑青釉"临邛"杯
邛崃市临邛镇十方堂窑址出土

（二）唐　邛窑青釉彩绘杯

　　杯侈口，尖唇，近筒形腹，下腹外展、斜收，饼足微内凹，足边缘斜削。器身施青釉，釉下挂粉黄色化妆土，外壁绘草叶纹。灰黄胎（图5）。故宫博物院所藏窑址调查采集的标本中也有与之相似者，其杯体外壁的褐彩草叶纹发色较为深（图6）。此式杯与邛崃市临邛镇十方堂窑址出土的盛唐时期青釉"临邛"杯[5]风格相近（图7）。此外，盛唐时期的邛窑还生产单耳杯和高足杯等杯式，这些杯式通常认为与当时流行的金银器风格相似，可能是刻意模仿的结果。

　　盛唐至唐中期，邛窑迎来了大发展阶段。以十方堂窑址为例，在这一阶段，窑址所见品种虽然仍以日常生活用器为主，但器类较上一时期明显增多，主要有碗、盘、杯、碟、炉、水盂、盘口壶、瓶、罐、砚、器盖、研磨器、瓷塑人物等。这一时期，瓷器的化妆土应用较为普遍，为大量流行的釉下彩装饰奠定了基础[6]。

（三）唐代晚期至五代　邛窑青釉褐斑双系壶

　　①壶敞口，粗颈，扁腹，饼足。肩部置一短流和两个桥形系。器身施青釉，釉下有浅色化妆土。口、颈、系、腹部饰褐斑。胎质较粗，胎色棕红（图8）。成都市正科甲巷唐宋

5　成都文物考古研究院：《邛窑出土瓷器选粹》，文物出版社，2022 年，第 46 页。

6　成都文物考古研究院：《邛窑出土瓷器选粹》，文物出版社，2022 年，第 15—17 页。

图 8　邛窑青釉褐斑双系壶
故宫博物院藏

图 9　邛窑青釉彩绘注壶
成都市正科甲巷唐宋坊市遗址出土

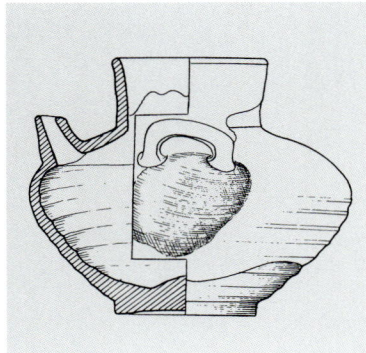

图 10　邛窑青釉彩绘注壶线图
成都市正科甲巷唐宋坊市遗址出土

图 11　邛窑青釉褐斑双系壶
故宫博物院藏

图 12　邛窑青釉彩绘注壶
邛崃市临邛镇天庆街泓宇工地出土

图 13　邛窑青釉彩绘注壶线图
邛崃市临邛镇天庆街泓宇工地出土

坊市遗址出土有类似器物[7]（图9、图10）。

②壶敞口外卷，短颈，丰肩，斜直腹，平底。肩部置一短流和两个桥形系。器身施青釉，釉下有浅色化妆土。口、颈、系、腹上部饰褐斑。胎质较粗，胎色棕红（图11）。邛崃市临邛镇天庆街泓宇工地出土有相似器物[8]（图12、图13）。

唐代晚期至五代时期，邛窑迎来了发展的繁荣阶段。以十方堂窑址为例，在这一阶段，窑址所见器物类型较盛唐至唐中期达到了前所未有的丰富程度。包括碗、盘、提梁杯、长杯、盏、盏托、钵、碟、省油灯、水盂、盒、壶、盘口壶、罐、研磨器、器盖等十余种器类。

（四）唐代晚期至五代　邛窑青釉柳斗杯

杯敞口，弧腹，平底。外壁、底印柳斗纹。器身施青釉，胎质较细密（图14）。此杯与

7　成都文物考古研究院：《邛窑出土瓷器选粹》，文物出版社，2022年，第114、115页。

8　成都文物考古研究院：《邛窑出土瓷器选粹》，文物出版社，2022年，第112、113页。

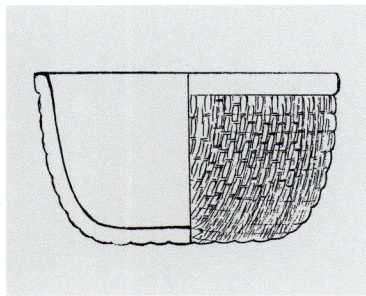

图 14　邛窑青釉柳斗杯
故宫博物院藏

图 15　邛窑青釉柳斗杯
邛崃市临邛镇十方堂窑址出土

图 16　邛窑青釉柳斗杯
邛崃市临邛镇十方堂窑址出土

邛崃市临邛镇十方堂窑址出土的唐代晚期至五代青釉柳斗杯[9]相似（图15、图16）。

唐代晚期至五代时期，邛窑十方堂窑所生产的产品虽仍以日常生活用器为主，但开始陆续出现如柳斗杯、套盒、人物及动物瓷塑模型等有一定工艺性的陈设类和玩具类陶瓷。在这一阶段，十方堂窑突破了单纯生产日常生活用器的生产模式，是其生产进入繁荣阶段的一个缩影。

（五）五代　邛窑多足炉

①炉口沿外翻，直壁，平底，腹下部承托五个蹄足，其上印兽面纹。口沿处、腹上部及中部刻弦纹。器身施青釉，施釉不均，釉下有部分浅色化妆土。胎质较粗，胎色棕红（图17）。此炉与邛崃市临邛镇十方堂窑址出土 B 型炉[10]造型相近。

②炉口沿外翻，沿面较宽，直壁，平底，腹下部承托五足，均残。器身施黄釉褐绿彩，暗红胎，釉面有开片。该器内底露胎处墨书"此为邛窑之唐三彩标本。红色为沾窑之红汞水，非邛窑色釉也。万里。三十二年"（图18），与该炉相似器物还见于成都金河路遗址出土的黄釉彩绘多足炉[11]（图19）。

邛窑十方堂窑址所见炉类造型较为统一，其主体以折沿盆式为主，下部承托五足，多数足面模印兽面纹。此外，故宫博物院所藏的邛窑黄釉褐绿彩多足炉标本所施的低温褐绿彩即"邛三彩"，从十方堂窑址出土器物绝对数量来看，青釉器最多，其次是低温釉陶瓷，再次是乳浊釉瓷器，相对最少的是酱釉和粗制瓷器。

9　成都文物考古研究院：《邛窑出土瓷器选粹》，文物出版社，2022年，第115页。

10　陈显双、尚崇伟：《邛窑古陶瓷简论——考古发掘简报》，《邛窑古陶瓷研究》，中国科学技术大学出版社，2002年，第176、177页。

11　成都文物考古研究院：《邛窑出土瓷器选粹》，文物出版社，2022年，第146、147页。

图 17 邛窑青釉五足炉
故宫博物院藏

图 18 邛窑黄釉褐绿彩多足炉标本
故宫博物院藏

图 19 邛窑黄釉彩绘多足炉
成都金河路遗址出土

图 20 邛窑绿釉碟
故宫博物院藏

图 21 邛窑绿釉灯碟
邛崃市牟礼镇开元村北宋绍圣
五年（1098年）墓出土

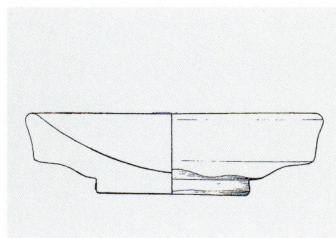

图 22 邛窑绿釉灯碟线图
邛崃市牟礼镇开元村北宋绍圣
五年（1098年）墓出土

（六）宋代　邛窑绿釉碟

碟敞口，直壁，浅腹，腹下斜收，饼足。器身施绿釉，釉不及底。胎质较粗，胎色红褐（图20）。此碟与邛窑十方堂晚唐至宋代地层出土的盏造型相近[12]，同类器还见于邛崃市牟礼镇开元村北宋绍圣五年（1098年）墓出土的绿釉灯碟[13]（图21、图22）。

北宋早期，邛窑十方堂窑址的出土的遗物较为少见，反映了该时期窑业生产进入了低迷期，这可能与宋初蜀地社会经济的衰退以及政局的动荡有关。进入北宋中后期至南宋前期，十方堂窑址的出土遗物数量及质量较北宋早期有所恢复，但器类的丰富程度、釉色质量和品种仍不及繁荣时期。

（七）宋代　邛窑乳浊釉绿彩省油灯

灯敞口，上腹较浅，内壁置一条状环纽，下腹弧壁，上下腹间有夹层，一侧开一小孔与其相通，腹下内收，饼足。器身施青釉，内底及外壁饰绿彩，釉面呈乳浊状，釉下有浅

---

12 陈显双、尚崇伟：《邛窑古陶瓷简论——考古发掘简报》，《邛窑古陶瓷研究》，中国科学技术大学出版社，2002年，第166页。

13 成都文物考古研究院：《邛窑出土瓷器选粹》，文物出版社，2022年，第240页。

图 23　邛窑乳浊釉绿彩省油灯
故宫博物院藏

图 24　邛窑青釉绿彩省油灯
成都市正科甲巷唐宋坊市遗址出土

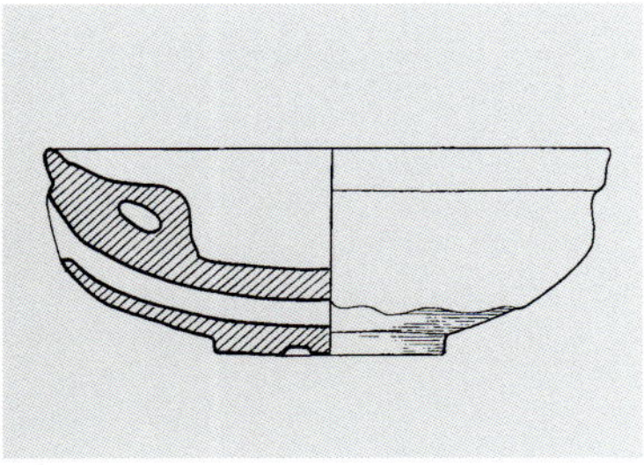

图 25　邛窑青釉绿彩省油灯线图
成都市正科甲巷唐宋坊市遗址出土

色化妆土。胎质较粗，胎色灰黄（图 23）。此省油灯与成都市正科甲巷唐宋坊市遗址出土
的北宋青釉绿彩省油灯 [14] 相似（图 24、图 25）。

　　省油灯是邛窑较具特色的一类灯具，故宫博物院藏有邛窑省油灯 8 件，造型均为上下
两部分构成的夹层带孔碗盏类，品种有绿釉、青釉绿彩和酱釉等。邛崃市临邛镇十方堂窑
址 1984—1986 年发掘出土多件唐宋时期的省油灯 [15]。陆游的《斋居纪事》载："蜀有夹瓷盏，
注水于盏唇窍中，可省油之半。" [16]《老学庵笔记》又载："《宋文安公集》中有'省油灯盏'诗。
今汉嘉有之，盖夹灯盏也。一端作小窍，注清冷水其中，每夕一易之。寻常盏为火所灼而燥，
故速干，此独不然，其省油几半。" [17] 一般认为，陆游言及的"夹灯盏"即邛窑的省油灯。

三、产地研判

　　陶瓷器窑口的研判是陶瓷基础研究中的重要环节之一。陶瓷器物窑口研判得越精确，
其在研究中的意义就相对越大。陶瓷器窑口的确定，为故宫博物院藏文物的分类管理、展
览展示和深入研究提供了必要的基础。

　　近几十年，随着川渝地区陶瓷窑址考古的陆续开展，有关资料相继刊布，对研究故宫
博物院藏陶瓷文物的窑口提供了较为重要的基础材料；同时，故宫博物院窑址调查工作的
逐年开展，特别是 2015 年、2020 年赴川渝地区的窑址实地调查工作，采集了大量窑址标本，
为探讨院藏陶瓷文物的窑口提供了重要的实物依据。目前，古陶瓷科技检测的标准数据库
尚未完全建成，所以对川渝地区陶瓷窑口判断最有效的手段是：用院藏川渝地区窑址标本
和考古发掘实物资料为依据进行比对，再用院藏非川渝地区窑址标本作排他处理，以综合

14　成都文物考古研究院：《邛窑出土瓷器选粹》，文物出版社，2022 年，第 237、238 页。

15　简报中依据造型的不同，将省油灯分为三式。详见陈显双、尚崇伟：《邛窑古陶瓷简论——考古发掘简报》，《邛
　　窑古陶瓷研究》，中国科学技术大学出版社，2002 年，第 167 页。

16　（宋）陆游：《陆放翁全集》，《斋居纪事》，毛晋汲古阁刻本，日本京都大学图书馆谷村文库藏。

17　（宋）陆游：《老学庵笔记》，中华书局，1979 年，第 130 页。

图 26　青釉褐彩草叶纹杯
故宫博物院藏

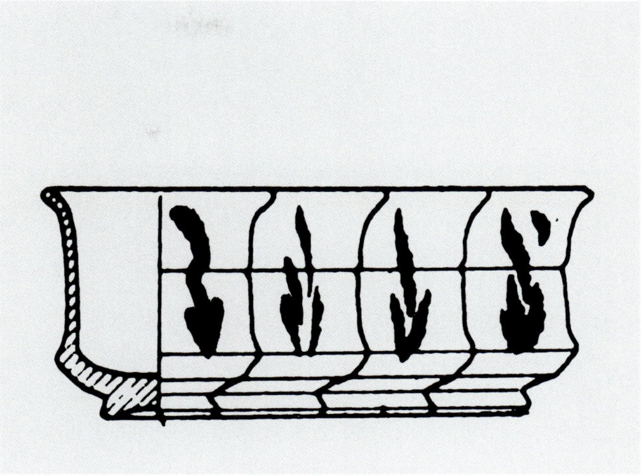

图 27　邛窑无耳杯
邛崃市临邛镇十方堂窑址出土

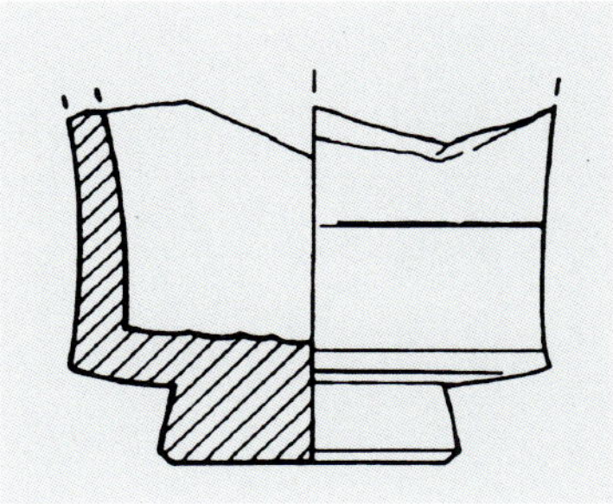

图 28　邛窑青釉杯
邛崃市临邛镇尖山子窑址 2 号窑包采集

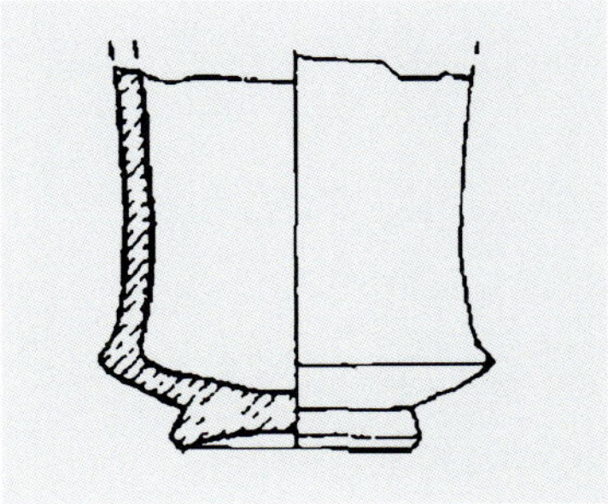

图 29　邛窑 A 型杯
邛崃市临邛镇大渔村 1 号窑址采集

研判其窑口归属。本文为笔者在近几年整理窑址标本和院藏文物的工作中，在前人工作及研究的基础上，对故宫博物院藏部分瓷器的窑口进行初步研判。

（一）青釉褐彩草叶纹杯

口径 7.8 厘米，足径 3.6 厘米，高 5.8 厘米。杯撇口，束腰，折腹，饼足。深灰胎，施灰白色化妆土，内外施青釉，釉面多剥失。腹壁饰褐彩花叶纹，腹中上部饰一周凹弦纹（图 26）。

此杯与邛崃市临邛镇十方堂窑址 1984—1989 年发掘出土的Ⅲ式无耳杯[18]（图 27）造型相似且采用相同的凹弦纹装饰技法，深灰胎和施灰白色化妆土的特征也与十方堂窑址出土的部分器物相同；与四川邛窑尖山子窑址 2 号窑包 2013 年调查采集的青釉杯[19]（图 28）同样为深灰胎并施灰白色化妆土；与四川邛窑大渔村 1 号窑址 2006 年调查采集的 A 型杯[20]（图 29）造型相似；与故宫博物院藏 1957 年 7 月调查采集的两件邛窑青釉褐彩杯[21]造型相似，与一件采用相同的凹弦纹装饰技法（图 30）、与另一件褐彩草叶纹绘画风格相近（图 6）。另

18 陈显双、尚崇伟：《邛窑古陶瓷简论——考古发掘简报》，《邛窑古陶瓷研究》，中国科学技术大学出版社，2002 年，第 179 页。

19 刘雨茂、易立、高攀，等：《邛崃市尖山子窑址 2013 年调查简报》，《成都考古发现 2012》，科学出版社，2014 年。

20 秦大树、黄晓枫、李子军，等：《四川省邛崃市大渔村窑区调查报告》，《成都考古发现 2005》，科学出版社，2007 年。

21 1957 年，故宫博物院陈万里、冯先铭、李辉柄等前往邛窑进行窑址调查工作所采集。

外，此式杯因出土于邛窑十方堂窑址唐代文化层[22]，且多见于 8 世纪前半叶的窑址、墓葬的遗址中[23]。综上，故宫博物院藏青釉褐彩草叶纹杯的造型、胎、化妆土、花叶纹、凹弦纹等特征与邛窑十方堂窑址、尖山子窑址、大渔村窑址所见部分器物较为相似。根据目前考古发现，邛窑范围内至少包含十方堂、瓦窑山、尖山子、大渔村等几处较大规模的窑场，其各自产品具有一定的相关性。因此，将此杯研判为盛唐时期邛窑制品应是较为妥当的。

图 30　邛窑青釉彩绘杯
故宫博物院藏

（二）青釉褐彩草叶纹四系罐

图 31　青釉褐彩草叶纹四系罐
故宫博物院藏

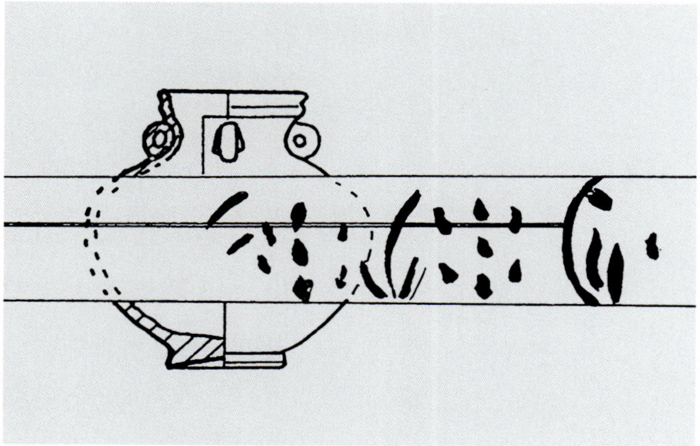

图 32　邛窑 E 型Ⅶ式罐
邛崃市临邛镇十方堂窑址出土

　　口径 4.8 厘米，底径 4.3 厘米，高 9 厘米。罐广口，丰肩，圆鼓腹，腹下内收，平底。褐色胎，施米黄色化妆土，器身施青釉，绘褐彩草叶纹，肩、颈部置四环形系（图 31）。

　　此罐与邛崃市临邛镇十方堂窑址 1984—1989 年发掘出土的 E 型Ⅶ式罐[24]造型相似（图 32），胎色相同，施化妆土技法也相近。该式罐出土于邛窑十方堂窑址唐代文化层[25]。因此，故宫博物院藏青釉褐彩草叶纹四系罐应为唐代邛窑制品。

22　陈显双、尚崇伟：《邛窑古陶瓷简论——考古发掘简报》，《邛窑古陶瓷研究》，中国科学技术大学出版社，2002 年，第 230 页。

23　刘雨茂、易立、高攀，等：《邛崃市尖山子窑址 2013 年调查简报》，《成都考古发现 2012》，科学出版社，2014 年。

24　陈显双、尚崇伟：《邛窑古陶瓷简论——考古发掘简报》，《邛窑古陶瓷研究》，中国科学技术大学出版社，2002 年，第 151 页。

25　陈显双、尚崇伟：《邛窑古陶瓷简论——考古发掘简报》，《邛窑古陶瓷研究》，中国科学技术大学出版社，2002 年，第 230 页。

图 33　青釉印花盖盒器盖
故宫博物院藏

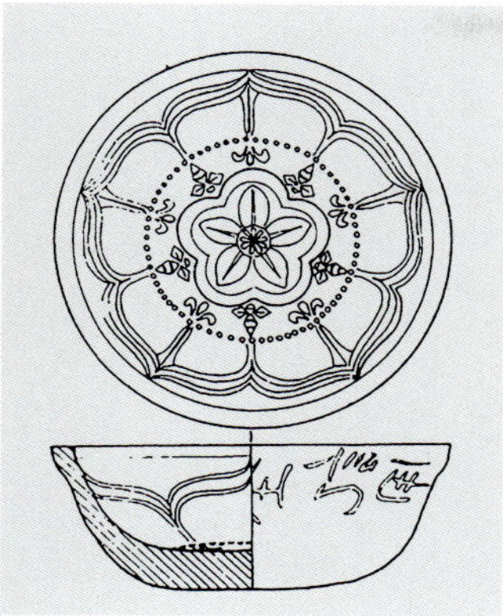

图 34　邛窑 B 型 Ⅱ 式盒盖模
邛崃市临邛镇十方堂窑址出土

图 35　邛窑十方堂窑青釉盖盒标本
故宫博物院藏

（三）青釉印花盖盒

盖径 6.1 厘米，口径 4.6 厘米，足径 3.2 厘米，通高 4.8 厘米。盒盖圆拱，盒身子口，直壁，壁下内收，饼足。胎质较粗，胎色棕黄。盖面、器身施青釉，釉不及底，釉面呈乳浊状。盖面印莲瓣、连珠、朵花、草叶纹等（图 33）。

此盖盒盖面印花纹饰与邛崃市临邛镇十方堂窑址 1984—1989 年发掘出土的 B 型 Ⅱ 式盒盖[26]印模上莲瓣、连珠、花朵、草叶纹等构图几乎一致（图 34）；盒身与故宫博物院藏 2015 年调查采集的邛窑十方堂窑址青釉盖盒盒身标本的棕红胎、乳浊状青釉相似（图 35）。此外，邛崃市临邛镇十方堂窑址 1984—1989 年发掘出土的 B 型 Ⅱ 式盒盖印模拱面刻有"乹德[27]六年二月上旬官样杨全计用"纪年铭文，发掘者认为该年号应为五代前蜀王衍的年号[28]。综上，故宫博物院藏青釉印花盖盒为五代时期邛窑制品的可能性较大。

（四）绿釉刻划菊瓣纹盘

口径 15.1 厘米，足径 6.2 厘米，高 4.2 厘米。盘敞口，斜壁微弧，饼足。胎质较粗，胎色棕红。器身施绿釉，釉面呈乳浊状，盘心刻划内外双层菊瓣纹，内底残留五个支钉垫烧痕（图 36）。

此盘与故宫博物院藏 2015 年调查采集的邛窑十方堂窑址绿釉刻划菊瓣纹盘标本（图 37）造型相似、盘内刻划的菊瓣纹也基本相同、所施乳浊绿釉也近似，内底残留的支钉烧

26　陈显双、尚崇伟：《邛窑古陶瓷简论——考古发掘简报》，《邛窑古陶瓷研究》，中国科学技术大学出版社，2002 年，第 198、199 页。

27　原发掘简报仅描述了印模所刻纪年铭文并未公布全部文字的图像。一般认为"乹德"应为"乾德"。陈显双、尚崇伟：《邛窑古陶瓷简论——考古发掘简报》，《邛窑古陶瓷研究》，中国科学技术大学出版社，2002 年，第 199 页。

28　陈显双、尚崇伟：《邛窑古陶瓷简论——考古发掘简报》，《邛窑古陶瓷研究》，中国科学技术大学出版社，2002 年，第 230 页。

图 36　绿釉刻划菊瓣纹盘
故宫博物院藏

图 37　邛窑十方堂窑绿釉刻划菊瓣纹盘标本
故宫博物院藏

痕也显示二者采用相同的支钉叠烧法烧制；也与成都市双流区华阳镇"欧香小镇"工地北宋崇宁三年（1104 年）纪年墓中出土绿釉盘[29]（图 38）造型、刻划菊瓣纹、残留的五个支钉痕均相似，该盘被认为是邛窑制[30]。综上，此盘应为北宋时期邛窑制品。

四、结语

　　故宫博物院收藏的邛窑陶瓷文物在川渝地区窑口陶瓷中数量相对最多，产品面貌也最为丰富。故宫博物院还收藏有一批来源可靠、地点明确的邛窑十方堂、瓦窑山、尖山子和大渔村窑址标本，这批标本不仅为研究川渝地区古代陶瓷的生产情况、技术发展水平，以及与周边地区的窑业技术联系等方面的研究提供了实物资料，还对传世和出土陶瓷器的窑口判定提供了重要依据。本文对部分器物的窑口作出应属邛窑的研判，也多是基于窑址出土资料及院藏邛窑标本实物来进行目鉴。今后，笔者将尝试利用科技手段，为陶瓷窑口的研判提供更多的参考依据。

图 38　邛窑绿釉盘
成都市双流区华阳镇"欧香小镇"工地北宋崇宁三年（1104 年）纪年墓中出土

29　成都文物考古研究院：《邛窑出土瓷器选粹》，文物出版社，2022 年，第 264、265 页。

30　成都文物考古研究院：《邛窑出土瓷器选粹》，文物出版社，2022 年，第 264、265 页。

唐宋邛窑茶具研究

尚莅雪　袁胜文

（南开大学）

摘要：川渝地区自古就是产茶区，饮茶文化盛行。邛窑作为当地最大的民窑窑场，生产大量种类丰富的茶具。本文以考古出土资料为基本研究材料，在对邛窑茶具的种类与型式进行划分的基础上，结合器物的组合情况进行了分期探讨，总结了各期器物的造型、胎釉和纹饰特征，并结合文献，分析了唐宋邛窑茶具背后的饮茶习俗与茶文化。

关键词：唐宋时期　川渝地区　邛窑茶具　饮茶习俗

川渝地区是茶的发源地之一，大致在西周时期已有茶树栽培。随社会经济与文化的发展，唐宋时期川渝地区的茶叶生产与贸易已相当发达，饮茶文化也随之发展，邛窑[1]作为当地重要窑场之一，也在此时期生产了不少陶瓷茶具。目前学界对唐宋时期或川渝地区茶具与茶文化的相关研究较为系统，但对唐宋川渝地区邛窑茶具的研究则相对缺乏，仅黄晓枫[2]对成都平原出土的宋代茶具及饮茶习俗进行研究，其中涉及少量的邛窑茶具；陈丽琼[3]在著作中专门对唐五代邛窑部分茶具进行介绍，但较为简略。邛窑的发展与繁盛阶段主要在唐宋时期，此时期川渝地区也是重要的茶产区，对邛窑茶具的研究有利于进一步了解唐宋时期邛窑的产品特征及川渝地区的茶具使用情况与饮茶习俗。

1　学界对"邛窑"的定义有广义与狭义两种说法，其中广义的"邛窑"可引用《中国陶瓷辞典》中对"邛窑系"定义："根据目前的考古发掘与调查，属于邛窑系的窑址主要有成都青羊宫窑、邛崃固驿瓦窑山窑、邛崃什邡堂窑、灌县金马窑、玉堂窑、大邑敦义窑、金堂金锁桥窑、江油青莲九岭窑、方水窑……成都琉璃厂窑等。另外，还有青神县坛罐窑、彭山县武阳窑、青杠嘴窑等也烧造邛窑系青瓷。"根据《邛窑古陶瓷简论——考古发掘报告》，狭义的"邛窑"应是指邛州（邛崃市）境内的南河十方堂、固驿瓦窑山、西河尖山子、白鹤大渔村及柴山冲、黄鹤、官庄等古瓷窑址。由于上述很多窑址暂未发掘及现经发掘的部分大型窑址可独立成窑系（如成都琉璃厂窑址），故本文中的"邛窑"主要指十方堂、瓦窑山、大渔村、尖子山及玉堂这几处规模较大的窑址。

2　黄晓枫：《成都平原考古发现的宋代茶具与饮茶习俗》，《成都考古研究 2013》，科学出版社，2015 年。

3　陈丽琼：《邛窑系古陶瓷文化新释》，重庆大学出版社，2018 年。

一、唐宋邛窑茶具的种类与型式

　　唐宋时期邛窑生产的茶具[4]按功能可分为作茶具与饮茶器两大类。作茶具主要包括制作茶饼的杵臼、碾磨茶饼的茶研、煮茶的茶鍑、煎茶的茶铫、点茶的注壶（汤瓶），饮茶器主要包括品赏茶汤的茶碗与茶盏及配套使用的茶托[5]。邛窑茶具多为青釉器，部分乳浊釉、酱釉器，胎色深且胎质粗糙，其中青釉器表面饰有米黄或灰白色化妆土。这些茶具主要出土于邛崃十方堂窑[6]、固驿瓦窑山窑[7]、大渔村窑[8]、尖子山窑[9]及都江堰玉堂窑[10]等邛窑窑址，以及川渝地区的唐宋生活遗址与佛教寺庙遗址，其中成都杜甫草堂唐宋遗址[11]、成都金河路古遗址[12]、成都江南馆街唐宋遗址[13]、成都内姜街遗址[14]、成都指挥街唐宋遗址[15]、成都天府广场东北侧古遗址[16]、邛崃南街唐宋遗址[17]、邛崃龙兴寺遗址[18]出土邛窑茶具种类丰富、质量上佳。

4　唐代早期对茶具、酒具及食具的区分并不明确，存在一器多用的现象，尤其是注壶与碗，很难与酒注、酒碗区分开来。但研茶器、茶鍑、茶铫、茶盏及茶托的茶具性质与用途较为明显，故本文参考遗址同地层出土器物的组合情况，谨慎筛选用作茶具的注壶与碗。

5　除上述茶具外，邛窑还生产有盛放热水的熟盂、调味用的盐簋及同为饮具的钵、杯等器物，因其用途与性质较难区别，篇幅有限，在此不再赘述。

6　陈显双、尚崇伟：《邛窑古陶瓷简论——考古发掘报告》，《邛窑古陶瓷研究》，中国科学技术大学出版社，2002年，第123—260页。

7　陈显双、尚崇伟：《邛窑古陶瓷简论——考古发掘报告》，《邛窑古陶瓷研究》，中国科学技术大学出版社，2002年，第123—260页；四川省文物管理委员会、四川省文物考古研究所、四川省邛崃县文物管理所：《四川邛崃县固驿瓦窑山古瓷窑遗址发掘简报》，《南方民族考古（第四辑）》，四川科学技术出版社，1991年。

8　成都文物考古研究所、北京大学考古文博学院、邛崃市文物保护管理所编：《四川省邛崃市大渔村窑区调查报告》，《成都考古发现2005》，科学出版社，2007年。

9　成都文物考古研究所、邛崃市文物局：《邛崃市尖山子窑址2013年调查简报》，《成都考古发现2012》，科学出版社，2014年。

10　成都文物考古研究所、都江堰市文物局：《2007年玉堂窑遗址六号窑包试掘简报》，《成都考古发现2007》，科学出版社，2009年；成都文物考古研究所、都江堰市文物局：《2007年四川都江堰玉堂窑遗址17号窑包试掘简报》，《南方民族考古（第六辑）》，科学出版社，2010年。

11　成都市文物考古研究所、成都杜甫草堂博物馆：《成都杜甫草堂唐—宋遗址发掘报告》，《成都考古发现2002》，科学出版社，2004年。

12　成都文物考古研究院：《成都金河路古遗址发掘报告》，《成都考古发现2015》，科学出版社，2018年。

13　黄晓枫、宋世友、陈西平，等：《成都市江南馆街唐宋遗址发掘简报》，《成都考古发现1999》，科学出版社，2001年。

14　成都文物考古研究所：《成都市内姜街遗址发掘报告》，《成都考古发现2004》，科学出版社，2006年。

15　成都市博物馆、四川大学博物馆：《成都指挥街唐宋遗址发掘报告》，《南方民族考古（第三辑）》，四川科学技术出版社，1990年。

16　成都文物考古研究所编：《成都天府广场东北侧古遗址考古发掘报告》，文物出版社，2016年，第177—191页。

17　成都文物考古研究所、邛崃市文物保护管理所：《成都邛崃市南街唐宋遗址发掘简报》，《成都考古发现2000》，科学出版社，2001年。

18　成都文物考古研究所、邛崃市文物管理局编：《四川邛崃龙兴寺2005—2006年考古发掘报告》，文物出版社，2011年，第231—285页。

1. 作茶器具

制作茶饼的过程中需用杵臼捣碎蒸好的茶叶，再将其放入模具中焙干后方成茶饼[19]。作茶汤前需用茶研将茶饼捣碎，常见茶研组合有二：一是碾槽与碾轮，二是擂钵与研磨杵。其中碾槽与碾轮多为木制品或金银制品，而擂钵与研磨杵则多为陶瓷器。唐宋邛窑除生产有杵、臼、擂钵外，还见一种动物形茶研，可对半分开，其内壁布满尖齿，合并后可磨碎茶饼。

邛窑瓷杵呈柱体，上小下大，杵面光滑。按杵身形状可分为二型。

A 型　圆锥形杵身。标本见邛崃十方堂五号窑包 85QS5YT$_{23}$ ④ :9，褐胎，青中泛绿釉，杵面饰有二周凹弦纹，长 13.3 厘米[6]（图 1-1）。

B 型　方柱形杵身。标本见邛崃十方堂五号窑包 85QS5YT$_{24}$ ③ :14，红褐胎，青灰釉，器表有绿彩点，长 21 厘米[6]（图 1-2）。

邛窑瓷臼形似罐，器身厚重，承力的底部特意加厚。按形制不同可分为三型。

A 型　敛口，鼓腹，饼足外突。标本见邛崃十方堂五号窑包 85QS5YT$_{22}$ ④ :34，红褐胎，黑褐釉，唇部与腹中上部均饰有二周凹弦纹。口径 7.5 厘米，足径 12 厘米，高 13.5 厘米[6]（图 1-3）。

B 型　敞口，平折沿，弧腹，平底。标本见邛崃十方堂五号窑包 85QS5YT$_{21}$ ④ :29，红褐胎，青灰釉，下腹附有一凸纽与一方块，底部附有足块。口径 10.5 厘米，腹径 10 厘米，高 14.5 厘米[6]（图 1-4）。

C 型　敞口，圆唇，腹部上鼓下收，底部外突，平底。标本见邛崃十方堂五号窑包 85QS5YT$_{36}$ ④ :22，褐胎，青中泛白釉，腹部饰有斑点状绿彩。口径 8.4 厘米，底径 11 厘米，高 17 厘米[6]（图 1-5）。

邛窑茶研按形制不同可分为二型。

A 型　碗钵形，即擂钵，其状如碗盏，碗内密布齿状凿印或尖刺。标本见邛崃十方堂五号窑包 85QS5YT$_{7}$ ④ :17，敞口，圆唇，折腹，饼足，内腹下部密布尖齿。黑褐胎，青中泛绿釉。口径 13.2 厘米，足径 5.5 厘米，高 4.2 厘米[6]（图 1-6）。

B 型　动物形，有鱼、摩羯、虎等形状。标本见邛崃十方堂五号窑包 86QS5YT$_{29}$ ④ :3，头部残缺，整体呈鱼状，褐胎，器表外饰青釉，以赭、黄、绿三彩装饰鱼身，器内无釉且密布尖齿，残长 19.3 厘米[6]（图 1-7）。

作茶第二步是将磨碎后的茶末与热水融合，或煮，或煎，或点，最后形成茶汤。此过程中需用到的茶具有煮茶的茶鍑、煎茶的茶铫、点冲茶注壶（汤瓶）。

---

19 "杵臼"为杵与臼的组合，出现于《茶经·二之具》中"一曰碓"。《茶经·三之造》中载："晴，采之，蒸之，捣之，拍之，焙之，穿之，封之，茶之干矣。"

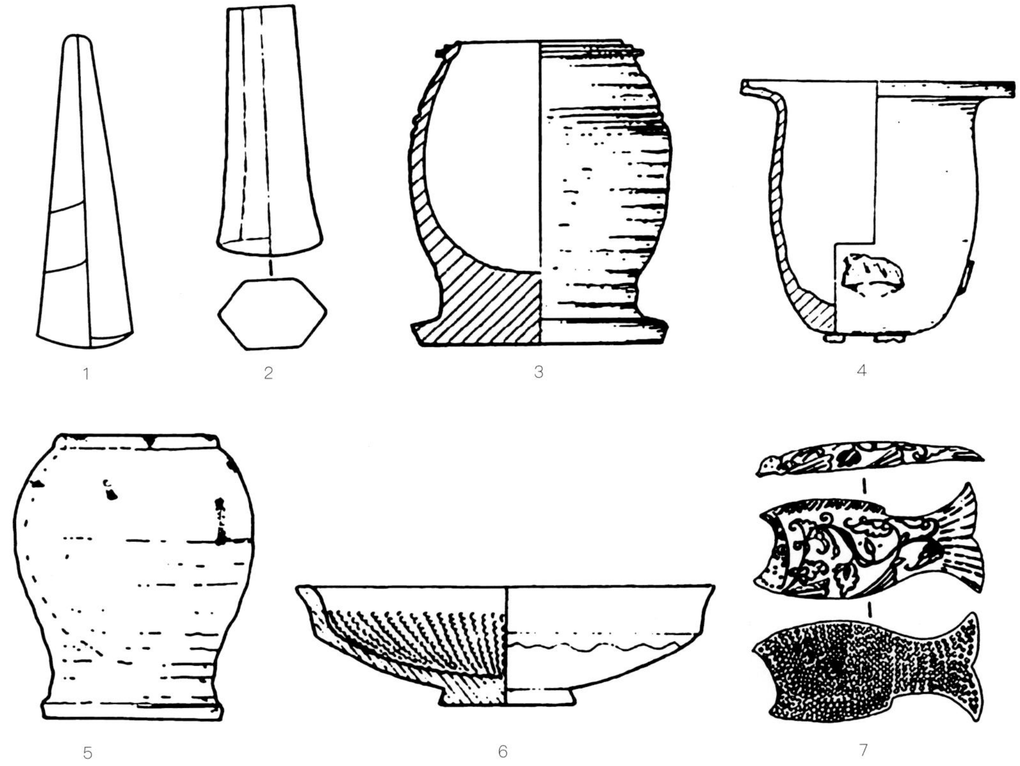

图1 邛窑瓷杵、瓷臼、茶研

茶鍑，亦称"茶釜"，煮茶器，仅见于唐代。以河北唐县出土一唐代邢窑白釉茶鍑[20]为例，敛口，唇上附两耳，鼓腹，平底，口径约为10厘米，通高约为5厘米[21]。与其造型、尺寸相近的瓷质茶鍑仅在成都金河路古遗址出土三例，均系邛窑产品，按形制不同可分二型。

A型　敞口，鼓腹，小平底。标本见成都金河路H4:1147，紫红胎，酱釉。口径10.3厘米，高5.6厘米[12]（图2-1）。

B型　敞口，腹内收，大平底。标本见成都金河路H4:1359，紫灰胎，青灰釉。口径10.4、高5.6厘米[12]（图2-2）。

茶铫，煎茶器，亦称"急须"或"匜"，由汉晋的"鐎斗"发展而来。其状如碗盏，唇部有一半圆形流嘴，便于斟茶。按有无柄分为二型。

A型　有柄。按柄形状分为二亚型。

Aa型　管形柄。标本见邛崃十方堂五号窑包86QS5YT₄₃④:34，敞口，斜直腹，玉璧底，腹中上部附一直柄。红褐胎，青灰釉，施米黄色化妆土。口径16厘米，底径8厘米，高9.6厘米[6]（图2-3）。

---

20 赵庆钢、张志忠主编：《千年邢窑》，文物出版社，2011年，第115页。

21 此茶鍑因形体较小而被认为是供观赏的模型或随葬用的明器，而现发现的三件邛窑茶鍑与其尺寸相当，可能也作明器使用，故在此仅参考其形制。

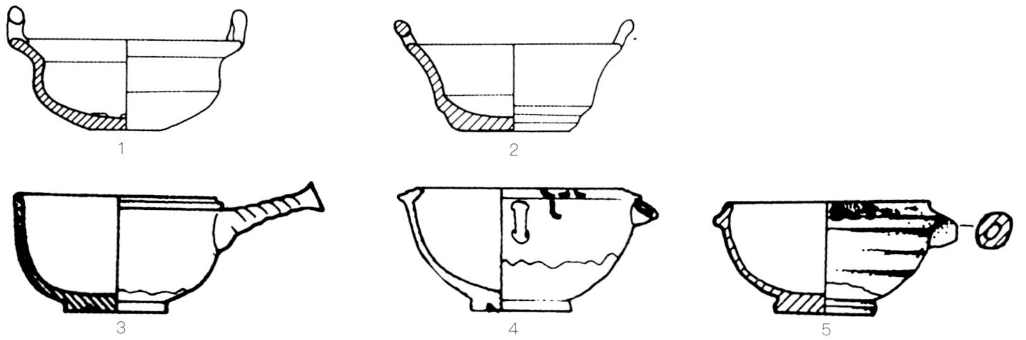

图2　邛窑茶釡、茶铫

Ab 型　环形柄。标本见邛崃十方堂五号窑包 86QS5YT$_{41}$④:43，敛口，唇沿斜折，弧腹近底内收，玉璧底，腹侧附有一环形柄。砖红胎，青中泛黄釉，唇部及上腹部绘有点斑状褐彩，施米黄色化妆土。口径 18 厘米，底径 8 厘米，高 8.5 厘米 [6]（图2-4）。

B 型　无柄。标本见邛崃十方堂五号窑包 86QS5YT$_{41}$④:19，敛口，鼓腹，饼足外撇，砖红胎，青灰釉，唇部绘有赭色彩斑，施米黄色化妆土。口径 15.6 厘米，底径 7.8 厘米，高 7.5 厘米 [6]（图2-5）。

注壶，亦称"汤瓶"，多灌装热水以冲泡茶叶，通常器物一侧有弧形柄，另一侧设有管状流。根据肩部有无双耳分二型。

A 型　无耳。按腹部形状不同分二亚型。

Aa 型　圆鼓腹。按口部、颈部及流嘴变化分六式。

I 式　敞口，筒颈，饼足，弓柄，短直流。标本见邛崃十方堂五号窑包 86QS5YT$_{34}$④:4，砖红胎，青釉，施米黄色化妆土。口径 6.4、最大腹径 11.5 厘米，足径 8.2 厘米，高 13.5 厘米 [6]（图3-1）。

II 式　喇叭形口，束颈，平底，弓柄，短直流。标本见邛崃十方堂五号窑包 84QS5YT$_7$④:9，砖红胎，青灰釉，绘有红褐色彩斑，施米黄色化妆土。口径 4.8 厘米，最大腹径 7 厘米，足径 4.8 厘米，高 9.6 厘米 [6]（图3-2）。

III 式　敛口，无颈，饼足，肩部设短流，圆拱形提梁设于壶口两端。标本见成都金河路 H4:324，提梁残存一半。紫灰胎，酱釉。口径 11.7 厘米，最大腹径 15 厘米，底径 10.5 厘米，高 9 厘米 [12]（图3-3）。

IV 式　喇叭形口，束颈，平底，弓柄，长曲流。标本见邛崃十方堂五号窑包 87QS5YT$_{63}$③:19，长曲流。褐胎，青釉，施米黄色化妆土。口径 2.3 厘米，底径 4.5 厘米，高 7.5 厘米 [6]（图3-4）。

V 式　杯形口，束颈，平底内凹，弓柄，长曲流。标本见邛崃十方堂五号窑包 85QS5YT$_{19}$③:23，褐胎，青中泛黄釉，施米黄色化妆土。口径 5 厘米，最大腹径 9 厘米，

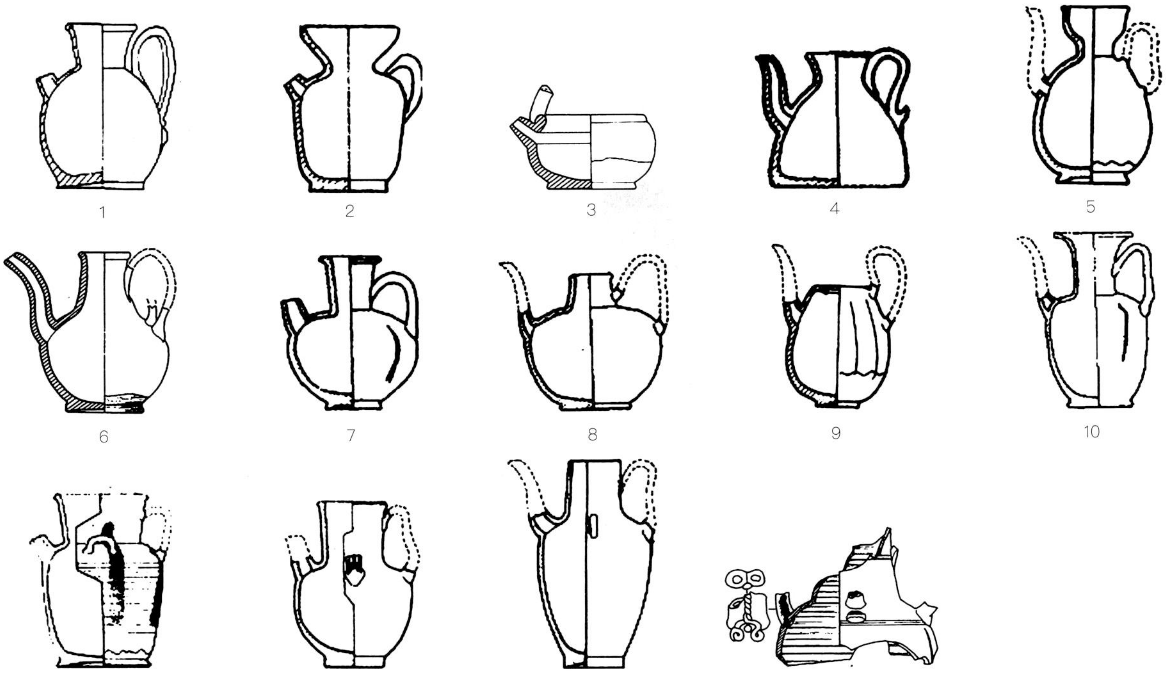

图 3　邛窑注壶

足径 5.5 厘米，高 13.5 厘米 [6]（图 3-5）。

VI 式　敞口外侈，筒颈，饼足，弓柄，长曲流。标本见都江堰玉堂六号窑包 T1 ②：575，砖红胎，乳浊青白釉。口径 4.5 厘米，足径 6.5 厘米，高 13.5 厘米 [10]（图 3-6）。

Ab 型　瓜棱形腹。按口部、颈部及流嘴变化分四式。

I 式　敞口，筒颈，饼足，弓柄，短直流。标本见邛崃十方堂五号窑包 86QS5YT$_{29}$ ④：32，褐胎，青中泛白釉，施灰白色化妆土。口径 3.7 厘米，最大腹径 7.5 厘米，足径 3.6 厘米，高 9.8 厘米 [6]（图 3-7）。

II 式　直口，短筒颈，饼足，弓柄，长曲流。标本见邛崃十方堂五号窑包 85QS5YT$_{21}$ ③：51，褐胎，青中泛黄釉，施米黄色化妆土。口径 3.7 厘米，最大腹径 12.2 厘米，足径 6.5 厘米，高 12 厘米 [6]（图 3-8）。

III 式　敛口，无颈，饼足，弓柄，长曲流。标本见邛崃十方堂五号窑包 86QS5YT$_{24}$ ③：15，褐胎，青中泛白釉，绘有绿色点彩，施灰白色化妆土。口径 2 厘米，最大腹径 9.5 厘米，足径 3.6 厘米，高 11 厘米 [6]（图 3-9）。

IV 式　敞口，筒颈，饼足，弓柄，长曲流。标本见邛崃十方堂五号窑包 86QS5YT$_{48}$ ③：75，褐胎，青中泛黄釉，施米黄色化妆土。口径 8.5 厘米，最大腹径 10.5 厘米，足径 7 厘米，高 19 厘米 [6]（图 3-10）。

B 型　有双耳。按腹部形状不同分二亚型。

Ba 型　圆鼓腹。按口部、唇部及流嘴变化分为三式。

I 式　敞口，尖唇，直筒颈，饼足，弓柄，短直流。标本见邛崃十方堂五号窑包 85QS5YT$_{24}$ ④:61，黑褐胎，青中泛绿釉，腹部绘有褐、绿二色彩斑，施米黄色化妆土。口径 10.5 厘米，最大腹径 14.2 厘米，足径 11 厘米，高 21.3 厘米 [6]（图 3-11）。

II 式　直口，尖唇，筒颈，饼足，弓柄，短直流。标本见邛崃十方堂五号窑包 84QS5YT$_{10}$ ③:53，褐胎，青中泛黄釉，施米黄色化妆土。口径 6 厘米，最大腹径 9.9 厘米，足径 5 厘米，高 14 厘米 [6]（图 3-12）。

III 式　直口，方唇，直筒颈，饼足，弓柄，长曲流。标本见邛崃十方堂五号窑包 84QS5YT$_{10}$ ②:60，褐胎，青中泛白釉，施米黄色化妆土。口径 5.7 厘米，最大腹径 12.3 厘米，足径 6.6 厘米，高 24 厘米 [6]（图 3-13）。

Bb 型　瓜棱形腹。标本见邛崃龙兴寺 H12:17，已残，直筒颈，八瓣瓜棱形腹，宽扁手柄，双管流。浅砖红胎，青中泛紫釉，内壁施有化妆土。残高 17 厘米 [18]（图 3-14）。

2. 饮茶器具

作茶完毕后便可将茶汤倒入适当的容器中品饮，唐宋川渝地区常见的饮茶具为茶瓯与茶托，在同时期的邛窑系窑场也有大量生产。茶瓯包括茶碗与茶盏，其中茶碗用于煎煮茶，茶盏用于点茶，茶碗因要盛放煎煮后的浓稠茶汤，通常口大腹深，口径多在 10—20 厘米；茶盏口径则多在 8—15 厘米，且点茶时为保持茶汤温度并便于观察汤面，茶盏多器壁厚重、腹部坦浅。

根据碗型不同，可将邛窑茶碗分为四型。

A 型　浅腹碗。标本 1 见邛崃十方堂五号窑包 86QS5YT$_{32}$ ④:26，敞口，圆唇，弧腹，饼足，足下有一圈刀削痕。褐胎，青釉，施米黄色化妆土。口径 10.5 厘米，足径 5.5 厘米，高 3 厘米 [6]（图 4-1）。标本 2 见邛崃十方堂五号窑包 84QS5YT$_4$ ②:24，敞口，圆唇，斜直腹，饼足。黄褐胎，青中泛灰釉。口径 21 厘米，底径 10 厘米，高 6.5 厘米 [6]（图 4-2）。

B 型　深腹碗。标本见邛崃十方堂五号窑包 86QS5YT$_{42}$ ⑤:17，侈口，尖唇，弧腹，近底内收，饼足外撇，足下有一圈刀削痕。浅褐胎，青釉，施灰白色化妆土。口径 14.5 厘米，足径 8.5 厘米，高 5.5 厘米 [6]（图 4-3）。

C 型　折腹碗。标本见邛崃大渔村二号窑包 6 采 QDY2:1，圆唇，侈口，折腹，上腹内曲，下腹弧收，饼足，足底削棱。褐胎，青中泛白釉，施有化妆土。口径 15.3 厘米，足径 8 厘米，高 6.2 厘米 [8]（图 4-4）。

D 型　花瓣形碗。标本见邛崃十方堂五号窑包 86QS5YT$_{35}$ ③:8，葵口，尖唇，上腹斜直，腹身呈葵瓣形，近底内收，饼足，器壁轻薄。褐胎，青中泛白釉，施灰白色化妆土。口径 11 厘米，足径 5 厘米，高 4.5 厘米 [6]（图 4-5）。

根据盏腹深浅，可将邛窑茶盏分为二型。

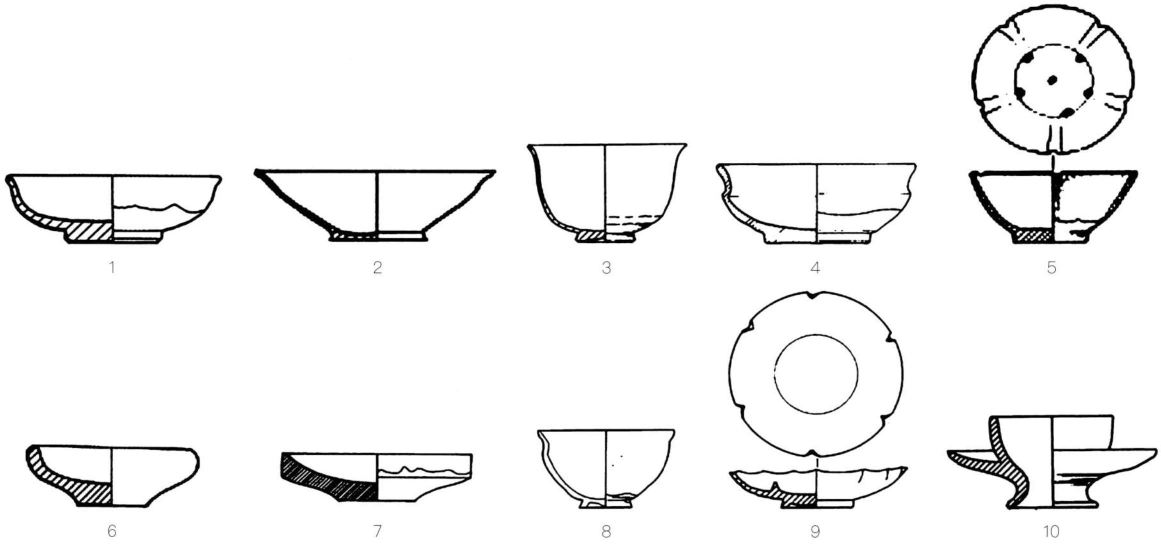

图4 邛窑茶碗、茶盏

A 型　腹身坦浅，器壁厚重。标本1见邛崃十方堂五号窑包85QS5YT₁₇②:21，敞口，圆唇，坦腹，饼足。褐胎，青中泛白釉，施米黄色化妆土。口径12.3厘米，足径5.8厘米，高4厘米[6]（图4-6）。标本2见邛崃龙兴寺遗址ⅠT3502④a:1，敞口，尖唇，直腹，饼足。灰白胎，青中泛紫釉。口径9.2厘米，足径3.8厘米，高2.3厘米[18]（图4-7）。

B 型　腹身较深，器壁轻薄。标本见邛崃十方堂五号窑包84QS5YT②:18，敞口，近唇内收，腹微鼓，浅圈足。灰褐胎，乳浊青绿釉。口径10.5厘米，足径4厘米，高6厘米[6]（图4-8）。

茶托主要用于承接茶瓯，可防烫并可接住溢出的茶水。根据形制不同，可将邛窑茶托分为二型。

A 型　托盘式。标本见邛崃十方堂五号窑包86QS5YT₄₇④:15，敞口，坦浅腹，腹身呈六曲葵瓣形，中心凸起一环形圈座，玉璧底。褐胎，施米黄色化妆土，无釉。口径13.4厘米，足径5.2厘米，高3.1厘米[6]（图4-9）。

B 型　托碗一体式。标本见邛崃龙兴寺遗址ⅠT2006④b:3，托盘为尖唇，浅弧腹，圈足外撇，托碗呈杯状，深腹，粘于托盘内底。灰白胎，豆青釉。足径4.9厘米，残高5.2厘米[18]（图4-10）。

二、唐宋邛窑茶具的组合与分期

根据上述邛窑茶具的型式演变，结合邛窑窑址及川渝地区唐宋遗址出土的纪年材料，并参考当地出有邛窑茶具的纪年墓葬，将唐宋川渝地区邛窑茶具的器型组合分为三组。

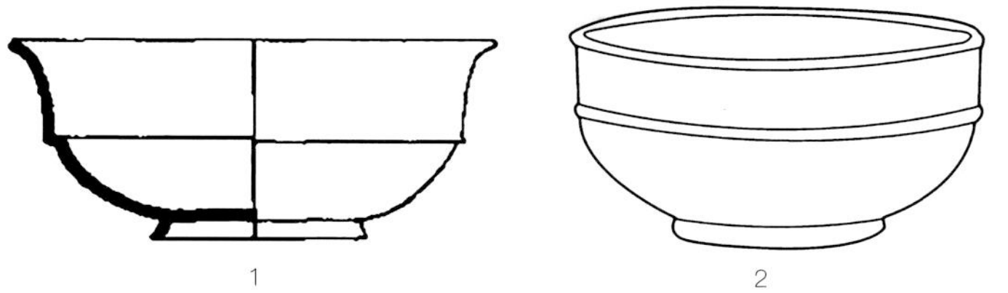

图 5 折腹碗、玻璃碗

1. 第一组

邛窑茶具有 A 型瓷杵，A 型、B 型、C 型瓷臼，A 型、B 型茶研，Aa 型、Ab 型与 B 型茶铫，Aa 型 I 式与 II 式壶、Ab 型 I 式壶、Ba 型 I 式壶，A 型、B 型、C 型茶碗，A 型茶盏，A 型、B 型茶托。

邛崃十方堂五号窑包出土有 A 型茶碗（84QS5YT$_{12}$④:32），其腹部彩书"先天二年二月八日适记泗"，"先天"应为唐玄宗李隆基的年号，故"先天二年"应为 713 年。C 型茶碗的形制与唐神龙二年（706 年）永泰公主墓 [22] 出土的三彩折腹碗形制相似，另在成都西郊金沙堰村一唐墓 [23] 中发现有形制相似的折腹碗，此墓中出土有 5 枚"开元通宝"的钱币，且所用墓砖的规格与隋代墓砖接近，故此应为唐早期墓葬。此组茶具的时代应为初唐至中唐。

胎釉上，此组茶具多为青釉器，包括青中泛白釉、青中泛绿釉、青黄釉、青灰釉等，胎色较深，呈褐色、砖红色、紫红色等，胎釉间多使用米黄色化妆土。造型风格上，臼、壶、碗等器物的形制较为规整，但略显古朴笨重，如臼多呈罐形，器壁厚重；注壶均为短直流、鼓腹、饼足、弓柄；茶碗以浅腹碗与深腹碗为主，多为侈口或敞口，最大特点是饼足外撇且足下沿有一周刀削痕。部分器物中出现了外来文化因素，如 C 型茶碗与当时流行的金银折腹碗（图 5-1）形制相似，其原型可能来自 5—6 世纪西方玻璃碗，如河北景县北魏封魔奴墓出土翠青色玻璃碗与同时期朝鲜庆州瑞凤冢出土蓝色玻璃碗（图 5-2），两碗均广口平底，且上腹部凸起一道弦纹，其成分相似，应为"罗马型"玻璃。此外，摩羯鱼形茶研、瓜棱形壶及花瓣形托盏的出现都体现出外来文化因素对邛窑产品的影响。纹饰上，以釉下彩绘为主，在施以化妆土的器表上以褐彩、绿彩或褐、绿双彩绘出斑点、条带、草叶、团花等图案。

2. 第二组

邛窑茶具有 B 型瓷杵，A 型瓷臼，A 型茶研，A 型、B 型茶镂，Aa 型茶铫，Aa 型 III 式、IV 式、V 式壶与 Ab 型 II 式、III 式、IV 式壶及 Ba 型 II 式与 Bb 型壶，A 型、B 型、C 型、D 型茶碗，A 型茶盏，A 型茶托。A 型与 B 型茶镂、Aa 型 IV 式壶及 B 型、C 型、D 型茶碗在成都金河路遗址的晚唐至北宋初堆积层多有出土，Aa 型茶铫在成都邛崃南街遗址晚唐至北宋地层出土，A 型茶碗与成都龙泉驿区洪河大道南延线的五代至北宋墓葬 [24] 出土 C 型 II 式碗（M3:3）相似，Bb 型注壶双流且流上系有鞭索的形制特点与成都邛崃南街遗址晚唐至北

22 陕西省文物管理委员会：《唐永泰公主墓发掘简报》，《文物》1964 年第 1 期。

23 成都文物考古研究所：《成都市西郊金沙堰村唐宋墓葬发掘简报》，《成都考古发现 2001》，科学出版社，2003 年。

24 成都文物考古研究所、龙泉驿区文物保管所：《成都市龙泉驿区洪河大道南延线唐宋墓葬发掘简报》，《成都考古发现 2001》，科学出版社，2003 年。

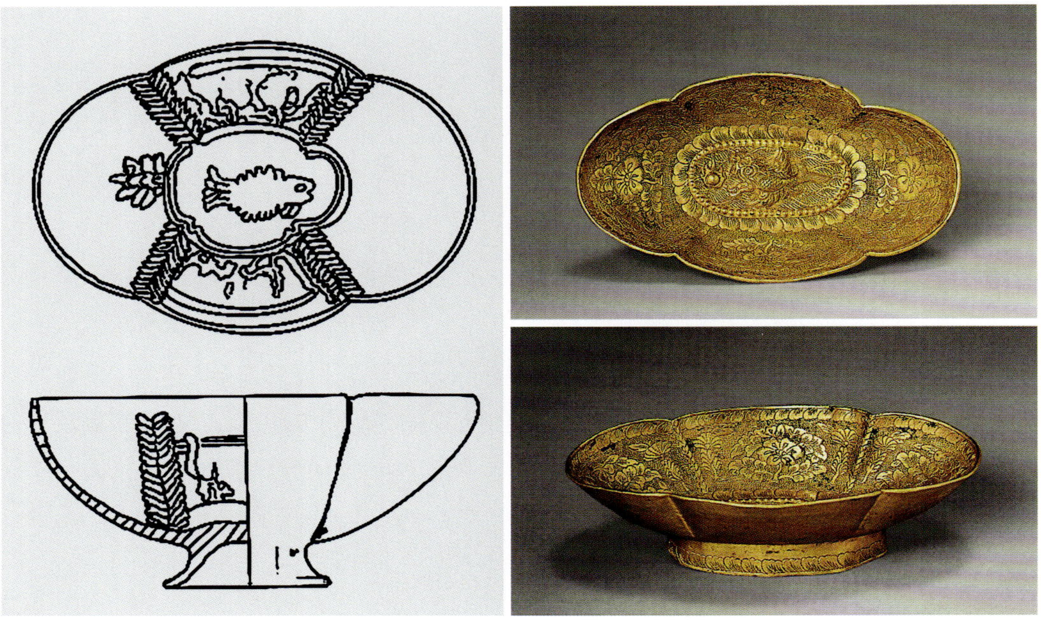

图 6　四曲花瓣形碗、摩羯纹金四曲长杯

宋时期灰坑出土的 II 式壶（H1:165）相似。此组茶具的时代应为晚唐至北宋初。

胎釉上，此组茶具仍以青釉器为主，但出现有乳浊釉器，多呈天青色、青绿色，还有少量酱釉器，胎色深且胎质粗糙，但也有少量胎质上乘的灰白胎，青釉器多施化妆土。造型风格上，壶与碗的型式更为丰富，形制也更为规整，如注壶中出现提梁壶与长流壶，且瓜棱壶型式增多；茶碗在浅腹碗、深腹碗与折腹碗的基础上，新增花瓣形碗，碗足仍以内削一周的饼足为主，也见玉璧足与圈足。外来文化因素对邛窑茶具的影响逐渐加深，如新出现的 D 型花瓣形碗，其原型应来自萨珊波斯的多曲金银器。以邛崃十方堂五号窑包出土的一件四曲花瓣形碗（图 6-1）为例，此碗敞口、尖唇、椭圆形腹、喇叭形圈足，其形制与陕西历史博物馆藏的唐代摩羯纹金四曲长杯（图 6-2）形制相似，此杯的原型来自萨珊八曲长杯，唐代金银工匠在模仿的基础上进行改造，将八曲简化为四曲，其他保持不变，邛窑瓷匠后又对此形制进行调整，加深碗腹、缩小圈足，提高其容量，并在碗内模印云鱼纹图案，使更具本土化特色。纹饰上，釉下彩绘相对减少，刻花与印花逐渐流行，常见纹样有飞鸟、游鱼等动物纹与卷草、莲花等植物纹。

3. 第三组

邛窑茶具有 A 型、B 型瓷杵，A 型茶研，Aa 型与 B 型茶铫，Aa 型 VI 式、Ab 型 IV 式与 Ba 型 III 式壶，A 型、D 型茶碗，A 型、B 型茶盏，B 型茶托。Aa 型茶铫出土于邛崃龙兴寺遗址的北宋地层中，A 型茶盏、B 型茶托出土于邛崃龙兴寺遗址的南宋地层中，A 型茶碗与成都十陵镇青龙村北宋崇宁五年（1106 年）三号墓 [25] 出土的青釉碗形制相似，Ab 型 I 式壶与山西大同金正隆四年（1159 年）陈庆夫妇墓 [26] 所出注壶形制相似。此组茶具的时代应为北宋中晚期至南宋前期。

胎釉上，此组茶具以乳浊釉器为主，釉色多偏绿色或青色，独具特色的"邛窑绿"出现，青釉、酱釉器数量较少，胎色仍以深色为主，有少量灰白胎，化妆土仍仅用于青釉器上。造型风格上，壶与碗的型式减少，但形制规整，更显典雅精致，如短流壶完全被长曲流壶取代，壶身由矮胖变瘦高；深腹碗与折腹碗几乎不见，花瓣形碗数量增多，仍以饼足为主，有少量圈足，而玉璧足消失。茶盏的型式增多，除器壁厚实的坦腹盏外，还出现了胎壁相对轻薄的深色釉盏。瓜棱壶与花瓣形碗仍为外来文化因素影响下的产物，但其形制与纹饰渐趋本土化。纹饰上，以刻花与印花为主，刻花纹精美细致，但略显拘谨，宛如南宋工笔院画，印花纹则讲究对称排列的构图 [27]，而釉下彩绘仅见于少量青釉碗内壁，几乎消失。

三、饮茶习俗对邛窑茶具的影响

川渝地区多丘陵、盆地，气候温暖湿润，这种地理环境较适宜茶树的生长，自古便是我国茶叶重要产区之一。《神农本草经》曾载："神农尝百草，日遇七十二毒，得茶乃解。"可见在原始社会晚期，三峡地区的神农架已有茶树。《华阳国志·巴志》记载："武王既克殷，以其宗姬于巴，爵之以子……桑、蚕、麻、苎、鱼、盐、铜、铁、丹、漆、茶、蜜……皆纳贡之。" [28] 可见川渝地区在西周时期已有茶树的栽培与利用。成书于秦汉之际的《尔雅》记载："槚，苦茶。"东晋郭璞注《尔雅》释"槚"为："叶小如栀子，冬生，叶可煮作羹饮。今呼早采者为'茶'，晚取者为'茗'，一名'荈'。蜀人名之'苦茶'。" [29] 西汉王褒在《僮约》中规定了僮仆的日常工作，其中就有"烹茶尽具"及"武阳买茶"。"武阳"在今四川省眉山市彭山区，现存有千年古茶树，此是两江交汇处的一津渡，是当时川渝地区重要的商品集散地，可见西汉之时茶叶已作为商品流通于川渝地区，饮茶习俗也逐渐形成。至唐宋时期，全国茶业发展进入高潮，成都作为当时全国最重要的商业中心之一，产茶业更为昌盛，饮茶文化日趋浓厚，饮茶习俗也逐渐丰富起来，进而带动了邛窑茶具的出现与发展。

根据陆羽在《茶经》中的记载，可知唐代的饮茶法共有痷茶、芼茶、煎（煮）茶三种。《茶经·六之饮》："饮有粗茶、散茶、末茶、饼茶者，乃斫、乃熬、乃炀、乃舂，贮于瓶缶之

25 朱章义、刘雨茂、毛求学，等：《成都市龙泉驿区青龙村宋墓发掘简报》，《成都考古发现 1999》，科学出版社，2001 年。

26 大同市博物馆：《大同市南郊金代壁画墓》，《考古学报》1992 年第 4 期。

27 詹颖：《邛窑器物设计的审美文化》，中国轻工业出版社，2019 年，第 45 页。

28 （晋）常璩撰，刘琳注：《华阳国志校注》，巴蜀书社，1984 年，第 21—25 页。

29 （晋）郭璞注：《尔雅》，商务印书馆，1937 年。

中，以汤沃焉，谓之痷茶。"[30] 可见"痷茶"应是将粗茶、散茶、末茶、饼茶经过采摘、蒸烤、捣碎的加工后倒入热水冲泡的饮茶法。所需用到的茶具有制作茶饼的杵臼、碾磨茶饼的茶研、冲泡茶叶的注壶及盛放茶汤的茶碗。《茶经·七之事》："《广雅》云：'荆巴间采叶作饼，叶老者饼成，以米膏出之，欲煮茗饮，先炙，令赤色，捣末置瓷器中，以汤浇覆之，用葱、姜、橘子芼之，其饮醒酒，令人不眠。'"[31] 可见唐代川渝地区已掌握制作饼茶的方法，并有将饼茶炙烤、捣碎后与葱、姜、橘皮同煮成茶粥的"芼茶"饮茶法。所需用到的茶具有制作茶饼的杵臼、碾磨茶饼的茶研、煮茶的茶鍑及盛放茶汤的茶碗。陆羽对上述两种饮茶法并不认可，认为其为"斯沟渠间弃水耳"。陆羽在《茶经》中推崇并详细介绍的是煎茶法[32]，此亦为唐代主流的饮茶法。煎茶前需先炙烤茶饼，晾凉后碾磨茶饼并过筛，形成茶末以备用。煎煮茶过程中要经历"三沸"[33]，之后汤面上会出现"华"（即汤花），至此茶汤煎煮成，可倒入茶碗中品酌。所需用到的茶具有制作茶饼的杵臼、碾磨茶饼的茶研、煎茶的茶铫（或茶鍑）、盛放茶汤的茶碗。

初唐至中唐的邛窑茶具组合情况基本与之相符，但未出现茶鍑，这应与《茶经》中记载的"鍑，以生铁为之……瓷与石皆雅器也，性非坚实，难可持久"有关，此时期的茶鍑应多为铁制，陶瓷茶鍑较为少见。《茶经》中未见有关茶铫的记载，但唐代元稹在《一七令·茶》中载"茶。香叶，嫩芽……铫煎黄蕊色，碗转曲尘花"[34]，在据传唐阎立本《萧翼赚兰亭图》中绘有唐代煎茶景象，画中一老者手持茶铫于风炉之上（图7）；此外，邛窑茶铫出土数量也较多，邛窑十方堂五号窑包出土茶铫149件[6]、都江堰玉堂六号与十七号窑包共出土茶铫113件[10]，邛崃龙兴寺、成都杜甫草堂、成都金河路等唐宋遗址也有零零散散出土，可见茶铫在唐宋川渝地区的盛行程度。唐代痷茶法需用注壶存贮热水以冲泡散茶，不易散热且出水快的鼓腹短流壶与之适配。唐代煎、煮茶后会使用茶杓将茶汤分入茶碗中，此场景可见于晚唐《唐人宫乐图》（图8），画中一侍女使用长柄茶杓将桌上茶盆中的茶汤分

图7 唐阎立本《萧翼赚兰亭图》煎茶场景

30（唐）陆羽：《茶经》，浙江古籍出版社，2011年，第17页。

31（唐）陆羽：《茶经》，浙江古籍出版社，2011年，第19页。

32 陆羽在《茶经》中多用"煮茶"指代此法，但为与"用葱、姜、橘子芼之"的饮茶法区分，在此以"煎茶"特指唐代主流饮茶法。

33 "一沸"时要按照水量加入适量的盐调味；"二沸"时，用竹筴转圈搅拌沸水，沿旋涡放入茶末；"三沸"时倒入一瓢水止沸。

34 赵方任辑注：《唐宋茶诗辑注》，中国致公出版社，2001年，第1页。

图8　晚唐《唐人宫乐图》分茶场景

入各茶碗中饮用，且煎、煮后的茶汤较为浓稠，故相比腹部坦浅的茶盏，口径与容量较大的茶碗更适用于煎、煮茶法。陆羽在《茶经·四之器》中对越窑青釉碗大加赞扬，认为"越瓷青而茶色绿""青则益茶"，邛窑青釉茶碗的胎釉虽不及越窑，但其敞口浅腹的碗形也常见于越窑产品中。

　　晚唐至北宋初是唐宋饮茶法的过渡期，此期邛窑茶具组合中除杵臼、茶研、茶鍑、茶铫、短流壶、茶碗及茶盏外，新增长流壶，说明此时期点茶法已出现，并与痷茶法、煮茶法、煎茶法共存。此时期出现瓷质茶鍑，但出土物尺寸较小，现实中很难用其煎煮茶，推测其与河北唐县出土一件唐代邢窑白釉茶鍑性质相同，应为模型明器。仅见管状柄茶铫，环形柄与无柄茶铫消失，一定程度说明煎茶法已不再是当时的主流饮茶法。注壶的器型则增多，出现长流壶与提梁壶，其中提梁壶造型较为独特，其敞口、短流、深腹的设计与同时期茶鍑、茶铫有相似之处，亦可用于煎煮茶。此外，还出现有造型精巧的花瓣形碗，是典型的仿金银器产品，可见当时蜀地的饮茶文化也受奢靡之风的影响。

　　宋代点茶法取代煎茶法，成为当时的主流饮茶法。冲点茶前需先炙烤、碾磨饼茶，再将碾好的茶末加少量水调成膏状后置于盏内，随后边注入沸水边用茶筅击拂茶汤形成水乳交融的泡沫，此时点茶才算完成。所需用到的茶具有制作茶饼的杵臼、碾磨茶饼的茶研、点茶的长流壶、品赏茶汤的茶盏及防烫防洒的盏托。

　　点茶的注水过程极为重要，这与注壶流嘴的形制直接相关，宋徽宗在《大观茶论》中言："注汤害利，独瓶之口嘴而已。嘴之口差大而宛直，则注汤力紧而不散。嘴之末欲圆小而峻削，则用汤有节而不滴沥。盖汤力紧则发速有节，不滴沥，则茶面不破。"[35] 为了冲点出完美的茶面，宋代注壶多为长曲流，其壶身也逐渐变得瘦长，故有"汤瓶"之称。点茶后汤面出现的泡沫被称为"汤花"，因受冲拂手法及水温等因素的影响而呈现不同形态，由此产生"斗茶"的饮茶竞技，其以汤花鲜白且长时间咬盏不退者为胜。为使冲点出的白色汤花充分呈现，并保温茶水以显茶色，斗茶时通常选用器壁厚实、腹深、釉色较深的茶盏，而邛窑生产的部分茶盏腹部坦浅且釉色浅淡，明显不适用于"斗茶"，但北宋中晚期至南宋之际出现有乳浊蓝绿色的深腹茶盏，其器壁虽比浅腹盏轻薄，但与其他器物胎壁相比仍算厚实，满足"斗茶"盏的基本要求。此外，宋人尚古法，仍保留以茶铫煎茶之法，但用茶鍑

35（宋）赵佶等著，日月洲注：《大观茶论》，九州出版社，2018年，第282—284页。

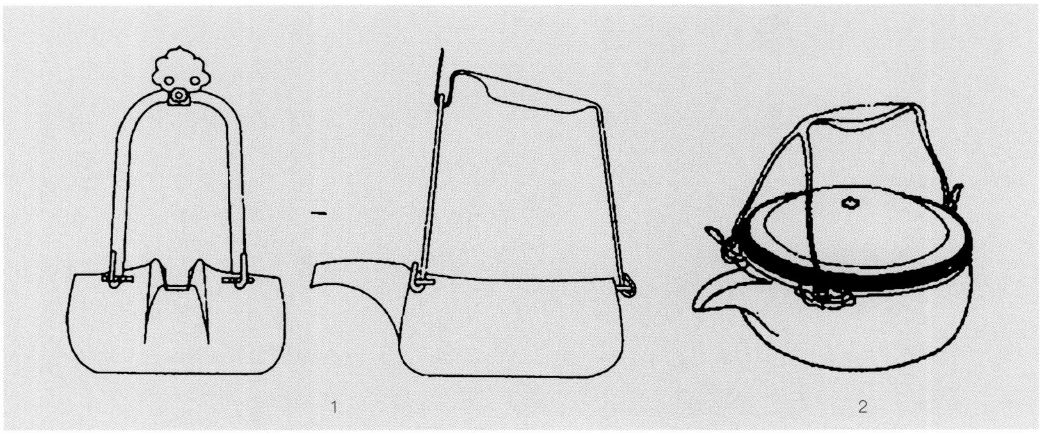

图 9　铜质铫子、北宋定窑瓷铫

煮茶的方式几乎消失。无柄茶铫再次出现，并比有柄茶铫更为流行[36]，这可能是受当时铜质铫子的影响，见江油市彰明公社宋代窖藏出土的铜质铫子[37]（图 9-1），台北故宫博物院藏的一件北宋定窑瓷铫[38]（图 9-2）与其形制相似，可见宋代煎茶法多使用无柄茶铫。除茶铫外，配套煎茶法使用的还有茶碗，多为浅腹碗与花瓣形碗，碗内壁装饰有宋代流行的刻花与印花图案。

四、结语

　　川渝地区是茶与茶文化的发源地，饮茶传统源远流长。邛窑作为唐宋时期川渝地区最大瓷窑窑场，生产了大量种类丰富、造型多样的陶瓷茶具，为当地的饮茶习俗与茶文化提供物质载体。对邛窑茶具的研究，有利于我们进一步了解唐宋时期的饮茶习俗与川渝地区的饮茶文化，并为中国茶文化的研究尽微薄之力。

---

36 宋代邛窑瓷铫主要出土于都江堰玉堂窑遗址，六号与十七号窑包共出土宋代乳浊绿釉瓷铫 96 件、青釉瓷铫 17 件，其中无柄瓷铫共出土 66 件，有柄瓷铫仅有 47 件。

37 黄石林：《江油县发现宋代窖藏》，《四川文物》1987 年第 2 期；黄晓枫：《成都平原考古发现的宋代茶具与饮茶习俗》，《成都考古研究 2013》，科学出版社，2015 年。

38 扬之水：《两宋之煎茶》，《中国历史文物》2002 年第 4 期。

邛窑古陶瓷的特点与交流初探

李国霞[1]　李融武[2]

（1.郑州大学　2.北京师范大学）

摘要： 邛窑是四川西南地区东晋、隋、唐、宋时期极具特色的重要民间窑场，以烧青瓷为主，隋代创烧了高温三色彩绘瓷。其高温三色彩绘瓷等器物具有自己的特色，并善于将雕塑艺术的手法运用到瓷器的造型上，邛窑文化与中原文化甚至域外文化有商贸交往。本文根据邛窑古陶瓷的发掘、考古等资料，探析邛窑古陶瓷的特点、发展、创新与交流方法。

关键词： 邛窑　发展　特点　创新　交流

邛窑是四川西南地区的一个庞大窑系，创烧于东晋晚期，南朝时就广泛使用化妆土美化陶瓷，隋代创烧了高温彩绘瓷，唐至五代以其釉下彩绘著称于世，达到了它的历史高峰，衰于南宋中晚期，时间跨度八百余年，是四川地区社会影响力最大，产品流传最广的民窑[1]。

邛窑湮没了一千多年，它被人们重视是近百年的事。邛窑发现于20世纪30年代，当时曾遭到军阀的疯狂盗掘。新中国成立后有许多文物机构和陶瓷专家对多个邛窑遗址进行调查、试掘和发掘，使邛窑的烧造情况逐步被世人认知[2]。本文依据多年来的考古调查和发掘资料，对邛窑古陶瓷的发展、特点、创新与交流进行探讨，不妥之处敬请各位专家指正。

一、邛窑古陶瓷概况

邛窑分布在以成都平原为中心的四川西部与南部地区，包括成都、郫都区、大邑、崇州、都江堰（灌县）、金堂、双流、新津、邛崃、芦山、绵阳、江油、乐山13个县市区[3]。

在历年的窑址调查与发掘中发现了大量的瓷器和窑具标本，其中十方堂窑址，是邛窑中面积最大、窑包最多、时间延续最长、器物流传最广、纹饰造型最美、出土文物也最为

1　王崇东：《浅析古邛窑陶瓷的工艺特点》，《陶瓷》2008年第7期。

2　伍秋鹏：《邛窑陶瓷窑具与装烧工艺初探》，《四川文物》2005年第1期。

3　陈丽琼：《邛窑古陶瓷发展概述》，《邛窑古陶瓷研究》，中国科学技术大学出版社，2002年。

丰富的窑址。仅五号窑包就出土南北朝至宋代的瓷器、瓷料5万多件，有各种生活用具、文具、玩具、工具、人物俑、动物俑、建筑材料、窑具、酒具、钱币等200多个花色品种[4]。1988年1月，十方堂邛窑遗址被国务院正式公布为全国重点文物保护单位；2023年4月，邛窑被列入国家150处重要大遗址名单。

据不完全统计邛窑古陶瓷有青釉、青绿釉、青灰釉、青黄釉、青釉褐斑、青釉褐绿斑、灰白色釉、乳白色釉、米黄釉、棕黄色釉、酱色釉、褐黑色釉、绿色釉、黑色釉等多达三十多种釉色，以青瓷为主，青中泛白，青中泛黄，青中泛绿的居多，多为高温石灰釉。器物表面多采用彩绘、印花、刻划花、刻划花加彩、堆贴花等装饰手法，使釉下彩绘具有极高的审美价值和艺术价值。胎质以褐色和红褐色为主，此外还有砖红、黄白、灰黑、灰白，胎料比较粗，含有细砂粒，在胎面上施有化妆土[5]。

邛窑产品共计十余种大类，数百种造型[6]。器型包括盘、碗、罐、杯、壶、盆、钵、盏、盒、灯、酒具等生活用具；砚、香炉、水注、墨研、笔洗、水盂等文化用具；乐器类的有民间常用的各式吹奏乐器；佛像类和俑类的有各类佛像瓷塑、人物、面具等；玩具类有狮、虎、猴、牛、马、猪、羊、犬、鸡、鸭、鹅、鱼、龟、铃铛、棋子、弹子等不胜枚举。建筑建材类的有琉璃砖瓦和琉璃构件。在制作上有手捏，有雕塑，有用模压成型，工艺精巧、形象生动。从以上邛窑瓷器的品类来看其功用多为满足普通百姓食、用、玩、赏等多方面的生活需求而烧制[7]。

从已知的材料来看，当时邛窑以柴为主要燃料。邛窑的精美产品取决于当时先进的烧制工艺，从东晋、南朝到两宋，邛窑古陶瓷经历了用瓷石间隔叠烧到支钉的广泛应用，从无匣钵的明火叠烧到用匣钵装烧，从一匣钵残片上有"贞元六年润"可证明唐时已普遍使用匣钵，匣钵的使用在当时是非常先进的工艺，这使得邛窑产品的质量得到极大的提高，避免了烧制过程中瓷器表面颗粒、气泡的出现。从一匣多件发展到一匣一器，以及三角形圆孔垫板、三角形三齿支钉和火标的使用等一系列的重大技术革新。纵观邛窑陶瓷的东晋、南朝至两宋时期窑具及装烧工艺的发展演变，自始至终都贯穿着既要不断提高瓷器的质量，又要不断降低成本，提高产量，扩大生产的目的[8]。

二、邛窑古陶瓷的特点与创新

对邛窑的考古研究发现，早在南朝，邛窑就广泛使用化妆土美化陶瓷。邛窑也是最早

4　伍秋鹏：《四川邛窑彩绘瓷与三彩小议》，《收藏界》2007年第9期。

5　陈丽琼：《邛窑新探》，《四川古陶瓷研究》，四川省社会科学院出版社，1984年。

6　王崇东：《浅析古邛窑陶瓷的工艺特点》，《陶瓷》2008年第7期。

7　王蓓蓓、刘美丽：《唐代邛窑瓷器及其所反映的社会生活》，《文物春秋》2007年第2期。

8　伍秋鹏：《邛窑陶瓷窑具与装烧工艺初探》，《四川文物》2005年第1期。

对陶瓷器进行彩绘装饰的窑址，1988 年 10 月，四川省考古队对固驿瓦窑邛窑遗址进行正式发掘，清理出 45.7 米的龙窑 1 座，虽有一定损坏，但主要部分（火膛、炉身、烟道）是齐全的。古陶瓷学界一般都认为唐以前的窑炉没有超出 30 米，而瓦窑出土的龙窑竟长达40 多米。另外，在固驿窑出土的大批隋代陶瓷器中，还发现有连珠纹釉下彩绘器 3 件，较《中国陶瓷史》认定的中国釉下彩生产最早的湖南长沙窑（中唐时期）早将近两百年。据此考证，固驿窑是我国已发现的生产釉下彩瓷的最早窑堡。著名古陶瓷鉴定专家耿宝昌认为，邛窑高温釉下彩工艺传播江南诸名窑，长沙铜官窑受其影响最深，因而两窑产品颇为相似，堪称"姐妹窑"。

邛窑最具有代表性的产品是邛三彩器，它与当时著名的唐三彩有所不同，具体表现在：1. 化学组成不同，唐三彩为铅釉，邛三彩为石灰釉；2. 着色剂不同，唐三彩以钴为蓝色着色，而邛彩以氧化铜着色；3. 装饰手法不同，唐三彩以平涂釉料作为装饰，而邛三彩以一种画的方式来表现，有各种图案，并且邛三彩有时在化妆土上彩绘后，再上透明釉，有时则在乳白釉上彩绘，这对后来釉上彩和釉下彩的形成有极大影响；4. 烧成温度不同，唐三彩烧成温度为 950—1050℃，为三彩陶。而邛三彩烧成温度为 1200℃，已接近瓷器的温度，故而被称为高温三彩瓷 [9]。

唐宋时期，邛窑更新为黄、绿、褐、蓝等数种颜色为基调的彩绘，同时还兼烧低温彩绘瓷，邛窑将胎装饰和釉装饰、高温彩绘和低温彩绘、釉下彩绘和釉上彩绘于作品之中，开创了彩绘瓷彩绘装饰的崭新局面 [10]。正如陈丽琼先生所说："这是个飞跃的进步，划时代的创造。我国陶瓷装饰艺术，由单色釉下彩向五彩缤纷的彩瓷世界发展而发端于此。"

邛窑窑工用当地原料配出浅黄、深黄、棕黄、老绿、翠绿、孔雀蓝、藏蓝、紫黄、黑色等彩在瓷器上作画，大多数是釉下彩。以大片圆形彩斑、连珠、多层菱形、圆圈构成的图案，有些和模印、划花、刻花、粘贴、捏塑等共同组成装饰面。最突出的是彩画，这些釉下彩绘图案深浅不一，浓淡相宜，着笔自如酣畅，纹饰抽象。邛窑善于将雕塑艺术的手法运用到瓷器的造型上，纵观邛窑瓷器，雕塑艺术品特别多，例如瓷塑造像类的孔子像、观音像、释伽天王像及妇女、婴孩形象等，还有很多活泼可爱的手捏人物小雕塑，如劳作俑、侍女俑、役仆俑、胡商俑、武士俑等，或骑马，或匍匐，或摔跤，造型栩栩如生；就是一些实用储盛用具、生活用具、文房用具等雕塑艺术的做法也处处可见 [11]。

另一件典型的邛窑黄绿釉高足瓷炉。该器于成都金河路遗址出土，是晚唐到五代时期的作品。当时的工匠师傅们在制作该器时先用模印制出带有飞天女神像的莲花瓣，再用手将一片片的花瓣按莲花的形态分三层贴塑到胎器上，三层花瓣各不相同，以体现每层花瓣

9　王崇东：《浅析古邛窑陶瓷的工艺特点》，《陶瓷》2008 年第 7 期。

10　何平扬：《"邛三彩"探索》，《上海工艺美术》2005 年第 2 期。

11　易欣、许超：《唐宋四川邛窑陶瓷玩具设计特征及其启示》，《装饰》2015 年第 2 期。

的不同形态。第一层花瓣因为先开，所以呈向下卷曲状；第二层花瓣因为已经盛开，所以向斜后方呈圆翘状微微展开；第三层花瓣因为刚刚开放，但尚未盛开，所以只是花瓣头部微微后翘。错落有致的朵朵花瓣组合成一朵生动鲜活、立体感强的莲花，虽然出自民间匠人之手，却有很高的艺术品位 [12]。

最著名的邛窑产品是在唐宋时期名噪一方的省油灯。从考古资料看，邛窑省油灯至迟在唐代就已出现。省油灯很像是叠在一起的两个油碟，油碟的边沿密封，在侧面开一个小孔，从该孔中先向夹层注一点清水，再往油碟里倒入灯油，燃灯的时候夹层清水可以降低油温，减少燃灯时油温升高的挥发消耗，同时还可以减少油气味、省油。邛窑省油灯至迟在唐代就已出现 [13]。

宋代陆游在成都生活过七年。他在《老学庵笔记》中，这样描述邛窑省油灯："书灯勿用铜盏，惟瓷盏最省油。蜀中有夹瓷盏，一端作小窍注清水于其中，每夕一易之。寻常盏为火所灼而独燥，故速干。此独不然，其省油几半。" [14] 油灯在古代社会生活中具有非常重要的地位，是人们晚间工作、生活必不可少的工具，该灯受到士大夫文人和广大平民百姓的欢迎。

三、邛窑古陶瓷的交流与外销

四川虽然远离浙江越窑产地，但越窑烧制的优质青瓷仍然通过商品流通的形式不断运销到四川地区，四川本地的制瓷业应是在学习南方越窑先进制瓷工艺基础上而兴起的。在唐代以前，越窑青瓷对四川制瓷业的影响主要表现为器型、纹饰和装烧工艺这几方面，邛窑青瓷的刻、划和印花装饰在总体风格和纹饰题材方面与越窑青瓷具有一定的相似性。两窑共同的纹饰题材有海棠、牡丹、莲瓣、芙蓉、菊花、缠枝花卉、龙、凤、鹦鹉、鱼纹等。如邛崃十方堂出土的叶形盏、印花鹦鹉小盒、海棠式杯等，都是仿越窑花纹，其产品同时兼有南方越窑青瓷的特征和本地特色。不同之处在于越窑青瓷的装饰以刻、划为主，而邛窑青瓷中的印花装饰多，而刻、划装饰相对较少 [15]。

邛窑黄绿釉高足瓷炉上的飞天纹饰，许多僧侣、胡人、陶瓷佛像等人物造型，神态自若栩栩如生。在邛瓷上发现的隋唐盛行的釉下连珠纹，是波斯萨姆王朝的典型纹样，这些纹饰与造型并非偶然，这可能是邛窑文化与中原文化甚至域外文化商贸交往的历史见证。

胡立嘉在《南方丝绸之路与"邛窑"的传播》一文中，介绍了邛窑沿西南丝路的传播。其中着重论述了邛窑与越窑、耀州窑、长沙窑以及会理绿厂窑等的相互关系与影响。邛窑

---

12 李铁锤：《华丽的邛窑单色釉及高温三彩》，《收藏》2017年第7期。

13 席永君、张天琚：《邛窑：改写中国的陶瓷史》，《中国国家地理》2003年第12期。

14 （宋）陆游：《老学庵笔记》，中华书局，1979年。

15 伍秋鹏：《四川古代青瓷与越窑青瓷的关系探析》，《中国陶瓷》2015年第1期。

品类多样的执壶应是仿西亚银瓶而成，邛窑仿制金银器是邛窑产品外销的需要。1999 年印尼海域"黑石号"沉船中打捞出的数万件唐代中国瓷器。其中部分被认定为长沙窑。有一件"绿釉缶复"不明出处研究长沙窑的上博专家陆明华先生也认为"这种造型在长沙窑中亦未见发现"，然而在邛窑中则可找见 [16]。

早在 20 世纪 30 年代当邛窑十方堂遗址被地方军阀乱挖乱掘后，时任华西大学博物馆长的美国学者葛维汉就赶到邛崃现场考察收集标本。其后他在 1939 年第 11 期《华西边疆研究学会杂志》上发表了《四川邛州古窑址》一文。他在文章最后的附记中提出："为了写《邛崃陶器》这篇文章，我获得权利去访问了欧、美一系列的博物馆。在大英博物馆中藏有底格里斯河附近沙马拉（Samarna）和勃罗明纳巴德（Braminabad）遗址'原位'出土的中国陶器。这些属于公元 800—900 年的瓷片与邛窑出土遗物极为相似。"葛氏的这一推论是基于他既亲见邛窑遗址出土的大量邛窑器物，然后又在大英博物馆中亲见"原位"出土的标本两相比较之后提出来的。笔者认为葛氏作为第一个提出邛窑外销的观点是正确的。文章最后对唐宋时期邛窑外销瓷产品以及外销路线等问题提出了大胆推论 [17]。

董小陈、陈丽琼先生通过一系列考察在《再论邛窑外销陶瓷》文中指出，邛窑是有外销瓷的 [18]。

四、结语

邛窑是四川西南地区东晋、隋、唐、宋时期极具特色的重要民间窑场，四川本地的制瓷业应是在学习南方越窑先进制瓷工艺基础上而兴起的，邛窑青瓷的刻、划和印花装饰在总体风格和纹饰题材方面与越窑青瓷具有一定的相似性。不同之处在于越窑青瓷的装饰以刻、划为主，而邛窑青瓷中的印花装饰多，而刻、划装饰相对较少。

邛窑以烧青瓷为主，创烧了高温三色彩绘瓷，其工艺传播江南诸名窑。高温三色彩绘瓷等器物具有自己的特色，邛窑善于将雕塑艺术的手法运用到瓷器的造型上。

邛窑黄绿釉高足瓷炉上的飞天纹饰，许多僧侣、胡人陶瓷、佛像等人物造型，在邛瓷上发现的隋唐盛行的釉下连珠纹，是波斯萨珊王朝的典型纹样，这是邛窑文化与中原文化甚至域外文化商贸交往的历史见证。

致谢：国家自然科学基金（51172212），2023 年度国家社科基金艺术学重点项目"中国陶瓷史和中华民族共同体意识研究"（23AH018），2022 年河南兴文化工程文化研究专项项目"官瓷通史研究"项目支持。

16 胡立嘉：《南方丝绸之路与"邛窑"的传播》，《中华文化论坛》2008 年 12 月。

17 胡立嘉：《南方丝绸之路与"邛窑"的传播》，《中华文化论坛》2008 年 12 月。

18 董小陈、陈丽琼：《再论邛窑外销陶瓷》，《东方收藏》。

邛窑国家考古遗址公园教育功能的应用现状与发展策略

张睿馨　陈宁

（景德镇陶瓷大学）

摘要：考古遗址公园是大遗址保护的重要举措之一，具备教育、科研、游憩等功能。当前国家强调要重视发挥考古遗址公园的教育功能，这就要求考古遗址公园须向公众传播相关知识文化。有鉴于此，本文以邛窑国家考古遗址公园作为研究对象，分析其教育功能在传播内容、传播渠道、传播效果三个方面的应用现状，总结其教育功能的四项需求，即展示需求、传播需求、保护需求、休憩需求，并由此在展示内容、传播途径、公共考古、休憩游览等方面提出邛窑国家考古遗址公园教育功能的发展策略，即模型实景教学、创新展陈方式、培养全能人才、定制教育形式、解读考古修复、规划教学空间、开发创意项目、加强园区管理等，以期给当前邛窑国家考古遗址公园的发展建设提供借鉴和参考。

关键词：邛窑国家考古遗址公园　教育功能　应用现状　发展策略

考古遗址公园是从大遗址保护的概念提出后逐渐发展形成的，最早提出遗址公园的概念是在 1983 年，当时圆明园遗址公园正式成立。发展至今，考古遗址公园与文化遗产保护有着密切联系。国家文物局于 2009 年明确提出了国家考古遗址公园的概念，即"以重要考古遗址及其背景环境为主体，具有科研、教育、游憩等功能，在考古遗址保护和展示方面具有全国性示范意义的特定公共空间"[1]；2022 年党的二十大报告中再次强调，"要加大文物和文化遗产保护力度，加强城乡建设中历史文化保护传承，建好用好国家文化公园"[2]。因此，研究考古遗址公园的应用与发展情况，对于目前我国考古遗址公园的扩展与建设，具有举足轻重的作用，同时将助力我国文化遗产保护事业的发展与进步。

邛窑最早是以十方堂窑址为中心进行研究，之后逐渐建设成为考古遗址公园，向公众

1　国家文物局：《关于印发〈国家考古遗址公园管理办法（试行）〉的通知》，2009 年 12 月 17 日：http://www.ncha.gov.cn/art/2020/9/15/art_2407_155.html。

2　习近平：《高举中国特色社会主义伟大旗帜 为全面建设社会主义现代化国家而团结奋斗——在中国共产党第二十次全国代表大会上的报告》，人民出版社，2022 年，第 45 页。

传播文化遗产知识和文物保护意识，如今已经取得了不少荣誉。其中获批的全省中小学生研学实践教育基地，是四川省重要的文化传播和文化旅游的示范基地。邛窑考古遗址公园自 2017 年底入选国家考古遗址公园名单，于 2022 年底成功评定为国家级考古遗址公园。邛窑国家考古遗址公园主要开展陶瓷制作体验、釉色创意装饰、文创产品研发、露营休闲旅游等活动，并依托十方堂深厚的文化底蕴、得天独厚的生态环境和地理位置的独特优势，围绕"一核一带两轴"布局理念，打造了全面发展的文旅产业布局。为助力邛窑国家考古遗址公园教育功能的应用与拓展，本文通过分析其应用现状和发展需求，提出有针对性的发展策略。

一、邛窑国家考古遗址公园教育功能的应用现状

考古遗址公园具备科研、教育、游憩功能，其中教育功能备受国家和社会各界的关注。因此，本文通过实地考察、整理资料等方式对邛窑国家考古遗址公园教育功能的实际应用情况进行调查，然后对教育活动的传播内容、传播渠道、传播效果进行分析，并总结其现状及特点。

（一）传播内容

传播内容是传播过程的核心，需要传播者向受众传播。邛窑国家考古遗址公园依托丰富的藏品资源和传统文化，通过设计不同形式的教育活动使观众获得关于德智体美劳等多方面的教育。笔者主要阐述其在爱国主义教育、传统文化教育、审美素养教育三个方面的传播内容。

1. 爱国主义教育

近年来，我国多次强调要在青少年中开展爱国主义教育，并在全国范围内广泛开展爱国主义教育。2004 年提出要"充分发挥爱国主义教育基地对未成年人的教育作用"[3]。2011 年再次强调了博物馆的社会服务和教育的作用，明确要"加强文化馆、博物馆、图书馆、美术馆、科技馆、纪念馆、工人文化宫、青少年宫等公共文化服务设施和爱国主义教育示范基地建设并完善向社会免费开放服务"[4]。

邛窑临展馆的展览内容有多个板块，包括临邛古城、凤求凰、临邛丰物、革命老区、改革开放、邛窑故事等，展示了邛崃从古至今各个历史时期的文化见证物，以及文君相如

3　中共中央、国务院：《关于进一步加强和改进未成年人思想道德建设的若干意见》，2004 年 2 月 26 日：https://www.gov.cn/gongbao/content/2004/content_62719.htm。

4　中共中央：《关于深化文化体制改革推动社会主义文化大发展大繁荣若干重大问题的决定》，2011 年 10 月 18 日：https://wenku.baidu.com/view/2fc2ea2d178884868762caaedd3383c4ba4cb461.html。

文化、邛窑文化、红军文化等邛崃地域特色文化，向观众展示邛崃这一历史文化名城的深厚底蕴。陈列柜里的马灯、红军挎包、红军布币等物件，无不彰显着红军进入邛崃后与敌作战时的艰苦与奋勇。邛窑临展馆通过展示革命时期的文物，深入挖掘和生动呈现我国在过去的岁月中所经历的种种艰难困苦与不屈不挠的奋斗精神，观众能够更加真切地体会到历史的厚重感，促使人们培育出一种深厚的爱国主义情怀，从而在全社会形成积极向上的价值观。

2. 传统文化教育

中华优秀传统文化的传承不是简单的复制粘贴，而是在继承和发展中不断地融合新的创意与智慧，使得中华文明得以与时俱进。习近平总书记强调："讲清楚中华优秀传统文化是中华民族的突出优势，是我们最深厚的文化软实力。"[5]在邛窑临展馆"器用之晤"这一板块，为观众展示了陶瓷在文房、点香、品茗、插花、吃茶等方面的传统文化，同时使观众了解到在魏晋南北朝至宋朝期间邛崃人民在日常生活中的使用需求和当时的时尚潮流。邛窑的瓷砚、水丞、水注等文房用具，封闭式香炉、敞开式香炉、印香香盘以及花瓶，满足了文人的使用需求，逐渐成为体现文人情趣、书房摆设的重要物件。此外，参观国家级藏羌绣非遗传人杨华珍艺术博物馆，可以欣赏珍贵的藏羌绣藏品展陈；观众通过老师讲解藏羌绣技艺的知识和技巧，可以自己或团队协作完成一件藏羌绣作品。

3. 审美素养教育

博物馆是进行审美教育的主要场所，而对其进行审美教育又是其社会功能的一项主要内容。陶正雷认为："启发性即是以博物馆特有的实物作特有的感性教育，运用美学方式，即强调博物馆教育的实质为博物馆的美育。"[6]邛窑临展馆里陈列着"彩瓷之源"这一板块，向观众介绍了邛窑是我国最早创烧釉下双彩瓷器的窑场，并在融合北方低温釉陶二次烧成技术的条件下，生产出独特的邛三彩，成为邛窑瓷业技术史上的重大创举。除此之外，由于化妆土技术的普遍应用，瓷器表面的平整光滑适宜点染、绘画花纹，双彩、三彩以及花纹的组合使得瓷器更为美观，提高了瓷器的美学价值。观众通过参观展览和聆听讲解，可以感受到每件瓷器所蕴含的美妙之处及其背后所代表的寓意。

（二）传播渠道

传播渠道是传播者将有关信息传递给受众的纽带，传播者选择匹配且合适的传播途径，可以为观众带来身临其境的体验，提高了用户的粘性，加强了传播的效果。本文关于邛窑国家考古遗址公园教育功能传播渠道的分析，主要通过展陈与讲解、新媒体宣教、研学与

---

5 李锐：《为什么要弘扬中华优秀传统文化——学习习近平总书记关于弘扬中华优秀传统文化重要论述》，《光明日报》2019 年 3 月 28 日。
6 陶正雷：《试论博物馆群教工作的新发展与美育的拓展》，《中国博物馆》1989 年第 1 期。

文创三个方面展开论述。

1. 展陈与讲解

大众传播是专业化的媒介组织运用先进的传播技术和产业化手段，以社会上一般大众为主要对象而进行的大规模的信息生产和传播活动[7]。人际传播是社会中最直观、最常见、最丰富的传播现象，大致分为两种，一是面对面的传播，二是借助某种有形的物质媒介的传播[8]。考古遗址公园的展陈与讲解是讲解员与观众进行面对面的交流，将展品和遗址本体作为媒介，这是其实现教育功能最直接、最有效的方式。当前，大众媒体想要获得观众的关注，就必须充分利用人际传播的特点，以迎合观众的需要，抓住观众的注意力。邛窑国家考古遗址公园利用邛窑临展馆和藏羌绣博物馆两个展览馆以及十方讲堂，实现了观众与传播者之间的互动交流。博物馆的展品为观众带来视觉上直观的感受，讲解员为观众提供听觉上理性的解释，使得观众获得全方位的视听盛宴。

2. 新媒体宣教

新媒体传播是实现博物馆教育功能的重要渠道，新媒体在博物馆中的运用开始于20世纪后期，为公众提供了一个全新的参与空间。之后，有关的应用也逐步受到了国内自然博物馆的重视，媒体传播的力度加强、范围扩大，因此，利用新媒体渠道实现考古遗址博物馆的宣传教育成为一种必然趋势。邛窑国家考古遗址公园为实现其教育功能，在新媒体技术的支持下，利用互联网门户网站进行线上展览，其官方网站中的"导览"部分为观众提供了邛窑的全景及其遗址概况，展览分为遗址陈列、常设陈列、邛窑藏品和近期展览，利用数字化的形式将传播内容展示在大众眼前。邛窑国家考古遗址公园的微信公众号每逢节气、节日或者特殊日时会推送园区活动介绍、邛窑旅游指南与攻略、邛窑故事微讲堂以及园区公告等内容，使得观众足不出户即可了解到与邛窑有关的信息和故事。

3. 研学与文创

人际传播和网络传播可以让观众直接获得信息与知识，类似于学生走进课堂聆听老师教导，而研学与文创的传播方式是让观众走进知识，亲身实践获取信息与知识，可以作为新型传播渠道升华考古遗址公园教育功能。研学旅行是全面推进中小学素质教育的重要途径，是学校教育与校外教育相结合的重要组成部分[9]。邛窑国家考古遗址公园为发挥其教育功能，鼓励观众参加研学与文创教育活动，激发他们的动手能力和创造力，在潜移默化中获得信息与知识。园区利用特色的文化资源、教师资源、教学场地、教学模式，根据自身特色文化以及参观者不同的年龄和喜好制定了丰富的研学活动，主要有陶艺体验、竹编体验、藏羌绣体验等，使得研学活动具有趣味性和知识性。

7　郭庆光：《传播学教程（第二版）》，中国人民大学出版社，2011年，第99页。

8　郭庆光：《传播学教程（第二版）》，中国人民大学出版社，2011年，第71页。

9　李军：《近五年来国内研学旅行研究述评》，《北京教育学院学报》2017年第31期。

（三）传播效果

传播效果是指在传播过程中所传递的内容对观众产生的作用，也是衡量传播活动效果的基准。通过以上对邛窑国家考古遗址公园教育功能的调查分析，笔者总结出其教育活动在传播过程中的成效与不足。

1. 教育功能传播的成效

邛窑国家考古遗址公园在教育功能传播效果方面取得的成效主要有两个方面。一方面，规范统一保护文物，提升园区教育功能。邛窑国家考古遗址公园在保护遗址方面做了很多努力，通过将其建设为城市公园进行保护，针对窑址进行原真性保护和安全加固保护，目前对二号窑包采取本体加固的方式，其余窑包也已采取回填保护等措施。园区开设文创教育学堂，通过观众亲身参与体验学习邛窑文化、感受邛崃风情，从而实现其教育功能的提升。另一方面，扩大园区受众范围，加深观众文化熏陶。邛窑国家考古遗址公园的教育功能主要通过展览、讲堂和研学活动实现，其中研学活动使得观众受益匪浅。同时，极具邛崃地方文化特色的邛窑研学项目对于政府单位和企业来说也是团建和学习的首选活动。

2. 教育功能传播的不足

邛窑国家考古遗址公园在教育功能传播效果方面存在的不足主要有两个方面。一方面，展示方式单一，传播效果不佳。邛窑国家考古遗址公园主要采用静态展示的方式，忽视了对考古发掘工作的全面解读，削弱了文物与考古的联系。由于邛窑临展馆的面积有限，展陈方式不够新颖，且目前缺少遗址博物馆。而遗址博物馆是"展示特定历史和文化环境中的物质精神文化，帮助人们感性地了解人类发展的历史和文化"[10]的重要场所。因此，影响游客参观园区的体验感，研学内容不够丰富，研学活动缺乏传播性。另一方面，文化缺乏特色，教育功能欠佳。邛窑国家考古遗址公园的教育功能未能深挖其历史文化、科学价值及美学价值，向大众传播邛崃的文化时，未能结合遗址的考古、文物的修复、休闲游览的功能来体现邛窑背后的故事，使得教育功能无法全面施展，教育缺乏地区性的文化特征，无法使观众感受邛窑的文化内涵和留下深刻的印象。

二、邛窑国家考古遗址公园教育功能的需求分析

考古遗址公园的教育功能，不仅仅是对历史遗迹进行简单的展示和解说，更是一个综合性的教育平台。通过深入分析公众对于考古遗址的兴趣点、学习需求以及文化传承的期望，为实现邛窑国家考古遗址公园教育功能的提升，笔者通过从展示、传播、保护和休憩四个方面分析其教育功能的发展需求，从而获取发展教育功能的有利条件。

---

10 梁乔、梁华：《遗址博物馆——遗址展示空间意象创造》，《四川建筑》2002年第2期。

（一）教育功能的展示需求

博物馆展陈需要三种基本要素，分别是展品、展陈场景和展陈设备。展品包括文物和辅助展陈物品；展陈场景即结合藏品历史营造的展陈空间；展陈设备是保护和展示展品的道具设施[11]。考古遗址公园的展陈需求不同于一般的博物馆展陈，除了要将展柜中的文物体现其历史、科学和艺术价值，还要突显遗址本身的展示与保护。邛窑国家考古遗址公园同其他考古遗址公园相同，具有遗址不可移动性、展示主体特殊性、藏品不可替代性，因此，在展陈中要通过窑址自身的特点和文化内涵体现其教育功能。

首先，邛窑国家考古遗址公园作为典型的考古遗址类公园，其窑址具有不可移动性，为体现其教育功能需要在窑址上进行原状陈列。邛窑窑址的保护与展示不能只是通过加固和回填的方式进行，要想体现其教育功能需要创新教育活动的形式与内容，需要利用不可移动文物窑址进行实景教学，激发观众的好奇心与积极性。其次，邛窑国家考古遗址公园的展示主体是窑址，因而其展览的核心必须紧紧围绕着古老的窑址遗迹以及悠久的陶瓷制造工艺来精心策划，将窑址所反映的"历史片段"贯穿起来与历史背景相结合，使观众在参观时学习历史文化、感受历史气息。最后，邛窑国家考古遗址公园的藏品具有不可替代性，其藏品的陈列展示要体现区别于其他博物馆的独特窑址文化。邛窑的藏品大多数都是从该窑址考古发掘获得，因此出土藏品具有唯一性和排他性，在选取展陈方式时不能如出一辙，要设计符合邛窑文化的陈列方式，最大限度地发挥文物的价值，讲好文物的故事。

（二）教育功能的传播需求

近些年，新媒体技术方兴未艾，在改变人们信息交流方式的同时，还深刻地影响到了社会的各个方面，因此，博物馆界也开始致力于运用新媒体技术来改善文物展陈方式和文化传播能力。对于国家考古遗址公园而言，利用新媒体技术满足传播需求也是重中之重。邛窑国家考古遗址公园若想提升其教育功能，须要求其传播渠道和方式适时而变。新媒体技术的发展潮流下，教育功能的传播方式可以分为输出型传播方式和互动型传播方式。

输出型传播方式是指利用各种电子设备和软件平台向公众呈现并传播考古遗址公园的相关文化信息，可以分为图文传播和音视频传播两种传播形式。图文传播形式是通过建立考古遗址公园官网、开通公众号和小程序或其他软件应用平台，设计精品数字展览、展示文物清晰照片、每日更新文化故事、上传园区相关资讯；音视频传播形式是利用博物馆的电子语音导览系统和大众的视频软件，将考古遗址公园的环境布局、文物详解制作成音频或者视频上传至移动终端，使观众在手机上便可接收到考古遗址公园的详细信息。

互动型传播方式是指利用数字技术搭建与观众连接的交流平台，可以通过线上直播、

---

11 单霁翔：《从"馆舍天地"到"大千世界"——关于广义博物馆的思考》，天津大学出版社，2010年，第492—495页。

相关知识比赛、建立虚拟博物馆等形式拉近与观众的距离。通过线上直播平台分享相关内容，实时地向观众传递信息和知识，创造一种即时性的体验。此外，还可以充分发挥现代科技的力量，构建一个既仿真又沉浸式的虚拟博物馆。通过先进的三维建模技术和虚拟现实技术，用户可以跨越时间和空间的界限，近距离地探索窑址遗存和文物藏品，享受前所未有的互动体验。

（三）教育功能的保护需求

考古遗址公园区别于一般博物馆最大的特点就是考古遗址的存在。一般博物馆在发挥其教育功能时，主要通过展柜中的藏品向观众展示并讲解文物背后的故事和文化内涵，但考古遗址公园可以向观众展示考古发现和发掘出土的全过程，同时展现在大家面前的还有辛勤的考古工作者和精细的文物修复者。因此，邛窑国家考古遗址公园在发挥其教育功能时应注重关于考古和修复方面的保护。

在公共考古观念的推动下，全国的博物馆不约而同地开始主动向社会大众传播考古知识和正确的考古观念，主要是通过开办考古主题展和公共考古活动的形式向大众普及考古教育。利用整理成册的考古工作照片，将考古、整理、修复等工作的具体过程进行图解说明，让广大群众在观赏文物的过程中，对考古工作和文物保护修复工作的基本情况有了一定的认识，使人们可以意识到考古工作的重要性。同时，不少考古遗址公园根据受众群体的自身特征和游览需要，整合自身拥有的丰富资源，策划和举办一系列内容广泛、形式新颖的大众考古科普活动，旨在推广考古学的知识，激发考古兴趣，并培养出更多的考古爱好者，从而促进考古学在社会上的传播与发展。邛窑国家考古遗址公园也应如此，加强教育功能与考古修复工作的密切联系。

（四）教育功能的休憩需求

博物馆作为公共文化的殿堂，肩负着传承历史、传播知识的重要使命，教育性服务成为博物馆的核心职能。考古遗址公园作为集科研、教育、游憩于一体的社会服务空间，在发挥其教育功能的同时亦应注重其游憩功能，将教育活动与休闲娱乐结合起来，利用寓教于乐的教育方式为观众带来丰富的观览体验。

邛窑国家考古遗址公园目前作为公众观光游览、运动休闲的场所被大众所知晓，因此应注重其教育功能和游憩功能的相辅相成，在游憩中教育，在教育中休闲，从而扩大其教育功能的影响力。考古遗址公园作为文化服务系统的核心部分，承载着传递文化遗产、提供教育服务以及满足公众休闲需求的多重使命。在这个系统中，文化传播功能发挥着至关重要的作用，它通过对遗址的精心修复和展览，向公众传递丰富的文化信息，而公众服务则着重于为市民和游客提供便利，这些都极大地提升了考古遗址公园的吸引力和使用价值。

将文化服务系统的文化传播功能与公众服务功能巧妙地融合到国家考古遗址公园的游憩功能之中，可以创造出一种独特的体验。同理，利用公众休闲游览的心理，将教育活动灵活地融入观览的过程中，潜移默化影响公众参观考古遗址公园的主动性和目的性，由此发挥考古遗址公园的教育功能。

三、邛窑国家考古遗址公园教育功能的发展策略

为进一步提升邛窑国家考古遗址公园的教育功能，笔者以邛窑国家考古遗址公园教育功能的发展需求为导向，分别从展示内容、传播途径、公共考古和休憩游览四个角度提出了邛窑国家考古遗址公园教育功能的发展策略。

（一）教育功能展示内容的发展策略

陈列展览是考古遗址公园发挥其教育功能的重要手段，但不同的考古遗址具有不同的保护对象、文化内涵和周边环境，因此需要制定不同的陈列计划促进其教育功能的发展。邛窑国家考古遗址公园属于窑址类的考古遗址公园，具有独特的展示主体和窑址文化，笔者认为在发挥教育功能的展陈中应聚焦窑址主体、创新展陈方式，实现窑址的原状陈列实景教学、突显独特邛窑文化。

1. 聚焦窑址主体，搭建模型实景教学

通过对邛窑国家考古遗址公园的现状调查与需求分析，目前其在发挥教育功能的各项举措中较少突出体现窑址这一文化主体。龙窑作为邛窑遗址中一号窑址，其地位和重要程度不言而喻，但较少向大众开放展示。而其他窑址也在发掘或破坏后进行回填保护，导致阻碍了向大众准确传达其外部特征、内部结构、发掘过程等信息。

因此，发展邛窑国家考古遗址公园的教育功能，要将参观者的关注点聚焦在邛窑的窑址本体，按一定的比例还原并搭建龙窑、馒头窑及其他类型窑址的模型，可以在保证窑址不被破坏的同时模拟窑址原状，同时辅以多种教育设备和讲解人员进行现场教学，实现观众在学习中视觉、听觉、触觉等各方面的满足。另外，要向考古专家请教该类项目的选址地点以及注意事项，特殊的项目地点可以收窄游客的视野，从而加强引发他们探索的积极性；还可以将该类项目的建筑藏在与外界隔离的地方，使得游客融入淳朴自然的遗址环境中并感受营造的遗址氛围。

2. 创新展陈方式，突显独特邛窑文化

据调查，邛窑国家考古遗址公园目前的展陈方式已经不足以满足观众的需要，单一的展柜展示、简易的多媒体屏幕、一味地保护窑址，不仅无法体现出藏品的价值，还会使其离观众越来越远，从而失去其文化传播与传承的意义。由于窑址的文物藏品具有专业性和

单一性且缺乏观赏性，导致展馆的陈列显得曲高和寡。对于一些带着好奇和欣赏的态度来参观的普通观众而言，由于缺乏考古学和文物与博物馆学的相关知识，不仅读不懂窑址的文化内涵，还会失去参观兴趣和热情。

邛窑国家考古遗址公园可以为拓展其教育功能创新藏品的展陈方式。首先，可以利用园区内保留下来的民居建筑作为展陈的辅助设备；还可以将展柜中的样品根据其历史和内涵设计故事情境，在展陈中搭建或利用数字影像构建相应的故事场景。其次，向社会大众招募对陶瓷文化、窑址文化感兴趣的志愿者，培养其一些相关的专业知识和文化素养。志愿者主要负责扮演故事中的人物角色或者讲解展示故事中的藏品和藏品模型，有时也可以和观众进行互动交流。

（二）教育功能传播途径的发展策略

利用媒体进行传播是发展考古遗址公园教育功能的重要手段，是连接公众与教育的必要纽带。邛窑国家考古遗址公园可以通过培养全能型人才，打造全网流通的线上传播平台，也可以通过定制适配的教育形式，实现新旧媒体的协同传播。

1. 培养全能人才，打造线上传播平台

随着互联网、新媒体等技术的发展，各大软件平台应运而生，计算机、新闻、视觉设计、美术等方面的人才成为了众星捧月，因此，培养这些方面的人才是发展考古遗址公园教育功能的首要前提。不论是考古遗址公园教育功能的传播，还是科研功能、游憩功能的需要，均可以通过引进和培养全能型的高素质人才，打造适应全网的线上教育传播平台。

为此，可以打造适应邛窑教育发展的新媒体传播平台。首先，打造邛窑国家考古遗址公园的新媒体阵营。通过开通园区微博、抖音、B 站等新媒体平台，并完善其官网和微信公众号等新媒体平台的运营，推动其教育途径多样化、教育资源数字化、教育对象大众化。其次，加强新媒体平台之间的联动发展。通过增强各大传播平台的相连互通和互动频率，形成良好的互动机制，将发表在微信公众号中的"邛窑故事"和园区活动等扩大宣传范围，从而促进粉丝之间互相引流，增加关注量，加深观众对线上教育内容的记忆，以及线上教育传播的深度和广度。最后，组建一支高效输出内容的专业人才队伍。在相关专业工作人员的加持下，可以推进线上教育内容的原创性和高质量，保证传播平台具备专业性、新奇性和娱乐性。

2. 定制教育形式，新旧媒体协同传播

针对邛窑国家考古遗址公园的线上教育形式单一、吸引浏览关注较少的现象，笔者建议引进数字展厅、3D 扫描、三维建模等方式建设邛窑数字博物馆，推动公众借助网络参观，利用 AR、VR 等技术设备使观众进行沉浸式视觉体验，从而增强观众的参与感。借鉴敦煌研究院的"数字供养人"计划，可以定制独属邛窑的数字藏品和藏品故事，使观众了解邛

窑藏品的流传过程和历史故事，从而吸引观众支付一笔小费用成为邛窑藏品的守护者和教育传播者，在学习邛窑文化时也参与到邛窑文物的数字化保护中。

针对邛窑国家考古遗址公园在传播过程中新旧媒体的协作问题，笔者建议加强与电视台、新闻报社的联系，相互植入其他媒体的链接和官方二维码，或者共同推出线上直播。邛窑国家考古遗址公园可以联合四川广播电视台推出大型全媒体直播节目，同时安排讲解员进行现场直播讲解和后台互动问答，从而使得全国观众了解到邛窑文化。

（三）教育功能公共考古的发展策略

考古遗址公园要遵循"考古先行""最小干预"的原则，注重对文化遗产的原真性和整体性保护。因此，在保护的过程中，可以通过解读考古修复的全过程和合理规划教学空间，避免对窑址的二次破坏，从而扩展邛窑教育活动的内容，达到发挥教育功能的目的。

1. 解读考古修复，扩展邛窑教育活动

以往考古遗址博物馆对文物的展示方式着重于渲染历史文化背景，却忽视了对于考古学本身的解读。由于大众缺乏对考古学的专业知识，博物馆也未充分提供便捷的了解渠道，使得他们渐渐失去在博物馆参观的兴趣，从而影响了博物馆教育功能的发挥。考古遗址公园在发挥其教育功能时，可以根据其具有考古发掘和修复文物的先天优势，刺激观众对教育活动的关注和参与。

随着公众考古学理念的普及与推广，越来越多的博物馆积极探索对公众开展考古教育的途径，包括举办考古专题展览和开展丰富多样的公众考古活动等多种形式。邛窑国家考古遗址公园可以利用目前的"考古小专家"公益活动，吸引孩子们动手探索，了解考古学相关的知识和锻炼学生的动手能力；此外，还可以在此基础上扩展教育活动形式和对象，实现公共考古教育的馆校合作模式，并将学校老师也纳入活动范围，既可以扩大教育范围，又可以使老师在校教学过程中潜移默化地传播公共考古的概念和意义。

此外，在文物修复的过程中也可以发挥其教育功能。邛窑国家考古遗址公园可以建设开放式的修复馆，通过向大众展示考古文物的修复过程，传播文物保护的知识和价值。一方面利用数字技术向观众展示文物修复保护的过程，修复的动态化可以使观众受到视觉上的震撼；另一方面利用多媒体媒介，例如数字图文展板、电子触摸屏、长短视频、体验类游戏等，向观众科普文物保护修复的知识，使得观众可以沉浸式地参观文物保护修复工作的全过程。

2. 规划教学空间，避免窑址二次破坏

发挥考古遗址公园的教育功能要避免遗址遭到人为因素的破坏，以保护遗址和文物为前提，可以通过合理规划观众参观路线和开展教育活动的教学空间，提高教育活动的参与率、安全性和收获感。

一方面，利用物理方式保护遗址。邛窑国家考古遗址公园中的一号龙窑窑址和五号建筑遗存遗址均可以采用玻璃罩覆盖遗址的方式进行展示，既满足观众参观的愿望，又可以有效保护遗址的安全。首先，在遗址的地表复制出考古发掘前的文物，采用拱形玻璃罩覆盖进行展示，玻璃罩两侧设计气孔以保证地下水汽顺利排出。其次，在展示区外设计一周石子小路，使观众可以在各个角度看到遗址原貌。这种展示方式不仅全方位直观地展示了考古遗址，还避免了观众参观对遗址的二次破坏。

另一方面，合理划分展示区域和教学空间。在邛窑国家考古遗址公园内规划新的区域建立文化教学区来拓展其教育功能。文化教学区可以建立在园区的广场或园区的草地上，定期举行文化演出和制作瓷器等教育活动，向观众展示和宣传邛窑和邛崃文化，在实现教育功能的同时保护文化遗址不被人为破坏。文化教学区也可以设置单独的室内空间，巧妙地利用了封闭空间的特性，不仅为游客提供了一个相对私密的空间，同时也大大延长了他们在此处的逗留时间，在为游客提供休憩空间的同时传播邛崃文化。

（四）教育功能休憩游览的发展策略

邛窑国家考古遗址公园作为全国科普教育基地具有教育功能，但同时作为公园也具有游憩功能。基于观众的休憩需求，可以根据现有的特色文化资源开发创意游憩项目，使观众在娱乐中也可以学习到知识；此外，由于游客数量庞大且素质不一，要加强园区的管理，保证观众可以获得优质的教育。

1. 开发创意项目，满足观众寓学于乐

考古遗址公园在游憩中发挥教育功能除了可以开展公众考古教育，还可以通过设计文化创意项目进行适当拓展，以进一步完善研学体验活动体系。比如邛窑国家考古遗址公园在通往园区的沿河道路两旁安装有关邛窑文化的智慧投影路灯，更好地实现在游憩中教育，同时也达到了宣传推广的作用。因此，通过在邛窑国家考古遗址公园中开设具有文化创意的游憩项目，达到公众的寓学于乐、休闲教育目的，让游览观众在游憩的同时，都能够获得文化知识并成为遗址公园的文化传播者。利用具有文化创意的游憩项目实现休闲教育，根据游憩者的不同目的将项目设计分为主动探求和被动接受两类。

主动探求类项目在设计文化创意活动时，要以游憩者的兴趣为出发点，吸引游憩者主动学习。针对在园区休闲娱乐的游憩者，开展一般性的娱乐活动吸引游憩者参观遗址公园，例如开展露营活动、摄影比赛等；开展与邛窑文化有关的娱乐活动鼓励游憩者参与其中，例如陶瓷文化创意产品设计比赛、邛三彩绘画比赛等。这些娱乐活动提升了邛窑国家考古遗址公园的显示度，扩大了受邛窑文化影响的覆盖面，从而实现遗址公园教育的目的。

被动接受类项目则是通过塑造文化空间和文化景观吸引游憩者的目光和注意。考古遗址公园内的文化空间是遗址核心价值展示的空间，也是游客体验感受考古遗址公园核心价

值的区域。[12]针对在园区体育健身的游憩者，可以在园区安装注入邛窑文化元素的智能健身设施和图文展板，也可以设计园区的 IP 广播背景音乐系统定时播放邛窑故事，使游憩者在进行体育运动或学习科学健身信息的同时了解到邛窑文化。

2. 加强园区管理，提升邛窑教育质量

邛窑国家考古遗址公园的观众激增影响教育质量，为了保证教育活动的高质量和适配性，更好地发挥教育功能，要加强园区的内部管理和外部协调，解决观众过量、道路交通不便等问题。

加强园区的内部管理，可以从"硬要求"和"软服务"两方面进行。"硬要求"是要求园区的相关部门出台访问制度规定，限制园区游客的访问时间和最高访问人数。可以通过人脸识别和客流量统计系统，对观众人数进行统计。"软服务"是希望园区的相关部门在园区的官网或者公众号上公示开放时间并开通线上预约渠道，方便大众提前知晓并预约合适的时间。加强园区的外部协调，是希望与邛崃市政府、市委宣传部、文旅局以及交管部门多方协调，为园区开展各类教育活动提供帮助和指导，并解决观众来参观园区时交通不便的问题。可以通过扩建园区周边的道路、开通城市旅行大巴、规划交通站点等多种方式解决。

四、结语

新媒体技术蒸蒸日上的发展势头，为考古遗址公园提供了日益广阔的前景与机遇，为充分发挥考古遗址公园的教育功能，博物馆人需要重新思考与定位博物馆的公共教育模式。本文以邛窑国家考古遗址公园为研究对象，在调查其建设状况和教育功能应用现状的基础上，分析了其教育功能的发展需求，针对此，笔者提出了邛窑国家考古遗址公园教育功能的发展策略，为其教育功能的建设提供了一定的参考依据。本论文主要得出以下结论。

①从传播内容、传播渠道、传播效果三个方面分析了邛窑国家考古遗址公园教育功能的应用现状。传播内容包含爱国主义、传统文化、审美素养多方面的教育；传播渠道包括展陈与讲解、新媒体宣教、研学与文创等；传播效果的成效是规范统一保护文物、提升园区教育功能、扩大园区受众范围、加深观众文化熏陶，不足是展示方式单一、传播效果不佳、文化缺乏特色、教育功能欠佳。

②根据对邛窑国家考古遗址公园教育功能的影响因素分析，总结出有关展示、宣传、扩充和管理教育活动的发展需求，分别是教育功能的展示需求、传播需求、保护需求、休憩需求。

---

12 陈丽娟：《汉长安城未央宫考古遗址公园使用状况调查与功能研究》，西安建筑科技大学硕士学位论文，2020 年。

③ 从展示内容、传播途径、公共考古和休憩游览提出了邛窑国家考古遗址公园教育功能的发展策略。在展示内容方面，聚焦窑址主体、搭建模型实景教学，创新展陈方式、突显独特邛窑文化；在传播途径方面，培养全能人才、打造线上传播平台，定制教育形式、新旧媒体协同传播；在公共考古方面，解读考古修复、扩展邛窑教育活动，规划教学空间、避免窑址二次破坏；在休憩游览方面，开发创意项目、满足观众寓学于乐，加强园区管理、提升邛窑教育质量。

苍龙日暮还行雨，老树春深更著花
——读《邛窑系古陶瓷文化新释》

曾海龙

（重庆出版集团）

摘要： 邛窑系古陶瓷在中国陶瓷发展史上占有非常重要的地位。《邛窑系古陶瓷文化新释》比较全面地论述了邛窑系陶瓷的发展概要，从历史的纵向面研究邛窑的发展过程；论述了邛窑产品的创新处、邛窑产品所包含的中西文化内涵，全面立体地向广大读者展示了邛窑多姿多彩的历史文化面貌。

关键词： 邛窑　青釉瓷　青釉褐斑瓷　文明互鉴

陈丽琼先生是笔者敬仰的著名考古学家，她是中国陶瓷学会常务理事、中国钱币学会学术委员、中国科学院研究生院文物科技评估顾问委员会委员、重庆文史馆馆员。她治学范围广，学识渊博，从事陶瓷考古和陶瓷艺术的研究达半世纪之久。

功成名就的陈丽琼先生今年九十有二，本可以息影泉林，含饴弄孙，但是陶瓷考古与研究已融入她生命之中，成了她血管中流动的血液。她说，陶瓷是中国人的发明创造，是中华民族献给人类的瑰宝，我们要继往开来，发扬光大中华文化。正是这样的文化自豪、文化自信，使她有了高度的文化自觉，她不知老之将至，满怀激情地耕耘在陶瓷考古与陶瓷研究之中，她接受重庆大学、南京师范大学、重庆师范大学、南通大学等高校的聘请，成为这些高校古陶瓷教学的特聘教授，杏坛传道，春风化雨，桃李天下。

2021年，由陈丽琼主导，董小陈、董越参与完成，耿宝昌先生作序的学术著作《邛窑系古陶瓷文化新释》出版问世了。

该书分上下篇。上篇比较全面地论述了邛窑产生的时代背景、邛窑的发现与研究、邛窑系的发展概要等；下篇主要论述邛窑产品的创新处、邛窑产品所包含的中西文化。上篇是从历史的纵向面研究邛窑的发展过程，下篇是从横向面研究邛窑的文化内涵。纵横交织，全面立体地向广大读者展示了邛窑多姿多彩的历史文化面貌。

该书内容丰富、思考深刻、新意迭见。概括起来有三大方面。

一、全面展示邛窑的产生、发展和流变

邛窑是东晋至隋唐、五代、宋代庞大的民间古陶瓷窑系，分布在以成都平原为中心、四川盆地的西部南部以及长江上游的重庆三峡河段等广大地域。邛窑产品以青釉、青釉褐斑和彩绘瓷为主，釉下彩和三彩为其代表产品。彩绘纹多为连珠纹、卷草纹、花卉纹，其中连珠纹是邛窑釉下彩绘最常见的图案纹样。邛窑三彩最为著名。

全书回顾了邛窑产生的地理、社会背景，产生的年代，分布的区域，以及发展流变的历史过程；从学术史的角度回顾了邛窑考古及研究取得的成就；重点探讨了在中西文化交融的背景下邛窑广泛吸收异域文明而形成自己文化特色的问题。

全书为我们展开了一幅波澜壮阔、异彩纷呈的邛窑发展画卷，打开了尘封已久、琳琅满目的邛窑文化宝藏。

二、以文化交融的角度研究邛窑文化内涵

自古以来，世界各地的人民就有紧密的交往，各种文明彼此交融，邛窑的产品烙有文明互鉴的深深的印痕。

最有代表性的就是邛窑的连珠纹。有专家认为，这种连珠纹在波斯萨珊王朝的金银器、玻璃器、铜质器和毛织品中都曾有出现，言下之意，来源于波斯；也有认为是受伊斯兰文化的影响所致。作者认为这种纹饰的源头在南欧希腊，同时，它出现在邛窑的瓷器上，是中国传统文化与外来文化交相融汇而形成的新的文化形态。为阐明这一观点，作者列举了中外古代青铜器、丝织品、金属钱币、金银器、陶瓷器的连珠纹，并进行了比较分析，阐明了这些器物纹饰相互影响的融合进程。作者视野广阔，见解深刻，立场公允，令人信服。

作者还研究了邛窑瓷器中瓷塑胡人胡姬，微型佛像，转骰与正方形六面骰子，香具，腰鼓乐艺伎等。或阐释这些瓷器中所包含的中外文化交流的历史，或指明邛窑文化对周边文化的影响；或揭示内地与西域，成都平原与中原地区文化交流的历史；或呈现古人多姿多彩的日常生活。

三、研究方法扎实系统

全书图文并茂，文献征引广，实物图片多，陶瓷实物图片多达 800 多幅。呈现了陈丽琼先生学风扎实、系统思维的科研精神。

1. 八方搜集，资料丰赡

一是广泛征引各博物馆、文管所的藏品。书中涉及的博物馆、文管所有：故宫博物院、

重庆中国三峡博物馆、四川省博物馆、长沙市博物馆、成都考古所博物馆、四川古陶瓷博物馆、顺达博物馆、绵阳博物馆、邛崃文管所、云阳文管所等。

二是深入民间，广泛征引私人藏家的珍品。书中涉及的民间藏家有尚崇伟、代开林、徐江涛、符顺涛、任春林、高邦荣、李铁锤、胡维忠等近 30 位。

2. 他山之石，可以攻玉

书中大量引用相关学科的研究成果，在中西联系、学科联系中得出学术结论。例如，在"丝绸之路融铸中西文化"的篇章中，作者为探寻邛窑系连珠纹的肇始与演进，对中国青铜器、丝织品，中西亚金属货币和金银器上的相关纹饰进行了探讨，广泛引用了相关学科的研究成果。如此，邛窑系连珠纹的发展路径及与中西文明关联的结论就显得顺理成章，令人信服。

3. 栉风沐雨，万里踏勘

为了陶瓷科研，陈丽琼先生不畏高龄，不畏艰辛，带领本书另外两位研究者行万里路，辛勤踏勘。他们走遍了四川、重庆、云南、贵州、广西、西藏的考古遗址、博物馆、文管所，进入民间藏家市场，搜罗了大量的实物资料。陈丽琼先生还乘机飞赴欧洲、北美，考察了英国的大英博物馆、维多利亚和阿尔伯特博物馆、大维德艺术基金会博物馆和美国的大都会艺术博物馆等。在这些考察中，她看到了许多新的陶瓷实物，开拓了学术视野，形成了以全球观一域的宏大学术观念。

明清之际思想家顾炎武在人生的暮年写有诗句"苍龙日暮还行雨，老树春深更著花"，大意是：黄昏将临，壮心不已的苍龙，仍要聚云播雨；春日将尽，生命长青的老树，还要热烈地花开满枝。这是陈丽琼先生壮心不已、思考不止、笔耕不止的真实写照。

新时代邛窑文化传承与创新路径探析

刘祯贵

（成都市住房和城乡建设局）

摘要： 内涵丰富的邛窑文化是增强文化自信、实现乡村振兴的重要旅游资源和载体。新时代邛窑文化的传承与创新在乡村振兴发展进程中具有紧迫感，应采取有效措施促进邛窑文化传承，推动邛窑文化的传承与创新，进而为增强文化自信、乡村振兴增添不竭动力。

关键词： 邛窑　文化遗产　传承　创新　路径

2001 年 4 月 "中国邛窑陶瓷科技考古研讨会" 在邛崃市召开，在此次会议上，与会专家将 "邛窑" 定为它的正式名称[1]。邛窑文化无疑是蜀地文明发展与积累的重要组成部分，同时也是我国瓷器文明不可或缺的重要组成部分[2]。邛窑文化的传承与创新，对于促进乡村振兴、文化振兴具有重大意义与现实指导。习近平总书记强调："要加强文物保护和利用，加强历史研究和传承，使中华优秀传统文化不断发扬光大。"[3] 在中国特色社会主义新时代，应采取切实而有效措施，深度挖掘邛窑文化内涵，加大研究与文旅融合力度，大力拓展其影响力，开发具有邛窑文化特色的旅游、文创产品，为邛窑文化传承与创新增强后劲，助推乡村振兴。

一、充分认识到邛窑文化的丰富内涵

党的二十大报告指出："中华优秀传统文化源远流长、博大精深，是中华文明的智慧结晶。"[4] 一方水土养一方人，一方水土也孕育一方文化，人杰地灵的成都平原孕育了邛窑文化。邛窑文化的辉煌成就，将我国陶瓷装饰艺术，从单色的高、低、温釉下彩向色彩丰

1　李琳、张琴、李佳欣：《四川邛窑及其与黄河流域相关瓷窑之关系研究》《收藏家》2023 年第 3 期。

2　王婷：《邛窑文化源流考》，四川音乐学院硕士学位论文，2022 年。

3　《扎实推动经济社会持续健康发展 以优异成绩迎接党的十九大胜利召开》，《光明日报》2017 年 4 月 22 日。

4　习近平：《高举中国特色社会主义伟大旗帜 为全面建设社会主义现代化国家而团结奋斗——在中国共产党第二十次全国代表大会上的报告》，人民出版社，2022 年，第 18 页。

富、装饰考究的多品种彩瓷发展的历史,向前推进了 200 年。这不仅是中国古陶瓷史的光彩,同时也是中国古代文明史的光彩[5]。

邛窑是中国彩绘瓷的发源地、彩绘瓷的故乡,"邛窑艺术和科技是我国隋唐陶瓷文化的又一高峰"[6]。广义的邛窑,是指四川地区所有生产青瓷的古地方窑场;狭义的邛窑,则指邛崃市境内所有的古窑址,包括十方堂、瓦窑山、大渔村、尖山子、柴冲等。邛窑位于成都邛崃市,坐落于成都平原西部,南通滇缅,西接藏羌。邛窑创烧于南北朝、盛于晚唐五代、衰于宋末,烧造历史绵延八百余年,开创了乳浊釉、复合彩绘装饰等重要的新工艺以及技术,对中国古代陶瓷发展产生重要影响,可谓是中国彩绘瓷的故乡,也是古代西南地区分布范围最广、规模最大、成就最突出的青瓷窑场[7]。在中国古陶瓷史上,邛窑做出了奠基性的贡献,其在高低温釉上彩釉下彩中的成就,堪称是开创性的。邛窑的铜红釉,曾被相关专家以及学者们称为是中国乃至世界的第一红[8]。在从南北朝到宋末元初长达 800 多年的烧造历史中,邛窑创造的省油灯闻名全川,邛三彩声名更是直追唐三彩。早在南朝,邛窑就广泛使用化妆土美化陶瓷。在隋代,邛窑独树一帜地发明了高温釉下褐、绿、黑三彩彩绘瓷,是中国最早对陶瓷器进行彩绘装饰的窑址。邛窑产品多种多样,从高端品牌一直覆盖到寻常百姓都必须使用的普通物件,极具地域特色和生活气息,尤其是省油灯,具有科学性和实用性[9]。

邛窑的分布非常广,不仅有作为邛窑代表的邛崃尖子山窑、十方堂,另外如成都市区的琉璃厂窑、青羊宫窑、彭州市的瓷峰窑、都江堰的玉堂窑、郫都区的大坟包窑等,均可通称为邛窑。邛崃境内的十方堂窑址,是邛窑中时间延续最长、窑包最多、面积最大、纹饰造型最美、器物流传最广、出土文物也最为丰富的窑址。自 19 世纪末至今,邛窑共经历了 5 次详细的考古调查和 3 次正式的考古发掘,发现了唐代建筑遗迹、龙窑、馒头窑、作坊遗址,出土遗物数以万计。其中,唐代建筑遗迹是目前四川古代窑场上发现的最完整、等级最高的唐代建筑基址。1988 年 1 月,十方堂邛窑遗址被国务院正式公布为全国重点文物保护单位。2006 年,邛崃十方堂邛窑遗址又被列入国家大遗址重点保护项目[10]。

邛窑文化种类丰富,具有鲜明的地域特色,涉及民间文学、音乐、舞蹈、曲艺、民俗等方面。随着乡村振兴战略的实施及乡村旅游的发展,邛窑文化资源作为一种特定文化资源,其传承与创新也逐渐吸引了业界和学界的目光。邛窑文化资源成为邛窑文化对外传播、扩大影响、文旅融合的重要依托,并对邛窑文化所在地本土文化产生了深远的影响。作为

5　苏宝塍:《走进邛窑》,《海峡科技与产业》2015 年第 5 期。

6　耿宝昌:《邛窑古陶瓷研究》,中国科学技术大学出版社,2002 年,第 115 页。

7　代睿、刘可欣:《四川邛窑入选第四批国家考古遗址公园》,《华西都市报》2022 年 12 月 30 日。

8　吴亦铮:《"天下第一红"邛窑如何影响中国陶瓷史?》,《成都日报》2023 年 6 月 12 日。

9　干曦礼:《浅谈邛窑的三个特点》,《文史杂志》2018 年第 1 期。

10　王晶:《邛窑入围今年国家大遗址重点保护项目》,《成都日报》2006 年 9 月 26 日。

全国重点文物保护单位，邛窑遗址被列入国家大遗址保护名录，与三星堆、金沙遗址并列为四川三大考古遗址公园。2018 年 5 月 18 日，邛崃南河之滨，被纳入国家级大遗址"十三五"规划，与三星堆、金沙遗址并列为四川三大考古遗址公园的邛窑遗址公园正式开园[11]。邛窑考古遗址公园以邛窑遗址为核心，实施文物保护、文化传承、文创开发，总面积约 300 亩，共有窑包 14 处，作为"文化之根"进行本体保护，传承历史文脉；遗址公园外规划建设邛窑遗址观光、邛窑文化创意、环球酒文化创意等功能区，发展彩瓷文化体验、文创设计研发、文博休闲旅游为主导的文创产业生态圈。2023 年 6 月 9 日，邛窑国家考古遗址公园正式揭牌[12]。

二、进一步挖掘邛窑文化的内涵

国务院印发《"十四五"旅游发展规划》明确"以文塑旅、以旅彰文，系统观念、筑牢防线，旅游为民、旅游带动，创新驱动、优质发展，生态优先、科学利用"的原则，文化和旅游深度融合[13]。邛窑文化与旅游融合发展，促进邛窑文化的传承与创新，就必须深挖邛窑文化内涵。邛窑器物的文化内涵受到经济政治、地域环境、社会文化以及意识形态的影响，并随着时代的更迭而不断发展变化。这些影响都体现在器物的设计之中，使得邛窑器物装饰题材丰富、艺术风格多元、产品结构丰富、装饰形式多样、富有民间情味，由此构成邛窑独特的文化艺术体系[14]。

作为四川瓷窑的典型代表，邛窑是中国古代陶瓷史上极其重要的地方瓷窑，其生产的瓷器类型、釉色、装饰风格等呈现出极强的地域性特色。在兼收并蓄、融会贯通的基础上，邛窑不断创新发展，形成了独特的地方特色，在中国窑业技术史上牢牢占据了重要的一席。对于邛窑，绝不能简单地以普通的地方窑视之，而应视为我国古代南北方窑业技术之集大成者。邛窑在兼收并蓄、融会贯通的基础上，不断创新发展，形成了独特的地方特色，在中国窑业技术史上牢牢占据了重要的一席。从唐代的釉下彩瓷，到唐末五代的邛三彩以及仿金银瓷器，再到两宋的乳浊青瓷，邛窑每个阶段的生产与发展都紧跟着社会风尚，又闪耀着创新的光辉[15]。作为著名的古代窑址群，邛窑是民间瓷窑的代表。因为它不仅产品丰富，佳品极多，而且经历了漫长的时代。历经岁月沉浮，邛窑文化内涵贯穿古今，既是传统文化的延续，又具有时代特质。中国科学院院士朱清时以"沉睡上千年，一醒惊天下"[16]道出

11 《沉寂近千年 邛窑一醒惊天下》，《四川党的建设》2018 年第 11 期。

12 吴亦铮：《"天下第一红"邛窑如何影响中国陶瓷史？》，《成都日报》2023 年 6 月 12 日。

13 《国务院印发〈"十四五"旅游发展规划〉》，《经济日报》2022 年 1 月 21 日。

14 罗瑶：《邛窑遗址公园文化创意产品设计研究》，四川师范大学硕士学位论文，2022 年。

15 李琳、张琴、李佳欣：《四川邛窑及其与黄河流域相关瓷窑之关系研究》《收藏家》2023 年第 3 期。

16 《邛窑或将改写历史》，《华西都市报》2016 年 3 月 9 日。

了邛窑的珍贵。邛窑产品多种多样，从高端品牌一直覆盖到寻常百姓都必须使用的普通物件，极具地域特色和生活气息。参与邛窑陶瓷彩绘的描绘者，多是有着深厚文化根底、书画艺术功力的能工巧匠[17]。

邛窑窑炉兼用龙窑和馒头窑，产品有青瓷、白瓷、黑瓷、单色彩釉、釉下彩、高温和低温三彩等，器类涉及社会生产生活各个方面，其产品广泛流通于四川盆地[18]。邛窑文化是乡村振兴、乡村旅游的文化基础。不断对邛窑文化进行深入的解读，才能跟上时代的脚步，创作出更多符合时代，符合艺术发展规律的新作品。因此，应深入挖掘邛窑文化的精神品质，提炼出邛窑文化主题。加大财政投入，开展专题学术研究，吸引更多研究者从事邛窑文化研究。发挥邛窑文化学术社团、学会、科研院所、文化机构、资政智库等在挖掘邛窑文化内涵方面的作用。要挖掘、宣传邛窑文化在民风民俗、传统文化、社会关系等方面的内涵，着力打造"邛窑文化地标"。习近平总书记强调："中华民族历史悠久，中华文明源远流长，中华文化博大精深，一个博物馆就是一所大学校。"[19]应精心设计与提升邛窑遗址博物馆、邛窑遗址公园展陈形式和展陈内容，全力推进邛窑国家考古遗址公园建设。充分发掘邛窑文化要素、内涵，增强乡村振兴、生态保护软实力。

三、大力发挥邛窑文化的文化牵引作用

"文化是一个国家、一个民族的灵魂。文化兴国运兴，文化强民族强。没有高度的文化自信，没有文化的繁荣兴盛，就没有中华民族伟大复兴。"[20]邛窑文化是成都平原引以为傲的文化资源，在邛窑文化所在地乃至全国产生了深远的影响。人们可以从邛窑文化的传承与创新中得精髓、受滋养、树新风。邛窑文化艺术包容性极强、风格多元，大方中又不缺严谨的情调，粗犷中又不缺细腻的刻画；邛窑文化具有明显的时代特征，不管是造型还是纹饰都累积了不同时代的烙印；邛窑文化位于巴蜀文化腹地中心，具有鲜明的地域特征，汇集和代表了古蜀文化艺术的特色[21]。

要在实施乡村振兴战略背景下发挥邛窑文化的文化牵引作用，增强文化自信，是大有作为的。邛窑起于东晋，南北朝成熟，隋唐时代达到鼎盛，衰于南宋。因烧制时代久远，器物造型独特、釉色丰富多彩，邛窑颇享盛誉，一直是我国著名的民间瓷窑之一。更由于邛窑是我国最早使用高温釉技术、将雕塑艺术手法运用于瓷器造型、对陶器进行彩绘装饰

17 干曦礼：《浅谈邛窑的三个特点》，《文史杂志》2018 年第 1 期。

18 李宛倪、黎峰六：《十方堂址 千年窑变——邛窑国家遗址考古公园景观设计》，《江西建材》2016 年第 19 期。

19 《扎实推动经济社会持续健康发展 以优异成绩迎接党的十九大胜利召开》，《光明日报》2017 年 4 月 22 日。

20 中共中央党史和文献研究院、中央 "不忘初心、牢记使命" 主题教育领导小组办公室：《习近平关于 "不忘初心、牢记使命" 重要论述选编》，中央文献出版社、党建读物出版社，2019 年，第 32 页。

21 罗瑶：《邛窑遗址公园文化创意产品设计研究》，四川师范大学硕士学位论文，2022 年。

而使邛窑在中国古陶瓷领域"别树一帜"[22]。文化是邛窑文化与现代旅游业融合发展进程中适应旅游者多样化消费需求的一种新兴的旅游产品主题。要以邛窑文化基地为起点，全面推进新时代邛窑文化建设，积极探索邛窑文化建设与文旅产业一体规划、融合发展，通过"线下活动"与"线上宣传"相结合，用好用活邛窑遗址博物馆、邛窑遗址公园，并将其发展为邛窑文化宣传教育的重要阵地、弘扬优秀邛窑文化的生动课堂。

邛窑文化蕴藏着深层文化意蕴，具有重要的历史、民俗、人文价值。在1984年的中国古陶瓷学会、中国古陶瓷外销会年会和2001年的中国邛窑陶瓷科技考古研讨会上，相关专家均对邛窑作出了新的定论：邛窑是中国彩绘瓷的发源地，价值可与三星堆、金沙遗址媲美，并进入国家大遗址重点保护[23]。相关政府部门和旅游、文创机构在保留邛窑文化原生态与淳朴性的同时，可对邛窑文化进行进一步的保护与研究，举办邛窑文化遗产保护工作培训班。通过对邛窑文化的深入解读、田野考察、考古资料与历史文献资料的综合运用与比较研究，深入探讨邛窑文化的特征与演变规律。

四、在保护中传承与创新邛窑文化

邛窑以其独特的历史文化、工艺特点及艺术风格，反映了地域特色、民族风貌和多元文化的相互交织[24]。历史沉淀赋予邛窑文化资源的天然属性，具有原真性、不可移动性和非复制性，其传承与创新一定要体现历史、人文的严肃性。既要看到邛窑文化传承与创新带来的丰厚文化效益，又要增强对邛窑文化资源的保护意识，从而推进邛窑文化资源的可持续发展。

首先，要加强邛窑文化资源的保护，摸清家底，开展邛窑文化资源的普查搜索登记，建立起包括政府、社区、企业、学校在内的邛窑文化保护网络。在深入挖掘邛窑文化资源文化内涵的基础上，把传承、创新邛窑文化工作与产业发展、文化发展相结合。特别是，邛窑文化旅游产品、园区在主题设计的时候，要充分考虑到旅游活动对邛窑文化资源的影响、对当地居民的影响。邛窑考古遗址公园建设是大遗址保护工作进展到一定阶段，具备一定基础后，融合创新的产物，它践行了"在保护的前提下利用，在利用过程中促进保护"的理念，实现遗址保护与文化、经济产业的可持续发展，是大遗址保护利用最有效的手段之一[25]。

其次，继续将新发现的邛窑文化资源申报国家、省级遗产保护名录，甚至世界遗产保

---

22 王晶：《邛窑入围今年国家大遗址重点保护项目》，《成都日报》2006年9月26日。

23 苏宝滕：《走进邛窑》，《海峡科技与产业》2015年第5期。

24 罗瑶：《邛窑遗址公园文化创意产品设计研究》，四川师范大学硕士学位论文，2022年。

25 李宛倪、黎峰六：《十方堂址 千年窑变——邛窑国家遗址考古公园景观设计》，《江西建材》2016年第19期。

护名录。1988年1月十方堂邛窑遗址由国务院正式公布为国家级重点文物保护单位。2022年12月16日，国家文物局发布公布第四批国家考古遗址公园名单和立项名单。四川邛窑考古遗址公园入选第四批国家考古遗址公园。借此机会，继续推动邛窑文化史迹纳入文物保护的范畴，申报或升格文物、遗产保护单位。要完整保护邛窑文化的历史传统现象，保留其原生态、民俗、传统文化等元素。加强邛窑文化资源的宣传教育，强化公众的保护意识。以提升、完善邛窑遗址博物馆、邛窑遗址公园为目标，切实做好邛窑文化保护管理工作，打响邛窑文化品牌。要对邛窑文化文创产品的开发进行拓展，通过书画展陈、场景复原等多样化的展现载体和方式，将邛窑文化的传统文化元素进行"软植入"。

第三，整合邛窑文化资源，有目的、分门别类地收藏和研究邛窑文化的碎片，收集有关邛窑文化口述史料，着力修复破坏的邛窑文化文献、景点。拍摄有关邛窑文化的宣传片、短视频和电影，撰写展示邛窑文化的文学作品。将收集到的邛窑文化的相关资料，如图片、实物、音频视频资料、一些活态性和非活态性资料等制作成光盘进行保护。通过建设邛窑文化园与研究中心，做好邛窑文化资源的抢救和传承工作。推动邛窑文化进校园、进社区、进家庭，建设邛窑文化对外交流合作平台。定期与不定期举办邛窑文化民俗表演等活动，进而吸引广大人民群众参加到邛窑文化传承与创新活动中来。为做好邛窑考古成果的阐释和转化工作，2021年6月10日第16个"文化和自然遗产日"成都系列活动在邛窑遗址公园启动，极大提升了邛窑的影响力与知名度[26]。

五、系统谋划邛窑文化传承与创新

整合邛窑文化资源，形成以人文历史、传统文化为特点的邛窑文化传承与创新体系，实现邛窑文化资源的观光型、展示型与文化型于一体的传承与创新。邛窑考古遗址公园面积约300亩，共有窑包14处，作为"文化之根"进行本体保护，传承历史文脉。目前，已完成园区整体保护提升工程，建成十方书院、散花书院、师徒制文创学校等多个文创项目。除此之外，邛窑考古遗址公园还将优秀非遗文化请回邛窑遗址区，瓷胎竹编为邛窑瓷器裹上一层细密、精致的衣裳，扎染、羌绣等非遗技艺则为邛窑遗址公园增添别样的色彩。

第一，高度重视、精心编制、严格执行邛窑文化传承与创新规划，以科学合理的规划来规范和推动邛窑文化传承与创新。规划编制过程中，要依托邛窑文化资源，分析资源现状，明确传承与创新方向，包括传承与创新主体、背景与条件、市场需求、主题与形象、文创产品定位与空间格局、文创配套设施等。

第二，应在市场分析基础上做好邛窑文化传承与创新的顶层设计，用顶层设计来统一

---

26 罗瑶：《邛窑遗址公园文化创意产品设计研究》，四川师范大学硕士学位论文，2022年。

传承与创新的思想，使其成为实施传承与创新的意志和行动。应制定横向到边、纵向到底的发展规划，以规划来明确传承与创新的时间账、任务账、责任账，引领和指导传承与创新。注重邛窑文化传承与创新规划的前瞻性，以超前的思维、科学的规划设计来引领窑文化传承与创新。

第三，邛窑文化传承与创新规划要体现科学性，顺应城乡融合、乡村振兴要求。要按照党中央提出的"产业兴旺、生态宜居、乡风文明、治理有效、生活富裕"乡村振兴战略总体要求[27]，不断健全与完善传承与创新专项规划。规划编制过程中，应牢固树立现代乡村发展的基本理念，尊重邛窑遗产地原住居民生活形态和传统习俗，注重邛窑文化的特色与个性，体现邛窑文化的生态本底与人文环境。

第四，维护邛窑文化传承与创新规划的权威性与严肃性。一经确定的传承与创新规划，就必须依法实施，严禁随意改变。对照传承与创新规划，坚决杜绝不符合文化振兴、乡村振兴与旅游发展规划的项目，要依靠科学的规划来确保传承与创新的质量、进度与成效，引导邛窑文化的区域协调、城乡融合、共同发展。

六、优化邛窑文化传承与创新的功能布局

邛窑考古遗址公园秉承遗址与城市共生，文化与自然互融的理念，保护遗址本体，阐释邛窑文化内涵，发挥文化遗产社会价值，提升了公众参与感与文化自信[28]，是新时期大遗址保护新模式的成功范例。应在现有邛窑文化传承与创新体系基础上，以邛窑文化资源为依托，优化邛窑文化传承与创新的功能布局。

一是依托邛窑文化所在地交通、产业功能和生态功能，实施邛窑文化传承与创新的功能布局。集聚遗产资源要素，促使文化遗产传承与创新逐步由同质化、个体化、分散化向特色化、产业化和集聚化方向转变。着力塑造临邛古城城乡形态，整合民风民俗、人文历史、景点等各种旅游发展要素，集聚开发、科学利用邛窑文化资源，提升和改善邛窑文化遗产展示空间，推动邛窑文化传播与开发利用"共融共生"。

二是在邛窑文化传承与创新中，注重提升宜居宜业、品质优化的城乡功能布局。科学、准确定位邛窑文化传承与创新的旅游功能，突出其人文优势和传统特色，杜绝传承与创新同质化现象的产生。结合资源实际，因地制宜确定邛窑文化传承与创新的功能与定位，引导传承与创新朝个性化、差异化模式发展，打造集旅游、生产、人文、生态多功能于一体的邛窑文化传承与创新体系，实现邛窑文化资源旅游永续发展。

---

27 中共中央党史和文献研究院、中央"不忘初心、牢记使命"主题教育领导小组办公室：《习近平关于"不忘初心、牢记使命"重要论述选编》，中央文献出版社、党建读物出版社，2019年，第25页。

28 代睿、刘可欣：《四川邛窑入选第四批国家考古遗址公园》，《华西都市报》2022年12月30日。

三是顺应区域协调、城乡融合、文化建设要求，加快邛窑文化传承与创新。根据邛窑文化的功能定位、产业基础与资源优势，建设一批产业集聚、功能复合、连镇带村的邛窑文化特色景区，引导乡村人口向邛窑文化特色旅游聚居点集聚、转移，实现邛窑文化资源与旅游融合成果人民群众共享。深入挖掘邛窑文化内涵，打造好邛窑文化古镇，让国内外旅客来到邛窑文化所在地能领略到邛窑文化。

七、以"旅游+"增强邛窑文化传承与创新的后劲

党的二十大报告强调，"坚持以文塑旅、以旅彰文，推进文化和旅游深度融合发展。"[29]要以邛窑遗址景区、景点、人文要素为核心，坚持"旅游+"的融合发展理念，使邛窑文化与旅游等产业更好地结合，使邛窑文化传承与创新成为邛窑文化所在地乡村振兴的文化支撑。

第一，着力于转变旅游发展方式，打造产业跨界、产业融合发展的邛窑文化生态旅游产业链。随着现代化进程的加速，旅游者旅游方式发生了改变，逐渐以小群体、自由行的自驾方式和高质、深度的品质游为主。因此，强力推进邛窑文化与旅游的融合发展，形成全域旅游，推进区域旅游合作，必将实现旅游资源有效整合，提高区域旅游竞争力。

第二，推动邛窑文化传承与创新要素配置更加科学、合理，实现旅游产业生产集约化、组织科学化与要素供给高效化。着力推动邛窑文化传承与创新，促进邛窑文化旅游产业多样化、个性化发展。整合邛窑文化资源要素，打造一批邛窑文化旅游精品景点、精品线路，开展邛窑文化项目的研学活动。实施传承与创新精品工程，建立经济高效的邛窑文化旅游价值体系。如今，游客在邛窑遗址公园可进行休闲、娱乐、餐饮、住宿多元化体验：在创作工坊，可亲手拉坯；在新邛窑，可参与烧窑、制陶；在等待制陶过程中，可品尝"创咖啡"，入住特色民宿、参观文化展览[30]。

第三，因地制宜积极发展邛窑文化特色旅游产业。推动邛窑文化旅游产业要素向核心景区集中、向重点城镇集中、向道路沿线集中；构建自然、自由、自助的"三自"邛窑文化旅游体验线路；打造原生态、原生活、原生命的"三原"邛窑文化旅游体系；秉承低碳、低干扰、低强度的"三低"开发原则；实施政府主导、企业主体、民生优先、社区参与的邛窑文化旅游开发模式。开展邛窑文化实地体验、研学游，让沧桑、厚重的邛窑文化资源再次焕发出蓬勃生机。

第四，按照"旅游+"新业态融合发展的思路，促进邛窑文化传承与创新升级。通过

---

29 习近平：《高举中国特色社会主义伟大旗帜 为全面建设社会主义现代化国家而团结奋斗——在中国共产党第二十次全国代表大会上的报告》，人民出版社，2022年，第45页。

30 《沉寂近千年 邛窑一醒惊天下》，《四川党的建设》2018年第11期。

融合文创、研学、文艺等产业，培育多样化、个性化的传承与创新业态。鼓励邛窑文化遗产人文、自然风光、景区、景观与产业结合，打造邛窑文化特色旅游景区与景点，着力打造邛窑文化旅游名镇、邛窑文化旅游区。定期与不定期举行以邛窑文化资源为核心内容的旅游产品博览会，借助平台彰显出邛窑文化资源特色，提高邛窑文化资源在全国甚至全球的影响力和知名度。在宣传邛窑瓷器文化方面，邛窑考古遗址公园与景德镇陶瓷大学、四川大学、北京工业大学设计学院等多所高校合作开展考古研究、文创产品研发、产学研基地建设等内容。举办邛窑柴烧艺术季、中韩交流、大美天府——多彩邛崃陶瓷彩绘等100余场活动，举办各类陶艺体验创作活动10000余人次／年，实现文化"零距离"融入生活。自2018年正式开放以来，邛窑考古遗址公园累计接待游客200万余人次，举办柴烧艺术节、中韩文化艺术交流等活动100余次。同时，不定期举办各类主题研学活动，吸引了10万余人次参与[31]。

　　习近平总书记指出："要让文物说话，让历史说话，让文化说话。"[32]邛窑文化是中华优秀传统文化的杰出代表，对邛窑文化的继承、发扬和创新，就是对邛窑文化所在地所蕴含传统文化最好的一种传承。通过传承、创新邛窑文化，让邛窑的光辉历史再现人间，为在全面建设社会主义现代化国家、实现中华民族伟大复兴的新征程中，使具有地方独特风格的邛窑之花，放射出更加鲜艳的色彩和浓郁的芳香。我们有理由相信，随着乡村振兴战略的全面实施与乡村旅游的快速发展，多渠道推动邛窑文化传承与创新，努力打造邛窑文化旅游品牌，必将使邛窑文化传承与创新工作在充满希望的新时代谱写出崭新诗篇。

---

31 代睿、刘可欣：《四川邛窑入选第四批国家考古遗址公园》，《华西都市报》2022年12月30日。
32《扎实推动经济社会持续健康发展 以优异成绩迎接党的十九大胜利召开》，《光明日报》2017年4月22日。

经济的兴衰对四川古陶瓷的影响

董远烽

（四川省收藏家协会）

摘要： 在经济繁荣的时期，四川古陶瓷业得以快速发展。充足的资金来源使得陶瓷生产者能够引进更先进的技术和设备，提高生产效率，同时也有更多的资金用于研发新的陶瓷产品和技术。在经济衰退的时期，四川古陶瓷业往往面临巨大的挑战。资金短缺、市场需求下降等因素导致许多陶瓷生产者难以维持正常的生产活动，甚至面临破产的困境。

关键词： 四川　汉唐　宋代　邛窑　西坝窑　广元窑

四川古陶瓷历史悠久且内涵丰富，作为南北陶瓷业技艺的交汇之地，其陶瓷产品具有独特的风格和特点，然而，经济的兴衰对四川古陶瓷的影响是深远的。

一、汉代的经济与汉陶、汉砖、青瓷

图1　东汉拍鼓俑

秦国攻灭古蜀国，设巴、蜀两郡管理四川，古蜀贵族外逃，长达一个世纪的秦万人入巴蜀，将中原地区先进的文化、科技和技术传入四川。像赵人卓氏等冶铁世家入川，使巴蜀的铁器销往各地。李冰父子建都江堰后，使四川的农业和手工业得到极大的发展，成了天下粮仓，有了"天府之国"的美誉，东汉时文翁兴学使四川的文化达到一个繁荣鼎盛时期，而安定富庶使得四川有机会去发展艺术。从川内各地博物馆的汉代陶俑可以看出，这个时候社会安定，人们生活富足，食材丰富，陶俑脸上都洋溢着幸福的笑容（图1）。

汉代四川的农业十分发达，除了水稻，四川地区还广泛种植芋类、杂粮等作物，形成了多样化的农业生产结构。茶叶、柑橘、桑、麻等经济作物普遍种植，为四川经济的繁荣提供了

图2　建兴三年文字砖 　　　　　图3　汉代绿釉陶马 　　　　　图4　汉代摇钱树座

丰富的物质基础。汉代四川地区的商业贸易十分活跃。成都作为西南地区的中心城市，其市场上的商品种类繁多，应有尽有，被誉为"万商之渊"。除此之外，四川地区还充分开发并利用了"滇缅道"（蜀身毒道），推动了对外贸易，成都因此成为著名的国际都市。这些商业活动不仅加强了四川地区与其他地区的联系，也推动了四川经济的进一步发展。

手工业方面，汉代四川地区的手工业部门得到了迅速的发展。冶铁业、制盐业等新兴手工业部门崛起，同时传统的手工业如冶铜、纺织、陶瓷等也得到了空前的发展。这些手工业部门的发展不仅提高了四川地区的生产力水平，也促进了商品经济的繁荣。

汉陶从始于西汉中后期，盛行于东汉，最晚能到蜀汉早期。四川汉陶不仅数量巨大、种类繁多更是独树一帜，包括日用陶器、陶俑、陶砖（图2）、陶兽（图3）等多种类型，用途广泛。日用陶器如碗、盘、壶等；陶俑、陶兽和摇钱树（图4）则主要用于陪葬。而且其画像风格极具巴蜀地方特点，像说唱俑（图5）、舞女俑、弹奏俑（图6）等。

汉砖多采用黏土烧制，质地坚硬，色泽深沉。其制作工艺精细，砖面平整，边缘整齐，显示出汉代工匠的高超技艺。作为汉代文化的重要载体，不仅在艺术上展现了汉代的审美追求，而且在技术上也体现了汉代工匠的精湛技艺。汉砖的制作工艺经过精心设计和严格控制，使其具有坚固耐用的特性，同时在表面装饰上，汉砖采用了浮雕、线刻等手法，将吉祥图案、文字和几何图形巧妙地结合在一起（图7）。而汉砖不仅仅用于建筑结构，如城墙、宫殿、陵墓等，还用于铺设地面、墙面等，是汉代建筑的重要材料，也被用作随葬品。

因为东汉时期受到道教主流思想影响，当时的人民相信一种说法就是"人死了之后会变成灵魂升天，去到另外一个世界"。所以汉代特别盛行厚葬风气，统治者想要把生前享用的一切带到另一个世界继续享用。汉陶作为陪葬器皿，并没有充满死亡的阴霾，而是洋溢着喜气和活力，充满了世俗的人情味和生活情趣。它生动形象地展示了当时汉代的生活

图 5　汉代说唱俑

图 6　汉代抚琴俑

图 7　汉代庭院砖

图 8　汉代麻布纹四系青瓷罐

图 9　晋代青羊宫窑虎子

　　场景，无论在塑造还是构思上都是世界顶尖的。在中国艺术史上留下了浓墨重彩的一笔。

　　考古发现表明，东汉时期四川地区已经能够烧制出工艺相当成熟的青瓷。这种瓷器是在坯体上涂覆含铁元素的釉料，经过高温烧制后，呈现出青绿色或青黄色。这种瓷器是在陶坯上施加含铁元素的釉料，经过高温烧成后，显现出青绿色或青黄色。当时，四川生产青瓷的主要窑口有青羊宫窑、绵阳窑。其胎质为淡灰白色；釉色则有姜黄、青黄、灰青等多种；纹饰方面，常见弦纹、麻布纹（图8）、水浪纹以及独特的"米"字形葵纹和松针几何纹等。大型容器多采用手工制作，内壁留有手印，外壁则呈现出麻布纹和规整的表面。小型食器则使用快轮拉坯技术制作。四川青瓷在工艺、造型和纹饰等方面都取得了显著的成就，展现了中国古代瓷器艺术的独特魅力（图9）。

二、唐代经济与邛窑的兴盛

东汉末年到魏晋南北朝时期战乱不断，巴蜀大地上前后出现过十一个政权统治，大量人口为了躲避战乱开始外迁，这段时期四川的经济发展受到重创，陶瓷业只有青瓷一枝独秀。

进入隋唐以后，局势稳定，四川丰富的资源又吸引了大量人口前来发展，而随着这些人口的到来，又为四川带来了先进的文化和技术，四川的文化、经济、手工业、艺术发展飞速增长。唐代四川的经济极为繁荣，其在全国的经济地位尤为显著。四川地区，特别是成都平原，由于水利设施的建设和荒地的大规模开垦，农业得以显著发展。推广了间作和复种等耕作方式。提倡使用间作和复种等耕作方法，以及成都平原因大量种植经济作物，成为当时全国农业最先进的地区之一。川蜀的丝织业、造纸业等也有很大的发展，为四川的经济贡献了重要力量。商业的繁荣是唐代四川经济的另一大特点。成都作为西南地区的重要商业都会，其商业活动极为活跃。不仅有大量的本地商品在此交易，还有来自全国各地的商品通过四川的商路进行转运。

丝绸之路的打通，对中国陶瓷烧造技术的发展产生了深远的影响。丝绸之路于公元前8世纪作为古代东西方文明交流的重要纽带，不仅促进了技术的交流和艺术风格的融合，还推动了市场需求的变化和制瓷原料、工艺的改进。依托丝绸之路，四川积极开展对外贸易，与周边国家和地区进行广泛的商贸往来。这些因素相互作用，共同推动了唐代四川陶瓷制作技术的发展和进步。

四川地区唐代的制瓷业以邛窑最为兴盛，邛窑，位于四川盆地西缘邛崃市，这里陶土资源丰富，且拥有便利的交通条件，为瓷器生产提供了得天独厚的自然条件。是中国古代著名的瓷窑之一，以十方堂窑（图11）为代表，也是中国彩绘瓷（图12）的发源地。其精湛的制瓷技艺和独特的艺术风格在中国陶瓷史上占有重要地位，被列入国家重点保护大遗址

图11 十方堂邛窑遗址

图12 邛窑彩绘双鱼纹瓷盆

图13 邛窑省油灯

名单。邛窑的兴起与发展与四川地区的经济、政治、文化背景密不可分。早在汉代，邛窑就已经开始生产陶器，而到了唐代，随着四川地区的经济繁荣、文化昌盛和丝绸之路的打通，邛窑更是达到了鼎盛时期，其生产的瓷器不仅在国内享有盛誉，还远销海外，成为当时中国陶瓷业的重要代表。

邛窑的器物大体可以分为三类：玩具、文具和各种生活用具及瓷塑。生活用具中包含：壶、罐、钵、碗、盘、杯、碟、盏、灯、炉、画、豆盒、唾壶、坛等。其中以丰富的小瓷俑最为生动形象，而邛窑的陶瓷省油灯（图13）闻名于全国。邛窑在制瓷工艺上独树一帜，采用先进的高温烧制技术，生产出质地坚硬、釉色明亮的陶瓷制品。陶瓷制品。主要包括青釉、青釉褐斑、青釉褐绿斑及彩绘瓷（图14、图15）。邛窑在瓷器的造型、装饰和釉色等方面不断创新，形成了独特的艺术风格。例如，邛窑的青釉瓷器以其淡雅的色泽和简洁的纹饰而著称，而白釉瓷器则以其纯净的色泽和精致的造型吸引人眼球。其中又以邛窑三彩最为出色，其色彩艳丽、釉质肥厚、造型别致而著称，是唐代陶瓷艺术的杰出代表。此外，邛窑还发明了"堆塑"技艺，将陶土层层堆叠，形成复杂的立体造型，这一技艺在当时是非常先进的。

三、宋代的经济与西坝窑、广元窑

唐末五代十国时期，蜀地一直未被卷入中原的战火中，使得四川的经济、文化和艺术

图14 邛窑彩釉执壶、三彩葵口盘

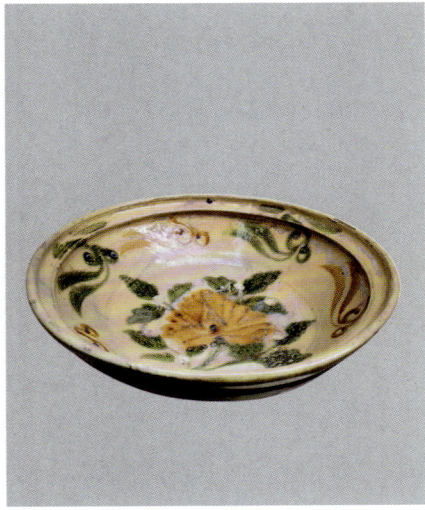

图15 邛窑彩绘牡丹纹盆

未受到太大的冲击，保证了当地社会的稳定。宋代四川的经济有了更为显著的发展和繁荣。四川地区在宋代继续保持着其农业生产的优势，随着水利设施的进一步完善和农业技术的不断提高，四川的农业生产能力得到了极大的提升。粮食作物和经济作物的种植都取得了显著成果，为四川经济繁荣提供了坚实的物质基础。宋代四川的商业贸易也极为繁荣。成都作为四川地区的经济中心，其商业活动极为活跃。不仅有大量的本地商品在此交易，还有来自全国各地的商贾云集于此。特别是丝织业、制茶业、制盐业等行业，在宋代的经济体系中占据了举足轻重的地位。宋代时期，四川经济在其中扮演了关键角色。四川的丝绸以其质地优良、工艺精湛而享誉全国，成为当时重要的出口商品之一。同时，四川的茶叶和盐类也因其独特的品质和丰富的产量，成为市场上的热门商品。再加上多年来未受到战火的侵扰和人口的持续迁入，到南宋嘉定时更是到达一个顶峰，成为世界上经济最发达的地区。

　　而宋代，重文轻武的出现，使艺术与手工业得到了极大的发展。宋代四川的制瓷业也发展达到了新的高度，呈现百花齐放的现象。最具代表性的就是西坝窑与广元窑。

　　西坝窑，作为中国西南地区的一处重要的古瓷窑遗址（图16），始建于唐朝，承载着丰富的历史文化信息。它坐落在四川省乐山市沙湾区，是中国历史悠久的著名窑口之一。西坝窑地处乐山盆地北部的冲积平原，交通便利，资源丰富，为制瓷业的发展提供了得天独厚的条件。其窑变釉瓷技艺独特，作品风格鲜明，是宋代以来南方陶瓷文化的代表。西坝窑窑变釉瓷在历史上曾受到朝廷的青睐，成为皇家御用瓷器之一。此外，西坝窑还是连接中原与西南地区文化交流的重要桥梁，对东西方文化交流产生了深远影响。

　　乐山西坝窑窑变釉瓷（图17）种类繁多，包括青釉、酱釉、黑釉、蓝釉、绿釉等。窑变釉瓷还以其独特的窑变花纹（图18）和色彩变化而著称，每一件作品都是独一无二的。

　　西坝窑窑变釉瓷（图19）的制作工艺十分复杂。从选土、淘洗、制坯、晾晒、施釉到烧制，每个环节都经过精心操作，确保了产品的质量。特别是在烧制技术上，西坝窑采用高温烧成，通过控制炉温、冷却速

图16　西坝窑遗址

图17　西坝窑窑变釉长颈瓶

图 18 　西坝窑窑变雄狮纹盘

图 19 　西坝窑窑变釉盏

图 20 　西坝窑蓝兔豪纹钵

图 21 　广元窑遗址

度等因素使得瓷器形成独特的窑变花纹和色彩。正是这种工艺的运用，使得西坝窑的瓷器在质感和视觉效果上都达到了较高的水平。

乐山西坝窑窑变釉瓷的装饰手法多种多样，包括刻印、绘画、雕塑等。刻印是在素胎上刻出精美的花纹，然后再施以釉料；绘画则是用笔在素胎上描绘出各种图案；雕塑则是通过塑造瓷器表面的一些部位，使其更具立体感。这些装饰手法的灵活运用，使得西坝窑窑变釉瓷更加璀璨夺目（图20）。

据资料考证，广元窑在唐代后期开始烧造（图21），在两宋时达到鼎盛，南宋末年蒙人南下，广元窑在宋元长达五十年的战乱中毁于一旦。随着四川经济的繁荣和丝绸之路带来的文化的交融，广元窑的陶瓷产品（图22）不仅在本地消费，还远销至其他地区，甚至海外，成为当时陶瓷艺术的重要代表之一。

广元窑的特点在于其独特的烧造技术和装饰风格。在烧造技术上，广元窑首创了采用

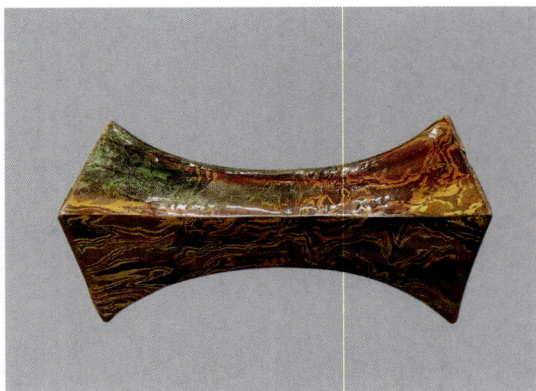

图22　广元窑搅釉三彩枕

图23　广元窑黑釉盏

图24　广元窑白釉褐花梅瓶

图25　广元窑绿釉舍利塔

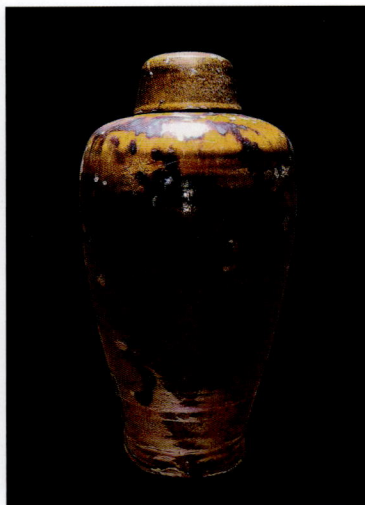

图26　广元窑黄釉虎皮纹梅瓶

　　阶级窑正装烧，这种窑炉结构可以节省大量的燃料，降低生产成本。在装饰手法上，广元窑的工匠们擅长运用刻花、划花、印花等技法，这些技法使得广元窑的瓷器在视觉上呈现出丰富的层次感和艺术美感。此外，广元窑的瓷器釉色也十分独特，广元窑瓷器的釉色主要以黑色为主，同时还有青黑色、姜黄色、酱红色、黄色、象牙白、青黄色和绿色等多种颜色（图23—图26）。器型有碗、盘、瓶、灯、熏、罐、壶、钵、盆、炉、盏、托盏（有连体和分体式两种），以及小型动物瓷塑等。精品瓷器胎体则以黄白色、灰白色为主，如香炉、香薰、执壶、瓶、枕、洗等。

　　广元窑瓷器与吉州窑、扒村窑、淄博窑等全国各地瓷窑产品的风格相似，是南北陶瓷文化及窑业烧造技艺交流融合的最好见证。

四、宋元战争与四川陶瓷业的衰落

宋元战争的爆发导致了社会动荡和人口流失，战争的长期性、残酷性和破坏性给四川经济带来了前所未有的打击。大量的战争活动和军事行动导致人口急剧减少，社会秩序出现混乱，生产和生活的正常秩序受到严重破坏，税收收入也大幅度减少。战争需要大量的军费开支，这使得四川地区的财政破产陷入经济困境，失去了发展社会经济的重要人力资源，进一步加剧了经济衰落的趋势。

宋元战争对四川经济造成了巨大的破坏和衰落，使得四川在宋元时期的经济地位大幅度下降。使得陶瓷业失去了稳定的劳动力和市场需求。战争期间，四川地区遭受了频繁的战乱和掠夺，陶瓷窑场和工坊遭到了严重破坏。许多陶瓷窑场被迫关闭，生产设备被毁，陶瓷原料和成品也被劫掠一空。四川地区的陶瓷工匠们纷纷逃离或转行，导致陶瓷生产的技术传承受到严重破坏。同时，由于战争的破坏，陶瓷产品的销售渠道也受到阻碍，市场需求锐减，进一步加剧了陶瓷业的衰落。

综上所述，宋元战争对四川陶瓷业造成了严重的衰落影响。社会动荡、人口流失、战乱破坏以及经济环境恶化等因素共同导致了陶瓷业的衰落。

而后的明末清初，连续30多年的战乱使四川人口锐减，各行业受到毁灭性的打击，又因南方景德镇等地瓷业的兴起，四川陶瓷业再无往日辉煌。

然而，尽管遭受了战争的破坏，但四川人民在战后积极恢复和发展经济，逐步走出了困境，为后来的经济发展奠定了基础。

总的来说，经济的兴衰对四川古陶瓷业有着直接而显著的影响。然而，无论经济环境如何变化，四川陶瓷业都应当坚持通过传承和保护传统文化艺术来维护文化多样性。不断创新来提高产品的品质和文化内涵，以适应市场的需求和挑战，再创历史辉煌。

成都青羊宫窑窑炉技术发展史及相关问题探讨

方圆远

（成都文物考古研究院）

摘要： 成都青羊宫窑是目前成都平原发现的最早的瓷窑场，是四川早期青瓷窑业的源流之一。因其优越及特殊的地理位置，拥有悠久的窑炉烧造技术，秦汉业已有成熟的烧陶历史，这为其在两晋时期很好地吸收长江中下游的先进制瓷技术奠定了基础。本文梳理分析青羊宫窑的窑炉技术，总结出这是南北文化技术交流的结果。

关键词： 成都青羊宫窑　窑炉技术

成都青羊宫窑历史悠久，是目前发现的成都平原最早的瓷窑场，始烧于两晋之交，为四川早期青瓷窑业的源流之一，在四川地区陶瓷史上产生过举足轻重的影响，是中国古代陶瓷发展史上的重要一环。它具有浓厚的川西地方特色，与邛窑、华阳琉璃厂窑同为最重要的四川名窑。它有着传统成熟的烧窑基础，又吸收了南北方的先进制瓷技术，向成都平原四面辐射，对平原各地青瓷窑场产生了最初的影响，进而逐步形成以邛窑为代表的成都瓷业经济圈和四川青瓷窑系。

一、青羊宫窑地理位置

成都平原优越的地理条件造就了农业经济的繁荣，而农业的深度发展又促进了手工业的兴起。秦建少城，北区为成都县治官署区，南区为商业区，并在少城外开辟南市，同时又设锦官城和车官城，由专官管理，而青羊宫窑作为紧邻成都城边的一个古窑场就位于南市对面的郫江对岸，烧制陶器以供城内所需，此后发展为制瓷窑场，依靠著名的南市销售至城内，甚而沿江外销至长江中游[1]。

1　四川省考古研究所、四川大学历史系：《云阳县明月坝遗址试掘简报》，《四川考古报告集》，文物出版社，1998年，第91—111页；李映福：《三峡地区早期市镇的考古学研究》，四川出版集团巴蜀书社，2010年，第119、120页。

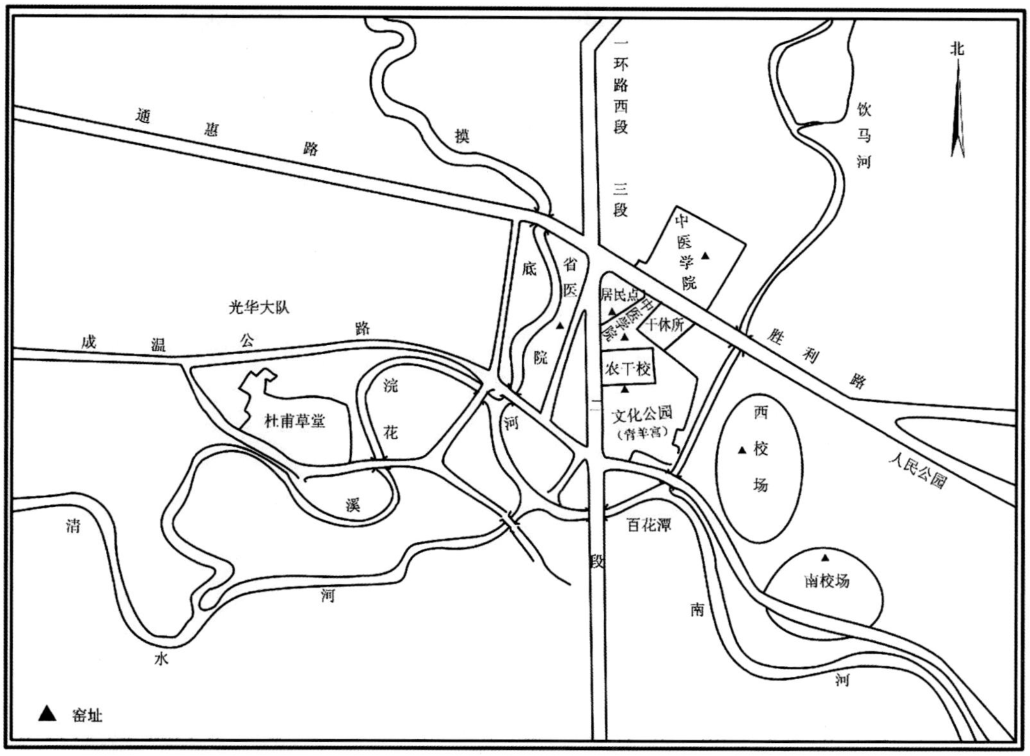

图1　青羊宫窑址分布示意图
（依据《成都青羊宫窑址发掘简报》原图重绘）

　　青羊宫窑址位于成都西城边上（图1），于古郫江转曲处，为古郫江与检江（现南河即锦江）之间，处于两江冲积平原的西端，故青羊宫及附近一带土壤均为褐色细腻的淤泥土层，当地土质不太适宜烧制瓷器。设窑于此的优势是丰富的竹木林提供燃料，也可充分利用南河水源解决生产及窑工生活用水，以及便利的水道运输销售 [2]。且青羊宫窑紧邻古少城西门，城外又是蜀汉时期的"锦官城""车官城"，又有后来发展起来的著名市场——南市和西市，这一带历来都是商业和手工业集中区，这亦是秦汉以来，古代成都沿南河两岸开办手工作坊的习惯。另外，陶瓷作坊地处城外，既可减少对城内的环境污染，又离城不远，足以满足城内外居民日常生活所需，加快资金周转，促进生产发展 [3]。

　　整个窑址的中心区域为：成都中医学院—省医院—新一村小区的范围内，窑炉、作坊最为集中，时代连续性强，出土的代表性器物早晚演变明显，地层关系也清楚。从出土的大量遗物及遗迹证明，青羊宫窑陶瓷制造业规模较大，窑场持续生产从未间断过（甚至两晋期间成都城遭受劫难也未使其停产）。它的优势在于该区域本身就有悠久的制陶历史，成熟的窑炉技术，优越的地理环境（两江夹道，便利的用水和水运交通），离城又近，这

2　李景焉：《川西古窑址和古陶瓷》，《成都文物》1991年第4期。
3　翁善良：《试论近年来青羊宫窑址的发现》，《成都文物》1988年第4期。

些无疑都促进了青羊宫窑的发展壮大，使其成为四川制瓷业的领头羊。

二、青羊宫窑发掘概述

成都青羊宫窑自 20 世纪 50 年代至 90 年代有多次勘查和发掘，按发掘时间顺序列表如下（表 1）。

表1　青羊宫窑发掘概览表

调查发掘时间	调查发掘单位	发现位置	发掘面积	发现遗存	发表报告
1955 年 11 月 26 日—1955 年 12 月 2 日	四川省文管会	四川省人民医院	5 平方米一个探方	各种窑具和器具	《青羊宫古窑址试掘简报》[4]
20 世纪 70 年代	成都市文物管理处	南较场、西较场、中医学院、省农展院	调查方圆 3、4 平方千米	古代陶瓷器物、作坊居址迹象	《青羊宫隋唐瓷窑遗址》[5]
1980—1981 年	成都市文物管理处	省农干校、南较场三五〇八厂工地		窑址器物堆积，大口碗、米黄色釉单耳杯等	《成都地下文物分布概况》《试论近年来青羊宫窑址的发现》[6]
1982 年 10 月、12 月—1983 年 5 月	四川省文管会、四川省博物馆和成都市文管处	一环路西二段东侧西干道居民点、中医学院、省农干校、省干休所	700 平方米、1200 平方米、2000 平方米	隋唐窑炉 9 座、大量窑址堆积物、红烧土	《成都青羊宫窑址调查》《成都青羊宫窑址发掘简报》[7]
1985 年 9 月 12 日—1986 年 3 月 1 日	成都市博物馆考古队	新一村、市煤气公司、自来水公司及国防工业民用产品公司等工地	5 米 ×5 米探方 44 个，10 米 ×2 米探沟 2 条	战国—西汉陶窑炉 1 座、隋唐窑炉 1 座，作坊区 1153 平方米，各类器物上千件	《青羊宫窑区内又发现一座早期古窑址》《成都新一村小区试掘简报》《成都青羊宫隋唐窑址》[8]
1992 年	成都市文物考古工作队	十二桥遗址旁市煤气公司住宅楼、一环路西三段青羊宫粮店工地		隋唐窑址堆积层、窑具、各种器具、三彩碗、瓷窑一座	《成都市 1992 年田野考古工作纪要》[9]

4　江学利、陈建中：《青羊宫古窑址试掘简报》，《文物参考资料》1956 年第 6 期。

5　黎佳：《青羊宫隋唐瓷窑遗址》，《成都文物》1983 年第 1 期。

6　张师俊：《成都地下文物分布概况》，《成都文物》1983 年第 1 期；翁善良：《试论近年来青羊宫窑址的发现》，《成都文物》1988 年第 4 期。

7　翁善良：《成都青羊宫窑址调查》，《景德镇陶瓷》1984 年总第 26 期；四川省文管会、成都市文管会：《成都青羊宫窑址发掘简报》，《四川古陶瓷研究（二）》，四川省社会科学院出版社，1984 年，第 113 页。

8　徐周：《青羊宫窑区内又发现一座早期古窑址》，《成都文物》1986 年第 3 期；王黎明、冯先成：《成都新一村小区试掘简报》，《成都文物》1988 年第 4 期；王黎明、冯先成：《成都青羊宫隋唐窑址》，《中国考古学年鉴 1987》，文物出版社，1987 年，第 241 页。

9　雷玉华：《成都市 1992 年田野考古工作纪要》，《成都文物》1993 年第 1 期。

调查发掘时间	调查发掘单位	发现位置	发掘面积	发现遗存	发表报告
1997 年 9—11 月	成都市文物考古工作队	成都中医药大学 5 号住宅楼面积 1000 平方米以内	5 米 ×5 米探方 24 个，共 600 平方米	两晋至唐时期 7 座窑炉、作坊区、各种两晋至唐代器物	《成都中医科大学晋至唐代烧窑遗址》[10]

从该区域大量出土的陶器以及清理的遗迹来看，此地烧陶历史悠久，至战国—秦汉，当时居民已掌握高超的制陶技术。2011 年 6 月成都文物考古研究所新一村遗址发掘清理工作中[11]，发现出土的黑陶陶片泥质纯净，烧制紧密，扣之声音清脆，火候极高。1986 年发现的秦汉时期窑炉亦可证明这一点。即是说，青羊宫窑本已有成熟的窑炉技术，这为后来吸收制瓷工艺奠定了良好的基础。

三、青羊宫窑的窑炉形制分析

1997 年在成都中医科大学发掘窑炉 7 座（该发掘资料一直在整理中，未详细公布），加上 1988 年《试论近年来青羊宫窑址的发现》一文公布发现的 12 座窑炉，至此从 1982—1997 年，在一环路西二段西侧、中医学院、新一村、省干休所等工地，一共发现了秦汉至隋唐时期的窑炉 19 座，梳理如下（表 2）。

表2　青羊宫窑出土窑炉汇总表

烧造产品	形制	数量	年代	发现时间地点
陶俑和动物模型	半地穴式直焰窑	1	东汉	1982 年省干所[12]
陶器	早期馒头窑	1	秦汉	1986 年省医院门诊部对面西一环路[13]
瓷器	短龙窑 Y1	1	南朝—隋	1982 年底成都中医学院[14]
瓷器	短龙窑	1	隋—唐	1985 年 9 月 12 日—1986 年 3 月 1 日十二桥西干道左侧新一村小区中部[15]
瓷器	馒头窑 Y3	1	唐中晚	1982 年底成都中医学院[16]

---

10 刘雨茂：《成都中医科大学晋至唐代烧窑遗址》，《中国考古学年鉴 1998》，文物出版社，1998 年，第 223 页。

11 成都新一村遗址发掘于 2010 年 12 月至次年 8 月，《成都新一村遗址发掘报告》2022 年 9 月出版，但仍有少量出土遗物未完全披露。

12 翁善良：《试论近年来青羊宫窑址的发现》，《成都文物》1988 年第 4 期。

13 翁善良：《试论近年来青羊宫窑址的发现》，《成都文物》1988 年第 4 期。

14 翁善良：《试论近年来青羊宫窑址的发现》，《成都文物》1988 年第 4 期。

15 王黎明、冯先成：《成都青羊宫隋唐窑址》，《中国考古学年鉴 1987》，文物出版社，1987 年，第 241 页。

16 翁善良：《试论近年来青羊宫窑址的发现》，《成都文物》1988 年第 4 期。

烧造产品	形制	数量	年代	发现时间地点
瓷器	龙窑及馒头窑	7	隋（Y7）、唐（Y2）	1983 年春成都中医学院 [17]
陶器	馒头窑 Y4—Y7	4	较早未断代	1997 年成都中医科大学 5 号住宅楼 [18]
瓷器	馒头窑 Y1—Y3	3	较晚未断代	1997 年成都中医科大学 5 号住宅楼 [19]
按产品烧制分：陶窑 6 座，瓷窑 13 座， 按形制分：已判明的馒头窑 9 座，短龙窑 3 座 [20]，直焰窑 1 座				

从表 2 中可看出，十九座窑炉，按其形制可以分为三种，即直焰窑、馒头窑和龙窑，它们均由火膛、窑床及烟道三部分组成（图 2），分述如下。

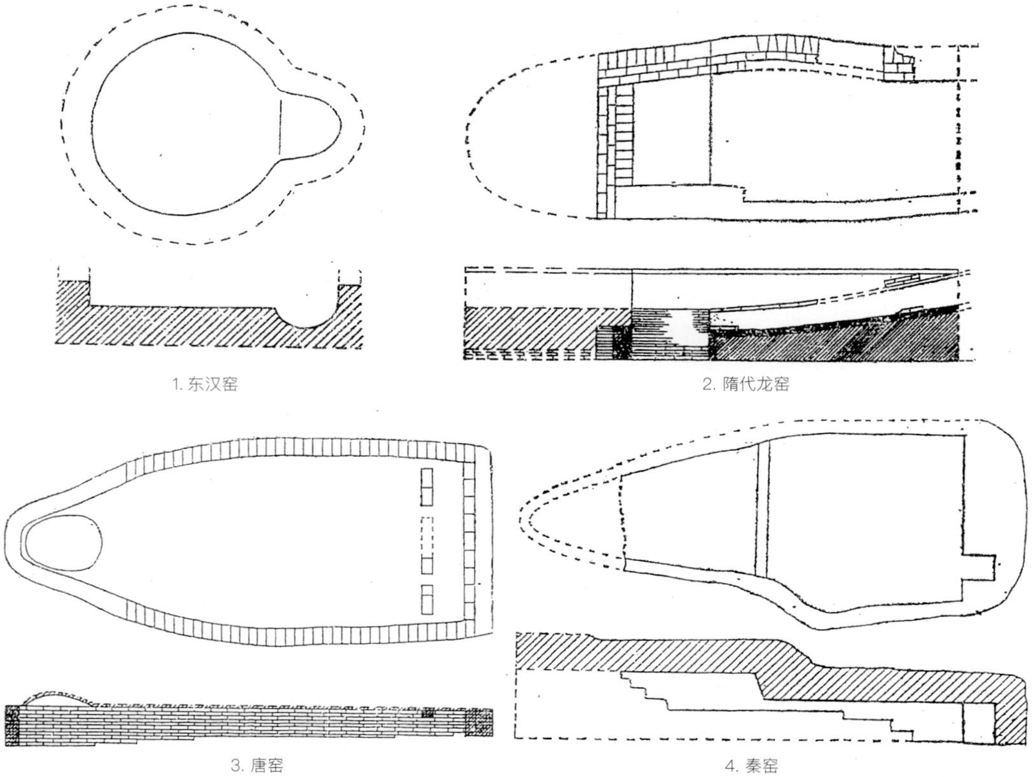

1. 东汉窑　　　　　　　　　　　　2. 隋代龙窑

3. 唐窑　　　　　　　　　　　　4. 秦窑

图 2　青羊宫窑发掘窑炉类型
摘自翁善良：《试论近年来青羊宫窑址的发现》

17　四川省文管会、成都市文管会：《成都青羊宫窑址发掘简报》，《四川古陶瓷研究（二）》，四川省社会科学院出版社，1984 年，第 130 页。

18　刘雨茂：《成都中医科大学晋至唐代烧窑遗址》，《中国考古学年鉴 1998》，文物出版社，1998 年，第 222 页。

19　刘雨茂：《成都中医科大学晋至唐代烧窑遗址》，《中国考古学年鉴 1998》，文物出版社，1998 年，第 222 页。

20　翁善良：《试论近年来青羊宫窑址的发现》，《成都文物》1988 年第 4 期。

1. 直焰窑

1982年秋冬在成都市西干道（即今十二桥街、通惠门路）迁建房基工地中发现的一座小型陶窑[21]。该直焰窑为圆形半地穴式，即在低于地面挖出的一个圆形坑，后于圆形外边处再挖一个略低于窑床的小坑为火膛。其构造极为简单，烟囱设在窑顶上方。此窑（图2中的1）总直径约3米，火膛直径约1米，残高仅剩0.4米，此"东汉直焰窑是用来烧制陶俑和动物模型的"[22]。这种直焰窑使用年代久远，如广东普宁虎头埔发现坑状圆形窑[23]，吴城商代遗址中的椭圆形坑状窑也同样是烟囱设在窑顶[24]。它是燃料与陶器一起放置，燃烧室和烧成室不分，对陶器直接加热。为减少热损失或形成还原焰，在陶器和燃料堆放后再用黏土封顶，要取出烧好的陶俑还要再拆除封顶，所以这也被称为"一次性窑"[25]。

2. 馒头窑（也称马蹄形窑）

半倒焰式馒头窑，原流行于中原平原地区，是中国古代北方著名窑型之一，因外观状如馒头而得名。该窑的尾顶被封，烧窑时火焰先上升至窑顶时形成倒流，然后倒流的火焰倒向窑床，流经被烧器物进入烟道，通过烟室排出窑外，达到烧造目的。成都发现的馒头窑，窑体较长，有一点像小型的龙窑，但结构不同。

早期馒头窑的典型如1986年7月在四川省人民医院门诊部对面的一环路西二段工地上发现的一座窑炉（图3）：窑床后壁右侧设烟道一个。整个窑炉建于黄黏土层之上。窑炉内部发现，窑床、火膛及烟道的底部和左、右、后壁上均结有一层薄薄的坚硬的窑汗[26]。

图3　秦汉馒头窑
拍摄于成都隋唐窑址博物馆内

窑床底部出土的部分器物磕之发出清脆的响声。由此可见，此窑烧制时间不短，虽规模小，构造较原始，但由于窑炉小而火膛大，依然能够烧造出火候极高（可达千度以上）的产品，翁善良先生推断其为秦汉窑炉[27]。这为其后来烧造瓷器奠定了技术基础，同时也为川西陶瓷业开了先河。

晚期馒头窑在已发表报告中能确认的有2座唐窑。其中保存较完整又具代表性的是1983年春在中医学院工地的唐窑Y3（图4）：其平面呈弧形等腰三角形，窑头（火膛）在三角形的顶端，窑尾（烟室）在底边。

21　黎佳：《青羊宫隋唐瓷窑遗址》，《成都文物》1983年第1期。

22　翁善良：《试论近年来青羊宫窑址的发现》，《成都文物》1988年第4期。

23　广东省博物馆、汕头地区文管站、普宁县博物馆：《广东普宁虎头埔古窑发掘简报》，《文物》1984年第12期。

24　江西省吴城考古工作站：《吴城商代龙窑》，《文物》1989年第1期。

25　顾幼静：《中国早期半倒焰窑的发展过程》，《东方博物（第二十四辑）》，浙江大学出版社，2007年，第24页。

26　王黎明：《成都西一环路二段战国西汉窑址》，《中国考古学年鉴1987》，文物出版社，1987年，第238页。

27　翁善良：《试论近年来青羊宫窑址的发现》，《成都文物》1988年第4期。

窑床较长，位于烟室与火膛之间；火膛呈椭圆形为一圜底坑，窑头之外为火膛的退灰处；火膛后沿与窑床交接处没用砖砌，床面高于火膛0.3米。烟室平面大致呈长方形，构造简单，仅在窑炉后部砌了一道挡火墙与后壁平行，下部有烟道4个。其建造方法为先在平地上建一个长方形的竖穴坑，夯实基础后再在坑内用砖砌筑[28]。该窑出土了敞口碗、玉璧底碗、三彩罐，属中晚唐产品。

早期馒头窑因为仅仅在窑尾设一个烟囱，使得它很难有效控制窑中的火焰，空气的流通导致大部分火焰经窑床中部直接进入烟道，结果造成两侧温度较低而中部温度高，整个窑室温度不均匀的弊端。而晚期馒头窑增加了窑门，可以添加燃料，又加大了窑床，对提高产量无疑是很大的改进，同时窑尾有四个烟道，保证窑内热流均匀分散传导，提高产品合格率。

图4　1983年中医学院工地发现的唐代馒头窑[29]

3. 龙窑

龙窑最早产生于江南，一般多见于丘陵或山区地带，是依地势利用自然倾斜的坡度而修建的窑炉，有的窑身可长达几十米。但青羊宫窑在平原上建造龙窑，这在全国尚属首创——人工创建的斜坡龙窑：先在平地上挖一斜坡式竖穴土坑，并由低往上延伸为长方形斜坡状的窑床，呈前低后高状，以便造成火焰与温度逐级升高，形成不同的温度区域，用于烧造不同需要的陶瓷产品。青羊宫窑区内所发现的三座龙窑均为短龙窑，长度约10米左右，且窄，坡度仅10°[30]。

典型的如1983年春清理的中医学院工地一号隋窑Y1（图2中的2）：窑向296°，窑床斜坡10°；窑头呈半椭圆形（可能为窑前工作面）；火膛呈等腰梯形（与罗湖寺前山窑址Y1略似[31]），窑床为长方形斜坡式，高于火膛约0.7米，烟道在窑尾；平面图显示窑室左侧至少有两个投柴口。其建造方法是先下挖一长方形斜坡式竖穴土坑，最低端修整成半椭圆的窑头，再在其上挖一个长方形竖斜土坑为火膛，长方形斜坡即形成窑床；挖好窑基后再夯实，最后用砖砌建窑壁、火膛、烟道及加固窑堡。为了加固窑床并保温，火膛前壁还使用了长0.35米，宽0.15米，厚0.12米的特制砖。所用砖除了隋代当时的新砖，还利用了不

---

28 颜劲松：《唐宋时期四川馒头窑及其装烧技术的探讨》《考古与文物——2002年汉唐考古增刊》，2002年，第184页；成都文物考古研究所：《成都考古研究（一）》，科学出版社，2009年，第543页。

29 此照片拍摄于1983年5月，由参加发掘的王黎明提供，现保存于成都文物考古研究院，王黎明所站的位置身后即为唐代馒头窑。

30 翁善良：《试论近年来青羊宫窑址的发现》，《成都文物》1988年第4期。

31 北京大学中国考古学研究中心、江西省文物考古研究院、江西省丰城市博物馆：《丰城洪州窑址》，文物出版社，2018年，第114页，图六八。该窑年代为初唐至盛唐。

少废旧的汉砖。所出土器物均是隋代典型器物[32]。

1985—1986 年新一村发掘的短龙窑比较完整，窑炉内出土的青瓷器有平唇直口弧腹假圈足碗、敛口弧腹假圈足杯、玉璧底碗及三彩杯等残片，既有典型隋代器型，又有唐代器型，故初步推断为隋唐时期烧造，使用期较长。窑床坡斜 10°，由火膛、窑床及烟道三部分组成，但窑床后部和烟道已被破坏。窑炉残长约 10 米（估计总长约在 15 米以上），宽 2.75 米；火膛较大，呈等腰梯形；窑床高于火膛 0.4 米。窑床下用长方形青砖砌成五道隔梁，窑床上面已烧结成 0.29 米厚的高温烧结层。整个窑炉底部建筑在黄黏土之上，窑炉南北壁和火膛的建筑青砖较厚重，窑底部也有一层厚达 0.1 米的烧结硬面（图5）。值得注意的是，从发掘现场照片来看，该窑室的左侧至少有三个投柴口，这与江西丰城市曲江镇罗湖象山窑址 Y1 相似[33]，总长度虽然没有那么长，但火膛面积较大且窄，这提升了坡度小的窑室火力抽力，保证不长的窑室快速达到理想的烧造温度。

图5 1986 年新一村发掘的隋唐短龙窑[34]

有研究者认为 Y1 隋龙窑比浙江上虞帐子山晋代龙窑更进步。两窑斜坡度虽然同为 10°，但 Y1 构建得略窄，这样拱顶更牢固，延长了窑炉使用寿命；而且 10° 的坡度与 Y1 的窑床长度和宽度是适配的，能够使自然抽力刚刚好，火力升温不至于过快或过慢，又能适时保温[35]。比较两窑，新一村工地的隋唐窑炉显然体量较大，产量比中医学院工地的隋窑 Y1 增多，且窑炉技术又改进了不少，显然火膛容积更大且长窄，能够使火力达到理想的温度和氛围，支持更长的窑室产出。从出土瓷器的量来看，隋至唐中期都是青羊宫窑规模最空前的时代。尽管青羊宫窑场所处的平原地势并不适宜建造龙窑，但为了缓解日益增长的供需矛盾，还是创造性地修建了短龙窑，加大产量以满足市场需求，这体现了当时成都工匠们的革新精神，且摸索建造出了最适应本地地形的龙窑。

从 1982—1997 年这 15 年来考古发掘的 19 座窑炉及分布范围来看，青羊宫窑确实是长

32 四川省文管会、成都市文管会：《成都青羊宫窑址发掘简报》，《四川古陶瓷研究二》，四川省社会科学院出版社，1984 年。

33 北京大学中国考古学研究中心、江西省文物考古研究院、江西省丰城市博物馆：《丰城洪州窑址》，文物出版社，2018 年，第 335 页。此窑斜长 18.55 米，最大坡度为 22°；火膛水平长 1.78 米，后宽 1.5 米；窑室左侧有四个窑门；使用时间为南朝末至盛唐前。

34 此照片拍摄于 1985 年秋，由参加发掘的王黎明提供，《成都新一村小区试掘简报》发表于《成都文物》1988 年第 4 期，简报中并未公布此照片，现保存于成都文物考古研究院。

35 何志国、蜀迟：《四川六朝青瓷研究》，《成都文物》1991 年第 4 期。

江上游地区一处历史悠久、窑炉技术先进、规模较大的综合性窑场。自战国—汉代已有能产生千度高温的半倒焰窑烧制陶器，到东汉也兼用直焰窑烧陶俑，至两晋修建馒头窑开始烧造瓷器[36]且规模逐步扩大，到隋唐为了满足日益扩大的市场需要兴建了能增加产量的龙窑，但毕竟平原不适合修筑龙窑，故而又同时使用馒头窑。所以总的来说，青羊宫窑不像邛崃固驿瓦窑山那样可以在兴盛期修建大型龙窑提高产量，而是最多的使用馒头窑，并因地制宜地改造了短龙窑和加长了馒头窑以适应自身的生产条件（图5）。

青羊宫窑地处十二桥古蜀文化区，至秦汉之时烧陶技术已较成熟，拥有自己的原创性，至秦时又吸收了北方的先进技术，有一定的装烧生产经验和装饰特点，这为晋以后的瓷业发展奠定了技术基础，当长江中下游的先进青瓷制造工艺传入后，很容易被吸收，进而开展大规模的生产。从出土瓷器来看，晋代烧造产品与长江中下游相似，但未一开始使用该地区首创的龙窑[37]，依旧沿用的馒头窑，这也是青羊宫窑场的主流。从隋唐出土产品及窑炉数量来看，隋至唐中期应是青羊宫窑规模最为鼎盛的时期。

比较隋唐时期的龙窑与馒头窑规模，唐中期的馒头窑总长度与短龙窑相当，且火膛略小，窑床长，兼具了龙窑的优势又能保证烧造温度和保温、还原气氛的形成（表3）。

表3 青羊宫窑炉规模对比

窑炉	火膛（米）		窑床（米）		总长（米）		出土地点
	长	宽	长	宽	长	宽	
秦汉馒头窑	1.32	前 0.78、后 1.44	1.85	前 1.44、后 1.6	3.5		省医院对面
隋短龙窑 Y1	1.96	1.48			残 6.6	2.2	成都中医学院
隋唐短龙窑	2.44	1.52			残 10	2.75	新一村
唐馒头窑 Y3	1.68	1.25	约 7.7		10	中 3.76、底 3.6	成都中医学院

需要指出的是青羊宫窑虽然在制瓷初期吸收长江中下游先进的烧瓷技术，但并未一开始就采用龙窑，也就是说，因其制瓷业起步晚，先采用的北方的馒头窑炉技术，同时又结合南方的装烧和施釉工艺，故而青羊宫窑的制瓷技术起步就显得成熟而先进。[38]隋代至初唐，是青羊宫窑突飞猛进发展的时期，为了提高产量和质量，工匠们充分发挥了自己的聪明才智。之前一直使用北方馒头窑的青羊宫窑场也在南朝末隋初开始尝试龙窑。青羊宫窑址本处在检、郫两江的冲积平原，地势平坦低洼，不适合建造龙窑，但富有创新精神的窑工们根据成都平原的特点，因地制宜创造了平原上的人工坡度之短龙窑。虽然容积不是很

---

36 刘雨茂：《成都中医科大学晋至唐代烧窑遗址》，《中国考古学年鉴 1998》，文物出版社，1998 年，第 222 页。

37 刘雨茂：《成都中医科大学晋至唐代烧窑遗址》，《中国考古学年鉴 1998》，文物出版社，1998 年，第 222 页。该资料未详细公布。

38 黄晓枫：《从考古发现看邛窑的文化特征》，《成都文物》2007 年第 2 期。

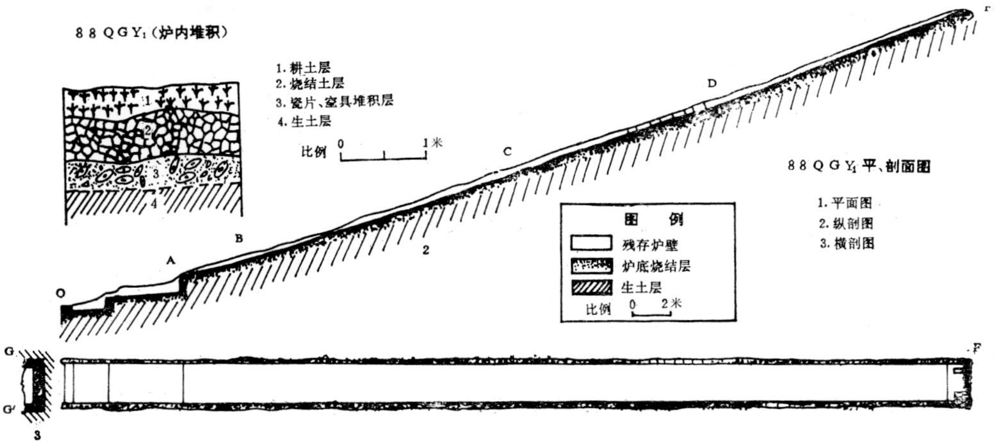

图 6　固驿瓦窑山隋龙窑

大，但也比之前的馒头窑增大了窑床空间和窑温，提高了数倍的产量，满足成都的居民所需。然而毕竟短龙窑不适合平原生产，所以在隋末唐初又同时使用馒头窑（抑或馒头窑并未停止过使用），并加长了馒头窑的窑床，与隋龙窑总长度相当，使之既能保证烧造温度和保温又增大了产量。

四、青羊宫窑与邛窑窑炉比较

青羊宫窑烧造瓷器始于两晋之交，经南朝草创阶段后，至隋代越发兴盛，随着社会稳定，经济发展，人口增加，虽创造了短龙窑以提高产量，依然无法满足市场需求。这直接催生了邛窑的创烧。从历年考古发掘的情况来看，迄今发现邛崃境内最早的窑炉为固驿镇公义村的龙窑（编号 88QGY1），长 46.2 米，宽 2—2.1 米，方向 252°，残高 0.2—0.85 米，前低后高（高差 14.65 米）顺五面山麓自成斜坡，坡度 15°—21.5° [39]（图 6）。邛窑大致始烧于隋 [40]，虽起步晚，但直接吸收长江中下游先进的瓷业技术，充分利用当地的地势在高低错落的浅丘上顺山势修筑龙窑，又紧邻南河，水源及植被资源丰富，使其具有得天独厚的自然地理与资源优势。1988 年 9—11 月省文物考古研究所等三家单位发掘的 Y1，虽然垮塌严重，但总体结构和主体部分依存，包括火膛、火厢、窑床、烟道等。

通过表 4 青羊宫窑的短龙窑与固驿瓦窑山 Y1 规模对比，固驿瓦窑山龙窑 Y1 修筑更成熟，火膛面积更大。从发掘平面图看，固驿瓦窑山 Y1 窑室两侧并没有投柴口，为了增加窑温、补充火力不足，增设了火厢且高出火膛 0.62 米，火厢长 3.58 米，宽 2.07 米，残高 0.13—0.85 米。

39　四川省文物管理委员会、四川省文物考古研究所、四川省邛崃现文物管理所：《四川邛崃县固驿瓦窑山古瓷窑遗址发掘简报》《南方民族考古（第四辑）》，四川科学技术出版社，1991 年，第 341 页。

40　易立：《邛窑始烧年代考论》，《边疆考古研究（第 23 辑）》，科学出版社，2018 年，第 227 页。

增加的火厢应该是相较于青羊宫窑不同的特色，大大增加了燃烧室的火力，以提供长达 40 米窑床上的瓷器烧制；窑尾还有七个排烟孔，足见整个龙窑规模巨大，仅这一个窑炉就可见当时的产量不一般，替青羊宫窑大大填补了成都城的市场需求。

表4　青羊宫窑短龙窑与邛窑固驿瓦窑山Y1对比

窑炉	火膛（米）		窑床（米）		烟道（米）		总长（米）		坡度
	长	宽	长	宽	长	宽	长	宽	
隋短龙窑 Y1	1.96	1.48					残 7	2.2	10°
隋唐短龙窑	2.44	1.52					残 10	2.75	10°
隋龙窑 88QGY1	1.6	2.1	40.1	2.1	0.92	2.22	46.2	2—2.1	15°—21.5°（前后高差 14.65 米）

收集梳理邛崃境内窑炉发掘资料时，与青羊宫窑时代相当的十方堂 3 号和 5 号窑包及固驿瓦窑山发掘清理的九座从隋到五代窑炉中，同时有七座龙窑和两座马蹄形窑，[41] 也就是说邛窑也和青羊宫窑一样，在唐代是两种类型的窑炉同时使用的，而且都是使用的木材（青羊宫窑还有丰富的竹竿）做燃料。在发掘十方堂窑区的时候，还发现该窑场为了邻近南河利用水道运输燃料与产品输出，竟一改其他附近丘陵地区的窑场利用自然坡地建造窑炉的传统，而是借用了青羊宫窑相似的平地建龙窑的方式，在最靠近南河的平坦地构建窑炉——最初窑炉尽可能利用一些缓坡，而后的窑炉建在人工垒砌起来的窑包上[42]。即青羊宫窑的短龙窑是向下挖坑形成斜坡，所以坡度和长度有限；而邛窑十方堂的龙窑炉是直接在平地上垫高，显然坡度和长度由人掌握，真是青出于蓝而胜于蓝。

五、　结论及相关问题探讨

青羊宫窑址所在区域正好也是青羊宫古蜀文化遗址区[43]，正处在十二桥文化遗址群的弧形地带中部[44]。其烧陶的历史可追溯到十二桥时期，在十二桥大型宫殿遗址区就出土大量

---

41 成都文物考古研究院：《邛窑出土瓷器选粹》，文物出版社，2022 年，第 14 页。执笔人是引用的《四川邛崃县固驿瓦窑山古瓷窑遗址发掘简报》，原简报中提及 1984—1989 的 6 年间发掘清理了十方堂及固驿瓦窑山隋—宋代共 10 座窑炉，其中固驿瓦窑山 Y1 是龙窑建于隋代，十方堂九座龙窑和三座马蹄形窑，三座马蹄形窑炉均为晚唐五代或更晚，与青羊宫窑不同期，故在此不做比较。

42 黄晓枫：《四川地区古代瓷业技术来源与发展探析》，《中国古代瓷器生产技术对外传播研究论文集》，浙江人民美术出版社，2014 年，第 138 页。

43 宕泉：《青羊宫古蜀文化遗址》，《成都文物》1983 年第 1 期。

44 孙华：《成都十二桥遗址群分期初论》，《四川考古论文集》，文物出版社，1996 年，第 133 页。

陶器[45]。该区域出土陶器从十二桥时期至秦汉、两晋、隋唐，出土瓷器从晋至唐晚，烧制陶、瓷产品一直从未间断，甚至一度陶器和瓷器同时生产[46]，各种窑炉演变延续中也有明显的过渡和兼容。

四川因其独特的地理位置，历来是我国古代的一个典型窑业技术吸收区域，能够较早、及时地接收各地先进的窑业技术，并实践于本地的窑场生产中。并且四川没有经历印纹硬陶的发展和原始瓷器的烧造阶段，其瓷器生产的传统源自周边区域，此为四川瓷器发展与众不同之处。由于吸收了当时最为先进的长江中下游地区的烧造技术，青羊宫窑制瓷技术一开始就显得成熟而先进[47]。通过对发掘的窑炉资料的分类对比分析，青羊宫窑的窑炉技术发展有自身的良好基础，然后在秦汉融合了北方馒头窑的烧陶技术，继而于两晋又吸收了长江中下游的制瓷工艺，并适当改进，同时，南北技术融合，走出了一条适合自身条件的特色陶瓷制造之路，引领四川制瓷工业之先锋。青羊宫窑作为四川最早的瓷器窑场，之所以在川西众多窑场中占有举足轻重的地位，是其特殊的地理位置和技术特色以及市场需要所决定的，因其紧邻成都城，总是最先接受南北各地文化和技术，又因其制瓷业起步晚，一开始就吸收了长江中下游成熟的先进技术。窑炉技术最先也最多的使用北方的馒头窑，而胎釉配方和装烧工艺则学习长江中下游，造型特点既有南方特征，又有北方文化因素的影子。

根据表2、表3的数据对比，结合窑址与作坊区，以及成都市区其他遗址出土遗物的情况，同时结合当时的政治社会经济变革深深影响着窑场的发展。

成都青羊宫窑址区虽然一直从未中断生产，但是在两晋至南朝初受到政治动荡影响产量甚微，天府广场东北侧出土青羊宫窑产品质量很好但数量极少[48]。这可能与成汉政权期间僚人入蜀，汉文化减退有一定的关系。南朝后期至隋初随着政局的稳定，社会经济复苏，人口增加，瓷器产量才逐步增大，至唐初青羊宫窑增加窑炉，甚至采用短龙窑扩大窑室容量，提高产能，但依然不能满足市场需求，于是自隋始西边的崇州天福窑、邛窑利用当地地势、丰富资源以及便利的水道，填补了成都的市场[49]。但唐末持续近50年的南诏侵蜀又对成都平原经济造成极大破坏，尤其是王嶑巅自邛崃关入成都在城西掠百工事件，重创了青羊宫

45 四川省博物馆：《成都青羊宫遗址试掘简报》，《考古》1959年第8期；《四川古陶瓷研究（一）》，四川省社会科学院出版社，1984年，第150页。

46 刘雨茂：《青羊宫窑初探》，《成都考古研究（一）》，科学出版社，2009年，第532页。

47 黄晓枫：《从考古发现看邛窑的文化特征》，《成都文物》2007年第2期。

48 成都文物考古研究所：《成都天府广场东北侧古遗址发掘简报》，文物出版社，2016年，第121页。天府广场东北侧两晋南北朝文化层出土的青羊宫窑瓷器为本地窑口的代表，但仅约占出土总量的1/5，更多的是外来瓷占据了成都市场（以洪州窑、湘阴窑为代表）。

49 成都文物考古研究所：《成都天府广场东北侧古遗址发掘简报》，文物出版社，2016年，第264页。天府广场及东华门遗址唐宋文化层中的出土的隋唐瓷器本地产品以绝对优势压倒了外地产品，尤其是第一、二期青羊宫窑占比最高。

窑和邛窑的瓷业[50]。而高骈筑罗城，在原秦、隋城向西扩展，相应的青羊宫窑址向外收缩；西郊是浣花溪、摸底河、外江，不可能再往西扩张，导致窑场缩小。考古资料也证明，中晚唐器物类型和产量均减少，窑炉也只用馒头窑，窑炉数量亦减少，可能平原上的确不适宜龙窑，又因减产，不需要那么长的窑炉了。同时古郫江改道，致使青羊宫窑以前可利用的内江断流，生产用水和运输，不得不变为西郊河，水流有限通航及贸易不便。因此猜测可能高骈筑城导致了青羊宫窑搬迁去了琉璃厂，唐僖宗入蜀扩建青羊宫前，该窑已经关闭停产了[51]。

此文借爬梳青羊宫窑炉技术发展史，抛砖引玉，希望引起更深入的思考：晋—隋唐时期成都平原的社会政治变动引起的人口变化，进而影响陶瓷业的需求与生产变化。从窑炉规模及增效增产技术，探讨当时社会的生产力及经济发展。

（本文得到 1982—1986 年发掘青羊宫窑址的王黎明老师的帮助，文中的部分照片为他贡献的珍藏，现存于成都文物考古研究院，在此感谢！同时，翁善良老师作为当时成都青羊宫窑的发掘领队，对该窑研究最深入，笔者在写《成都青羊宫窑初步研究》时曾向他请教，然一年后翁先生即辞世，谨以此文向翁善良先生致敬！）

---

50 黄晓枫：《邛崃十方堂窑遗址五号窑包的建筑、窑炉遗迹》，《江汉考古》2012 年第 4 期。

51 方圆远：《成都青羊宫窑初步研究》，重庆师范大学硕士学位论文，2013 年。

都江堰玉堂窑 3 号及 16 号窑包窑具及相关问题

王瑾

（景德镇陶瓷大学/成都文物考古研究院）

摘要： 本文通过对2023年都江堰玉堂窑址调查新出土的3号及16号窑包的窑具进行系统梳理，总结了两座窑炉采用的装烧方式，分析了装烧方式的变化发展。结合成都地区其他窑场以往的发掘资料，探讨了齿形支柱及三角形垫板的性质、用途、使用年代、形制变化等问题。

关键词： 玉堂窑　窑具　装烧方式　技术联系

　　玉堂窑址位于四川省都江堰市西南的玉堂镇凤岐村、凤凰山浅丘山地中，距离成都市区十余公里。遗址南北长 2.21 千米，东西宽 2.18 千米，占地面积约 2.5 平方千米，地势西高东低，海拔 715—825 米。遗址内现存窑包 17 座，自古有"上九堆，下九堆"的传说。

　　2023 年 8 月至 11 月，为配合制定玉堂窑的大遗址保护工作规划，受都江堰市文化广电体育和旅游局委托，成都文物考古研究院再次对玉堂窑遗址开展了考古调查工作，着重对 3 号窑包（Y3）及 16 号窑包（Y16）进行了钻探及局部解剖。调查结果表明两座窑炉以生产碗、盏类产品为主，其中 3 号窑包窑炉（Y3YL1）生产年代跨越北宋早中期至南宋末，早期以生产乳浊釉产品为主，晚期以生产透明白釉、绿釉、酱釉产品为主。16 号窑包窑炉（Y16YL1）生产年代跨越唐代中期至北宋晚期，早期以烧制透明青釉产品为主，晚期以烧制乳浊釉为主。

　　本次调查获得大量窑具，可以很好地反映玉堂窑的制瓷和装烧技术。本文通过系统整理调查出土的各类窑具，根据窑具的出土地点、出土单位伴出物、粘黏器坯的情况、残留微痕等线索，判断装烧方式，探讨不同时期装烧技术的变化发展，以及与成都地区其他窑场装烧技术的联系。不当之处，敬请指正。

图1　Aa 型 I 式垫圈

图2　Aa 型 II 式垫圈

图3　Aa 型 III 式垫圈

图4　Ab 型垫圈

图5　Ba 型垫圈

图6　Bb 型垫圈

一、窑具

按用途分可分为垫烧具、支烧具两大类。

（一）垫烧具

垫烧具指在器坯之间、器坯与支烧具之间起间隔作用的窑具。出土量大，类型相对较丰富，可分为垫圈、垫筒、垫饼、石英砂、垫棒五类。

垫圈　根据器物形态差异可分为二型。

A 型　齿形，顶平，底部齿状，以五齿居多，模制。根据高矮可分为二亚型。

Aa 型　数量众多。通体较矮。根据年代早晚可分为三式。

I 式　整器厚重，垫座转折处较圆润，高约 2—2.7 厘米（图1）。大致可分为二种不同大小，直径分别在 6—6.5、8.1—8.5、9.8—12.8 厘米，如 Y16TG1S ② :27、Y16TG1S ③ :71。

II 式　器型较厚，垫座转折处棱角明显，高约 2—2.5 厘米（图2）。大致可分为三种不同大小，直径分别在 4.8—5.3、7.5—8、9.8—12.8 厘米，如 Y3H2:16、Y3H1 ① :28、Y16T1 ⑤ :22、Y3H1 ③ :133。

III 式　器型扁薄，垫座转折处棱角明显，高约 1.2—1.7 厘米（图3）。可分为两种不同大小，直径分别在 5.4—5.8、7.3—7.6、10.4—11 厘米，如 Y3H1 ① :36、Y3T1 ③ :5、Y3H1 ① :21。

Ab 型　数量较少。通体略高，底部内收明显（图4）。直径多在 6—6.4 厘米，高多在 2.1—2.6 厘米，如 Y3H1 ③ :85。

B 型　环形，模制。根据器型厚、薄可分为二亚型。

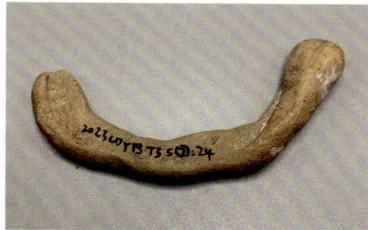

图7 垫饼　　　　　　　　图8 碗底石英砂　　　　　　　图9 垫棒

Ba 型　数量较少。器型较厚（图5）。高约1.5厘米，直径多在6.2—7厘米，如Y3T4 ③ :22、Y16T1 ② :40。

Bb 型　仅发现一件。器型薄如片状（图6）。Y16TG1YL1 ① :1，直径10.5厘米，厚0.6厘米，一面残留一周垫烧痕。

垫筒　仅发现一件。顶部及底部皆平，经轮制拉坯后修整。Y3T4 ③ :20，直径4.5厘米，高4厘米。

垫饼　捏制。数量众多。制作随意，形状各异，带有指纹，多粘黏于垫圈之间或碗盏类器物底足（图7）。直径多在3—5.5厘米，厚度多在0.3—1厘米，如Y3T1 ⑥ :35、Y16T1 ⑥ :24。

石英砂　与Ba型垫圈、垫饼配合使用，垫于器坯底部、足部和窑具之间（图8）。如Y16T1 ② 40、Y3T3S ⑥ :5、Y3T3 ④ :1、Y3T3S ⑤ :8、Y3T3 ④ :11。

垫棒　数量较多。整器轻巧，中部弯折，捏制，多带有指纹，制作随意（图9）。高多在6.2—8.6厘米，厚多在0.7—1厘米，如Y3H1 ② :49、Y3T3S ⑦ :24。

（二）支烧具

支烧具是指把器坯支托到最佳窑位的窑具，它与器坯之间需由垫烧具隔开。出土量大，有支柱、垫条、垫板三类。

支柱　经轮制拉坯后修整。根据器物形态差异分为二型。

A 型　顶部及底部皆平。根据底径与顶径的大小以及器身形态差异分为二亚型。

Aa 型　数量众多。底径明显大于顶径，器身斜直，柱底多粘有窑沙或窑渣，柱顶多残留垫饼及支钉（图10）。顶径多在7—8.5厘米，底径多在10.8—11.6厘米，高多在12—14厘米。如Y3H1 ① :38、Y3T2S ① :25、Y16T1 ② :37。

Ab 型　仅见二件。底径、顶径差异不明显，器身近直。器身有圆形穿孔（图11）。Y16TG1S ③ :10，高18厘米。Y16TG1S ③ :11，高16.7厘米。

B 型　平顶，底部五齿。根据器物筒身形态差异分为三亚型。

Ba 型　数量较多。筒身近直（图12）。如Y16 采 :1，高7.9厘米；Y3T3S ⑦ :4，直径

图 10　Aa 型支柱

图 11　Ab 型支柱

图 12　Ba 型支柱

图 13　Bb 型支柱

图 14　Bc 型支柱

图 15　垫条

11.1 厘米，高 4.5 厘米；Y3H2：3，直径 8 厘米，高 6.5 厘米；Y16TG1S ③ ：53，直径 6.2 厘米，高 4.8 厘米；Y16T1 ⑤ ：6，直径 8.3 厘米，高 5.2 厘米；Y16TG1S ③ :82，直径 10.5 厘米，高 14.5 厘米；Y16TG1S ③ :8，直径 7.3 厘米，高 8.5 厘米。

Bb 型　仅见两件。筒身呈亚腰形（图 13）。Y16TG1S ③ :83，顶径 12.3 厘米，高 7.6 厘米。Y3T1 ② :14，顶径 7.3 厘米，高 5.9 厘米。

Bc 型　仅见一件。筒身斜直内收（图 14）。Y16YL1—1 ① :75，顶径 6.6 厘米，高 9 厘米。

垫条　数量较多，四方形，中部比两端略宽厚，整器厚重，模制，器表附有窑汗（图 15）。长多在 26—29 厘米，宽多在 3.2—4.5 厘米，厚多在 1.2—3.3 厘米。如 Y3T3S ⑤ :20，通体弯曲变形，两端残留垫饼。Y3T3S ⑤ :21，通体弯曲变形，一端残留垫饼。Y3T3S ⑥ :40，通体弯曲变形，一端残留垫饼。Y3H1 ① :2，一端残留垫烧痕。

垫板　三角形，中心带穿孔，整器厚重，且中心略厚于三角，模制，两面三角处及中心穿孔处残留叠烧痕，粘黏垫饼、支钉或器物口沿（图 16—图 18）。根据器物形态差异分为二型。

A 型　数量较多。直边。根据器物大小分为二亚型。

Aa 型　通体较大。如 Y16H1 ③ :3，两面三角处粘黏垫饼。边长 26.2 厘米，厚 1.4—1.7

图 16　垫板 　　　　　　　　　　　　图 17　垫板 　　　　　　　　　　　　图 18　垫板

厘米。Y16T1 ② :43，一面中心粘黏器物口沿，且三角处残留垫饼；另一面三角处粘黏垫饼。边长 24 厘米，厚 1.4—1.6 厘米。Y16T1 ② :54，一面中心处残留口沿痕迹。边长 25.6 厘米，厚 1.2—1.5 厘米。Y3H1 ② :6，一面三角处粘黏垫饼及泥条；另一面残留垫烧痕。残长 13 厘米，厚 1—1.6 厘米。Y3H1 ③ :50，一面中心残留一器物口沿；另一面中心及三角处残留垫烧痕。残长 17 厘米，厚 1.1—1.5 厘米。

Ab 型　通体较小。如 Y16T1YL1—1 ① :99，一面三角处粘黏垫饼；另一面中心粘黏器物口沿。高 17.7 厘米，厚 1.7 厘米。Y3H2:8，一面三角处粘黏垫饼；另一面三角处粘黏垫饼，中心残留垫烧痕。边长 19.4 厘米，厚 1.2 厘米。

B 型　数量较少。边内弧。如 Y3T3 ④ :18，两面三角处粘黏垫饼，边长 23 厘米，厚 1.5 厘米。

二、装烧方法

就本次调查的情况来看，Y3 及 Y16 皆未使用匣钵，采用明火裸烧而成。二者装烧方式较为统一，先在窑床上放置支烧具，将器坯支托到最佳温度区，再在支烧具上交替叠放垫烧具及器坯，以提高产量，最大化地利用窑内空间。根据窑具的出土位置、窑具与器坯的粘黏情况以及各类标本上残留的微痕等线索，推断 Y3 及 Y16 主要采用以支柱为支烧具的柱式支烧，以及以垫条、垫板相组合的板式支烧两种支烧方式，支烧具之上又采用不同的垫具进行覆烧或正烧，详细可分为以下几种。

1. 以单一支钉为间隔具的支柱仰烧

使用的窑具主要有 Ba 型支柱、Aa 型 I 式垫圈。即在窑床上竖立 Ba 型支柱，支柱齿面朝下，在柱顶交替叠放数层碗、盏类器坯和 Aa 型 I 式垫圈。其中器坯口部向上，Aa 型 I 式垫圈齿面朝下。烧制器皿为饼足碗、盏类器物，其显著特征为器物皆施透明青釉。

图 19　仰烧器物外壁

图 20　Y16T1 ⑤：6

图 21　覆烧器物外壁

图 22　Y3H1 ②：10

本次调查虽未获得采用此种方式装烧的窑具、器坯相粘黏的标本，但以下线索为管中窥豹提供了条件。其一，此类饼足碗、盏外壁釉面从口沿向下流动（图19），证明该类产品采用仰烧而成，且这类产品皆出土于 Y16。其二，就窑具而言，Ba 型支柱绝大多数出土于 Y16，其中 Y16T1 ⑤：6 顶部依次粘黏一器皿残件及一枚 Aa 型 I 式垫圈（图20），展示了 Ba 型支柱的组合使用方式，以及使用时齿面向下接触窑床。其三，若在 Y16T1 ⑤：6 之上仰口叠放一件残留垫圈的器皿，二者齿面方向一致。

另外，Ab 型支柱，不仅制作方式与 Ba 型支柱相同，采用轮制拉坯而成，并且也仅见于 Y16，故推测其上也应该放置仰口器皿，其较为宽大的圈径以装烧大口径的盆类器物为主。

2. 以垫圈、垫饼为间隔具的支柱覆烧

使用的窑具有 Aa 型支柱，Aa 型 Ⅱ 式、Aa 型 Ⅲ 式垫圈，垫饼。装烧时在窑床上先竖立 Aa 型支柱，并在柱顶叠放数层垫饼，再以 Aa 型 Ⅱ 式（或 Aa 型 Ⅲ 式）垫圈、垫饼、器坯交替叠放数层，其中器坯口部朝下，垫圈齿面向上。这种装烧方式最普遍，相关窑具数量庞大，装烧圈足及饼足碗、盏为主。其显著的共同特征为装烧器皿皆施乳浊釉，且足部可分为高、矮两种不同形制，分别采用 Aa 型 Ⅱ 式及 Aa 型 Ⅲ 式两种厚薄不同的垫圈。

本次调查虽未获得采用此种方式装烧的窑具、器坯相粘黏的标本。但绝大多数 Aa 型支柱顶部残留的垫圈及垫饼与乳浊釉碗盏类器皿内部残留的窑具相同，并且该类产品外壁口沿处聚釉较厚（图21），为复原此种装烧方式提供了证据。

3. 以垫饼、垫圈为间隔具的板式支烧

此种装烧方式采用的窑具有垫条、垫板、垫饼、Aa 型 Ⅱ 式及 Aa 型 Ⅲ 式垫圈。其中垫条直接放置于窑床之上，其上架起一张垫板的三个角，从而形成低矮的支托面。在垫板的中心直接覆口叠放碗类器坯，或者在垫板的三角先放置垫具再叠放仰口器坯，如 Y3H1 ②：10（图22），器坯之间使用垫饼及垫圈间隔。从垫板残留的器坯口沿及垫饼等迹

图 23　垫条

图 24　白釉碗内底垫饼

图 25　绿釉碗外壁

象推断，这种装烧方式以烧制乳浊釉碗、盏为主。

这种装烧方式的垫条及垫板因多次入窑高温火烧，在表面形成一层釉面。但其中垫条的一面有明显粘黏窑沙或釉面脱落的迹象（图23），推测是窑床接触面取窑时拉扯所致。绝大部分垫板中心不同程度地向一面弯曲变形，应是该部位架空于垫条之上，又受到器坯的压力所致。垫板正反面皆残留垫烧痕，证明了其被多次利用，但根据其中心与三角处残留垫烧痕的间距推算，垫板中心与三角并不同时装烧器坯。另有一迹象值得注意，大部分垫条向上接触垫板的一面在两端粘黏垫饼，此处是否叠烧器皿，尚需收集更多的证据。

4. 以垫饼、垫圈、石英砂为间隔具的支柱仰烧

使用的窑具有 Aa 型支柱、Ba 型垫圈、垫饼、石英砂。装烧时在窑床上先竖立 Aa 型支柱，并在柱顶叠放数层垫饼，再以 Ba 型垫圈、垫饼、石英砂、器坯交替叠放数层，其中器坯口部朝上（图4），此类叠烧方式仅见于 Y3，以烧制透明白釉及绿釉圈足碗、盏为主。

此类白釉及绿釉圈足器内底不见支钉痕，但内、外底皆残留一周石英砂垫痕，部分内底还粘黏一块垫饼（图24），外壁釉面由口沿向下流动（图25）。Ba 型垫圈 Y3T4 ③ :22 上、下两面皆残留石英砂，且与垫饼粘连，与白釉、绿釉器坯的间隔方式吻合。结合 2007 年的调查情况，表明此类装烧方式仍以斜壁平底的支柱为支烧具 [1]。

三、年代判断及装烧工艺发展

（一）年代判断

各类装烧工艺的使用年代，主要通过将其装烧对象，如碗、盏，与成都地区有明确纪

1　成都文物考古研究所、都江堰市文物局：《2007 年玉堂窑遗址调查报告》，《成都考古发现 2007》，科学出版社，2009 年，第 354、380 页。

图 26　爨公墓瓷碗 M1：10　　　　图 27　王怀珍墓瓷碗 M2：6　　　　图 28　鲜腾墓 M1：4

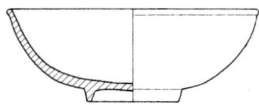

图 29　海滨村 M5：34　　　　图 30　欧香小镇 M31：8　　　　图 31　张确夫妇墓瓷碗　　　　图 32　邛窑十方堂
85QS5YT28 ②：16

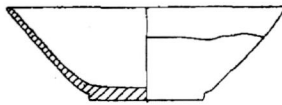

年的墓葬材料或时代明确的窑址材料相对比进行判断。

　　采用单一支钉为间隔具仰烧而成的透明青釉饼足碗、盏，如 Y16TG1S ③：3、Y16H2:1 具有大饼足、胎壁厚实的特征，主要流行于唐代中期至唐代晚期。参考材料有成都市金沙村唐代贞元二年（786 年）爨公墓瓷碗（M1:10）[2]（图 26）、元和十年（815 年）王怀珍墓瓷碗（M2:6）[3]（图 27）、大中四年（850 年）鲜腾墓中 A 型碗（M1:4）[4]（图 28）。

　　乳浊釉碗、盏可分为两类，第一类胎壁略厚、腹部深、足部（包括圈足及饼足）高，如 Y16T1 ②：27、Y3H1 ③：4、Y3TG1 ②：6，第二类胎壁较薄、腹部较浅、足部（包括圈足及饼足）较矮或扁平，如 Y3T1 ②：20、Y3H1 ③：21。前者可做年代参考的材料有成都海滨村北宋绍圣元年墓（1094 年）瓷碗 M5:34[5]（图 29）、欧香小镇北宋元祐二年（1087 年）墓瓷碗 M31:8[6]（图 30）、成都东郊元祐八年（1093 年）张确夫妇墓瓷碗[7]（图 31）、邛窑十方堂五号窑包宋代文化层出土的 D 型 I 式碗 85QS5YT28 ②：16[8]（图 32），根据十方堂五号窑包第②层出土大量北宋时期圈足碗以及一件"宣和三季"笔架[9]，推测此类型的碗烧制年代应在北宋中晚期左右。综上，第一类乳浊釉器烧制年代应在北宋中晚期，或可早至北宋中

2　成都市文物考古工作队：《成都市南郊桐梓林村唐代爨公墓发掘》，《成都考古发现 1999》，科学出版社，2001 年，第 205 页。

3　成都文物考古研究所：《成都市西郊红色村唐代王怀珍墓》，《成都考古发现 2005》，科学出版社，2007 年，第 304 页。

4　成都文物考古研究所：《成都市金沙村唐墓发掘简报》，《成都考古发现 2004》，科学出版社，2006 年，第 314 页。

5　成都市文物考古研究所：《成都市青龙乡海滨村墓葬发掘简报》，《成都考古发现 2003》，科学出版社，2005 年，第 292 页。

6　成都文物考古研究所、双流县文管所：《双流县华阳镇骑龙村"欧香小镇"唐宋墓葬发掘简报》，《成都考古发现 2011》，科学出版社，2013 年，第 446 页。

7　翁善良、罗伟先：《成都东郊北宋张确夫妇墓》，《文物》1990 年第 3 期。

8　陈双显、尚崇伟：《邛窑古陶瓷研究——考古发掘简报》，《邛窑古陶瓷研究》，中国科学技术大学出版社，2006 年，第 137 页。

9　陈双显、尚崇伟：《邛窑古陶瓷研究——考古发掘简报》，《邛窑古陶瓷研究》，中国科学技术大学出版社，2006 年，第 191 页。

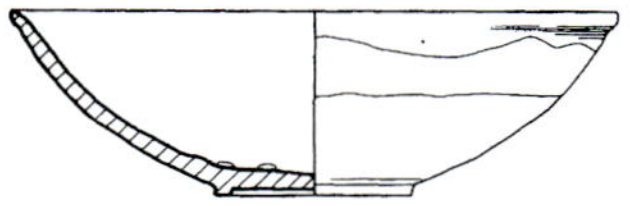

图 33　沙河堡瓷碗 M1E：31

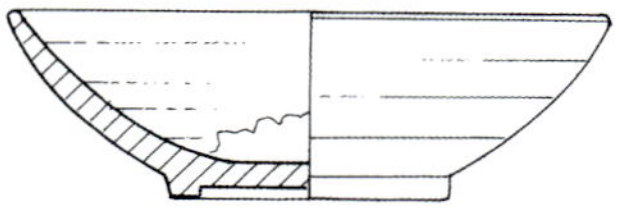

图 34　川音大厦瓷盏 M1：7

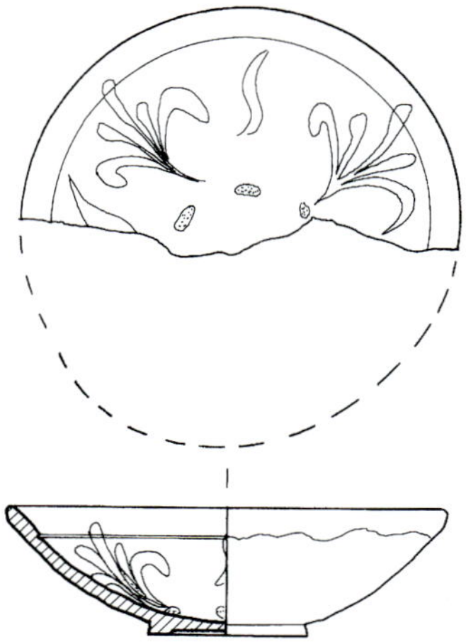

图 35　琉璃厂窑 Bc 型酱釉碗

图 36　Y3T4 ③：1

图 37　Y3T3S ⑥：4

期。第二类乳浊釉器型与成都沙河堡南宋绍兴年间 M1 出土的瓷碗（M1E：31）[10]（图 33）、成都川音大厦工地南宋火葬墓 M1 出土的瓷盏（M1：7）[11]（图 34）相似，同时也与成都琉璃厂窑 2018—2019 年发掘出土的北宋晚期至南宋中期 Bc 型酱釉碗[12]（图 35）相似。综上，第二类乳浊釉圈足碗生产于北宋晚期至南宋中期。

透明白釉及绿釉圈足碗、盏，胎壁薄、内外底残留一周石英砂，部分外底模印窑工记号，如 Y3T4 ③：1、Y3T3S ⑥：4（图 36、图 37）。以石英砂为间隔具的装烧方式多流行于成都平原南宋中期至元代晚期各窑址，如琉璃厂窑[13]、都江堰金凤窑[14]、彭州磁峰窑[15]、乐山西坝窑[16] 等。需要指出的是，有别于元代石英砂垫烧的碗类器圈足宽厚、胎体厚重，Y3 出土的这类器物胎壁轻薄，同类器物还见于琉璃厂窑南宋中期[17]。综上，玉堂窑 Y3 出土的透明白釉及绿釉圈足器烧制年代在南宋中期至南宋晚期，下限或可晚至元代早期。

（二）装烧工艺的发展

根据前文对不同特征的碗、盏类产品进行年代分析，唐代中期至晚期，Y16 采用以单一支钉为间隔具的支柱仰烧；北宋中期至南宋中期，Y3 及 Y16 主要采用以垫圈、垫饼为间隔具的支柱覆烧，以及以垫饼、垫圈为间隔具的板式支烧；南宋中期至南宋晚期，Y3 采用以垫饼、垫圈、石英砂为间隔具的支柱仰烧。具体而言，唐代中期到宋代，由单一的柱式支烧发展到柱式支烧与板式支烧共

---

10 成都文物考古研究院：《成都市锦江区沙河堡宋墓发掘简报》，《成都考古发现 2017》，科学出版社，2019 年，第 395 页。

11 成都文物考古研究所：《成都市武侯区川音大厦工地唐宋墓葬发掘简报》，《成都考古发现 2015》，科学出版社，2017 年，第 608 页。

12 成都文物考古研究院：《成都琉璃厂窑址 2018—2019 年考古发掘报告》，文物出版社，2021 年，第 146 页。

13 成都文物考古研究院：《成都琉璃厂窑址 2018—2019 年考古发掘报告》，文物出版社，2021 年，第 324、326 页。

14 成都市文物考古研究所、都江堰市文物局：《都江堰市金凤窑发掘报告》，《成都考古发现 2000》，科学出版社，2002 年，第 284 页。

15 成都市文物考古研究所、彭州市博物馆：《2000 年磁峰窑发掘报告》，《成都考古发现 2000》，科学出版社，2002 年，第 201 页。

16 四川省文物考古研究院、乐山市文物保护研究所、五通桥区文物保护管理所：《乐山西坝窑址》，文物出版社，2017 年，第 37 页。

17 成都文物考古研究院：《成都琉璃厂窑址 2018—2019 年考古发掘报告》，文物出版社，2021 年，第 324 页。

存，其中唐代支柱常见 Ab 型及 Ba 型两种，其中 Ab 型筒身近直、平底，Ba 型筒身近直，底部齿形，普遍较低、宽；宋代仅见 Aa 型支柱，其特征为顶径明显小于底径、斜壁、平底，且整体更为高窄、厚重。就垫烧具而言，唐代中期至南宋晚期，由单一垫具向组合式垫具发展，即唐代中期至晚期采用齿形垫圈，北宋中期至南宋中期使用垫饼与齿形垫圈二者结合，南宋中期至南宋晚期采用石英砂、垫饼与环形垫圈三者结合，并且齿形垫圈由厚重向轻薄发展。就叠放方向而言，由仰口发展到覆口与仰口共存，再恢复仰口。总体来看，无论是窑具还是装烧方式，唐代都相对简单，而两宋时期相对繁复。

四、工艺联系

（一）齿形支柱

Ba 型齿形支柱、Ab 型直壁平底支柱及 Aa 型斜壁平底支柱被广泛用于成都平原各窑场的明火裸烧类产品中，就目前已经掌握的资料来看，除都江堰玉堂窑外，还有成都青羊宫窑[18]、成都琉璃厂窑[19]、崇州天福窑[20]、邛崃固驿瓦窑山窑[21]、邛崃尖山子窑[22]、邛崃大渔村窑[23]、邛崃十方堂窑[24]（图38—图43）等。既往的报道，或受材料所限以及窑址晚期堆积中早晚遗物混出等原因，一方面未能将三种支柱的时代早晚差异区分开来，另一方面将齿形支柱的性质与齿形垫圈（大部分报告称为支钉）混淆。

笔者通过梳理此次调查所获材料以及上述各窑址已发表的材料，认为 Ba 型齿形支柱及 Ab 型直壁平底支柱的使用年代早于 Aa 型斜壁平底支柱。首先，青羊宫窑、天福窑、瓦窑山窑、尖山子窑、大渔村窑这 5 个隋至唐代中期的窑址，皆出土大量齿形支柱及部分直壁平底支柱，并且未出土斜壁、厚重的筒式支柱。其二，琉璃厂窑、十方堂窑、玉堂窑中齿形支柱及斜壁平底支柱皆有出土，但这些窑址两宋时期仍在使用，最晚者延烧至元代，且早期遗迹中几乎仅出现齿形支柱，斜壁平底支柱几乎仅出现于晚期堆积中。以 2018—

18 四川省文管会、成都市文管处：《成都青羊宫窑址发掘简报》，《四川古陶瓷研究（二）》，四川省社会科学院出版社，1984 年，第 154 页。

19 成都文物考古研究院：《成都琉璃厂窑址 2018—2019 年考古发掘报告》，文物出版社，2021 年，第 286、287、291 页。

20 成都文物考古研究所、崇州市文物管理所：《四川崇州公议镇天福窑址考古调查简报》，《成都考古发现 2008》，科学出版社，2010 年，第 445 页。

21 四川省文物管理委员会、四川省文物考古研究所、四川省邛崃县文物管理所：《四川省邛崃县固驿瓦窑山古瓷窑遗址发掘简报》，《南方民族考古（第四辑）》，四川科学技术出版社，1991 年，第 359 页。

22 成都文物考古研究所、邛崃市文物局：《邛崃市尖山子窑址 2013 年调查简报》，《成都考古发现 2012》，科学出版社，2014 年，第 410 页。

23 成都文物考古研究所、北京大学考古文博学院、邛崃市文物保护管理所编：《四川省邛崃市大渔村窑区调查报告》，《成都考古发现 2005》，科学出版社，2007 年，第 332 页。

24 陈双显、尚崇伟：《邛窑古陶瓷研究——考古发掘简报》，《邛窑古陶瓷研究》，中国科学技术大学出版社，2006 年，第 224 页。

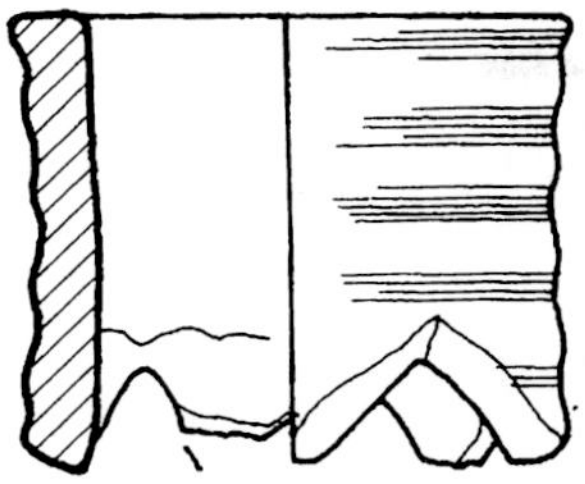

图 38　琉璃厂窑支柱 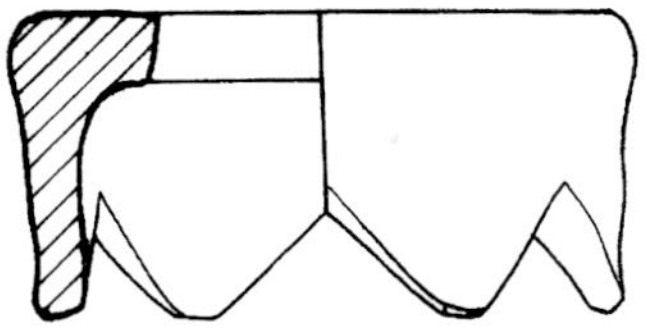　　　　　图 39　天福窑支柱 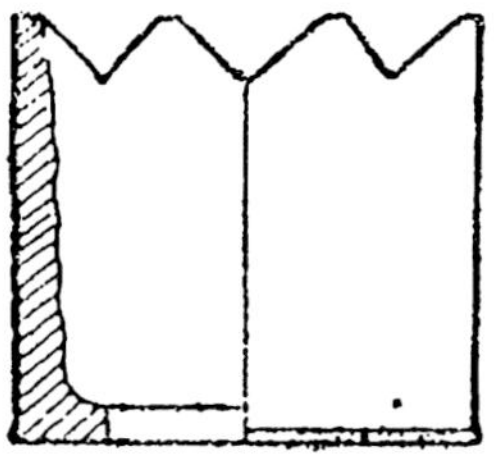　　　　　图 40　瓦窑山窑支钉

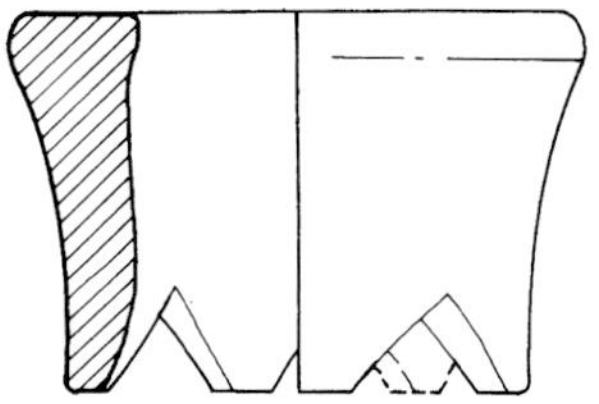

图 41　尖山子窑支柱 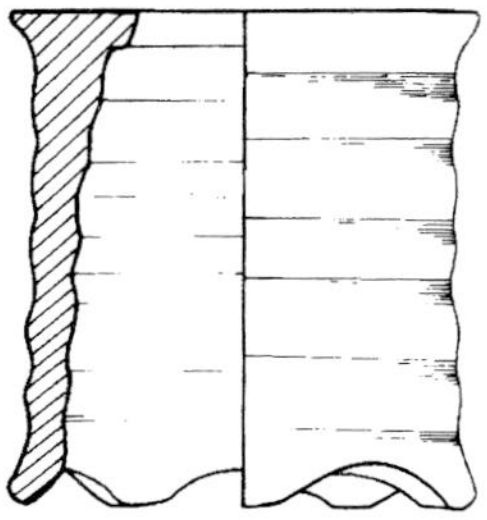　　　　　图 42　大渔村窑支柱 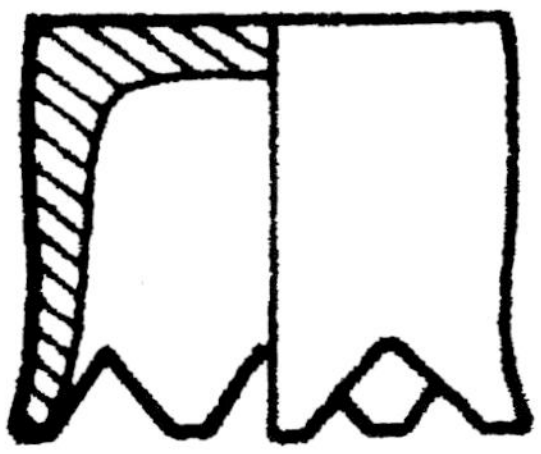　　　　　图 43　邛窑十方堂支钉

2019 年发掘的琉璃厂窑为例，除两件孤例外，腹部斜直、上小下大的 A 形窑柱，绝大多数出现于北宋中晚期至元代的各类遗迹中；五代至北宋早期的各遗迹，如 H13、H19、H22、F6 几乎不见 A 型窑柱，但出土与本文 Ba 型支柱相似的 Db 型五齿支钉、Cc 型六齿支钉、D 型六齿支钉[25]。

　　需要特别注意的是，与本文 Ba 型相似的齿形支柱虽较低矮，但上部仍有明显柱筒。相比而言，齿形垫圈上无柱筒，仅为垫座部分。二者形制有区别，用途也有差异。青羊宫窑、瓦窑山窑、尖山子窑、天福窑、琉璃厂窑皆将此形制的窑具判断为间隔于器坯之间的垫烧具，使用于直壁平底支柱（部分称为垫柱）之上。如此而言窑址中使用的支烧具配比将明显不足。

（二）垫板支烧

　　垫板支烧在成都平原各窑址中被广泛使用。就垫板形制差异而言，可分为圆形、三角形、方形及多边形。其中圆形垫板出现时代最早，分布最为广泛，如青羊宫窑[26]、天福窑[27]、

25　成都文物考古研究院：《成都琉璃厂窑址 2018—2019 年考古发掘报告》，文物出版社，2021 年，第 287—299 页。

26　四川省文管会、成都市文管处：《成都青羊宫窑址发掘简报》，《四川古陶瓷研究（二）》，四川省社会科学院出版社，1984 年，第 154 页。

27　成都文物考古研究所、崇州市文物管理所：《四川崇州公议镇天福窑址考古调查简报》，《成都考古发现 2008》，科学出版社，2010 年，第 447 页。

大渔村窑 [28]、瓦窑山窑 [29]、江油青莲窑 [30]、琉璃厂窑 [31]（图44—图47），以上窑址除琉璃厂外，其余皆为隋至唐代中期窑址。三角形垫板用于北宋中期至南宋中期的玉堂窑 [32]。方形及多边形垫板仅发现于北宋晚期至元代金凤窑 [33]（图48、图49）。

关于圆形垫板的使用方法，刘雨茂、易立等结合邛崃固驿瓦窑山出土的两件标本（88QGT1：266、88QGT1：288）在《四川崇州公义镇天府窑址调查简报》中略有探讨，认为是先将垫板卡放在盆或钵内壁近口沿处，再在垫板上对称放置四个支钉，齿尖朝上，然后在覆口叠放器物，垫板中心可能又立一柱，柱上再置垫板，形成如邢窑采用的伞状支烧。北宋中期，玉堂窑窑工在此基础上略做改进，或许是意识到盆、钵类器物坯体不足以支撑厚重的垫板及其上的器物，特此设计厚重的垫条，架于垫板之下，三角垫板的中心不再立柱，而作覆烧碗类器坯用。

五、结语

2023年调查所获玉堂窑Y3、Y16两座窑包各有一座龙窑，生产，二者生产时使用的窑具包括了垫圈、垫筒、垫饼、石英砂、垫棒五类垫烧具及支柱、垫条、垫板三类支烧具。装烧时，两座窑炉皆未使用匣钵，主要采用以单一支钉为间隔具的支柱仰烧，以垫圈、垫饼为间隔具的支柱覆烧，以垫饼、垫圈为间隔具的板式支烧，以垫饼、垫圈、石英砂间隔具的仰烧四种方法明火裸烧而成。其中唐代中期至晚期，Y16采用以单一支钉为间隔具的支柱仰烧；北宋中期至南宋中期，Y3及Y16主要采用以垫圈、垫饼为间隔具的支柱覆烧，以及以垫饼、垫圈为间隔具的板式支烧；南宋中期至南宋晚期，Y3采用以垫饼、垫圈、石英砂为间隔具的支柱仰烧。总体来看，唐代的装烧方式相对简单，两宋时期相对繁复。通过对各类窑具的形制特征及出土位置进行分析，结合以往的发现，笔者认为直壁、底部齿形、

28 成都文物考古研究所、北京大学考古文博学院、邛崃市文物保护管理所编：《四川省邛崃市大渔村窑区调查报告》，《成都考古发现2005》，科学出版社，2007年，第332页。

29 四川省文物管理委员会、四川省文物考古研究所、四川省邛崃县文物管理所：《四川省邛崃县固驿瓦窑山古瓷窑遗址发掘简报》，《南方民族考古（第三辑）》，四川科学技术出版社，1990年，第351页。

30 黄石林：《四川江油市青莲古瓷窑址调查》，《考古》1990年第12期。

31 成都文物考古研究院：《成都琉璃厂窑址2018—2019年考古发掘报告》，文物出版社，2021年，第305页。

32 成都文物考古研究所、都江堰市文物局：《2007年玉堂窑遗址调查报告》，《成都考古发现2007》，科学出版社，2009年，第343、353、381页；成都文物考古研究所、都江堰市文物局：《2007年玉堂窑遗址六号窑包试掘简报》，《成都考古发现2007》，科学出版社，2009年，第446页；成都文物考古研究所、都江堰市文物局：《都江堰市玉堂窑遗址马家窑包（6号）2013年试掘简报》，《成都考古发现2012》，科学出版社，2014年，第444页；成都文物考古研究所、都江堰市文物局：《2007年四川都江堰玉堂窑遗址17号窑包试掘简报》，《南方民族考古（第六辑）》，科学出版社，2010年，第450页；

33 成都市文物考古研究所、都江堰市文物局：《都江堰市金凤窑发掘报告》，《成都考古发现2000》，科学出版社，2002年，第283页。

图 44　天福窑垫板

图 45　大渔村窑垫板

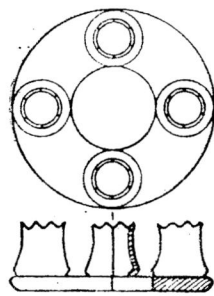

图 46　瓦窑山窑垫板

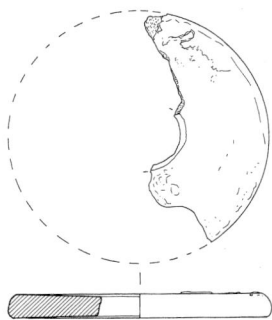

图 47　琉璃厂窑垫板

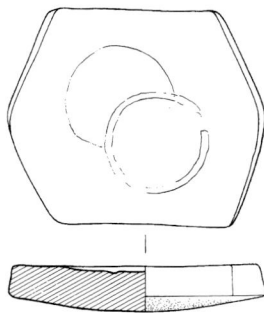

图 48　金凤窑垫板 T3 ③: 52

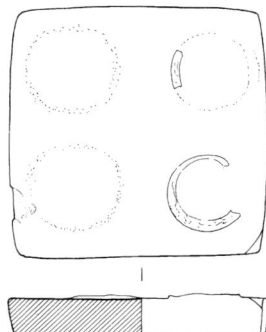

图 49　金凤窑垫板 T44 ②: 482

上部为柱筒的窑具应为一种支烧具，而非间隔具，且其使用年代与直壁平底支柱相同，应早于斜壁平底支柱。垫板是成都平原隋代至元代各窑址广泛使用的支烧具，其形制从圆形，向三角形，再向方形、多边形发展。唐代垫板架于盆、钵器物内壁的口沿处，至北宋中期，垫板之下架以厚重的垫条作支撑。

总而言之，此次调查玉堂窑 3 号及 6 号窑包出土的窑具，对探索唐代中期至元代成都地区的瓷业装烧技术，以及各窑场之间的技术联系具有重要的参考价值。

武阳窑之新发现

戴开林[1]　冯小琦[2]　吴天文[3]　何伟[4]　冯建兴[5]

（1.四川省收藏家协会陶瓷专业委员会　2.故宫博物院　3.眉山市彭山区文物保护研究所　4.彭山区美术馆　5.彭山区收藏协会）

摘要： 眉山市彭山区在文物普查中新发现了武阳窑、大塘窑和青杠嘴窑，由于未经正式发掘，信息比较模糊。为此，故宫博物院古陶瓷调查组、彭山区汉崖墓博物馆、四川省藏协陶瓷专委会四川古陶瓷研究中心等单位一起，先后对上述古窑址进行了多次地表调查，并结合民间收藏品比对分析，对诸窑场有了进一步了解，发现许多新亮点，解决了川窑研究不少困惑。

关键词： 白陶　瓦当　青瓷　白瓷　邛窑系　装饰风格

中国茶文化发源地，长寿之乡、忠孝之邦，眉山市彭山区，曾为彭山县，古称武阳县，汉代时，一度为犍为郡治地，繁荣而富庶。彭山得名于县城东有八百寿彭祖修道的彭祖山，历史悠久，以古代文化遗存丰富而著称天下。

彭山城区位于岷江内江外江交汇处，内江又称锦江，由成都市内流经于此；外江为岷江泄洪道，又称金马河，彭山段称南河，由都江堰奔涌而来。两江汇合彭山江口镇后直奔乐山入宜宾进

图1　彭祖长寿牌坊

长江。此地上扼天府之都，下接江南鱼米之乡，地理位置极为重要，近年来考古工作者又在两江交汇处发掘出明代张献忠大量沉银，使其蜚声中外。

彭山闻名天下不仅仅因为有远古八百寿的彭祖（图1），西晋李密的《陈情表》、明代张献忠的沉银埋珍（图2），更因为有西汉犍为郡本土才子王褒。王褒字子渊，与蜀郡才子扬雄合称"渊云"，两人辞赋可比肩司马相如。最为奇妙的是王褒在《僮约》谐文中留下"武阳卖茶""烹茶尽具"的记载（图3），由此被茶学界公认为国人饮茶的发轫，成为中华茶文史上最重要的事件。武阳熙熙，皆为茶而来，而今这里已成为世界茶文化的圣地，茗闻世界。

图2　明张献忠虎纽金印

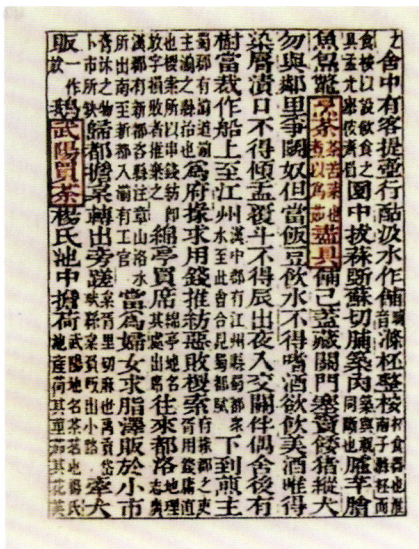

图3　汉代王褒《僮约》

一、探寻武阳窑之缘起

既然西汉彭山已有茶肆，且蜀人饮茶已有专属器具的雏形，那么古代彭山会生产出相关饮茶的陶瓷器具吗？带着这些疑惑，笔者在编著《武阳买茶》一书过程中，长期从考古资讯、民间收藏等方面关注彭山古陶瓷。在获取相关信息后，先后同彭山区汉崖墓博物馆馆长吴天文、区文广旅局局长何伟、区文联主席袁志福、中国古陶学会副会长冯小琦老师等多次前往彭山区古窑址进行调查，并结合当地民间收藏器物进行综合分析，对境内尚未正式考古发掘的古代武阳窑以及大塘窑、青杠嘴窑有了一些管窥之见。从中发现了许多新

图4　武阳故城保护碑

鲜有趣的事情，有助于揭示古代川窑不同寻常的一面，以及厘清川窑器物的窑口问题。

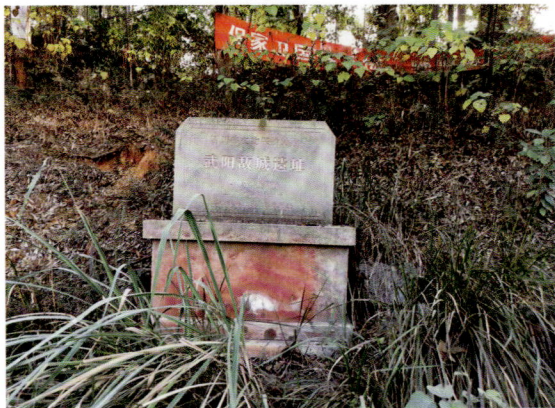

武阳窑又称武阳故城窑，位于武阳故城的浅丘上（图4），与新县城隔江遥遥相望，被南河、锦江左拥右抱，窑址又分为东窑包和西窑包，首见于2006年四川省文物考古研究院的岷江中下游文物点调查信息，并判代该窑和境内的瓦子堆窑（大塘窑）为宋代窑址 [1]。

对于武阳窑的感受，大概于2009年前后的一次四川古陶瓷研讨沙龙上，彭山区收藏协会冯建兴

1　黄一汀：《四川省眉山市窑业资源调查初步成果及认识》，《广元窑与川渝窑业》，科学出版社，2023年。

会长带来一些据称是武阳窑址地表上拾到的残瓷片。瓷片为碗盘，皆为隋代时期常见的蜀窑青瓷状，由此初步判断武阳窑为一处隋唐时期的窑址。尔后，曾多次到彭山参加区收藏协会活动，并接触到一些自称是武阳窑的瓷器，器型有青瓷碗、高足盘、盘口四系壶等，有一次还见到区文研所收集来的武阳窑残件，并数次到汉崖墓博物馆参观，对武阳窑有了进一步了解。

由于种种原因，去彭山总是来去匆匆，几次约好去窑址参观，始终未能成行。犹抱琵琶半遮面，武阳窑在笔者心中越发神秘，它上限于隋，还是比隋更早，抑或唐宋，让人疑惑不定。

二、汉代武阳窑之西窑包

2023年深秋，同冯小琦老师、彭山区收藏协会冯建兴会长，在何伟局长的引导下，一同来到武阳窑，首先对西窑包进行调查。西窑包左依滔滔南河，右与东窑包相连，在一高坎之上，面积百亩左右。窑址上已被当地村民开垦成高低不平的农田，上面种满柑橘，此时已挂满橙红的果实，硕果累累，分外迷人；窑址南方尽头处是一片人工开凿的鱼塘，形成一个高约20米的陡峭斜坡，从此处可见窑包的堆积物（图5）。扒开丛生的杂草，大量的汉代陶器瓦砾映入眼帘。断面上有各类陶罐残片，更多的是大小不同的灰陶瓦，上面布满麻布纹，有沟瓦、筒瓦、板瓦（图6），在鱼塘小径上还拾到一块瓦当残片（图7）。回到窑址之上，何伟指着一片油菜田上的高压输电线铁塔（图8）说，当年开挖铁塔基座时，发现了大量的汉代陶片。在基座的油菜田中，果然发现了大量陶片，除了罐类残片外多为陶瓦类，最重要的是在这里还发现了不少白陶和灰白陶残片（图9），由此看来此地白膳泥（高岭土）丰富，从而联想到四川汉代至南朝时期大量蜀窑青瓷采用的这种胎土，这里会不会是四川早期的青瓷窑场呢？

图5　西窑包陶器堆积坡

图6　汉代陶器残片

图7　汉代陶瓦当

图8　高压输电塔

图9　汉代灰陶、白陶片

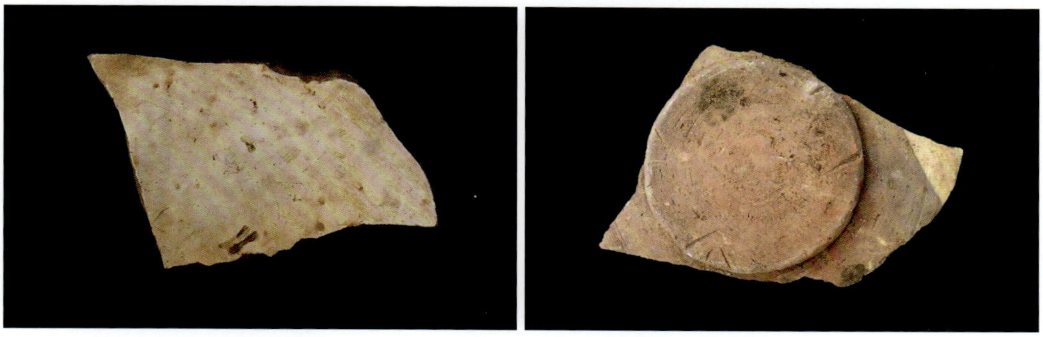

图10　唐代白釉瓷残片

　　带着这样的疑问，2024年仲春，笔者再次同何伟、吴天文、袁志福来到西窑包调查。这次基本走完西窑包百多亩地的面积，在田间地头除拾到大量汉代陶器残片外，还收集到一些隋唐时期的残瓷碎片，尤其是拾到一大块带化妆土的白釉瓷片，让人感到震惊（图10）。白釉碗瓷片为饼足，敦厚笃实，胎色灰黑，上施白色化妆土，釉层肥厚，白度较高，内心有多个细支钉，整器完整时约20厘米，应为初唐器物。

　　综上所述来看，武阳窑西窑包应是一处汉代大型陶遗址，隋唐时有可能生产青瓷和白釉瓷。尤其是汉代陶器生产规模非常庞大，除满足犍为郡府百姓的需求外，还可能通过水路把其产品贩卖到上游蜀郡的成都市内。从彭山区汉崖墓博物展示的汉代陶器来看，陶器极为丰富，除陶鼎、陶釜、陶罐外还有各类陪葬明器，如陶俑、陶马、陶鸡、陶狗、陶猪、陶楼、陶棺、陶瓦、排水陶管和画像砖（图11）等，尤以陶棺体量巨大，长约2米，宽约0.6米，高约0.6米，由此可见彭山区当年非凡的制陶技术。

　　这里汉代生产的陶器之所以闻名天下，缘于一次早年的科学考古。抗战期间，南京博物院等文博机构南迁至四川长江边的李庄。1941年，中国文物考古界的先贤李济、夏鼐、曾昭燏、冯汉骥等十余人组团对彭山区双江镇（今江口镇）的汉崖墓进行了大规模的科考活动（图12），发掘出了大量汉代陶器，尤以各类陶俑和陶摇钱树座最为精彩，其独特的汉

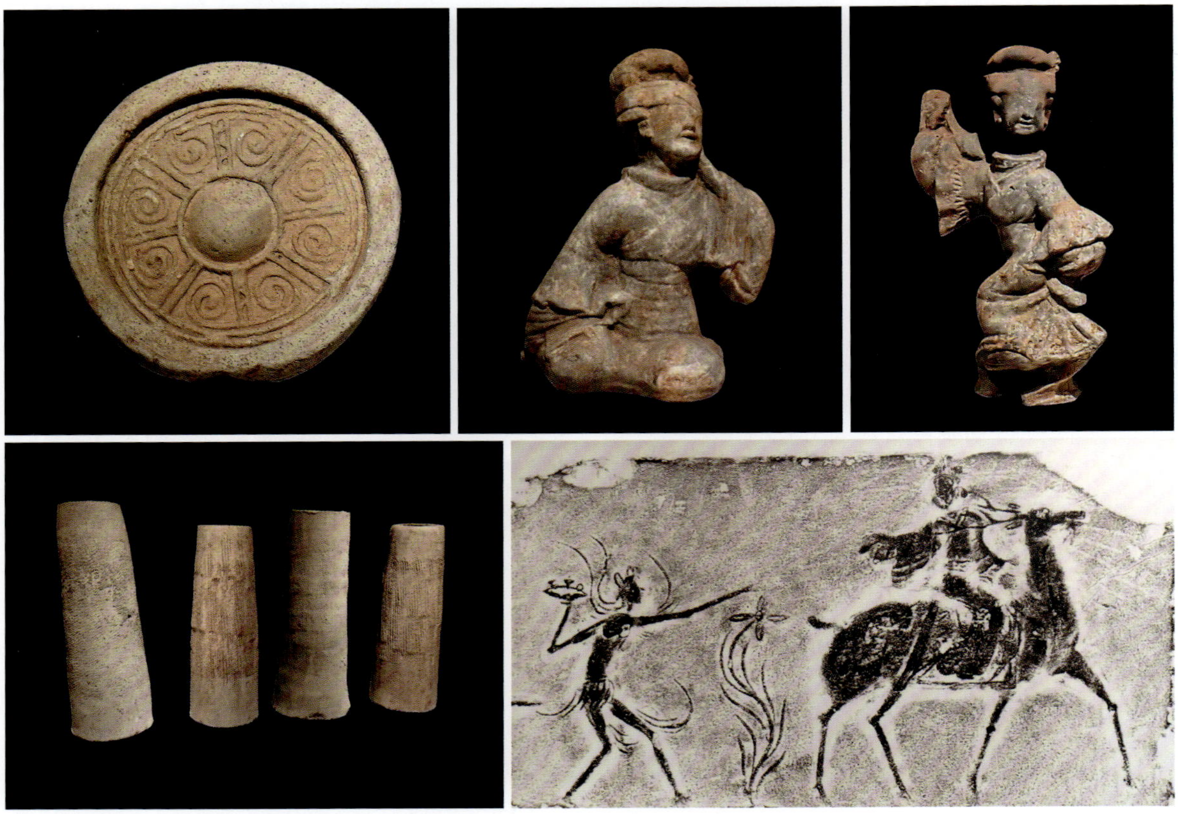

图 11　汉崖墓博物馆藏陶器、画像砖

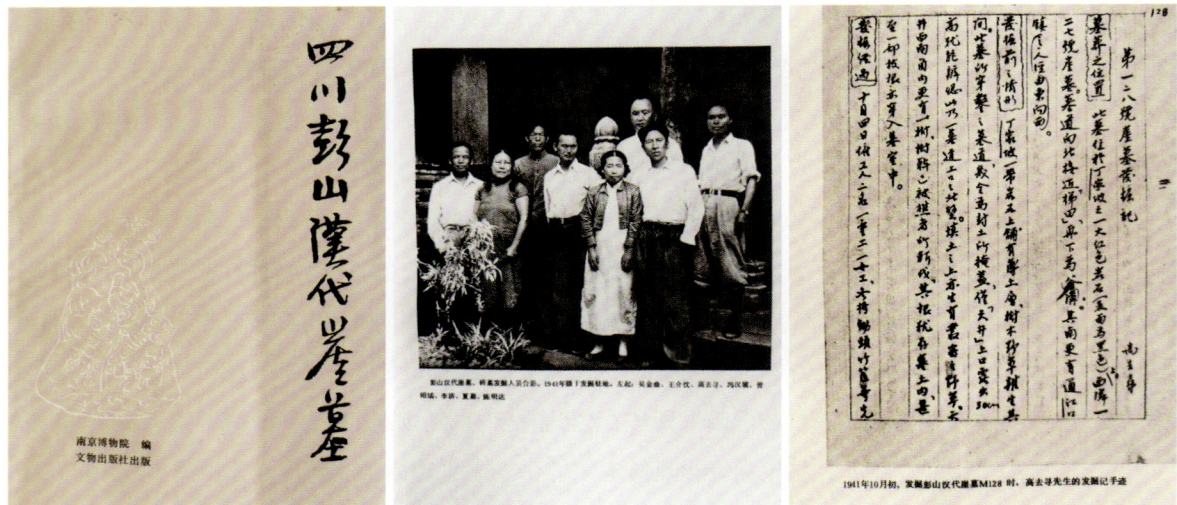

图 12　民国考古专家合影及手稿

陶文化震惊中外，受到世人的高度关注（图 13）。从彭山区汉崖墓博物馆及 1941 的考古发现，可以看见古代武阳窑的非凡的陶器文化。虽然这些器物不一定都出自武阳窑西窑包，但仍可管窥蠡测其当年武阳窑丰富而又高超的制作水平。

图 13 民国在彭山考古发现的陶器

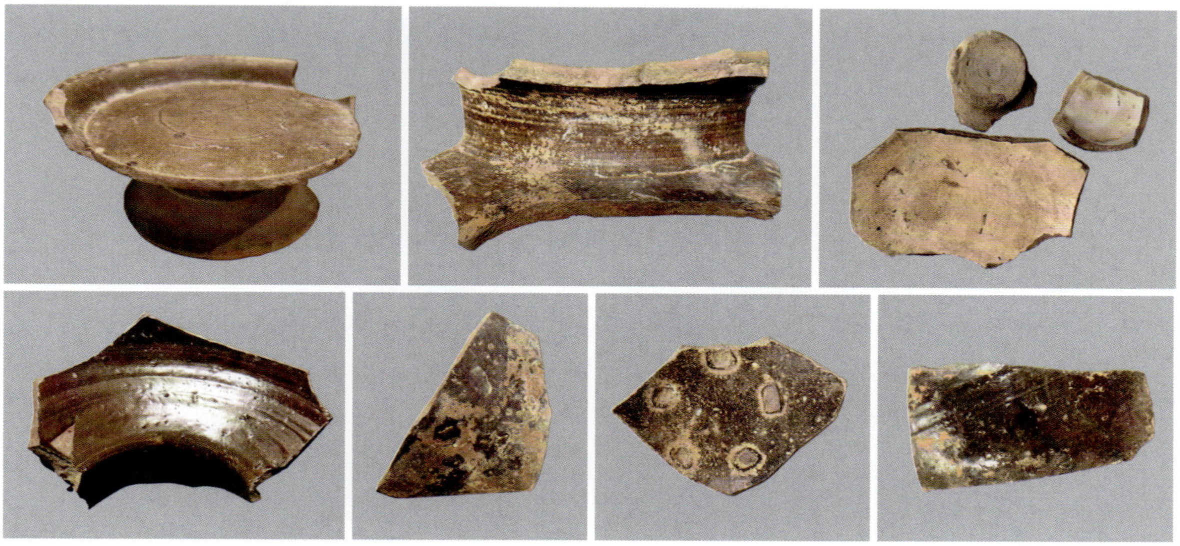

图 14 隋代青釉瓷及唐代白釉瓷

三、隋唐武阳窑之东窑包

对西窑包调查完后，笔者一行又对武阳窑东窑包开展调查。这一片区域相对西窑包略小，由于属武阳故城文物保护区板块，村民早已搬出，地面杂草疯狂生长，碗口大小的构树比肩接踵，根系如网密布，很难从地表着手。在何伟的指引下，终于在一片农田的高埂上和新栽的橘子树下发现一些残瓷片。

从采集到的残瓷片来看，主要为隋唐时期的青瓷、白釉瓷、褐釉瓷和黑釉瓷。器型有盘、碗、罐、壶、砚等（图14），其风格与同期成都市青羊宫窑、都江堰市横山子窑、邛崃市邛窑、崇州市天福窑、新津区玉皇观窑等大致相同，宋代瓷器少见。正如先前所了解作出的判断一样，这里应是一处隋唐时期的窑场，年代可能早到南朝，或更早。

图15 南朝至隋青釉瓷器

四、武阳古窑的独特魅力

通过此次武阳窑西窑包的初步调查，发现了不少有价值的东西，有助于解决四川古陶瓷收藏界存在的两大疑难问题。

1. 枯釉瓷的出处与枯釉之美

过去从宜宾到乐山到眉山到彭山，直至成都市内的岷江中下游藏家中，收藏有一类南朝至隋唐，釉面有缩釉麻布状的枯釉纹青瓷盘口壶、鸡首壶、四系罐、碗盘等器物，均不知产于何地，归属于哪一个窑口，成为蜀窑青瓷探讨的一个盲点（图15）。

初看这类满身缩釉的青瓷与釉面光亮如镜的青瓷相比，感觉不太舒服，为此有人俏皮地称呼它为鸡皮疙瘩釉，让人印象深刻（图16）。但对这类缩釉器物看多了、看久了，反而对它产生了一种情愫，感觉它风韵别致。正如哲人所说的那样：世间不缺少美，而是缺少

图16 隋唐青釉瓷片

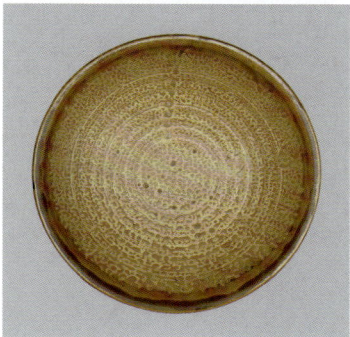

图17　晚清至现代枯釉纹瓷器

图18　隋唐褐釉盘口罐

一双发现美的眼睛。

这种看似不完美、却无处不完美的风格，让人联想到古老的侘寂之美。当美跳出低级的俗艳，超越含蓄的优雅，人们便摒弃繁华、奢丽，主张回归本真，追求简洁、质朴与节制，展现出一种稚拙、孤寂、冷瘦的原始之美，还原生命沉淀后的宁静与沧桑。这大抵和后世哥窑一样，把釉面的一种病态，一种缺憾转换成独特的冰裂纹之美，时至今日国瓷仍乐此不疲。

无独有偶，这种因釉层稀薄、或浓淡不均的施釉方法而引起的缩釉纹，起始于原始青瓷的质朴，盛行于武阳窑的提升，把它演绎成疏淡简约的枯涩风流，从南朝至隋唐便迸发出勃勃生机，稚拙与沧桑之美，在中国陶瓷史上大放异彩。长久以来，因无缘发现它的出处而被淹没在历史的长河中，更因无人正视它质朴的独特之美而弃如敝屣，让人扼腕叹息。有趣的是，它并没有因为缺少主流审美的赏识而消失在历史的长河中，总是时隐时现地穿越时空，顽强地在川瓷中生存下来，甚至在明清时期大放异彩。时至今日，川人使用的泡菜坛还大多采用这种枯涩风格的釉面进行装饰，尤其是川人办"九大碗"乡土酒席使用的仿古土碗大多采用这种釉面（图17）。这种枯釉器物釉色有青釉、有褐釉，风韵独特，与古物一脉相承，给人一种古拙质朴之美。相信在不久的将来，以武阳窑为代表的枯釉纹一定会受到世人的重视、收藏家的青睐，成为中国陶瓷的一种高级审美。

2. 褐釉大罐并非都是琉璃厂所产

对于岷江中下游地区，尤其是成都市内经常出现的一种广口深腹四耳大罐，又找到了一个出产相对应的窑口。这种流行于隋唐时期的漏斗状口四耳罐，通常体形硕大，高 30—80 厘米，大者多饰六耳和八耳，施半釉，为一种大型储物器，或盛粮食或盛酒水。胎体紫红或灰黑、灰白，或呈砖红色缸胎状；多施褐釉和青釉；釉色光亮者居多，也有釉层稀薄呈枯涩状的麻斑釉，分外引人注目。关于它的窑口，过去文博界和收藏界普遍认为它是成都市近郊的琉璃厂窑和市内的青羊宫窑生产（图18）。

通过对武阳窑西窑包的调查，发现了大量这类器物的残片，其釉色、造型、纹饰与成都青羊宫窑、琉璃厂窑无二，很难区分（图19）。惟武阳窑胎色与青羊宫窑、琉璃厂窑有所区别。琉璃厂窑胎色多为砖红色和灰白色缸胎，紫红、黑紫色较少见，而武阳窑的胎色则以二者为主。其紫红和黑紫色胎体往往呈现出淡淡的光亮，如施护胎釉一般，扣之声音清脆，说明烧结温度高，胎土的含铁量高。在高温烧结过程中，大量的铁离子游离至器表，从而形成紫红和黑紫色带光的胎体。这种胎体青羊宫窑和琉璃厂也有，但不是普遍现象，这应与武阳窑当地出产铁含量高的紫金泥土有关，从彭山区一位藏家提供的藏品可见一斑（图20）。今天我们根据这些细微特征加以甄别，就可以大致判断出那些为武阳窑所生产的盘口四耳罐和其他一些器皿了，从而不再盲目地把这类东西统统划归为青羊宫窑和琉璃厂窑生产。

古代武阳窑由于与成都市水路相连，路程只有短短的百里，依靠船运优势，武阳窑可把大量的窑器源源不断地输入成都市内，且品质又不逊色于两窑，自然混得风生水起，成为民众日常生活的最爱，从成都杜甫草唐代遗址出土的大量此类器物可见一斑。

图19　隋唐青釉盘口罐残片

五、南河岸边的大塘窑

2023秋，随故宫冯小琦老师一行等对武阳窑上端的大塘窑、青杠嘴窑进行了初调；2024年春，同袁志福等一行又对两窑进行了调查。大塘窑同样给人许多惊喜的发现，对于厘清岷江中下游唐宋瓷器，特别是成都琉璃厂窑和邛崃市邛窑器物有了更多的思路和帮助，也算收获满满的。而青杠嘴窑则因深埋于茂密的慈竹林之下，只在周边田间地头拾到一些小碎片，无法获取更多信息，算是一点小遗憾（图21）。

大塘窑位于彭山区武阳镇大塘社区内，又称为瓦子堆窑，2006年，四川省文物考古研究院已做过初步调查，路旁于2007年立有省级文物保护单位"彭山陶窑遗址"碑，但未标明窑址名称和烧造年代，可能是未经发掘不便于下结论，但把其立为省级文物保护单位，可见其重要的文化历史价值（图22）。由于该窑址位于大塘村境内，大家便习称为大塘窑。窑址背靠南河，前拥顺河场至南方家私园区公路，与武阳窑相距约6公里，境内河滩地上挖掘出众多大小不同的养鱼塘，有窑包堆积物三处，即上瓦子堆、中瓦子堆、下瓦子堆。三处窑包首尾相连，堆积层丰富，散布在约2公里长的河堤之上。

由于大塘窑傍水而设，上下瓦子堆绝大多数烧窑废品倾泻在河堤边，后河滩地被开垦成鱼塘，因此沿着塘堤便搜寻到不少残瓷片，基本面貌有所暴露。中瓦子堆临近公路，一处民宅就建立在窑址之上，门前高坎下的田中布满碎片，房舍后更有一处堆积如山瓦砾，便是民众口中指的"瓦子堆"。通过其断面可见堆积物的年代变化，而瓦子堆上更是种满柑橘树，大量的瓷片暴露地表，从而拾到众多不同时期不同款式的标本，对大塘窑有了进

图20　唐代青釉盘口罐

图 21 青杠嘴窑保护碑

图 22 彭山陶（大塘）窑保护碑

图 23 调查者于大塘窑瓦子堆合影及瓦子堆堆积层

一步认识（图 23）。

从三处瓦子堆搜集到的信息来看，大塘窑的烧造年代大约始烧于中晚唐，熄灭于南宋，晚唐至北宋为兴盛期。该窑以烧青釉、黄釉、白釉、褐釉、酱釉为主，也烧彩绘瓷（图24）；胎体多为缸胎，普遍施化妆土，器型主要有罐、盆、钵、盂、壶、碗、盘、盏、砚、香炉、灯台等（图25），每一类款式较多，品种十分丰富。其风格与邛崃市邛窑、成都市琉璃厂窑、都江堰市玉堂窑、雅安芦山窑、青神县坛罐窑、洪雅县瓦子坡窑有许多相似之处。

六、大塘窑与武阳窑、琉璃厂窑的关系

1. 大塘窑是武阳窑的后续

根据对武阳窑和大塘窑调查的综合分析，大塘窑应是武阳窑停烧后北迁至此的一处规模较大的窑场，两者传递关系明显。大塘窑漏斗状大罐

图 24　宋代大塘窑彩绘瓷片

图 25　大塘窑各类残瓷

与武阳窑可谓一脉相承，两者均施褐色半釉，中底部露胎，呈现出紫红和灰黑色的胎体，颈部多有旋纹，上饰四耳，大者多至八耳，两者难以区分，还有许多器物也是如此。加之武阳窑晚唐停烧的迹象，由此判断大塘窑是武阳故城窑因某种原因转场的后续（图 26）。

2. 与成都琉璃厂窑的关系

成都市郊东三环路外侧的琉璃厂窑始烧于唐代，以烧青釉、黄釉、褐釉、黑釉、白釉、绿釉为主，其釉下彩绘瓷和琉璃三彩名扬蜀中。该窑又以产量大，质量高、品种丰富、烧造时间

图 26　唐代大塘窑青釉盘口壶

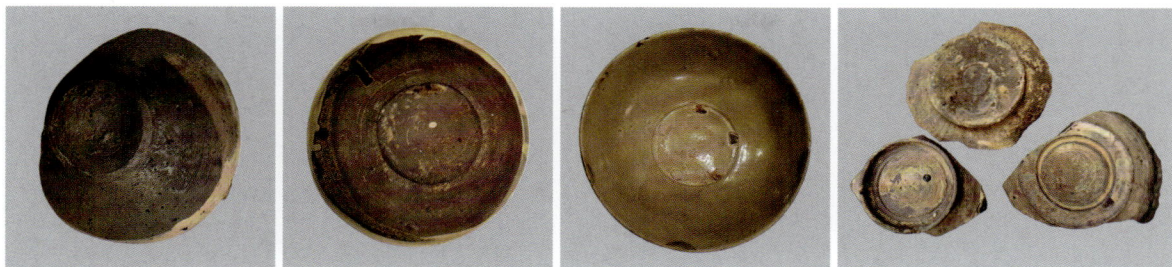

图27 唐宋时期大塘窑黑灰色器底

图28 唐代琉璃厂窑砖红色胎体

持续千年而著称，从唐代一直延续到近现代。因此，琉璃厂窑的产品在唐宋时期的成都市周边墓葬和生活区存在量最大，收藏家手中这类器物也最为丰富。过去大家把类似器物大多划归为琉璃厂窑，或归纳为晚期青羊宫窑，甚至是邛窑，基本没有考虑到其中有许多不是琉璃厂窑产物。

通过对彭山区大塘窑的调查，我们惊奇地发现了许多和成都琉璃厂窑一样的产品，从釉色、纹饰、器型、胎体、施釉方法和支烧工艺完全相同，如双胞胎姐妹让人难以辨别。后来通过对两窑产品的比较分析还是发现了一些端倪，主要是胎体上的一些细微差别：一是大塘窑胎体普遍偏紫红偏灰黑，砖红色缸胎较少，可能是当地泥土含铁量较高的原因；二是烧结温度普遍偏高，扣之声如钢铁，有金属铿锵之音；三是釉色明亮，历经千年水浸土蚀仍光鲜靓丽（图27）。从这三点上可以大致区分出部分器物与琉璃厂窑的不同（图28），对厘清两窑有一定的帮助，但不能绝对化，事实上琉璃厂窑这类产品也不在少数，尚需具体分析比较。

3. 大塘窑是一处以外销为主的窑场

过去我们发现，从成都市至宜宾的岷江中下游地区藏家手中有不少琉璃厂窑的器物，后来又在宜宾至泸州至重庆，以及更远的和湖北交界的奉节白帝城，长江沿岸地区都发现了琉璃厂窑的产品。今天回过头再来审视这些过去被广泛认为是琉璃厂窑的器物，值得打上个大大的问号。通过与部分藏友的微信交流和实际探看，发现这类琉璃厂窑的产品绝大多数为彭山大塘窑所生产。根据大塘依江而设，借岷江上连成都市下接长江的天然优势，就注定了它成为一个以绝对外销为主的窑场。人们无论上成都还是下渝州都可顺捎大塘窑的土特产。加之产品质优价廉，款式众多，人们无论喝酒饮茶都离不开它，自然受到大众的喜爱。大塘窑的这种外销特点为繁荣彭山区当年的经济、文化作出了不小的贡献，更值得川渝古陶瓷界的高度关注，对了厘清长江上游地区的唐宋陶瓷窑口定有裨益。

七、武阳窑、大塘窑与邛窑

邛窑作为中国唐宋著名窑场，其彩绘瓷、乳浊绿釉瓷、邛三彩等享誉中外，影响非凡，并在四川乃至西南地区形成一个庞大的窑系（图29）。如都江堰市玉堂窑、成都琉璃厂窑、雅安芦山窑、乐山苏稽窑、遂宁遂府窑、江油青莲窑等，它们许多器物风格十分相近，较难区分。武阳窑隋代的器物和邛窑已较为相近，而唐代的器物在胎釉、器型、纹饰上则与邛窑更为相近，尤其是青釉、黄釉类如孪生姐妹。而白釉则与都江堰市横山子窑、崇州市天福窑相近，褐釉则与琉璃厂窑相近。

唐宋大塘窑虽与琉璃厂窑最为接近，但琉璃厂窑属为邛窑系，故大塘窑自然也划归为邛窑系。如果抛开琉璃厂窑，让大塘窑与邛窑青釉、黄釉、褐釉产品相比，两者仍然较为接近。客观上来看，大塘窑更多地吸取了邛窑朴拙率真的一面，器物大多施半釉，以缸胎为主，采用支钉叠烧，未见匣钵装烧，大多光素无纹，少见褐绿彩绘装饰，其产品多为普通民众日常生活用瓷。但其中不乏精品，尤其是褐釉盘口大罐、弦纹黄釉注壶、葵口碗、砚台等令人喜爱。

由于调查活动属于浅表层的走马观花，可谓盲人摸象，管窥一斑，不敢贸然妄断，许多精彩器物有待将来考古发掘揭示。

图29 隋唐邛窑青瓷

八、从两窑来看武阳古代茶文化

"武阳买茶"，中国饮茶文化的分水岭始于彭山，中国最早的茶肆在彭山；"烹茶尽具"，中国古代饮茶使用茶具也与彭山相关。武阳茶肆同饮茶器具从明末顾炎武至清初郝懿行始便受到世人关注，许多人曾亲自前往考察，而今中华茶文化史、世界茶文化史无不以"武阳买茶"开端说起。

彭山产茶的历史十分悠久，除西汉犍为郡王褒记录了武阳茶事，其后东晋川人常璩在《华阳国志》中也明确记载了武阳盛产茶叶的历史："南安（今乐山），武阳皆出名茶。"武阳自古以来便出产名茶，并依托岷江内江外江汇入此地的水运优势在武阳建立茶肆，从而形成了彭山地区悠久而又丰富的茶文化历史。随着岁月的流逝，许多茶文化历史已成为传说，让人无法触摸，而古代茶具则完全不一样，它是各个时期茶文化的忠实记录者，随着饮茶文化的变化而变化，成为我们了解古代茶文化的教科书，可以触摸到历史的气息。通

图30 汉崖墓博物馆各类陶器

图31 大塘窑唐代钵盂与注子残片

过对彭山区上述两窑的初步调查，再结合彭山汉崖墓博物馆的藏品和民国时期李济团队的科考图录，以及民间相应藏品参照，让我们对彭山区古代茶具文化有了更多直观感受。

中国人饮茶使用的标准茶器具始于陆羽《茶经》，即780年之后，而往上至战汉大多属于一器多用的时代，同样的器具既可饮茶也可饮水、饮酒、饮药、饮食，或盛放其他物品。基于这样的事实，一个宽泛的汉代至唐初茶器具文化便摇曳多姿呈现在世人面前。诸如战汉的鼎、簋、釜、鍪、鐎斗、豆、匝、勺、樽、壶、高足碗、盘、灶、井等等都可列入茶具类。细看江口汉崖墓博物馆和民国时期那本科考图录，其中就有不少这类器物，而与武阳窑相关的陶器制品更不在少数（图30）。南朝至隋唐，武阳窑生产的青瓷茶具也颇为丰富，有盘口壶、注壶、唾壶、高足盘、深腹碗，白釉碗等，广泛流播于岷江中下游地区，深刻地影响了当地人民的茶生活。

唐宋时期的大塘窑与青杠嘴窑其所产茶具，大多为陆羽《茶经》设立的标准器物，主要为青釉、黄釉、白釉、褐釉类，兼有少量褐彩瓷。器型有罐、壶、碗、盏、托、盘，盂、水方（盆）、茶臼等，大都釉色光鲜，尤以褐釉大盆引人注目（图31）。由此可见古代彭山区不仅出产名茶，还有最早的茶肆，更有相匹配的精美茶具，不愧为中国的茶文化圣地。

2015、2020 年故宫博物院调查成都地区古窑址纪要

黄卫文

（故宫博物院）

摘要： 依照2005年启动的故宫博物院新一轮全国窑址调查工作的有关规划，2015年4月和2020年10月，故宫博物院窑址调查工作组曾两次赴成都地区进行古窑址调查。两次调查实地走访了成都市及其所辖县市境内的11处古陶瓷窑址，采集了丰富的窑址标本，为我院今后的古陶瓷研究和出版工作提供了新的资料。通过两次窑址调查与标本采集，结合考察地方文博机构藏品及研究交流取得的业务收获，我们对成都地区的古陶瓷发展脉络、窑场分布、产品特征等方面有了相对较全面和深入的认识。

关键词： 故宫博物院　窑址调查　成都地区

成都是中国西南地区重要的中心城市，古蜀文明的重要发源地，"天府之国"的中心。传世及考古出土资料表明，成都市及其所辖县市境内的古陶瓷生产十分发达，生产窑场众多，产品种类丰富，是我国古代西南地区重要的陶瓷产地之一。为研究成都及其所在川渝地区的古陶瓷发展情况和厘清故宫博物院藏品的生产窑口，依照 2005 年启动的故宫博物院新一轮全国窑址调查工作的有关规划，2015 年 4 月和 2020 年 10 月，由冯小琦同志带队，高晓然、赵聪月、郑宏、黄卫文、赵山等同志组成故宫博物院窑址调查工作组，先后两次赴成都所在川渝地区进行窑址调查，其中成都地区是调查工作的重点。两次调查实地走访了成都市及其下辖县市境内的 11 处古陶瓷窑址，采集了每个地点的标本并获地方文博单位赠送的两处窑址标本。通过两次窑址调查与标本采集，结合考察地方文博机构藏品及研究交流取得的业务收获，我们对成都地区的古陶瓷发展脉络、窑场分布、产品特征等方面有了相对较全面和深入的认识。

一、故宫博物院新一轮全国窑址调查工作简要回顾

对古窑址进行实地田野调查是当代古陶瓷研究的重要学术方法之一。自 20 世纪 50 年

代以来，以陈万里、冯先铭先生等为代表的故宫博物院众多老一辈专家学者不仅是窑址田野调查研究方法的开拓者，更是努力践行者，他们历尽艰辛进行窑址田野调查的目的，除为努力推动故宫博物院古陶瓷研究工作之外，更重要的目标是为故宫博物院数量庞大、产地复杂的陶瓷藏品辨识生产窑口提供第一手参考资料。前辈们的辛勤付出不仅为故宫后辈学人奠定了古陶瓷研究的基础，更为开拓与丰富中国古陶瓷发展史研究作出了巨大贡献。

近几十年来，随着中国经济文化建设的巨大发展，古窑址考古工作取得了许多新的成果，特别是在第三次全国文物普查工作中，许多新的古陶瓷生产窑址相继被发现，需要我们及时了解和掌握。2005 年，故宫博物院决定由冯小琦研究员主持，以器物部陶瓷组业务人员为骨干，加上资信中心摄影科的同仁共同组成故宫博物院窑址调查工作组，按计划逐步展开新一轮的全国窑址调查工作，至 2024 年第二次对山东省的窑址调查工作结束，累计走访调查了国内 24 个省、自治区、直辖市的五百余处窑址，上千个具体地点，采集的陶瓷标本多达数万片。目前，北京、河北、河南、山东、山西、陕西、甘肃、宁夏、内蒙古、辽宁、浙江、福建、广西、广东、海南等地的调查成果已辑入《故宫博物院藏中国古代窑址标本》丛书相继出版。

成都所在的川渝地区的古陶瓷发展情况一直为研究者所关注，20 世纪 50—80 年代故宫博物院的专家学者曾数次赴这一地区进行调查并采集了成都地区的青羊宫窑、琉璃厂窑、邛崃窑、灌县窑、郫县窑等窑址的标本。依照故宫新一轮全国窑址调查工作的有关规划，2015 年 4 月和 2020 年 10 月，故宫窑址调查工作组先后两次赴川渝两地进行古窑址调查，其中成都地区一直是调查工作的重点，调查时间最长，走访的窑址也最多。两次调查实地走访了位于成都市锦江区、新津区、双流区以及下辖邛崃市、都江堰市、彭州市、崇州市等地的 11 处古陶瓷窑址，采集了每个地点的标本，并获地方文博单位赠送的其他两处窑址标本，调查组同时还考察、观摩了多个博物馆、文管所、考古所等文博单位所藏成都地区瓷窑藏品以及考古出土和田野调查资料。两次调查的工作目标是通过实地调查窑址现状与采集标本，并通过与当地文博工作者的学术交流，及时了解该地区近年来的瓷窑考古和学术研究成果，以期能够比较全面地认识和掌握该地区的陶瓷发展脉络与各瓷窑的产品特征。现将两次调查的有关情况简报如下。

二、两次成都地区窑址调查工作走访的主要窑址

截至 2021 年，成都市辖锦江、青羊、金牛、武侯、成华、龙泉驿、青白江、新都、温江、双流、郫都、新津 12 个区，简阳、都江堰、彭州、邛崃、崇州 5 个县级市，金堂、大邑、蒲江 3 个县。2015 年、2020 年的两次窑址调查工作实地走访了位于成都市锦江区的琉璃厂窑址，新津区白云渡窑址、邓双窑址，双流区应天寺窑址，邛崃市十方堂窑址、大渔村窑址、

尖山子窑址，都江堰市玉堂窑址、横山子窑址，彭州市磁峰窑址，崇州市天福窑址等，采集了每个地点的窑址标本，并获地方文博单位赠送的都江堰市金凤窑址、瓦岗坝窑址的考古出土标本，以下将两次调查工作中走访的主要窑址简介如下。

1．琉璃厂窑址

窑址位于成都市锦江区柳江街道（原华阳县胜利乡琉璃村），明代此地曾为藩王府、寺庙等烧造琉璃构件，故称"琉璃厂窑"。唐代始烧，五代至宋代盛烧，元代烧造规模小，明代主要烧造建筑琉璃构件。琉璃厂窑是成都平原地区烧造邛崃窑类型瓷器的一处主要窑场，在生产品种、器物造型和装饰等方面与邛崃窑十分相似，有些产品可见与邛崃窑制品间的明显继承关系，但也有自身特色。烧造品种主要有青釉、黑釉、白釉、酱釉、绿釉、米黄釉、白釉褐彩、青釉褐绿彩、三彩等。造型有瓶、坛、罐、壶、炉、盆、碗、盘、碟、灯、砚、塑像等。2018年至2019年，成都市考古研究院对窑址进行了考古发掘，出土资料丰富，其中作为茶器用的宋代壶、罐等出土很多，民间日用的灯、碗、盘、碟等更是常见。出土的彩绘瓷烧成温度多低于邛崃窑，胎体泛红，显得粗松。装饰见有白釉刻划花、白釉印花、白釉饰褐彩、青釉饰褐绿彩、黑釉外起凸线、三彩等（图1—图3）。

2．新津窑白云渡窑址

窑址位于成都市新津区花源镇白云村，隋唐时期窑址。主要烧造白釉、青釉和黑釉产品，采集的隋代白瓷标本有碗、杯、高足盘等。胎色灰白，多施化妆土，釉色白中泛黄，这种釉色在四川地区窑场中比较常见，当地有学者称其为"青釉"。碗、杯多为饼形足，里见五个粗大支钉痕，采集的窑具标本亦多见五齿支钉（图4—图6）。

3．新津窑邓双窑址

窑址位于成都市新津区邓双镇金龙村3组，此地原名龙岩村，也称龙岩村窑址。烧造时代为南朝至隋唐时期，使用龙窑。采集的标本主要为青釉瓷，造型有罐、碗、盘等，外

图1 琉璃厂窑址窑业堆积

图2 琉璃厂窑址执壶标本
故宫博物院藏

图3 琉璃厂窑址标本
故宫博物院藏

图 4　新津窑白云渡窑址标本
故宫博物院藏

图 5　新津窑白云渡窑址标本
故宫博物院藏

图 6　新津窑白云渡窑址标本
故宫博物院藏

图 7　新津窑邓双窑址外景

图 8　新津窑邓双窑址标本
故宫博物院藏

图 9　新津窑邓双窑址标本
故宫博物院藏

壁施釉多不到底。胎色有灰、褐、砖红色等，标本中见有青釉点褐彩装饰。碗类器内里多见五个粗大的支钉痕，采集的窑具标本亦多见五齿支钉（图 7—图 9）。

4. 双流区应天寺窑址

窑址位于成都市双流区胜利镇应天寺村，唐宋时期窑址。采集的标本有青釉、白釉和黑釉瓷，造型以碗、盘、瓶、罐、炉等民间用器为主，胎质较粗，器物外壁施釉多不到底，

碗类器圈足宽大。碗、盘等器内里多见五个粗大的支
钉痕，采集的窑具标本亦多见环形的五齿支钉（图10、
图11）。

5. 邛崃窑十方堂窑址

窑址位于邛崃市市区南部的南河岸边，邛崃窑的
代表性窑址。烧造时代主要为隋至元代，现存大、小
窑包13个，已经多次考古发掘。自20世纪50年代至
今，故宫博物院的专家学者曾多次赴十方堂窑址调查，
2015年的调查除十方堂窑址之外，还调查了邛崃境内
的尖山子窑址、大渔村窑址等。十方堂窑址是邛崃窑
诸窑址中烧造时间最久，烧造规模最大，产品最具代
表性的中心窑场，始烧于隋代晚期，唐、宋时期盛烧，
宋末元初衰落。烧造品种主要有青釉、青釉褐彩、青
釉绿彩、青釉褐绿彩、酱釉、月白釉、青蓝釉、绿釉、
低温黄绿釉等。器物造型以民间日用器为主，常见各
式碗、盘、杯、灯碟、省油灯、瓶、壶、罐、炉、砚、
研磨器、器盖等。其中临邛杯、灯碟、省油灯、多足炉、
注壶等是邛窑比较有特色的器型，此外，生动形象的
各式人物俑、小型的动物玩具等也很有特色。器物多
饼形足，青釉产品普遍使用化妆土，器外施釉多不到底，
碗、盘等常使用五齿、六齿的支钉支烧，装饰上青釉
点染褐绿彩、低温黄绿釉即"邛三彩"等是邛窑产品
的特色（图12—图14）。

6. 邛崃窑大渔村窑址

窑址位于邛崃市临邛镇大渔村浅丘地带，现存窑
包3个，隋唐时期窑址，东南距十方堂窑址约2.5公里，
是邛窑烧造比较早期的窑场之一。采集的标本主要为
青釉瓷，造型有碗、盘等，器物外壁施釉不到底，圈足。
窑具见有浅钵状的五齿支钉和垫饼等（图15、图16）。

7. 邛崃窑尖山子窑址

窑址位于邛崃市临邛镇西江村，现存窑包2个，
唐代窑址。采集的标本有青釉及青釉褐斑器，造型见
有各式碗、盘、罐、砚等。器物胎体厚而粗，底为平

图10　双流区应天寺窑址标本
故宫博物院藏

图11　双流区应天寺窑址标本
故宫博物院藏

图12　邛崃窑十方堂窑址标本
故宫博物院藏

图13　邛崃窑十方堂窑址标本
故宫博物院藏

图14 邛崃窑十方堂窑址标本
故宫博物院藏

图15 邛崃窑大渔村窑址标本
故宫博物院藏

图17 邛崃窑尖山子窑址标本
故宫博物院藏

图16 邛崃窑大渔村窑址标本
故宫博物院藏

图18 邛崃窑尖山子窑址标本
故宫博物院藏

底或圈足，外壁施釉不到底。窑具标本见有环形的五齿支钉（图17、图18）。

8．玉堂窑址

窑址位于都江堰市玉堂镇和中兴镇接壤的沿山地区，唐宋时期窑址，目前尚存17个窑包，窑业遗存较为丰富。玉堂窑是成都地区烧造邛崃窑类型瓷器的主要瓷窑之一，许多制品在胎质、釉色等方面与邛崃十方堂窑产品相似。胎质多较粗，胎色有灰白、灰、褐、砖红等色。品种有白釉、白釉褐彩、白釉绿彩、绿釉、酱釉、黑釉等，白釉、绿釉产品多见，器物外壁多施釉不到底。造型以各式碗、盘、碟、瓶、罐、炉、壶、灯盏等日用器为主，碗、盘类器有饼足、玉璧足和圈足，多采用沙粒垫烧，也采用环形五齿支钉叠烧，里外见支钉痕。本次调查工作实地调查了2号、6号窑包，采集了相关标本（图19—图21）。

图19　玉堂窑址标本
故宫博物院藏

图20　玉堂窑址标本
故宫博物院藏

9．横山子窑址

　　窑址位于都江堰市天马镇绿风村和崇义镇环山村的横山子一带，南朝至宋代窑址，是成都平原地区烧造时间较早、烧造时间较长的瓷窑之一。从采集的标本看，胎质粗而坚硬，胎色多灰白。烧造品种多为青瓷，釉色有青、青灰、青黄等，釉面薄有玻璃质感，外壁一般施釉不到底。造型多为各式碗、盘、碟、盏、高足盘、壶、瓶、双系罐、四系罐、砚等，碗类器多小饼足，用支钉叠烧，碗心留有五或六个支钉痕。白釉器物使用化妆土，隋代装饰以褐、绿点彩连珠纹最具特色（图22—图24）。

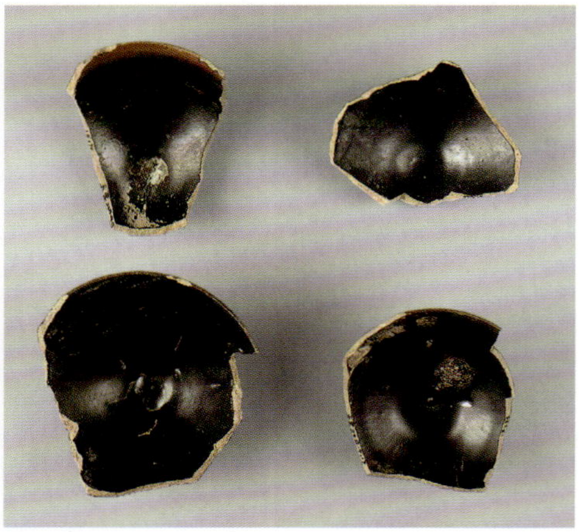

图21　玉堂窑址标本
故宫博物院藏

10．彭州磁峰窑址

　　窑址位于彭州市磁峰镇，宋代窑址。彭州市旧称彭县，故也称"彭县窑"。彭州磁峰窑是四川地区烧制白瓷的代表性窑场，产品质量较高，精致器物可与定窑白瓷媲美，胎质

图22　横山子窑址标本
故宫博物院藏

图23　横山子窑址标本
故宫博物院藏

图 24　横山子窑址标本
故宫博物院藏

图 25　彭州磁峰窑址标本
故宫博物院藏

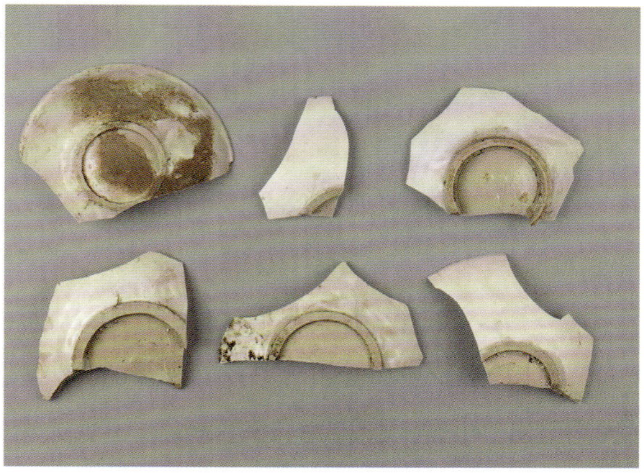

图 26　彭州磁峰窑址标本
故宫博物院藏

细腻坚致，胎体较薄，釉色白、灰白或白中泛黄，造型有碗、盘、碟、瓶、罐等，装饰工艺有刻花、划花篦划、印花等，图案有双鱼纹、花卉纹、飞鹤纹等，也有光素无纹的，有的碗、盘里出筋。烧造工艺比定窑略粗，多采用支钉叠烧，器里有支钉痕，也有砂粒垫烧（图25、图26）。

11．崇州窑天福窑址

窑址位于崇州市公议镇天冬堰村，隋唐时期窑址。采集的标本以青釉瓷为主，亦有白釉器。造型有高足盘、碗、盘、杯、碟、罐等。器物多厚胎，胎质较粗，施釉薄，釉色青绿，外壁半截釉。厚胎青釉浅碗等具有早期青瓷特征。标本中见有器外饰连珠纹装饰。碗、盘类器多支钉叠烧，支钉痕宽大，窑具标本中的支钉器有五齿或六齿的两种，制作较为精细（图27—图29）。

三、对成都地区古陶瓷生产面貌的初步认识

多年来，故宫博物院的专家学者曾多次赴成都地区进行窑址调查，除2015年、2020年两次调查增加的13处窑址标本资料外，故宫博物院还藏有早期窑址调查积累的如青羊宫窑、琉璃厂窑、十方堂窑、灌县窑、郫县窑等成都地区的窑址资料。较为丰富的窑址标本，结合考察地方文博机构藏品及研究、交流取得的业务收获，我们对成都地区的古陶瓷发展脉络、窑场分布、产品特征等方面有了进一步的认识。

从窑址调查、传世及考古发掘资料来看，成都地区的古陶瓷烧造始于南朝，隋代到唐早中期有所发展，晚唐、五代、两宋时期烧造兴盛，宋末元初衰落，个别窑场延烧到元代。迄今这一地区发现的古瓷窑址20余处，主要分布于锦江、双流、新津、郫都、邛崃、都江堰、崇州、彭州、大邑等区市县境内，是四川地区窑场分布最为密集，制瓷业普遍出现较早，延续烧造时间最长，烧造规模最大，影响也最为显著的地区。

窑址调查发现的成都地区早期瓷窑主要有青羊宫窑、横山子窑、瓦窑山窑、十方堂窑、大渔村窑、尖山子窑、天福窑、白云渡窑、邓双窑、应天寺窑等。始烧时间个别早至南朝，多为隋唐之际。在产品特征上，这些窑场隋代至唐代中期的产品相似性明显，均以烧造青釉为主，有的还兼烧黑釉、酱釉等品种，采集的标本中有一类釉

图 27　崇州窑天福窑址标本
故宫博物院藏

图 28　崇州窑天福窑址标本
故宫博物院藏

图 29　崇州窑天福窑址标本
故宫博物院藏

色较白的器物，造型有碗、杯、高足盘等。胎色灰白，施化妆土，外施釉不到底，釉色白中泛黄，这种釉色在四川地区窑场中比较常见，当地有学者也称其为"青釉"。这一时期的产品造型多为各式碗、盘、罐、瓶、壶、炉等生活用器，胎体普遍厚重，胎质较粗，多施化妆土，釉层较薄，釉面与胎的结合不紧密，外壁施釉不到底。多素面，隋代流行的点褐彩连珠纹装饰在横山子窑、新津邓双窑、崇州天福窑的标本中都有发现。碗、盘等平底或饼形足，足底常内凹。窑炉形制有龙窑和馒头窑，基本采用裸烧法烧成，碗、盘类器支钉叠烧，器里多见粗大的支钉痕，窑具标本中也常见环形或垫饼形五齿、六齿支钉。

晚唐、五代至两宋时期是成都地区制瓷业发展的兴盛期，早期的一些窑场如邛崃大渔村窑、邛崃尖山子窑、邛崃瓦窑山窑、崇州天福窑、新津白云渡窑、新津邓双窑等相继停烧，邛崃十方堂窑逐渐成为这一时期的中心窑场。琉璃厂窑、玉堂窑、金凤窑、瓦岗坝窑、彭州磁峰窑等则在两宋时期生产最为鼎盛。概括而言，我们可以把成都地区这一时期的瓷窑大致划分为生产邛崃窑类型瓷器、生产黑釉瓷和生产白釉瓷为主的三个瓷窑体系。其中生产邛崃窑类型瓷器的窑场以邛崃十方堂窑为代表，烧造规模大，品种丰富，装饰精美，产品质量高，产品分布也比较广，而琉璃厂窑和玉堂窑则是另两个以烧造邛崃窑类型瓷器为主的窑场。这几个窑场在烧造品种、器物造型、胎釉、装饰、烧造工艺特征上既有较强的相似性，也有各自的一些特点。如邛崃窑产品中比较有特色的灯盏、省油灯等其他两个窑场也有生产，产品特征也十分相似。又如玉堂窑宋代大量生产的乳浊釉（绿釉）产品与邛崃窑同类产品之间在造型、釉色和产品质量等方面也几乎毫不逊色。总体看，琉璃厂窑的邛崃窑类型产品在质量上与十方堂窑产品相比略粗，出土的彩绘瓷烧成温度多低于邛崃窑，胎体泛红，而宋代生产的作为茶器用的壶、罐出土很多，远比十方堂窑丰富。玉堂窑则在大量生产邛崃窑类型瓷器的同时，黑釉或黑褐釉的茶盏、碗、瓶、罐等也多有生产。三个瓷窑发现的窑炉形式有龙窑和馒头窑，装烧工艺有支钉间隔裸烧、匣钵装烧和垫砂支烧，精者一匣一器装烧，也有一匣多器叠烧，还有大小器物套烧，支钉普遍比前代瓷窑的支钉细小，为四、五、六齿不等，其中邛崃窑仅采用支钉叠烧或垫烧，未采用垫砂支烧工艺，而其他两个窑场宋代产品多用垫砂支烧法是其特点。

黑釉瓷是成都地区瓷窑生产的传统品种之一，出现于南朝至隋代，盛烧于两宋至元代。调查发现专烧或主烧黑釉的窑场以金凤窑、瓦岗坝窑等为代表。产品造型有瓶、罐、洗、壶、炉、盒、碗、盏等，以黑瓷茶盏最为突出，其中金凤窑的一类黑釉盏，器形大而深，内有水线，水线距口沿较宽，窑口特点鲜明。釉色有黑、褐、黑褐、兔毫、油滴、窑变、玳瑁等釉。外壁施釉不到底。因使用本地胎土，胎质较硬，胎内多含沙粒。底足有饼形足、浅圈足、内凹底等形式。窑炉形式多为馒头窑，支烧方式常见垫砂叠烧。

成都地区白瓷烧造历史可以追溯到唐代，即杜甫《又于韦处乞大邑瓷碗》诗中所云之"大邑白瓷"，但其窑址迄今尚未发现。目前已知成都地区烧造的白瓷多为宋代产品，其中兼烧白瓷的窑场有琉璃厂窑、十方堂窑、金凤窑、玉堂窑、瓦岗坝窑等；而彭州磁峰窑则是成都乃至四川地区罕见的以烧造白瓷为主的窑场，其产品质量较高。磁峰窑白瓷胎质细腻坚致，胎体轻薄，胎色灰白，施化妆土。里外满釉，釉面莹润，多无开片，釉色多白中略泛牙黄。装饰方法为刻划花或印花，纹样题材以各式花卉纹为主。有些器物的造型、装饰与定窑相似，如分格布局纹饰与金代定窑纹饰相同，仿定窑的特征十分明显。烧造工艺总体比定窑略粗，装烧有支钉叠烧，器里有五个圆形或长形的支钉痕，也采用石英砂隔垫正烧法，器物底心内外常见沙粒，无芒口。

四、结语

通过两次赴成都及其所在川渝地区进行的窑址调查，我们对成都地区的古陶瓷发展脉络、窑场分布、产品特征等方面有了相对较全面和深入的认识。两次调查共采集了成都市及其下辖县市境内的 11 处古陶瓷窑址标本，并且获得了地方文博单位赠送的部分窑址标本资料，不仅充实了故宫博物院的古陶瓷窑址标本库，也为故宫博物院今后的古陶瓷研究和出版工作提供了新的资料。

眉山地区唐宋时期窑具使用初探

黄一汀

（四川省文物考古研究院）

摘要：眉山地区作为成都以南岷江流域的窑区之一，其中的彭山窑区、洪雅瓦子坡窑、青神坛罐窑在唐宋时期形成先后时间序列，为研究该区域唐宋时期窑具组合与使用提供条件。目前看来，该窑区明火裸烧自隋至宋一直存在，匣钵装烧出现于南宋中期以后。多齿支钉+垫柱+垫盘（+匣钵）是该地区最常见的窑具组合，其中部分窑具有时代变化，以多齿支钉最为明显。总体而言，眉山地区唐宋时期窑具面貌与成都窑区相似，但种类略少，而保留在这种周边次一级地方窑场中的窑具组合，可能是该窑业技术系统中最基础、最易于传播的部分。

关键词：眉山　唐宋　窑具

2022 至 2024 年，借助基本建设考古项目、第四次文物普查等机会，四川省文物考古研究院对眉山地区彭山区、洪雅县、青神县重要窑址进行调查，采集诸多标本，对其中窑具标本进行整理，以作为了解成都以南岷江流域窑业生产技术系统面貌的一部分材料。从窑址产品年代可知，彭山窑区生产年代为隋至五代（部分可晚至北宋初），洪雅瓦子坡窑址生产年代为北宋中晚期至南宋，青神坛罐窑生产年代以南宋至元为主[1]。三个窑区在时间上形成序列，虽暂时无法说明其在产品生产上有无先后承继的关联，但至少可以借此观察窑具使用组合的变迁。

一、眉山地区出土窑具

（一）彭山窑区

彭山区位于整个眉山市域北部，北靠成都。南河、府河两条河流分别在彭山境内江口镇处合流汇为岷江，彭山窑区即位于江口以北的南河、府河之间。彭山窑区分为彭山陶窑遗址、武阳窑两个片区，均为省级文保单位，其中彭山陶窑包含上瓦子堆、中瓦子堆、下

1　黄一汀：《四川省眉山市窑业资源调查初步成果及认识》，《广元窑与川渝窑业》，科学出版社，2023 年。

图1 彭山窑区喇叭形垫柱

图2 彭山窑区实心垫柱（圆）

图3 彭山窑区实心垫柱（方）

图4 彭山窑区多齿垫柱

图5 彭山窑区垫盘

图6 彭山窑区C形垫圈

瓦子堆三处，武阳城窑址包含东窑包、西窑包两处。2024年5月，四川省文物考古研究院窑业遗址调查队对彭山窑区进行调查，按照单位采集遗物，基本可以确定该窑区生产主体年代为唐代，武阳窑上限能早至隋。彭山窑区未发现匣钵，暂无装烧具信息。

1. 支烧具

彭山窑区的支烧器具包括垫柱、垫盘、C形垫圈（图1—图6）。

（1）垫柱

有喇叭形垫柱、实心垫柱、多齿垫柱三种。

喇叭形垫柱：上小底大，直径约8厘米，高约10—16厘米，柱身有拉坯制作痕迹。部分标本顶部有粘连，但粘连部位不可辨。

实心垫柱：耐火土制成，为实心圆柱或方柱状，径约8厘米，高约12—15厘米。未见完整器，均有不同程度破损。

多齿垫柱：发现数量极少，中空直壁筒形，顶面为环状，底部分为六齿，腹壁开有四孔。直径约15厘米，高约10厘米。

（2）垫盘

均为圆环形，直径约20—25厘米，穿部占比大小不一，但普遍大于下述另外两个窑

图7 彭山窑区支钉标本1

图8 彭山窑区支钉标本2

图9 彭山窑区支钉标本3

图10 彭山窑区支钉标本4

图11 彭山窑区支钉标本5

图12 彭山窑区支钉标本6

图13 彭山窑区支钉标本7

区的厚重型垫盘，厚约1—2厘米。

（3）C形垫圈

C形泥条，捏制粗糙，直径约7厘米，厚约2—3厘米，应为与垫柱搭配、找平窑位所用。

2. 间隔具

彭山窑区间隔具以大小、形制不一的多齿支钉为主，其中绝大多数为五齿支钉，仅见个别六齿、七齿，且支钉的高矮变化、齿部占器身比的大小变化也反映了时代特征。此处以7件支钉标本为代表（图7—图13）。

支钉标本1：斜直腹，上径约4厘米，上平面为环状，下部分五齿，下径2.5—3厘米，高约5厘米，齿高约1厘米。

支钉标本2：上腹斜折，下腹直，上径约5厘米，上平面为环状，下部分五齿，下径3厘米，高约4厘米，齿高约1厘米。

支钉标本3：上腹斜折，下腹直，上径约4—5厘米，上平面为环状，下部分五齿，下径 3—3.5 厘米，高约 3.5 厘米，齿高约 1.5 厘米。

支钉标本 4：腹直略束，上径约 5.5 厘米，上平面为环状，下部分五齿，下径 3—4 厘米，高约 4 厘米，齿高约 2 厘米。

支钉标本 5：无腹，直径约 7 厘米，为环状，下部分五齿，高约 2 厘米，齿高约 1.5—2 厘米。

支钉标本 6：无腹，直径约 7 厘米，为环状，下部分七齿，高约 2 厘米，齿高约 1.5—2 厘米。

支钉标本 7：无腹，直径约 4.5 厘米，为环状，下部分五齿，高约 1 厘米，齿高约 1 厘米。

（二）洪雅瓦子坡窑

瓦子坡窑址位于眉山市洪雅县将军镇阳坪村，属青衣江流域，距青衣江约 1.4 公里。2022 年初，四川省文物考古研究院联合洪雅县文物保护中心在基建项目红线范围内进行调查勘探与小范围试掘，划定窑业堆积核心区主要分布于其南部河沟的二、三级台地斜坡，堆积厚度达 1 米以上，整体遗址面积为 7000 平方米左右。2022 年调查试掘出土了种类较多的窑具，包括装烧具、支烧具、间隔具。

1. 装烧具

瓦子坡窑址调查范围内仅发现 3 件匣钵（图 14），均为筒形匣钵，直口方唇，直腹，平底微凹，直径约 10—13 厘米，高 6—10 厘米，部分标本口部略小于底部。

2. 支烧具

瓦子坡窑支烧具主要包括垫柱及垫盘。

（1）垫柱

总体分为喇叭形与亚腰形两种，其内又各自因腹部形态、器身高矮细分（图 15—图 17）。

喇叭形：顶面有孔，底面为平底，腹部为斜直腹或垂腹，以前者为多。顶面直径约 5—7 厘米，底面直径约 9—10 厘米，高约 9—11 厘米。常见外壁有竹节状旋坯痕迹，外底面有同心弦纹状旋坯痕迹，边缘粗糙有捏制痕迹。部分标本上粘连五齿支钉（五齿朝上），支钉垫柱之间有一垫饼间隔，填进垫柱顶面孔中。少量标本外底粘附有朱砂色泥状物。

亚腰形：分为柱身较高与柱身短矮两种。柱身较高者顶面有孔，底面为平底，底径约 9.5 厘米，高约 9 厘米，外壁有竹节状轮制痕迹。柱身短矮者近底部折收，顶面有孔，底面为平面或有孔，上下直径约 7—9 厘米，高约 3—5 厘米。

（2）垫盘

分为厚与薄两种（图 18、图 19）。

厚垫盘：盘体厚大，玉璧状，圆盘厚，中有小孔，一面有同心圆纹状旋坯痕迹，部分在边缘见垫饼粘连，直径约 20 厘米，穿部孔径约 2—3 厘米，厚 1.5—2 厘米。

薄垫盘：圆盘较薄，中有小孔，孔部边缘稍凸，直径约 20 厘米，穿部孔径约 2—3 厘米，厚 0.8 厘米。

图 14　瓦子坡窑匣钵

图 15　瓦子坡窑喇叭形垫柱

图 16　瓦子坡窑亚腰形高垫柱

图 17　瓦子坡窑亚腰形矮垫柱

图 18　瓦子坡窑厚垫盘

图 19　瓦子坡窑薄垫盘

3. 间隔具

（1）多齿支钉（图20、图21）

多为五齿支钉，仅见1件六齿支钉，底面均中空成环状。六齿支钉齿端平，平面边缘残留一圈叠烧痕。外径6.1厘米，内径2.6厘米，高1.3厘米。五齿支钉中按照尺寸大小可分为两类，尺寸较小者直径6—8厘米，高1.5—3厘米；尺寸较大者直径约11厘米，高2—3厘米。

（2）垫饼（图22、图23）

根据形态差异分为2类。

平面饼状：总体圆形，边缘形状不规则，直径约5厘米，

图 20　瓦子坡窑五齿支钉

图 21　瓦子坡窑六齿支钉

图 22　瓦子坡窑泥质垫饼（圆形）

图 23　瓦子坡窑泥质垫饼（纽状）

厚约0.8厘米，部分一面中部微
凸，为承载器足后所留痕迹。

圆形钮状：总体圆形，边缘
形状不规则，多有捏制痕迹，直
径约4厘米，厚约1.8厘米。

图24　青神坛罐窑匣钵

图25　青神坛罐窑匣钵盖

（三）青神坛罐窑

青神县坛罐窑群西距岷江
100—700 米，海 拔 380—410 米
之间，所处区域基本地形为植被
茂密的缓坡丘陵，据民间传说，
坛罐窑鼎盛时期原有窑址48座，
分布范围广而集中，器物种类多
而丰富。2022 年，四川省文物
考古研究院对该窑群进行初步调
查，发现现存窑包27处，采集

图26　青神坛罐窑匣钵粘连黑釉标本

图27　青神坛罐窑匣钵粘连白釉标本

窑具包括装烧具、支烧具、间隔具，概述如下。

1. 装烧具（图24—图27）

坛罐窑是眉山地区目前所见年代最晚的古代陶瓷窑址，也是所见匣钵使用最多的一处。
匣钵由耐火土制成，以钵形为主，敛口弧腹弧底，直径15—20厘米不等，由粘连残件来看，
匣钵装烧器物以黑釉、白釉为主，该两类应为本窑场质量较高的器物，并且存在匣钵内多
件叠烧、以石英砂相间隔的做法。

窑址内也采集有大量匣钵盖，为内凹形，厚约0.5—1厘米，盖面常见大块窑汗凝结，
窑汗多有月白色窑变。

2. 支烧具（图28—图31）

坛罐窑支烧窑具包括垫柱、垫盘、垫条等，均由耐火土制成。

（1）垫柱

均中空，分为亚腰形、喇叭形两种，且根据粘连器物可见其使用方式略有不同。

亚腰形：直径约10—15厘米，高约5—10厘米，上下径相同，腰部内束成亚腰形，顶
面中空呈环状，底面为一完整平底，常见刻划制作痕迹。常见与匣钵粘连，为支垫于匣钵
底部的支具。

喇叭形：上小底大，斜直壁，呈喇叭形，上径约5厘米，下径约8—10厘米，高约
10—15厘米。顶面中空呈环状，底面为一完整平底，常见刻划制作痕迹。常见与支钉或垫

图28　青神坛罐窑亚腰形垫柱

图29　青神坛罐窑喇叭形垫柱

图30　青神坛罐窑垫盘

图31　青神坛罐窑垫条

饼粘连，不见粘连匣钵，为直接支烧器物的支具。

（2）垫盘

垫盘由耐火土制成，仅见圆形的厚重盘体，盘心中空，直径约15—20厘米，穿部小孔直径约3厘米，厚度约2—3厘米。垫盘上多见泥质垫饼残件粘连，可见两者搭配使用。此外，垫盘上常有长条状直线痕迹，疑为垫条遗留。

（3）垫条

垫条仅1种，由耐火土制成，为四棱锥状体，一端略小，所见标本均在较大的一端断裂。垫条高约10—15厘米，厚约3厘米，部分标本顶部弯曲，有垫饼粘连。

3. 间隔具（图32—图34）

青神坛罐窑器物间或器物与窑具间的间隔具主要为多齿支钉与垫饼。除人工制品外，石英砂也被广泛用作黑釉、白釉产品中的间隔材料，常在器物内底或圈足足端形成5—7堆石英砂痕迹。

（1）多齿支钉

坛罐窑多齿支钉数量庞大，支钉由耐火土制成，绝大多数为五齿，底面中空成环状，直径约5—8厘米，高度约1厘米。目前看来，坛罐窑中的多齿支钉主要运用于裸烧的青

图32　青神坛罐窑支钉叠烧标本

图33　青神坛罐窑泥质垫饼

图34　青神坛罐窑石英砂痕

釉器物，而暂不见于匣钵装烧器物中。

（2）垫饼

泥质垫饼同样多见于窑址中，由耐火土制成，直径 3—4 厘米，厚度不足 0.5 厘米，少见规整圆形，多为边缘不规则形，制作较为随意粗糙。泥质垫饼未见用于器物之间的间隔，多作为窑具之间或窑具与器物之间的间隔具，如垫柱与支钉之间、支钉与器物之间。

二、眉山唐宋时期窑具使用组合及变迁

就 2022—2024 年历次调查所见材料来看，眉山地区的彭山窑区产品年代最早，为隋至唐末五代，少见北宋产品；洪雅瓦子坡窑次之，产品年代集中在北宋中晚期至南宋；青神坛罐窑则属南宋至元代。由于三个窑区所发现窑具中，除一些仅在单个窑区出现的窑具外，支钉、垫盘、垫柱等通用窑具在形制和使用方式上均有相似性，判断其属于同一大的技术系统。于是，眉山地区三个不同时期窑区的窑具状况则反映了该片区窑业技术系统中窑具的变迁过程。

彭山窑区生产年代较早，主要采用垫柱、垫圈等支烧，多齿支钉间隔、多件器物明火叠烧的装烧方式，且存在 C 形垫圈找平窑位的做法，其窑炉很可能为龙窑。此外，该窑区支钉序列完整。洪雅瓦子坡窑装烧也应以明火叠烧为主，少量使用匣钵，也可能有极少数石英砂垫烧的情况。青神坛罐窑的装烧方式则分为两种。一为匣钵装烧，使用钵形匣钵，匣钵内单件或多件装烧，多件的器物间以石英砂间隔。匣钵底常以亚腰形垫柱垫高。该类装烧方式多见黑釉、白釉类器物，不见青釉。二为明火裸烧，以喇叭形垫柱作为支具，垫柱顶部以泥质垫饼间隔，再放以多齿支钉，以支钉间隔多件叠烧。此外还存在垫盘、垫饼与垫条的组合窑具，未发现明确的使用方式证据，但推测与明火裸烧的叠烧方式更为接近。

由此看来，眉山地区唐宋时期窑业生产中，明火裸烧自隋至宋一直存在，匣钵装烧出现于南宋中期以后，且装烧器物多为黑釉、白釉产品，最常见的青瓷器类仍以多件裸烧为主。多齿支钉＋垫柱＋垫盘（＋匣钵）是该地区最常见的窑具组合，其中，多齿支钉的时代特征最为明显，时代越晚器身越矮、齿部占比越大，高支钉多见于唐代，宋时几乎整器为齿部，无腹。支钉种类和大小的多样性也随时代推迟而降低，隋唐时期所见支钉种类比宋代面貌丰富得多，从彭山窑区的支钉标本可见一斑。垫柱总体分为喇叭形与亚腰形两种，喇叭形垫柱主要与裸烧器物配合使用，从早到晚一直存在，并为釉口覆烧类装烧方式的窑具之一。亚腰形垫柱目前仅见用于垫起匣钵，因此出现年代也在南宋。垫盘分为轻薄型与厚重型两种，前者直径大、厚度小、穿部较大，后者直径稍小、厚度大、穿部较小，前者在使用年代上应早于后者，但因垫盘使用方式不明晰，两者之间的转变时间并不明确，呈现出轻薄型逐渐被厚重型取代的趋势。

三、结语

上述窑具中，垫盘的形制变化值得注意。唐代窑址中多见的轻薄大径垫盘可能为邛窑、天福窑中出现过的伞形支具的一部分，与支柱一起构成多层装烧器物的支具。但南宋以后的厚重垫盘胎体厚实、重量较大，穿部缩小为一圆孔，应该无法穿插支柱形成伞形支具。根据其上粘连的垫饼可以推测，该类年代较晚的垫盘可能已经脱离了其伞形支烧的功能，但仍然作为单体或与其他器具相配合的支烧工具，被运用于多件器物同时装烧的情况。

总体而言，眉山地区唐宋时期窑具面貌与成都窑区较为相似，但窑具种类略少于成都地区。参照邛崃大渔村窑[2]、玉堂窑[3][4]、崇州天福窑[5]、琉璃厂窑[6]等成都地区窑口，涉及窑具组合的装烧方式基本可见仰烧裸烧、釉口覆烧、匣钵装烧、垫圈砂堆釉口覆烧、"伞形支烧"几种，窑具包含垫盘（一称"垫板"）、垫柱（一称"支柱"）、支钉、垫圈、垫条、垫片、支顶具等，其中部分支钉类型、垫圈类型、三角形垫板及支顶具在眉山各窑区内都暂无发现，说明成都以南附近地区在沿用整体技术系统的前提下，或因产品类型或质量上不够丰富，只保留了部分装烧工艺，这侧面说明，保留在周边次一级地方窑场中的窑具组合，可能也正是该窑业技术系统中最基础、最易于传播的组合。

2　成都文物考古研究所、北京大学考古文博学院、邛崃市文物保护管理所编：《四川省邛崃市大渔村窑区调查报告》，《成都考古发现 2005》，科学出版社，2007 年，第 308—337 页。

3　黄晓枫、易立、樊拓宇，等：《2007 年四川都江堰玉堂窑遗址 17 号窑包试掘简报》，《南方民族考古（第六辑）》，科学出版社，2010 年，第 409—456、485 页。

4　黄晓枫、樊拓宇、易立，等：《2007 年玉堂窑遗址六号窑包试掘简报》，《成都考古发现 2007》，科学出版社，2009 年，第 393—451 页。

5　何树全、施权新、张志伟，等：《四川崇州公议镇天福窑址考古调查简报》，《成都考古发现 2008》，科学出版社，2010 年，第 436—454、514 页。

6　成都文物考古研究院：《四川成都琉璃厂五代至明瓷窑遗址发掘简报》，《文物》2021 年第 8 期。

凉山会理窑考古调查收获及相关问题研究

李凯

（四川省文物考古研究院）

摘要： 2021—2023年，四川省文物考古研究院、会理市文物管理所对会理境内的碗厂湾窑、鹿厂窑和坛罐窑进行调查，共发现40余处遗址点，包括窑炉、道路、矿坑等各种类型；采集遗物1200余件，釉色品种包括淡青釉、青绿釉、蓝釉、铜绿釉、月白釉、灰青釉、酱釉、白釉青花、青釉青花等，初步弄清了会理窑明清以来的瓷业生产情况，并对西南青花、仿龙泉青瓷、铜绿釉瓷等技术工艺的传播情况有了新认识。

关键词： 会理窑　青花瓷　仿龙泉青瓷　铜绿釉瓷

一、会理窑概况

会理窑位于四川省凉山州会理市境内，共有碗厂湾窑、鹿厂窑、坛罐窑等窑址构成，在距离会理市区约13公里的范围内。《读史方舆纪要》载本地区"西控泸水，南环金沙，据两川之间，为冲要之地。云南扰动，北窥川蜀"[1]。会理地处川滇交界区域，自古以来便是内地与西南地区交通要地，川滇两省人员与商贸往来频繁。

从自然条件上看，会理位于横断山脉东北部的山间盆地区域，森林资源丰富，为制瓷提供了丰富的燃料资源；地质属第四系全新统地层包含黏土、泥沙、砾石及泥煤等，北部益门煤矿层延伸至此，煤层以上具备丰富的沉积性瓷土，至今仍在开采使用，临近金沙江重要支流城河，为制瓷提供了丰富水源，因此会理窑具有良好的制瓷基础。

梳理会理窑既有的文献记载与考古研究工作，清同治九年（1870年）《会理州志》卷十《物产》记载了本地货品中包括土瓷器各种、瓦器各种[2]。1982年由中国西南民族研究学会主持，西南师范学院历史系在对凉山进行民族学考察时，兼对鹿厂窑进行调查[3]。1983年魏

1　（清）顾祖禹撰，贺次君、施和金点校：《读史方舆纪要》卷七十四，中华书局，2005年。

2　（清）杨昶等修，王继会等纂：《会理州志》卷十，《中国方志丛书》，华中地方第三六七号清同治九年（1870年）刊本，成文出版社，1976年，第1102页。

3　唐昌朴：《凉山州古陶瓷窑址考察记略》，《四川古陶瓷研究（二）》，四川省社会科学院出版社，1984年，第194—198页。

达议等学者又对会理鹿厂窑展开复查，发现堆积 10 处与废窑炉 3 处，判断青花始烧年代为元代甚至南宋[4]，近年来何霞等学者也对会理碗厂湾窑址展开调查，通过器物比对认为其属于云南玉溪窑体系，并且生产年代早于玉溪窑[5]。2010 年会理县文物管理所在第三次全国文物普查中对会理窑详细踏查。2012 年会理碗厂湾窑被四川省人民政府公布为第八批省级文物保护单位。

由于会理窑考古工作开展较少，使得学界对其生产年代、产品面貌以及技术体系等了解不清，2021—2023 年，四川省文物考古研究院、会理市文物管理所对会理境内的碗厂湾窑、鹿厂窑和坛罐窑进行调查，共发现 40 余处遗址点，包括窑炉、道路、矿坑等各种类型；采集遗物 1200 余件，釉色品种包括淡青釉、青绿釉、蓝釉、铜绿釉、月白釉、灰青釉、酱釉、白釉青花、青釉青花等，初步弄清了会理窑明清以来的瓷业生产情况，并对西南青花、仿龙泉青瓷、铜绿釉瓷等釉色工艺的传播情况有了新认识。

二、会理窑调查收获

（一）碗厂湾窑

碗厂湾窑位于凉山彝族自治州会理市城北街道石厂村四组。调查共发现 31 处遗址点，其中窑址 7 处，采集点与堆积点 24 处，共采集 886 件陶瓷器及窑具残片，釉色品种包括青釉青花、淡青釉、酱釉、青绿釉、素胎、陶器、外酱釉内淡青釉、外淡青内蓝釉等。器型有碗、盘、盏、高足杯、杯、碟、瓶、壶、罐、盆、炉、器盖、器座、研钵、垫柱等。

青釉青花瓷为本次调查中发现的主要釉色品种，器型以碗、盘为主，辅以部分盆、罐等大型盛储器，另有炉、瓶、器座等精制高档产品；图案包括缠枝花、团花、束莲、莲瓣、牡丹、菊花、蕉叶、卷草、草叶、回纹、菱格、排点、水波等纹饰及"福""寿"等文字；青花发色普遍偏灰暗，有晕散现象，料厚处颜色灰黑。淡青釉瓷在本次调查中同样发现较多，器型以碗、盘为主，在内外底均可见支钉或支钉痕；装饰以印花为主，有团花、菊花、牡丹、菊瓣、折枝花卉、双鱼等，部分高档产品或采用花口装饰，或模仿簋、鼎等仿古造型，或采用贴塑、开光等工艺。酱釉瓷器型以盆、罐、壶、香炉等大型器皿为主，另有部分碗、碟、研钵等日用器（图1、图2）。

在装烧工艺上，碗厂湾窑主要使用明火叠烧，以多种形制的垫柱进行支撑，用以生产不同种类器物；部分大型盆、罐类器物，则采用多件叠烧及对口套烧的方式，最大限度利用窑内空间；在高足杯内底发现的匣钵粘连痕，说明碗厂湾窑在烧造部分特殊造型及用途

4 魏达议、罗明遥、吴时敏：《论会理元代青花瓷窑》，《四川古陶瓷研究（二）》，四川省社会科学院出版社，第 198—211 页。

5 何霞：《四川会理古陶瓷窑口归属的分析》，《四川地方窑研究论文选》，巴蜀书社，2015 年，第 481—484 页。

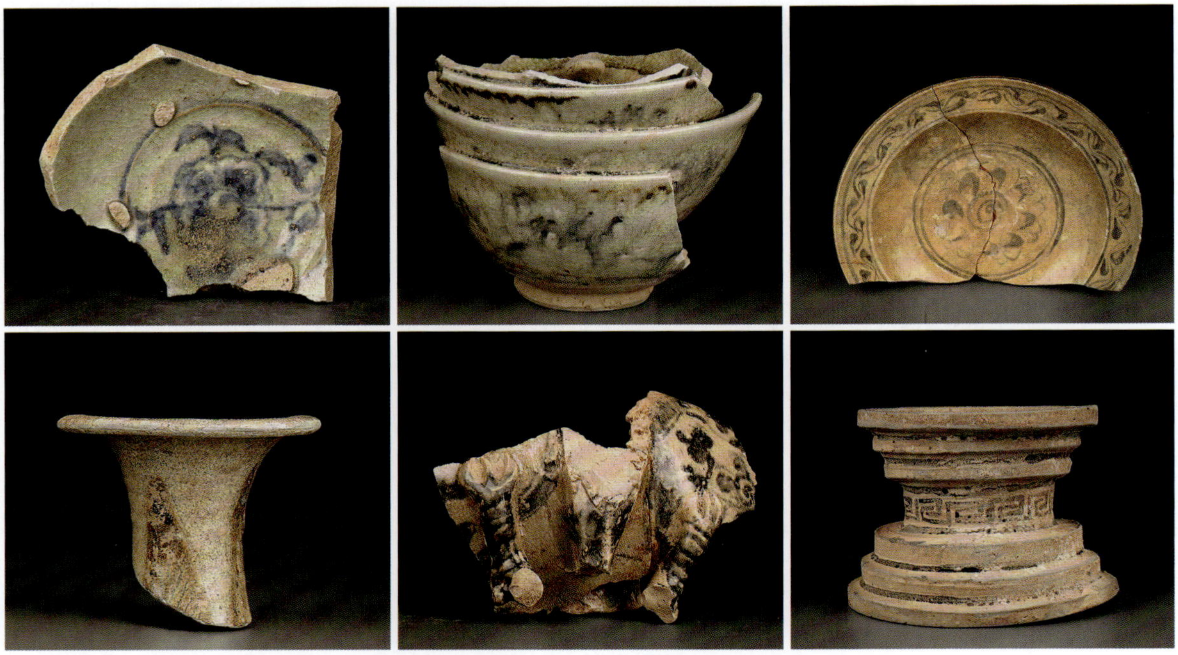

图1 碗厂湾窑青釉青花瓷

图2 碗厂湾窑淡青釉瓷

产品时，可能使用了匣钵装烧。值得注意的是，在垫柱外壁发现了不同种类的刻划、模印纹饰，既有有别于汉字的字符，也有书写潦草的方位、大小、数字、姓氏等汉字，也有方形篆书印、琵琶形画押、简笔符号、刻划草叶纹等各种类型图案。说明了碗厂湾窑窑工来

图 3　碗厂湾窑垫柱

源复杂，联系到本地明清时期汉族与彝、傣、蒙、回等少数民族聚居[6]，可能有多民族共同从事窑业生产（图3）。

生产年代上，青釉青花碗 2023HSWS16c2：1 与老牛礁厂 1 次 51.22 青花碗内底纹饰类似，年代为弘治、正德时期[7]。青釉青花盘 2023HSWS06y2：6 与湖田窑青花菱口盘 96BT2 ② A：1 造型一致，年代为正德至嘉靖早期[8]。青釉青花喇叭口长颈瓶 2023HSWS13c1：1，与大理大丰乐青釉瓶 M791：1 造型类似，年代为明中期[9]。综上所述，碗厂湾窑生产年代集中于明代中期正德、嘉靖时期，约 16 世纪前半叶。

（二）鹿厂窑

会理鹿厂窑位于四川省西南部的凉山彝族自治州会理市鹿厂镇，北距会理市区约 15 公里。调查共发现 12 处遗址点，其中窑炉 3 处，矿坑 1 处，共采集标本 308 件，釉色品种包括铜绿釉、青绿釉、月白釉、青釉青花瓷、白釉青花瓷等，器型有碗、盘、碟、杯、壶、罐、盆、水盂、器盖、勺、烛台等。

6　四川省会理县志编纂委员会：《会理县志》，四川辞书出版社，1994 年，第 300—305 页。

7　中国国家博物馆、福建博物院、福州市文物考古工作队，等：《福建沿海水下考古调查报告 (1989—2010)》，文物出版社，2017 年，第 80 页。

8　江西省文物考古研究所、景德镇民窑博物馆：《景德镇湖田窑址 1988—1999 年考古发掘报告》，文物出版社，2007 年，第 364 页。

9　云南省文物考古研究所、大理市博物馆：《大理大丰乐》，云南科技出版社，2002 年，第 30 页。

图4　鹿厂窑铜绿釉瓷

图5　鹿厂窑月白釉瓷

　　铜绿釉瓷是鹿厂窑特色产品，釉色呈铜绿色，釉质乳浊不透明，釉面有气泡及杂质，釉层略厚，内外壁均施釉及下腹，常见流釉现象；部分器物采用青花、褐彩及点彩装饰。内底常见叠烧痕迹。月白釉瓷是一类与铜绿釉瓷共同生产的乳浊釉性质的釉色品种，釉色呈月白色，釉质乳浊不透明，釉面包含较多气泡及杂质，有剥釉、生烧、过烧等现象，内外壁均施釉不及底，施釉不均，有流釉现象；装饰常见铜绿釉与褐釉点彩、褐彩、青花装饰。白釉青花瓷釉色白中略泛灰，釉质透亮，釉面光洁，器物施釉均匀，多施釉及足，外底有釉，足端刮釉，内底均匀刮釉一周形成涩圈，可见叠烧痕迹；采用青花装饰，青花发色偏蓝，晕散不明显；图案包括山水渔舟、江畔春亭、山居行旅、禽鸟、灵芝、莲瓣纹等（图4—图6）。

　　调查发现的窑具有垫柱、火照、钵形匣钵、杯形匣钵等，其中垫柱数量最多，反映了鹿厂窑瓷器主要采用明火涩圈叠烧工艺装烧，少量白釉青花等高档瓷器采用匣钵单烧（图7）。

图 6 鹿厂窑白釉青花瓷

图 7 鹿厂窑素胎、窑具及叠烧标本

生产年代上，白釉青花敞口斜直腹碗 2021HLLb:24，其外壁纹饰类似于景德镇落马桥出土青花江畔春亭花口盘，属于第六期乾隆至道光年间产品[10]；内壁圆圈几何纹加禽鸟纹的装饰，见于成都下东大街遗址青花碗 T1③:39，该碗圈足内书"大清嘉庆年制"款[11]。大

10 景德镇市陶瓷考古研究所、北京大学考古文博学院、江西省文物考古研究院：《江西景德镇落马桥红光瓷厂窑址明清遗存发掘简报》，《文物》2020 年第 11 期。

11 成都文物考古研究所：《成都市下东大街遗址考古发掘报告》，《成都考古发现 2007》，科学出版社，2009 年，第 468 页。

图 8　坛罐窑瓷器及窑具

体可知鹿厂窑约在清代中晚期开始生产，约在清代晚期窑业生产达到高峰。

（三）坛罐窑

　　坛罐窑分布在城南街道海溪村后山山麓，小地名碗厂。由于居民房屋修建、高速公路建设等原因，窑址破坏较为严重，本次调查共发现窑床断面、料池遗迹及窑业堆积各 1 处。从采集的瓷片来看，产品制作较为粗糙，釉色包括淡青釉、青釉青花、灰青釉、青绿釉、酱釉、素胎等，胎体较厚重，器类包括碗、盘、壶、罐、钵、坛、缸、盆、器盖、烛台等。使用青花、拍印、贴塑、刻划等装饰技法。窑具以垫柱与垫饼为主。生产年代集中于清代中晚期（图 8）。

　　通过本次调查可知，会理窑生产自明代中期兴起直至现代窑火不绝，生产工艺技术源远流长。会理窑生产规模巨大，生产专门化程度高，成为川滇蜀道上的重要商品。

三、会理窑相关问题研究

　　此次调查对于会理窑的生产面貌有了基本认识。相较于四川其他窑址，会理窑的青花瓷、仿龙泉青瓷与铜绿釉瓷特点突出，风格独特；对比周边地区窑址，具有明显接受外来技术工艺的现象。以下将针对这三种釉色品种反映的窑业技术交流问题展开分析。

1. 青花瓷

会理窑的青花瓷大体可以分为两类：一类是碗厂湾窑生产的青釉青花；一类是鹿厂窑生产的白釉青花。

关于会理窑青釉青花瓷的生产年代，梳理既有考古资料中对鹿厂窑的年代判断，调查者多认为鹿厂窑始烧年代可早至宋代，并在元代生产青花瓷，烧造持续至近现代。出现这样的认识，主要是由于会理窑的调查工作始于 20 世纪 80 年代，在此之前学界认为云南青花的始烧年代为元代，因此出土青釉青花的碗厂湾窑，由于其地域更靠近内地，因此被认为烧造时间早于云南。但是随着学界对西南窑业认识的逐渐深入，特别是 2020 年云南建水窑的调查发掘，获取了明确基于地层的器物发展序列，证明了云南青花创烧于明代而非元代[12]。

与云南青花相比，如 2020 年发掘的建水窑，碗厂湾窑生产年代晚于建水窑，并在釉色、器型、装饰及装烧工艺上都较为简略，以往有学者认为景德镇瓷器，可能是通过姚嶲路经会理入滇，进而在工艺上影响到了云南制瓷业[13]。但目前无论从碗厂湾窑及马鞍桥、河头地、河东田等周边遗址[14]发现来看，都尚未发现早于明初的青花瓷器。由此说明云南所见景德镇青花瓷及云南青花瓷工艺，可能另有主要来源途径。

会理窑白釉青花瓷的生产年代为清代晚期。清代特别是清中晚期以后，漳州、德化等沿海，以及唐山、醴陵等内陆地区民窑青花窑址相继涌现，改变了原本景德镇一家独大的局面，奠定了近现代瓷业生产格局。同时期西南地区各大窑址也开始生产白釉青花瓷器，代表性窑址包括丽江永胜窑、曲靖潦浒窑、玉溪研和窑等[15]。鹿厂窑生产的白釉青花瓷，与上述西南地区窑址接近，应属于同一技术体系。作为这一时期四川地区代表性民窑青花窑场，对鹿厂窑的考古研究工作，为了解清代瓷业格局在西南地区的变化提供了新资料。

1903 年在清末新政推行之下，四川省设立劝工总局，派遣学生前往内地瓷业学堂学习新式窑业知识，兴办泸州川瓷公司，此后在彭州、乐山、威远等地涌现出众多近代瓷厂，推动四川制瓷业进入近代工业化阶段[16]。鹿厂窑也在此过程中迎来发展，新式技师的到来，使得传统制瓷工艺得以改进，产品质量显著提高[17]。本次调查中发现的部分白釉青花在工艺上有明显提高，在胎釉成分上，与传统青釉、白釉青花有明显区别，器类造型上更加丰富，

---

12 戴宗品、王筱昕等：《云南青花何时创烧？建水窑址首次发掘揭示红河流域制瓷技术体系的整体面貌》，"文博中国"微信号，2020 年 12 月 17 日。

13 葛继芳：《景德镇瓷器在云南及其影响》，《景德镇陶瓷》1992 年第 2 期。

14 会理新安傣族乡马鞍桥、河东田、河头地等遗址为乌东德水库抢救性发掘所见，临近金沙江，地处川滇两省交界，出土大量明清时期瓷器，目前资料由四川省文物考古研究院整理。

15 吴白雨：《云南青花瓷的工艺与绘画研究》，云南科技出版社，2015 年。

16 殷红：《试烧瓷与清末四川窑业试验场》，《中国国家博物馆馆刊》2018 年第 6 期。

17 会理县二轻工业局：《会理县二轻工业志（1911—1989）》，内部资料，1992 年，第 199 页。

青花绘制图案更加多样，笔法更加纯熟，且瓷质钵形匣钵的发现，更是引入近代陶瓷烧成工艺的重要证据。因此鹿厂窑近代瓷业遗存的发现，反映了四川近代制瓷业的转型以及清末新政下实业发展浪潮，未来可进一步丰富材料，结合文献档案深入揭示。

2. 仿龙泉青瓷

碗厂湾窑是目前四川地区仅见的仿龙泉青瓷产地，部分碗、盘、碟、器座等器型及双鱼纹、折枝花卉等印花装饰有明显龙泉窑特点，但其制作工艺相对简单，仅是对龙泉青瓷外观的粗制模仿，尚未深层次接收龙泉窑胎釉及装烧工艺，仍使用明火裸烧加支钉叠烧的装烧方式，仅部分高档产品可能使用了匣钵。考虑到同时期云南玉溪窑、建水窑，甚至远在越南朱豆窑、泰国宋加洛窑、加隆窑等也在生产同类产品。因此可以推知会理窑与我国西南地区瓷业连成一片，同属于"大航海时代"下环南中国海地区瓷器生产中心。其仿龙泉技术传播方式并非从龙泉到会理的线性传播，更可能是与青釉青花瓷一样，都是西南地区瓷业共同崛起的结果。

3. 铜绿釉瓷

以往调查者认为鹿厂窑铜绿釉、月白釉彩绘瓷与唐宋时期邛崃、琉璃厂窑存在技术传承，因此烧造时间应与邛崃窑、琉璃厂窑相近。但通过前述年代判断可知，此类产品集中生产于晚清至民国，与邛窑相隔千年，不太可能存在技术传承。

鹿厂窑铜绿釉瓷同样见于云南玉溪华宁窑址。民国时期石璋如就曾对华宁窑制瓷业进行了详细记录[18]，通过对两地的比较，可以对鹿厂窑制瓷工艺有更加深入的认识。从烧造工艺上看，华宁窑采用阶级窑炉，并且直至现在仍有完整的柴烧阶级窑可以使用[19]。本次调查同样发现了鹿厂使用传统阶级窑生产；从釉料配方上看，民国《黎县地志资料》记载华宁窑"……瓦器原料用泥与白沙，釉用铜、铅矿、石青等为之"[20]。根据玉溪当地学者调查，铜绿釉的制作需要用泥浆土、老沙、木柴灰、铜矿粉等[21]，且村中窑户需要亲自前往周边深山开采釉料矿石[22]。本次调查发现鹿厂窑制备铜绿釉，工艺与华宁窑基本一致，都是将铜矿原料配合沉积性黏土、草木灰等共同使用；并且鹿厂窑所使用的铜矿石，多取自鹿厂镇东侧的银铜山，山上铜矿料采掘方便且品质较高，至今仍有瓷厂生产者亲自前去采掘，并且不同类型的铜矿石，用于制备不同种类的釉料。由此可知鹿厂窑铜绿釉瓷与华宁窑窑业技术基本一致。

值得注意的是，此类铜绿釉瓷也不仅仅在我国西南地区生产，在泰国的湄索也有同样

18 石璋如：《云南华宁碗窑村的窑业》，《陶瓷研究》2015 年第 2 期。

19 陈泰敏：《华宁陶历史脉络》，《陶瓷研究》2015 年第 2 期。

20 黎县劝学所：《黎县地志资料》，云南省图书馆藏民国十年（1921 年）抄本，转引自陈泰敏：《华宁陶历史脉络》，《陶瓷研究》2015 年第 2 期。

21 张志军：《云南华宁陶艺术初探》，《云南艺术学院学报》2011 年第 3 期。

22 李广：《云南华宁窑动物陶塑研究》，云南大学硕士学位论文，2019 年。

器型的铜绿釉瓷发现[23]。这提示我们可能在晚清时期，在我国西南和东南亚地区又有一次以铜绿釉瓷为代表的窑业生产高峰。通过鹿厂窑铜绿釉瓷的发现，希望学界对这一问题有所关注。

综上所述，会理窑工艺来源复杂，包括景德镇、龙泉窑、云南青花、醴陵青花等多种技术博采众长，形成自身特色。会理窑是明清时期西南地区制瓷业的典型代表，对于探究明清西南瓷业技术传播、东南亚制瓷业兴起等问题具有重要意义。会理窑为目前四川地区少见的明清民窑遗址，地处川滇交通要道，内地与西南地区制瓷工艺在此交会，并且见证了明清以来四川瓷业发展的各阶段。未来可通过进一步考古工作，通过揭示会理窑的窑业分布、产品面貌与工艺特征，将对于研究明清时期四川地区瓷业发展情况，以及西南地区窑业体系变化具有重要意义。

23　長谷部樂爾：《インドシナ半島の陶磁》，東京：瑠璃書房，1990年，図版22—24。

重庆涂山窑窑业技术源流初探

王洪领

（重庆市文物考古研究院）

摘要： 重庆涂山窑是我国西南地区宋元时期的重要民间瓷窑。分析重庆涂山窑工艺技术源流，窑炉技术应源自北方的馒头窑系统，四川地区较早受到北方窑炉技术的影响，并在北宋晚期扩展到重庆地区。装烧工具主要受到四川地区的影响，而漏斗形匣钵的工艺技术应源自江西景德镇窑和吉州窑等重要窑场。烧造的瓷器产品中，白釉瓷与四川地区较早阶段的产品间应有着一脉相承的联系，黑釉茶盏和花瓣窑变纹样等受到吉州窑影响更为明显。

关键词： 重庆涂山窑　窑业技术　窑炉技术　窑具工艺　瓷器产品

重庆涂山窑是我国西南地区宋元时期的重要民间瓷窑。早在 20 世纪 30 年代，美国传教士、汉学家、中国西华大学博物馆馆长葛维汉先生在重庆黄桷垭调查时就已发现，因其形制、釉色与福建建窑产品较相近，称之为"重庆的建窑遗址"[1]。20 世纪 80 年代以来，重庆市博物馆、重庆市文物考古研究院（原重庆市文化遗产研究院）等单位做了大量的考古工作，先后在南岸、巴南、荣昌、合川、铜梁、九龙坡等地，发现了众多与黄桷垭相类似的瓷窑遗址，学术界称之为涂山窑[2]、建窑系涂山窑类型[3]、涂山窑系[4]。

关于重庆涂山窑的窑业技术，以往研究者多是从瓷器产品的角度，认为其与福建建窑关系密切[5]；也有研究者从窑炉结构分析，认为其窑炉技术来自北方馒头窑系统[6]，这些研究为我们深入探讨重庆涂山窑的窑业技术源流提供了重要参考。需要指出的是，窑业技术的

1　David C. Graham. *Chien Yao Kiln Sit Near Chungking Szechwan*. West China Border Research Society, 1938(10):193.

2　重庆市文物考古所：《重庆涂山窑》，科学出版社，2006 年，第 389 页。

3　林必忠、李大地：《重庆涂山窑的几点认识》，《四川文物》2007 年第 6 期。

4　陈丽琼：《三峡与中国瓷器》，重庆出版社，2010 年，第 106 页。

5　陈丽琼：《三峡与中国瓷器》，重庆出版社，2010 年，第 99 页；林必忠、李大地：《重庆涂山窑的几点认识》，《四川文物》2007 年第 6 期。

6　熊海棠：《东亚窑业技术发展与交流史研究》，南京大学出版社，1995 年，第 15 页；颜劲松：《唐宋时期四川馒头窑及其装烧技术的探讨》，《成都考古发现（一）》，科学出版社，2009 年，第 542—554 页。

产生、发展不仅与当地所处的自然环境、人文环境和技术传统等因素有着重要联系，还与不同地区间窑业技术的传播与交流密不可分。因此，全面分析重庆涂山窑的窑业技术渊源，应充分考虑到影响窑业发展的内外不同动因，这对于探讨其窑业技术特点，深刻认识重庆地区制瓷业发展状况具有重要意义。

一、重庆地区制瓷业传统

重庆地区的制瓷业最早可追溯至南北朝时期。早在 1987 年第二次全国文物普查时，调查人员在合川七间乡孙家坝村采集到一定数量的青瓷器及垫烧窑具等，采集瓷器整体看胎质较差，胎色多呈灰褐、紫红等，釉色略泛青黄，大件器物都不施满釉，无匣钵，以垫具支撑坯体间隔焙烧。采集的垫具、单泥条束腰的竖耳罐等，都带有早期青瓷的烧造特点。这应是重庆地区发现的最早制瓷业窑址之一，其年代应为南北朝时期，可能延续至唐宋[7]。

进入宋代，在丰都兴义镇至高家镇之间沿江区域，发现了为数不少的青瓷窑址，这些窑址以丰都大沙坝[8]、老院子[9]、铺子河[10]等为代表，用木柴做燃料，窑炉为利用地势坡度建造而成的龙窑，较为原始，可从当地早期龙窑身上找到其技术传承的影子[11]。其产品成品率低，质量低劣，器型单一，主要有碗、罐、执壶、碟、盆等，其形制特征与邛崃十方堂窑址[12]有一定的相似性，与涂山窑瓷器产品相差较大。两者在产品种类、燃料、窑炉结构及装烧工艺等方面的不同之处，应源自不同窑业技术背景。因此，重庆涂山窑的窑业技术应非源自本地制瓷业传统。

以往研究认为，重庆地区的黑釉瓷窑与福建建窑关系密切。分析两者的窑炉结构、产品特点，其实差别还是很大的。从窑炉结构看，前者为马蹄形半倒焰馒头窑（图1），后者为南方地区常见的龙窑，两者之间不同的窑炉结构应源自不同文

图1　南岸区酱园窑址 2003 年度揭露的馒头窑

7　重庆文物考古所、重庆文化遗产保护中心：《重庆文物考古十年》，重庆出版社，2010 年，第 134 页。

8　湖南省文物考古研究所、长沙市文物考古研究所等：《丰都大沙坝窑址发掘简报》，《重庆库区考古报告集·2001卷》，科学出版社，2007 年，第 1662—1674 页。

9　湖南省文物考古研究所、长沙市文物考古研究所等：《丰都老院子窑址发掘简报》，《重庆库区考古报告集·2001卷》，科学出版社，2007 年，第 1771—1787 页。

10　湖南省文物考古研究所、长沙市文物考古研究所等：《丰都铺子河遗址考古发掘报告》，《重庆库区考古报告集·2001卷》，科学出版社，2007 年，第 1771—1787 页。

11　罗敏：《三峡地区古代陶瓷窑炉的考古发现与窑业技术研究》，重庆师范大学硕士学位论文，2011 年。

12　陈显双、尚崇伟：《邛窑古陶瓷简论——考古发掘简报》，《邛窑古陶瓷研究》，中国科学技术大学出版社，2002 年。

化背景下的窑业技术系统。从烧造的产品看，重庆地区黑釉瓷窑除黑釉外，还发现有白瓷、仿钧釉瓷等，其中白瓷还占了很大的比重。其黑釉产品器型种类繁多，其产品应是为满足人们日常生活需要的综合性瓷窑；而福建建窑产品种类较为单一，以黑釉为大宗。器型中碗（盏）占了很大的比例，建窑更像一个为品茶、试茶服务的专门性瓷窑[13]。

二、重庆涂山窑窑业技术

涂山窑在重庆地区的兴起和发展，与所在区域优越的自然环境和充足的制瓷原料、燃料有很大关系。长江自西向东贯穿全境，境内长江支流众多，河网密布，不仅为制瓷业提供了充足的水资源，同时为涂山窑的产品运输提供了便利的交通。在瓷窑里窑址群周边发现多处露天煤矿，煤质优良，埋藏浅，易于开采；在鸦屿山南侧发现瓷土采集点3处，蕴含量大。在黄桷垭窑址群周边大小煤窑星罗棋布。从地理位置看，重庆地区地处四川盆地东部，东临两湖，西连川蜀，北部与陕西交界，特殊的地理位置和交通条件决定着与上述地区存在广泛的联系。上述分析可知，重庆涂山窑的工艺技术应非源自福建建窑和重庆本地的窑业技术。因此，应把关注重点放在四川地区及邻近的周边区域。

目前，四川地区发现年代最早的馒头窑主要见于成都青羊宫窑[14]。青羊宫窑Y3，建造年代为唐代，平面略呈等腰三角形，全长10米。烟囱呈长方形，窑床较长，平面呈前高后低的斜坡状，火膛较小，为椭圆形圜底坑，低于窑床面约0.3米（图2）。五代时期的馒头窑主要见于邛崃十方堂窑[15]。十方堂窑五号窑包Y4，为平面略呈长条形的马蹄形，烟囱呈半圆形，窑床缩短，进深约2.03米，火膛呈半月形，低于窑床0.12米，底部残存木炭残痕。到了北宋早中期，馒头窑发现较多，主要见于都江堰瓦岗坝窑[16]、彭州磁峰窑[17]，其形制结构已经与川渝地区北宋晚期以后的窑炉十分接近。如瓦岗坝窑Y8，平面呈马蹄形，长约4.4米。烟囱呈方形，窑床呈梯形，进深1.75米，火膛呈半月形，底部低于窑床面1.2米（图3）。纵观川渝地区馒头窑的发展历程，自唐代传入以来，经五代不断发展再到两宋时期，其

13 福建省博物馆、厦门大学、建阳县文化馆：《福建建阳芦花坪窑址发掘简报》，《中国古代窑址调查发掘报告集》，文物出版社，1984年；中国社会科学院考古研究所、福建省博物馆：《福建建阳县水吉北宋建窑遗址发掘简报》，《考古》1990年第12期；中国社会科学院考古研究所、福建省博物馆：《福建建阳县水吉建窑遗址1991—1992年度发掘简报》，《考古》1995年第2期。

14 四川省文管会、成都市文管处：《成都青羊宫窑址发掘简报》，《四川古陶瓷研究（二）》，四川省社会科学院出版社，1984年，第113—154页。

15 陈显双、尚崇伟：《邛窑古陶瓷简论——考古发掘简报》，《邛窑古陶瓷研究》，中国科学技术大学出版社，2002年，第128—232页；黄晓枫：《邛崃十方堂窑遗址五号窑包的建筑、窑炉遗迹》，《江汉考古》2012年第4期。

16 成都市文物考古研究所、都江堰市文物局：《都江堰市金凤乡瓦岗坝窑址发掘报告》，《成都考古发现2001》，科学出版社，2003年，第264—305页。

17 成都市文物考古研究所、彭州市博物馆：《2000年磁峰窑发掘报告》，《成都考古发现2000》，科学出版社，2002年，第167—221页。

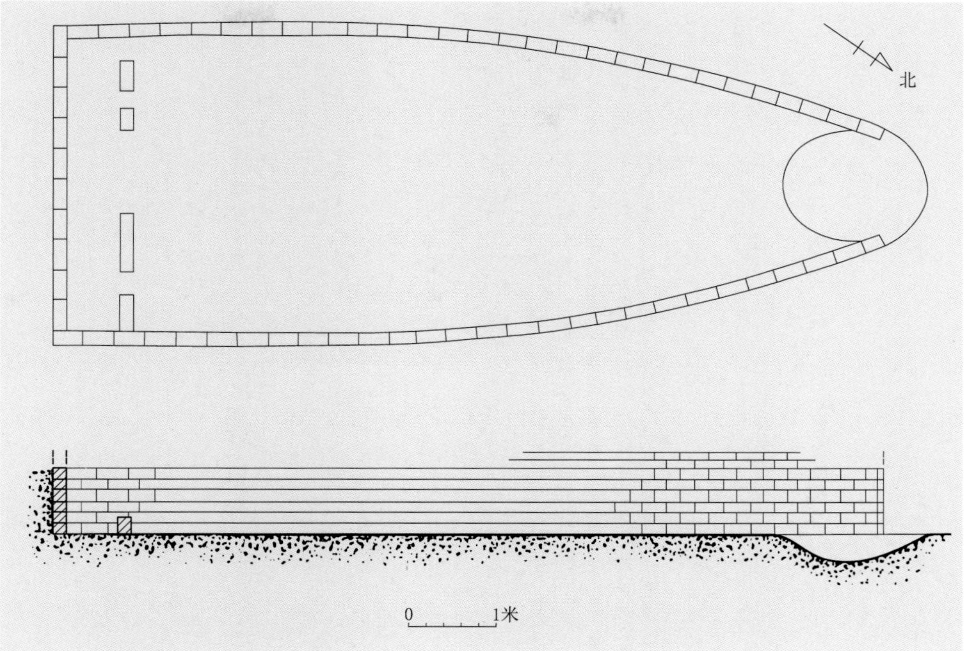

图 2　青羊宫窑 Y3 平、剖面图

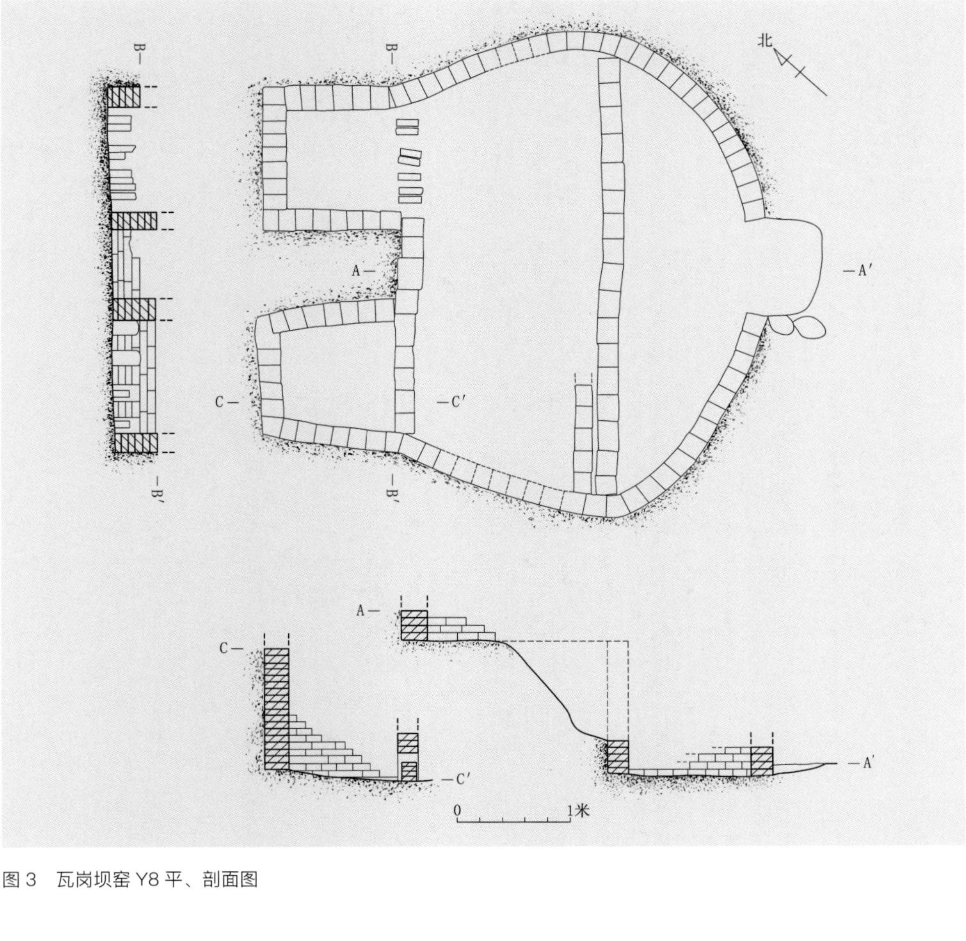

图 3　瓦岗坝窑 Y8 平、剖面图

形制变化与唐宋耀州窑[18]等北方地区基本一致。川渝地区窑炉技术应源自北方地区的馒头窑，成都青羊宫窑较早受到北方窑炉技术的影响，随着时间的推移影响范围越来越广，并于北宋晚期扩展到重庆地区，由此重庆地区逐步被纳入北方馒头窑系统。此外，从北宋晚期北方地区出现用煤作为燃料之后，便迅速在川渝地区传播开来[19]，也是重庆地区窑炉技术源自北方地区的重要例证。

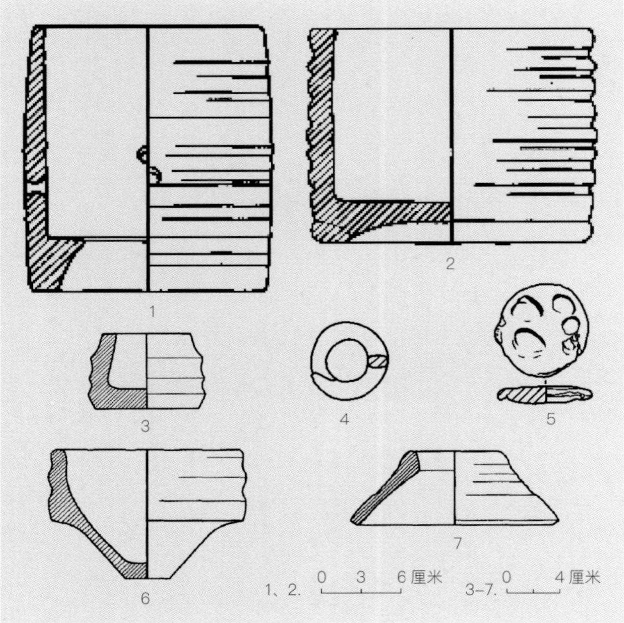

涂山窑发现的窑具主要有匣钵、垫圈、垫饼、垫托等（图4）。其中，匣钵主要分为筒形、漏斗形两类。筒形匣钵，可分为筒状平底匣钵和釉口覆烧匣钵，前者最早发现于江西丰城洪州窑东晋至南朝早期地层中[20]，湖南湘阴窑[21]和山东曲阜宋家村隋代瓷窑址[22]已较为成熟，唐代使用范围进一步扩大，全国

图4　重庆涂山窑主要窑具
1、2.筒形匣钵　3、7.垫托　4.垫圈　5.垫饼　6.漏斗形匣钵
（1、2、4、5、7出自酱园窑址；3出自小湾窑址；6出自石朝门窑址）

各主要窑场均有此类匣钵；后者直壁、内壁近底有凸棱，底部中空，在瓦岗坝窑北宋早中期就已出现，从北宋晚期以来，在磁峰窑、金凤窑[23]以及涂山窑主要窑址中均有发现。漏斗形匣钵，其形制多为上腹近直，近底部急内折收，小平底，形如漏斗。重庆地区从北宋晚期开始出现，四川地区暂未发现年代更早的漏斗形匣钵。此种形制的匣钵在唐代后期开始流行，耀州窑也有发现，不过其匣钵多为M形漏斗状匣钵，与川渝地区还是有差别的。考虑到江西地区自六朝以来包括洪州窑、景德镇窑和吉州窑等窑口的产品在重庆地区广泛存在，笔者认为涂山窑漏斗形匣钵的工艺技术可能源自江西景德镇窑和吉州窑等重要窑场。

涂山窑发现的垫圈、垫饼和钵形垫托，在邛崃固驿瓦窑山窑[24]、十方堂窑、成都琉璃厂窑[25]、

18 杜堡仁：《耀州窑的窑炉和烧成技术》，《文物》1987年第3期。

19 秦大树：《磁州窑窑炉研究及北方地区瓷窑发展的相关问题》，《考古学研究（四）》，科学出版社，2000年，第266—299页。

20 权奎山：《从洪州窑遗址出土资料看匣钵的起源》，《文化的馈赠——汉学研究国际会议论文集·考古学卷》，北京大学出版社，2000年，第199—204页。

21 周世荣：《从湘阴古窑址的发掘看岳州窑的发展变化》，《文物》1978年第1期。

22 刘百川、刘凤君、杜金鹏：《曲阜宋家村古代瓷器窑址的初步调查》，《景德镇陶瓷》1982年第2期。

23 成都市文物考古研究所、都江堰市文物局：《都江堰市金凤窑发掘报告》，《成都考古发现2000》，科学出版社，2002年，第222—287页。

24 陈显双、尚崇伟：《邛窑古陶瓷简论——考古发掘简报》，《邛窑古陶瓷研究》，中国科学技术大学出版社，2002年，第232—260页。

25 丁祖春：《成都胜利公社琉璃厂古窑》，《四川古陶瓷研究（一）》，四川省社会科学院出版社，1984年，第171—180页。

图5　南岸区小湾窑址 1985 年出土

图6　南岸区黄桷垭采集

青羊宫窑多有发现，整体看形制结构变化不大。至于涂山窑发现的倒碗形支托，虽未在四川地区更早的窑业遗存中发现，但考虑到其多与釉口覆烧匣钵配套使用，我们仍认为其应源自四川地区。

四川地区很早就有烧造白瓷的传统，其烧造历史可追溯至唐代大邑窑[26]。"大邑烧瓷轻且坚，扣如哀玉锦城传，君家白碗胜霜雪，急送茅斋也可怜"，不过目前尚未找到相关窑址。在北宋早中期，白瓷已较为多见，如磁峰窑、瓦岗坝窑等均有发现。到了北宋晚期，其范围更为广泛，重庆地区如瓷窑里、清溪窑等也开始烧制，其器型如碗、盘、碟、盏等，整体看与四川地区较早阶段的同类器形制特征相差不大，两者之间应有着一脉相承的渊源关系。川渝地区的黑釉瓷从北宋晚期才开始出现，在都江堰金凤窑、广元瓷窑铺窑[27]、乐山西坝窑[28]、达州瓷碗铺窑[29]、青神坛罐窑[30]以及重庆涂山窑各窑址中均有大量的出土。上述窑址出土的黑釉瓷中，茶盏是非常重要的瓷器类型，其数量众多，应与两宋时期各阶层皆以饮茶、斗茶为乐的社会风气有很大的关系，其黑釉茶盏也打上了建窑的印记。不过，相较福建建窑，江西吉州窑[31]对重庆涂山窑的影响更为明显。如涂山窑的茶盏主要分为侈口、敛口、弇口、敞口四种，无论形制结构还是尺寸大小，均与吉州窑非常接近。此外，木叶贴花是吉州窑非常有特色的产品，其先是在胎体上施淡黄釉，再把经过处理的落叶脉络贴在釉面上，然后在器身施上黑釉后入窑烧制而成，与小湾窑址较为独特的花瓣纹（图5、图6）无论纹样特征还是窑变机理均有相似之处。

---

26 颜劲松：《唐宋时期四川馒头窑及其装烧技术的探讨》，《成都考古发现（一）》，科学出版社，2009 年，第 542—554 页。

27 四川省文物考古研究所、广元市文物保护管理所：《广元市瓷窑铺窑址发掘简报》，《四川文物》2003 年第 3 期。

28 四川省文物考古研究院、乐山市文物考古研究所、五通桥区文物保护管理所编：《乐山西坝窑址》，文物出版社，2017 年，第 85—89 页。

29 四川省文物考古研究院、达州市通川区文化体育局、达州市通川区文物管理所：《四川达州市通川区瓷碗铺瓷窑遗址发掘简报》，《四川文物》2005 年第 4 期。

30 成都中医药大学医史博物馆：《四川青神县坛罐窑调查》，《四川文物》2009 年第 2 期。

31 江西省文物工作队、吉安县文物办公室：《江西吉州窑遗址发掘简报》，《考古》1982 年第 5 期；江西省文物考古研究所、江西省吉安县博物馆：《江西省吉安县永和堤除险加固工程发掘简报》，《南方文物》2011 年第 2 期；张文江、何江等：《吉州窑茅庵岭窑址考古的主要收获》，《中国国家博物馆馆刊》2019 年第 12 期。

三、结语

　　综上分析可知，重庆涂山窑的窑业技术，应非源自福建建窑和重庆本地窑业传统，而是受到四川、江西等地窑业技术的影响。其窑炉技术应源自北方地区的馒头窑，成都青羊宫窑较早受到北方窑炉技术的影响，历经五代、北宋早中期，并于北宋晚期扩展到重庆地区，由此重庆地区逐步被纳入北方馒头窑系统。装烧工具，如匣钵（筒状平底匣钵和釉口覆烧匣钵）、垫圈、垫饼、垫托等，主要受到四川地区的影响，而漏斗形匣钵的工艺技术应源自江西景德镇窑和吉州窑等重要窑场。烧造的瓷器产品中，白釉瓷形制特征与四川地区较早阶段的同类器相差不大，两者之间应有着一脉相承的渊源关系；黑釉茶盏和花瓣窑变纹样等受到吉州窑影响更为明显。

前后蜀国墓葬出土邛窑瓷器浅析

缪佳芮　袁胜文

（南开大学）

摘要：本文以前后蜀墓葬出土陶瓷器为基础材料，在窑口分析的基础上，探讨了墓葬出土瓷器反映的前后蜀瓷业面貌，分析了瓷器在前后蜀墓葬中的随葬特征及其原因。

关键词：前后蜀　墓葬　邛窑　瓷器

迄今为止，四川地区发掘并公布资料的唐墓，尤其是纪年墓寥寥。相比之下，已公布的五代前后蜀政权下的墓葬数量已有 20 多座，其中纪年墓、大墓 22 座，这些墓葬出土的邛窑瓷器具有一定的研究价值，但是尚未有对其系统的分析研究。当前邛窑的研究对象多为窑址出土器物及传世品，研究内容较多的集中在邛窑的烧造工艺及产品纹饰等方面。因此，本文拟对五代墓葬出土邛窑瓷器进行梳理，分析出土邛窑瓷器所反映的前后蜀瓷业面貌，以及瓷器在前后蜀国墓葬中的随葬特征。

一、前后蜀墓葬出土瓷器的种类与数量

根据目前已公布的资料，截至 2024 年，前后蜀出土陶瓷器的墓葬主要有前蜀王建墓[1]，以及有纪年的前蜀王宗侃夫妇墓[2]、前蜀晋晖墓[3]、后蜀高晖墓[4]、后蜀张虔钊墓[5]、后蜀宋琳墓[6]、海滨村后蜀广政十九年墓[7]、海滨村后蜀广政二十年墓[8]、华阳县后蜀五代墓[9]、成都双流籍田

1　冯汉骥：《前蜀王建墓发掘报告》，文物出版社，2002 年。

2　成都文物考古研究所：《成都市龙泉驿五代前蜀王宗侃夫妇墓》，《考古》2011 年第 6 期。

3　四川省文管会：《前蜀晋晖墓清理简报》，《考古》1983 年第 10 期。

4　徐鹏章：《成都北郊站东乡高晖墓清理简报》，《考古》1955 年第 6 期。

5　成都市文物管理处：《成都市东郊后蜀张虔钊墓》，《文物》1982 年第 3 期。

6　任锡光：《四川彭山后蜀宋琳墓清理简报》，《考古通讯》1958 年第 5 期。

7　成都文物考古研究院：《四川成都海滨村五代后蜀墓发掘简报》，《文物》2019 年第 7 期。

8　成都文物考古研究院：《四川成都海滨村五代后蜀墓发掘简报》，《文物》2019 年第 7 期。

9　任锡光：《华阳县后蜀五代墓》，《考古通讯》1957 年第 7 期。

竹林村后蜀双室合葬墓 [10]、永陵公园 M12 雷氏墓 [11]、后蜀李才墓 [12]、后蜀宋王赵廷隐墓 [13]，和无纪年的广汉烟堆子遗址五代墓地 [14]、成都市清江东路张家墩五代墓 [15]、成都清江路五代墓 [16]、成都西郊西窑村五代墓 [17] 共 16 座，共出土瓷器 108 件（见附表）。

其中青釉瓷器 86 件，白釉瓷器 2 件，酱釉及黑釉瓷器 20 件，青釉瓷器占出土瓷器比例的约 79.6%，白釉瓷器占比约 1.9%，酱釉和黑釉瓷器占比约 18.5%。仅前蜀晋晖墓有低温三彩釉出土。前后蜀墓葬出土的青釉瓷器，器型以罐、碗为主，此外还有炉、执壶、灯台、盘、碟、盏、盆等（图1）。釉色以青绿为主，有些釉色泛黄，甚至是近似黄色。变形、胎釉结合不好致釉层脱落、胎釉颜色不纯正等现象较为常见。

二、前后蜀墓葬出土瓷器窑口分析

从现有资料看，前后蜀墓葬出土瓷器应均为川渝地区窑口产品，确切地讲，都属于邛窑系产品。

（一）邛窑系窑址及其产品特征

学界对于邛窑的界定，历来有狭义和广义两个概念。

狭义的邛窑，指邛崃市境内，在工艺和装烧方法上存在相互借鉴与影响，产品较为相似的多处窑址的统称。经过考古调查与发掘，目前确认的七处窑址，分别是南河十方堂窑址、固驿瓦窑山窑址、白鹤大渔村窑址、西河尖山子窑址、黄鹤窑址、柴冲窑址和官庄窑址 [18]。

广义的邛窑，不仅包括邛崃市境内，也涵盖了以成都平原为中心的川西、川南地区的成都、郫都区、大邑、崇州、都江堰、金堂、双流、新津、邛崃、芦山、绵阳、江油、乐山 13 个县市 [19]。这些地区的青瓷在造型、釉色、胎质、装饰工艺等方面均较为相似，以邛崃县境内窑址烧造时间最久、产品最精良、影响力最大，故而以"邛窑"命名整个四川青

10 成都文物考古研究所、双流县文物管理所：《成都双流籍田竹林村五代后蜀双室合葬墓》，《成都考古发现 2004》科学出版社，2006 年。

11 成都文物考古研究所：《2008 年度永陵公园古遗址发掘简报》，《成都考古发现 2008》，科学出版社，2010 年，第 368—410 页。

12 龙腾、李平：《蒲江发现后蜀李才和北宋魏训买地券》，《四川文物》1990 年第 2 期。

13 王毅等：《四川后蜀宋王赵廷隐墓发掘记》，《中国社会科学报》2011 年 5 月 26 日第 8 版

14 四川省文物考古研究院：《2004 年广汉烟堆子遗址晚唐、五代墓地发掘简报》，《四川文物》2005 年第 3 期。

15 四川大学考古系：《成都市清江东路张家墩隋唐至南宋砖室墓》，《考古》2018 年第 12 期。

16 成都市文物考古研究所：《成都西郊西窑村唐宋墓葬发掘简报》，《东南文化》2003 年第 7 期。

17 成都市文物考古研究所：《成都西郊西窑村唐宋墓葬发掘简报》，《东南文化》2003 年第 7 期。

18 陈显双、尚崇伟：《邛窑古陶瓷简论——考古发掘简报》，《邛窑古陶瓷研究》，中国科学技术大学出版社，2002 年。

19 伍秋鹏：《邛窑陶瓷窑具与装烧工艺初探》，《四川文物》2005 年第 1 期。

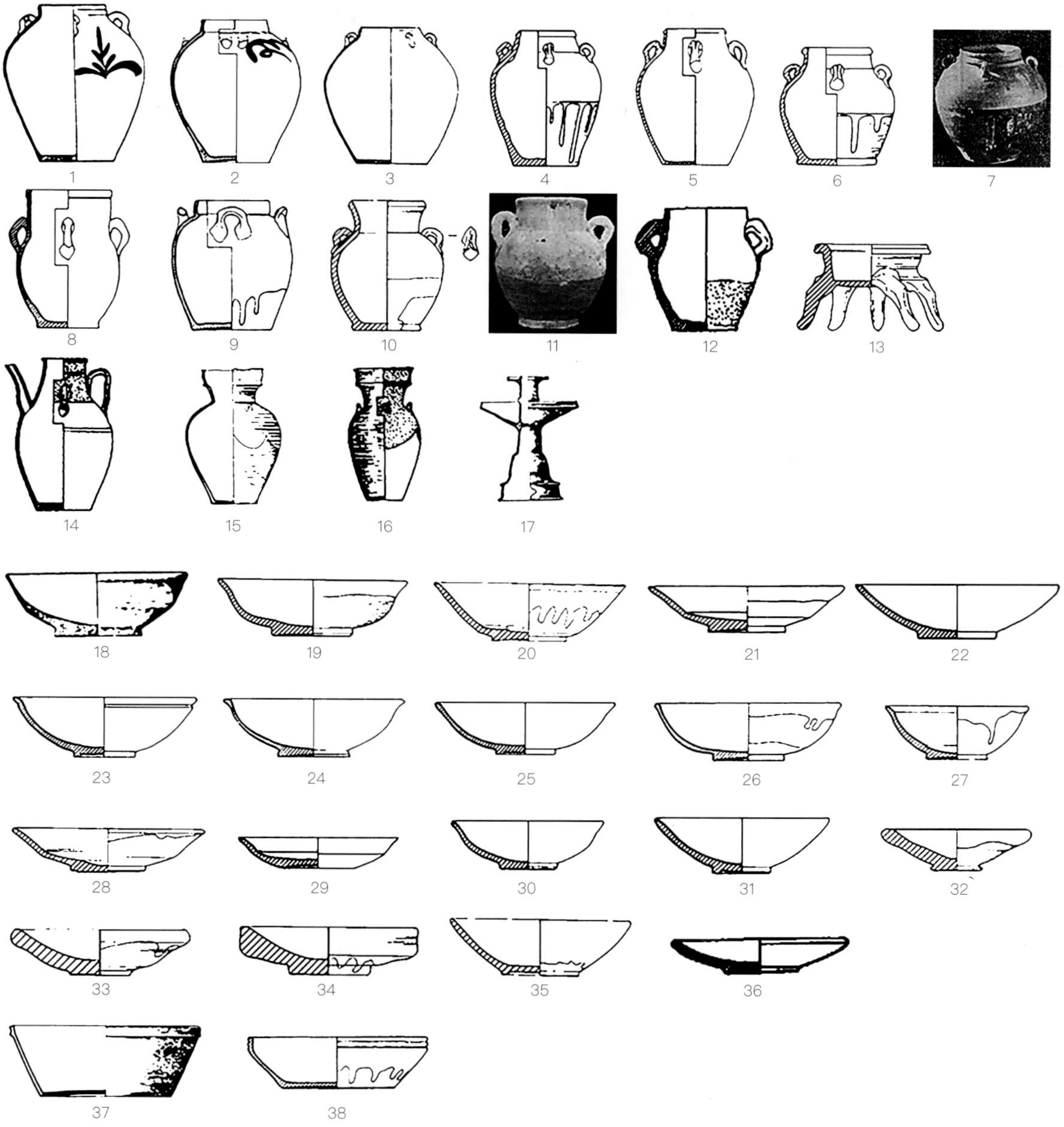

图1　前后蜀墓葬出土瓷器典型器型

1—12.罐　13.炉　14.执壶　15—16.盘口罐　17.灯台　18—27.碗　28.盘　29—31.碟　32—36.盏　37、38.盆

瓷系。本文采纳广义的邛窑系概念。

邛窑瓷器创烧于东晋，兴盛于隋唐五代，至于南宋中晚期而衰落。这期间各个窑址交替更迭，有些跨越多个朝代，有些烧造期则较短。如唐代盛极一时的青羊宫窑，在五代时已基本销声匿迹，在前后蜀墓葬出土陶瓷器中目前没有该窑的产品。根据窑址报告，瓦窑山窑也于唐代停烧（表1）。从墓葬出土瓷器角度看，五代十国时期对四川地区影响力较大的邛窑窑址主要为十方堂窑和琉璃厂窑。

表1　部分邛窑系窑址年代表

窑址	位置	年代
青羊宫窑	成都西城	晋至唐
瓦窑山窑	邛崃市	晋至隋唐
十方堂窑	邛崃市	始于隋，盛于唐，衰于宋
尖子山窑	邛崃市	唐至宋
琉璃厂窑	成都近郊	始于唐末五代，衰于明

1. 十方堂窑址产品特征

十方堂窑址位于四川省南河乡十方堂村，该窑址于1935年被发现后遭到了大肆盗掘。1984—1989年间，四川文物考古研究所、邛崃市文物管理所对十方堂窑址和瓦窑山窑址进行了考古发掘；2005年，又对十方堂遗址1号窑包进行了大规模发掘。

五代时期，十方堂使用龙窑烧造，以烧造青瓷为主，兼烧三彩器。器物种类繁多，所烧生活用器如壶、罐、水匜、香盒、唾壶、瓶、枕；此时期壶有侈口、敛口、卷沿口、杯形口，长曲流，多曲把，还有瓜棱腹，多饼足；水匜为敛口短流，腹部上增设圆环系，或长圆柱形喇叭尾把手，圈足；香炉为宽卷沿，折腹高喇叭实心足，敞口方唇，折腹平底五乳钉足；瓶为盘口，无系，深腹饼足瓶，或直口、长颈、鼓腹、饼足瓶等。装饰除了素面外，有釉下彩、刻划花和瓷塑等。其产品特征总结如表2。

表2　五代时期邛崃窑产品特征

胎质	釉色	装饰特点	器物	装烧工艺
灰黄、灰白、灰红、褐黑，坚硬体薄	非常丰富，青绿，青黄，青灰，黑、白、紫黄等，多施满釉	素面、施白色米黄色化妆土；釉下彩绘、刻划花、贴花瓷塑	食用器、生活用器、陈设器、文房用器、玩具、乐器等	叠烧、匣钵（创新出现三齿形支钉架子和三角形圆孔垫板）

2. 琉璃厂窑产品特征

四川琉璃厂窑，又名"琉璃场窑"或"华阳窑"，该窑文献记载匮乏，有学者考证北宋《元丰九域志·成都府路·华阳县》所载之"均（埧）窑"即与之相关。20世纪二三十年代，葛维汉注意到该窑的存在并开展了短期的发掘活动，后窑址遭到四川军阀的大肆盗掘、破坏严重。1955年对该窑进行过初步的考古调查和勘测，1997年和2010年对该窑进行了局部试掘，发掘了窑炉、灰坑和大量标本，2018年又再次进行了发掘。

唐末至五代时期该窑主要生产青釉和酱釉瓷器，而青釉瓷器出土数量最多。窑炉为斜坡式龙窑，烧造的器物有碗、钵、带系罐、穿带瓶、炉、有柄或无柄注壶、盒盖、灯碟等。琉璃厂窑青瓷产品唐末五代时期产品特色见表3。

表3　唐末五代琉璃厂窑产品特征

胎质	釉色	施釉情况	装饰特点	器物种类	装烧工艺
胎质粗糙，砖红色、暗红色胎	青黄色居多，发木光或半木光，透明感不强，一般无开片	一般有化妆土，化妆土多呈米黄色或粉黄色，胎釉结合稍差，存在脱釉现象	一般为素面，流行有简单的绿彩或褐彩纹饰如团彩、卷草纹、草叶纹等，绘于碗、盘、盆、钵的内壁或罐肩腹部	日用器、明器	支钉叠烧、泥团叠烧、无间隔具直接叠烧，对口烧、套烧等，匣钵（使用频率低）

此时的酱釉瓷器普遍素面。有些盆的内壁可见刻画纹配合釉下彩装饰，这些纹饰有卷草纹、荷叶纹、双鱼纹等。陶器以低温釉陶器最具特色，多数为泥质红陶，火候较低，部分器表挂粉黄色化妆土。

（二）前后蜀墓葬出土瓷器的窑口辨析

如前文所述，前后蜀墓葬出土主要产品是青瓷，部分典型器物判定如下。

前蜀王建墓中出土的盆、碗、罐的胎釉特征与装饰特征均符合琉璃厂窑产品。

前蜀王宗侃夫妇墓为乾德五年（923年）纪年墓，其中出土的带系罐与琉璃厂窑的A型青釉带系罐（标本H10：1160）相似；其墓中另有10件碗、1件施米黄色半釉的四系罐、3碟、1盘均来自琉璃厂窑。

成都双流籍田竹林村后蜀双室合葬墓，出土的五系盘口罐2件，侈口，方唇，敛颈，鼓腹，平底，施淡褐黄色半釉，与琉璃厂窑址中的酱釉盘口罐标本H12：97（图2-1）相同；另一件敞口碗腹部弧坦，饼足，与琉璃厂窑址中青釉B型碗形制相同。后蜀孟昶广政十一年（948年）张虔墓出土的两只釉陶碗也与该窑青釉B型碗形制相同，为紫泥胎，饼足，施粉黄色釉，该墓中出土的四件四耳陶罐与釉陶碗胎釉相同，应为同一窑口所烧。

彭山后蜀广政十八年（955年）宋琳墓出土的双耳小陶罐与琉璃厂窑址中青釉A型小罐相同（图2-2）。

成都青龙乡海滨村M24为后蜀广政二十年（957年）纪年墓，其中出土一瓷炉，与琉璃厂窑址中的A型酱釉炉标本H9：2072（图2-3）相似，均为酱黄釉，棕红胎，五只蹄足；

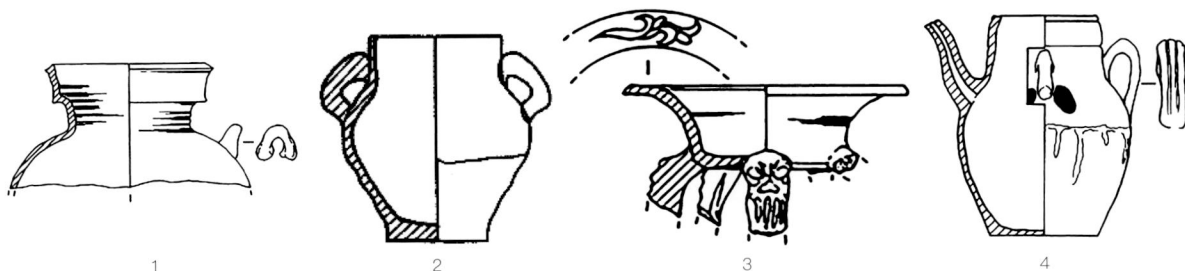

图2　琉璃厂窑址瓷器标本
1.酱釉盘口罐（H12：97）　2.青釉双耳小罐（H9：202）　3.A型酱釉炉（H9：2072）　4.B型执壶

该墓出土青釉碗与王宗侃墓所出碗非常相似，而该墓另出土三件盏，胎釉特征与该墓中的碗相同，应是同一窑的产品；与 M24 位于同一墓葬群且同时出土的 M23 系广政十九年（956年）纪年墓，墓中出土 2 件双耳罐，砖红胎施米黄色化妆土，胎釉结合不好，其形制与宋琳墓出土的双耳罐几乎一致，该墓出土的盘与王宗侃墓盘相近，均为琉璃厂窑所造。

非纪年墓中，成都清江东路张家墩墓葬群 M8、M101、M103 共出土 6 件罐、1 件碗、2 件盏、M103 的瓷碗与张虔钊墓出土瓷碗相似；成都西郊清江路的五代墓葬群 M6、M11、M4、M2共出土碗 6 件，盆 2 件，碟 1 件，罐 4 件；四川广汉烟堆子遗址 M3 出土碗 11 件、各式罐 7 件、盏 1 件、盘口壶 1 件、执壶 1 件、盘 1 件，其中执壶的形制、盘口壶的形制与琉璃厂窑出土的 B 型执壶（图 2-4），酱釉盘口罐标本 H12：97 类似，只是均瘦高了一些。据此，上述非纪年墓中出土的青釉、酱釉瓷器应均为琉璃厂窑或仿造琉璃厂窑的小窑口烧造。

值得注意的是，根据冯骥汉先生的分析，王建墓出土的绿釉陶灯台 2 座大约为十方堂窑址生产。这两件器物白泥胎，绿琉璃釉，近瓷质，是做工十分精美之器物，目前在已公布的简报中还未找到类似的器物。

基本可以判定，前蜀、后蜀墓葬出土瓷器中琉璃厂窑占据了绝大多数。

三、墓葬出土陶瓷器反映的前后蜀瓷业面貌

1. 五代时期邛窑瓷器的流布范围有限

附表所统计的前后蜀的墓葬中，大多集中在成都及其近郊，后蜀宋琳墓位于成都南部的今眉山市彭山以及广汉烟堆子遗址 M3 位于四川省其他市。此外，在三峡库区的墓葬报告中也有五代邛窑瓷器出土。这一方面说明成都（益州）是蜀国当时的政治经济中心，另外也说明邛窑产品流布不仅限于成都地区，同时覆盖了蜀国境内其他地区。

扬州城址曾经出土过唐代的邛窑彩绘壶[20]，这是邛窑瓷器出口他国的例证。但是五代时期尚未发现蜀国之外的墓葬明确出土邛崃窑的资料。

实际上，前后蜀与北方的岐、后唐、后晋、后周和南方诸国都存在贸易往来，然而瓷器的对外出口贸易不甚发达。

经济方面，蜀国本国境内经济繁荣，"市"很发达，除东市、南市、北市、西市四个经常性市场外，还有花市、蚕市、锦市等。卖器物的叫"七宝市"，邛窑瓷器应就在七宝市上销售。邛窑及其他本地窑口的产品基本可以满足自产自销。

政治上，孟昶统治期间曾有过"闭关治蜀"的阶段，这也是导致五代时期没有唐代外销贸易发达的重要原因。外销的限制必然会导致邛窑专注于拓展蜀国境内的市场，生产出

---

20 扬州市文物考古队：《沉睡古窑瓷　出土惊天下——谈扬州珍园工地出土的唐代邛窑瓷器》，《扬州文博研究集》，广陵书社，2009 年，第 101—104 页。

符合蜀地人民生活需求的日常用器、顺应蜀地丧葬观念的明器。

2. 琉璃厂窑在前后蜀瓷业的主导地位

前后蜀时期墓葬出土瓷器均为邛窑所造，尤其是琉璃厂窑产品。此时墓葬出土的邛窑瓷器中，青瓷产品为大宗，部分为褐色釉、黑釉瓷器，也有一些白瓷产品，与邛窑发掘报告中的产品种类相符。可以说，邛窑基本垄断了前后蜀国丧葬用瓷器，这也印证邛窑在五代时期的蜀国市场占有率之大。

除了在川蜀本地的窑场中具有优势外，邛窑也没有受到外国窑场的大规模竞争。此时南唐、楚国、闽国墓葬均有进口的越窑瓷器出土。邛窑在工艺上也受到了越窑的影响。例如邛窑上的模印纹体现了越窑式花纹，"邛窑瓷器上林湖越窑式花纹很多，还有印花鹦鹉小盒、海棠式杯等"[21]。资料证明前蜀皇帝曾接受过中原所赐的越窑瓷器，并且是秘色瓷：永平二年（912 年）后梁遣使聘蜀，前蜀答书的附件上书："左件鞍马及……金棱碗，越瓷器……皆大梁皇帝降使赐祝……金棱含宝碗之光，秘色抱青瓷知响。……远有珍华，并由惠好。"[22] 然而就目前的资料看，越窑瓷器未体现在墓葬中。这一方面可能是因为前后蜀高等级墓葬多遭盗扰，随葬品信息不全导致，但至少可以认为当时越窑瓷器仅为上层统治者使用的高端产品，没有规模化进入蜀地市场，未对邛窑市场构成威胁。

五代时期中原及北方战乱频频，西南边陲的蜀地偏居一隅，相对安定，外来移民使人口增加，刺激了川蜀内部对瓷器的需求，此时蜀国的制瓷业应市场需要自发地、有条不紊地发展着。墓葬出土瓷器印证了青羊宫窑在五代时期的衰落，此时蜀地享有盛誉的应是邛崃县的十方堂窑，邛崃十方堂窑址出土了"乾德六年二月上旬造官样杨全记用"字样的莲花印模证明了其曾为前蜀王室烧造贡瓷。十方堂窑著名高温釉下彩"邛三彩"和省油灯都体现了邛窑在工艺上的创新。前后蜀墓葬瓷器中唯一的精品灯台就可能出自十方堂窑，另外晋晖墓中的三彩器，也大约是十方堂窑产品。

然而经过分析发现，前后蜀的墓葬出土瓷器绝大部分来自成都的琉璃厂窑，仅有少部分来自邛崃县窑场。

琉璃厂窑崛起于唐末五代之际，此时青羊宫窑瓷器已衰落并逐步停烧，琉璃厂窑可能对青羊宫有一定的延续和继承关系。琉璃厂窑位于成都市，所处的地理位置比邛崃市窑场更有市场优势；自然条件方面，其紧邻府河东，黏土水源丰富，水路交通便利。琉璃厂窑，其地位在陶瓷界评价历来不高，"是窑制作，陋劣可厌，胎骨以粗糙之黑泥为之，釉色或黑或白，或青或绿，皆暗无光泽。露胎，釉未能遮器之全体。古玩铺中人，每以冒充邛崃窑器，实粗细不同，相去固其远矣"[23]，这段话可知，琉璃厂窑是模仿十方堂窑等的。但是

---

21 冯先铭：《从两次调查长沙官窑所得的几点收获》，《文物》1960 年第 3 期。

22 杨伟立：《前蜀后蜀史》，四川省社会科学院出版社，1986 年。

23 傅振伦：《四川古代的陶瓷器》，《四川古陶瓷研究》，四川省社会科学院出版社，1984 年。

随着越来越多的出土资料问世，证明其虽部分产品不精，但其胎骨也并不是"粗糙之黑泥"。事实上，除了十方窑的高端产品之外，琉璃厂窑的产品和十方窑产品胎釉质量相差不多。

琉璃厂窑在前后蜀墓葬中所占的比例说明，该窑在五代时产量很大且销售范围很广，上至帝王将相，下至平民百姓都在使用，受到使用者的普遍欢迎。

四、邛窑瓷器的随葬特征

1. 前后蜀墓葬随葬瓷器的组合较为简单

通过附表可以发现，此时邛窑随葬品组合主要为"罐+碗"。从表4的器型统计表中可以看出，罐是墓葬中出土最多的邛窑瓷器，其次是碗。罐有六耳罐、四系罐、双耳罐和盘口罐等；六耳罐仅1件，出土于前蜀王建墓中；四系罐是前后蜀墓葬出土的罐中数量最多的；双耳罐见于宋琳墓、海滨村后蜀广政19年墓和广汉烟堆子遗址M3中，尺寸都比较小；盘口壶在成都双流籍田竹林村后蜀双室合葬墓M1和M2、广汉烟堆子遗址M3中各出1件，尺寸较大；相比之下，前后蜀国普通平民土坑墓的罐均为较小的四系罐，未见其他类型的罐。有的墓葬中仅有一件瓷器出土的，通常都是一件罐，可见罐是前后蜀时随葬品中不可或缺的物品。碗的数量为每墓1—11件不等。

表4 前后蜀墓葬出土邛窑瓷器器型统计表

		碗	盘	碟	炉	盏	盘口壶	罐	盆	执壶	灯台
帝王陵	青釉	2	/	/	/	/	/	3	1		1
官员墓葬	青釉	10	2			4		23			
	白釉			1							
	酱、黑釉	4		2	5			2			
	小计	14	2	3	5	4	/	25	/	/	/
其他墓葬	青釉	20	1	1		2	1	13	2	1	
	白釉	1									
	酱、黑釉					1		6			
	小计	21	1	1	/	3	1	19	2	1	/
蜀国墓葬	总计	37	3	4	5	7	1	47	3	1	1

前后蜀墓葬出土的直口型盘口壶在洛阳及关中地区的晚唐时期已经极为少见，可见，以两京地区为核心的唐文化在四川地区的滞后性体现在了前后蜀的丧葬文化中。与前后蜀同时盘踞南方的吴越、闽和楚国也均有盘口壶出土，但各国形制有所不同（图3），而直口造型仅见于蜀国。

国家	吴越国	前后蜀	
出处	杭州三台山五代墓杭 M32[24]	1. 成都双流籍田竹林村后蜀双室合葬墓； 2. 广汉烟堆子遗址 M3	
图示			
国家	闽国	楚国	
出处	福州洪塘金鸡山 M21 五代墓[25]	长沙市郊五代墓[26]	
图示			

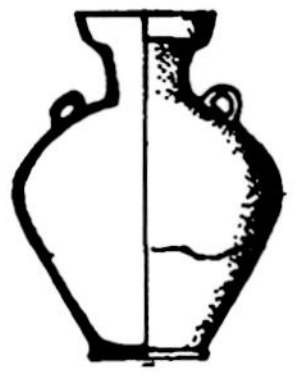

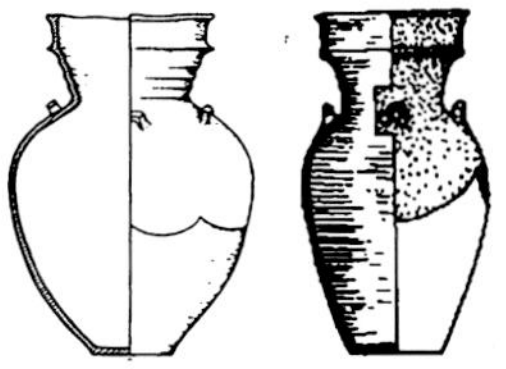

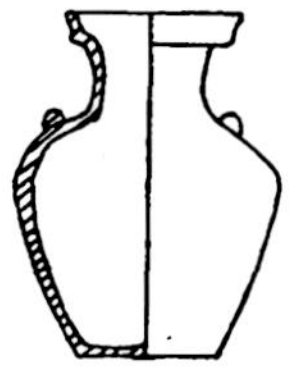

图3　五代南方各国盘口壶对比图

　　五代南方南唐、吴越、南汉政权诸国的随葬瓷器也流行罐＋碗的随葬组合（表5）。唐宋之际流行的谷仓罐有多样的器型，如南唐的堆塑瓶和堆塑罐、楚国的多角坛等，各类研究已经明确证明了其明器功能，但前后蜀的罐既没有复杂的堆塑装饰也没有特殊的造型，显然是日用器皿的罐在丧葬习俗中承担了谷仓罐的功能，即提供死者亡灵的食物、饮水[27]。

表5　南方五代诸国随葬器物组合

国家	组合	特色随葬瓷器	图示
前后蜀	罐 + 碗	双耳小罐	见图 1-23
南唐	罐 + 碗或壶 + 碗	江西地区堆塑瓶和堆塑罐[28]	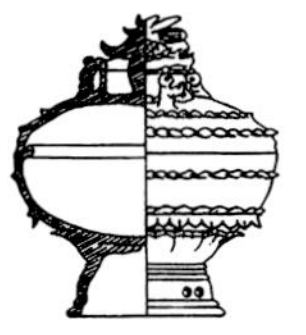

24　浙江省文物考古所：《杭州三台山五代墓》，《考古》1984 年第 11 期。

25　曾凡：《福州洪塘金鸡山古墓葬》，《考古》1992 年第 10 期。

26　周世荣：《湖南长沙市郊五代墓清理简报》，《考古》1966 年第 3 期。

27　王铭：《唐宋时期的明器五谷仓和粮罂》，《考古》2014 年第 5 期。

28　池小琴：《江西会昌发现晚唐至五代墓葬》，《南方文物》2011 年第 9 期。

国家	组合	特色随葬瓷器	图示
吴越	坛／罐／瓶＋碗；碟／盘＋瓶／缸；罐＋坛／壶／瓶＋碗	青釉四系缸[29]	
南汉	罐＋碗或仅有罐	青瓷罐[30]	
楚	碗＋瓶／坛或碗＋瓶＋坛	多角坛[31]	

广汉烟堆子遗址 M3 中的 4 件双耳小罐中，发现时里面放置了 5 件体型较小的镇墓兽，这种"龙形俑"应该就是两宋时期四川地区墓葬中流行的"伏龙"的早期形象，起到镇宅、镇墓的作用[32]。可见此时墓葬出土邛窑瓷器不仅作为为灵魂提供饮食的容器，同时也与墓中陶俑一起成为守护墓葬的神煞器的组成部分。

2. 随葬陶瓷器等级差异不明显

在明器数量规定上，后唐曾制定了官民丧葬规格，内容涉及明器，天成元年（926 年）规定："三品以上不得过九十事，五品以上不得过六十事，九品已上不得过四十事。"长兴二年（931 年）规定："五品至六品升朝官三十事……七品至八品升朝官二十事……六品至九品不升朝官一十五事……庶人一十四事，置五舆。"[33] 前后蜀的墓葬大都经过盗掘，在研究随葬器物数量时不可避免要受到其干扰，产生偏差。从目前出土的实际数量看，远小于此规定。但我们仍可以从墓葬规模中了解真相，前蜀王建虽为偏霸之王，其陵寝规模宏大，陵中宏大的须弥座石棺床配以精致彩绘，颇有僭越之意。后蜀孟知祥墓亦是如此，在南方十国帝王陵墓的规格中毫不逊色，其对于丧葬的重视程度可见一斑。独特的圆形顶来源于北方，充分证明了前后蜀墓葬习俗受到中原的影响。

仅从陶瓷器的角度看，前后蜀的王陵与官员墓葬、平民墓葬几乎体现不出明显的等级差别，考古工作无法从出土陶瓷器的数量和质量来推测墓主人身份地位。

譬如，前蜀王建墓仅出土陶瓷器 5 件，且类似于釉陶器，甚至非真正的青瓷，且这些

---

29 浙江省文物管理委员会：《浙江临安板桥的五代墓》，《文物》1975 年第 8 期。

30 广州市文物研究所：《广州南汉德陵、康陵发掘简报》，《文物》2006 年第 7 期。

31 周世荣：《湖南长沙市郊五代墓清理简报》，《考古》1966 年第 3 期。

32 易立：《略论成都近郊宋墓中的龙形俑》，《四川文物》2009 年第 2 期。

33 刘喆：《五代社会变革下的丧葬礼俗研究》，《文物》2022 年第 5 期。

瓷器出土的窑场也与其他墓葬同出自琉璃厂窑，无特殊之处。再如晋晖，前蜀重将，与王建同为许州人，二人共事多年。而晋晖墓中却仅出土少量陶瓷片，大约有盏、双耳罐、四系罐和夹砂陶盆等，并不能彰显其重臣的地位。

相比此时他国高等级墓葬，或在质量上突出，例如吴越国贵族墓中均有大量精致越窑瓷器出现；闽王王审知墓中出土精致的越窑莲花碗，其儿媳刘华墓中出土了两件产自外国的孔雀釉罐[34]；或在数量上突出，如南汉的德陵、康陵出土各类罐共 380 余件，其数量之多为诸国之最。可见，在蜀地的丧葬习俗中，瓷器的使用仅追求其丧葬方面的功能性，而对于质量和数量上都没有严格的规定。

究其原因，大约与统治者的思想观念有关。《北梦琐言》有文：前蜀王建"嫌以银棱瓷器，托里碗碟，徒费功夫"[35]，这一句本来颂扬王建节俭的小事恰恰印证了蜀国上层统治者认为精致瓷器的制造和使用的"徒费功夫"。所以此时邛窑也不会像吴越国那般大力制造金、银扣器等高端瓷器了，而瓷器在墓葬中的重要性也随之降低。上行下效，统治者不重视的态度决定了其他阶层的态度和做法。此外，唐末温韬盗掘唐陵之事也应对五代时期统治者对于丧葬的态度带来不小的影响。

有分析认为当时前后蜀政府有专门机构烧造"明器"，而平民墓中的随葬陶瓷器多为邛窑日用品[36]。这种说法令人存疑，一方面，各个墓葬出土的陶瓷器他们皆为邛窑所烧，器型和胎釉特征相似，例如官员墓葬中宋琳墓出土的双耳小罐与平民墓广汉烟堆子遗址 M3 的双耳小罐几乎完全相同；另一方面，从帝王与官员墓葬出土瓷器的数量来看，需求很小，质量要求也不高，没有设立专属机构的必要。

五、结语

五代时前后蜀国墓葬出土瓷器数量和器物种类不多，琉璃厂窑产品占主导地位，器物组合简单且大多质量不精，没有明显的等级差异，不少是作为明器使用。即便如此，前后蜀墓葬出土瓷器也能体现出邛窑系在五代时具有较大规模的生产能力与一定的影响力。

34 福建省博物馆：《五代闽国刘华墓发掘报告》，《文物》1975 年第 1 期。

35 杨伟立：《前蜀后蜀史》，四川省社会科学院出版社，1986 年。

36 李蜀蕾：《十国墓葬初步研究》，吉林大学硕士学位论文，2004 年。

附表：前后蜀国墓葬出土瓷器统计表

级别	年代	墓葬	墓主人	器型	釉色	数量	通高（厘米）	窑口	图号
帝王陵	918	前蜀王建墓（永陵）	蜀王王建	碗	青釉	2	4.5	琉璃厂	图 1-18
				盆	青釉	1	23	琉璃厂	图 1-37
				灯台	青釉	1	22.5	十方堂	图 1-17
				罐	青釉	3	33—45.3	琉璃厂	图 1-1 图 1-3
	918	前蜀后妃墓	前蜀周皇后	无	—	—	—	—	—
		后蜀孟知祥夫妇合葬墓（和陵）	蜀王孟知祥福庆长公主	无	—	—	—	—	—
官员墓葬	923	前蜀王宗侃夫妇墓	魏王王宗侃夫妇	碗	青釉	6	4.4—6.3	琉璃厂	图 1-22 图 1-24 图 1-25
				碗	酱釉	4	4—6	琉璃厂	图 1-23
				罐	青釉	8	16.5—19	琉璃厂	图 1-2 图 1-8
				罐	酱釉	1	14.8—18	琉璃厂	—
				折腹盘	青釉	1	3	琉璃厂	—
				碟	白釉	1	1.7	琉璃厂	图 1-29
				碟	酱釉	2	3.3—4	琉璃厂	图 1-30 图 1-31
	967	前蜀晋晖墓	晋晖	盏	酱釉	不详	—	—	—
				盏	白釉	不详	—	—	—
				罐	三彩釉	不详	—	—	—
				盆	陶器	不详	—	—	—
	932	后蜀高晖墓	高晖	碗	青釉	不详	—	—	—
	948	后蜀张虔钊墓	张虔钊	罐	青釉	4	31	琉璃厂	图 1-7
				碗	青釉	2	4	琉璃厂	—
	950	后蜀赵廷隐墓[37]	赵廷隐	—	—	—	40	琉璃厂	—
	952	无缝钢管厂五代墓 M1	徐铎	无	—	—	—	—	—
	952	无缝钢管厂五代墓 M2	徐铎妻张氏	无	—	—	—	—	—
	955	后蜀宋琳墓	宋琳	双耳罐	陶器	1	9.7	琉璃厂	图 1-11
	956	后蜀孙汉韶墓	孙汉韶	无	—	—	—	—	—
	956	后蜀海滨村广政十九年墓	刘瑭	盘	青釉	1	3.8	琉璃厂	图 1-28
				双耳罐	青釉	2	13.2	琉璃厂	图 1-10
	957	后蜀海滨村广政二十年墓	推测刘瑭之妻	碗	青釉	1	5	琉璃厂	图 1-20
				炉	酱釉	5	8—8.5	琉璃厂	图 1-13
				盏	青釉	4	2.5—4	琉璃厂	图 1-33 图 1-34 图 1-35
				罐	酱釉	1	不详	琉璃厂	—

37 注：赵廷隐墓的正式发掘报告尚未公布，目前根据报道仅知其墓中"陶瓷器 40 余件，器型包括四系大口罐、提梁壶、饼足碗、盏、碟……皆出自琉璃厂窑"，因没有具体数据，该墓的数据没有放入本文统计之中。

级别	年代	墓葬	墓主人	器型	釉色	数量	通高（厘米）	窑口	图号
官员墓葬	958	华阳县后蜀五代墓	李韆	罐	青釉	1	25	琉璃厂	—
	962	成都双流籍田竹林村后蜀双室合葬墓 M2	徐公	碗	青釉	1	7	琉璃厂	图 1-26
				盘口罐	青釉	1	63.8	琉璃厂	图 1-15
	962	成都双流籍田竹林村后蜀双室合葬墓 M1	徐公之妻	盘口罐	青釉	1	63.6	琉璃厂	
	966	永陵公园 M12	雷氏	单耳罐	青釉	1	—	琉璃厂	
				双耳罐	青釉	2	—	琉璃厂	
				四系罐	青釉	3	—	琉璃厂	
平民	962	后蜀李才墓	李才	碗	白釉	1	5	不详	—
				碟	陶器	1	2.5	不详	—
				四系罐	青釉	1	29	不详	—
				双耳罐	青釉	1	10	不详	—
				碗	青釉	1	8	不详	—
	无	清江东路张家墩墓 M8	—	四系罐	酱釉	1	27.3	琉璃厂	
				盘	不详	1	4.1	琉璃厂	
	无	清江东路张家墩墓 M101	—	四系罐	酱釉	2	15—22.7	琉璃厂	
	无	清江东路张家墩墓 M103	—	四系罐	青釉	3	16—27.1	琉璃厂	图 1-4 图 1-6
				盏	青釉	2	3	琉璃厂	图 1-32
				碗	青釉	1	4.1	琉璃厂	图 1-19
	无	广汉烟堆子遗址 M3	—	碗	青釉	11	3.8—4.8	琉璃厂	—
				双耳小罐	青釉	5	8.3	琉璃厂	图 1-12
				盘口壶	青釉	1	51.2	琉璃厂	图 1-16
				四系罐	酱釉	2	13.6—14.8	琉璃厂	—
				执壶	青釉	1	28	琉璃厂	图 1-14
				盏	黑釉	1	1.8	琉璃厂	图 1-36
				盘	青釉	1	4	不详	—
	无	成都西郊清江路五代墓葬 M2		碗	青釉	5	4—4.8	琉璃厂	图 1-21 图 1-27
		成都西郊清江路五代墓葬 M4		碗	青釉	1	4	琉璃厂	
				碟	青釉	1	2.8	琉璃厂	
				盆	青釉	2	9	琉璃厂	图 1-38
				四系罐	青釉	2	15—16.8	琉璃厂	图 1-9
		成都西郊清江路五代墓葬 M6		四系罐	酱釉	1	22.7	琉璃厂	
		成都西郊清江路五代墓葬 M11		四系罐	青釉	1	22.1	琉璃厂	
	广政年间	成都西郊西窑村 M21	—	四系罐	陶器	1	24.1	琉璃厂	图 1-5

邛窑三彩与巩义窑唐三彩工艺技术路径比较研究

王少宇

（河南工程学院）

摘要： 邛窑是唐宋时期四川地区重要的民窑，它兼具中国南北多地窑业技术特色，并在此基础上形成了自己独特的地域风格，能烧制青瓷、青釉褐斑瓷、青釉褐绿斑双彩瓷、彩绘瓷、邛窑三彩等多个种类，邛窑三彩是唐代邛窑烧制的一种高温釉彩瓷器，它传承了邛窑以往的窑业技术，并融合了北方唐三彩的装饰风格与工艺技术，是唐代邛窑的代表性产品。巩义窑是唐代河南地区重要的陶瓷窑口，能烧制白瓷、青瓷、黑瓷、唐三彩和唐青花等多种陶瓷器，唐三彩是唐代北方窑口烧制的一种低温铅釉陶器，巩义窑是北方地区烧制唐三彩的重要窑口。本文通过分析比较邛窑三彩与巩义窑唐三彩在工艺技术路径上的异同点，探索研究邛窑与中国南北窑业间的技术交流情况。

关键词： 邛窑三彩　巩义窑唐三彩　工艺技术路径　比较研究

一、邛窑及邛窑三彩

（一）邛窑的工艺技术特点

邛窑是唐宋时期著名的四川民窑，地处四川邛崃，始烧于南北朝，盛于唐五代和两宋时期，终于南宋中晚期，大约存续了8个世纪。目前的考古材料显示，四川盆地本土没有发展出制瓷工艺，其制瓷工艺的产生与发展是与中国其他地区窑业交流互动的结果。四川早期的制瓷窑口多出现在成都平原一带，有成都青羊宫窑、灌县玉堂窑、邛窑等，这是因为成都平原地理位置特殊，向东沿长江顺水而下可与长江流域的南方各窑系建立联系，向北可联络黄河流域中游的渭河平原地区，吸收北方诸窑系的技术精华。成都青羊宫窑、灌县玉堂窑、邛窑是四川地区早期烧制青瓷的窑口，它们的制瓷技术受长江流域青瓷窑系影响很大，属于南方青瓷体系。其中邛窑是古代四川地区面积最大、窑包最多、烧造时间延续最长、产品流散最广的青瓷民窑，窑址分布在邛崃境内的瓦窑山、尖山子、大渔村、十

图1 唐邛窑青瓷四系壶

图2 唐邛窑褐绿双彩青瓷钵

图3 邛窑褐绿双彩青瓷壶

方堂四处[1]。在烧制青瓷的基础上（图1），邛窑还发展出了青釉褐斑瓷、青釉褐绿双彩瓷（图2、图3）、彩绘瓷等多个陶瓷品种。

　　制瓷工艺技术大致包括原料、胎釉化学组成、成型、装饰、烧成5个方面，其中南北窑业的成型技术基本采用轮制、模制、雕塑等方法，大同小异，变化不大，因此，本文对邛窑工艺技术特点的分析基本从其他4个方面切入。邛窑制瓷原料属于"高硅低铝"质黏土，且原料中铁钛含量较多，制成的胎色不白，呈黄灰色与红褐色，整体特征偏南方制瓷体系。原料特点相应地也影响到陶瓷胎釉特点，表1为邛窑与越窑青瓷胎釉的化学组成比较。

表1　邛窑与越窑胎釉的化学组成比较

原料名称	各种氧化物的含量（重量 %）										
	SiO_2	Al_2O_3	Fe_2O_3	TiO_2	CaO	MgO	K_2O	Na_2O	P_2O_5	MnO	总计
邛窑青瓷胎 JN12	74.76	14.21	4.11	0.93	0.31	1.02	2.03	0.43	0.03		97.83
邛窑青瓷胎 JN13	78.45	15.15	1.89	1.05	0.28	0.69	2.00	0.03	0.04		99.58
邛窑青瓷胎 JN22	76.60	14.38	3.11	0.96	0.25	0.59	2.23	0.31	0.04		98.86
越窑青瓷胎 SL1	76.07	15.28	2.13	0.84	0.79	0.62	2.69	0.91	0.13		99.46
越窑青瓷胎 H4	76.07	15.94	2.42	1.06	0.24	0.57	2.59	0.55	0.08		99.52
越窑青瓷胎 48	69.90	23.46	1.35	0.18	0.51	0.29	4.61	0.49	—		99.79
邛窑青瓷釉 JN16	59.91	10.11	2.56	0.73	17.52	4.27	1.86		1.87	0.47	99.30
邛窑青瓷釉 JN26	56.85	12.33	2.50	0.87	14.64	4.69	1.57		3.70	0.25	99.50
邛窑青瓷釉 JN28	54.45	8.62	2.66	0.68	18.97	4.98	1.91		3.34	0.29	95.91
越窑青瓷釉 SL1	59.04	15.28	2.13	0.84	0.79	0.62	2.69		0.13	0.91	99.46
越窑青瓷釉 S1	58.96	15.94	2.42	1.06	0.24	0.57	2.59		0.08	0.55	99.52
越窑青瓷釉 S5	68.02	23.46	1.35	0.18	0.51	0.29	4.61		—	0.49	99.79

1　安剑华：《四川盆地唐宋制瓷工艺初步研究》，四川大学硕士学位论文，2005年。

从表 1 中可知，邛窑瓷胎中 SiO_2 的含量一般在 75% 左右，与南方越窑青瓷胎中的 SiO_2 含量接近，而 Al_2O_3 的含量一般在 15% 左右，含量较低，这是"高硅低铝"质胎的一般特征。SiO_2 与 Al_2O_3 是成瓷的主要成分，二者占胎体质量的 90% 以上。SiO_2 在高温下一部分与 Al_2O_3 结合生成瓷胎的骨架莫来石晶体，另一部分与胎中金属氧化物反应生成玻璃，填充在晶体骨架之间，共同形成坚致的胎体，因此 SiO_2 含量对瓷器的物理性能有重要影响。Al_2O_3 在胎体中的作用更为显著，它是生成莫来石晶体的重要物质，如果含量高，坯体的烧成温度提高，使得胎体的化学稳定性和热稳定性良好，高温变形率小。邛窑青瓷胎中 Al_2O_3 的含量比越窑青瓷低，其烧成温度在 1170—1220℃，越窑青瓷烧成温度在 1250℃左右，邛窑比越窑略低。表 1 数据显示，邛窑胎体中 Fe_2O_3 的含量较高，一般大于 3%，甚至高达 4.11%，而越窑胎体中 Fe_2O_3 的含量一般在 1%—2.5%，低于邛窑胎体中 Fe_2O_3 的含量。Fe_2O_3 是制瓷原料中重要的着色剂，含量越高，胎体的颜色越深，透明度就越差。同时，邛窑与越窑原料中都含有一定量的 TiO_2，TiO_2 与 Fe_2O_3 在高温下生成的深色化合物也使得胎体颜色加深。因此，邛窑青瓷器的胎质比较粗劣，大部分胎色为红褐、黄褐、砖红等深色，少数呈灰色或灰白色，且胎体的气孔率较大，在 4%—8%。以上这些都说明邛窑制瓷原料的品质不高[2]。

比较表 1 中两种青瓷釉的化学组成可知，两种青釉中 SiO_2 与 Al_2O_3 含量接近，但采用的熔剂物质不同，邛窑釉是以 CaO 为主要熔剂的高温钙釉，釉中 CaO 的含量在 17% 左右，越窑青瓷釉以 K_2O 和 Na_2O 为主要熔剂。二者磷化物的含量差别较大，邛窑釉料中 P_2O_5 的含量在 1.87%—3.7%，远远高于越窑，P_2O_5 是常用的乳浊剂，能促使釉的液相分离制成不透明的乳浊釉。邛窑胎色较深，不利于青瓷釉色的呈现，为了规避胎色的缺陷，邛窑青瓷在釉料配方上做了一些调整，促使釉呈不透明乳浊状，用以遮盖住邛窑青瓷深暗的胎色和粗劣的胎质。迫于邛窑制瓷原料的种种不利因素，古代邛窑工匠已经有意识地在釉料中添加含磷的物质来增加釉的乳浊性。在实际操作中，多采用在釉料中添加含磷量较高的草木灰，来增加 P_2O_5 的含量促成釉的乳浊效果。除了高温钙釉，邛窑还有一类是以 PbO 为主要熔剂的低温铅釉，这类铅釉均为透明釉，为了达到光洁的釉面效果，在施这类低温铅釉时，多在胎釉之间加一层白色或米黄色的化妆土，用以遮盖住色深粗糙的胎体[3]。在胎釉间施加化妆土的做法后来被用在了唐代邛三彩的装饰工艺中。

邛窑青瓷的装饰方法多样，其中的彩绘方式颇具特色，分为点彩、彩斑、彩绘等形式，彩料有褐、黄、绿色等，褐、黄两色的呈色剂是 Fe_2O_3，绿色呈色剂是 CuO。点彩是将大小不同的褐绿色点，点缀在器物口等显著位置。彩斑是用不规则的褐绿色块，在器身上绘制单色、双色或三色纹饰。彩绘的纹饰比较多样，采用多种色料勾勒纹饰。由邛窑彩绘装

2　安剑华：《四川盆地唐宋制瓷工艺初步研究》，四川大学硕士学位论文，2005 年。

3　安剑华：《四川盆地唐宋制瓷工艺初步研究》，四川大学硕士学位论文，2005 年。

饰发展出的邛窑青釉褐斑瓷、邛窑青釉褐绿斑双彩瓷、邛窑彩绘瓷等（图3），深深地影响着后来的邛崃三彩装饰工艺。

在烧成工艺方面，邛窑在初唐时使用了南方体系的龙窑烧造青瓷，此外，唐代邛窑遗址上还发现了一些烧造青瓷的馒头窑，十方堂窑五号窑包的四号窑炉就属于这类馒头窑的代表，馒头窑属于北方窑炉体系，这说明邛窑烧造工艺中也包含有一些北方窑炉的技术因素[4]。与龙窑相比，邛窑馒头窑的体量较小，便于控制窑内温度与气氛。邛窑烧制青瓷使用的窑具有垫烧具、支烧具和匣钵三类，基本上采用垫柱支撑、垫板承托、支钉间隔的明火叠烧法。唐代中期，出现匣钵后，邛窑开始使用匣钵装烧，大大提高了陶瓷制品的品质与成功率。小型馒头窑与匣钵装烧方法后来被用到了邛三彩的烧成工艺中。

（二）邛窑三彩的工艺技术特点

邛窑三彩是中唐至五代邛窑烧制的一种多釉彩瓷器，它以黄色底釉为基色，以褐彩和绿彩为点缀，釉色丰富，造型别致，融合了南北多地窑业技术，具有典型的时代风格和地域文化特色，是唐代邛窑的代表性产品。"邛窑三彩"传承了邛窑青瓷的"胎釉料配方、装饰、烧成"等工艺技术路径，其胎料与邛窑青瓷原料化学组成基本一致，属于高硅低铝质黏土，且铁钛含量高，烧成的胎色呈灰黄、灰黑、褐色、砖红等色。"邛窑三彩"有黄、褐、绿三种典型釉色，均以氧化钙为熔剂，为高温无铅钙釉，这同样继承了邛窑青瓷的配釉方法，烧成温度在1200℃左右。邛三彩釉以Fe_2O_3和CuO为着色剂，制成黄、褐、绿等透明色釉，与邛窑青釉褐绿双彩瓷、彩绘瓷中的褐黄绿等色的呈色剂一样。因邛三彩釉色透明，为了遮盖住色深粗糙的胎体，确保各种透明色釉良好地呈现，达到光洁明亮的釉面效果，邛三彩胎釉之间多施有一层白色或米黄色的化妆土，这种工艺是邛窑低温透明铅釉器的基本工艺操作。表2为邛窑青瓷、邛窑三彩胎釉的化学组成比较[5]。

表2　邛窑青瓷与三彩胎釉的化学组成比较

原料名称	氧化物含量（重量 %）									
	SiO_2	Al_2O_3	Fe_2O_3	TiO_2	CaO	MgO	K_2O+Na_2O	MnO	P_2O_5	CuO
邛窑青瓷胎 JN12	74.76	14.21	4.11	0.93	0.31	1.02	2.03	0.43	0.03	—
邛窑青瓷胎 JN13	78.45	15.15	1.89	1.05	0.28	0.69	2.00	0.03	0.04	—
邛窑青瓷胎 JN22	76.60	14.38	3.11	0.96	0.25	0.59	2.23	0.31	0.04	—
邛窑三彩瓷胎	72.47—78.84	13.20—19.72	1.43—4.36	0.87—1.50	0.19—0.45	0.69—1.02	0.62—2.9	0.01—0.02	0.02—0.05	
邛窑青瓷釉 JN16	59.91	10.11	2.56	0.73	17.52	4.27	1.86	0.47	1.87	—

---

4 安剑华：《四川盆地唐宋制瓷工艺初步研究》，四川大学硕士学位论文，2005年。

5 李铁锤：《彩绘与三彩——浅析色彩缤纷的四川邛窑古陶瓷》，《文物鉴定与鉴赏》2011年第7期。

原料名称	氧化物含量（重量 %）									
	SiO$_2$	Al$_2$O$_3$	Fe$_2$O$_3$	TiO$_2$	CaO	MgO	K$_2$O+Na$_2$O	MnO	P$_2$O$_5$	CuO
邛窑青瓷釉 JN26	56.85	12.33	2.50	0.87	14.64	4.69	1.57	0.25	3.70	—
邛窑青瓷釉 JN28	54.45	8.62	2.66	0.68	18.97	4.98	1.91	0.29	3.34	—
邛窑三彩透明绿釉	59.91	10.11	2.56	0.73	17.52	4.27	1.86	0.47	1.87	1.48
邛窑三彩透明黄釉	59.92	10.76	2.96	0.72	16.54	4.50	1.91	0.37	2.34	0.08

从邛窑青瓷、邛窑三彩胎釉的化学组成中可以看出，"邛三彩"胎釉继承了邛窑青瓷的胎釉工艺技术路径，二者的胎釉化学组成接近。其装饰技法采用了点彩、彩斑和彩绘的组合，以黄褐绿三种色釉绘制图案，邛窑本身就能烧制褐绿等色釉的青瓷器，因此以色釉为颜料进行彩斑和彩绘装饰是十分在行的。这种以褐色彩斑装饰青瓷的技法早在唐之前就已出现（图4），称"点彩"，是高温釉上彩的早期表现形式[6]。隋代的岳州窑、洪州窑、越窑、瓯窑、邛窑等知名青瓷产区，都生产这类褐色点彩或斑块装饰的青瓷，其中，隋代邛窑是目前所见最早的能烧制褐绿双色彩绘青瓷的窑口。黄褐两种釉彩都以铁为着色剂，但褐色釉彩中含铁量较高，釉色深沉，绿色釉彩以铜为着色剂。从工艺流程来说，这些彩绘都是先在坯体上施加一层青色、白色

图4 东晋瓯窑青釉褐彩鸡首壶

或黄色的底釉，然后在底釉上用色釉点彩的高温釉上彩[7]。邛窑三彩是在黄色底釉上，用褐色与绿色点彩，形成黄、褐、绿这种经典的三彩配色。

二、巩义窑及唐三彩

（一）巩义窑的工艺技术特点

巩义窑地处河南巩义市，是唐代重要的陶瓷窑口，能生产白瓷、黑瓷、绞胎瓷、唐三彩和唐青花等陶瓷器。巩义窑是北方最早烧制白瓷的代表性窑口之一（图5），也是烧制唐三彩的重要窑口。巩义窑遗址分布在巩义市东白河两岸6公里左右的台地上，分上中下3段。上游白河段主要烧制白瓷，中游铁炉匠段烧制酱瓷、黑瓷与白瓷，下游黄冶段主要烧

6 张福康：《中国古陶瓷的科学》，上海人民美术出版社，2000年，第92页。

7 张兴国：《长沙窑彩瓷工艺有关问题讨论》，《东方博物（第七十五辑）》，中国书店，2020年。

图 5　唐巩义窑白瓷盖罐

制唐三彩。巩义窑地处隋唐大运河主干道通济渠沿岸，地理位置十分优越，向西沿伊洛河可到达洛阳，向东沿黄河水路可到达开封，从开封沿汴河可到达江南地区[8]。

巩义窑制瓷原料属于"高铝低硅"质黏土，是典型的北方黏土，唐代巩义窑白瓷是我国目前所知古陶瓷中含铝量最高、含硅量最低的白瓷。其胎体中 Al_3O_2 的含量高达 37.15%—37.49%，SiO_2 含量低至 52.75%—53.14%。这种胎釉化学组成状况很难充分烧结，但由于巩义窑胎料中所含碱金属氧化物 B_2O（K_2O+Na_2O）比较高，高达 7.15%—7.35%，是南北名窑瓷胎中含钾、钠最高的瓷器，因此能在 1300℃左右的高温下基本烧结。此外，巩县窑白瓷胎内含铁量（Fe_2O_3）也较低，在 0.5%—0.75% 之间，但钛（TiO_2）含量有些高，为 0.7%—1.2%，在氧化气氛中烧成后，巩义窑器物胎色多泛黄。但因其釉中所含 Fe_2O_3 和 TiO_2 总量较低，最低含量为 0.47% 和 0.33%，所以器物能呈现较白的色调[9]。表 3 为巩义窑白瓷胎釉化学组成。

表3　巩义窑白瓷胎釉化学组成

原料名称	氧化物含量（重量 %）										
	SiO₂	Al₂O₃	Fe₂O₃	TiO₂	CaO	MgO	K₂O	Na₂O	MnO	灼减量	合计
唐巩义窑黏土	47.76	36.75	0.44	0.91	0.42	0.13	1.26	1.40	0.01	11.04	100.29
唐巩义窑白瓷胎 1	53.41	37.15	0.65	0.80	0.55	0.41	5.05	2.10	0.00	0.060	100
唐巩义窑白瓷胎 2	66.46	28.01	0.50	1.23	0.23	0.37	1.80	0.44	0.00	0.040	100
唐巩义窑白瓷胎 3	52.75	37.49	0.73	0.85	0.61	0.40	5.12	2.23	0.00	0.040	100
唐巩义窑白瓷釉 1	67.66	15.87	0.87	0.43	10.85	1.53	2.43	0.78	0.00	0.00	100
唐巩义窑白瓷釉 2	62.51	17.03	0.74	0.00	10.36	1.07	4.07	2.14	0.00	0.00	100

从表 3 可以看出，巩义窑黏土中含杂质较少，属于品质较纯的优质高岭土，烧制出的白瓷胎质细腻坚致，胎呈白色或灰白色，釉色呈白色或白中泛黄。因原料与胎料中 Al_3O_2 的含量接近 40%，所以巩义窑白瓷烧成温度较高，在 1300—1350℃。白瓷作为巩义窑的代表性陶瓷产品，其原料、胎釉的化学组成，包括烧成方式都对唐三彩有一定的影响。

8　河南省文物考古研究院：《巩义黄冶窑》，科学出版社，2016 年，第 3 页。

9　李家治：《中国科学技术史·陶瓷卷》，科学出版社，2017 年，第 166—168 页。

图 6　汉低温黄釉陶奁 　　　　　图 7　巩义窑唐三彩唾壶 　　　　　图 8　巩义窑唐三彩三足带盖香炉

（二）巩义窑唐三彩的工艺技术特点

　　唐三彩是唐代北方窑口烧制的一种低温铅釉陶器，是在汉代铅釉陶工艺基础上发展起来的（图 6），"唐三彩"并非只有三种釉彩，而是包含了黄、绿、褐、蓝、白、黑等多种釉彩。唐三彩器有单釉色的，也有多釉色混合的，混合的多釉色呈现出斑斓华丽的外观艺术效果。烧制唐三彩的窑口主要分布在河南、河北、陕西和山西等北方地区，唐代河南巩义窑是烧制唐三彩的重要窑口（图 7、图 8），因距离东都洛阳很近，所烧制的唐三彩器能通过隋唐运河便捷地运达洛阳，洛阳唐墓中出土的唐三彩多为巩义窑所烧制，最早发现的唐三彩就出自洛阳唐代墓葬中。巩义窑唐三彩以当地白色黏土制胎，与巩义窑白瓷使用的胎体材料化学组成很接近，但色釉的配置则继承了汉代低温铅釉工艺技术，属于 PbO—SiO_2—Al_2O_3 系统 [10]。表 4 为巩义窑白瓷、汉代绿釉陶、巩义窑唐三彩胎釉的化学组成比较。

表 4　巩义窑唐代白瓷、汉代绿釉陶、唐三彩胎釉的化学组成比较

原料名称	氧化物含量（重量 %）											
	SiO_2	Al_2O_3	Fe_2O_3	TiO_2	CaO	MgO	K_2O	Na_2O	CuO	CoO	MnO	PbO
唐巩义窑白瓷胎 1	53.41	37.15	0.65	0.80	0.55	0.41	5.05	2.10	0.00	0.06	—	
唐巩义窑白瓷胎 2	66.46	28.01	0.50	1.23	0.23	0.37	1.80	0.44	0.00	0.04	—	
汉巩义窑绿釉陶片胎	65.78	15.85	6.23	0.99	1.84	2.19	3.30	1.60	—	—	0.13	0.10
唐巩义窑唐三彩胎 1	63.84	29.82	1.44	0.93	1.64	0.59	0.71	1.17	—	—	—	—
唐巩义窑白瓷釉 1	67.66	15.87	0.87	0.43	10.85	1.53	2.43	0.78	0.00	0.00		
唐巩义窑白瓷釉 2	62.51	17.03	0.74	0.00	10.36	1.07	4.07	2.14	0.00	0.00		

10　张福康：《中国古陶瓷的科学》，上海人民美术出版社，2000 年，第 133 页。

原料名称	氧化物含量（重量 %）										
	SiO$_2$	Al$_2$O$_3$	Fe$_2$O$_3$	TiO$_2$	CaO	MgO	K$_2$O	Na$_2$O	CuO	CoO	MnO	PbO
汉巩义窑绿釉陶片釉	33.88	6.20	2.31	—	—	—	—	—	1.26	—	—	46.89
唐巩义窑唐三彩绿釉	30.66	6.56	0.56	—	0.88	0.25	0.79	0.36	3.81	—	—	49.77
唐巩义窑唐三彩黄釉	28.65	8.05	4.09	—	1.65	0.42	0.72	0.45	—	—	—	54.59
唐巩义窑唐三彩蓝釉	69.99	17.04	0.47	—	4.14	3.30	2.86	2.79	—	1.22	—	42.11

从表 4 可以观察到，巩义窑唐三彩与巩义窑白瓷使用的胎体材料化学组成基本一致，胎色一般呈白色。但唐三彩釉属于低温铅釉，其色釉配置继承了汉代低温绿釉陶的工艺技术，以铜为绿色呈色剂，以铁为黄色与褐色呈色剂。汉代铅釉陶都为单色釉，含 Al$_2$O$_3$ 很低，属于 PbO—SiO$_2$ 系统，巩义窑唐三彩发展出了多色釉，就是在同一件器物上施加绿、黄、蓝、白等多种釉彩，并增加了以钴为着色剂的三彩蓝釉。三彩胎的化学组成比汉代低温绿釉陶优良，如果采用低温一次烧成，胎体硬度低，吸水率高，会影响产品的品质。为了提高胎体硬度，减少吸水率，巩义窑唐三彩采用了二次烧成工艺。制成的胎体施加化妆土后，需要先在 1100℃ 左右的氧化焰中高温素烧，然后在素烧过的胎体上用各种含铅的低温颜色釉进行彩绘装饰，再次入窑在 950℃ 左右氧化焰中低温釉烧。可见巩义窑唐三彩的工艺技术路径中整合了巩县窑白瓷和北方汉代低温铅釉陶两种工艺技术。

由于整体烧成温度不高，唐三彩胎体没有完全玻化成瓷，所以吸水率仍然较高（10%），属于陶器。为了规避胎体品质的不足，巩义窑唐三彩着重表现造型和釉色。施釉技法是其重要的装饰工艺特色，造就了唐三彩华丽斑斓的装饰风格，唐三彩施釉属于以釉为彩、釉上加彩的装饰手法。唐三彩所用的褐彩、绿彩、蓝彩等色料都是含有少量着色剂和大量助熔剂的普通色釉浆，白彩用含铁量低的黏土制成，施釉时工匠们按照图案的设计要求，用各色釉浆在胎体上平涂出纹饰，并有意识地进行釉色搭配，由于铅釉有良好的流动性，在烧成过程中，各种色釉在流动过程中相互浸润，形成了变幻莫测、绚丽多彩的装饰效果[11]。巩义窑唐三彩的点彩、涂彩、点描等釉彩装饰技法常与贴花、印花、刻划、雕塑等装饰手法配合使用，一改陶器粗糙单调的外观，呈现出华丽动人的艺术效果。唐三彩的主要成就也在于它突破了以往单色釉的局限，创造性地运用多种釉色装饰器物。

---

11 张福康：《中国古陶瓷的科学》，上海人民美术出版社，2000 年，第 133 页。

三、邛窑三彩器与唐三彩器工艺技术路径的比较

比较邛窑三彩与巩义窑唐三彩的外观，能感受到二者相似度较高，说明二者之间有一定的渊源关系。这里对二者的"原料与胎釉化学组成、装饰手法、窑炉、窑具和烧成方法"等工艺技术路径进行比较，分析二者在这些方面的异同点，探索研究邛窑与中国南北窑业的技术交流情况。首先，从原料与胎釉化学组成方面对二者进行比较，表 5 为巩义黄冶窑唐三彩与邛窑三彩的胎釉化学组成。

表5　巩义黄冶窑唐三彩与邛窑三彩的胎釉化学组成

原料名称	唐三彩胎釉中氧化物含量（重量 %）												
	SiO_2	Al_2O_3	Fe_2O_3	TiO_2	CaO	MgO	K_2O	Na_2O	CuO	P_2O_5	CoO	PbO	MnO
巩义黄冶窑唐三彩胎	63.84	29.82	1.44	0.93	1.64	0.59	0.71	1.17	0.00	—	—	—	
邛窑三彩胎	72.47—78.84	13.20—19.72	1.43—4.36	0.87—1.50	0.19—0.45	0.69—1.02	0.61—2.23	0.01—0.67		0.02—0.05			0.01—0.02
巩义窑唐三彩绿釉	30.66	6.56	0.56	—	0.88	0.25	0.79	0.36	3.81	0.29	—	49.77	
巩义窑唐三彩黄釉	28.65	8.05	4.09	—	1.65	0.42	0.72	0.45		0.32	—	54.59	
巩义窑唐三彩蓝釉	69.99	17.04	0.47	—	4.14	3.30	2.86	2.79		—	1.22	42.11	
邛窑三彩透明绿釉	59.91	10.11	2.56	0.73	17.52	4.27	1.54	0.32	1.48	1.87	—	—	0.47
邛窑三彩透明黄釉	59.92	10.76	2.96	0.72	16.54	4.50	1.38	0.43	0.08	2.34	—	—	0.37

把表 5 两种三彩器的胎釉化学组成进行比较可以发现，两种三彩器胎料的化学组成差异较大，巩义黄冶窑唐三彩以"高铝低硅质"的黏土制胎，Al_2O_3 含量高达 29.82%，SiO_2 含量为 63.84%，胎料中含铁量较少，仅 1.44%，烧成后的胎体多为白色，也有些胎体白中泛红，为了不让胎色影响釉色，巩义窑烧制的一些三彩胎体上还会施加一层白度较高的化妆土，特别是在一些有透明白彩的三彩器上必须施加化妆土。在白色化妆土的衬托下，透明白彩釉色纯净洁白，能与黄彩、绿彩形成鲜明的对比。邛窑三彩以"高硅低铝"质黏土制胎，胎中 Al_2O_3 含量在 13.2%—19.72%，SiO_2 含量大于 72%，同时胎料中 Fe_2O_3、TiO_2 的含量较高，Fe_2O_3 含量在 1.43%—4.36%，TiO_2 含量在 0.87%—1.50%，制成的胎体颜色不白，呈红褐、黄灰、黄褐等色，为确保釉彩的良好呈现，进行彩绘之前，需要在胎体上先施加一层化妆土。可见两种三彩器所有的黏土原料差别很大，二者的胎料化学组成极为不同，相比较而言，巩义窑唐三彩胎料品质比邛窑三彩高。相同之处在于两种三彩器都以多彩的釉色取胜，为了更好地呈色，二者都在胎体上加了化妆土。

尽管两种三彩器的外观釉色特点相似度较高，但二者釉料化学组成差别较大，两种釉料使用的熔剂不同。唐巩县窑三彩釉以氧化铅作熔剂，属于以 $PbO—Al_2O_3—SiO_2$ 为主要成分的低温铅玻璃釉，釉中含有大量的氧化铅，高达 40% 以上，甚至接近 55%。铅釉在高温状态下的流动性大，能促成色釉之间相互交融。在巩县窑三彩铅釉中还含有一定量的 Al_2O_3 和少量钙、镁等碱土金属氧化物成分，这些成分对唐三彩釉的稳定性和胎釉结合性有很好的作用。邛三彩釉传承了邛窑青瓷釉的配方技术，是以 CaO 为主要熔剂的高温钙釉，釉中 CaO 的含量高达 17%，同时还含有 K_2O、Na_2O、MgO 等碱金属与碱土金属氧化物也可用作熔剂。邛三彩基础釉是以 $CaO—Al_2O_3—SiO_2$ 为主要成分的玻璃釉，与铅釉相比，钙釉烧成温度较高，邛窑三彩釉的烧成温度在 1100℃ 以上，甚至接近 1200℃，邛窑三彩器的玻化程度较高，属于瓷器，胎釉化学稳定性比唐三彩要好，因此，邛三彩多用作日用器物，而唐三彩多用作明器，只有少部分用作日常器物。邛窑三彩钙釉在高温下的流动性也比较好，能形成透明度与光泽度均好的釉面。尽管熔剂物质不同，但二者所采用的着色剂物质基本一样，唐三彩色釉的主要呈色剂有铁（Fe）铜（Cu）、钴（Co）等金属氧化物，其中黄色透明釉的着色剂是 Fe_2O_3，绿色釉的着色剂是 CuO，蓝色釉的着色剂是 CoO，白色釉是以含铁量低的黏土制成的。邛三彩的主要釉色有黄、绿、褐三种，虽然不如唐三彩的釉色多，但同样采用了铁（Fe）、铜（Cu）等金属氧化物做呈色剂，邛窑透明黄釉、褐釉的着色剂都是 Fe_2O_3，透明绿釉的着色剂是 CuO。釉的良好流动性与相同的着色剂是两种三彩器外观相似度高的重要因素。

邛窑三彩与巩义窑唐三彩的外观辨识度都比较高，从色彩搭配上分析，黄、绿、褐、白应是两种三彩器的标准色，且多在黄、白底釉上绘制绿、褐、蓝等釉彩。两者的装饰技法也有相似之处，唐三彩属于以釉为彩、釉上加彩的装饰技法，各种装饰色料属于含少量着色剂和大量助熔剂的普通色釉浆，用各色釉浆在胎体上点彩或平涂纹饰。邛窑三彩同样采用了在明黄釉基础上点染褐、绿双彩的装饰，这种装饰手法与邛窑褐绿双彩斑青瓷的装饰手法类似，就是用普通的绿釉或棕釉，在底釉上用点彩或平涂纹饰[12]。因此，无论是巩义窑唐三彩还是邛窑三彩都属于釉上加彩的装饰技法，这种装饰技法在中国南北窑业有着深厚的历史传统，北方窑口烧制的唐三彩让这种装饰效果达到极致，在唐三彩的强烈影响下，邛窑在自身褐绿双彩装饰基础上，发展出了以色釉为颜料，在黄色底釉上做褐绿点彩或褐绿彩斑装饰，制成了黄、褐、绿等色彩对比强烈、釉色鲜艳明亮的邛窑三彩器。

两种三彩器的烧成方式也基本一致，都采用了二次烧成工艺，唐三彩采用了先高温素烧再低温釉烧的二次烧成法，邛窑三彩采用了先低温素烧再高温釉烧的二次烧成法，虽然工艺细节上有差异，但二者的工艺步骤基本一致。此外，在窑炉的类型上，二者也基本一致。

---

12 张福康：《邛崃窑和长沙窑的烧制工艺》，《邛窑古陶瓷研究》，中国科学技术大学出版社，2002 年，第 58 页。

邛窑所使用的窑炉类型既有南方的龙窑，也有北方的馒头窑，但烧制邛三彩采用了北方类型的馒头窑，邛窑十方堂5号窑包就发掘有这种烧制邛三彩的馒头窑。这类馒头窑体量小，便于控制窑炉内的温度，能成功烧制出邛窑三彩瓷器。

通过对邛窑三彩与巩县窑唐三彩的工艺技术进行比较与分析，可以发现二者之间既有很多相同点，也有巨大的差异。在原料、坯釉料化学组成上二者差异比较大，分属南北不同的制瓷体系；在装饰与烧成工艺上二者相同点较多，都采用了以釉为彩、釉上加彩的装饰工艺，都采用了二次烧成法，烧制的窑炉都是馒头窑，在烧成工艺上二者有一定的渊源关系。巩县窑唐三彩出现在唐代安史之乱以前，烧制年代要早一些，邛三彩的烧制年代在中唐安史之乱后，晚于唐三彩。安史之乱后，北方窑业生产遭到严重破坏，而包括四川在内的南方地区相对安定，部分北方窑工为避战乱南迁，唐三彩的彩釉装饰风格及其工艺技术随之传播到了以生产青瓷为主的南方地区，受此影响，中晚唐至五代的邛窑在自身青瓷与青釉褐绿斑双彩瓷的工艺技术基础上，烧制出了高温钙釉三彩瓷。所以，邛窑三彩的工艺技术路径中包含了中国南北两种制瓷工艺。

四、总结

通过分析比较可以发现，邛窑三彩与巩义窑唐三彩有着各自的工艺技术发展路径，二者在坯料与釉料的配置上差别很大，分别属于南北不同的制瓷体系，但在装饰与烧成工艺上相似度较大。胎釉原料是一个地区固有的制瓷条件，很难改变，古代制瓷业多就地取材，制瓷工艺技术的发展多围绕当地材料特点展开，在胎釉配方、成型装饰与烧成等方面形成了各自独特的工艺技术路径。与原料相比，装饰与烧成方法灵活多变，历代陶瓷创新产品多是根据不同的原料特点，灵活运用多种工艺技术方法烧制出来的。从邛窑三彩与巩义窑唐三彩的工艺技术路径比较中，能观察到邛窑在胎釉配方上传承了邛窑青瓷的技术，在装饰方法上受邛窑褐绿彩绘瓷与北方唐三彩的双重影响，而在烧成方法上，与北方窑业之间存在着比较明确的技术交流关系。

邛窑与长沙窑植物纹饰的比较研究

盛盈袖　袁胜文

（南开大学）

摘要： 邛窑与长沙窑都是唐代南方地区的重要窑场，以彩绘著称。相似的产品面貌及部分重叠的繁荣期使两窑的源流关系长期受到学界关注。两窑彩绘纹饰均以植物题材最多，通过对植物纹饰的兴盛时间、技法发展路径、具体题材的比较可看出，在存在商贸往来及瓷器仿烧的情况下，两窑的植物纹饰并不相似。邛窑的主流装饰技法由彩绘变为印花，长沙窑则由模印贴花变为彩绘，长沙窑的纹饰组合较邛窑更为丰富，邛窑植物纹饰的兴盛时间长于长沙窑。两窑的相似性应归因于历史继承与时代风尚，差异性则与销售策略及移民的数量与阶层相关。长沙窑以外销为主，因而生产符合外商喜好的纹饰题材。四川地区在中晚唐所接纳的移民人数多于湖南地区且包含唐皇室，邛窑对北方窑业技术及社会风尚的吸收多于长沙窑。装饰技术处于窑业技术交流的表层，两处窑场在表层尚无影响关系，技术交流应当较少。两窑的彩绘技法应为各自独立发展，而非相互影响。

关键词： 邛窑　长沙窑　植物纹饰　彩绘

　　邛窑[1]是四川地区规模最大的窑场，始于南北朝，盛于唐，衰于宋。长沙窑盛于中晚唐，衰于五代。两窑都是唐代南方地区的重要窑场，在中国陶瓷史上较早使用彩绘装饰，相似的产品面貌及部分重叠的繁荣期使二者是否存在源流关系成为学界长期关注的议题。冯先铭、唐昌朴、张福康较早对两窑产品进行比较，并就相互影响的先后顺序提出不同看法，冯先铭认为邛窑模仿了长沙窑自成形至施釉的全部工序，唐昌朴则认为长沙窑的绿釉彩源自邛窑[2]。20世纪90年代至21世纪初，邛窑瓦窑山、十方堂窑址的考古发掘简报陆续公布，引发了学界的讨论热潮，邛窑与长沙窑的关系问题也在2001年至2005年成为焦点，各种

1　在相关研究中，"邛窑"这一概念有狭义与广义两种内涵，狭义仅指四川邛崃境内古瓷窑，包含十方堂、瓦窑山、大渔村、尖山子等窑址；广义为四川青瓷窑系的代称，除狭义的邛窑各窑址外，还包括青羊宫窑、琉璃厂窑等。本文采取狭义的"邛窑"概念。

2　冯先铭：《从两次调查长沙铜官窑所得到的几点收获》，《文物》1960年第3期；唐昌朴：《邛窑彩釉的兴起及其继承问题》，《西南师范大学学报（人文社会科学版）》1986年第1期；张福康：《邛崃窑的研究》，《古陶瓷科学技术1国际讨论会文集》，上海科学技术文献出版社，1992年。

观点纷至沓来。张福康、周雪梅客观比较两窑产品，未分析源流关系[3]，陈丽琼将相似之处视作"时代的风格"[4]，但多数学者认为相似源于工艺交流，并在顺序先后的问题上各执一词。例如，周世荣将两窑称为"姐妹窑"，认为两窑的彩饰均是在岳州窑的影响下发展起来的[5]；毛杰英、文先国认为长沙窑开釉下彩之先河，邛窑受其影响[6]；李知宴比较系统地对比了两窑产品，指出长沙窑应受到了邛窑的影响[7]；张天琚、罗平章等就这一问题展开学术讨论，张天琚直言长沙窑源于邛窑而非岳州窑，邛窑工匠在安史之乱后迁至长沙，罗平章则认为两窑源流不同，产品的相似不能等同于传承关系[8]。近年来，杨宁波对两窑的关系进行了多角度的分析，指出"这些相似之处多是受到北方窑口或时代风尚的影响，而非两个窑口技术直接交流的结果"[9]。詹颖也将装饰的相似视作"一种由历史继承性所带来的共性"[10]。

熊海堂将各窑场之间窑业技术的交流分为造型装饰技术（表层）、装烧技术（中层）、窑炉技术（深层）三个层次，传播的困难程度逐步上升[11]。杨宁波已对邛窑与长沙窑在上述三层面尤其是装烧技术层面的比较进行了探讨[12]。纹饰是两窑产品最为明显的相似之处，周世荣曾指出两窑的连珠纹和圆形大斑块装饰几无差异[13]，但点彩与彩斑只是彩装饰发展的早期形式，并非图案性的彩绘。两窑纹饰题材以植物最为流行，本文试图以植物纹饰为切入点，在装饰技术层面对两窑的关系进行探讨。两窑同为中国彩绘瓷的先导，对两窑装饰技法的思考也有助于理清彩绘瓷的发展脉络。

3　张福康：《邛崃窑和长沙窑的烧造工艺》，《邛窑古陶瓷研究》，中国科学技术大学出版社，2002 年；周雪梅：《晚唐时期寿州窑、长沙窑和邛窑产品的异同比较》，《中国古陶瓷研究（第九辑）》，紫禁城出版社，2003 年。

4　陈丽琼：《古代陶瓷研究》，重庆出版社，2001 年，第 250 页。

5　周世荣：《邛崃窑和长沙窑是一对孪生的姐妹窑》，《邛窑古陶瓷研究》，中国科学技术大学出版社，2002 年。

6　毛杰英、文先国：《长沙窑釉下彩初探》，《中国古陶瓷研究（第九辑）》，紫禁城出版社，2003 年。

7　李知宴：《邛窑和长沙窑的比较研究》，《中国古陶瓷研究（第九辑）》，紫禁城出版社，2003 年；李知宴：《邛窑长沙窑的艺术风采和辨伪第一讲》，《收藏界》2004 年第 2 期；李知宴：《邛窑长沙窑的艺术风采和辨伪第二讲》，《收藏界》2004 年第 3 期；李知宴：《邛窑长沙窑的艺术风采和辨伪第三讲》，《收藏界》2004 年第 4 期；李知宴：《邛窑长沙窑的艺术风采和辨伪第四讲》，《收藏界》2004 年第 5 期。

8　张天琚：《"长沙窑"源于邛窑说——兼与周世荣、刘伯元先生商榷》，《中国文物报》2004 年 6 月 16 日；罗平章：《神州代有名窑出 各领风骚独自妍》，《中国文物报》2004 年 9 月 15 日；张天琚：《长沙窑源于邛窑再说——兼读〈神州代有名窑出 各领风骚独自妍〉并答罗平章先生》，《中国文物报》2004 年 12 月 8 日；罗平章：《岳州窑系传千古 自有芬芳昭后人——再评张天琚先生"长沙窑源于邛窑"说》，《中国文物报》2005 年 3 月 2 日；张天琚：《再谈"长沙窑源于邛窑说"——兼答罗平章先生》，《东方博物》2005 年第 1 期；张天琚：《关于"邛窑和长沙窑关系"争论的若干问题》，《东方博物》2005 年第 3 期。

9　杨宁波：《长沙窑与邛窑关系考》，《湖南考古辑刊（第 10 集）》，岳麓书社，2014 年。

10　詹颖：《邛窑器物设计的审美文化》，中国轻工业出版社，2019 年，第 213 页。

11　熊海堂：《东亚窑业技术发展与交流史研究》，南京大学出版社，1995 年。

12　杨宁波：《长沙窑出土窑具及相关问题的初步研究》，《四川文物》2012 年第 1 期；杨宁波：《论东亚伞状支烧具的技术体系及始源地问题——兼谈岳州窑和桂林窑的关系》，《湖南考古辑刊（第 11 集）》，科学出版社，2015 年。

13　周世荣：《邛崃窑和长沙窑是一对孪生的姐妹窑》，《邛窑古陶瓷研究》，中国科学技术大学出版社，2002 年，第 35 页。

图1 邛窑早期植物纹饰
1.青釉彩绘钵 采自《邛窑出土瓷器选粹》 2.青釉彩绘钵残片 采自《邛窑古陶瓷研究》
3.印花钵 采自《邛窑古陶瓷研究》 4.彩绘草叶纹钵残片 采自《四川省邛崃市大渔村窑区调查报告》

一、邛窑植物纹饰流变

邛窑主要有瓦窑山、大渔村、尖山子、十方堂四处窑址，通过各窑址出土器物的比较，邛窑纹饰的发展历程可清晰勾勒。瓦窑山窑址始烧于南北朝，衰于唐初，使用彩饰与印花两种技法表现植物，前者见有点彩连珠纹与圆圈纹组合成的团花（图1-1、图1-2），仅在隋至唐初短暂出现；后者为戳印团花（图1-3），在邛窑中长期沿用。大渔村窑址兴起于隋代，延烧至中唐，出现彩绘草叶纹（图1-4）。尖山子窑址主要在盛唐时期生产，未见植物纹饰。

中唐以后邛窑带纹饰的瓷器主要由十方堂烧造。根据发掘报告，"印花装饰的瓷器大量出现在该窑址的第二、三层，第四层少见，第五层绝迹……釉下彩绘瓷器在十方堂窑址大量发现，第四层最多。第三层较少，第五层仅出现彩点、彩斑装饰"[14]。第二层为宋，第三层为晚唐至宋，第四层为唐[15]，第五层为隋至初唐。这说明十方堂窑址的纹饰在中唐至五代最为兴盛，这期间又经历了以彩绘为主向以印花为主的转变。

邛窑彩饰以绿彩、褐彩为主，题材以草叶纹最多，可分为简体草叶纹与卷草纹，见于杯、钵、罐、壶、瓶（图2-1—图2-5）等。花卉纹也有出现，多见于碗、盘的内底及器盖，有较简单的团花纹（图2-4），也有以点彩连珠纹表现花心或花瓣的复杂花形（图2-6、图2-7）。

邛窑的印花植物纹饰多为花卉，技法分为戳印与印模成型两种，前者出现较早，至五代仍有使用（图3-1）；后者广泛用于盘、粉盒、海棠杯等器形，约出现于晚唐。花口盘时有造型与内底纹饰一致的产品（图3-2、图3-3），如梅花形盘内底印梅花。从晚唐开始，邛窑粉盒多在盒盖上模印花卉（图3-4、图3-5），常外饰一圈连珠纹，另有草叶纹（图3-6）、飞天撒花、童子戏莲等纹饰。海棠杯常在内底心印开光鱼纹，四周模印麦穗带、花卉、飞

---

14 陈显双、尚崇伟:《邛窑古陶瓷简论——考古发掘简报》,《邛窑古陶瓷研究》,中国科学技术大学出版社,2002年,第231、232页。

15 本层出土了三件纪年器,年代分别为先天二年（713年）、贞元十八年（802年）、乾符四年（877年）,可见本层延续时间长,涵盖了盛唐后期至晚唐前期。

图 2　窑彩绘植物纹饰
1. 青釉彩绘单耳杯　采自《邛窑出土瓷器选粹》　2. 青釉彩绘四系罐　采自《邛窑出土瓷器选粹》
3. 青釉彩绘钵　采自《邛窑出土瓷器选粹》　4. 青釉彩绘器盖　采自《邛窑出土瓷器选粹》　5. 青釉彩绘草叶纹杯　采自《邛窑古陶瓷研究》
6. 褐黄绿团花连珠纹盘　采自《邛窑系古陶瓷文化新释》　7. 褐黄绿三彩连珠纹花卉残件　采自《邛窑系古陶瓷文化新释》

鸟（图 3-7）。十方堂窑址土了众多印模（图 3-8—图 3-12），共有六件刻有纪年铭文，年份分别为乾德二年（920 年）、乾德六年（924 年）、明德三年（936 年）、广政元年（938 年）、广政十一年（948 年）[16]，可见印模成型技法在前后蜀尤为流行。宋灭后蜀之战对成都地区的经济生产造成了巨大冲击，十方堂窑址"在晚唐五代至北宋中后期之间存在着明显的缺环，主要表现在北宋早期的遗物极为罕见、窑场面貌不甚清晰"[17]。随着新兴窑场的涌现，邛窑终因原料相对逊色，逐渐衰落。其植物纹饰在宋代日趋简单，但印花仍是主流，与晚唐五代风格一致。

贴花技法在邛窑中使用相对较少，但也见于豆、省油灯、炉等器形（图 4-1—图 4-3），以莲瓣最多，其中一种贴塑莲瓣纹香炉独具特色。此种香炉腹部贴饰莲瓣和叶片，莲瓣内模印飞天等形象，外绿釉，内黄釉，目前发现一件传世品（图 4-4），另在成都金河路遗址出土一件[18]（图 4-5）。此类贴饰残件见于成都东丁字街古遗址（图 4-7）[19]，十方堂窑址则出土一件图案相似的莲瓣纹印模（图 4-6）。结合两处遗址的年代及易立对邛窑低温釉瓷器的综

16　十方堂窑址五号窑包中出土五件印模，唐代民居建筑遗址中出土一件，其中共有两件乾德六年款印模。"乾德"年号前蜀、北宋均曾使用，但几件印模文字表述格式一致，且北宋乾德年间正值后蜀亡国前后，成都地区经济生产可能受到一定影响，几件乾德款印模宜定为前蜀。见李子军：《邛崃市发现纪年铭文印模》，《成都文物》1996 年第 1 期；陈显双、尚崇伟：《邛窑古陶瓷简论——考古发掘简报》，《邛窑古陶瓷研究》，中国科学技术大学出版社，2002 年。

17　易立：《试论邛窑低温釉瓷器的几个问题》，《边疆考古研究》2015 年第 2 期。

18　成都文物考古研究院：《成都金河路古遗址发掘报告》，《成都考古发现 2015》，科学出版社，2017 年。

19　成都文物考古研究所：《成都市东丁字街古遗址发掘简报》，《成都考古发现 2014》，科学出版社，2015 年。

图 3 邛窑印花瓷器及印模
1. 印花钵　采自《邛窑出土瓷器选粹》　2. 印花花口盘　采自《邛窑出土瓷器选粹》　3. 印花花口盘　采自《邛窑古陶瓷研究》
4. 印花粉盒　采自《邛窑古陶瓷研究》　5. 印花粉盒　采自《邛窑古陶瓷研究》　6. 印花粉盒　采自《邛窑古陶瓷研究》
7. 印花长杯　采自《邛窑出土瓷器选粹》　8. 梅花印模　采自《邛窑出土瓷器选粹》　9. 连枝带叶花印模　采自《邛窑出土瓷器选粹》
10. 莲花印模　采自《邛窑出土瓷器选粹》　11. 飞天撒花印模　采自《邛窑出土瓷器选粹》　12. 童子戏莲印模　采自《邛窑出土瓷器选粹》

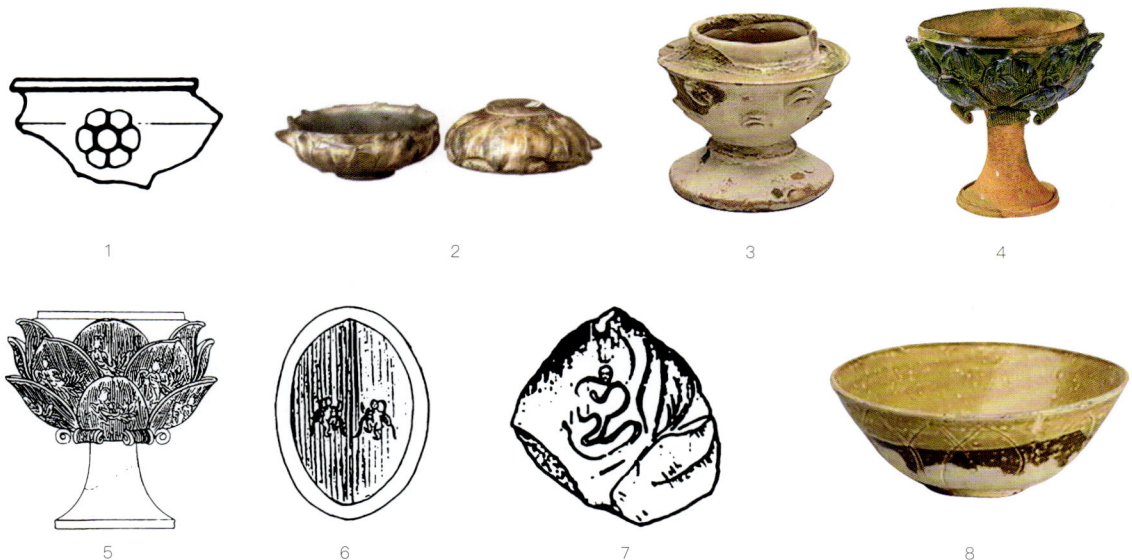

图 4 邛窑贴花、刻划花瓷器及贴饰印模
1. 贴花豆残片　采自《邛窑古陶瓷研究》　2. 乳白釉绿彩贴塑模印凸莲花纹省油灯　采自《邛窑系古陶瓷文化新释》
3. 贴莲瓣青瓷高足炉　采自重庆中国三峡博物馆官网　4. 黄绿釉印花高足炉　采自《邛窑》
5. 黄绿釉印花高足炉　采自《邛窑出土瓷器选粹》　6. 莲瓣纹印模　采自《邛窑出土瓷器选粹》
7. 莲瓣纹贴饰残片　采自《成都市东丁字街古遗址发掘简报》　8. 黄釉莲瓣纹瓷碗　采自重庆中国三峡博物馆官网

合考察[20]，这种香炉出现于前后蜀。另外，刻划技法也常用于表现莲瓣纹（图4-8）。

在十方堂窑址出土的印模中，乾德六年款莲花盘模（图5-1）及莲花盒盖模（图5-2）均刻有"官样"二字，可能专为宫廷或官府制作。两件印模还刻有人名"杨全"，"杨全"可能是这一时期的御用工匠，亦见于广政元年款莲瓣形印模（图5-3）。据此可以判断，莲花盒、莲花盘及带莲瓣贴饰的器物或为前后蜀宫廷用具。

图5 邛窑纪年款印模
1. 乾德六年款莲花盘模 采自《邛窑出土瓷器选粹》
2. 乾德六年款莲花盒盖模 采自《邛窑古陶瓷研究》
3. 广政元年款莲瓣形印模 采自《邛窑古陶瓷研究》

二、长沙窑植物纹饰流变

长沙窑的纪年器发现较多，以贞元十七年（801年）碾轮为最早，天成四年（929年）碾槽为最晚，可分为中唐前期、中唐后期、晚唐前期、晚唐后期至五代四个阶段，第二、三阶段最为繁盛。其装饰技法以彩绘与贴花为主，根据窑址及墓葬出土器物，贴花技法在中唐便开始使用并极为流行，彩绘则在晚唐才成为主流[21]。

出土贴花器物的纪年墓以石家庄元和七年（812年）唐墓最早，与最早的纪年器年份相近，表明至迟在中唐后期，长沙窑贴花器物已大量远销。镇江大和八年（834年）唐墓是出土贴花植物纹器物的最早的纪年墓，出土一件青釉贴花椰枣纹壶（图6-1）。黑石号沉船出水的瓷器生产于宝历二年（826年）左右，亦有贴花植物纹。长沙窑不同时期的模印贴花器物纹饰几乎相同，例如，黑石号沉船出水的贴花椰枣纹壶（图6-2）与泰州宋代墓葬群M10出土的贴花壶（图6-3）纹饰一致[22]，这说明贴花纹饰题材可能在出现后迅速形成定式并长期流行。椰枣纹是长沙窑最常使用的植物贴饰题材，由枝叶、果实及飞鸟构成，多为对称构图，叶片上端可添加绶带纹，也有一段茎干贯穿纹饰，不完全对称[23]。树纹[24]也使

---

20 易立：《试论邛窑低温釉瓷器的几个问题》，《边疆考古研究》2015年第2期。

21 周世荣：《长沙唐墓出土瓷器研究》，《考古》1982年第4期；李梅田：《长江中游地区六朝隋唐青瓷分期研究》，《华夏考古》2000年第4期。

22 长沙市文物考古研究所：《湖南望城县长沙窑1999年发掘简报》，《考古》2003年第5期；泰州市博物馆：《江苏泰州宋代墓葬群清理简报》，《东南文化》2008年第4期。泰州墓葬群年代主要为宋，个别墓葬可能早至晚唐，M10无纪年器出土，该执壶为晚唐五代典型形制。

23 《长沙窑》分为"对鸟团花"和"椰枣"两种类型，本文参照孙兵观点统一为椰枣纹。孙兵根据茎干或枝叶的形态及上端是否有绶带将椰枣纹细分为四型。见长沙窑课题组编：《长沙窑》，紫禁城出版社，1996年；孙兵：《纹饰制造与文化交流：长沙窑叶状椰枣纹研究》，《湖北美术学院学报》2022年第3期。

24 学界对树形图案种属的判别有椰子树、菩提树、桫椤树等多种观点，本文不做进一步探讨。

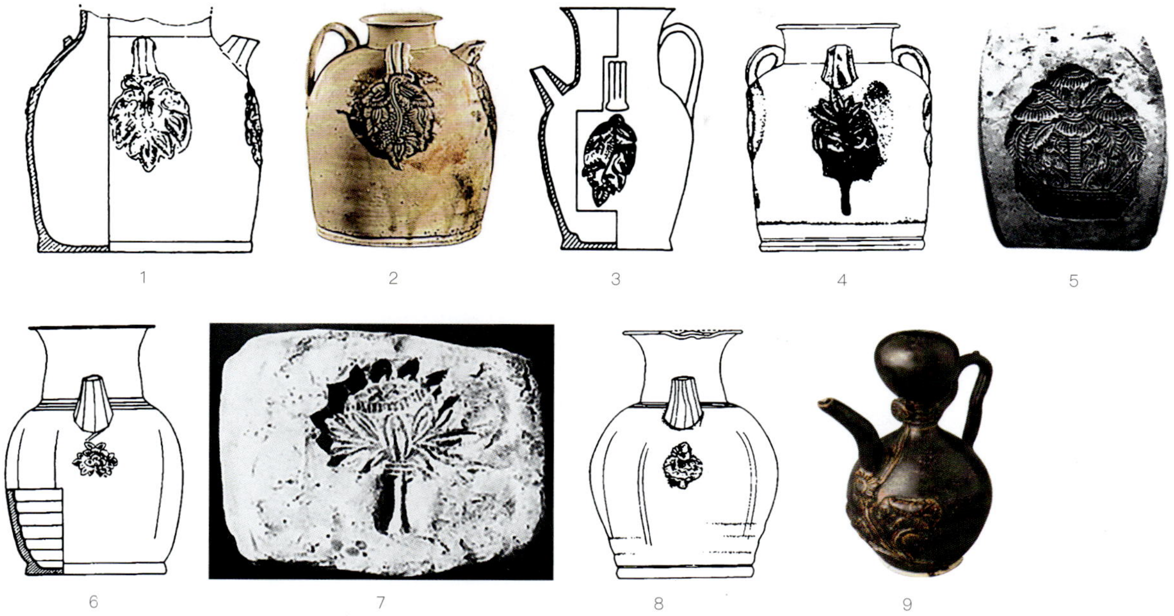

图6 长沙窑贴花瓷器及印模
1. 青釉贴花椰枣纹壶 采自《江苏镇江唐墓》 2. 青釉褐斑模印贴花执壶 采自《海丝唐韵 千年回望——"黑石号"出水遗珍》
3. 青釉褐彩贴花椰枣纹壶 采自《江苏泰州宋代墓葬群清理简报》 4. 青釉贴花椰枣纹壶 采自《长沙窑》
5. 树纹印模 采自《长沙窑》 6. 青釉模印贴花牡丹纹壶 采自《长沙窑》
7. 莲花印模 采自《长沙窑》 8. 模印贴花童子莲花壶 采自《长沙窑》
9. 黑釉贴塑莲花纹葫芦形执壶 采自《潇湘瓷韵：湖南师范大学好普艺术博物馆古陶瓷珍品集》

用较多，呈轴对称构图，树木居中，环绕六边形围栏，其间填充果实与对鸟[25]（图6-4、图6-5）。椰枣纹与树纹主要装饰在壶、罐的系钮、流之下，也见于少量钵、洗、器盖，贴饰上多施褐色彩斑。长沙窑植物贴饰另有牡丹（图6-6）、莲花（图6-7）及童子莲花（图6-8）等，主要饰于壶流之下，无彩斑。除模印贴花外，堆塑贴花也有少量发现，均为莲花，见于壶、烛台等（图6-9）。

长沙窑彩绘以褐彩、绿彩为主，多见于壶、碗、碟、盘、枕等生活用品。纪年款的书写方式可从侧面反映长沙窑彩绘技法的兴衰，820—860年的纪年款多为褐彩，说明彩绘在这一时期大规模应用，其前、其后则以刻款为主[26]。方昭远进一步指出："长沙窑绘画装饰真正成熟并繁荣的时期约为唐代大中年间（847—860年），并延续到咸通时期（860—874年）……而'黑石号'时期的绘画仍处于长沙窑绘画的发展期。"[27]中唐后期彩绘以黑石号沉船出水瓷器为代表，晚唐前期如长沙窑古城区蓝岸嘴遗址T2、T3的第三层及石渚区

---

25 孙兵根据树叶的排布方式及是否有对鸟将树纹分为五型。见孙兵：《跨文化视野下的图像改造——长沙窑椰枣树纹新探》，《跨文化美术史年鉴2："欧罗巴"的诞生》，山东美术出版社，2021年。

26 李建毛：《湖湘陶瓷2·长沙窑卷》，湖南美术出版社，2009年。

27 方昭远：《对2016年长沙铜官窑遗址石渚片区发掘成果的几点认识》，《湖南省博物馆馆刊（第十五辑）》，岳麓书社，2019年。

图 7　中唐后期长沙窑彩绘植物纹饰
1. 青釉褐绿彩草叶纹碗　采自《海丝唐韵 千年回望——"黑石号"出水遗珍》　2. 青釉褐绿彩草叶纹碗　采自《海丝唐韵 千年回望——"黑石号"出水遗珍》
3. 青釉褐绿彩草叶纹碗　采自《海丝唐韵 千年回望——"黑石号"出水遗珍》　4. 青釉褐绿彩莲花纹大碗　采自《海丝唐韵 千年回望——"黑石号"出水遗珍》
5. 青釉褐绿彩莲花纹碗　采自《海丝唐韵 千年回望——"黑石号"出水遗珍》　6. 青釉褐绿彩莲花纹碗　采自《长沙窑·作品卷贰》
7. 青釉褐绿彩飞鸟纹碗　采自《长沙窑·作品卷贰》　8. 青釉褐绿彩飞鸟纹碗　采自《长沙窑·作品卷贰》

H10 的第一至四层 [28]，纪年材料有秭归覃夫人墓 [29] 出土执壶（图 8-10）、大中十年（856 年）款花草纹鼓架（图 8-11）等。晚唐后期开始，产品质量逐渐下降，但纹饰题材与晚唐前期相近。中唐后期，植物多作为主体纹饰，草叶纹（图 7-1—图 7-3）出现最多，仰莲（图 7-4—图 7-6）[30]次之，将植物作为辅助纹饰的图案以飞鸟草叶纹（图 7-7、图 7-8）最多，风格写意，不重细节。晚唐以后，长沙窑植物纹饰种类丰富，在延续仰莲（图 8-1）、飞鸟草叶（图 8-6）等纹饰的同时，出现大量新纹饰，尤其是组合纹饰的数量大大增多，立莲（图 8-2、图 8-3）、菊花（图8-4、图 8-5）、"菠萝纹" [31]（图 8-7）、茅庐（图 8-8）、走兽（图 8-9）都是这一时期的特色纹饰，图案的复杂程度及写实性显著增强。此外，大中至咸通时期长沙窑还流行以点彩连珠纹组成各类图案 [32]，扬州出土一件云荷纹双耳罐（图 8-12）。

28　分期资料自长沙窑课题组编：《长沙窑》，紫禁城出版社，1996 年；方昭远：《对 2016 年长沙铜官窑遗址石渚片区发掘成果的几点认识》，《湖南省博物馆馆刊（第十五辑）》，岳麓书社，2019 年。

29　覃夫人于开成四年（839 年）卒于晋州，后归葬秭归，下葬年份不明，但葬于晚唐前期无疑。

30　长沙窑的仰莲纹饰常被视作宝相花。

31　发掘报告称为"菠萝纹"，但菠萝在明代才传入中国。唐段成式《酉阳杂俎》所录"阿萨"为波罗蜜，又有木菠萝、树菠萝等别称，与菠萝不是同一种水果。这种纹饰可能是椰枣纹的变体，工匠因不熟悉椰枣实物而进行抽象改造，并与各式草叶纹结合。见郑晋：《长沙窑"菠萝纹"图形研究》，《湖南考古辑刊（第 8 集）》，岳麓书社，2009 年。

32　此种装饰手法的流行年代参照其他纪年材料得出。见方昭远：《对 2016 年长沙铜官窑遗址石渚片区发掘成果的几点认识》，《湖南省博物馆馆刊（第十五辑）》，岳麓书社，2019 年。

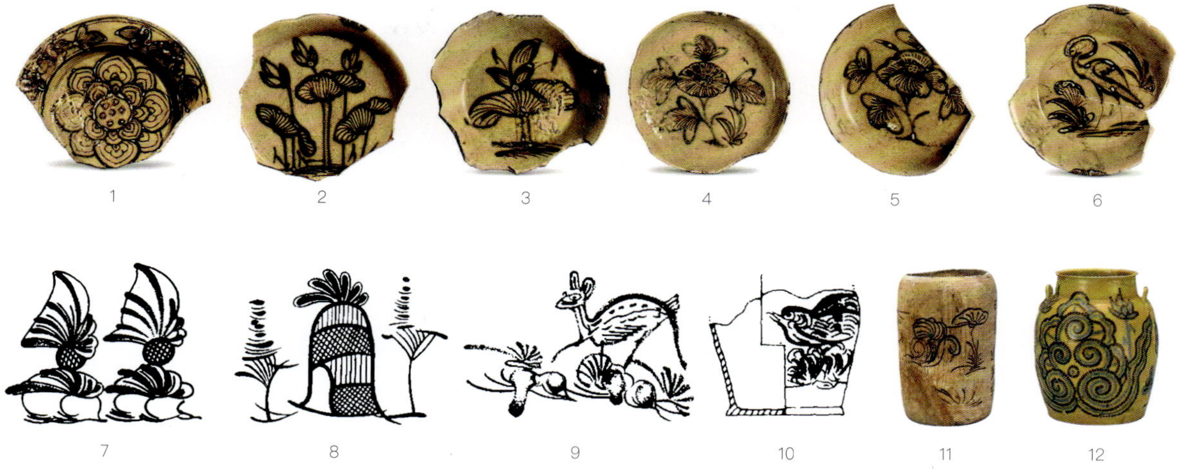

图 8　晚唐五代长沙窑彩绘植物纹饰

1. 青釉褐绿彩莲花纹盘　采自《焰红石渚：长沙铜官窑遗址 2016 年度考古发掘出土瓷器》
2. 青釉褐绿彩莲花纹碟　采自《焰红石渚：长沙铜官窑遗址 2016 年度考古发掘出土瓷器》
3. 青釉褐绿彩莲花纹碟　采自《焰红石渚：长沙铜官窑遗址 2016 年度考古发掘出土瓷器》
4. 青釉褐绿彩菊花纹碟　采自《焰红石渚：长沙铜官窑遗址 2016 年度考古发掘出土瓷器》
5. 青釉褐绿彩菊花纹碟　采自《焰红石渚：长沙铜官窑遗址 2016 年度考古发掘出土瓷器》
6. 青釉褐绿彩鹭碟　采自《焰红石渚：长沙铜官窑遗址 2016 年度考古发掘出土瓷器》
7. "菠萝纹"图形　采自《长沙窑》　8. 茅庐纹　采自《长沙窑》　9. 鹿纹　采自《长沙窑》
10. 褐绿彩水鸟水草纹注壶　采自《湖北秭归望江古墓群发掘简报》
11. 大中十年款褐彩花草纹鼓架　采自《对 2016 年长沙铜官窑遗址石渚片区发掘成果的几点认识》
12. 青釉点褐蓝彩云荷纹双耳罐　采自《扬州出土唐长沙窑瓷器研究》

图 9　长沙窑印花瓷器及印模

1. 青釉印花碾槽　采自《湖湘陶瓷 2 长沙窑卷》　2. 莲花印模　采自《长沙窑》　3. 莲花纹海棠杯　采自《长沙窑》
4. 酱釉海棠形印花碟　采自《中国出土瓷器全集：湖北、湖南》　5. 酱釉印花碟　采自《中国出土瓷器全集：湖北、湖南》
6. 绿釉莲花纹印花碟　采自《长沙窑模印贴花：大唐陶瓷装饰艺术之奇葩》　7. 酱釉如意纹五出花口碟　采自《长沙窑模印贴花：大唐陶瓷装饰艺术之奇葩》

　　印花技法在长沙窑中使用不多，但题材丰富。戳印花纹的产品及印模（图 9-1、图 9-2）均有发现。压模成型技法见于海棠杯、花口盘、花口碟（图 9-3—图 9-7）等，植物纹饰以莲花为主。窑址出土的压模成形产品均发现于晚唐五代文化层，中唐后期沉没的黑石号所出长沙窑花口器均无印花纹饰[33]，形制相同的印花金银器与瓷器则见于9世纪下半叶的纪年墓中[34]。因此，长沙窑印花花口器出现于晚唐，可能早至晚唐前期。另外，长沙窑的刻划植物纹饰数量较少，见于擂钵、枕等（图10）。

图10　长沙窑刻划花瓷器
1. 刻划莲纹擂钵　采自《长沙窑》
2. 青釉刻花象座枕　采自《长沙窑·作品卷贰》

三、邛窑与长沙窑植物纹饰的异同及成因

　　邛窑与长沙窑的植物纹饰既呈现出一定相似性，又存在显著差异。从持续时间来看，邛窑植物纹饰出现时间早于长沙窑，兴盛期为中唐至五代，长沙窑则主要在中唐后期至晚唐前期兴盛；在装饰技法上，二者均以彩绘著称，但邛窑的主流技法由彩绘变为印花，长沙窑则是由模印贴花变为彩绘；在装饰题材上，二者虽有莲花纹、草叶纹等相同的题材，但相应的技法及器形不尽相同，同时，二者也有许多不同的纹饰题材，如长沙窑流行的椰枣纹不见于邛窑。兹将两窑的典型植物纹饰列于表1对比如下[35]。

　　邛窑与长沙窑虽相隔千里，但同样在唐代中晚期兴盛，并发展出新的纹饰，与安史之乱有直接关系。战乱一方面导致盛唐流行的唐三彩衰落，为瓷器装饰的发展提供了机遇，另一方面引发了大规模的人口南迁与技术交流。同时，两处窑场均有瓷土不精、胎质较粗的问题，为弥补先天缺陷，两窑不约而同地选择发展彩装饰。但装饰技术的模仿处于窑业技术交流的表层，可通过观察器物外观习得，单一产品面貌相近的窑场，不一定有直接的技术交流。自表格可以看出，邛窑的彩绘在盛唐便已兴盛，可见安史之乱并非邛窑彩绘发展的契机。长沙窑则在中唐才开始发展彩绘，可能是以北方工匠带来的三彩施釉技术为基础改良而成[36]。在长沙窑的彩绘技法成熟之时，印花已取代彩绘成为邛窑主流的装饰技法。从技法的发展路径来看，两窑的彩绘当不存在影响关系。另外，初唐至盛唐时期湖南地区

33　黑石号沉船出水了金银长杯及产地不明的绿釉印花花口器，说明这种产品在海外是有市场的，长沙窑印花花口器并非因为不符合客户需求而不见于沉船。

34　王依农：《浮舲寰宇：唐代沉船出水绿釉（彩）器物及相关问题》，《美成在久》2021年第3期；曾宝宝：《论多曲长杯对唐代长沙窑海棠形高足杯的影响》，《陶瓷》2022年第2期。

35　邛窑的贴花及长沙窑的印花技法虽不流行，但有特色产品，故一并列入。邛窑的彩绘与长沙窑的贴花产品在窑址的不同时期图案差异不大，故不做进一步阶段划分，仅标明兴盛时期。

36　杨宁波：《长沙窑与邛窑关系》，《湖南考古辑刊（第10集）》，岳麓书社，2014年。

表1　邛窑与长沙窑典型植物纹饰对比

年代 \ 技法	邛窑			长沙窑		
	彩绘	印花	贴花	彩绘	印花	贴花
隋至初唐 （581—684年）	少	少	少	未兴起		
盛唐 （684—756年）	盛唐至中唐兴盛			未兴起		
中唐（756—840年） 前期				少		
中唐（756—840年） 后期					少	中唐兴盛
晚唐（841—907年） 前期	兴盛	少		兴盛	少	
晚唐（841—907年）						
晚唐（841—907年） 后期						
五代 （907—979年）			少 	衰落		
北宋 （960—1127年）	衰落			已停烧		

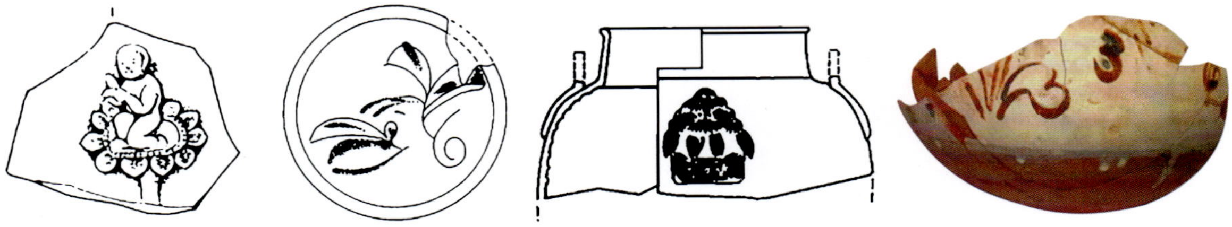

图 11　云阳出土唐五代长沙窑、邛窑瓷器
1. 长沙窑模印童子莲花残瓷片　采自《三峡地区早期市镇的考古学研究》　2. 长沙窑彩绘草叶纹碗　采自《三峡地区早期市镇的考古学研究》
3. 长沙窑模印树纹残罐　采自《三峡地区早期市镇的考古学研究》　4. 邛窑褐绿彩花卉纹残洗　采自《三峡与中国瓷器》

的窑场以岳州窑最盛，长沙窑也是继承岳州窑而兴起 [37]，岳州窑未见彩绘，仅有少量点彩，可见邛窑与湖南窑场的彩绘技法关联较小。

与长沙窑在国内外大量发现不同，除四川本地外，邛窑瓷器仅在三峡库区集中出土。"吐谷浑—益州—长江—建康"这一交通线路早在六朝时期就已形成 [38]，三峡库区出土了隋至初唐的岳州窑瓷器也表明川湘两地自隋代便开始在沿线进行产品交换。"三峡库区出土的唐五代瓷器的主要窑口有北方邢窑、定窑白瓷；南方的湘阴窑青瓷、长沙窑与邛窑釉下彩瓷及越窑与其他青瓷等，但以长沙窑、邛窑为主。" [39] 在同一地层或墓葬中，长沙窑与邛窑瓷器常常是一起出土的，如云阳明月坝遗址、忠县中坝遗址、秭归望江墓群，共出地点多与盐业开发与运输相关 [40]。中晚唐盐法改革后的行盐地界制度规定江淮海盐只在东南财政区销售，西南财政区则只能贩运井盐，三峡地区的盐业市镇因而兴盛。以地层关系与兴衰时代较明确的云阳明月坝遗址 [41] 为例，该遗址可分为草创期（唐代早期）、形成期（唐代中晚期）、发展期（唐末五代—北宋早中期），形成期、发展期遗存出土了大量各窑场瓷器，长沙窑与邛窑瓷器均有出现，其中不乏带有植物纹饰者（图11）。长沙窑瓷器数量最多，器形、纹饰均十分丰富，侧面反映了湖南向长江上游购盐的需求之大。另外，遗存中还出现了当地仿烧长沙窑及邛窑系瓷器的产品。在川湘两地因井盐运输而发生商贸往来并存在瓷器仿烧

---

37 岳州窑与长沙窑的关系学界讨论颇多，如《岳州窑》将长沙窑视作与岳州窑青瓷不同的彩瓷窑口，《岳州窑新议》则将湘阴窑、长沙窑均列为岳州窑。本文将湘阴窑等青瓷窑口算为岳州窑，将长沙窑视作独立于岳州窑的窑口。2016 年长沙窑遗址石渚区的发掘情况表明长沙窑与岳州窑之间存在源流关系，结合岳州窑的考古发掘情况，两窑有共存时期，并非长沙窑兴起之后便完全取代了岳州窑。见周世荣、周晓赤：《岳州窑》，湖南美术出版社，2011 年；周世荣、胡保民主编：《岳州窑新议》，延边大学出版社，2012 年；湖南省文物考古研究所编：《焰红石渚：长沙铜官窑遗址 2016 年度考古发掘出土瓷器》，文物出版社，2018 年。

38 李浩：《六朝至隋唐时期岳州窑的域外文化元素考略》，《潇湘瓷韵：湖南师范大学好普艺术博物馆古陶瓷珍品集》，湖南美术出版社，2021 年。

39 陈丽琼、董小陈：《三峡与中国瓷器》，重庆出版社，2010 年，第 36 页。本书所指"邛窑"为广义的邛窑系瓷器，部分所录瓷器为琉璃厂窑等窑场所烧。

40 胡习珍：《长江三峡地区出土的长沙窑瓷器》，《中国古陶瓷研究（第十二辑）》，紫禁城出版社，2006 年。

41 明月坝遗址的发掘情况可参看四川大学历史系考古专业：《云阳县明月坝遗址试掘简报》，《四川考古报告集》，文物出版社，1998 年；李映福：《三峡地区早期市镇的考古学研究》，巴蜀书社，2010 年。

的情况下，两窑产品的植物纹饰及流行技法并不相似，说明二者少有模仿。

就植物纹饰题材而言，两处窑场纹饰组合差异明显，长沙窑的纹饰种类更为多样。尽管莲花纹、草叶纹两窑均有使用，但图案并不相似，且这些纹饰在唐以前便被应用于陶瓷装饰，如莲花纹的使用始于东汉，草叶纹可在隋代陶瓷上寻得，单论花瓣纹更可上溯至石器时代[42]。唐代在中国纹饰发展史上本就是"植物纹样占据了传统装饰纹样的中心地位"[43]的朝代，两窑普遍运用植物纹饰是社会风尚的缩影，也体现了陶瓷装饰的历史继承性。纹饰的差异则缘于销售策略及移民的数量与阶层不同。

唐代是丝绸之路的运输路线由陆路为主变为海路为主、主导者由粟特人等变为阿拉伯人的转折期。邛窑以内销为主，而长沙窑具有明显的外销性质，是 9 世纪主要的外销产品，甚至是海外贸易的兴衰决定着窑场本身的兴衰。窑址考古资料及境外所见长沙窑瓷器的年代、唐宋沉船出水瓷器的对比都证明了这一点。长沙窑模印贴花瓷器上的椰枣及树形图案不见于唐以前瓷器，且此类器物在窑址中出土数量有限，却是境外长沙窑瓷器中的代表性产品，说明这种产品主要面向海外市场。它们于中晚唐成为瓷器装饰题材也符合西亚当时的文化面貌。7 世纪中叶阿拉伯帝国灭亡萨珊波斯，逐步统一阿拉伯半岛，伊斯兰教禁止偶像崇拜，不喜人物、动物图案，偏好植物纹、几何纹[44]。

晚唐后期，王仙芝起义、黄巢起义先后爆发，长沙被卷入战乱，窑场生产难以维继，黄巢屠杀外商、集散地扬州陷入战乱等事件更是对以外销为主的长沙窑造成了严重打击，销售渠道受阻。马楚建立后，长沙窑的生产有一定复苏，但先后盘踞江淮的杨吴、南唐都与马楚不睦，出口通道不畅，长沙窑最终在五代走向衰落。前后蜀经济发达，统治者注重奢华享乐，邛窑也继续发展，甚至具有了官窑性质。但五代邛窑产品精品较少，仅有少数低温釉瓷器制作精良。另外，各等级墓葬出土瓷器以生活用品为主，普遍粗率，且多为琉璃厂窑产品。此种情况可能缘于前后蜀统治者不重视高档瓷器，如《北梦琐言》中司空监将"银棱瓷器"评价为"徒费功夫"[45]，同时也反映出琉璃厂窑正逐渐取代邛窑。

陈丽琼等人曾对邛窑外销的可能性进行探讨，认为唐代水运发达，邛窑瓷器可以沿江而下，至扬州出口，产生广泛影响。三峡库区出土的邛窑瓷器即为例证，扬州也发现了一件邛窑彩绘壶（图12），为中唐或此前的产品[46]。此种邛窑外销的可能路线途经长沙，扬州也

---

42 许绍银、许可编：《中国陶瓷辞典》，中国文史出版社，2019 年。

43 张晓霞：《天赐荣华——中国古代植物装饰纹样发展史》，上海文化出版社，第 115 页。

44 李梅田：《长沙窑的"胡风"与中古长江中游社会变迁》，《故宫博物院院刊》2020 年第 5 期。

45 （五代）孙光宪：《北梦琐言》，中华书局，2002 年，第 257 页。根据目前的考古资料，金棱、银棱瓷器应不是本地生产，而是产自越窑，通过贡赐等方式进入前后蜀。《锦里耆旧传》记载后梁曾赐前蜀"金棱碗、越瓷器"，见（宋）勾延庆：《锦里耆旧传》，中华书局，1985 年，第 15 页。

46 陈丽琼：《邛窑与铜官窑的关系及邛窑可能有外销》，《四川考古研究论文集》（《四川文物》1996 年增刊），1996 年；池军、薛炳宏：《沉睡古窑瓷，出土惊天下——谈珍园工地出土的唐代邛窑瓷器》，《扬州文博研究集》，广陵书社，2009 年；董小陈、陈丽琼：《再论邛窑外销陶瓷》，《东方收藏》2017 年第 7 期。

已被考证为长沙窑瓷器出口的主要港口。但三峡地区地形复杂，瓷器又是易碎产品，中唐前期及以前的情况有待商榷，在长沙窑占据较大外销市场份额的中唐后期至晚唐前期，邛窑瓷器出口成本过高而收益甚微。晚唐后期至五代，在统治者的喜好、社会环境、窑场状态等因素的综合作用下，两窑先后衰落，尽管仍存在往来[47]，革新的动力应也随之减弱。

另外，尽管两地窑业的发展同样受惠于安史之乱，但邛窑所受影响深于长沙窑。杨宁波指出长沙窑仅吸收了北方的施釉、装饰技术和器物形制，邛窑则在纹饰、窑炉、窑具等多方面受到了北方三彩技术的影响[48]。四川在唐代经济发达，又靠近关中，唐玄宗、唐僖宗均曾入蜀避难，许多平民也随之迁入。湖南在唐代经济较为落后，并非主要的移民迁入地。《中国移民史》根据唐宋文集中的墓志铭和神道碑制成唐五代移民情况表（表2），虽主要反映上层人士的迁移情况，亦可作为平民迁移情况的参考。

图12 扬州珍园工地出土邛窑羊首壶
采自《扬州文博研究集》

表2 唐五代移民情况[49]

时代	江南		淮南		江西		福建		荆襄		湖南		岭南		蜀汉		合计	
	数量	%	数量	%	数量	%	数量	%	数量	%	数量	%	数量	%	数量	%	数量	%
安史之乱	47	35	16	12	25	19	2	1	10	8	12	9	3	2	18	14	133	100
藩镇割据	11	17	7	11	8	12	11	17	8	12	5	8	3	5	12	18	65	100
唐末战争	46①	11	35②	9	23	6	92	23	13	3	30	7	21	5	141	35	401	100
五代十国	34①	21	11②	7	12	8	22	14	7	4	8	5	5	3	60	38	159	100
合计	138	18	69	9	68	9	127	17	38	5	55	7	32	4	231	30	758	100

注：采自吴松弟：《中国移民史（第三卷）·隋唐五代时期》，复旦大学出版社，2022年，第238页

人口南迁尤其是两次皇室幸蜀传播了窑业技术，也将北方社会风尚带入蜀地。邛窑与长沙窑均烧造海棠杯并施以植物纹饰，可以海棠杯为例分析两窑纹饰风格。这种杯形源自萨珊金银多曲长杯，唐代工匠在模仿器形的同时对纹饰进行了改造，以藤蔓、花草、飞鸟、双鱼取代了萨珊偏好的阿那希塔女神、圣树、鱼怪等题材。尽管其形制不断演变，但纹饰题材、构图相似，风格繁缛细密（图13）。邛窑与长沙窑烧造的海棠杯既有无纹者，也有内

---

47 长沙未见邛窑瓷器，但成都境内多处晚唐五代遗址及墓葬出土长沙窑瓷器，如通锦路唐净众寺园林遗址、杜甫草堂唐宋遗址H3。通锦路唐净众寺园林遗址年代可能晚至北宋初，杜甫草堂唐宋遗址H3年代主要为五代。见成都文物考古研究所：《成都市杜甫草堂唐宋遗址2012年发掘简报》，《成都考古发现2012》，科学出版社，2014年；成都文物考古研究所：《成都通锦路唐净众寺园林遗址》，科学出版社，2018年。

48 杨宁波：《长沙窑与邛窑关系》，《湖南考古辑刊（第10集）》，岳麓书社，2014年。

49 ①含南唐。②含吴国。安史之乱与藩镇割据两个阶段的移民人数较少是因为有神道碑、墓志铭的人较少。就各阶段的实际移民情况而言，应是唐末战争最多，安史之乱次之，藩镇割据次之，五代十国最少。见吴松弟：《中国移民史（第三卷）·隋唐五代时期》，复旦大学出版社，2022年。

图13　唐金银多曲长杯
1.摩羯纹金长杯　采自《唐代金银器研究》　2.鹦鹉纹银长杯　采自《唐代金银器研究》

图14　岳州窑陈隋之际青釉印花高足盘
采自《岳州窑》

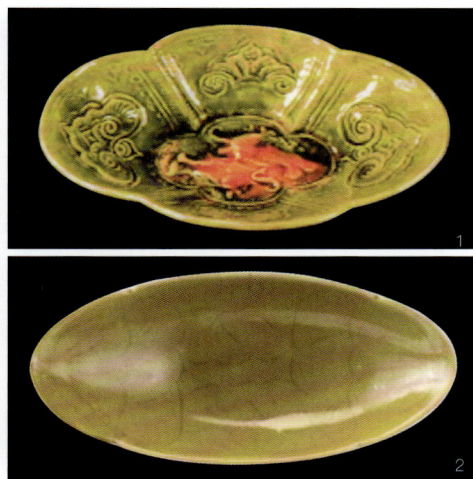

图15　唐陶瓷海棠杯
1. 三彩杯　采自《郑州西郊唐墓发掘简报》
2. 越窑青瓷荷叶纹海棠式杯　采自《荷物志：博物馆里的千年荷韵》

底印花者。就印花海棠杯细化分析，两窑的印花海棠杯都出现于晚唐，邛窑常在杯底中心印鱼纹，四周以麦穗纹分割成四块区域，每区域内饰一株植物，尽管有所简化，但与金银器的纹饰风格相同，且飞鸟、鱼、花草的题材及以植物纹四分空间、杯底中心开光的构图都见于金银长杯；长沙窑则与金银长杯差异明显，风格简约，纹饰仅有莲花纹，印花技法及莲花纹饰在岳州窑中广泛使用（图14），长沙窑可能有所模仿，但因产品类型不同而较少使用印花[50]。仿金银多曲长杯的瓷器最早出现于中唐，考古材料集中于9世纪的北方墓葬之中[51]。在北方地区，邢窑、定窑都生产内底印花的海棠杯，窑场未明的绿釉及三彩海棠杯（图15-1）纹饰与金银器及晚唐邛窑海棠杯尤为接近。在晚唐五代的南方地区，除邛窑与长沙窑外，越窑也有烧造海棠杯，但越窑以釉色取胜，带纹饰者多为刻划莲花（图15-2）。由此

---

50 李效伟：《长沙窑模印贴花——大唐陶瓷装饰艺术之奇葩》，湖南美术出版社，2008年。

51 王依农：《浮觞寰宇：唐代沉船出水绿釉（彩）器物及相关问题》，《美成在久》2021年第3期。

可见，尽管晚唐五代的南方窑场普遍烧造海棠杯，邛窑在纹饰风格上与中唐后期的北方地区更为接近。

四、结语

尽管邛窑与长沙窑同样在唐代中晚期兴盛，都是中国陶瓷史上较早发展彩绘技法的窑场，但就两窑最常使用的纹饰题材植物来看，虽然存在相同的装饰技法及纹饰题材，兴盛时间、发展路径、纹饰题材组合均不相同。在窑业技术交流的三个层次之中，装饰技术的模仿处在表层，单一产品面貌相同的窑场之间不一定存在技术交流。邛窑与长沙窑纹饰的相似之处既源于对中国陶瓷史上长期使用的纹饰题材的继承，也是唐代社会风尚影响的结果。这也可以从侧面回应两窑彩绘技法的源流关系这一问题，两窑的彩绘技法各自独立发展，关联较小。邛窑的彩绘出现时间早于长沙窑，但并未影响长沙窑。

浅谈邛窑与吉州窑的联系及现代吉州窑的传承创新

吴声乐[1]　肖晓林[2]　陈蕾[3]　吴佳盈[4]

（1. 南开大学　2. 吉安县图书馆　3. 吉安县城关第一小学　4. 西北农林科技学院）

摘要： 陶瓷实际上是陶器跟瓷器的总称，它浓缩了当时社会经济文化的结晶，体现了当时的社会发展状况，人们的文化追求。陶瓷文化是我国传统文化的一大宝藏，表现了我国古代人民的劳动结晶，也体现了中华民族的创造精神。中国的陶瓷文化，需要我们去不断地传承与发扬，让古往今来的人们认识中国陶瓷文化的多姿多彩。本文旨在比较和揭示邛窑和吉州窑之间各具特色的发展进程及相互之间的联系，同时讨论现代吉州窑陶瓷文化的继承与创新。

关键词： 邛窑　吉州窑　陶瓷文化　传承　创新

一、邛窑与吉州窑的发展历程与历史地位

1. 邛窑的发展历程与历史地位

邛窑，中国最古老的民窑之一，是中国彩绘瓷的发源地。邛窑分布在我国的四川省境内，以青釉、青釉褐斑、青釉褐绿斑和彩绘瓷为主，邛窑烧制始于东晋，在隋唐时期达到发展高峰，至两宋时期因战乱逐渐凋敝，直到 20 世纪初才被人再次发现。总的来说，邛窑 800 余年的烧制历史大致可分为如下几个时期。

东晋至南朝是邛窑初步发展时期：这一时期邛窑主要产品是单色釉的青瓷。晋代青羊宫窑瓷器釉色呈青黄、青绿或者青褐色。胎质较粗，呈黑、灰白、灰红等色。器物以生活实用器为主，碗、盘、盘口壶、鸡首壶、桥系罐等较为多见。南朝的邛窑青瓷的釉色有青黄色、青灰色、黑釉、青绿色、青褐色等，并已出现了带乳浊状的青绿釉。

隋代是邛窑彩绘兴起的重要阶段：这一时期，邛窑的窑场有所增多，釉下彩绘出现。据陈丽琼考证，新增了新津玉皇观窑、双流牧马山窑、乐山苏稽窑、关庙窑、邛崃大渔村窑等。其中技术较高的是青羊宫窑、邛崃固驿窑、邛崃十方堂窑、灌县金马窑、江油九龄窑等。这一时期的产品以青瓷为主，釉色除原有的青黄、青绿、青褐、灰黄、灰青等，还

出现了乳白色。乳白釉器以邛崃大渔村窑所产为代表，胎质细腻，釉层较薄，釉面有细小的开片。

初唐至盛唐是邛窑发展的成熟时期：这一时期巴蜀地区烧造青瓷的窑厂发展迅猛，多达数十个。这一时期邛窑的釉色也极为丰富，多达三十多种，比较常见的如黄绿、青黄、青灰、绿、深绿、浅绿、油绿、灰白、乳白、蓝色、褐、黑、黄、米黄、茶黄、菜籽黄等。胎釉之间多使用化妆土，还开始在器物上使用护胎釉。晚唐至五代是邛窑生产的又一新高潮：这一时期彩绘渐渐没落，邛崃十方堂常生产的邛三彩代表了邛窑高超的技法水平。无论从制作、装烧工艺还是从产品形态上观察，邛三彩无疑是邛窑晚唐至五代时期的精细产品。器物主要有杯、盘、罐、执壶等，有拉坯成型的，也有模制成型的器物，器物均造型规整而轻盈。宋代由于全国的瓷器手工业全面繁荣，巴蜀地区也新增了大量窑场，形成了除青瓷产品以外的黑瓷和白瓷的生产基地。这一时期，釉下彩装饰的数量锐减，以各种色调的绿色、青色釉为主的乳浊釉瓷器开始大量生产，形成了独具特色的"邛窑绿"。

邛窑为何能够在中国陶瓷界崭露头角？对此徐柯生谈道："唐三彩是中国彩陶艺术的巅峰之作，而同时期的邛三彩最大特色，在于'高温、无铅和釉下彩'。"徐柯生继续讲解说，"烧制时窑内的温度，是区分陶器与瓷器的重要条件之一。陶器的烧制温度在800℃至1100℃左右，而瓷器的烧成温度更高，在1200℃到1400℃。邛三彩烧制的温度达到了1200℃，比唐三彩高200℃，相比纯粹的陶器唐三彩，邛三彩处于陶与瓷的分界线，达到了一种非常奇妙的过渡状态。而在邛窑陶瓷器中广泛采用的釉下彩，也为后来的瓷器打下了坚实的基础"。邛窑的开创性成就还不仅于此，徐柯生说："20世纪90年代中期，邛窑还发现了一只拳头大小的唐代瓜棱形水盂，那上边有着一片'火烧云'般的红艳，从专业角度来解读，这就是我国最早的'铜红'釉下彩。这种色彩的形成，来自四川土壤中独特的铜元素含量，再经过工匠的精心烧制后，最终让邛窑时隔千年'一红动天下'。"

2. 吉州窑的发展历程与历史地位

吉州窑是江南地区一座闻名中外的综合性窑场，遗址地处江西省吉泰盆地，位于吉安县永和镇西侧。吉州窑创始于晚唐，兴于五代、北宋，极盛于南宋，元末明初断烧，距今有1200多年的历史。吉州窑所烧瓷器富有浓郁的地方风格与民族艺术特色，工艺鲜明，融会释儒二道，效法南北百工，造型与装饰丰富，内容涉及宗教、士人与世俗等宋元时期的社会生活，以具有禅趣的木叶纹盏、别具一格的剪纸贴花及质朴秀雅的釉下彩绘装饰最负盛名，产品畅销大江南北，出口海外，对瓷都景德镇元代青花瓷的勃兴起了直接的推动作用，在中国陶瓷发展史上占有重要的地位。

吉州窑的瓷业，据现有资料，是从唐代创始的。1956年蒋玄佁曾至吉州窑址做过考察，尔后在《吉州窑》一书中，他不仅将唐代吉州窑产品称之为"早期青瓷"，还把吉州窑唐瓷的标准碎片印入图录。五代、北宋是吉州窑的发展时期。北宋时期，吉州窑瓷业得到了

图1　北宋吉州窑青白釉双系执壶

图2　北宋吉州窑白釉折沿碗

图3　南宋吉州窑绿釉印花纹碟

进一步的发展，当时吉州窑所烧的茶盏，已是为人们所珍视的名产。吉州窑的烧瓷历史，至南宋进入了它的繁荣兴盛的黄金时代，南宋吉州窑瓷在装饰艺术上的成就，尤为人们所熟知。它的艺术特色是质朴自然，以具有浓郁的民族风味和强烈的生活气息见长，元代是吉州窑的衰落时期。

景德镇自古有"工匠八方来，器成天下走"的民谣，吉州窑也是如此，产品沿赣江流向天涯海角。北宋时，吉州窑已达到较大的规模，其出产的陶瓷器深受国外商人青睐。吉州窑陶器作为外贸的主要商品之一，为促进国际经贸和文化交流发挥了重要作用，同时也将古朴的庐陵文化传播到四面八方。

二、邛窑与吉州窑的联系

1. 邛窑与吉州窑古代瓷器相同之处（青白釉瓷器、青绿釉、青灰釉）

吉州窑遗址出土的青白瓷分布范围较广，各遗址点各时期出土的数量不均衡。总体来说器类丰富，有壶、罐、碗、盏、碟、香炉等日用器，还有制瓷工具轴顶帽，甚至有试料器、火照，有的器物压塌变形，有的粘连垫圈，显然是当地吉州窑窑场生产的（图1—图3）。

青瓷器是邛窑系早期最为普遍的器物，由于处在成都平原，邛窑系的胎土和原料大多选用红色水层岩，这种土壤含铁量较高，胎色以紫红、砖红和浅红为主。为了解决胎质粗糙的问题，邛窑都要在一般小型器物上先上一层化妆土再施釉，这成为邛窑青瓷器的工艺特征（图4—图6）。处于早期青瓷生产阶段的邛窑，其产品设计和生产本身就是为满足市场对实用性的需求，无论是在造型、纹饰、装烧方法上都受到工艺水平的诸多限制，出土器型有碗、豆、杯、盘、钵、系罐、罐、壶、砚、支钉、垫柱、垫板、垫圈、垫环及大批的残破瓷器瓷片。

吉州窑与邛窑在各自瓷器烧造早期产品品质都不

图4 唐代邛窑青瓷褐彩"蜀"字罐 　　　　图5 唐代邛窑青瓷四系罐 　　　　图6 宋代邛窑青釉高足瓷炉

高、胎质比较粗糙，品种也局限于日常生活所常用的一些器型，讲究实用性，釉色比较单调、朴实，多为青中泛白、青中泛黄、青灰色、青中泛黄等。

2.邛窑与吉州窑古代生产瓷类不同之处（釉下彩绘技术、彩绘瓷）

邛窑彩绘陶瓷是隋唐时期较为流行的器物。在隋朝及唐初，邛窑系瓷器出现了工艺较为复杂的褐彩、绿彩以及褐绿组合的彩绘和铜红釉，这些色彩的出现标志邛窑瓷器已掌握高温釉下彩绘的复杂工艺（图7）。在中国陶瓷史上，长沙铜官窑的釉下彩绘是最为著名的，邛窑发现的彩绘陶瓷在绘画和装饰工艺上虽不及铜官窑，但其出现的时间却比铜官窑早。邛窑系陶瓷在隋唐时期流行褐、绿、黑三彩装饰，后来发展到黄、蓝、褐、绿等多种色彩，主要器型有碗、盘、炉、钵、灯、瓶、壶、盂、珠子及小型人像和动物捏塑品等，主要纹饰有连珠纹、套圈纹、花卉纹、草叶纹、圆圈连珠纹等。邛窑另一种彩绘瓷器是邛窑三彩。最早的釉下彩要追溯到两晋青瓷上的褐色点彩，而真正的釉下彩绘是唐代长沙窑器上的釉下彩画及器表的题诗写句装饰。

图7 唐代邛窑青瓷褐绿双彩盘口瓶

到北宋，磁州窑继承了长沙窑的此种装饰技法，烧制成了最具代表性的白地釉下黑彩器。磁州窑烧制釉下彩绘瓷较吉州窑至少要早一百多年。吉州窑于南宋烧制的釉下彩绘瓷是北方瓷工南迁江西烧瓷的结果。可以说，南宋的吉州窑是继承和发展了磁州窑白地釉下彩的装饰风格（图8—图12）。冯先铭认为吉州窑受磁州窑影响，釉下彩绘瓷器属于磁州窑系。有极大可能在"靖康之变"以后磁州窑部分窑工南迁江西，把釉下彩绘技法带到了永和镇。永和镇距离景德镇较近，沿赣江可以通达，因此，景德镇受吉州窑影响应较磁州窑大，也就是说，景德镇的青花品种应与吉州窑的釉下彩绘有更加密切的关系。

图8　南宋吉州窑釉下褐彩八卦纹炉 　　图9　元吉州窑釉下褐彩波涛纹罐 　　图10　南宋吉州窑釉上彩鹧鸪斑盏

图11　南宋吉州窑釉上贴花双凤纹盏 　　图12　南宋吉州窑绿釉蕉叶纹枕

据相关材料推断，釉下彩技术大概沿着唐三彩青釉绿彩彩釉和模印贴花装饰工艺——长沙窑釉下褐彩或釉下褐绿彩——磁州窑白釉釉下黑彩（白地黑花）——吉州窑白釉釉下黑彩（白地黑花）发展。吉州窑釉下彩绘瓷采用含铁量较高的颜料（也有称这种颜料也为斑化石）在器表直接绘装饰图案，薄喷透明釉，入窑烧制而成，由于火力不高，吉州窑的产品呈现"半陶半瓷"状态，敲击会发出金属声响。和邛窑不同，其在彩绘之前并未采用化妆土装饰，而是直接在器表绘画，这是两窑装饰技法最明显的不同点。通过直接绘画，入窑烧制的时候，泥土会吸收颜料，因而烧成后的作品纹样线条清晰，晕染不严重，呈现出精致的效果，并且颜色呈绛红色或褐色，也被称为"铁锈花"。

三、吉州窑的传承与创新

1. 釉的改善

吉州窑釉下彩绘瓷颜料取自于褐色赭石，主要是以三氧化二铁为主。彩绘用料比磁州窑彩绘要红艳明亮，它不似磁州窑彩绘偏黑色，为酱褐或红褐色。吉州窑早期的釉下彩绘

图 13　吉州窑花草纹直颈罐　　　　　　　图 14　吉州窑牡丹纹盘　　　　　　　图 15　吉州窑奔鹿纹盖罐

瓷图案发色并不艳丽而是呈黑褐色或酱褐色是因为釉太厚，还会使得绘画易晕散，难以绘制精细。在不断的分析和实践中，吉州窑窑工改进了釉的属性和状态，加之吉州窑瓷胎细润，乳白釉改成了透明釉，改良后的吉州窑彩绘图案便清晰明了（图 13—图 15）。

2. 利用柴烧传承古法烧制技艺

当下瓷器的烧制一般采取电窑或气窑，它们有专门的仪表设备，火候很容易掌控。为了探索和传承吉州窑古法烧制技艺，在特殊的日子举行柴烧活动（图 16），吉州窑现有龙窑一座，目前共举行七次柴烧活动。龙窑是按本觉寺龙窑遗址 1:1 的比例修建的，因其窑身呈长方形，坡形砌筑，烧造时似一条火龙而得名。

3. 装饰技法革新

吉州窑工匠借鉴磁州窑装饰技法并将文人画中的山水，花鸟，人物，以及诗词句搬上了瓷器，以含铁原料为墨，以器表为纸，用毛笔将当时流行的元素并加以自己的想象绘制在胎体表面，烧制成瓷，风格清新愉悦，既带有文人画的风格，又有瓷匠自身的审美思想，画面风趣而又有立体感（图 17—图 23）。其中的彩绘创新技法，如剪影式则是

图 16　第五届吉州窑龙窑柴烧活动

反映了当时当地的剪纸工艺，虽然多用于黑釉剪纸贴花瓷上，但彩绘瓷也用剪影式绘画装饰技法表现，是受其影响的最好反映。

图 17 吉州窑白地黑花波涛纹梅瓶

图 18 吉州窑釉下彩绘百福瓶

图 19 吉州窑黑地白花荷花纹梅瓶

图 20 吉州窑釉下彩绘吉祥如意梅瓶

图 21 吉州窑釉下彩绘凌波仙子梅瓶

图 22 吉州窑釉下彩绘青云直上梅瓶

图 23 吉州窑釉下彩绘奔鹿纹笔筒

四、结语

邛窑是中国最古老的民窑之一，是中国彩绘瓷的发源地。吉州窑的彩绘瓷是江西地区瓷业发展的创始窑口，是文化发展前进的载体之一，也是历史上南北陶瓷文化交流的有力见证。今天的吉州窑正在不断传承古老工艺技法，坚持开放合作、创新发展理念，传承研究仿古瓷器、研发创新古代器型、创作多样新产品、开发风格各异的新工艺，陶瓷产业正走向精品化、定制化、品牌化，千年古窑正焕发出新的活力和生机。

洪州窑与邛窑关系浅探

钟洪香

（江西省博物馆）

摘要： 江西洪州窑与四川邛窑均以烧青瓷为主，本文从两窑出土瓷器的器物组合及形制、装饰技法、装烧工艺等方面进行比较，分析其异同，体现了相同的时代特征和不同的地域差异性，传统与创新碰撞，是江西和四川地区人们情感质朴和追求艺术审美的呈现，亦是其制瓷技术不断革新的结果，是中国陶瓷史不可或缺的重要组成部分。

关键词： 洪州窑　邛窑　制瓷技术

　　洪州窑，亦称"丰城窑"，文献记载最早见于唐陆羽《茶经》："碗，越州上、鼎州次，婺州次、岳州次，寿州、洪州次……越州瓷、岳州瓷皆青，青则益茶，茶作白红之色。邢州瓷白，茶色红；寿州瓷黄，茶色紫；洪州瓷褐，茶色黑，悉不宜茶。"[1]洪州窑始烧于东汉晚期，持续至五代。经考古调查与发掘，洪州窑主要分布在江西省丰城市曲江镇、同田乡、尚庄镇、河洲乡、石滩乡5个镇（乡）的10个自然村，迄今发现30余处窑址。考古人员对7处窑址进行了正式考古发掘，即港塘清丰河窑址、龙凤乌龟山窑址、龙凤李子岗窑址、罗湖寺前山窑址、罗湖尚山窑址、罗湖象山窑址、曲江窑仔岗窑址[2]。邛窑，又称"邛崃窑"，始烧于南朝，持续至两宋，是目前已知四川古陶瓷窑址中烧造时间最长、产品最丰富、造型纹饰最精美的知名窑场。经考古调查与发掘，邛窑主要分布在四川邛崃县境内的南河两岸，发掘了7处古代窑场，分别为十方堂遗址、大渔村窑遗址、瓦窑山窑遗址、尖山子窑遗址、黄鹤窑遗址、柴冲窑遗址和官庄窑遗址[3]。其中邛崃固驿乡的瓦窑山古瓷窑烧瓷时间最早，十方堂窑址面积最大，遗物具有典型的唐代特征，是唐宋时期四川地区最具影响力的青瓷窑场。

　　洪州窑和邛窑均属于长江流域的青瓷窑场，主要集中于长江中游赣江流域的和长江上

1　（唐）陆羽：《茶经》，云南人民出版社，2011年。

2　北京大学中国考古学研究中心、江西省文物考古研究院、江西省丰城市博物馆：《丰城洪州窑址》，文物出版社，2018年。

3　黄晓枫：《邛崃十方堂窑遗址五号窑包的建筑、窑炉遗迹》，《江汉考古》2012年第4期。

游的南河两岸的丘陵地带，拥有制作陶瓷所必需的水力、瓷土、燃料等条件，是江西和四川地区古代重要的陶瓷窑场。洪州窑烧瓷时间从东汉持续到唐五代，邛窑从南朝持续至两宋，二者烧瓷时间均较长，约有 800 年，尤其体现在南朝至唐五代时期，在器物组合及形制、装饰技法、装烧工艺等方面具备相同的时代特征及区域性差异。

一、器物组合及形制

从烧瓷品种来看，邛窑固驿窑址所出瓷器，除了砚台外，多为日常生活用品，器物组合为碗、豆、盘、盏、钵、罐等[4]，这种器物组合与江西洪州窑瓷器组合基本相同，反映了早期瓷器生产的组合特征及两地人们生活用瓷习惯。两窑同时期产品多系罐、多足砚、高足杯、碗等几类形制较为相近。这些器物在同时期的南北其他窑口也多有发现。

罐为陶瓷容器，根据需要，多在器身各个部位加以不同装饰，有的在口沿及肩部装耳，有的在腹部及肩部置系，有的加盖，有的在器身饰以各种纹饰。其中在腹部或肩部装置系的罐多流行于东汉至隋唐时期。洪州窑出土的系罐，有双系、四系、六系之分，有环形、桥形系，多置于罐肩部，六系呈对称双竖向，对称单横向半环形系；四系呈对称横向，桥形或半环形系；双系呈对称环状系。如龙凤乌龟山窑址出土 9 件肩置 4 个半环形系的瓷罐；龙凤李子岗窑址出土 4 件罐，3 件肩部设置对称六桥形系罐，1 件肩部设四环形系罐[5]。邛窑最为常见的一种系罐，从罐和纽的比例上看，是器小纽大，有明显特点。固驿瓦窑山古瓷窑出土罐 34 件，其中 4 件为多系罐，肩附四桥形系[6]。

砚台属文房用具，主要用于磨墨。砚面多为圆形，周边开设水槽，加盖。底部多设足，或蹄足，或兽足，或珠足，多少不等。唐代流行多足砚，足数有的多达 20 只以上，环壁密列一周，以洪州窑出土的辟雍砚为典型代表。洪州窑罗湖寺前山窑址、罗湖尚山窑址出土 9 件多足砚台，砚平底或平底内凹，周附六至十个不等的砚足。有的为较粗壮的兽足，沟槽较浅。有的为多个较瘦小的兽足，沟槽较深[7]。邛窑的瓷砚为圆形，有滴足和多足之分，砚面平坦，与唐墓出土的瓷砚相同。固驿瓦窑窑址出土砚台 7 件，6 件为五足圆砚，1 件

4　陈显双、李子君、杨文成：《四川邛崃县固驿瓦窑山古瓷窑遗址发掘简报》，《南方民族考古（第四辑）》，四川科学技术出版社，1991 年。

5　北京大学中国考古学研究中心、江西省文物考古研究院、江西省丰城市博物馆：《丰城洪州窑址》，文物出版社，2018 年。

6　陈显双、李子君、杨文成：《四川邛崃县固驿瓦窑山古瓷窑遗址发掘简报》，《南方民族考古（第四辑）》，四川科学技术出版社，1991 年。

7　北京大学中国考古学研究中心、江西省文物考古研究院、江西省丰城市博物馆：《丰城洪州窑址》，文物出版社，2018 年。

为八足砚台，下附锥形足[8]。

　　高足杯又称"把杯"，因执于手中便于在马上饮酒，又称"马上杯"。瓷质高足杯流行于隋唐时期。洪州窑出土的高足杯，直口，深腹，下承以高足把柄，器形与邛窑出土的高足杯相似，均为仿唐代金银器造型，应是受到西亚文化的影响。

　　此外，洪州窑和邛窑出土的瓷器具有相同的时代特征，如两窑均出土隋代盛行的高足盘、唐代因茶文化而流行的茶碗，且造型多美观大方，浑圆饱满，表现出较强的时代特色。不过地域性差异亦较明显，如邛窑出土具有四川特色的省油灯、提梁罐，洪州窑出土独具特色的辟雍砚。这些时代共性及地域差异性，为我们深入了解不同时代江西地区和四川地区的制瓷工艺、社会生活习俗提供了非常重要的资料。

二、装饰技法

　　陶瓷器的装饰与各地的陶瓷原料、制瓷工艺有关，体现了不同时代审美取向，是对陶瓷器物进行艺术加工的手段，能够提高器物的外观美感，提高审美情趣，感受文化和艺术的魅力。传统装饰手法包括印花、划花、剔花、镂雕、堆贴花、彩绘等，纹样有水波纹、弦纹、麻布纹、方格纹、莲瓣纹、菊瓣纹、朵花纹、忍冬纹、重圈纹等。洪州窑和邛窑有着较为相似的装饰技法，如均流行在瓷坯上施化妆土和点彩装饰。两个窑口装饰技法亦有独特之处，洪州窑最早使用玲珑装饰技法，邛窑的彩绘瓷及邛三彩装饰技法，具有非常强烈的时代地方特色。

1. 均施用化妆土

　　化妆土是以质地较好的瓷土加工调和成泥浆，施于质地较粗糙或颜色较深的瓷器坯体表面，颜色呈色不一，有的呈灰色或浅灰色，有的呈白色。施化妆土可让瓷器表面变得光滑美观，可在上面直接施釉或彩绘，扩大了原料范围，提高了瓷器质量，是中国制瓷业中重要的工艺技术，对制瓷业的发展起了重要作用。

　　洪州窑的瓷质较为粗糙，胎呈褐色、深褐色、灰色或浅灰色，釉色或青中泛黄，色调多浅淡，胎釉结合不太紧密。为掩盖胎釉缺陷，洪州窑常使用化妆土，其工艺最早应始于三国。江西省南昌市东吴高荣墓中出土了一件洪州窑青褐釉麻布纹四系盘口壶[9]，在壶外腹壁至底足露胎处施一层黑色护胎浆，与洪州窑南朝以后器物胎釉之间的灰色和灰白色化妆

8　陈显双、李子君、杨文成：《四川邛崃县固驿瓦窑山古瓷窑遗址发掘简报》，《南方民族考古（第四辑）》，四川科学技术出版社，1991年。

9　江西省文物考古研究所：《尘封瑰宝——江西配合基本建设出土文物精品》，江西美术出版社，1999年，第30页。

土不同,可能是瓷器使用化妆土的雏形[10]。有专家认为,洪州窑是最早使用化妆土的窑场[11]。洪州窑瓷器一般在施釉前施一层化妆土,早期化妆土和釉层结合不够牢固,多见剥釉现象。邛窑胎质以褐色、深褐色或紫红色为多,釉有青色釉、青灰色釉、黄釉、酱釉等多种,早在南朝时期已经广泛使用化妆土美化陶瓷。隋代邛窑瓷器除了大型的系罐、壶不用化妆土外,其余器形已经普遍使用化妆土来装饰,包括米黄色、灰白色、灰黄色化妆土,化妆土的使用使得瓷胎更加细腻了,这反映了隋朝邛窑瓷器的进步[12]。

2. 均流行褐色点彩

褐色点彩是将褐彩绘在瓷器的釉面上,入窑高温一次烧成。洪州窑西晋时期出现了褐色点彩装饰,主要饰于钵、盘口壶等器物的口沿和器盖的盖面上。西晋时彩点较大,有的甚至呈条状,点饰较有规律,彩点与彩点之间基本是等距离。点饰在器盖上的,横向、纵向基本成行。东晋中晚期至南朝早期,褐色点彩彩点变得小而密,隋基本废弃此装饰技法。乌龟山窑址出土 214 件瓷钵,部分口沿饰褐色点彩。同窑址出土的 43 件器盖,31 件盖面上饰褐色点彩,因时代不一,故彩点布局不同,有的彩点较大而疏,有的彩点较小而密[13]。邛窑在唐代点彩装饰较多,大致分为三种:一种是单独用褐色点成纹饰;一种是用褐彩点成一圆圈状,然后在圈中间再点上绿彩;一种是将褐彩与绿彩用间隔排列的方式组成纹饰。点彩装饰瓷器在四川灌县窑也有,区别在于邛窑为青釉,而灌县窑是釉面没有光泽的淡黄釉[14]。

洪州窑是全国同时期窑址中最早使用这种以铁元素为着色剂的装饰方法[15]。褐色点彩装饰与不同青釉造型结合,是集艺术性与实用性于一体的精品瓷器。

3. 其他装饰

玲珑装饰是瓷器的一种镂孔填釉的特殊装饰技法,指在器物的坯体上,按设计的部位用金属工具雕镂出孔眼,然后蘸釉填满孔眼,通体施釉后入窑高温一次烧成。1990 年在罗湖狮子山窑址采集 1 件隋代剔花卷草纹高足盘[16],盘腹下部为剔刻的玲珑莲瓣纹,莲瓣纹以线刻与镂空成行,镂空处釉结其中,应是文献记载的玲珑装饰技法。之后在洪州窑窑址也出土了玲珑瓷残片。洪州窑是最早使用玲珑技术装饰瓷器的窑场,为瓷都景德镇宋元明清时期采用这类玲珑镂雕工艺提供了前期技术借鉴,是中国陶瓷烧造史方面的重大突破[17]。

---

10 秦大树:《瓷器化妆土工艺的产生与发展》,《华夏考古》2018 年第 1 期。

11 余家栋等:《洪州窑考古发掘的新收获》,《中国古陶瓷研究(第五辑)》,紫禁城出版社,1999 年。

12 吴俊芳:《邛窑古陶瓷发展初步研究》,四川省社会科学院硕士学位论文,2019 年。

13 北京大学中国考古学研究中心、江西省文物考古研究院、江西省丰城市博物馆:《丰城洪州窑址》,文物出版社,2018 年。

14 吴俊芳:《邛窑古陶瓷发展初步研究》,四川省社会科学院硕士学位论文,2019 年。

15 张文江、余琦、胡平凡:《汉唐青瓷名窑——江西丰城洪州窑》,《南方文物》2008 年第 1 期。

16 万德强:《洪州窑出土的两件精美瓷品》,《中国古陶瓷研究(第五辑)》,紫禁城出版社,1999 年。

17 张文江、赖金明:《略述洪州窑的突出价值》,《东方博物(第七十五辑)》,中国书店,2019 年。

邛窑的装饰技法除了传统的印花、刻划花、剔花外，还流行釉下彩绘、彩斑装饰，与湖南长沙窑有不少共同之处，如罐的腹部饰以褐色大圆斑或褐绿彩大圆斑，钵形器的外腹用褐彩绘纹饰，大碗的碗里中心饰以褐绿彩纹饰等[18]。邛三彩是晚唐至五代邛窑以铜、铁、锰、钴为呈色元素而烧制出的一种彩瓷，是邛窑烧造的高端产品，釉色以绿、黄、褐为主，也有黄釉、绿釉单色釉器，与著名的唐三彩器形、色彩、纹饰相似，但工艺远不及其精致[19]。邛三彩的盛行，丰富了唐代瓷器的装饰技法，有助于我们了解四川地区人们当时的实际生活状态、审美情趣。

三、装烧工艺

《陶雅》："瓷器之成，窑火是赖。"装烧是制瓷工艺中十分重要的一道工序，涉及窑炉和窑具，不同地区使用窑炉、装烧工具均有时代共性和地域差异性。洪州窑和邛窑均以龙窑为主，不同时期使用不同的间隔具和支座。洪州窑是最早使用匣钵和试照的窑口，邛窑尚未发现匣钵。

1. 以龙窑为主

窑炉包括龙窑、马蹄窑、馒头窑等，南北方窑工根据当地不同的地理环境，使用不同的窑炉形制。龙窑是南方地区普遍使用的窑炉形制，一般依倾斜的山坡而建，由窑门、火膛、窑室、排烟孔等部分组成，装烧量大、产量高。龙窑的长度随着时代的发展逐渐加长，至宋元时期有的长度超过百米，逐渐出现分室龙窑。

根据考古调查和发掘资料得知，洪州窑在东汉晚期到五代南唐时期烧造瓷器的过程中，使用的均为龙窑。洪州窑遗址范围内共调查发现和清理了24座不同时期的窑炉，分别为龙窑和马蹄窑[20]。其中21座龙窑，3座马蹄窑。2004年在陈家山窑址清理2座东汉末至三国时期龙窑，其中一座长23.8米，宽2.4米，残高0.2—0.4米，为同时期的窑场所未见[21]。邛窑遗址发现的窑炉为斜坡式龙窑，一窑长约27.4米，前部坡度较大，约14°，后部坡度较小，约7度。南朝邛窑虽然处于初创阶段，但是瓦窑山遗址的一号窑炉却采用了龙窑烧制。瓦窑山一号窑炉炉身呈长条形，长46.2米，宽2—2.1米[22]。

南方地区多使用龙窑，与南方地区多丘陵有关。并且龙窑筑造方便，升降温较快，易于维持还原气氛，适合烧造高温下黏度较小的石灰釉瓷器，是青瓷烧造的摇篮。洪州窑出

18 中国硅酸盐学会编：《中国陶瓷史》，文物出版社，1982年。

19 于子雅：《邛窑与长沙窑的比较研究》，中国社会科学院硕士学位论文，2016年。

20 张文江、赖金明：《略述洪州窑的突出价值》，《东方博物（第十五辑）》，中国书店，2019年。

21 江西省文物考古研究所等：《丰城港塘陈家山洪州窑遗址考古发掘的主要收获》，《中国古陶瓷研究（第十二辑）》，紫禁城出版社，2006年。

22 吴俊芳：《邛窑古陶瓷发展初步研究》，四川省社会科学院硕士学位论文，2019年。

土最早的东汉晚期成熟青瓷，应跟使用龙窑有很大关系。

2. 窑具

窑具一般用耐火黏土制成，主要有间隔具、支座、试火具、匣钵、窑柱等。不同时期使用窑具亦有差异，瓷器上留下不同的烧造痕迹即时代印记，具有强烈的时代特点。

洪州窑东汉晚期至东晋主要采用裸烧技法，直接将支座置于龙床窑床上，坯件放在支座上，不同器物支烧方法亦有不同。罐等体形较大的器物单件置于支座上或直接放在窑床上烧制；灯、砚台等形制较特殊的器物，一般是单件放在支座上面；钵、碗、盏等饮食器往往叠烧，每摞一般4—5件。器物之间以间隔具隔开，放在支座上面。烧成后，常在内底釉面上留下间隔具的痕迹[23]。

东晋晚期，洪州窑创造发明了匣钵。匣钵是指瓷器焙烧过程中放置坯件并对其进行保护作用的匣状窑具，一般为筒形或漏斗形，也有呈M形、碗形、钵形和椭圆形等，出现于南朝时期，唐代开始普遍使用。匣钵耐高温，胎体结实，承重能力强，层层叠摞不易倒塌，可以充分利用窑内空间或适当增加窑室高度，提高产量。匣钵的发明和广泛使用，是中国制瓷工艺的一大进步。1992年在丰城市同田乡李子岗窑址采集多件具有南朝特征的莲瓣纹青瓷碗和莲花纹青瓷盘粘连在匣钵内的标本[24]。洪州窑丰城龙凤乌龟山窑址出土匣钵18件，筒形或扁筒形，壁中下部开二至四个较大的三角形、水滴形、圆形、椭圆形或长方形孔，以四个为多，部分匣钵的口沿开弧形或角形缺口。罗湖寺前山窑址发现125件匣钵，灰紫色粗胎，平底，其中83件呈筒状[25]。唐晚期至五代，出现了新的窑具——窑柱。窑柱呈圆柱形，有秩序地排列于窑床上，有的上面平铺一层耐火砖，砖上放置装满坯件的匣钵。有的直接承托叠烧的碗等坯件。装烧用窑柱，可便于火焰、烟气流通，有利于减少窑内温度。

邛窑固驿窑的瓷器绝大多数用垫柱叠烧、明火敞烧，与洪州窑南朝发明匣钵以前烧制方法基本相同。高端器物以自身当柱、器上叠物烧出的，少数器物以大装小、套烧而成。装烧工艺较为特色。根据采集标本看，碗类多用圆饼形或圆圈形的五齿、六齿支钉间隔；罐与罐之间用圆墩形六齿、七齿支钉间隔；豆与豆与碗之间用梯形支钉间隔；盘口壶上承托装烧物时用圆盘形支钉间隔[26]。

此外洪州窑还是最早使用火照掌控窑温的窑口。火照即试火具，是用来测定窑内温度，可及时掌握窑内温度的变化。1994年在江西丰城洪州窑遗址考古发掘的东晋和南朝地层分

23 北京大学中国考古学研究中心、江西省文物考古研究院、江西省丰城市博物馆：《丰城洪州窑址》，文物出版社，2018年。

24 权奎山：《论洪州窑的装烧工艺》，《考古学研究（四）》，科学出版社，2000年。

25 北京大学中国考古学研究中心、江西省文物考古研究院、江西省丰城市博物馆：《丰城洪州窑址》，文物出版社，2018年。

26 陈显双、李子君、杨文成：《四川邛崃县固驿瓦窑山古瓷窑遗址发掘简报》，《南方民族考古（第四辑）》，四川科学技术出版社，1991年。

别出土了火照 [27]。东晋时期的火照呈小盏形，应是将已经施釉的盏壁挖去一较大圆孔而成。南朝火照的造型与东晋相同，也呈盏状，应是火照的初始阶段。

四、结语

　　江西洪州窑和四川邛窑均为南方地区长江流域重要的青瓷窑场。在器物组合和形制方面，早期多见类似的器物组合，如碗、豆、盘、盏、钵、罐等。两窑出土的多系罐、多足砚、高足杯、碗的形制也大体相同。不过风格独特洪州窑辟雍砚、邛窑省油灯、提梁罐，难掩其魅力，熠熠生辉；在装饰技法方面，除类似纹样外，均流行在瓷坯上施化妆土和点彩装饰。同时亦有独特的装饰技法，如洪州窑最早使用玲珑装饰，邛窑的彩绘瓷及邛三彩装饰技法，具有非常强烈的地方特色；在装烧工艺方面，洪州窑和邛窑均处于南方长江流域多丘陵地带，窑炉多以龙窑为主，装烧量大。使用的间隔具、支座、火照等窑具在不同时期具有不同的装烧特点。尤其突出的是洪州窑是最早使用匣钵和试照的窑口，邛窑尚未发现匣钵。

　　洪州窑和邛窑出土器物所体现的时代共性和地区差异性，既是江西和四川地区人们情感质朴的呈现，又彰显了善于创新、尤爱装饰的审美情趣，满足了其兼顾美观和实用的精神需求和物质需要，是制瓷技艺不断革新的结果。此外，洪州窑和邛窑器物不仅发现于江西和四川本土地区，在国内甚至国外其他地区也可见到两窑典型器物，反映了其开放包容的特性，既是地方特色，更是时代产物，是中国陶瓷史的重要组成部分，为中国陶瓷文化的发展提供了重要养分和助力。

---

27 余家栋、余江安：《江西汉唐青瓷考古试析》，《中国古陶瓷研究（第十二辑）》，紫禁城出版社，2006 年。

试论奈良三彩之诞生
——7—8 世纪东亚铅釉陶交流视角下的考察

比罗冈丰辉　刘朝晖

（复旦大学）

摘要：唐三彩和奈良三彩分别是中日两国7—8世纪最具特征的铅釉陶器，以鲜艳夺目、淋漓尽致的彩釉予人深刻印象。很长一段时间，奈良三彩被多数学者认为是日本单纯效仿唐三彩而作的仿品。而两者之间存在的诸多关键差异，值得重新思考与研究两者关系。本文根据现有传世和出土的资料，首先从文物交流角度确立奈良三彩的诞生与唐三彩的输入之间存在关联，并排除其受新罗三彩与渤海三彩影响的可能。其次，就日本学者过去所主张奈良三彩仅在釉色上模仿唐三彩的观点，提供对比研究，探讨奈良三彩受到唐文化影响的多重表现。第三部分，通过窑具探讨奈良三彩烧造技术与中国华北窑业技术之间的关联，以及可能的技术传播途径。第四部分，聚焦奈良三彩与更早来自朝鲜半岛的铅釉陶技术之间的继承关系。本文基于7—8世纪东亚铅釉陶器的交流背景，剖析奈良三彩诞生过程中，所受到唐三彩以及朝鲜半岛铅釉陶技术的多元影响。

关键词：奈良三彩　唐三彩　铅釉陶　东亚交流

一、绪论

众所周知，正仓院收藏有数十件三彩陶器，日本和西方研究者们在 20 世纪初就对其身份及来历充满好奇，由此开启了对以奈良三彩为主的日本铅釉陶器之研究。盛唐三彩已陆续出土于日本 50 余处遗址 [1]。奈良三彩和唐三彩之间非同一般的关系，使部分中国学者推测，有陶工跟随唐代僧人或遣唐使到达日本，从而使铅釉技术以及类似的彩釉风格扎根日本。然而两类器物之间种种差异，暗示我们似乎不能直接接受这一说法。相对而言，朝鲜半岛和日本距离更近，两地之间交流一度更加频繁：日本出土的朝鲜半岛产铅釉陶，以及

1　谢明良：《韩半岛和日本出土的唐三彩》，《中国古代铅釉陶的世界》，台湾石头出版股份有限公司，2014 年，第160 页。

发现受朝鲜半岛影响的 7 世纪作坊遗址——飞鸟池遗址，则提供了探索日本铅釉陶器来源的另一线索。

1. 概念界定

研究奈良三彩势必不能忽视唐三彩的存在。唐代三彩釉陶简称为"唐三彩"[2]。20 世纪初，唐三彩首次发现，很快经古董商之手流传到了海外。"唐三彩"一词，最早是日本学者从 20 世纪 10 年代英国人创造的称呼"*Tang three colo(u)r*"直译成汉字而来[3]。1923 年奥田诚一《唐三彩龙耳瓶》率先使用了"唐三彩"这一概念，先后又出版《唐三彩图谱》《"陶瓷杂谈"唐三彩觉书》《唐三彩马》等。1927 年，日本的华族会馆首次举办了以"唐三彩"为主题的展览，展出唐三彩 51 件，受到关注。受此影响，"唐三彩"逐渐深入人心，这一称呼也被学术界广泛使用，成为文物概念。

日本学者龟井明德主张："初唐以后，单彩、二彩、三彩并存"，因此"三彩并不是指三种颜色的铅釉陶，而是多彩釉的总称，包含二彩、三彩"[4]。胡汀昕曾对历来唐三彩的准确定义进行过探讨和总结，认为唐三彩是指"出现于 7 世纪中叶以后的盛唐时期，至少包含一种彩色铅釉的陶器"[5]。"奈良三彩"和"唐三彩"同属于铅釉陶体系，时代上前后关联，因此以上定义方式也适用于"奈良三彩"，即"奈良三彩"至少包含一种彩色铅釉的陶瓷器，其年代上限约为定都于平城京的奈良时代初期（8 世纪 20 年代）。时代下限至迁都平安京后的平安时代初期，则基本转变为单色绿釉陶。

2. 国内外相关研究状况综述

20 世纪四五十年代，日本学者梅原末治、小山富士夫因正仓院所藏三彩器而开始关注奈良三彩，发表了一系列论文，并对中日两国三彩陶器进行了深入比较。其中梅原末治 1944 年发表的文章，是对正仓院三彩相关问题进行全面调查的最早成果[6]。此后，小山富士夫在《正仓院三彩》一文中首先反对了当时大维德爵士（Sir Percival David）所主张的唐三彩说[7]，并对梅原氏的研究给予了高度评价，但亦不赞同梅原氏"大部分是日本产，而鼓胴是唐三彩"的折中观点，而是通过对比唐三彩，判定"正仓院三彩全部为日本烧制"[8]。

1962 年日本宫内厅事务所组织了一支古文化财科研小组，其中包括小山富士夫、加藤土师萌、田中作太郎、藤冈了一、山崎一雄、楢崎彰一，花费三年时间对收藏于正仓院中的三彩釉陶进行了细致比较和化学分析，认为正仓院所藏三彩全部都是"国内制"，研究

2　中国硅酸盐学会编：《中国陶瓷史》，文物出版社，1982 年，第 58 页。

3　小山富士夫：《正仓院三彩と唐三彩》，《小山富士夫著作集（中）》，朝日新闻社，1978 年，第 216 页。

4　龟井明德：《日本出土唐代铅釉陶の研究》，《日本考古学》第 16 号，2003 年，第 130 页。

5　胡汀昕：《唐墓出土三彩陶器研究》，复旦大学硕士学位论文，2014 年。

6　梅原末治：《正倉院尊藏の所謂三彩釉器に就いて》，《美術研究》十三卷四号，1944 年。

7　Sir Percival David, *The Shosoin Pottery*, Transaction of the Oriental Ceramic Society, 1930 (31).

8　小山富士夫：《正倉院三彩》，《座右宝 1》（中），朝日新聞社，1946 年。

结论由正仓院事务所发表于《正仓院的陶器》[9]。之后的研究也基本证实了此判断。

20世纪70年代以后，基于考古发现的日本产多彩、绿釉铅釉陶器，结合日本境内以及中国出土的唐三彩和唐代陶瓷，楢崎彰一[10]、田中琢[11]、小田富士雄、冈崎敬等对日本铅釉技术和风格的来源，器物的样式、功能等相关问题进行了研究。山崎一雄和加藤土师萌则率先使用科学检测方法对奈良和平安时期铅釉陶器胎釉成分和产地进行了实验分析，证实了8世纪30年代《造佛所作物帐》中原料记载与奈良三彩烧造的相关性[12]。

1998年，爱知县陶瓷资料馆举办特别展《日本の三彩と绿釉—天平に咲いた華》，展览图录中收录了楢崎彰一、山崎一雄、巽淳一郎、井上喜久男诸位学者有关日本出土铅釉陶研究的论文[13]。21世纪以来，日本在新出土材料和已有研究的基础之上，结合同位素等新方法对三彩绿釉陶器进行科学研究，如斋藤努[14]、高桥照彦[15]对铅釉原料的来源、分期进一步分析，判定了7世纪后半叶逐渐从使用朝鲜半岛铅料转向日本本土铅料，并基本确定了铅料产地。除此以外，龟井明德对日本出土的唐三彩进行了全面的归纳和分类，认为唐三彩输入日本可以追溯至7世纪[16]。神野惠在原有资料基础之上，对大安寺出土的陶枕做了再次考证和细分[17]。并且对飞鸟池遗址进行了考古发掘，发现了与铅釉烧造类似，烧造铸铅所使用的坩埚[18]。此外，奈良文化财研究所通过与河南考古研究院合作的契机[19]，运用类型学和科学分析，进一步将日本出土铅釉陶器与中国国内窑址的出土情况进行比较。降幡顺子则对7—8世纪日本出土的三彩标本以及铅玻璃相关样本进行了系统的铅同位素测试，解决了过去根据类型学分类的研究难题[20]。丹羽崇史对现有奈良三彩的研究现状进行了系统整理，从东亚铅釉陶烧造技术传播的角度对日后的研究课题进行展望：一是建立东亚施釉陶

9 宫内庁正倉院事务所编：《正倉院の陶器》，经济新聞社，1971年。

10 楢崎彰一：《三彩绿釉 灰釉》，《陶磁大系（5）》，平凡社，1973年；楢崎彰一：《正倉院陶器》，《日本古代の土器·陶器》，《世界陶磁全集（2）古代日本》，小學館，1979年，第133—143、252—264页。

11 田中琢：《三彩·绿釉》，《世界陶磁全集（2）古代日本》，小學館，1979年，第245—251页。

12 山崎一雄：《奈良·平安时代的绿釉の科学的考察》，《正倉院の陶磁》，第147—155页；山崎一雄：《古代釉薬の科学的考察》，《世界陶磁全集（2）日本古代》，小學館，1979年，第290—291页。

13 爱知县陶瓷资料馆：《日本の三彩と绿釉—天平に咲いた華》，1998年，第4—32页。

14 斋藤努：《三彩·绿釉陶器の铅同位体比分析》，《国立歴史民俗博物館研究报告》，2001年，第199—207页。

15 高桥照彦：《三彩·绿釉陶器の化学分析结果に关する一考察》，《国立歴史民俗博物館研究报告》，2001年，第209—231页。

16 龟井明德：《日本出土唐代铅釉陶の研究》，《日本考古学》第16号，2003年，第129—155页。

17 神野惠：《大安寺陶枕再考文化财論業Ⅳ》，《奈良国立文化财研究所纪要》，2012年；神野惠：《日本大安寺唐三彩枕再考》，《华夏考古》2015年第1期。

18 神野惠：《東アジアの铅釉陶器—考古资料にみる铅釉陶器生产と唐三彩の影響》，科学研究费补助金研究成果报告书，2009年。

19 河南考古河南省文物考古研究院、中国文化遗产研究院、日本奈良文化财研究所：《巩义黄冶窑（上）》，科学出版社，2016年，附录一《与日本奈良文化财研究所合作研究15年纪要》。

20 降幡顺子：《物性から探る古代铅釉陶器および铅ガラスの国内生产へ向けた技術的要件》，综合研究大学院大学博士学位论文，2014年。

制品的年代序列；二是摸清东亚地区施釉陶器的窑具特征[21]。

在中国，李知宴论述了三类主要的唐三彩生活用具和日本出土的唐三彩，认为"根据对考古发掘资料和大量传世文物的分析，唐三彩既有专作殉葬用的明器，也有生活中的实用器物，不能因为出自墓葬而否定它们在日常生活中的实用价值"[22]。王维坤对中日出土的唐三彩以及与奈良三彩的工艺技术、科学分析进行了综合性比较研究[23]。谢明良于90年代就立足于研究唐三彩的外销、在中日两地的消费、出土性质以及深层次的宗教等问题，此外他还在专著《中国古代铅釉陶的世界》中对日本出土唐三彩的情况进行了最新的补充和考辨，也根据日本学者的研究成果对奈良三彩的源流和仿烧问题进行了剖析[24]。他通过梳理国内外学者尤其是日本学者的相关研究，同时拓展东亚铅釉陶传播的研究视角，提供给中文学界诸多有意义的见解。李含笑、秦大树对出土唐三彩及其海外传播的相关研究议题进行了最新的综合性回顾，其中也梳理了中日对奈良三彩的关注历程，以及所谓"新罗三彩"名不副实的问题，但日本相关部分未有更多详细讨论[25]。

二、奈良三彩诞生与唐三彩输入的关联问题

学界通常认为，奈良三彩是借鉴了唐三彩的风格，并学习了烧造技术。同时，也有奈良三彩是受朝鲜半岛"新罗三彩"或是渤海三彩影响的相关推测。有关三彩的实物和技术来源，是否与须惠器（日本早期无釉陶器）技术一样，是从朝鲜半岛南部输入的？就统一新罗时期朝鲜半岛的铅釉陶而言，并未出现绿、白、褐三种釉色明确区分的器物，所谓新罗三彩在风格上也与奈良三彩、唐三彩不相一致。

年代最早且有明确纪年的奈良三彩，是奈良县小治田安万侣墓出土的一片三彩小罐底部的残片，伴出"神龟六年（729年）"的墓志铭。综合其他出土例，至迟至8世纪20年代，奈良三彩的烧造技术就已基本成型[26]。而此时渤海国正值扩张领土的发展期，还不见有唐文化传入，以及渤海三彩始烧的痕迹，结合这两点，基本可排除初期奈良三彩受渤海三彩影响。

---

21 丹羽崇史：《奈良三彩の成立過程に関する学史の検討と若干の考察》，《文化財論叢 V》，2023年，第395—414页。以及他在"2023东亚陶瓷史研究国际研讨会"的报告发表（2023年12月15日，复旦大学）。

22 李知宴：《唐三彩生活用具》，《文物》1986年第6期。

23 王维坤：《中国唐三彩与日本出土的唐三彩研究综述》，《考古》1992年第12期。

24 谢明良：《唐三彩の諸問題》，《美学美術史論集（成城大学）》第5辑，1985年；谢明良：《日本出土唐三彩及其有关问题》，《贸易陶瓷与文化史》，生活・读书・新知三联书店，2019年，第19—26页；谢明良：《韩半岛和日本出土的唐三彩》，《中国古代铅釉陶的世界》，石头出版股份有限公司，2014年，第159—173页。

25 李含笑、秦大树：《唐三彩研究综论》，《考古学研究（十四）》，科学出版社，2021年，第160—180页。

26 田中琢：《三彩・绿釉》，《世界陶磁全集（2）古代日本》，小学馆，1979年，第245页。

纪年墓中郑仁泰墓（664年）出土了目前最早一例三彩——白地蓝釉器盖纽[27]。稍晚的纪年墓包括虢王李凤墓（675年）、新安郡王李徽墓（684年）、秋官尚书李晦墓（689年）[28]。而唐三彩创立之后的7世纪末，正是中日之间直接交涉一度中断的时期：天智八年（669年）第六次派遣遣唐使，直至大宝二年（702年）再次派遣第七次遣唐使，中间产生了约30年的空白期。反观日本出土唐三彩虽多以8世纪上半叶为主，但以往研究证明唐三彩早在7世纪就已传入日本。[29]日本出土的唐三彩中，7世纪器物的有：奈良御坊山三号墓（687年）出土初唐白釉绿彩砚，其纽砚盖与河南安阳桥村发现隋代晚期墓出土的淡青釉砚[30]有类似之处[31]，其水滴形砚足符合初唐特征。福冈县宗像郡冲之岛祭祀遗址出土的三彩贴花长颈瓶的残片，整体与东京国立博物馆藏长颈瓶相似，形制上酷似山西金胜村七世纪末期唐墓出土三彩瓶，相对年代约在7世纪80年代[32]。出土于下级官僚居住的建筑遗址，与日本飞鸟时期III式陶器（7世纪后半叶）共同出土的藤原京右京二条三坊东南坪所见三彩人俑残片，传入时代甚至可上溯至7世纪中叶[33]。结合日本葬俗无陶俑陪葬的传统，该残片可能是室内陈设或玩具[34]。近年于藤原京右京五条六、七坊内出土三彩枕残片，推测为属于藤原京时期（7世纪末以前）的遗物[35]。

无论日本出土唐三彩是由遣唐使携回，还是经新罗使抑或经朝鲜半岛进入日本，唐三彩输入日本与奈良三彩创烧两者在时间上有较强的前后关联，并且为奈良三彩的创烧预留了比较充分的时间。

三、奈良三彩中的唐三彩和唐代元素

日本出土唐三彩的遗迹共计约60处[36]，类型主要以寺院遗址、都城遗址、祭祀遗迹、坟墓、官衙遗址等为主；出土唐三彩中陶枕数量最多、种类最丰富，其他还有三足镀、印

27 陕西省博物馆、礼泉县文教局：《唐郑仁泰墓发掘简报》，《文物》1992年第7期。

28 胡汀昕：《唐墓出土三彩陶器研究》，复旦大学硕士学位论文，2014年。

29 龟井明德：《日本出土唐代铅釉陶の研究》，《日本考古学》，第16号，2003年，第129—155页。

30 安阳市文物工作队：《河南安阳市两座隋墓发掘报告》，《考古》1992年1期。

31 谢明良：《日本出土唐三彩及其有关问题》，《贸易陶瓷与文化史》，生活·读书·新知三联书店，2019年，第19—26页。

32 谢明良：《山西唐墓出土陶磁をめぐる諸問題》，《上原和博士古稀記念美術論文集》，东京上原和博士古稀纪念美术史论集论行会，1995年，第237—243页；谢明良：《日本出土唐三彩及其有关问题》，《贸易陶瓷与文化史》，生活·读书·新知三联书店，2019年，第19—25页。

33 龟井明德：《日本出土唐代铅釉陶の研究》，《日本考古学》，第16号，2003年，第146页。

34 谢明良：《韩半岛和日本出土的唐三彩》，《中国古代铅釉陶的世界》，台湾石头出版股份有限公司，2014年，第166页。

35 奈良橿原市教育委员会：《藤原京右京五条六·七坊发掘》，《橿原市文化财调查》2017年度，第17页。

36 谢明良：《韩半岛和日本出土的唐三彩》，《中国古代铅釉陶的世界》，台湾石头出版股份有限公司，2014年，第159—173页。

花杯、瓶、碗、盘等，而在唐代墓葬中作为随葬明器的三彩俑仅见两枚残片。截至 20 世纪 80 年代，日本全国奈良三彩的出土地，依据遗迹性质可分为宫殿一处、官衙一处、寺院四十五处、祭祀遗址十处、墓葬八处、居住聚落二十七处等。以寺院为主的佛事、祭仪相关遗迹占明显多数，且依仪式的不同而使用不同的器种[37]。仅奈良区域而言，奈良文化财研究所发掘出土 654 件（片）奈良三彩，其中寺院出土 347 件，平城宫 227 件，平城京 80 件；出土的器形有多口瓶、钵、小罐、盘、建筑构件等，其中瓶、小罐和三彩瓦居多[38]。

楢崎彰一等多数日方学者主张奈良三彩虽模仿唐三彩缤纷的彩釉，但两者在器型上几乎看不到任何相似之处，在造型方面奈良三彩则是借用了当时流行的响铜等金属器[39]。矢部良明指出金属器的硬度和耐久度等方面都优于陶器，是供奉于寺院的第一选择，因此奈良三彩是模仿金属器的器型，并在生活和宗教场合延续了其功能属性[40]。就器型而言，奈良三彩确实未出现唐三彩的经典器型，如龙耳瓶、凤首壶等唐三彩常见的器型。即使是在日本各地最常出现的三足鍑，也唯有无釉须惠器出现了仿制其"三足"的特征。

值得一提的是，唐三彩在 8 世纪以前就传入了日本，作品器型并不复杂。日本应该不是没有模板或是足够的技术进行器型模仿。不仅如此，奈良三彩中还依然显现以往须惠器或土师器的影子，大多沿袭了早期无釉陶器的器型和用途[41]。那么这是否表明奈良三彩一定没有复制唐三彩的意图，或者说其背后藏有某种日方的"主动性"呢[42]？

事实上，奈良三彩其实陆续出现了直接或间接受到唐朝影响的器型，例如三彩钵、三彩枕、三彩瓦和推测为须弥山的底座等。其中还出现了三彩须弥座与三彩香炉及其他三彩器组合，使用于佛教寺庙的案例。

1. 三彩钵

正仓院藏有数件奈良三彩陶钵，药师寺出土有器型一致但釉面剥落的陶钵。与之类似的金属器有同为正仓院南仓所藏银质钵、东京国立博物馆藏的铜铸制镀金钵以及岐阜县护国寺藏金铜狮子唐草纹钵等。根据正仓院三彩盘底部墨书"戒堂院聖僧供養盤／天平勝賓七歲七月十囗（九）日／東大寺"等内容，推断其中一部分器物，最早是为天平胜宝四年（752 年）4 月 9 日东大寺大佛开眼供养会所用[43]。

唐代西明寺、青龙寺以及庆山寺等寺院出土有类似的唐代寰底黑陶钵[44]，可能是其祖型。

37 巽淳一郎：《陶磁（原始・古代篇）》，《日本的美术 235》，至文堂，1985 年，第 46—47 页。

38 奈良文化财研究所：《平城宮出土の奈良三彩陶器と施釉瓦磚》，《奈良文化財研究所紀要》，2017 年，第 280—281 页。

39 楢崎彰一：《畿内および東日本と三彩陶器》，《日本の三彩と緑釉》，五島美術館，1974 年，第 192 页。

40 矢部良明：《唐三彩と奈良三彩》，《日本の美術（5）》，2000 年，第 53 页。

41 斎藤孝正：《日本の緑釉・三彩陶器の流れ》，《国立歴史民俗博物館研究報告》第 86 集，2001 年，第 187、188 页。

42 高橋照彦：《日本古代における三彩・緑釉陶の歴史的特質》，《国立歴史民俗博物館研究報告》第 94 集，2002 年，第 373 页。

43 楢崎彰一：《正倉院陶器》，《日本古代の土器・陶器》，《世界陶磁全集（2）古代日本》，小學館，1979 年，第 263 页。

44 谢明良：《唐代黑陶钵杂识》，《陶瓷手记》，上海古籍出版社，2013 年，第 98—107 页。

西明寺、青龙寺曾在中日交流中扮演了极其重要角色。西明寺是玄奘讲法、翻译经文的主要场所之一，出土黑陶钵残片阴刻有"阿难"铭[45]。奈良时代的彩釉陶钵不仅造型上与陕西省临潼庆山寺舍利塔基、河南省登封法王寺二号塔地宫等出土 I 式黑陶钵一致，其多用于佛事祭祀的功能也很有可能与唐代寺院出土的黑陶钵共通。

时间上，奈良三彩陶钵与唐代寺庙黑陶钵也有较深的前后联系。根据《上方舍利塔记碑》纪年铭文可知庆山寺舍利塔基的年代应为开元二十九年（741 年）左右，登封法王寺二号塔基内陶钵伴出墨块有"天宝二年"（743 年）印铭，由此可知此类黑陶钵至迟于 8 世纪 40 年代已流行。而 8 世纪中期以前，日本还未出现与正仓院三彩同式的陶钵[46]。同时，平城京左京四条三坊六坪、滋贺县大津穴太废寺出土有奈良三彩托，应是与佛钵配套使用。

2. 三彩枕

大安寺出土有约 400 片唐三彩枕残片，大约有 40 件个体[47]。推测是由入唐求法的佛僧道慈等遣唐使带回的盛唐时期三彩枕。按照巽淳一郎分类，出土唐三彩枕胎土可分为两种[48]。一种：素胎，即由白色或粉红色的黏土制作而成；一种：绞胎，即由白色和褐或红褐色，两种黏土绞合制作而成；除唐三彩枕外，还提及第三种素胎枕，胎釉厚重，为日本的仿制品可能性很大[49]。进而推测收集如此多唐三彩枕的原因之一是为了仿制。经科学测试分析，此类素胎枕所施铅釉与其他奈良三彩铅釉来自同一产地，说明大安寺的三彩枕残片中的确有日本的产品[50]。大安寺旧境内同时还出土有其他奈良三彩器类。但是奈良三彩枕的数量占比不大，其他遗址出土罕见。

除大安寺外，日本奈良坂田寺、冈山县国分寺以及朝鲜半岛庆州皇龙寺、味吞寺等寺院遗址都出土了类似唐三彩陶枕。谢明良曾概括学界对唐三彩枕用途的不同见解概括为 9 种[51]。虽然学术界仍无定论，但谢氏指出"从 9 世纪法门寺《衣物帐》'（影）水晶枕'或'赭黄罗绮枕'等记载，以及日本《东大寺献物帐》'示练绫大枕一枚'，均明示了精心制作的枕类曾被供入寺院"[52]。值得注意的是，道慈在中国居住修行 10 余年间，曾长期停留的西明

45 中国社科院考古研究所：《青龙寺与西明寺》，文物出版社，2015 年，第 218 页。

46 中村浩编：《畿内の须惠器编年图表》，《世界陶磁全集（2）日本古代》，小学馆，1979 年，第 283—286 页。

47 神野惠：《日本大安寺唐三彩枕再考》，《华夏考古》2015 年第 1 期。根据日本奈良国立文化财研究所神野惠研究员此篇中文发表的论文，残片数量为约 400 片。奈良市教育委员会：《奈良市埋藏文化财调查年报（2013 年度）》，2016 年，第 65 页。大安寺金堂与讲堂之间的区域，结合历次调查共出土了约 280 片的唐三彩陶枕残片。

48 巽淳一郎：《大安寺の土器类》，《大安寺史・史料》，大安寺史编辑委员会，1984 年，第 935—956 页。

49 沢田正昭、巽淳一郎：《大安寺出土陶枕の制作技法と材质》，《古文化财に关する保存科学と人文・自然科学》，1984 年，第 242—249 页。

50 降幡顺子：《物性から探る古代铅釉陶器および铅ガラスの国内生产へ向けた技术的要件》，综合研究大学院大学博士学位论文，2014 年，第 33—35 页。

51 谢明良：《日本出土唐三彩及其有关问题》，《贸易陶瓷与文化史》，生活・读书・新知三联书店，2019 年，第 166—173 页。

52 谢明良：《再谈唐代铅釉陶枕》，《陶瓷手记 4》，上海书画出版社，2021 年，第 29—41 页。

寺不仅出土了 34 件唐三彩标本，也出土了一枚三彩枕残片；另外青龙寺也出土了绞胎枕的残片 [53]。

目前，三彩枕（包括绞胎枕）置于寺院的用途虽仍不明晰，但无论是否为寝寐的头枕，其在东亚寺庙中都广泛出现。

3. 三彩瓦

自 20 世纪 60 年代，奈良唐招提寺陆续出土了施三彩釉的轩丸、轩平瓦 [54]。寺内讲堂和西室（僧坊）之间出土了长约 17 厘米，宽 22.5 厘米，厚 4—5 厘米的轩平瓦，此外还发现了施有绿、白、褐三色釉的各类轩平瓦以及丸瓦共计 65 枚，施釉呈波纹状 [55]。大安寺境内、西大寺金堂院附近出土了釉色呈鹿纹斑点状的各类二彩或三彩瓦 [56]。法华寺阿弥陀净土院遗迹内出土了 1 片奈良三彩瓦残片 [57]，法华寺南侧平城京左京二条二坊十一坪、十二坪分别出土了 64 件和 680 件三彩施釉平瓦及丸瓦 [58]。除上述寺相关遗址，包括平城宫在内的重要建筑也曾使用三彩瓦 [59]。

陕西铜川唐代黄堡窑址发现琉璃瓦 90 件（片），其中单彩有 85 件，二彩 3 件，三彩 2 件。还出土多件三彩龙首，其中一件完整器高 17.56 厘米，施褐、黄、绿三色釉 [60]。在唐东都洛阳皇城中发现有一处制作琉璃瓦和其他三彩器的手工业作坊，很可能是为修缮宫殿和满足宫中其他需要而设置的 [61]。除窑址外，兴庆宫、大明宫 [62]、华清宫、洛阳东都皇城等唐代重要宫殿遗址中相应的出土了三彩瓦 [63]。可想而知，遣唐使曾在大唐长年生活、求法，应该会受到这些建筑营建的审美影响。

4. 须弥座和香炉

京都府南部，临近奈良县的马场南遗址，推测为神雄寺遗址，出土有 35 件奈良三彩

53 中国社科院考古研究所：《青龙寺与西明寺》，文物出版社，2015 年，第 207、208 页；图版三五。

54 奈良国立文化财研究所（冈田茂弘）：《唐招提寺综合调查概要》，《奈良国立文化财研究所年报》，1960 年，第 16 页。

55 朝日新闻デジタル：《唐招提寺で三彩瓦出土》，www.asahi.com/articles/ASGB94HK6GB9POMB007。

56 中井公：《大安寺垂木先ès考》，《奈良市埋藏文化财调查年报（2011 年度）》，2014 年，第 107—120 页；渡边丈彦：《西大寺旧境内の调查》，《奈良文化财研究所年报 2014 年度》，第 144—160 页。

57 奈良国立文化财研究所：《法华寺阿弥陀净土院跡の调查》，《平城京と寺院等の调查》，《奈良国立文化财研究所纪要 2014 年度》，第 166 页。

58 奈良市埋藏文化财センター（三好美穂）、奈良市教育委员会：《离宫と相扑》，《奈良を探る》，2016 年，第 20—21 页；石田由纪子：《平城京左京二条二坊十一坪の调查第 533 次》，《奈良文化财研究所年报 2015 年度》，第 199 页。

59 长岚：《日本律令制度城的变迁与日唐交流——关于寺庙数量的变化及彩釉瓦建筑的出现》，《考古与文物》2001 年第 1 期。奈良、平安时代以寺社、宫殿为主的建筑，出土彩瓦的有 22 处遗址。

60 陕西省考古研究所：《唐代黄堡窑址》，文物出版社，1992 年。

61 洛阳博物馆：《洛阳隋唐东都皇城内的仓窖遗址》，《考古》1981 年第 4 期。

62 中国社会科学院考古研究所、日本独立行政法人文化财研究所奈良文化财研究所：《唐长安城大明宫太液池遗址发掘简报》，《考古》2003 年第 11 期；中国社会科学院考古研究所：《唐大明宫遗址考古发现与研究》，文物出版社，2007 年。

63 范星盛：《浅议建筑遗址中出土的唐三彩》，《文物天地》2018 年第 4 期。

陶器，超过五千件土师器，以及 51 片绘有山水的绿釉陶砖[64]。每块砖的边缘墨书有方向和数字，拼对后得知是佛教中的须弥座[65]。类似出土例还有三重县松板市伊势寺出土"三彩须弥山"[66]、奈良法隆寺町出土绿釉砖，以及奈良川原寺里山遗迹出土绿釉砖。

须弥座源自印度，由于佛教普及，唐代也较为多见。引起笔者注意的是以往介绍唐三彩时常提及的案例——庆山寺地宫，出土一对唐三彩狮子以及放置于唐三彩盘上的三彩南瓜。据报告书："所有供奉器物皆围绕宝帐放置有序。宝帐前等距离地在东西两侧一字儿摆着三个三彩供盘，中盘内置一个三彩南瓜，两边盘内各置四个玻璃供果，盘间放两个彩绘陶瓶。其余陶、瓷器物置于宝帐东、西两侧，金、银、鎏金银、铜器均置于须弥座前的地面上。"[67] 提须弥座，以及地宫中央放置有铜制兽足香炉。而前述马场南神雄废寺遗址，也出土了宽约 20 厘米的奈良三彩香炉，以及同样用于供奉的三彩贡器。日本寺院遗址出土奈良三彩香炉的案例不在少数。此外，聚焦渤海国的出土情况，也不难发现三彩香炉现身于寺庙之案例[68]。例如，珲春古城村寺庙址出土带镂孔熏炉盖、俄罗斯滨海杏山寺遗址出土三彩香炉足部残片、汪清红云寺遗址出土三彩香炉兽面残片。故此，三彩香炉作为供奉用器出现佛教寺院，一度流行于东亚地区。

综合上述四方面，虽无意全盘否定奈良三彩大体上延续了须惠器或是金属器的器形和用途，但同时很明显，奈良三彩并不是仅仅将唐三彩缤纷的釉色移植本土器物，器形也从某些方面引进并模仿了唐代文化因素。

四、奈良三彩与唐三彩窑业技术的再思考

唐三彩的独特釉色对奈良三彩有着无法否认的影响。在唐三彩输入之前，日本未曾出现任何三彩釉陶的痕迹，正如前文所述奈良三彩的形成与唐三彩的输入之间具有对应关系。日本陶器史以奈良三彩为分水岭，和以绿釉为主要产品的早期釉陶器产生了较大区别，这就必然涉及陶瓷技术的"革新"问题，例如三彩釉的调和、新窑具的使用等一些要素。如若缺少外部输入的技术、信息，日本很难在原有土师器、须惠器（两类无釉陶器）或从朝鲜半岛传入的绿色铅釉陶的基础之上自主开发并创烧三彩釉陶器。

正仓院所藏《造佛所作物帐》记载了自天平五年（733 年）后一年间奈良兴福寺西金

64 弓场纪知：《幻の古代寺院から出土した謎の奈良三彩》，《陶说》，日本陶瓷协会发行，第 41—47 页。

65 上原真人：《神雄寺の绿釉山水陶器と灌仏会》，《京都府埋藏文化财论集》第 6 集，第 255 页。

66 爱知县陶瓷资料馆：《日本の三彩と绿釉—天平に咲いた華》展览图录，图 c—200，第 87 页。

67 临潼博物馆：《临潼唐庆山寺舍利塔基精室清理记》，《文博》1985 年第 5 期。

68 彭善国、张欣怡：《渤海釉陶新探——以日用釉陶器为中心》，《考古与文物》2022 年第 4 期。

堂营建过程的相关文献，其中留有三彩陶器制作的相关内容[69]。

《上卷》

瓷坏[70]料土二千五十斤　肩野運車五両

　　賃銭　四百文　車別八十文

瓷坏燃料薪橡三百七十四材　自山口運車六十七両

　　賃銭一貫四百七十四文　車別廿二文

《中卷》

用黒鉛九百八十三斤　熬得丹小一千一百五十八斤

　　朱沙小八両　赤玉料

　　緑青小十七斤九両　青玉井黒玉料

　　麟麟血小七両一分　赤刺玉染料

　　柒九合　黒刺玉染料

　　胡麻油一升　刺玉形土作調度

　　猪脂九升三合　鉛熬調度

　　塩一斗三升五合　鉛嗜料

　　墨六十四廷　刺玉形溲料

　　紙卅八張　雑用料

　　絁三尺　雑篩料

　　帛四尺　麟麟血染調度

　　薄絁四尺　雑篩料

　　調布三丈二尺　雑巾井冠等料

　　商布二丈四尺　雑巾料

　　白革一張　玉工等構料

　　破砥十四顆　刺玉形塗料

　　赤土小三斤　二升玉合料

　　白石二百卅斤　玉合料

　　土三百六十斤　玉和合壺料

　　　　　　　　河内国石川郡土

　　可路草茎二百八十把　刺玉調度

　　炭二万一千六百斤　玉作料

69　福山敏男：《日本建築史の研究》，桑名文星堂，1943 年；斎藤孝正：《日本の緑釉・三彩陶器の流れ》，《国立歴史民俗博物館研究報告》第 86 集，2001 年，第 188—190 页。

70　同 "坏"。

薪二百四束　鉛熱料

　　右件造玉并料用物具如前

造瓷钵四口　別口倞八寸

　　瓷油坯三千一百口　別口倞四寸

用黑鉛一百九十九斤　熬得丹小二百卅四斤

　　绿青小十七斤八两　丹和合料

　　赤土小一斤四两　一升丹和合料

　　白石六十斤　丹和合料

　　猪脂一升　鉛熬調度

　　塩二升七合　鉛啃料

　　膠二斤四两　丹并绿青等和合料

　　紗四尺　丹蒒料

絁三尺　石蒒料

葛布六尺　　蒒料

（以下缺失）

　　根据文献记述，山崎一雄经过科学分析后作出如下解释[71]：将"黑铅"（金属铅）加热、熔解并氧化后可以做出"铅丹"（氧化铅）；加入白石（石英）后可以制得硅酸铅，即形成与玻璃类似的基础"透明"（乳白色）釉；在其中加入"绿青"就是绿釉，加入铁含量高的"赤土"就能得到黄釉和褐釉。若同时施三种原料就能够做出三彩陶器。《物帐》中提到的其他物品，各有其用途：在炼铅丹时加入猪脂用来促进氧化铅的制作；盐可以使铅料研磨得更细；胶可作为釉与器表的接合剂；纱、絁、葛布都是纺织品，作为制作釉料时过滤的工具[72]。兴福寺遗址的确出土了数件施釉二彩或三彩釉的器物。因此，记载中釉料的各个组成，与实际生产的奈良三彩实物能够相互对应。

　　目前，8世纪中期以前烧造铅釉陶的窑址虽未发现，但根据正仓院三彩器底的痕迹来看，有用三个支钉支烧的现象。正仓院三彩共计50余件，底部内外两侧支烧痕共有两大类：一为三个点状的支烧痕；二为环形或呈环形的三道弧状支烧痕。其中多数为第一类。日本洛北岩仓幡枝的栗栖野3号、21号、22号窑，属8世纪末奈良时代末期至平安时代初期的三彩窑址，共发现3种支具。恰巧与正仓院的两种支烧痕相对应，推测奈良时代也使用了类似窑具[73]。近年，平城京内左京二条二坊十五坪也出土带有绿釉的奈良时代三叉支钉一

71　山崎一雄：《古代釉薬の科学的考察》，《世界陶磁全集（2）古代日本》，小學館，1979年，第291页。

72　斎藤孝正：《日本の绿釉・三彩陶器の流れ》，《世界陶磁全集（2）古代日本》，小學館，1979年，第190页。

73　巽淳一郎：《窑道具から見た我国の施釉陶器の起源》，《奈良文化財研究所紀要》，2006年，第16、17页。

件[74]。三叉支钉在早期历经了自南而北的传播[75]，结合时代特征，以及三叉支具在朝鲜半岛直至 11 世纪却仍未出现[76] 这两点来看，奈良三彩支烧方式大概率与唐代华北的铅釉陶体系一脉相承。值得注意的是，中日的三叉支钉仍有一定区别：华北窑系的三叉支钉一面凸出一面平坦，而奈良三彩上下两面均凸出。

早在 20 世纪 40 年代，小山富士夫就著文提出奈良三彩"样式简单，不见类似唐三彩上的贴花装饰，釉彩多以鹿斑为主，还包括网纹、线条、麻叶状纹饰"[77]。奈良三彩和唐三彩在白色"基调"上施颜色釉的不同之处在于，前者是基于绿釉施格子或斑点状白釉或褐釉，且施釉比较简单。两种三彩有较明显不同。

王维坤总结了奈良三彩与唐三彩至少存在十点差异[78]。两者的种种差异，时刻提醒我们若真如不少学者推测，有中国陶工前往日本带去了三彩技术，那么奈良三彩与唐三彩的器物和窑具就不会出现如上述明显区别。史料中未有明确记载除僧侣以外的人渡海前往日本。高桥照彦推测当时赴唐的遣唐使中不仅有僧人、官吏，还包括了各类手艺人。他指出，奈良时代的文献记载中"玉"多与铅釉有联系：奈良时代的施釉瓦被称为"玉瓦"；营造奈良兴福寺西金堂时留下的《造佛所作物帐》中"造玉"的主要原料是黑铅，即"玉"所指的是铅釉抑或是铅玻璃；同时《造佛所作物帐》中"造玉"的下一项"造瓷"，即奈良三彩以及陶器烧造相关的内容记载。因此高桥氏认为，《延喜大藏省式》中记载一位名叫"玉生"的遣唐使，或许就是前往中国将三彩技术带回的玻璃工匠[79]。不过，《延喜式》编纂于十世纪，其准确性仍需斟酌。按常理推测，若真有中国工匠前往日本，他们很可能会带上最熟悉的铅料。然而，目前所见日本铅釉陶谱系中，唯有朝鲜半岛和日本国产两个产地，铅釉的加工技术也唐代不尽相同[80]，后文将进一步讨论。

综合考量，相对于中国陶工去日本、带去三彩技术而言，是否更有可能的是日本陶工到大唐短期习得"部分"技术，而造成了这些差异？

---

74 奈良文化财研究所：《左京二条二坊十五坪の调査—第 601 次》，《奈良文化财研究所纪要》2019 年度，第 196、197 页。

75 丹羽崇史：《奈良三彩の成立过程に关する学史的检讨と若干の考察》，丹羽崇史：《奈良三彩の成立过程に关する学史的检讨と若干の考察》，《文化财论丛 V》，2023 年，第 395—414 页；丹羽崇史：《唐代以前における三叉トチンの变迁》，《奈良文化财研究所纪要》2020 年度，第 54、55 页。

76 熊海堂：《东亚窑业技术发展与交流史研究》，南京大学出版社，1995 年，第 11 页。

77 小山富士夫：《正仓院三彩と唐三彩》，《小山富士夫著作集（中）》，朝日新闻社，1978 年，第 218 页。

78 王维坤：《中国唐三彩与日本出土的唐三彩研究综述》，《考古》1992 第 12 期，第 1127—1128 页。

79 高桥照彦《日本古代における三彩・绿釉陶の历史的特质》，《国立历史民俗博物馆研究报告》第 94 集，2002 年，第 391、392 页。

80 高桥照彦：《三彩・绿釉陶器の化学分析结果に关する一考察》，《国立历史民俗博物馆研究报告》，2001 年，第 209—231 页。

五、朝鲜半岛铅釉技术对奈良三彩的影响

弓场纪知认为，初期唐三彩以黄色或绿色铅釉陶为主，例如山西省娄睿墓（570 年）和库狄回洛墓（562 年）所处的 6 世纪后半叶，在脉络上属于"前唐三彩"时期[81]。受此启发，笔者认为 7 世纪中叶以来，在朝鲜半岛影响之下，也曾出现"前奈良三彩"时期。

日本因独特的地理位置和交通不便的限制，相较资源、信息交流丰富的大陆，发展一度相对滞后。时值古坟时代的 5 世纪，日本出现了风格与朝鲜半岛呈现高度一致的无釉陶器"须惠器"，这是受朝鲜半岛筑窑技术和辘轳技术影响的结果[82]。而同一时期，青瓷早已于中国普及，窑业相当成熟。7 世纪以后，朝鲜半岛进入三国时期，白村江之战（663 年）改变了整个半岛及东亚格局[83]。日方曾出兵帮助南部的百济与北方的新罗作战，百济却仍不敌对手灭亡。因为战乱，导致半岛南端以百济国为主的大量人口渡海逃亡日本，日本称之为"渡来者"。文献中也有相关记载：天智天皇四年（665 年）男女 400 人移住近江国（现滋贺县）神前郡，并给予田地；天智天皇五年（666 年）百济僧侣男女二千余人移入东国（现关东地区）；天智天皇八年（669 年）男女二千余人移住近江国蒲生郡[84]。和须惠器的出现一样，人口的大量移动不仅会将朝鲜半岛的产品带入日本，同时可能将百济已有的以绿釉为主的铅釉技术一同带入日本。

白凤文化（645—710 年）与奈良时代前后相连，此时日本已出现朝鲜半岛百济或（统一）新罗的铅釉产品，例如丰浦寺遗迹出土绿釉印文长颈瓶残片[85]、三ッ池遗址出土绿釉长颈瓶[86]，アカハゲ古墓推测为七世纪中期的黄褐色釉圆砚、久世废寺遗迹出土绿釉砚盖、大阪城三の丸遗址出土的绿釉砚盖等[87]。经过对塚廻古墓出土的施绿釉陶棺以及附近不远处アカハゲ古墓出土的黄褐色釉圆砚的釉料成分进行化学分析，铅同位素比值结果显示为朝鲜半岛所产的铅料[88]。直至 7 世纪，日本所使用的铅料几乎都为朝鲜半岛进口原料。有推论认为所有类似的绿偏黄色的早期铅釉是朝鲜半岛的产品，同时也有主张认为铅料的产地虽是朝鲜半岛，制作者也为朝鲜陶工，但实际制作是在日本[89]。日本早期铅釉陶器的相关案例有，

81　弓场纪知：《東アジアの鉛釉陶器の意義と陶磁史上の位置づけ》，《国立歴史民俗博物館研究報告》94 集，2002 年，第 358 页。

82　熊海堂：《东亚窑业技术发展与交流史研究》，南京大学出版社，1995 年，第 18 页。

83　杜金唐：《白村江战役与东亚格局的演变》，东北师范大学硕士学位论文，2011 年。

84　关晃：《帰化人—古代の政治・文化・経済を語る》日本歴史新書，至文堂，1966 年。

85　飞鸟藤原宫迹发掘调查部：《飛鳥藤原宮発掘調査概報》IV，奈良国立文化研究所，1995 年。

86　村度仁史：《平群町三ッ池遺跡出土釉印花文陶器》，《陶説》584，2001 年，第 61—68 页。

87　千田刚道：《日本出土の百済・新羅緑釉》，《奈良文化財研究所紀要》2003 年度，第 50、51 页。另可参考爱知县陶瓷文化馆：《日本の三彩と緑釉—天平に咲いた華》展览图录，第 44、45 页。

88　山崎一雄、室住正世：《大阪府アカハゲ古墳出土の黄褐円面硯ならびに同塚廻古墳出土のガラス玉および緑釉棺台の化学成分と鉛同位体比》，《考古学と自然科学》38 号，1999 年，第 93—97 页。

89　楢崎彰一：《日本における施釉陶器の成立と展開》，《日本の三彩と緑釉—天平に咲いた華》展览图录，第 6、7 页；巽淳一郎：《七世紀後葉の海外交渉を物語る焼物》，《明日香風 66》，1998 年，第 11—17 页。

奈良县明日香村川原寺出土的绿釉水波纹砖[90]、大阪塚廻古坟（672年）出土的绿釉棺台[91]、藤原京左京六条三坊出土绿釉兽足圆砚[92]等。

奈良飞鸟池遗址发现了可上溯至7世纪中叶生产铅玻璃和疑似铅釉（陶器）的作坊遗迹。综合出土物判断，这应该受到朝鲜半岛的影响，但并未形成大规模生产[93]。研究者曾对奈良三彩、藤原京7世纪生产铅玻璃的飞鸟池作坊遗址出品、巩义黄冶窑唐三彩、朝鲜半岛绿釉陶器的样本进行同位素铅测试分析[94]。从数据对比结果来看，奈良三彩与飞鸟池作坊遗址出土的部分铅玻璃、绿釉陶器接近，与日本古钱币"和同开弥"同属C区域，产地为日本山口县长登铜山。而飞鸟池遗址出土推测为日本产绿釉盖以及朝鲜半岛产绿釉壶则都不属于该区域，前者更趋近朝鲜半岛铅料所属区域。7世纪末至8世纪初，日本国产铅料开始取代海外进口铅料[95]。飞鸟池作坊遗址所出上述遗物或许就是朝鲜半岛铅釉技术引入日本、并逐渐本土化的体现。

奈良三彩釉彩以绿釉为基调，与通体绿釉的朝鲜半岛铅釉陶之间的关系耐人寻味。不仅如此，奈良三彩香炉外底留有拉坯痕为顺时针方向[96]，与韩国忠清南道扶余郡草村面宰岩里出土的百济时代藏骨罐外底拉坯痕迹方向一致[97]。王维坤则提到奈良三彩与唐三彩的拉坯方向有所出入[98]。因此，这应该是日本延续了朝鲜半岛陶器技术的另一例证。

同时，例如大阪府茨木市安威、冈山县津山、和歌山县一里山古坟出土的奈良三彩罐，如同文祢麻吕墓出土玻璃罐盖罐、青铜盖罐一样，常作为收纳火葬骨的容器。据《日本书纪》《续日本纪》记载，文祢麻吕系自朝鲜半岛渡来西文氏后裔。此外，奈良三彩小罐常作为镇地埋入寺院或建筑周围地下，有些内部还含有玻璃珠[99]。类似器型和用途的施釉小罐，也见于朝鲜半岛。

90　高桥照彦：《白鳳緑釉と奈良三彩－古代日本における鉛釉技術の導入過程》，《陶磁器の社会史：吉岡康暢先生古希記念論集刊行会》，日本桂书房，2006年，第3—14页。

91　高桥照彦：《三彩・緑釉陶器の化学分析結果に関する一考察》，《国立歴史民俗博物館研究報告》，2001年，第209—232页。

92　西口寿生：《初期施釉陶器の文様と産地—飛鳥地域出土の2例について—》，《奈良文化財研究所紀要》2012年度，第76、77页。

93　神野惠（奈良国立文化財研究所）：《東アジア鉛釉陶器—考古資料にみる鉛釉陶器生産と唐三彩の影響（2005—2008）》，科学研究費補助金研究成果報告書，2009年。

94　奈良文化財研究所、河南省文物考古研究所：《关于古代日本·中国铅釉陶器釉药的铅同位素比值测定》，《华夏考古》2011年第2期。

95　高桥照彦：《三彩・緑釉陶器の化学分析結果に関する一考察》，《国立歴史民俗博物館研究報告》，2001年，第209页。

96　奈良市教育委员会：《奈良市埋蔵文化財調査年報（2008年度）》，2011年，第11页。

97　小田裕树：《古代日韓における有蓋台付椀の製作と展開—百済泗批期の資料を中心に》，《奈良文化財研究所学報（第95冊）日韓文化財論集III》，2016年，第148页。

98　王维坤：《中国唐三彩与日本出土的唐三彩研究综述》，《考古》1992年第12期。

99　奈良市教育委员会：《奈良市埋蔵文化財調査年報（2009年度）》，2012年，第7—24页。

综合实物证据和文献记载可以推测，朝鲜半岛单色绿釉的铅釉技术很有可能是随朝鲜半岛的人口迁移而进入日本，这为日后奈良三彩的诞生埋下了伏笔。

六、结语

熊海堂提出有关窑业"文化结构及交流模式"有六层：文物交流（表层）、模仿生产（浅层）、衣食住行（中层）、技术交流（次深层）、宗教艺术（深层）、哲学思想（中核心）。[100]参考上述理论，通过区分唐三彩、朝鲜半岛铅釉和奈良三彩的关系，我们可以看到。

① 8 世纪 20 年代奈良三彩的产生与唐三彩的输入有直接的关联。

② 在唐三彩的影响之下，奈良三彩器形仍然保持了一定的独立性，应该可以理解为奈良三彩主要借鉴了唐三彩的多彩颜色釉。同时根据本文的考证，部分奈良三彩也确实模仿了唐三彩的器形。另外，奈良三彩出现在佛寺等宗教场合，这在唐三彩的使用中也有据可依。

③ 根据《造物所作物帐》记载原料相对应的釉色，以及奈良三彩器物支烧痕迹，还可以推断在烧造技术层面，奈良三彩学习唐代制瓷技术。然而奈良三彩与唐三彩的种种差异则提示我们，三彩技术从大唐传播至日本，并不是由中国唐三彩窑场陶工直接带来，而需要考虑日本方面入唐短期学习的可能性。

④ 7 世纪中期朝鲜半岛由于战乱，造成大量人口移民日本。从出土实物来看，不仅朝鲜半岛铅釉产品出现在了日本，相关铅釉技术也在这一时期在日本出现。通过比较，笔者认为奈良三彩虽然釉色和施釉技术受唐三彩影响，但与早期朝鲜半岛体系的铅釉陶技术上仍有较深的联系，值得进一步研究。

综上所述，奈良三彩是在唐三彩和朝鲜半岛铅釉技术、文化等多元影响下产生的新产物。同时奈良三彩诞生的背景——奈良时代也是一个多元文化的"大熔炉"。恰恰由于同时融合了百济等朝鲜半岛移民所带来的，以及遣唐使在唐朝学习的各类技术、知识和文化，日本在 8 世纪蓄势待发，创造了绚烂多彩的"天平文化"。

致谢：非常感谢日本奈良文化财研究所神野惠女士、丹羽崇史先生提供现场观察出土奈良三彩的机会，并提供相关资料。感谢大阪市立东洋陶瓷美术馆小林仁先生对资料收集的鼎力相助。感谢彭善国教授提供渤海三彩研究的最新信息。本研究得到复旦大学 FDUROP 望道项目及国家级大学生创新训练计划（项目编号：202010246032）资助。在此一并致谢！

---

100 熊海堂：《东亚窑业技术发展与交流史研究》，南京大学出版社，1995 年，第 5 页。

北朝晚期釉陶的青瓷化

任志录

（深圳市文化遗产中心）

摘要： 北朝晚期出现了一种白釉泛青、黄的釉陶，在以往的考古报告中，有称为瓷器者，有称为釉陶者，或称青瓷，或称白瓷，认知极为模糊，同时也就误判了北方青瓷与白瓷的起源问题。近年来通过研究人员的努力，对于釉陶在北方存在的持续性、地域性都逐渐明晰，对魏晋南北朝釉陶的发展认识越加丰满，有人重新诠释了西晋到北齐之间中国北方铅釉陶发展的内在系谱，注意到北魏晚期工艺技术提升的状况，也有人认为属于瓷胎铅釉器，有人注意到北朝晚期铅釉陶与青瓷的消长关系，有人认为由于模仿青瓷而出现了精良的胎土，有人认为北朝晚期釉陶的浅色系具有仿制青瓷的倾向。这些研究取得了重大突破，使得对北朝晚期釉陶的认识逐渐清晰。但是从陶瓷发展的过程看，北朝晚期釉陶不是为了仿制南方青瓷，而是为了抵制南方青瓷并且取而代之，这就改变了北朝釉陶的发展方向，使得北朝釉陶创造出自己的鲜卑化特色，在釉色和胎质上形成新的面貌，形制上创造新的结构，尤其是在器表装饰上大肆进行了发挥，但是这个特色在于没有离开青色的釉色基调，没有离开青瓷的基本形制，所以作者将北朝晚期陶瓷的这一发展过程称为青瓷化过程，而白瓷正是青瓷化到达一定程度的产物。

关键词： 北朝　鲜卑化　抵制与吸收　青瓷化过程

北朝晚期出现了一种白釉泛青、黄的釉陶，在以往的考古报告中，有称为瓷器者，有称为釉陶者，或称青瓷，或称白瓷[1]，认知极为模糊，同时也就误判了北方青瓷与白瓷的起源问题。近年来通过研究人员的努力，对于釉陶在北方存在的持续性、地域性都逐渐明晰，对魏晋南北朝釉陶的发展认识越加丰满。这些讨论大多集中于北朝后期的釉陶，主要成果有：台湾谢明良认为釉陶在北方是一个持续生产的过程，而且将这一话题提升到了一个

---

[1] 矢島律子：《北朝の白いやきもの》，《常盤山文庫中国陶磁研究会会報3・北齊の陶磁》，常盤山文庫，2010年，第31页；佐藤サライ：《北齐的地域性和白色陶瓷器——〈出土资料集〉编后记》，《常盤山文庫中国陶磁研究会会報3・北齊の陶磁》，常盤山文庫，2010年，第61、62页。长谷部乐尔也指出，中国说的"白瓷"往往不仅是"高温白瓷"，还包括"低温铅釉的白色陶器"，長谷部樂爾：《北齊白釉陶》，《陶說》第660号，2008年，第13页。

新阶段[2]。日本森达也重新诠释了西晋到北齐之间中国北方铅釉陶发展的内在系谱，注意到北魏晚期工艺技术提升的状况[3]。日本小林仁把这些瓷胎铅釉器和传统的铅釉陶定义为铅釉器[4]。也有一批新秀加入了讨论的行列。这里有台湾艺术大学的曾裕洲注意到了北朝晚期铅釉陶与青瓷的消长关系[5]。日本京都大学的邱宁斌认为邺城、晋阳釉陶具有鲜卑人、南朝文化和萨珊文化的元素，是高级官吏和贵族的奢侈品[6]。日本金泽大学的陈斯雅注意到新的器种大致出现在东魏初北齐末，讨论了相伴器型的配套关系。关注了器种、器形和釉色的相关性，认识到东魏、北齐时代存在多个产地，其中曹村窑可能是东魏、北齐时期的供应来源之一。从铅釉陶器技术方面的转换过程来看，很有可能强烈地模仿青瓷，使用了精良的胎土[7]。山西大学的金智铉认为北朝晚期的复色釉具有汉代的传统[8]。复旦大学的刘烨圻认为北朝晚期釉陶可以分类为深色系和浅色系，浅色系具有仿制青瓷的倾向[9]。到目前为止，这些研究注意到了低温釉陶的青瓷化倾向，这是非常重要的研究成果。但是从发展的过程和面貌看，北朝晚期釉陶不是为了仿制南方青瓷，而是为了抵制南方青瓷并且取而代之，这就改变了北朝釉陶的发展方向，使得北朝釉陶创造出自己的特色，本文的目的在于还原北朝晚期釉陶发展的这一过程，以期进一步揭示北朝釉陶的特色。首先需要确定的是这里的北朝晚期是相对于北朝早期而言，北朝早期主要指北魏的平城和洛阳时期，北朝晚期主要是北魏分裂以后的东魏、西魏、北齐、北周时期，而由于釉陶主要见于东魏、北齐时期，所以这里的北朝晚期主要是东魏、北齐时期及其区域范围。

一、北朝晚期各类釉色的器物类型

这里依然按照器物的基本形制分类，主要是指出这些釉陶器物类型的发展及其制作模型。这里仅选取比较多见的和特殊的器物。陈斯雅对碗、杯、盘、高足盘、莲纹罐、鼓腹罐、鸡首壶、灯的原型做了类型演变分析，并对相伴随的器物具体年代做了排比。刘烨圻对鸡首壶、鼓腹带系罐、盘口壶、多管插器进行了分类讨论，认为属于仿制南方器物的形制。这里接着同一论题，对器物的文化背景做出梳理，探索其渊源，寻找其动因。

2　谢明良：《记晋墓出土的所谓绛色釉小罐》，《故宫文物月刊》1991年第5期；谢明良：《魏晋南北朝铅釉陶器诸问题》，《中国铅釉陶的世界——从战国到唐代》，台湾石头出版有限公司，2014年，第54—84页。

3　森達也：《南北朝時代の華北における陶磁の革新》，《中國美の十字路展》，大広出版，2005年，第259—263页。

4　小林仁：《北齐铅釉器的定位和意义》，《故宫博物院院刊》2012年第5期。

5　曾裕洲：《十六国北朝铅釉陶研究》，台北艺术大学学位论文，2014年。

6　邱宁斌：《邺城、晋阳地区东魏北齐墓出土铅釉器研究》，《美成在久》2019年第5期。

7　陈斯雅：《北朝后期釉陶器的研究——以邺城和晋阳的出土品为例》，《中国考古学》2021年第21号，第135—147页。

8　金智铉：《中国北齐彩绘釉陶试论》，《文化财》（韩国）2017年第4期；金智铉：《北齐复色釉陶初论》，《边疆考古研究（第22辑）》，科学出版社，2018年，第241—247页。

9　刘烨圻：《十六国北朝时期陶瓷器研究——以铅釉器与瓷器的互动为中心》，复旦大学硕士学位论文，2020年。

1. 碗

碗是北朝晚期最为常见的器物，但其历史却并非为人熟悉，我们先从碗在北方的历史谈起。北魏平城时期是由游牧向定居的农耕生活转型的漫长过渡时期[10]，碗作为定居农业生活标志性的实物器具，在游牧生活中基本不见或者少见。目前见到的碗的早期形式是在秦汉时期，流行一种碗为直壁、大足，形制也较大，多

图1　东晋大兴三年墓出土的青瓷碗

图2　北魏平城出土的碗

为漆器。到三国、西晋时期出现了青瓷器，形制继承了秦汉传统。这些碗的形制都与盆近似，所以可以看出盆式碗，与后期的碗略有不同。这种大足碗一直持续至东晋、南朝，见于长江中下游地区。标准的碗是一种小足碗，直壁，深腹，实足，最早见于江西东晋大兴三年（320年）墓出土的青瓷碗[11]（图1）。之后这种碗成为普遍流行的式样，最少在北魏平城时期已经传到了北方地区。

北魏平城墓葬和遗址所出土的碗都是珍贵的材质。如大同北魏遗址出土银碗，口径12.3厘米，高5.5厘米[12]（图2-1）。山西大同沙岭新村北魏墓出土青瓷碗M23:1，口径13.6厘米，

10　侯亮亮、古顺芳：《大同地区北魏居民生业经济的考古学观察》，《郑州大学学报》2018年第6期。

11　吴水存：《东晋纪年墓出土的几件青瓷器》，《江西历史文物》1982年第2期。

12　杨伯达主编：《中国金银玻璃珐琅器全集·金银器卷》，河北美术出版社，2004年。

图 3　北魏洛阳出土的青瓷碗

底径 5.8 厘米,高 6.9 厘米 [13](图 2-2)。大同平城柳泉南街北魏墓地出土青瓷碗 [14](图 2-3)。山西大同迎宾大道北魏墓出土银碗 M19:3,高 6 厘米,口径 11.25 厘米,足径 2.8—3.3 厘米 [15](图 2-4)。山西大同七里村北魏墓出土玻璃碗 M6:6,口径 13 厘米,底径 7.7 厘米,高 5.9 厘米 [16](图 2-5)。山西大同七里村北魏墓出土漆碗 5 件,形制相同,大小不一,M29:36,口径 13 厘米,足径 6.5 厘米,高 5 厘米,M29:39,口径 11 厘米,足径 6 厘米,高 4.5 厘米 [17](图 2-6)。平城碗有玻璃、银器、漆器、青瓷等,均为高级材质,其中玻璃、银器是当时西域和游牧民族地区最为常见的外来材质,漆器是中国贵族使用的传统器材,青瓷碗是来自湖南岳州的南朝用品,在平城也属于舶来品。平城最常见的材质如陶器中不见碗的存在,即便是平城时期已经大量使用的较为贵重的釉陶也没有碗的出现。可以看出北魏平城时期的碗均为奢侈品,或为外来品,也非当地产品,这就是说碗不是平城时期流行的实用品,而是奢侈品。这种情况北魏洛阳及其之后立刻改善,洛阳有了黑釉碗,北朝晚期普遍流行釉陶碗。

北魏洛阳时期出土的青瓷碗。北魏迁都洛阳本身是汉化的表现,表现在器物形制上,南朝的形制更是被向往的对象,而实际上目前考古所见也出现了大量的青瓷。在这些青瓷中,数量最大的是青瓷碗。河南偃师县杏园村北魏熙平元年(516 年)元睿墓出土青瓷碗 4 件,M914:4,口径 13.5 厘米,底径 6 厘米,高 6.7 厘米(图 3-1);M914:8,口径 14.2 厘米,底径 6.4 厘米,高 7.5 厘米 [18]。河南偃师北魏孝昌二年(526 年)染华墓出土 7 件青瓷碗,其中青瓷莲花碗 4 件,M2:39,口径 14 厘米,底径 6.8 厘米,高 7.25 厘米(图 3-2)。青瓷碗 3 件,M2:68,口径 8.1 厘米,底径 3.2 厘米,高 3.75 厘米 [19]。洛阳北魏永熙二年(533 年)杨机墓出土青釉碗 9 件,高 4.4 厘米,口径 7.1 厘米,底径 2.7 厘米 [20](图 3-3)。河南偃师北魏

13　刘俊喜:《山西大同沙岭新村北魏墓地发掘简报》,《文物》2014 年第 4 期。

14　大同考古所展览,笔者 2023 年 9 月初参观时拍摄。

15　刘俊喜:《山西大同迎宾大道北魏墓群》,《文物》2006 年第 10 期。

16　张志忠:《山西大同七里村北魏墓群发掘简报》,《文物》2006 年第 10 期。

17　侯晓刚:《山西大同七里村北魏墓群 M29 发掘简报》,《文物》2023 年第 1 期。

18　徐殿魁:《河南偃师县杏园村的四座北魏墓》,《考古》1991 年第 9 期。

19　王竹林:《河南偃师两座北魏墓发掘简报》,《考古》1993 年第 5 期。

20　洛阳博物馆:《洛阳北魏杨机墓出土文物》,《文物》2007 年第 11 期。

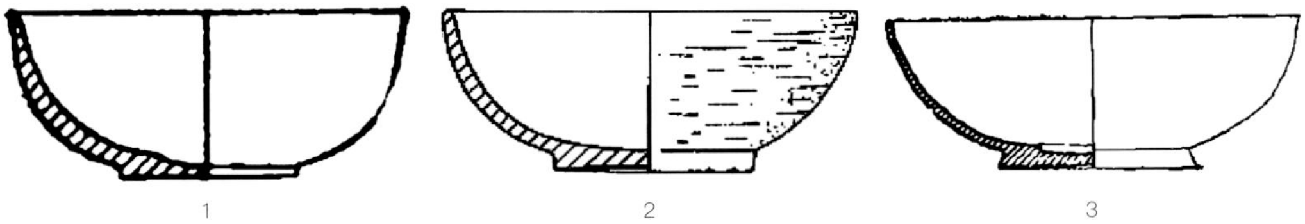

图 4　北魏洛阳仿制的陶浅腹碗

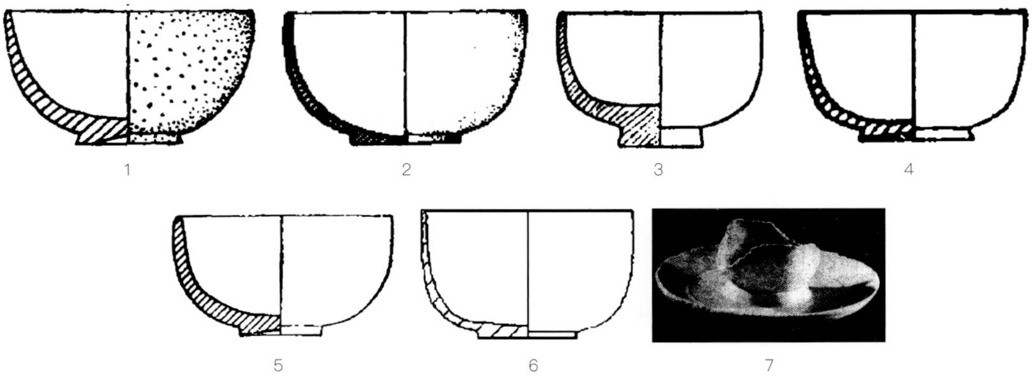

图 5　北魏洛阳仿制的陶深腹碗

墓青瓷碗 2 件，M7:9，口径 13.7 厘米，底径 4.8 厘米，高 7.5 厘米；M7:10，口径 6.2 厘米，底径 2.5 厘米，高 4.7 厘米 [21]（图 3-4）。如果分类为三型，元睿墓和染华墓出土的是浅腹碗，而杨机墓出土的是深腹碗，河南偃师北魏墓 M7 出土的是杯。

更为重要的是，在洛阳时期出现了大量仿制南朝青瓷碗形制的陶器。大致可以分为三型：浅腹碗、深腹碗和杯。

浅腹碗是相对于深腹碗而言的一种碗型。洛阳所见有河南偃师县杏园村北魏正始五年（506 年）墓出土陶碗 M4031:2，口径 9.5 厘米，底径 4 厘米，高 4 厘米 [22]（图 4-1）。山西万荣西思雅北魏孝昌二年（526 年）薛怀吉墓出土陶碗 4 件，其中 M1:22，口径 13.2 厘米，底径 6.4 厘米，高 5.8 厘米 [23]（图 4-2）。河南偃师北魏墓出土陶碗 M7:59，口径 13.5 厘米，底径 6.6 厘米，高 5.1 厘米 [24]（图 4-3）。纪年资料最早在北魏正始五年（506 年）已经出现，这是目前所见最早的陶碗。

深腹碗的腹部较浅。如洛阳北魏延昌四年（515 年）宣武帝景陵出土陶碗 91JLM:17，

21 王竹林：《河南偃师两座北魏墓发掘简报》，《考古》1993 年第 5 期。

22 徐殿魁：《河南偃师县杏园村的四座北魏墓》，《考古》1991 年第 9 期。

23 武俊华：《山西万荣西思雅北魏薛怀吉墓发掘简报》，《文物》2023 年第 1 期。

24 王竹林：《河南偃师两座北魏墓发掘简报》，《考古》1993 年第 5 期。

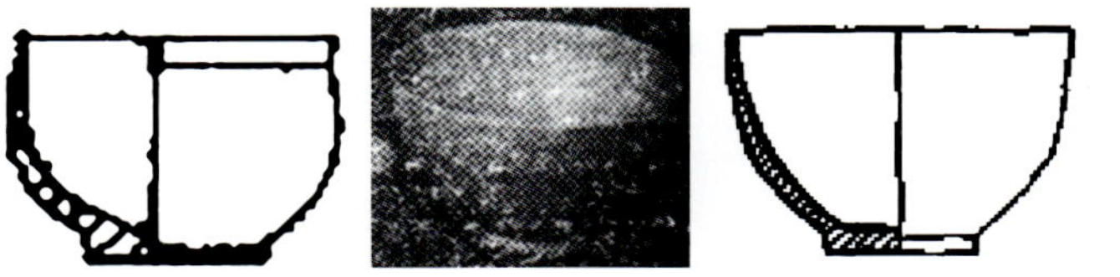

图 6　南方青瓷杯北魏洛阳仿制的陶杯

图 7　东魏、北齐青釉陶浅腹碗

口径 12.5 厘米，高 7 厘米，足径 5.3 厘米 [25]（图 5-1）。洛阳孟津北魏正光五年（524 年）墓出土陶碗 3 件，口径 16 厘米，高 9 厘米 [26]（图 5-2）。河南偃师北魏墓出土陶碗，口径 12.8 厘米，底径 5.3 厘米，高 8.8 厘米 [27]（图 5-3）。河南偃师县杏园村北魏墓出土陶碗 M914:30，口径 7.3 厘米，底径 3.5 厘米，高 4 厘米（图 5-4）[28]。河南偃师县杏园村北魏墓出土陶碗 5 件，M1101:6，口径 11 厘米，底径 4 厘米，高 6 厘米（图 5-5）[29]。河南偃师前杜楼北魏石棺墓陶碗，其中 M1:1，口径 10.8 厘米，底径 5.1 厘米，高 5.6 厘米；子母杯内陶碗 1 件，口径 10.8 厘米，底径 5 厘米，高 6 厘米；盏 3 件，口径 6 厘米，底径 3 厘米，高 3.6 厘米 [30]（图 5-6）。从线图看，这里的碗与盏只有大小之别，形制相同。这种碗还可以配备盘托，作为杯使用，如大同东郊北魏永平元年（508 年）元淑墓出土石托杯，盘径 15.6 厘米，残高 3.4 厘米 [31]（图 5-7）。该杯的时间是迁洛以后在大同出现的，这些深腹碗均为陶器，最早见于 514 年的宣武帝景陵，之后大量出现，而且我们还看到了石质的仿制品。

杯与碗比较是腹部更深一些。标准的直壁青瓷杯最早见于广东韶关医疗器械厂东晋隆和元年（362 年）墓（M8）出土青瓷小碗 [32]（图 6-1），北魏洛阳时期所见陶器有河南孟县北魏永平四年（511 年）司马悦墓出土青瓷杯 8 件 [33]（图 6-2），河南偃师北魏孝昌二年（526 年）染华墓出土陶碗 M7:34，口径 6.2 厘米，底径 2.7 厘米，高 4.2 厘米 [34]（图 6-3）。

这样我们就可以看见在洛阳出土的三型碗或杯都仿制了青瓷，北魏洛阳的仿制品主要是陶器，有少量比较奢侈的深腹碗釉陶器。此时，南方的青瓷碗依然是最昂贵的奢侈品，出现于贵族的墓葬中。

25 中国社会科学院考古研究所洛阳汉魏城队、洛阳古墓博物馆：《洛阳北魏宣武帝景陵发掘报告》，《考古》1994 年第 9 期。

26 洛阳市文物工作队：《洛阳孟津金墓、北魏墓发掘简报》，《文物》1991 年第 8 期。

27 王竹林：《河南偃师两座北魏墓发掘简报》，《考古》1993 年第 5 期。

28 徐殿魁：《河南偃师县杏园村的四座北魏墓》，《考古》1991 年第 9 期。

29 徐殿魁：《河南偃师县杏园村的四座北魏墓》，《考古》1991 年第 9 期。

30 史家珍：《偃师前杜楼北魏石棺墓发掘简报》，《文物》2006 年第 12 期。

31 大同市博物馆：《大同东郊北魏元淑墓》，《文物》1989 年第 8 期。

32 韶关市博物馆：《韶关医疗器械厂汉至晋代墓葬发掘简报》，《广东文物》2005 年第 2 期。

33 孟县文化馆：《孟县出土北魏司马悦墓志》，《河南文博通讯》1980 年第 3 期。

34 王竹林：《河南偃师两座北魏墓发掘简报》，《考古》1993 年第 5 期。

图 8 深腹碗

北朝晚期釉陶碗的流行。北魏洛阳时期最少出现了浅腹碗、深腹碗、杯，大多为陶器，而到了北朝晚期，所有类型的碗均为釉陶碗，并且普遍流行。

浅腹碗见于河北临漳赵彭城佛寺遗址出土的青釉碗04JYNH2∶12，青黄色釉，粉黄色胎，碗内心三个支钉痕，口径12.4厘米，圈足径6.2厘米，高7.4厘米[35]（图7-1）。相同的碗还见于山东淄博和庄北朝墓出土釉陶青釉莲瓣碗口径11.3厘米，底径5厘米，高6.8厘米[36]（图7-2）。这种碗最少见于邺城、青州地区。

而北朝晚期釉陶仿制最多的也是深腹碗，如河南安阳东魏天平四年（537年）赵明度墓（M115）出土碗(M115:7-12)6件，高9.1厘米，口径11.9厘米，底径5.1厘米[37]（图8-1）。河北磁县北齐天保四年（553年）元良墓出土青釉深腹直壁碗，口径8.7厘米，底径3.2厘米，高7厘米[38]（图8-2）。太原北齐武平元年(570年)娄睿墓出土同型釉陶碗39件[39]（图8-3）。太原北齐武平二年（571年）徐显秀墓出土同型釉陶碗110件[40]（图8-4）。山东淄博和庄北朝墓出土青褐釉碗，口径9.3厘米，底径4厘米，高5.7厘米[41]（图8-5）。河南安阳北齐武平二年（571年）贾进墓出土釉陶碗10件[42]，河南安阳北齐皇建二年（561年）索勇妻李华墓出土釉陶碗一件[43]。河南安阳北齐武平四年（573年）贾宝墓出土釉陶碗9件[44]，河南安阳北齐武平六年（575年）范粹墓出土了同型釉陶碗[45]，同型釉陶碗还有河北磁县北齐武平七年

35 中国社会科学院考古研究所、河北省文物研究所邺城考古队：《河北临漳县邺城遗址赵彭城北朝佛寺遗址的勘探与发掘》，《考古》2010年第7期。

36 淄博市博物馆、淄川区文化局：《淄博和庄北朝墓葬出土青釉莲花尊》，《文物》1984年第12期。

37 河南省文物局：《安阳北朝墓葬》，科学出版社，2013年。

38 庞洪奇主编：《磁州窑早期青瓷》，华侨出版社，2021年。

39 陶正刚：《太原北齐娄睿墓发掘简报》，《文物》1983年第10期。

40 山西省考古研究所、太原市考古研究所：《太原北齐徐显秀墓发掘简报》，《文物》2003年第10期。

41 淄博市博物馆、淄川区文化局：《淄博和庄北朝墓葬出土青釉莲花尊》，《文物》1984年第12期。

42 孔德铭：《河南安阳县北齐贾进墓》，《考古》2011年第4期；河南省文物局：《安阳北朝墓葬》，科学出版社，2013年，彩版六〇—六二。

43 河南省文物局：《安阳北朝墓葬》，科学出版社，2013年，彩版九六。

44 河南省文物局：《安阳北朝墓葬》，科学出版社，2013年，彩版一〇九—一一二。

45 河南省博物馆：《河南安阳北齐范粹墓发掘简报》，《文物》1972年第1期；河南省博物馆：《三门峡花瓷和安阳范粹墓扁壶》，《中原文物》1998年第2期。

图 9 黑釉点粉碗

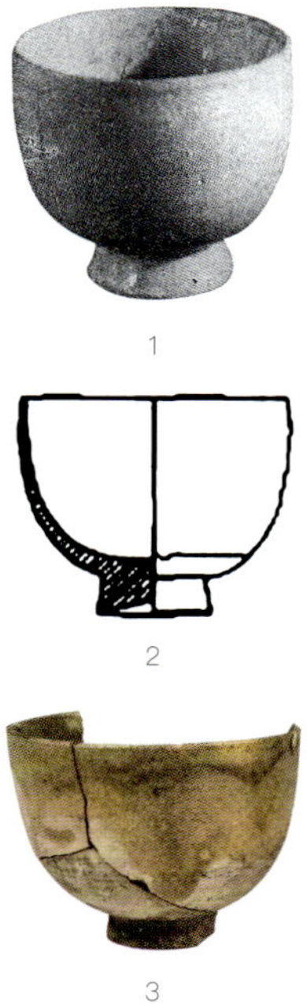

1

2

3

图 10 东魏、北齐青釉陶杯

（576年）高润墓[46]、河南安阳县固岸墓地2号墓[47]、河南安阳固岸墓 IIM72[48]、河北磁县湾漳北朝壁画墓[49]等。这种碗最早在邺城、晋阳、青州地区普遍流行。

不仅是釉陶器，在洛阳北魏大市遗址出土了一件同型的碗 89BHT12 ③：4，一共有十余片，唯一可修复者1件，口径8.2厘米，底径3.8厘米，高5.6厘米（图9）。釉下彩釉陶，黑色胎，质地细腻，"器外壁先用白色粉彩绘成带状连珠纹，连珠纹间饰以突起的乳钉纹，然后通体蘸以酱色釉"[50]。显然这是对化妆土的应用，由于对洛阳大市遗址遗物年代的怀疑越来越多，所以笔者可能也会怀疑这些黑釉装饰的年代是否可以到北魏洛阳时期，还是会退后到北齐时期？但是最晚在北齐以前没有问题。同样的装饰出土于：日本壹岐岛双六古坟出土的同型的碗上[51]，韩国庆州岛雁鸣池出土连珠纹点白粉绿釉标本[52]。这种装饰可以命名为黑釉点粉碗，是玻璃器和金银器镶嵌宝石效果的仿制，属于北朝晚期釉陶的特别之处。

杯在北朝晚期见于太原北齐河清元年（562年）库狄回洛墓出土杯8件，口径4.6厘米，高4.2厘米[53]（图10-1）；太原北齐天统二年（566年）张海翼墓出土青色釉碗5件，其中标本4是杯[54]（图10-2）。山西朔州水泉梁壁画墓出土釉陶杯2件[55]（图10-3）。

可见，从北魏平城时期到北朝晚期，碗在北方的流行和发展是一个过程，北魏平城的碗均为奢侈品，全部属于外来品；到洛阳时期，开始作为普通器物流行，并且开始了陶器仿制；到北朝晚期，釉陶碗已经大量出现，并且基本取代了青瓷的流行，在邺城、青州、西安有少量青瓷外，在晋阳地区青瓷几乎完全退出。那么，这就是说，北魏平城对碗的使用是一个仰慕，在北魏洛阳已经开始仿制，在北朝晚期已经大量制造。这一过程，使得我们会想起仅40年来，中国人对手机、汽车、飞机、高档服装、化妆品等的使用，也确实是经历了一个向往、学习、制

46 磁县文化馆：《河北磁县北齐高润墓》，《考古》1979年第3期。

47 河南省文物考古研究：《河南安阳县固岸墓地2号墓发掘简报》，《华夏考古》2007年第2期。

48 潘伟斌：《河南安阳固岸墓地考古收获大》，《中国文物报》2007年3月16日第5版；潘伟斌：《河南安阳固岸北朝墓地考古发掘的重要收获及认识》，《中国文物报》2007年12月7日第5版；河南省文物考古研究所：《河南安阳固岸墓地考古发掘收获》，《华夏考古》2009年第3期。

49 中国社会科学院考古研究所、河北省文物研究所：《磁县湾漳北朝壁画墓》，科学出版社，2003年，彩版33，第137、138页。

50 社科院考古所汉魏古城队：《北魏洛阳城内出土的瓷器和釉陶器》，《考古》1991年第12期。

51 谢明良：《魏晋南北朝铅釉陶器的问题》，《中国古代铅釉陶的世界——从战国到唐代》，石头出版股份有限公司，2014年，第54—84页。

52 谢明良：《魏晋南北朝铅釉陶器的问题》，《中国古代铅釉陶的世界——从战国到唐代》，石头出版股份有限公司，2014年，第54—84页。

53 王克林：《北库齐狄回洛墓》，《考古学报》1979年第3期。

54 李爱国：《太原北齐张海翼墓》，《文物》2003年第10期。

55 山西省考古研究所、山西博物院、朔州市文物局，等：《山西朔州水泉梁北齐壁画墓发掘简报》，《文物》2010年第12期。

作的过程，也是一个由奢侈品变为流行品的过程。

　　2. 鸡首壶

　　具有同样情形的还有鸡首壶，在北魏平城时期，北朝晚期也有较多的流行，这也是一个由南方青瓷到北方釉陶的变化过程。鸡首壶的形状为曲柄，圆腹，盘口，细颈，平底，肩部有一个鸡首。柄为由素条形柄和龙形柄。鸡首壶是埋葬在墓中用以引魂回归故土的器具。最早产生于晋室南渡以后，生活在建康的南渡贵族死后难于归葬，希望魂归故土，鸡首壶就成了引魂的道具。目前所见最早的鸡首壶是江西九江三中校舍东晋大兴三年（320 年）墓出土青瓷鸡首壶，高 23 厘米，口径 8.9 厘米，腹径 21 厘米，底径 12.8 厘米，鸡头为实心 [56]（图 11-1）。这种鸡首壶大量流行于东晋南方地区，北方地区基本不见 [57]。直至南朝出现一种"国"字形腹鸡首壶，变得瘦高起来，目前所见最早的广东新兴县南朝刘宋元嘉十二年（435 年）墓出土青瓷鸡首壶 2 件之一，口径 8.5 厘米，底径 13 厘米，高 24 厘米 [58]（图 11-2），也是在此时北魏平城和洛阳时期的北方才先后出现这种

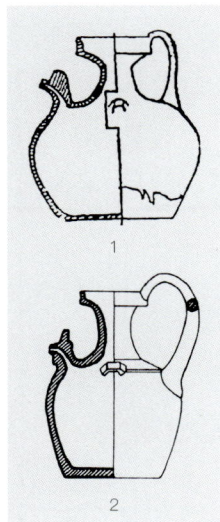

图 11　南朝早期青瓷鸡首壶

"国"字形腹的鸡首壶。

　　北魏平城时期所见有大同平城区柳泉南街北魏墓葬出土青瓷鸡首壶 [59]（图 12-1），山西侯马虒祁北魏青瓷鸡首壶 M1006∶1 [60]（图 12-2）。这两件青瓷鸡首壶均为从湖南越州窑的产品，对于北魏平城来说属

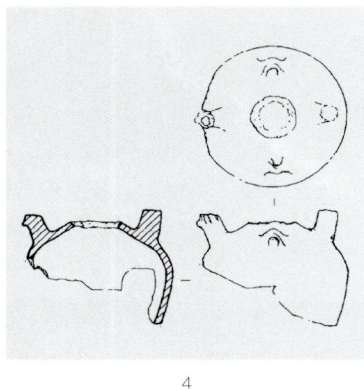

图 12　大同出土青瓷鸡首壶和仿制鸡首器物

---

56 吴水存：《东晋纪年墓出土的几件青瓷器》，《南方文物》1982 年第 2 期。

57 任志录：《鸡首壶的再讨论》，待刊。

58 古运泉：《广东新兴县南朝墓》，《文物》1990 年第 8 期。

59 大同市考古所在大同艺术馆展览，笔者 2023 年 9 月 8 日参观时拍摄。

60 穆文军：《山西侯马虒祁北魏墓发掘简报》，《文物季刊》2022 年第 3 期。

图13 北魏洛阳出土的青瓷鸡首壶

于进口品。值得注意的是鸡首壶这种形式和文化也被同样被鲜卑人以勺画葫芦地接受了，并开始了仿制，如大同平城区柳泉南街北魏墓葬出土陶鸡首壶，该器物柄部残缺，鸡首壶夸张，高冠，张口鸣叫，并有鸡翅、鸡腿伏在壶腹[61]（图12-3）。而大同操场城北魏建筑遗址出土褐釉鸡首壶T902：27，最大腹径12厘米，高9.6厘米，鸡首为实心（图12-4）。该壶与南朝鸡首壶更为相似，该遗址时代在定都平城一段时间之后到北魏末期[62]。平城的鸡首壶一开始是使用进口的奢侈品，但是很快就开始自己生产，当然平城的生产似乎处于尝试阶段，如柳泉南街北魏墓的鸡首壶，是在平城常见的鲜卑长颈侈口壶的肩部加饰了一个鸡首及其翅膀，而且没有柄部。大同操场城建筑遗址出土的鸡首壶残片是粗糙、笨拙的手工制品。这就是说北魏平城已经开始仿制鸡首壶，但是尚处于一个学习的阶段。

到了北魏洛阳时期，所见有洛阳北魏延昌四年（515年）宣武帝景陵出土青瓷龙柄盘口壶，器高43厘米，口径13厘米，肩宽21.8厘米，底径14厘米[63]（图13-1）。北魏宣武帝景陵出土的两件鸡首壶大小不同，形制基本相同。太原北魏神龟三年（520年）辛祥墓出土青瓷鸡首壶，高27厘米[64]（图13-2）。洛阳北魏普泰二年（532年）节闵帝元恭墓出土青瓷鸡首壶M926：25，口径12.3厘米，腹径21.4厘米，底径14.4厘米，高44厘米[65]（图13-3）。

这些鸡首壶均为南朝岳州窑产品。此时的洛阳是汉化政策时期，平城的文化元素急剧减少，即便以前的尝试性制作也告停止，而南朝文化、艺术风格及其产品在洛阳处于主流位置，青瓷鸡首壶也属于其中之一。

到了北朝晚期，随着逆胡化政策的实施，南朝元素减少，但从目前情况看，减少和受到限制的是南朝产品，同时发展的是北朝自己的釉陶。东魏、北齐王朝实行逆胡化政策，但是这些鲜卑人和鲜卑化的贵族却接受和吸纳了南朝引魂归葬的鸡首壶，所以在逆胡化最为严重的晋阳地区，鸡首壶所见最多，山西祁县白圭镇北齐天统三年（567年）韩裔墓出土青釉鸡首壶3件，高37.5厘米，口径9.8厘米，底径10.6厘米[66]（图14-1）；太原北齐武平元年（570

---

61 大同市考古所在大同艺术馆展览，笔者2023年9月8日参观时拍摄。
62 张庆捷：《大同操场城北魏建筑遗址发掘报告》，《考古学报》2005年第4期。
63 中国社会科学院考古研究所洛阳汉魏城队：《北魏宣武帝景陵发掘报告》，《考古》1994年第9期。
64 代尊德：《太原北魏辛祥墓》，《考古学集刊1》，中国社会科学出版社，1981年，第197—202页。
65 严辉：《洛阳涧西衡山路北魏墓发掘简报》，《文物》2016年第7期。
66 张柏主编：《中国出土瓷器全集·山西卷》，科学出版社，2008年，第11页；山西省考古研究所：《山西祁县白圭北齐韩裔墓》，《文物》1975年第4期。

图 14 北齐邺城、晋阳仿制的青釉鸡首壶

年）娄睿墓出土青釉螭柄鸡首瓷壶 5 件，其中 2 件高 48 厘米，另 3 件高 51 厘米[67]（图 14-2）；太原北齐武平二年（571 年）徐显秀墓出土青釉鸡首壶 7 件，高 50 厘米，腹径 22 厘米[68]（图 14-3）。河北省磁县东槐树村北齐武平七年（576 年）高润墓出土青釉龙柄鸡首壶，高 46.1 厘米，口径 11 厘米，底径 12.8 厘米[69]（图 14-4）等。这个时间段在北齐时期，这些鸡首壶均为一种青釉鸡首壶，装饰也比较华丽，是一种改造过的产品，应该均为本地窑址烧造。

可以看出，鸡首壶在出现北朝地盘，在北魏平城和洛阳是作为高档奢侈品，虽然在平城时期有所仿制，但最终未成规模，而是到了北齐时期才仿制改造成功，并且量产，作为普遍流行的器物。

直壁碗和鸡首壶是北朝晚期对南朝器物的仿制典型，除此之外，还有四系罐、辟雍砚、唾壶、烛台、高足灯，其中碗、杯、辟雍砚、唾壶、烛台、铫斗、虎子、净瓶等，兹列表如下（表 1）。

67 山西省考古研究所：《太原北齐娄睿墓发掘简报》，《文物》1983 年第 10 期。

68 山西省考古研究所、太原市考古研究所：《太原北齐徐显秀墓发掘简报》，《文物》2003 年第 10 期。

69 张柏主编：《中国出土瓷器全集·河北卷》，科学出版社，2008 年，第 12 页；磁县文化馆：《河北磁县北齐高润墓》，《考古》1979 年第 3 期。

表1　北朝晚期釉陶仿制的南方器物渊源

时代 器型		南方 东晋	北方		
			北魏平城时期	北魏洛阳时期	北朝晚期
碗	浅腹碗	 南京南郊东晋义熙二年（406年）谢温墓青瓷碗[70]	 大同沙岭新村北魏墓青瓷碗 M23：1	 河南偃师北魏正始五年（506年）墓陶碗 M4031：2	 河北临漳佛寺遗址青釉碗 04JYNH2：12
	深腹碗	 江西东晋大兴三年（320年）墓青瓷碗		 洛阳北魏永熙二年（533年）杨机墓青瓷碗 洛阳北魏延昌四年（515年）宣武帝景陵陶碗 洛阳北魏大市遗址釉陶碗 89BHT12③：4	 河南安阳东魏天平四年（537年）赵明度墓釉陶碗 M115：7
杯		 广东韶关东晋隆和元年（362年）墓青瓷杯		 河南孟县北魏永平四年（511年）司马悦墓青瓷杯 河南偃师北魏墓陶碗 M7：34	 太原北齐天统二年（566年）张海翼墓青釉杯标本4

70　华国荣：《南京南郊六朝谢温墓》，《文物》1998年第5期。

时代 器型	南方	北方		
	东晋	北魏平城时期	北魏洛阳时期	北朝晚期
鸡首壶	江西九江东晋大兴三年（320年）墓青瓷鸡首壶	大同平城区北魏墓青瓷鸡首壶 大同平城区北魏墓陶鸡首壶	太原北魏神龟三年（520年）辛祥墓青釉鸡首壶	太原北齐武平元年（570年）娄睿墓青釉鸡首壶
四系罐	浙江新昌县东晋太元十八年（393年）青瓷点彩四系罐[71]		浙江瑞安梁天监九年（510年）墓青瓷四系罐[72]	河北平山北齐天统二年（566年）崔昂墓青瓷四系罐[73] 河北平山北齐天统二年（公元566年）崔昂墓青釉四系罐[74] 陕西西咸新区北周墓酱釉四系罐[75]

71 张柏主编：《中国出土瓷器全集·浙江卷》，科学出版社，2008年，第75页。

72 潘知山：《浙江瑞安梁天监九年（510年）墓》，《文物》1993年第11期。

73 河北省博物馆、文物管理处：《河北平山北齐崔昂墓调查报告》，《文物》1973年第11期。

74 河北省博物馆、文物管理处：《河北平山北齐崔昂墓调查报告》，《文物》1973年第11期。

75 陕西省考古研究院：《陕西西咸新区空港新城陶家村北周墓发掘简报》，《文博》2022年第6期。

时代 器型	南方	北方		
	东晋	北魏平城时期	北魏洛阳时期	北朝晚期
唾壶	南京六朝谢永初二年（421年）谢珫墓　青瓷唾壶[76]	山西大同北魏太和八年（484年）司马金龙墓青瓷唾壶[77]	洛阳纱厂北魏正光三年（522年）墓陶唾壶HM555：36[78]	河北磁县北齐武平四年（573年）周超墓酱釉唾壶[79] 河北赞皇县北齐天保三年（552年）墓青釉唾壶 陕西西咸新区北周墓绿釉唾壶[80]

76 南京市博物馆：《南京南郊六朝谢珫墓》，《文物》1998 年第 5 期。

77 山西大同博物馆、山西省文物管理委员会：《山西大同石家寨北魏司马金龙墓》，《文物》1972 年第 3 期。

78 洛阳市第二文物工作队：《洛阳纱厂北魏 HM555 发掘简报》，《文物》2002 年第 9 期。

79 南水北调中线干线工程建设管理局、河北省南水北调工程建设领导小组办公室、河北省文物局：《磁县双庙墓群考古发掘报告》，文物出版社，2017 年。

80 陕西省考古研究院：《陕西西咸新区空港新城陶家村北周墓发掘简报》，《文博》2022 年第 6 期。

时代 / 器型	南方	北方		
	东晋	北魏平城时期	北魏洛阳时期	北朝晚期
辟雍砚	浙江瑞安市东晋太元十二年（387年）墓瓯窑青瓷砚 [81]		西安北魏孝昌元年（525年）青瓷足砚及砚滴 [82] 河北赞皇北魏孝昌二年（526年）李弼墓酱釉砚 M8：49 [83]	河北磁县武平四年（573年）周超墓酱釉砚 [84] 河南安阳北齐武平二年（571年）贾进墓青釉砚
高足灯	南京东晋咸和四年（329年）温峤墓黄釉灯 [85]	大同市博物馆褐黄釉灯 [86]	河北赞皇北魏孝昌二年（526年）李弼墓酱釉灯 M8：25 [87]	2018年安阳固岸村北齐墓酱釉灯 [88]

从这个演变表看出，以上7类八型器物中，碗、杯、鸡首壶、四系罐、辟雍砚、唾壶、高足灯，其中碗、杯、辟雍砚、唾壶，有八型的原型都是在东晋时期出现，有一型即烛台是在与北魏平城同期的南齐出现，在北魏平城时期有二型已经都得到仿制，在洛阳时期已经有四型仿制，那么到北朝晚期已经全部得到仿制。这就是说北方对南方器物态度和使用

81 唐苏婴、王轶凌主编：《青色流年——全国出土浙江纪年瓷图集》，文物出版社，2017年，第137页。

82 张柏主编：《中国出土瓷器全集·陕西卷》，科学出版社，2008年，第15—18页。

83 北京大学考古文博学院、河北省文物考古研究院：《赞皇西高北朝赵郡李氏家族墓地——2009—2010年北区发掘报告》，科学出版社，2021年，图版四三。

84 南水北调中线干线工程建设管理局、河北省南水北调工程建设领导小组办公室、河北省文物局：《磁县双庙墓群考古发掘报告》，文物出版社，2017年。

85 南京市博物馆：《南京北郊东晋温峤墓》，《文物》2002年第7期。

86 2023年9月笔者在大同考察时拍摄。

87 北京大学考古文博学院、河北省文物考古研究院：《赞皇西高北朝赵郡李氏家族墓地——2009—2010年北区发掘报告》，科学出版社，2021年，图版四三。

88 安阳市文物考古研究所、濮阳市戚城文物景区管理处：《2018年安阳固岸村北齐墓发掘简报》，《中原文物》2021年第4期。

方式，与上述碗、杯和鸡首壶一样，都是经历了一个作为奢侈品使用、学习、仿制的过程。这些器物中，碗、四系罐和灯是作为定居生活的代表，杯及其托盘或者是饮茶方式的反映，砚是汉族文化的象征，唾壶显然是文明卫生的进步象征，烛台是汉人进步的照明方式，鸡首壶是汉人所特有的魂归故里的道具，这些都是汉人文化结晶，而在中国的南北朝时期，只有南方的东晋、南朝才继承了两汉以来所形成的文化，所以北朝晚期以釉陶仿制这些器物实际上是对汉人文化的接受。

但是需要认识到的是，北朝晚期的东魏、北齐政权实行的政策是：强制推行逆胡化，抑制汉化，希望以正朔自居的北方鲜卑人是不自觉地接受了当时最为先进的汉族文化，融入文明的大潮之中，而且这个接受和融入经过了大量的改造，正是这些改造使得北方釉陶的发展呈现出自己的特色。

二、北朝晚期对南朝器物的改造

北朝晚期的东魏、北齐政权强制推行逆胡化、抑制汉化政策，抵制青瓷正是这一政策的体现，所以北魏洛阳时期大量的南方青瓷在东魏、北齐的邺城特别是晋阳基本消失，而出现了东魏、北齐自己的白胎青釉陶器，虽然仿制了南朝器物的形制，但是仿制不是目的，目的是抵制，是以自己的产品取代青瓷，所以北朝晚期的鲜卑贵族对釉陶进行了大量的改造，也就出现了多样的装饰手段。

如果说北魏平城晚期开始的汉化热潮中，对南朝器物已经作为奢侈品少量使用，在北魏洛阳时期则较为大量地出现南朝青瓷，可是对南朝器物的形制却很少吸收改造。在北朝晚期的逆胡潮流中，南朝青瓷减少，釉陶流行起来，釉陶仿制的器物原型却是南朝器物。但是处于逆胡化形势下的鲜卑贵族不愿承认仿制南朝器物这一现实，而是要制造具有自身烙印的文化，于是南朝器物就被大肆改造。这里讲的改造指的是在南朝器物的基础之上，对器物外部面貌的局部修改，主要表现在外表装饰上。

北朝晚期仿制南朝器物的类型大致有10类：碗、杯、鸡首壶、四系罐、辟雍砚、唾壶、烛台、高足灯、虎子，另有无系罐、莲花尊等也属于仿制南朝。但是这些仿制中，可以分为两种情形，一是原样仿制，如碗、杯、辟雍砚、唾壶、烛台，这些都是一些小型日用器，可以说是原模原样地仿制了南朝器物；二是改造和装饰，如鸡首壶、四系罐、高足灯、莲花尊、无系罐，这些都是较为大型的器物，其中鸡首壶具有归葬引魂的意义，高足灯、莲花尊具有祭祀意义。这种大型的器物、用于祭祀的器物，具有展示性，有炫耀效果，于是就得到了比较大的改造加工。改造分为两种：一是对形制的局部改变，二是装饰的复杂化。

1.北朝晚期对南方器型的局部改造

（1）鸡首壶

鸡首壶最早出现于东晋时期，是一种鼓腹的形制，到南朝时期鸡首壶的腹部变为"国"字形，鸡首有空心和实心两种。"国"字形鸡首壶传到北魏平城、洛阳地区及其周围。北朝晚期釉陶复兴之后，鸡首壶就成为被仿制的对象。对鸡首壶的仿制主要表现在。

①加高加大。南朝圆腹鸡首壶最低者 12.5 厘米，湖南津市擎龙岗东晋墓出土[89]，最高者 29.1 厘米，南京南郊东晋义熙二年（406 年）谢温墓出土[90]。"国"字形腹鸡首壶最高者 41.2 厘米，四川绵阳西山六朝崖墓出土[91]。在鸡首壶大批量流行于北魏洛阳时期以后，高度提高，如西安南郊北魏永熙二年（533 年）韦辉和墓鸡首壶高 43.2 厘米[92]，但是南朝青瓷鸡首壶未见高于 45 厘米者。而在北朝晚期，鸡首壶最低者如太原韩祖念墓出土者高 35.5 厘米，韩裔墓出土者高 36 厘米，而库狄业出土者高 46 厘米，太原南郊出土者则高达 49.8 厘米，娄睿墓出土 5 件高 48.2 厘米，徐显秀墓出土 7 件，皆高 50 厘米，磁县高润高 44.5 厘米。则北朝晚期的鸡首壶普遍很高，同时围度增加，变得又高又大。

②鸡首变成了鸡的前半身。鸡首壶的鸡首附着在肩部，在南方青瓷均为鸡首部分。鸡首口部有 3 种情况，有孔口部、无孔假口、实心喙状。有孔口部，就是鸟的口部有孔，可通到壶腹，这种鸡首壶主要在湖北一带，湖北武昌县金口火焰砖瓦厂晋墓出土青瓷鸡首壶（M2:3）[93]（图 15-1）。无孔假口，从外部看，鸡首壶与前者相同，但是鸡首为实心，其实无孔，这种鸡首壶主要在江浙一带，如江苏镇江东晋墓（M33）出土青瓷鸡首壶[94]（图 15-2）。实心喙状口，直接为鸡首形状，鸡的口部为尖状或作开合状，各地都有这种情况，如湖北汉阳蔡甸一号墓出土青瓷鸡首壶两件之一[95]（图 15-3）。而且在鸡首壶的腹部变成国字形以后，鸡首壶大多均为假口无孔，南朝如贵州平坝马场东晋墓（墓 48）出土鸡首壶[96]（图 15-4）；北朝如西安市韦曲北塬北魏永熙三年（534 年）魏乾墓（M5）出土[97]（图 15-5）。但是到北朝晚期的北齐时期，鸡首壶则发生重大变化，北方的鸡首壶的鸡首变成了鸡头、颈部、胸部组成，似乎为记得前半身，均为实心，如太原北齐武平二年（571 年）徐显秀墓出土的青釉

---

89 津市文化馆：《津市擎龙岗东晋墓》，《湖南考古辑刊（第 3 集）》，岳麓书院，1986 年，第 279、280 页。

90 南京市博物馆：《南京南郊六朝谢温墓》，《文物》1998 年第 5 期。

91 绵阳博物馆：《四川绵阳西山六朝崖墓》，《考古》1990 年第 12 期。

92 王久刚：《西安南郊北魏北周墓发掘简报》，《文物》2009 年第 5 期。

93 武汉市考古队、武昌县文管所：《武昌县金口汉晋墓发掘简报》，《江汉考古》1994 年第 3 期。

94 镇江博物馆：《镇江东晋墓》，《文物参考资料（第 8 辑）》，文物出版社，1984 年，第 16—39 页。

95 湖北省博物馆：《湖北汉阳蔡甸一号墓清理》，《考古》1966 年第 7 期。

96 贵州省博物馆考古组：《贵州平坝马场东晋南朝墓发掘简报》，《考古》1973 年第 6 期。

97 王久刚：《西安南郊北魏北周墓发掘简报》，《文物》2009 年第 5 期；魏女：《西安北魏韦氏纪年墓出土瓷器及相关问题探讨》，《考古与文物》2010 年第 3 期；张柏主编：《中国出土瓷器全集·陕西卷》，科学出版社，2008 年，第 10—15 页。

图 15 鸡首壶鸡首的演变和区域差异

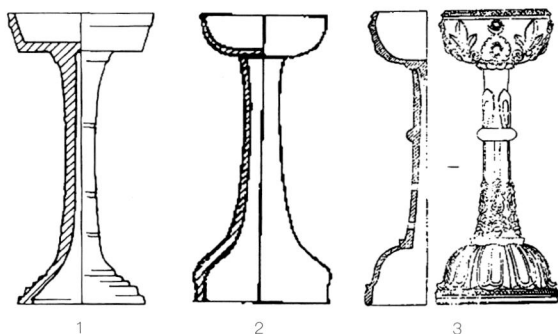

图 16 高足灯的演变和区域差异

鸡首壶[98]（图 14-3）。

③南朝的部分龙柄变成了北方的全部龙柄。鸡首壶的圆腹鸡首壶和国字形鸡首壶的柄部均可以分为曲柄和龙头柄两类，而北朝晚期的釉陶鸡首壶则全部为龙柄。

这样，北齐的鸡首壶变得高大，鸡首更为形象，柄部具有了中国帝王文化。

（2）高足灯

高足灯是汉代以来流行的传统形制，如洛阳西晋墓出土灰陶豆形灯，高 30.9 厘米[99]（图 16-1）。相信是高架灯也流行于东晋南朝。在北魏平城时期最为流行的是高架连枝灯，而在洛阳时期的汉化政策之下，于是高架灯开始来到洛阳，则洛阳纱厂北魏正光三年（522 年）HM555 出土的陶灯[100]（图 16-2）。到北齐时期，这种高架灯则较多出现，如太原北齐武平元年（570 年）娄睿墓出土白胎釉陶灯 4 件，标本 714[101]（图 16-3）。与此相同的还有：太原北齐天统三年（567 年）库狄业墓的高足灯 T84QS12[102]，太原北齐武平二年（571 年）徐显秀墓出土高足灯 4 件[103]，计 9 件。但是北齐的高足灯在形制上得到了改造。

①加高加大。洛阳西晋墓出土高足灯高 30.9 厘米，而北齐娄睿出土者高 50.2 厘米，徐显秀墓出土者高 48 厘米，其高大程度远远超过西晋时期。

②形制变化。西晋时期的高足灯，灯碗为盘口，到北魏时期变成碗形，北齐依然是碗形。

---

98 山西省考古研究所、太原市考古研究所：《太原北齐徐显秀墓发掘简报》，《文物》2003 年第 10 期。

99 史家珍：《洛阳新发现的两座西晋墓发掘简报》，《文物》2009 年第 3 期。

100 洛阳市第二文物工作队：《洛阳纱厂北魏 HM555 发掘简报》，《文物》2002 年第 9 期。

101 陶正刚：《太原北齐娄睿墓发掘简报》，《文物》1983 年第 10 期；山西省考古研究所、太原市考古研究所：《北齐东安王娄睿墓》，文物出版社，2006 年，第 133—145 页。

102 太原市文物考古研究所：《太原北齐库狄业墓》，《文物》2003 年第 3 期。

103 山西省考古研究所、太原市文物考古研究所：《太原北齐徐显秀墓发掘简报》，《文物》2003 年第 10 期。

足部在西晋、北魏时期为喇叭形，在北齐则变成覆盆形。灯柱由原来的直杆型变成了上细下粗的锥形，并且在灯柱上加饰了圆结。这样的灯型也使得我们联系到北魏到隋代流行的石灯的形制。

③ 器表装饰。西晋到北魏的高足灯均为素面，最多有三道旋纹，北齐的高足灯则从灯碗、灯柱到足部都进行了繁复的装饰。

可见，北朝鸡首壶和高足灯不但变得高大，而且更为奢侈、华丽。

2. 装饰技法

装饰技法有四种，一是模印贴花，二是划花，三是刻花，四是一种点粉装饰。刻花主要表现在莲花尊、鸡首壶、罐的腹部都有较多的立体莲瓣突出，划花几乎使用在每一个器物的腹部旋纹和周围，而模印贴花丰富多样，点粉装饰则是具有特别效果，这里仅讨论这两种技法。

（1）装饰的题材多样

有莲瓣纹、莨苕纹、宝相花纹、摩尼宝珠纹、兽面纹、美杜莎纹。

① 莲瓣纹。莲瓣纹是随佛教来到中国，在北魏时期开始流行，但目前所见资料显示，主要见于佛教石窟，如敦煌、云冈石窟等，也出现于北魏平城的陶器和红胎釉陶，乃至南朝的碗、盘之上，但是作为一种比较繁复的纹样出现在一件器物之上，仅见于北朝晚期的白胎釉陶之上，表现方式有3种。第一种是贴花，贴花又分为单瓣贴花，如太原北齐河清元年（562年）库狄廻洛墓莲花尊腹部的贴花（图17-1），又多见作为边饰，连瓣贴花，如山东省淄博市淄川区龙泉北齐墓青釉尊肩部的一圈贴花莲瓣（图17-2），还有徐显秀墓高足灯、娄睿墓高足灯的足部外壁贴花莲花。第二种是刻花，一般在腹部中央，如安阳东魏赵明度墓四系罐，平山北齐天统二年（566年）崔昂墓腹部刻莲瓣，娄睿墓鸡首壶腹部刻莲瓣，北齐武平六年（575年）范粹墓的三件多系罐腹部中央刻莲瓣，北齐武平七年（576年）车骑将军李云墓的两件四系罐腹部中央刻莲瓣（图17-3），徐显秀墓鸡首壶腹部刻莲瓣。第三种是划花，如磁县北齐天保四年（553年）元良墓高足盘的盘心为划花莲花（图17-4），磁县北齐武平七年（576年）高润墓青黄釉肩部的划花莲瓣。

1

2

3

4

图17　北朝晚期的莲瓣纹装饰

图 18　北朝晚期的莨苕纹

图 19　北朝晚期的摩尼宝珠纹

　　另外，中心圆放射状的花纹，即宝相花见于的厍狄廻洛墓的莲花尊和山东淄博的莲花尊。

　　②莨苕纹。莨苕纹，在中国也称忍冬纹，其形式为一种曲折反转或缠绕的叶形图样，形式多样，大致早期见于希腊和古罗马，象征智慧、艺术，是旺盛的生命力象征[104]。但是莨苕纹是随伴随佛教而进入中国，也大量见于北魏云冈石窟、北齐响堂山石窟。在北朝晚期的白胎釉陶上见于娄睿墓高足灯灯碗和灯柱上的图案，还有鸡首壶肩部贴花，徐显秀墓高足灯座上的模印贴花（图 18-1）。李云墓四系罐上有划花莨苕纹（图 18-2）。

　　③摩尼宝珠纹。摩尼宝珠是指海底龙宫中出来的如意宝珠，是由火焰和宝物组成，宝物由五个宝排列，在五宝周围是向上燃烧的火红的火焰，将宝围在中心，下方为莲座。摩尼宝珠纹是随着佛教进入中国，在克孜尔石窟到敦煌石窟、炳灵寺石窟以及云冈、龙门石窟等壁画、雕刻中都能见到[105]。在北朝晚期见于白胎釉陶是厍狄廻洛墓莲花尊的颈部和底部的模印贴花（图 19-1），徐显秀墓高足灯座上的模印贴花（图 19-2）。

　　④铺首衔环纹。铺首衔环纹最早出现于商代晚期殷墟二期的器物上[106]，之后也一直见于各类器物，其实是作为器柄使用。只是在汉代开始出现于门上，作为推敲门的把手。最早的铺首基本是在饕餮纹的基础之上演绎为兽面，到了汉代出现伏羲、女娲交尾的铺首，延续至魏晋时期。从南北朝时期开始，铺首出现了狮形、怪兽形，其中具有西域萨珊元素的影响。典型者如娄睿墓莲花尊上贴花（图 20-1），双角竖起，眼睛鼓突，大鼻双孔外露，咧嘴露齿，上排为四齿，下边两侧两颗向上弯曲的獠牙，嘴角两边两撇长须甩向两侧，圆环从咬齿的嘴中穿过。这应该是一个兽面纹。娄睿墓鸡首壶上所见另一个铺首衔环，形象与前者大致相似，但是眼、鼻、嘴、齿都较为缩小，差异是没有嘴上外甩的两撇长须，

104 長廣敏雄、水野清一：《雲岡石窟裝飾の意義》，《雲岡石窟：西暦五世紀における中国北部佛教窟院の考古學的調査報告：東方文化研究所調查昭和十三年——昭和二十年》第四卷，京都大學人文科學研究所刊行會，1951—1975 年，第 1—14 頁；〔日〕长广敏雄、水野清一著，王雁卿译：《云冈石窟装饰的意义》，《文物季刊》1997 年第 2 期；Rawson, Jessica. *Chinese Ornament: The Lotus and the Dragon*. London: British Museum, 1984. 李秋红：《南北朝隋代双茎桃形忍冬纹样分析》，《石窟寺研究（第 8 辑）》，科学出版社，2018 年，第 211 页。她的另一篇论文简略提及忍冬纹的来源问题。参见李秋红：《北朝扇形忍冬纹样及其西方来源》，《故宫博物院院刊》2019 年第 8 期；王雁卿：《云冈石窟的忍冬纹装饰》，《敦煌研究》2008 年第 4 期；陈亮：《莨苕纹研究在中国的接受反思》，《美术观察》2022 年第 9 期。

105 〔日〕八木春生：《纹样与图像：中国南北朝时期的石窟艺术》，上海古籍出版社，2021 年，第 1—26 页。

106 苗霞：《中国古代铺首衔环浅析》，《殷都学刊》2006 年第 3 期；李文娟：《中国铺首衔环源流探析》，苏州大学硕士学位论文，2010 年。

图 20　北朝晚期的铺首衔环纹

图 21　北朝晚期的美杜莎纹

双角内倾，口中上部一排牙齿的两侧为向下的两颗獠牙，脸的四周为一圈缭绕的蛇发（图20-2）。这个形象可以理解为狮子，也可以理解为美杜莎。

⑤美杜莎纹。美杜莎是一个蛇发、獠牙的女妖，妖娆美丽，如果人类直视的她的眼睛，便立刻石化，是希腊神话里的著名故事，在地中海西岸、西亚、中亚有着广泛的流传。这种蛇发美女美杜莎的头像装饰在雅典娜盾牌之上，流行在广大的地区。在北朝到隋代，中国北方的邺城、太原、西安、济南出现在一种武士俑的盾面之上[107]。出现在器物上，见于太原北齐娄睿墓鸡首壶（图21-1）上的贴花美杜莎[108]，该图像与上述娄睿墓鸡首壶上所见另一个铺首衔环的铺首相同，差异是嘴里没有衔环，相同的徐显秀墓的鸡首壶[109]（图21-2）和徐显秀莲花尊上的模印贴花。另一件模印贴花见于娄睿墓莲花尊，面容发饰与前者相同，只是舌头吐出，垂在下巴[110]（图21-3）。这更是标准的美杜莎形象。

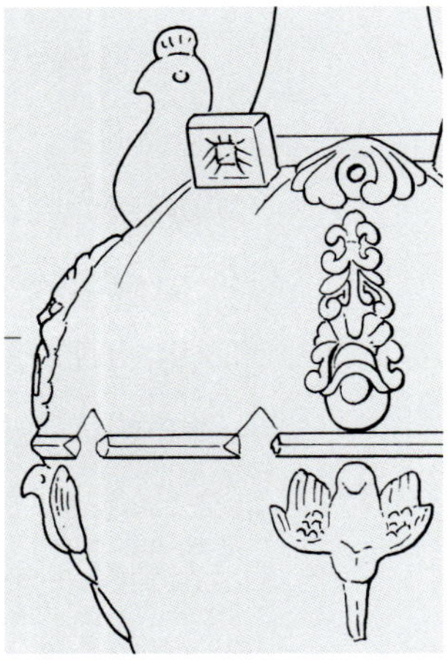

⑥鸡纹。上文已经讲过，鸡首壶是引魂归葬的汉人文化，北魏时期已经较多地出现在北方地区，但是进口南朝青瓷多而本地改造较少，在北齐时期就完全被本地白胎釉陶青黄釉等代替，但是北齐贵族对鸡首壶做了改造。这个改造主要表现在器表的装饰上，如加饰莨苕纹、美杜莎纹，最典型的是娄睿墓鸡首壶腹部下半部贴花四只鸟（图22），虽然看似鸟，但是也像鸡，如果我们把这四个鸟纹看作鸡，那么这就是祆教中的圣禽斯劳沙[111]。斯劳沙是阿胡拉·马兹达的使者，而且是恶魔的惩治者。是世界的化身、最有力的矛，高贵的神。斯劳沙为古代伊朗神话中宗教虔诚和秩序的精灵，古波斯时期称为"斯罗什"。斯劳沙确信查拉图什特拉之说正确无误，遂

图 22　北朝晚期的鸡纹

---

107 任志录：《中国美杜莎》，待刊。

108 山西省考古研究所、太原市考古研究所：《北齐东安王娄睿墓》，文物出版社，2006年，第133—145页。

109 笔者2023年12月5日参观山西省博物院时拍照。

110 笔者2023年12月5日参观山西省博物院时拍照。

111 日本美秀博物馆：《文明的连接点——中央亚细亚》，2022年，第51页。此条承深圳金石博物馆吴强华馆长提示。

向其祝福[112]。在中古波斯文献中，Sraosa 写成 Sros. 是现实世界之主与保护者[113]。

⑦连珠纹。连珠纹是一组连续的圆圈或圆球组合围成圆形或矩形图案，有大有小，做边饰或者作为独立图案，是在萨珊时期流行的一种装饰纹样，南北朝时期出入中国。连珠纹在中国流行广泛，见于石窟、壁画、石棺、器物、服饰等，釉陶器物的装饰也大量引用了连珠纹。如晋阳徐显秀墓高足灯座、莲花尊，娄睿墓的高足灯的灯碗和灯座，安阳固岸的白地绿彩盖罐，大小连珠纹，中间为伎乐人物。同时该器物与范粹墓的土白胎褐黄釉扁壶所采用的技法一样，也是整体模印，这是北朝晚期出现的新技法。直壁碗上出现了具有镶嵌效果的连珠纹。

经过装饰上的改造，鸡首壶上附加了拜火教的鸡、希腊的美杜莎、佛教的莲瓣，从一种引魂的道具成为鲜卑和鲜卑化汉人贵族的特有身份的标识，所以徐显秀墓达7件之多，娄睿墓达5件之多。汉代的高足灯不但变得高大、华丽，而且兼具了佛教的摩尼宝珠、莲花，希腊的莨苕纹，萨珊的连珠纹。莲花尊上贴饰了莲瓣、摩尼宝珠、铺首衔环和连珠纹，四系罐的腹部刻了莲花瓣，无系罐的肩部出现了莲瓣的划花，或者模印了伎乐人物、连珠纹。这些器物从外观上看，既有佛教元素，又有拜火教元素，也有希腊文化、伊朗文化，充满着异域风格，这符合北齐鲜卑贵族和鲜卑化贵族的审美。

（2）点粉装饰

两汉釉陶有复色、模印，而褐黄釉模印贴花中心点绿釉形成镶嵌宝石的效果的做法，则是北魏晚期平城出现的突破性技术成果之一。这一成果的渊源有可能是对金银器宝石镶嵌的模仿，北魏洛阳、北齐、隋代邺城的白粉圆点技术应该是平城传统的发扬，如山西大同博物馆所藏罐的肩部装饰两层多个褐黄釉镶嵌绿釉的装饰[114]。该装饰的做法，笔者曾对若干件实物仔细观察，先在素胎上贴饰花，再上褐黄釉，最后在预先留置的地方点缀绿釉，一般点绿釉的地方都是花纹的中心。烧制之后，褐黄釉上的绿釉呈现出绿宝石镶嵌在金器上的效果。这无疑是对萨珊贵金属镶嵌宝石效果的模仿。之后这一技术被简化，即直接在深色胎地上点缀白色化妆粉，而且图案大多为萨珊流行的连珠纹，如所谓北魏洛阳大市遗址出土盏89BHT12③:4，同时在标本中可以看到还有绿色粉点缀连珠纹的黑釉碗残片（图23-1）。"器外壁先用白色粉彩绘成带状连珠纹，连珠纹间饰以突起的乳钉纹，然后通体蘸以酱色釉。"[115] 显然这是对化妆土的应用，由于对洛阳大市遗址遗物年代的怀疑越来越多，所以笔者可能也会怀疑这些黑釉装饰的年代是否可以到北魏洛阳时期，还是会退后到北齐时期？但是最晚在北齐以前没有问题。同样的装饰出土于日本壹岐岛双六古坟出土的同型

---

112 魏庆征编：《古代伊朗神话》，太原北岳文艺出版社、山西人民出版社，1999年，第374—375页。

113 张小贵：《中古祆教半人半鸟形象考源》，《世界历史》2016年第1期。

114 2018年笔者拍摄。

115 社科院考古所汉魏古城队：《北魏洛阳城内出土的瓷器和釉陶器》，《考古》1991年第12期。

的碗上 [116]（图 23-2），也见于韩国庆州岛雁鸣池出土连珠纹点白粉绿釉标本 [117]（图 23-3）。

不过这是一件绿釉点白粉，目前在安阳地区所见较多此类装饰。到隋代这种装饰多见，如徐展堂所藏杯绿釉连珠纹杯，高 6.5 厘米 [118]（图 23-4）。

北朝晚期釉陶不是为了仿制南方青瓷，而是为了抵制南方青瓷并且取而代之，这就使得北朝釉陶一方面不自觉地吸收了南方汉文化的青瓷，另一方面又对青瓷进行了大量的改造和装饰，这种改造还表现在发展出白胎釉陶，发展出白地加彩。正是这种改造和装饰，使得北方釉陶更为华丽和豪奢，并创造出自己的特色。当然，不管这些改造的技法多么丰富，图案又多么异样，最终没有离开南朝青瓷器物的基础。

北魏迁都洛阳以后，大力推行汉化政策，原来平城地区流行的鲜卑化釉陶受到抑制，而代表正朔的汉文化南方青瓷一时盛行，这是强行汉化的结果。而到东魏、北齐时期的邺城、晋阳又恢复到胡化政策，陈寅恪先生指出："北齐之宫廷尤以其末年最为西域胡化。" [119] 荣新江也曾略述并州地区（今太原）大量存在过的胡化现象 [120]。鲜卑贵族发生严重逆胡化运动，鲜卑旧俗复兴，使得南方青瓷减少，而平城地区流行的鲜卑化釉陶又回到了邺城、晋阳。而此时东魏、北齐的基本生活方式已经农业化、定居化，新的生活方式迫使其难以恢复鲜卑游牧，东魏、北齐是迫不得已地吸入了南朝先进的文化。所以北朝晚期一方面对南方青瓷器型进行仿制，另一方面又在形制和装饰上大肆改造，创造出独特的青瓷化釉陶，最终促成了北方陶瓷的发展，这是鲜卑化和汉文化融合的结果。

1

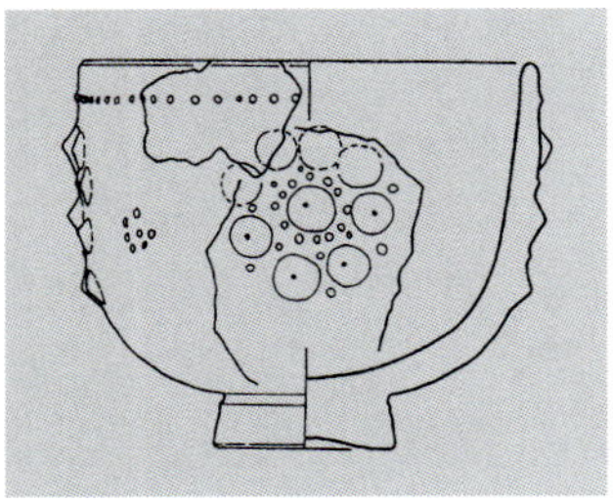

2

3

4

图 23 北魏平城到洛阳的釉陶仿宝石镶嵌

116 谢明良：《魏晋南北朝铅釉陶器的问题》，《中国古代铅釉陶的世界——从战国到唐代》，石头出版股份有限公司，2014 年，第 54—84 页。

117 谢明良：《魏晋南北朝铅釉陶器的问题》，《中国古代铅釉陶的世界——从战国到唐代》，石头出版股份有限公司，2014 年，第 54—84 页。

118 徐氏艺术馆：《徐氏艺术馆·陶瓷篇 1》，1993 年，图 64。

119 陈寅恪：《隋唐制度渊源略论稿》，中华书局，1963 年，第 122 页。

120 荣新江：《隋及唐初并州的萨保府与粟特部落》，《文物》2001 年第 4 期。

辽境出土白釉印花瓷器的产地及相关问题探讨 *

孟浩亮

（河北省文物考古研究院）

摘要： 辽代墓葬、塔基、窖藏等遗存出土的白釉印花瓷器，纹饰精美，质量颇高，根据胎釉、纹饰、装烧、造型等特征分为四组。结合窑址材料对比分析可知，分别是介休洪山窑、浑源窑、定窑、缸瓦窑的产品，以前两者数量较多。其中，以往被作为考古学证据用以说明定窑印花工艺成熟于北宋中期的印花白瓷实为介休洪山窑烧造，以往被认为是定瓷或辽瓷的印花方碟中也多是介休洪山窑产品。辽境出土的印花白瓷体现了宋辽时期北方地区白釉印花瓷器的生产面貌，展现了11世纪中叶以介休洪山窑、浑源窑为代表的山西地区印花白瓷的烧造水平，及其在宋辽时期北方地区印花瓷器生产格局和古代白瓷印花体系中的重要地位和影响，同时也反映着这一时期的窑业生产模式、经济流通、技术传播和文化交流。

关键词： 辽代　北宋　白釉印花瓷器　产地　介休洪山窑　浑源窑

　　辽朝是中国历史上由契丹族建立的国家，其所生活的北部地区呈现独特的地域文化特征。辽代墓葬、塔基、窖藏等遗存出土了品种丰富的陶瓷器，以白瓷常见，其中印花白瓷又是重要的一类，其烧造工艺和装饰工艺达到了较高水平。这些出土白釉印花瓷器为了解宋辽时期北方地区白釉印花瓷器的生产面貌、研究宋辽制瓷业间的技术互动和文化交流提供了实物资料。

　　学界一般将定窑视为白釉印花瓷器的代表，其成熟的印花工艺始于北宋中期，而认为辽代瓷窑烧造的白釉印花瓷器多受定窑影响，但其整体面貌不甚清晰。与之相左的是，目前考古材料显示白釉印花瓷器中在北宋境内出土者较为罕见，窑址外的考古材料也几乎不见北宋定窑印花白瓷，但辽境出土有一定数量的印花白瓷，其面貌又与定窑产品相异，此一文化现象值得关注。本文在前贤研究的基础上，结合窑址和馆藏材料，对辽境出土白釉印花瓷器的产地进行探讨，在此基础上对出土印花白瓷所反映的相关窑场印花瓷器的时空

---

* 本文系国家社科基金重大项目 "定窑考古资料整理与综合研究"（项目批准号：22&ZD245）的阶段性成果。

格局、产品属性与生产模式、技术与文化交流等问题进行分析。

据不完全统计，辽境出土白釉印花瓷器的相关遗存主要见下表（表1）。

表1　辽境出土白釉印花瓷器的相关遗存统计表

所属地区	出土地点	出处
山西	大同市十里铺 M27	注释 1
	大同市下王庄	注释 2
河北	承德市平泉县姜家北沟辽墓	注释 3
	廊坊市馨钻界小区 M1、M6	注释 4
	廊坊市固安县大王村 M3	注释 5
	廊坊市广阳区和平丽景墓葬	注释 6
	唐山市迁安上芦辽墓	注释 7
天津	武清区大良塔基	注释 8
北京	密云大唐庄 M14、M15	注释 9
	密云冶仙塔塔基	注释 10
	大兴杨各庄 M1	注释 11
	房山北郑村辽塔	注释 12
内蒙古	赤峰市敖汉旗羊山 M1	注释 13
	赤峰市巴林右旗床金沟 M5	注释 14
	赤峰市巴林左旗辽祖陵四号建筑基址	注释 15
	赤峰市巴林左旗小二八地村窖藏	注释 16
	赤峰市巴林左旗哈达图村	注释 17

1　边成修：《山西大同郊区五座辽壁画墓》，《考古》1960 年第 10 期。

2　张柏主编：《中国出土瓷器全集·山西》，科学出版社，2008 年，第 103 页。

3　张翠荣：《平泉县姜家北沟辽墓》，《文物春秋》2008 年第 3 期。

4　廊坊市文物管理处：《廊坊市馨钻界小区辽代墓群发掘报告》，《文物春秋》2009 年第 2 期。

5　廊坊市文物管理处：《固安县大王村辽墓清理简报》，《文物春秋》2013 年第 6 期。

6　图片拍摄于廊坊市博物馆展厅；廊坊博物馆编：《廊坊的足迹——廊坊博物馆基本陈列》，文物出版社，2017 年，第 155 页。

7　孟昭勇、陈萍：《迁安上芦出土辽代瓷器》，《文物春秋》1990 年第 1 期。

8　张柏主编：《中国出土瓷器全集 天津及东北三省地区》，科学出版社，2008 年，第 11 页。

9　北京市文物研究所：《密云大唐庄 白河流域古代墓葬发掘报告》，上海古籍出版社，2010 年，第 121、130—132 页。

10　王有泉：《北京密云冶仙塔塔基清理简报》，《文物》1994 年第 2 期。

11　北京市文物研究所：《北京大兴区杨各庄墓地发掘简报》，《文物春秋》2010 年第 3 期。

12　齐心、刘精义：《北京市房山县北郑村辽塔清理记》，《考古》1980 年第 3 期。

13　《敖汉旗羊山 1—3 号辽墓清理简报》，《内蒙古文物考古》1999 年第 1 期。

14　内蒙古文物考古研究所：《巴林右旗床金沟 5 号辽墓发掘简报》，《文物》2002 年第 3 期。

15　董新林、汪盈、陈泽宇：《辽祖陵遗址出土瓷器初步研究》，《南方文物》2022 年第 4 期。

16　唐彩兰：《辽上京文物撷英》，远方出版社，2005 年，第 72、73 页；张柏主编：《中国出土瓷器全集·内蒙古》，科学出版社，2008 年，第 46 页。

17　张柏主编：《中国出土瓷器全集·内蒙古》，科学出版社，2008 年，第 48 页。

所属地区	出土地点	出处
内蒙古	乌兰察布市察右前旗豪欠营 M5、M6、M9	注释 18
	呼和浩特市和林格尔县前瓦窑沟遗址	注释 19
辽宁	阜新市关山 M4	注释 20
	阜新市解家烧锅 3 号墓	注释 21
	沈阳市法库县叶茂台 M23	注释 22
	锦州市义县清河门 M2	注释 23
	朝阳市北塔天宫、地宫	注释 24
吉林	双辽市桑树辽墓	注释 25

一、辽境出土白釉印花瓷器的类型

依据胎釉、装烧、造型等方面的特征差异，可以将辽境出土的白釉印花瓷器分为四组。同时，检索国内外馆藏发现有与各组印花白瓷在胎釉、纹饰、造型、装饰风格等方面特征相同者，可分别视为内涵相同的一组器物，其丰富了各组出土白釉印花瓷器的纹饰和器型样式群。

（一）甲组

胎薄质坚，胎质洁白细腻，釉质莹润，瓷化程度较高，通体施乳白釉，釉色晶莹，有的白中泛黄，圈足露胎，有的仅足端无釉，见足端粘砂。推测为匣钵垫砂单烧。纹饰喜用通篇式布局。器型见有碗、盘。

碗可分为三型。

敞口斜直腹碗。敞口，斜直腹，小圈足。口径 16—16.4 厘米，高 5.7—6.4 厘米，底径 4.4—4.7 厘米。纹饰有缠枝菊纹、婴戏牡丹纹、童子荡舟纹。辽宁阜新萧和墓（M4:11）（图1-1）出土。

---

18 乌盟文物工作站：《豪欠营辽墓第二次清理简报》，《契丹女尸：豪欠营辽墓清理与研究》，内蒙古人民出版社，1985 年，第 45—71 页；乌兰察布盟文物工作站：《察右前旗豪欠营第六号辽墓清理简报》，《文物》1983 年第 9 期；乌盟文物工作站：《豪欠营辽墓第一次清理简报》，《契丹女尸：豪欠营辽墓清理与研究》，内蒙古人民出版社，1985 年，第 7—44 页。

19 乌兰察布盟博物馆：《和林格尔县前瓦窑沟辽、金时代遗址》，《内蒙古文物考古文集（第 1 辑）》，中国大百科全书出版社，1994 年，第 553—565 页。

20 辽宁省文物考古研究所：《阜新辽萧和墓发掘简报》，《文物》2005 年第 1 期。

21 辽宁省文物考古研究所、阜新市考古队：《辽宁阜新县辽代平原公主墓与梯子庙 4 号墓》，《考古》2011 年第 8 期。

22 辽宁省文物考古研究所、沈阳市文物考古研究所：《辽宁法库县叶茂台 23 号辽墓发掘简报》，《考古》2010 年第 1 期。

23 李文信：《义县清河门辽墓发掘报告》，《考古学报》1954 年第 2 期。

24 朝阳北塔考古勘察队：《辽宁朝阳北塔天宫地宫清理简报》，《文物》1992 年第 7 期。

25 张柏主编：《中国出土瓷器全集 天津及东北三省地区》，科学出版社，2008 年，第 168 页。

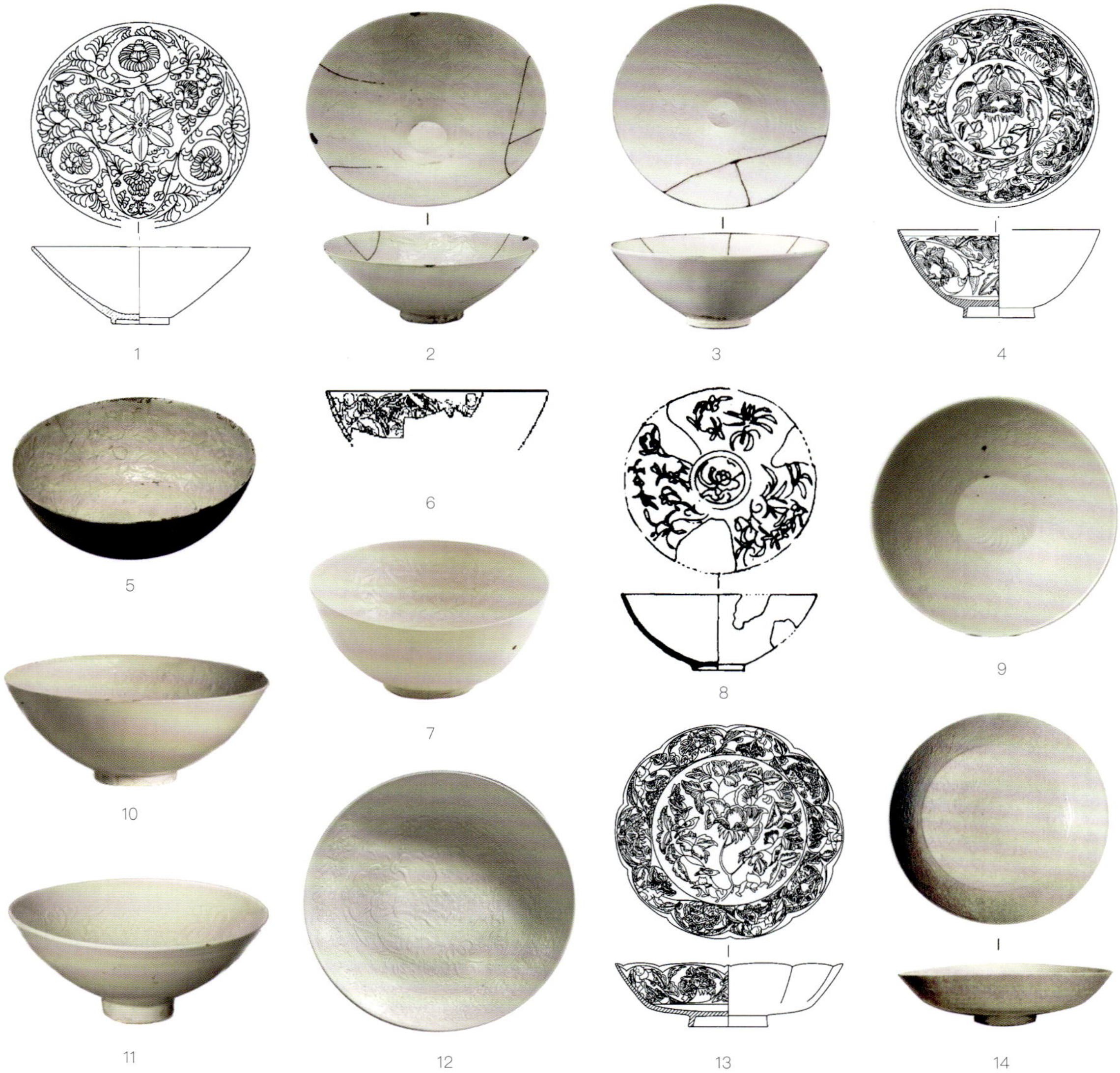

图1 出土及馆藏甲组白釉印花瓷器

1. 辽宁阜新萧和墓出土　2. 哈佛大学艺术博物馆藏　3. 韩国国立中央博物馆藏　4、13. 辽宁法库县叶茂台 M23 出土　5. 辽宁省博物馆藏
6. 辽宁阜新市平原公主墓出土　7. 玫茵堂藏　8. 平泉县姜家北沟辽墓出土　9. 巴斯东亚艺术博物馆藏　10. 香港中文大学文物馆藏
11. 芝加哥艺术学院藏　12. 哈佛艺术博物馆藏　14. 内蒙古巴林左旗小二八地村窖藏出土

哈佛艺术博物馆 [26]（图1-2）和韩国国立中央博物馆 [27]（图1-3）馆藏有相似装饰风格的器物。

敞口深弧腹碗。敞口，深弧腹，圈足。口径 16.8—17 厘米，高 7.5—7.8 厘米，底径 6—6.1 厘米。纹饰有婴戏牡丹纹。辽宁法库县叶茂台 M23（M23:65-68）（图1-4）、辽宁阜新市平原公主墓（XM3:88）（图1-6）出土。辽宁省博物馆 [28]（图1-5）和玫茵堂 [29]（图1-7）馆藏者与

26　见哈佛艺术博物馆官网：https://hvrd.art/o/210328。

27　见韩国国立中央博物馆官网：http://www.museum.go.kr/site/chn/relic/search/view?relicId=5602。

28　图片拍摄于辽宁省博物馆。

29　康蕊君：《玫茵堂藏中国陶瓷 卷 3》，玫茵堂，1994—2010 年，第 450、451 页。

之在胎釉、纹饰、装烧方面可相互对应，后者器型较小，口径 14.1 厘米，高 6.8 厘米，内壁近口沿纹饰边缘呈花瓣式。

敞口斜弧腹碗。敞口，斜弧腹，圈足微外展。口径 19.5 厘米，高 8 厘米，底径 4.8 厘米，纹饰有缠枝花卉纹，平泉县姜家北沟辽墓（图 1-8）出土。巴斯东亚艺术博物馆 [30]（图 1-9）、香港中文大学文物馆 [31]（图 1-10）、芝加哥艺术学院 [32]（图 1-11）馆藏，以及《三晋窑火：中国古代山西陶瓷特展》中所见 [33] 白釉缠枝花卉纹印花碗与之特征相若。

盘。敞口，斜弧腹，下腹微折，圈足。

尺寸较小者。十瓣花式口。口径 18 厘米，高 5.3 厘米，底径 6.2 厘米。纹饰为婴戏牡丹纹。辽宁法库县叶茂台 M23（M23:61-64）（图 1-13）出土。

尺寸较大者。口径 26.6 厘米，高 6.6 厘米，底径 8.1 厘米。内壁饰荷花纹、牡丹纹、莲生童子纹等纹饰，盘心印菊花纹，其外围环以六组花卉纹。内蒙古巴林左旗小二八地村窖藏出土（图 1-14）。哈佛艺术博物馆 [34]（图 1-12）馆藏有类似者，口径 25.2 厘米，高 6.6 厘米。口沿饰叶纹，内壁为婴戏花卉纹，盘心印束莲纹，外周围以花叶和游鱼，其外再装饰一周云气纹。

（二）乙组

胎质白细，釉色洁白莹润，有的白中略泛灰黄，通体施釉，平底露胎，有的底部粘砂。推测采用匣钵垫砂单烧。器型为碟，整体呈方形，十二瓣花口，斜直腹，平底。根据装饰风格和纹饰布局可分为三类。

A 类。仅内底模印纹饰，纹饰以细线方式表达。边长 11—11.8 厘米，高 2.9—3.2 厘米。内壁各有三条竖凸线纹，内底纹饰有柿蒂纹和对蝶纹。辽宁朝阳北塔天宫、地宫（图 2-1、图 2-2），北京密云冶仙塔塔基（图 2-3），内蒙古巴林右旗床金沟 M5（图 2-4）出土，其中床金沟 M5 出土柿蒂纹者尺寸较大，口径 13.6 厘米，高 2.8—4 厘米。

B 类。内底及内壁均模印纹饰，纹饰以线面结合方式表达，装饰布局紧密，风格繁缛华丽。边长 10.3—11.5 厘米，高 2.3—3.8 厘米。内壁纹饰有缠枝花蝶纹、缠枝菊蝶纹、缠枝花草纹、钱形开光花叶纹、童子驭马纹、折枝牡丹纹等，内底纹饰有钱形开光花叶纹、圆形开光折枝牡丹纹、牡丹蝶鸟纹、牡丹蝶鸭纹等，内底方框外多装饰一周串珠纹。辽宁义县清河门 M2（图 2-5）、内蒙古巴林左旗哈达图村（图 2-6）、唐山迁安上芦辽墓出土。辽宁

30　见巴斯东亚艺术博物馆官网：http://collections.meaa.org.uk/view-item?i=394。

31　见香港中文大学文物馆官网：http://www.artmuseum.cuhk.edu.hk/en/collections/feature/detail/14366。

32　见芝加哥艺术学院官网：https://www.artic.edu/artworks/12418。

33　晋中市文物局、介休市文物局、深圳望野博物馆：《三晋窑火 中国古代山西陶瓷特展》，文物出版社，2013 年，第 120 页。

34　见哈佛艺术博物馆官网：https://hvrd.art/o/323289。

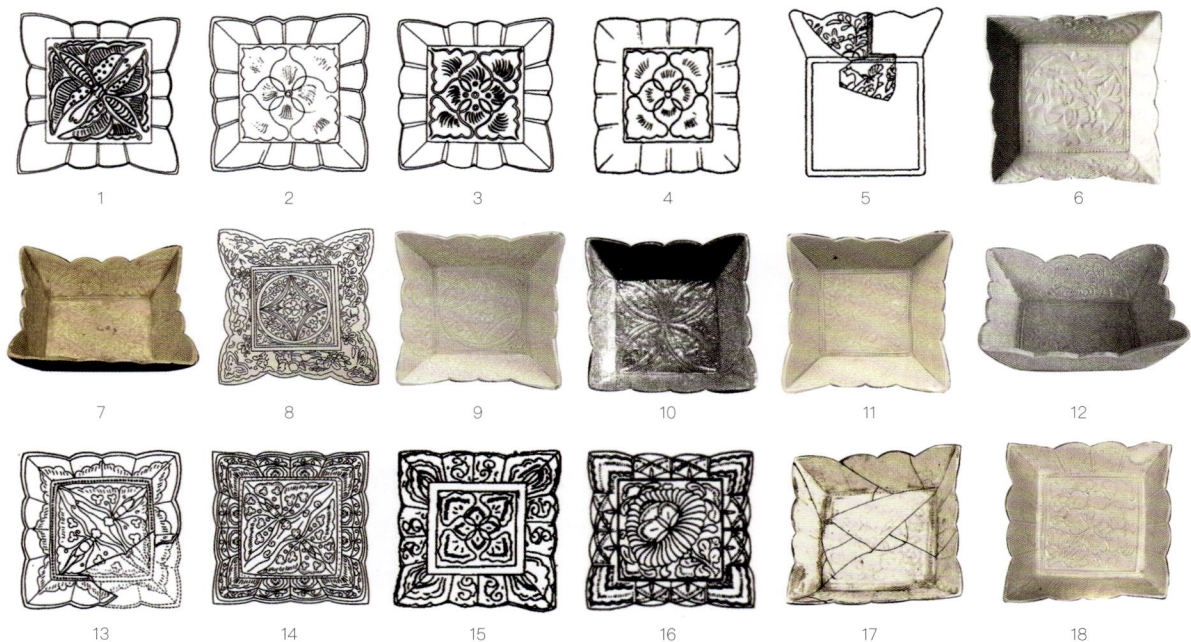

图 2　出土及馆藏乙组白釉印花瓷器
1. 北塔天宫出土　2、13. 北塔地宫出土　3. 北京密云冶仙塔塔基出土　4、16. 内蒙古巴林右旗床金沟 M5 出土　5. 辽宁义县清河门 M2 出土
6. 内蒙古巴林左旗哈达图村出土　7、8. 辽宁省博物馆藏　9. 静嘉堂文库藏　10. 鸿禧美术馆藏　11. 巴斯东亚艺术博物馆藏　12. 瑞典乌尔里瑟港远东博物馆藏
14. 辽宁法库县叶茂台 M23 出土　15. 北京市房山区北郑村辽塔出土　17. 吉林双辽县桑树辽墓出土　18. 天津市武清区大良塔基出土

省博物馆 [35]（图 2-7、8）、静嘉堂文库 [36]（图 2-9）、鸿禧美术馆 [37]（图 2-10）、巴斯东亚艺术博物馆 [38]（图 2-11）、瑞典乌尔里瑟港远东博物馆 [39]（图 2-12）馆藏者与之在胎釉、造型、装饰、装烧方面相互对应。

　　C 类。内底及内壁均模印纹饰，纹饰以细线方式表达。边长 10.3—11.5 厘米，高 2.3—3.4 厘米。四壁各有三条竖凸线纹，竖凸线纹间饰焦叶纹和卷草纹，内底有柿蒂纹、对碟纹、折枝牡丹纹、折枝菊纹等，有的内底方框外装饰一周串珠纹。辽宁朝阳北塔地宫（图 2-13）、辽宁法库县叶茂台 M23（M23：51-60）（图 2-14）、北京市房山区北郑村辽塔（图 2-15）、巴林右旗床金沟 M5（图 2-16）、吉林双辽县桑树辽墓（图 2-17）、天津市武清区大良塔基（图 2-18）出土，其中，北郑村辽塔出土者尺寸较小，边长 7.3 厘米，高 1.5 厘米。

35　图片拍摄于辽宁省博物馆。

36　長谷部樂爾：《中国の陶磁・白磁》，平凡社，1998 年，图 53。

37　舒佩琦：《鸿禧美术馆藏辽代陶瓷器》，《中国古陶瓷研究（第 11 辑）》，紫禁城出版社，2005 年，第 124 页，图三 b。

38　见巴斯东亚艺术博物馆官网：http：// collections.meaa.org.uk/view-item?i=447。

39　雅尔・万斯维克：《瑞典乌尔里瑟港远东博物馆所藏中国北方早期白瓷》，《中国古代白瓷国际学术研讨会论文集》，上海书画出版社，2005 年，第 492 页，图 11。

（三）丙组

胎质较细腻，胎色灰白，外壁露胎及圈足处修坯痕明显。白釉泛灰或泛黄，釉面有小黑点等杂质，内施满釉，外部施釉不到底，有垂釉现象。内底有 5—10 个支钉痕，支钉痕呈椭圆状，推测采用支钉叠烧。根据装饰风格和纹饰布局可分为两类。

A 类。纹饰以粗线勾勒方式表达，印花纹饰凸显，采用通篇式布局，花叶硕大。器型见碗，侈口，深腹，矮圈足。口径 19.5 厘米，高 8.1 厘米，底径 7.7 厘米。内底饰团菊纹，内壁印缠枝莲纹。大同市下王庄出土（图 3-1）。

B 类。纹饰以线面结合方式表达，有的印花纹饰浅淡，采用分层条带式布局，花叶小巧。器型主要有碗、盘。

碗。敞口微侈，深弧腹，宽矮圈足。口径 19.5—21.6 厘米，高 6—7.5 厘米，底径 7.9—8.6 厘米。以团花纹、菊瓣纹、莲花纹、蕉叶纹、缠枝牡丹纹等纹饰组合为多层条带式布局。北京大兴杨各庄 M1（M1:4）（图 3-2）、察右前旗豪欠营 M6（M6:15）（图 3-3）、M5（M5:3）（图 3-4），密云大唐庄 M14（M14:25）、M15（M15:16、19）（图 3-5），廊坊市馨钻界小区 M1（M1:9）、M6（M6:6）出土。辽金城垣博物馆[40]（图 3-6、7）馆藏者与之胎釉、造型、装烧、装饰风格相同。

盘。敞口，浅弧腹，下腹微折，宽矮圈足。

尺寸较小者。口径 17—20.5 厘米，高 3.6—5.5 厘米，底径 7.5—8.9 厘米。以团花纹或莲花纹、焦叶纹、菊瓣纹组合为多层条带式布局。辽祖陵四号建筑基址［10（四）②B:131］、北京大兴杨各庄 M1（M1:1）（图 3-8）、固安县大王村 M3（M3:2）（图 3-9）、廊坊市馨钻界小区 M1（M1:3）、大同十里铺 M27、内蒙古和林格尔县前瓦窑沟辽代遗址出土。辽金城垣博物馆[41]（图 3-10）、深圳望野博物馆[42]（图 3-11）、大同市博物馆[43]馆藏者与之特征相同。

尺寸较大者。直径 26.3—29.2 厘米，高 5.4—7 厘米，底径 10.4—11.9 厘米。纹饰分别由内向外以钱形开光花叶纹和缠枝牡丹纹，或水波游鱼纹、渔猎图和缠枝牡丹纹组合为多层条带式布局。廊坊广阳区和平丽景墓葬（图 3-12）、内蒙古察右前旗豪欠营 M9（M9:5）出土（图 3-13）。深圳望野博物馆[44]（图 3-14）馆藏有同类器物。

（四）丁组

器施全釉，釉色米黄，内外底各有 4 个垫渣痕，推测采用支钉叠烧。器型见碗，敞口，

---

40 图片拍摄于辽金城垣博物馆。

41 图片拍摄于辽金城垣博物馆。

42 晋中市文物局、介休市文物局、深圳望野博物馆：《三晋窑火 中国古代山西陶瓷特展》，文物出版社，2013 年，第 123 页。

43 山西博物院编：《陶冶三晋 山西古代陶瓷艺术》，山西人民出版社，2019 年，第 35 页。

44 山西博物院编：《陶冶三晋 山西古代陶瓷艺术》，山西人民出版社，2019 年，第 34 页。

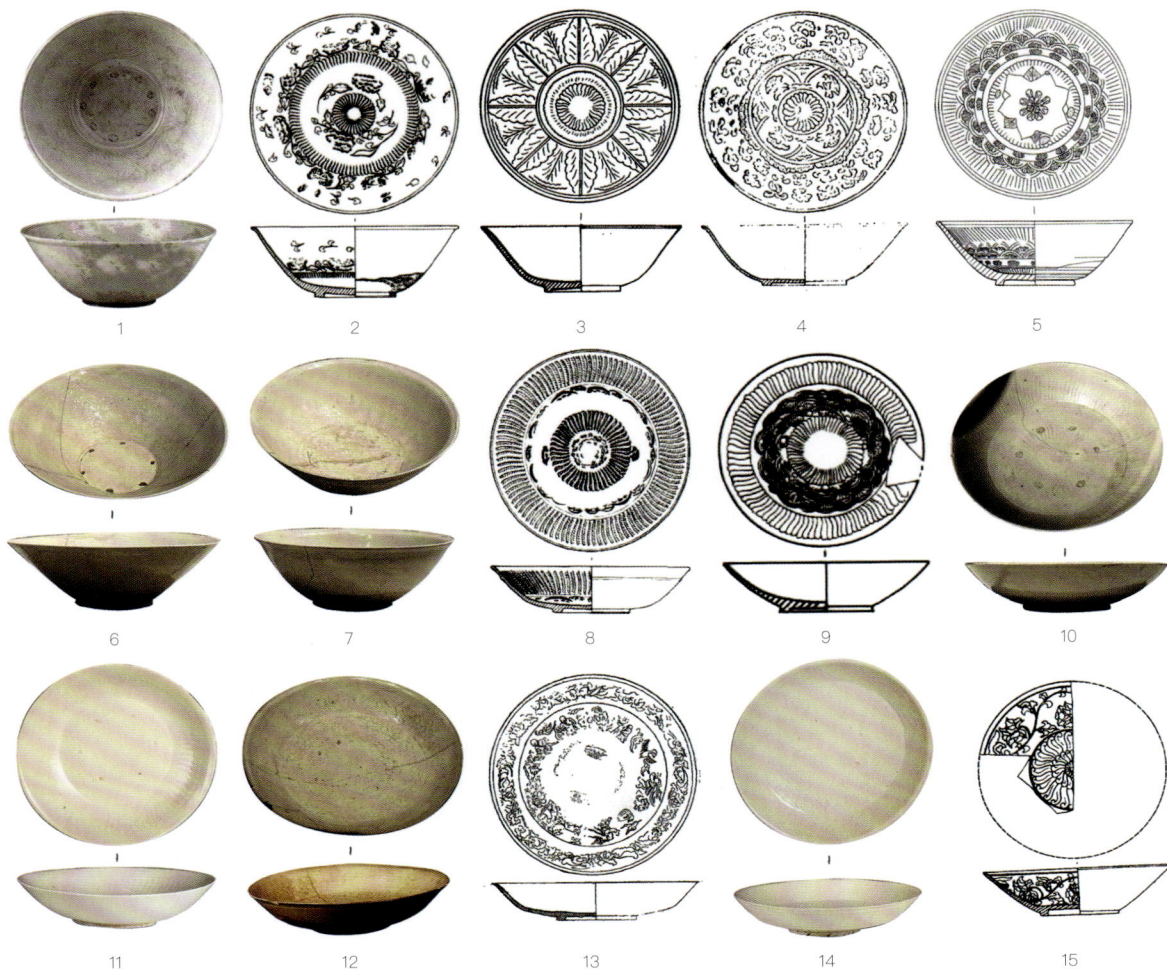

图3　出土及馆藏丙组、丁组白釉印花瓷器
1. 大同市下王庄出土　2、8. 北京大兴杨各庄 M1 出土　3. 察右前旗豪欠营 M6 出土　4. 察右前旗豪欠营 M5 出土　5. 密云大唐庄 M15 出土　6、7、10. 辽金城垣博物馆藏　9. 固安县大王村 M3 出土　11、14. 深圳望野博物馆藏　12. 廊坊广阳区和平丽景墓葬出土　13. 察右前旗豪欠营 M9 出土　15. 敖汉旗羊山 M1 出土

斜直壁，矮圈足。直径 18.4 厘米，高 5 厘米，底径 7.6 厘米。内壁印缠枝花卉纹，内底饰双层菊瓣纹，底与壁交界处、近口沿处起突棱。敖汉旗羊山 M1（M1:1）出土（图 3-15）。根据出土位置及器表残存颜料痕迹推测此印花碗为彩绘墓葬壁画时使用的。

二、辽境出土白釉印花瓷器的产地

（一）甲组

甲组器物在学界以往的研究中多被认为是定窑烧造。虽然这些印花白瓷与定瓷存在一些相似性，但差异性明显。笔者认为甲组器物应属介休洪山窑烧造，理由如下：装饰方面，介休洪山窑窑址发现的白釉、酱釉印花标本[45]和印花模具[46]，与甲组器物的纹饰内容及装饰风格呈现出高度的相似性或一致性（表2）。同时，表中所列举的缠枝菊蝶纹、婴戏纹、牡丹纹、童子荡舟纹等皆是介休洪山窑的代表性装饰纹样[47]，其中，云气纹边饰、表达阴阳向背的牡丹纹和多尖锯齿形叶纹、脖颈带串珠的婴戏纹、花叶间点缀蝴蝶、小鸟、小猫等动物以及繁缛华丽的装饰风格更是介休洪山窑印花白瓷的独特之处。胎釉及装烧方面，介休洪山窑窑址发现的高质量白釉印花瓷器，胎体薄俏，胎质细腻，釉色洁白，釉质匀净，光泽感较强，采用匣钵垫砂单烧[48]，与甲组器物的胎釉特征及装烧方式相同。装饰、胎釉、装烧等特征和工艺风格均显示甲组器物应当来自介休洪山窑。

表2　甲组器物与介休洪山窑窑址发现的印花标本及模具之纹饰对比

纹饰内容	出土及馆藏甲组白釉印花瓷器	介休洪山窑窑址发现的印花标本及模具	
缠枝菊蝶纹	 辽宁阜新辽萧和墓出土 白釉缠枝菊蝶纹印花碗	 介休洪山窑窑址发现的 白釉缠枝菊蝶纹印花标本	 介休洪山窑窑址发现的 印花模具之缠枝菊蝶纹
莲生童子纹	 巴林左旗小二八地村窖藏出土 白釉印花盘之莲生童子纹局部	 介休洪山窑窑址发现的 棕黄釉莲生童子纹印花标本	 介休洪山窑窑址发现的 棕黄釉莲生童子纹印花标本

45　上海人民美术出版社、美乃美编：《中国陶瓷全集28·山西陶磁》，株式会社美乃美，1984年，图54；故宫博物院编：《故宫博物院藏中国古代窑址标本 山西 甘肃 内蒙古》，故宫出版社，2013年，第196页；孟耀虎：《宋金介休窑》，三晋出版社，2019年，第46—48、51、175、178、182—186、189、228页。

46　冯先铭主编：《中国陶瓷史》，文物出版社，1982年，第238页；上海人民美术出版社、美乃美编：《中国陶瓷全集28·山西陶磁》，株式会社美乃美，1984年，图54；孟耀虎：《山西介休窑出土的宋金时期印花模范》，《文物》2005年第5期；叶喆民：《中国陶瓷史》，生活·读书·新知三联书店，2006年，第241页，图8-30；孟耀虎：《宋金介休窑》，三晋出版社，2019年，第251—252页。

47　水既生：《山西古代陶瓷装饰技法及其应用》，《陶瓷研究与职业教育》1980年第4期；冯先铭主编：《中国陶瓷史》，文物出版社，1982年，第238、239页；孟耀虎：《介休窑白瓷品质》，《中国古代白瓷国际学术研讨会论文集》，上海书画出版社，2005年，第333—348页；郭学雷：《拂去蒙尘：重估山西陶瓷的成就与历史地位》，《陶冶三晋　山西古代陶瓷艺术》，山西人民出版社，2019年，第196页。

48　孟耀虎：《宋金介休窑》，三晋出版社，2019年，第26—28页。

纹饰内容	出土及馆藏甲组白釉印花瓷器	介休洪山窑窑址发现的印花标本及模具	
婴戏牡丹纹	辽宁法库县叶茂台 M23 出土白釉婴戏牡丹纹印花碗	介休洪山窑窑址发现的婴戏牡丹纹印花模具	介休洪山窑窑址发现的白釉、棕黄釉婴戏牡丹纹印花标本
牡丹纹	巴林左旗小二八地村窖藏出土白釉印花盘之缠枝牡丹纹局部	介休洪山窑窑址发现的白釉缠枝牡丹纹印花标本	介休洪山窑窑址发现的印花模具之缠枝牡丹纹局部
童子荡舟纹	韩国国立中央博物馆馆藏白釉印花碗之团菊、童子荡舟纹局部	介休洪山窑窑址发现的棕黄釉团菊、童子荡舟纹印花标本	介休洪山窑窑址发现的白釉团菊、波涛童子驭马纹印花标本
婴戏花叶纹	哈佛大学艺术博物馆馆藏白釉印花盘之婴戏花叶纹局部	介休洪山窑窑址发现的白釉婴戏花叶纹印花标本	介休洪山窑窑址发现的棕黄釉婴戏花叶纹印花标本
繁花杂宝纹	巴林左旗小二八地村窖藏出土白釉印花盘之繁花杂宝纹局部	哈佛大学艺术博物馆馆藏白釉印花盘之繁花杂宝纹局部	介休洪山窑窑址发现的白釉繁花杂宝纹印花标本

纹饰内容	出土及馆藏甲组白釉印花瓷器	介休洪山窑窑址发现的印花标本及模具	
繁花杂宝纹	巴斯东亚艺术博物馆馆藏白釉繁花杂宝纹印花碗局部	香港中文大学文物馆藏白釉印花碗之繁花杂宝纹局部	介休洪山窑窑址发现的白釉繁花杂宝纹印花标本
缠枝团花纹	芝加哥艺术学院藏白釉印花碗之云气、缠枝团花纹局部	介休洪山窑窑址发现的白釉缠枝团花纹印花标本	介休洪山窑窑址发现的白釉云气、缠枝团花纹印花模具
云气纹	巴林左旗小二八地村窖藏出土、哈佛大学艺术博物馆馆藏白釉印花盘之云气纹边饰局部	介休洪山窑窑址发现的白釉、棕黄釉印花标本之云气纹边饰局部	介休洪山窑窑址发现的印花模具之云气纹边饰局部

此外,湖北巴东旧县坪遗址金代地层出土的白釉蝶戏牡丹纹印花碗标本(T2515⑤:2),胎质细腻,釉泽光亮,芒口[49]。此标本所饰牡丹纹、花间蝴蝶、云气纹与北宋介休洪山窑印花瓷器纹样相似,但北宋介休洪山窑印花白瓷并不使用覆烧工艺,口部无芒。故此印花白瓷标本除存在介休洪山窑产品的可能外,不能排除其为金代北方窑场生产。

(二)乙组

乙组器物在发掘报告和学界以往的研究中多被认定是定瓷或辽瓷。根据目前的考古材料来看,辽代龙泉务窑[50]和缸瓦窑[51]仅烧造三彩方碟(图4-1—图4-3),其造型和纹饰与乙组器物有相似之处,但二者在纹饰内容、装饰风格和花口造型等方面仍存在较大差异。我们尚不排除辽代瓷窑生产白釉方碟的可能性,但暂无证据说明乙组器物为辽代瓷窑烧造。以

---

49 国务院三峡工程建设委员会办公室、国家文物局:《巴东旧县坪》,科学出版社,2010年,第355、356页。

50 北京市文物研究所编:《北京龙泉务窑发掘报告》,文物出版社,2002年,第138、139、181、182页,彩版三:2、3。

51 雁羽:《锦西西孤山辽萧孝忠墓清理简报》,《考古》1960年第2期。张柏主编:《中国出土瓷器全集·天津及东北三省地区》,科学出版社,2008年,第60页。

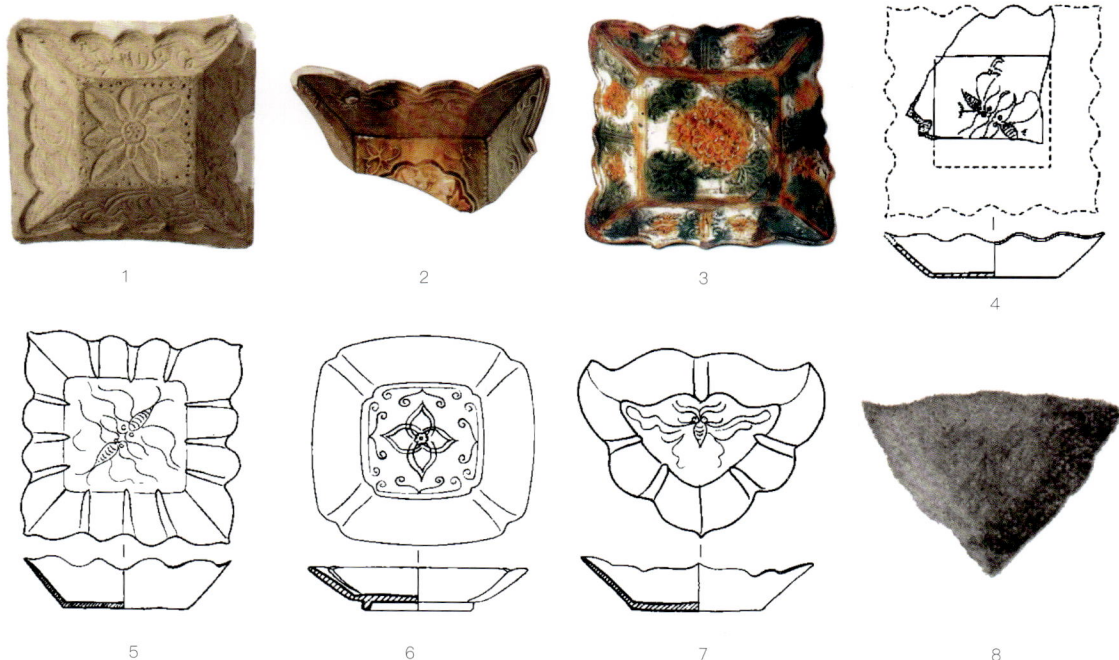

图 4　晚唐至北宋（辽代）龙泉务窑、缸瓦窑、定窑印花碟类器物及印模
1. 龙泉务窑窑址出土印花方碟印模　2. 龙泉务窑窑址出土三彩印花方碟　3. 辽萧孝忠墓出上缸瓦窑三彩印花方碟　4. 定窑窑址出土对蝶纹印花方碟
5. 长沙十国楚墓长丝营 M7 出土对蝶纹印花方碟　6. 扬州文化宫遗址出土蒂柿纹印花委角方碟　7. 长沙十国楚墓长牛 M19 出土蝶纹印花三角形碟
8. 赤峰大窝铺辽墓出土蝶纹印花三角形碟

下结合现有考古材料，分别对三类白釉方碟的产地进行探讨。

　　A 类方碟。A 类方碟与定窑窑址出土（BZT5 ⑧：152）[52]（图 4-4）、长沙十国楚墓长丝营 M7 出土[53]（图 4-5）唐末至五代白釉对蝶纹方碟的造型和纹饰相似；与扬州文化宫遗址出土晚唐定窑白釉蒂柿纹委角方碟（YWE1：104）[54]（图 4-6）的纹饰相似。虽然 A 类方碟与上述对比者时代有别，但定窑自晚唐五代生产的各式碟类器物在北宋时期仍有烧造[55]（图 4-7、图 4-8），此例或可佐证晚唐五代印花方碟在北宋时期延续生产并有所改进。此外，A 类方碟的胎釉特征和装烧方式也与同时期定窑产品特征相符。综上推之，A 类方碟可能是定窑继承了晚唐五代以来白釉印花方碟之纹饰、造型和印花工艺而延续烧造、发展的结果。

52　北京大学考古博学院、河北省文物考古研究院、曲阳县定窑遗址文物保管所：《河北曲阳北镇定窑遗址发掘简报》，《文物》2021 年第 1 期。

53　湖南省文物考古研究所编：《湖南古墓与古窑址》，岳麓书社，2004 年，第 161、332、370 页，图 40、135。

54　中国社会科学院考古研究所、南京博物院、扬州市文物考古研究所：《扬州城 1987—1998 年考古发掘报告》，文物出版社，2010 年，第 170 页，图一四〇：9、图版一一二：4。

55　唐云明：《河北石家庄市柏林庄宋墓清理简报》，《考古通讯》1957 年第 5 期；张柏主编：《中国出土瓷器全集·湖北 湖南》，科学出版社，2008 年，第 196 页；湖南省文物考古研究所编：《湖南古墓与古窑址》，岳麓书社，2004 年，第 161、331、370 页，图 39、136；郑隆：《赤峰大窝铺发现一座辽墓》，《考古》1959 年第 1 期。

B 类方碟。首先，介休洪山窑窑址发现的白釉印花标本，内壁印花卉纹，器型不明[56]（表3）。通过观察可以确认此标本为花口方碟之花口口沿，其可与 B 类方碟造型比附，且纹饰风格也一致。其次，B 类方碟与介休洪山窑窑址发现的印花标本及模具[57]的纹饰内容及装饰风格均相同（表3），所列举的菊纹、牡丹纹、花叶纹等也与甲组器物纹饰相同，应是同窑产品。此外，B 类方碟内底方框外所饰串珠纹在介休洪山窑印花白瓷中较为常用，如童子脖颈项圈，莲瓣外缘、花片装饰、花卉的花蕊等[58]，是介休洪山窑印花装饰的独特之处。综上认为 B 类方碟为介休洪山窑烧造。

表3　乙组器物与介休洪山窑窑址发现的印花标本及模具之造型、纹饰对比

对比类别	造型位置及纹饰内容	出土及馆藏乙组 B 类方碟	介休洪山窑窑址发现的印花标本及模具	
造型	花口口部	巴斯东亚艺术博物馆馆藏 白釉牡丹蝶鸟纹印花方碟及牡丹纹口部局部		介休洪山窑窑址发现的 白釉牡丹纹印花口部标本
纹饰	菊纹	瑞典乌尔里瑟港远东博物馆馆藏 白釉印花方碟之菊纹局部	介休洪山窑窑址发现的 白釉缠枝菊蝶纹印花标本	介休洪山窑窑址发现的 印花模具之缠枝菊纹
	牡丹纹	内蒙古巴林左旗哈达图村出土 白釉印花方碟之折枝牡丹纹局部	介休洪山窑窑址发现的 白釉缠枝牡丹纹印花标本	介休洪山窑窑址发现的 印花模具之缠枝牡丹纹局部

56 孟耀虎：《宋金介休窑》，三晋出版社，2019 年，第 236 页。

57 孟耀虎：《山西介休窑出土的宋金时期印花模范》，《文物》2005 年第 5 期；孟耀虎：《宋金介休窑》，三晋出版社，2019 年，第 57、175、183、184、189、202、227、243、247、252 页。

58 孟耀虎：《宋金介休窑》，三晋出版社，2019 年，第 184、202、243、247、256 页。

对比类别	造型位置及纹饰内容	出土及馆藏乙组 B 类方碟	介休洪山窑窑址发现的印花标本及模具	
纹饰	童子驭马纹	辽宁省博物馆馆藏白釉印花方碟之童子驭马纹局部	介休洪山窑窑址发现的白釉童子驭马纹印花标本	
	五瓣花纹	日本静嘉堂文库藏白釉印花方碟之五瓣花纹局部	介休洪山窑窑址发现的白釉婴戏五瓣花纹印花标本	介休洪山窑窑址发现的棕黄釉五瓣花纹印花标本
	五叶花纹	内蒙古巴林左旗哈达图村出土白釉印花方碟之五叶花纹局部	辽宁义县清河门 M2 出土白釉五叶花纹印花标本	介休洪山窑窑址发现的白釉五叶花纹印花标本
	串珠纹	天津大良塔基出土、内蒙古巴林左旗哈达图村出土、巴斯东亚艺术博物馆馆藏白釉印花方碟之串珠纹局部	介休洪山窑窑址发现的白釉串珠纹印花标本、瓷塑及模具	

  C 类方碟。C 类方碟兼具 A 类和 B 类方碟风格，同时又表现出自身特征。与 A 类方碟的相似性表现在：纹饰以细线方式表达，内壁饰凸线纹，内底印对碟纹或蒂柿纹；与 B 类方碟的相似性表现在：内壁及内底均有纹饰，内底方框外装饰介休洪山窑独特的串珠纹，在装饰上颇具介休洪山窑印花风格。自身的独特性表现在：内壁竖凸线纹间饰蕉叶纹或卷草纹。综合器物特征推断，C 类方碟中，饰串珠纹的应是介休洪山窑自身印花元素与定窑方碟元素融合、发展的结果，而没饰串珠纹的方碟可能为定窑产品。

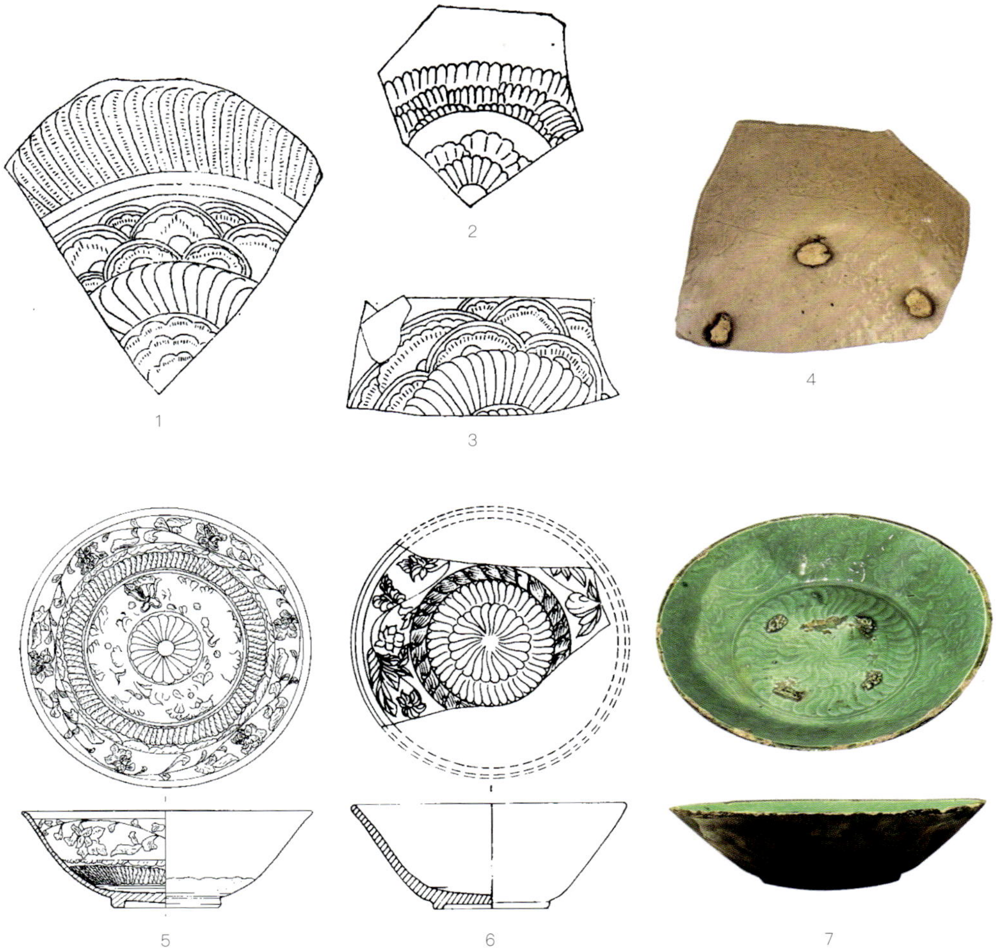

图 5　窑址出土及馆藏辽代浑源窑、缸瓦窑印花瓷器

1—4. 浑源窑窑址出土印花标本及印花模具　5. 密云大唐庄 M12 出土　6. 缸瓦窑窑址出土白釉印花缠枝牡丹纹碗标本
7. 辽宁省博物馆馆藏辽代绿釉印花缠枝牡丹纹碗

（三）丙组

丙组 A 类。此类印花白瓷在胎釉、纹饰、装饰风格和装烧工艺方面与浑源窑窑址发现的白釉印花标本及模具[59]（图 5-1—图 5-4）特征相符，具体表现在细腻、干涩且夹杂黑点杂质的灰胎、灰白色釉质、外壁露胎处明显的修坯痕迹、团菊和菊瓣纹饰、多层装饰布局、排列紧密的椭圆状支钉痕等方面，可以确定此类白釉印花瓷器的产地为浑源窑。此外，密云大唐庄金代早期墓葬出土的白釉印花碗、盘（M6:5、20、21，M12:1、9、10、12）[60]（图 5-5）与丙组 A 类器物特征一致，也是辽代浑源窑产品。

59　冯先铭：《山西浑源古窑址调查》，《中国古代窑址调查发掘集》，文物出版社，1984 年，第 416—421 页；李知宴：《山西浑源县界庄窑》，《考古》1985 年第 10 期；故宫博物院编：《故宫博物院藏中国古代窑址标本 山西 甘肃 内蒙古》，故宫出版社，2013 年，第 84、85 页。

60　北京市文物研究所：《密云大唐庄白河流域古代墓葬发掘报告》，上海古籍出版社，2010 年，第 141、142、146—148 页。

丙组 B 类。此类印花白瓷与丙组 A 类整体风格相似，但较 A 类印花白瓷相比，呈现釉色偏白、粗线条勾勒纹饰、通篇式装饰布局的差异性，故推测可能是雁北浑源窑系产品，此外不排除其年代晚至金代的可能性。

（四）丁组

丁组器物与缸瓦窑窑址出土白釉印花瓷器[61]（图 5-6）的装烧、纹饰及布局相若，特别是内底所饰双层团菊纹和内壁所饰缠枝花卉纹，以及内外底所留 4 个垫渣痕等特征，故丁组器物应为缸瓦窑烧造。此外，辽宁省博物馆馆藏辽代绿釉印花缠枝牡丹纹碗[62]（图 5-7）与丁组器物除品种外特征一致，也应是辽代缸瓦窑产品。

三、相关问题

通过上述分析可知，辽境出土的白釉印花瓷器主要来自北宋的介休洪山窑和定窑，以及辽代的浑源窑和缸瓦窑。辽境出土的印花白瓷反映了这些窑场在印花方面的生产面貌，并为探讨这些窑场白釉印花瓷器的时空格局、产品属性与生产模式、技术与文化交流等问题提供了考古学证据。

（一）辽境出土印花白釉印花瓷器所见相关窑场印花瓷器的时空格局

介休洪山窑。学界一般依据介休洪山窑政和八年（1118 年）印花模具认为其印花技术成熟于北宋晚期，而辽境出土介休洪山窑白釉印花瓷器之纪年材料（表 4）可将其烧造年代提前至十一世纪中叶。进而，与白釉印花瓷器纹饰及风格相同的介休洪山窑棕黄釉等品种印花瓷器也可能是北宋中期产品。要之，介休洪山窑窑址南侧源神庙内所立《源神庙碑》［祥符元年（1008 年）］显示介休洪山窑于北宋早期已行窑火之事，加之辽代中期纪年墓葬出土介休洪山窑印花白瓷以及介休洪山窑纪年印花模具［政和八年（1118 年）］的两个时间节点，大体构建起北宋介休洪山窑印花瓷器的发展序列。

浑源窑。有学者从器物特征的角度分析浑源窑印花白瓷的烧造时间为辽代晚期[63]。现在我们从考古学的角度来看（表 4），浑源窑白釉印花瓷器的烧造技术在辽代中晚期已较为成熟。

---

61 郭治中、苏东：《赤峰缸瓦窑遗址出土宋金瓷器举要》，《中国古陶瓷研究（第 11 辑）》，紫禁城出版社，2005 年，第 14—29 页；路菁：《辽代陶瓷》，辽宁画报出版社，2003 年，第 11、14 页；冯永谦：《赤峰缸瓦窑村辽代瓷窑址的考古新发现》，《中国古代窑址调查发掘集》，文物出版社，1984 年，第 386—392 页；彭善国、郭治中：《赤峰缸瓦窑的制瓷工具、窑具及相关问题》，《北方文物》2000 年第 4 期。

62 图片拍摄于辽宁省博物馆。

63 李知宴：《山西浑源县界庄窑》，《考古》1985 年第 10 期。

缸瓦窑。1996 年缸瓦窑的考古发掘中，在缸瓦窑村东北部的 H25 出土有白釉印花瓷器，该灰坑年代为辽代晚期[64]。而辽墓出土的缸瓦窑印花白瓷（表 4），可视为辽代中期缸瓦窑生产白釉印花瓷器的考古学证据。

综上，从各窑场印花白瓷的面貌及年代窥之，11 世纪中叶前后，除定窑外，介休洪山窑、浑源窑、缸瓦窑都已烧造印花白瓷，并展现出较高的生产水平。在此基础上，以制瓷业空间格局的视角来看，山西地区以介休洪山窑、浑源窑为代表的印花白瓷，纹饰精美、工艺精湛、品质极高，具有鲜明的地域特色，在宋辽时期北方地区印花瓷器的生产格局中占有重要地位。同时，其在古代白瓷印花体系中可谓独树一帜，并影响深远。

表4　辽境出土白釉印花瓷器的年代、窑场及墓主人身份

时代	出土地点	出土瓷器情况	瓷器窑场	墓主人身份及族属
1021—1045 年	辽宁阜新市关山 M4	碗 9	介休洪山窑	晋国王萧和、秦国太妃耶律氏
1044 年	辽宁朝阳市北塔地宫	方碟 1		
1051 年	辽宁阜新市解家烧锅 3 号墓	碗残片		辽圣宗皇帝长女平原公主
1051 年	北京市房山区北郑村辽塔	方碟 10		
1057 年	锦州市义县清河门 M2	方碟残片		左监门卫上将军
11 世纪中叶	沈阳市法库县叶茂台 M23	碗 4、盘 4、方碟 10		与契丹族萧氏有关，或为宰相涅里衮第六女
辽代中期	赤峰市巴林右旗床金沟 M5	方碟 4		可能为辽皇室嫔妃
辽代晚期	承德平泉县姜家北沟辽墓	碗 3		墓主人可能与附近的秦晋国大长公主墓、辽陈国公南院枢密副使窦景庸墓等有关
辽代	赤峰市巴林左旗小二八地村窖藏	盘 1		
辽代	唐山市迁安上芦辽墓	方碟 6		
辽代	赤峰市巴林左旗哈达图村	方碟 1		
辽代	吉林双辽市桑树辽墓	方碟 2		
辽代	天津市武清区大良塔基	方碟 2		
1043—1044 年	辽宁朝阳市北塔天宫、地宫	方碟 8	定窑	
辽代中期	北京密云冶仙塔塔基	方碟 3		
辽代中期	赤峰市巴林右旗床金沟 M5	方碟 5		可能为辽皇室嫔妃

---

64 郭治中、苏东：《赤峰缸瓦窑遗址出土宋金瓷器举要》，《中国古陶瓷研究（第 11 辑）》，紫禁城出版社，2005 年，第 14—29 页。

时代	出土地点	出土瓷器情况	瓷器窑场	墓主人身份及族属
辽代中期	乌兰察布市察右前旗豪欠营 M9	盘 1		契丹墓葬
辽代中期	北京大兴杨各庄 M1	碗 2、盘 2		
辽代中晚期	乌兰察布市察右前旗豪欠营 M5、M6	碗 2		契丹墓葬
辽代中晚期	廊坊市馨钻界小区 M1、M6	碗 2、盘 1		辽地汉人地主或富商家族墓地
辽代中晚期	廊坊市固安县大王村 M3	盘 1		汉人墓葬
辽代晚期	大同市十里铺 M27	盘 1	浑源窑	平民中一般的地主富户，汉人墓葬
辽代晚期	北京密云大唐庄 M14、M15	碗 3		
下限为辽金之际	赤峰市巴林左旗辽祖陵四号建筑基址	盘 1		耶律李胡墓的献殿
辽代	呼和浩特市和林格尔县前瓦窑沟遗址	盘残片		
辽代	廊坊广阳区和平丽景墓葬	盘 1		
辽金	大同市下王庄	碗 1		
1026—1027 年	赤峰市敖汉旗羊山 M1	碗 1	缸瓦窑	刘祜之父刘匡善

（二）辽境出土白釉印花瓷器所见相关窑场印花瓷器的产品属性与生产模式

介休洪山窑。介休洪山窑在宋辽时期属宋政权控制范围，但目前的考古材料显示北宋介休洪山窑高质量印花白瓷主要出土于辽境，流布范围在今辽宁省中西部、内蒙古东南部。同时检索相关考古报告，辽境出土的介休洪山窑印花瓷器不见除白釉以外的其他釉色品种，与介休洪山窑印花瓷器具有相同装饰风格的北宋棕黄釉印花瓷器在辽境也未见踪迹。与这一文化现象相伴随的是：产品质量方面，辽境出土的介休洪山窑高质量印花白瓷与同窑场生产的普通白釉、棕黄釉、黑釉、棕红釉印花瓷器[65]和北方其他窑场棕黄釉印花瓷器[66]在胎釉、装烧等方面呈现差异性（表 5）；消费人群方面，出土介休洪山窑印花白瓷的辽墓之墓主人身份高贵（表 4），而北宋棕黄釉印花瓷器的流布范围大多与产地相距不远，应是满足窑场附近民众日用之需[67]。产品之流布、质量、消费人群方面的差异在一定程度上说明介休洪山窑这两类相同装饰及风格、不同品种及质量的印花瓷器的市场定位不同，进而体现了介休洪山窑印花瓷器以市场为导向的多样化生产模式。其中，高质量白釉产品精工细作，不计成本，应是供辽地贵族使用的高等级产品；棕黄釉、黑釉、红釉等产品制作略显粗糙，节约成本，为本地民用的普通产品。

---

65 孟耀虎：《宋金介休窑》，三晋出版社，2019 年，第 48—50、122、123、146、180、224 页。

66 河北省文物考古研究院、磁州窑博物馆、磁县文物保管所编：《磁州窑冶子窑址》，科学出版社，2021 年，第 183 页；图片拍摄于廊坊市博物馆，另见廊坊博物馆编：《廊坊的足迹——廊坊博物馆基本陈列》，文物出版社，2017 年，第 221 页。

67 于陆洋：《棕黄釉印花瓷器探析——兼谈北宋中晚期中原地区印花瓷器的空间格局》，《文物春秋》2023 年第 5 期。

介休洪山窑印花方碟也仅见于辽代塔基和墓葬出土，结合出土印花方碟的墓主人身份，以及方碟作为与佛教有关的供奉之物，推测北宋介休洪山窑生产的此类方碟可能是专销辽地的特殊产品。

表5　介休洪山窑高质量印花白瓷与同窑及黄河以北地区窑场印花瓷器装饰、胎釉、装烧对比

窑场	介休洪山窑				
品种	高质量白瓷	普通白瓷	棕黄釉	黑釉	棕红釉
窑场	介休洪山窑			磁州窑	井陉窑
品种	高质量白瓷	普通白瓷	棕黄釉		
装饰	装饰风格相同，且呈现较多的共同纹饰元素，如缠枝牡丹、缠枝菊花、童子荡舟、云气纹饰等				
胎釉	胎质细腻，釉水匀净白润，光泽感较强，圈足露胎，有的仅足端无釉	胎呈粉质感，釉层略厚，欠润泽，有开片，釉色白中泛灰，圈足无釉	胎色灰褐，胎质粗松，施化妆土，内底有涩圈　外壁施釉至下腹部，有流釉现象，釉面不均，口部积釉		
装烧	匣钵垫砂单烧	支钉叠烧	涩圈叠覆烧		

定窑。定窑在宋辽时期属宋政权控制范围，但目前考古材料显示北宋定窑印花方碟主要出土于辽境，而具有典型北宋风格的定窑印花白瓷却不见辽境出土。同时，根据定窑印花方碟与介休洪山窑印花方碟同出于一处遗存的情况来看，二者的产品属性相同。

浑源窑。浑源窑印花白瓷在辽境内出土也有一定数量，流布地域在今内蒙古中部及东南部、山西北部、河北中东部及北京南部，而不见于宋境出土。根据浑源窑印花白瓷的流布范围、墓主人族属及身份可知（表4），辽代浑源窑印花白瓷使用群体广泛，汉人和契丹人皆有，消费阶层也不同，但产品无质量差异，应是专销本地的普通消费品。

（三）辽境出土白釉印花瓷器所见技术与文化交流现象

介休洪山窑和定窑印花白瓷在辽境的流布，以及浑源窑和缸瓦窑印花白瓷在本地的生产销售，反映了澶渊之盟后宋辽两国技术与文化交流互融的史实。

辽境出土介休洪山窑印花白瓷的装饰风格独具特色，并与同窑场生产的其他色釉品种印花瓷器呈现相同装饰风格（表5）。同时，北宋晚期黄河以北地区的窑场也广泛烧造此类装饰风格的棕黄釉印花瓷器，各窑场产品在装饰元素上呈现诸多共性[68]。相同装饰风格的印花瓷器在黄河以北地区广泛分布，迎合了市场流行的趋势，形成了区域性的独特文化因素。介休洪山窑印花白瓷也正是承载着此种宋文化因素输入辽地，在宋辽文化交流中发挥着媒介作用。不仅如此，北宋介休洪山窑还影响了辽代浑源窑印花白瓷的生产，具体表现在装饰风格、造型和装烧工艺方面：浑源窑印花白瓷的纹饰虽具自身特色，但整体风格与介休洪山窑呈现相似性；浑源窑印花白瓷流行的敞口弧腹碗和折腹大盘也见于介休洪山窑；浑源窑窑址虽采集有覆烧白瓷的支圈窑具[69]，但印花白瓷却采用将小泥团安于圈足之上的叠烧工艺[70]，此方法与介休洪山窑使用的圈足粘钉叠烧法之工艺原理相同。此外，两窑虽分属宋辽两地，但位置相距不远，产品流布范围也有重合，且浑源窑印花白瓷的工艺和生产年代均落后且晚于介休洪山窑。以往认为浑源窑印花白瓷受定窑影响，现在来看，其可能与介休洪山窑的关系更为密切。

印花方碟是辽境内出土印花白瓷中较为特殊的一类，多出土于塔基，也见于墓葬。北宋时期，定窑继承晚唐五代白釉印花方碟之技术而延续生产，介休洪山窑也在学习定窑印花方碟基础上烧造出具有自身特色的白釉印花方碟，两窑产品输往辽地，辽代龙泉务窑与缸瓦窑则在前者影响下生产出具有民族特色的三彩印花方碟。据相关研究可知，辽代瓷窑的生产活动是通过掠虏或占有烟云地区的工匠或瓷窑来实现的[71]；辽宁省博物馆馆藏介休洪山窑白釉童子驭马穿花纹印花方碟的器物说明牌标示其来源为缸瓦窑采集，可视为缸瓦窑学习模仿介休洪山窑白釉印花方碟的补充性证据；综合三彩印花方碟与白釉印花方碟的相似器物特征来看，辽代龙泉务窑与缸瓦窑烧造的三彩印花方碟应是学习模仿北宋白釉印花方碟并进行改进的结果。定窑窑址出土晚唐五代白釉方碟、辽境出土辽代中期定窑和介休洪山窑白釉方碟、龙泉务窑窑址出土辽代中期三彩方碟以及辽萧孝忠墓出土辽代晚期缸瓦窑三彩方碟，可作为这一技术传播之时空路径的考古学证据，同时也体现了印花方碟从产品输入到技术模仿再到吸收摒弃的由表入深的窑业技术与文化交流层次[72]的变化。

68 于陆洋：《棕黄釉印花瓷器探析——兼谈北宋中晚期中原地区印花瓷器的空间格局》，《文物春秋》2023 年第 5 期。

69 李知宴：《山西浑源县界庄窑》，《考古》1985 年第 10 期。

70 水既生：《山西古代窑具及装烧方法》，《河北陶瓷》1984 年第 4 期。

71 彭善国：《辽代陶瓷的考古学研究》，吉林大学出版社，2003 年，第 201—203 页。

72 关于窑业技术与文化交流的层次，见熊海堂：《东亚窑业技术发展与交流史研究》，南京大学出版社，1995 年，第 13 页；王光尧：《对中国古代输出瓷器的一些认识》，《故宫博物院院刊》2011 年第 3 期。

四、结语

辽境出土的白釉印花瓷器，以往多笼统地认为是定瓷或辽瓷，通过上述分析，可将其分为输入产品（介休洪山窑、定窑）和本地产品（浑源窑、缸瓦窑），这两类产品是宋辽印花瓷器研究中不可忽视的重要材料。

两类印花白瓷的产地特征与烧造年代，一方面反映了宋辽时期北方地区白釉印花瓷器的生产面貌，另一方面展现了11世纪中叶以介休洪山窑和浑源窑为代表的山西地区印花白瓷的烧造水平，及其在宋辽时期北方地区印花瓷器生产格局和古代白瓷印花体系中的重要地位和影响。两类印花白瓷的流布范围、消费人群和面貌差异，反映着这一时期的经济流通、产品之间不同的市场定位、窑场之间不同的生产模式。两类印花白瓷的相似特征则体现了宋辽两国间的技术传播和文化交流。

白釉印花瓷器入辽、辽人的使用和生产，是契丹汉化在陶瓷手工业方面的体现，也是辽人对汉文化认同基础上从单纯的物质输入向深层的技术与文化输入转变的具体表现，此一文化现象在中国古代陶瓷史上虽微不足道，但从文明发展史的角度来看，其印证了"多元一体"的中华文明是在各民族的交流与融合中形成的。

唐宋时期的台州制瓷业初步研究

谢西营[1]　陈佳佳[2]

（1.浙江省文物考古研究所　2.嘉兴博物馆）

摘要：考古调查资料显示，台州古代制瓷业萌芽于东汉时期，后历三国两晋，至唐宋时期步入繁荣，此后衰落。唐宋时期是台州制瓷史上的重要阶段。对该区域内唐宋时期窑址调查资料的系统梳理与研究，对于探索这一地区内窑业技术渊源、面貌等问题具有重要意义。

关键词：唐宋时期　台州地区　制瓷业

台州地处浙江中部沿海，东临东海，北靠绍兴、宁波，南邻温州，西与金华、丽水毗邻。基于上述地理位置，台州古代制瓷业处于浙江南北东西瓷业文化交流的过渡地带。通过近年来对这一区域内瓷窑遗址的系统调查，我们大致可以推定台州地区古代制瓷业萌芽于东汉时期，起步于三国西晋时期，至东晋时期快速发展，至唐宋时期步入繁荣，此后衰落。唐宋时期是台州地区制瓷史上的重要阶段。以下我们将根据最新考古调查资料对这一时期台州地区制瓷业的窑址分布和阶段性特征进行总结，并对相关问题进行初步探讨。

一、唐代窑址的分布与分期

在早期阶段，台州一度被陶瓷界视为无瓷区，这一状况一直到 20 世纪 50 年代才得以改观。随着各个阶段考古调查资料[1]的丰富，尤其是 2018 年至 2024 年由浙江省文物考古研究所

1　金祖明：《浙江黄岩古代青瓷调查记》，《考古》1958 年第 5 期；金祖明：《台州窑新论》，《东南文化》1990 年第 6 期；金祖明：《浙江温岭青瓷窑址调查》，《考古》1991 年第 7 期；宋梁：《简析浙江黄岩古窑址分布及其发展状况》，《东方博物（第 2 辑）》，杭州大学出版社，1998 年，第 113—121 页；国家文物局主编：《中国文物地图集：浙江分册（下）》，文物出版社，2009 年；宋梁：《黄岩宋代青瓷窑址调查》，《东方博物（第 42 辑）》，杭州大学出版社，2012 年，第 39—46 页；黄岩博物馆编：《黄岩博物馆馆藏精品图录》，西泠印社出版社，2017 年；台州市文化和广电旅游体育局、台州窑陶瓷研究课题组：《丹丘瓷韵：台州窑陶瓷简史》，文物出版社，2020 年。

图1 五孔岙窑址采集

图2 前岗山窑址

图3 前蒋窑址

图4 窑坦窑址采集碗

联合各地文物部门持续系统开展的台州地区瓷窑遗址考古调查工作[2]，台州地区的瓷业面貌逐渐清晰。

据统计，台州地区共发现唐代窑址8处。窑业分布较为分散，主要分布在临海、黄岩和温岭境内。其中，临海境内发现唐代窑址4处，分别是古城街道王安门口、西洋门口、大洋街道五孔岙窑址（图1）和永丰镇前岗山窑址（图2）。黄岩境内发现唐代窑址3处，分别是北洋镇前蒋窑址（图3）、沙埠镇窑坦（图4）和金家岙堂窑址（图5、图6）。温岭境内发现唐代窑址1处，即大溪镇下员山窑址（图7）。

尽管唐代窑址发现数量较少，从调查资料整理来看，产品均为青瓷，上述8处窑址点的生产年代可划分为三个阶段[3]。

第一阶段，唐代早期，窑址分布在临海地区，包括王安门口和西洋门口2处窑址点。产品器类较少，主要有碗、钵、罐、盘口壶等。胎质较粗，胎色呈灰色。釉色以青灰、青黄色为主，器物多施半釉，以碗类为例，釉仅施至内外上下腹相交处，内外下腹及底部无釉。器物口沿处偶见褐色点彩装饰。调查资料未见匣钵，但有大量束腰或者喇叭形垫柱。

第二阶段，唐代中期，窑址分布在临海、温岭和黄岩地区，包括五孔岙、前岗山、下员山、前蒋和金家岙堂5处窑址点。产品器类较少，主要有碗、盘、钵等，其中碗类主要为宽玉璧底斜腹敞口碗和宽圈足斜曲腹侈口碗两类。器物胎质较细，胎色呈灰白色。釉色以青灰、青黄色为主，器物多施半釉，釉仅施至外下腹部，下腹及外底部无釉。内腹部偶见刻划

---

2 王妤：《黄岩下山头窑址调查》，《东方博物》2019年第4期；林杰：《台州市黄岩区院桥镇苏楼窑址调查》，《东方博物》2020年第2期；浙江省文物考古研究所、黄岩区博物馆：《浙江省台州市黄岩区沙埠镇凤凰山窑址调查简报》，《华夏考古》2020年第6期。

3 阶段划分参照谢西营、陈佳佳：《浙江地区唐代制瓷业的区域性和阶段性研究》，《广元窑与川渝窑业》，科学出版社，2023年，第460—472页。

图 5　金家岙堂采集碗

图 6　金家岙堂窑址采集碗（莲荷纹）

莲荷纹，刻划较深，工艺水平较高。器物装烧流行叠烧，碗类内心及外底足端处多见 6 枚大松子状支烧痕迹。调查资料未见匣钵，但发现窑塞、垫柱等。

第三阶段，唐代晚期，窑址分布在临海、黄岩和温岭地区，包括五孔岙、前岗山、窑坦、金家岙堂和下员山 5 处窑址点。产品以碗类为主，以玉璧底碗、玉环底碗最为常见，另有钵、盘、执壶等。依口部特征区分，碗可分为敞口、侈口和敛口三类。器物胎质较细，胎色呈灰白色。釉色以青灰、青黄色为主，器物满釉和半釉均有。部分器物釉色青翠，

图 7　下员山窑址采集

质量很高。流行叠烧工艺，碗内心处留有松子状叠烧痕迹。

二、宋代窑址的分布与分期

截至目前，台州尚未发现明确为五代至北宋早期的窑业遗存。

据统计，台州地区共发现北宋时期窑址 33 处，年代集中于北宋中晚期，且分布范围较广，在黄岩、临海、温岭、仙居、天台、三门等地均有分布。其中黄岩 17 处，分别为沙埠镇竹家岭（图 8）、凤凰山（图 9）、下山头（图 10）、窑坦、金家岙堂（图 11）、牌坊山、哈莫山、下溪、三亩墩窑址，高桥街道岙口（图 12）、下余和瓦瓷窑（图 13）窑址，院桥镇的大藤坤山、蓝田山、西山下和俞家岙窑址，澄江街道临古窑址等。临海 6 处，分别为古城街道后门山（图14）、将军山、大尖山、凤凰山、瓦窑头和许墅窑址。温岭 2 处，分别为大溪镇老屋山和向东岸窑址（图 15）。仙居 3 处，分别为田市镇垟塈窑址、白塔镇上叶窑址（图 16）和横溪镇大尖山窑址。天台 4 处，分别为始丰街道安科窑址（图 17）、平桥镇凉帽山、缸窑湾窑址和雷锋乡黄家塘窑址（图 18）。三门 1 处，即三门县海游街道悬渚陈窑址（图 19）。

图 8　竹家岭窑址

图 9　凤凰山窑址

图 10　下山头窑址

图 11　金家岙堂窑址

图 12　岙口窑址

图 13　瓦瓷窑窑址

图 14　后门山窑址

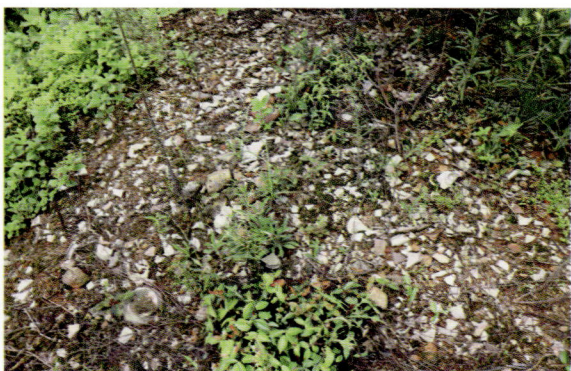

图 15　向东岸窑址

图 16　上叶窑址

图 17　安科窑址

图 18　黄家塘窑址

图 19　悬渚陈窑址

　　上述宋代窑址，目前仅黄岩境内的沙埠竹家岭和凤凰山窑址进行过主动性考古发掘，临海境内的许墅窑址进行过小规模配合基建考古发掘，其余窑址均未进行过考古发掘工作。其中尤以沙埠窑发掘工作最为充分且分期最为细致，依托考古发掘构建起北宋中期至南宋早期的年代序列，并细分为七个阶段，即北宋中期早段、北宋中期晚段、北宋中期末段、北宋中期末段至北宋晚期前段、北宋晚期后段、北宋末期至南宋初和南宋早期[4]。鉴于沙埠窑以外其他区域的窑业状况仅限于调查和小规模发掘，为讨论窑业发展阶段，拟在沙埠窑七个阶段的基础上，将整个台州地区宋代瓷业整合划分为三个阶段。

　　第一阶段，北宋中期，窑址分布广泛，分布于黄岩、临海、温岭、天台等地。窑址点有黄岩境内的竹家岭、凤凰山、下山头、窑坦、金家岙堂、牌坊山、哈莫山、下溪、三亩墩、岙口、下余、瓦瓷窑、大藤坤山、蓝田山、西山下、俞家岙和临古窑址，临海境内的后门山、将军山、大爿山、凤凰山、瓦窑头和许墅窑址，温岭境内的老屋山和向东岸窑址，天台境

4　谢西营：《黄岩沙埠青瓷窑址群考古调查与发掘的主要收获与认识》，《黄岩文博》2019 年创刊号；谢西营、秦大树、林杰：《浙江台州黄岩沙埠窑址群》，《2020 中国重要考古发现》，文物出版社，2021 年，第 143—148 页；谢西营：《黄岩沙埠窑考古发掘的主要收获与认识》，《故宫博物院院刊》2023 年第 5 期；浙江省文物考古研究所、台州市黄岩区博物馆、北京大学考古文博学院：《过渡·转变——黄岩沙埠窑出土文物集萃》，文物出版社，2023 年。

图 20　临海凤凰山窑址采集

图 21　临海凤凰山窑址采集

图 22　临海凤凰山窑址采集

内的安科、缸窑湾和黄家塘窑址等 28 处。上述窑址整体窑业面貌与以慈溪上林湖为中心的越窑核心区一致，可归为广义的越窑体系，应属于北宋中期越窑瓷业技术对外传播的结果[5]。青瓷产品器类较丰富，器型有碗、盘（图 20、图 21）、熏炉（图 22）、钵、盏、杯、灯盏、执壶等，窑具可辨器形有 M 形匣钵、钵形匣钵、筒形匣钵、圆形垫圈和喇叭形垫圈等。器物内腹部及内心处刻划花卉纹，可辨纹样有蕉叶纹、水波纹等。装烧工艺可分为两类，一类为叠烧，器物内心处有叠烧痕迹；一类为单件烧，垫圈垫烧，匣钵装烧。此外，这一时期临海的后门山、凤凰山（图 23）和许墅窑址、天台的安科和黄家塘窑址等 5 处窑址的匣钵均为粗瓷质，有别于其他 23 处窑址点。另外还有一点值得注意的是，黄岩的竹家岭、凤凰山、下山头、窑坦、金家岙堂和牌坊山窑址，临海的后门山、凤凰山和许墅窑址，天台的缸窑湾窑址还生产酱釉类瓷器。

第二阶段，北宋晚期，窑址分布较广，但整体开始收缩，分布于黄岩、仙居、天台、三门等地。窑址点有黄岩境内的竹家岭、凤凰山、下山头、窑坦、金家岙堂、牌坊山、哈莫山、三亩墩、下余、瓦瓷窑和蓝田山窑址，仙居境内的垟垯、上叶和大岇山窑址，天台境内的凉帽山和缸窑湾窑址，三门境内的悬渚陈窑址等 17 处。青瓷产品可辨器型有碗、盘、执壶、盏、杯、钵等，窑具可辨器型有 M 形匣钵、钵形匣钵、筒形匣钵、圆形垫圈和喇叭形垫圈等。从窑业面貌来看，仙居、天台和三门境内 6 处窑址仍延续着北宋中期越窑风格，整体与上述第一阶段一致。黄岩境内的上述 11 处窑址点，除了部分延续越窑风格（图 24）之外，碗盘类产品普遍流行外腹折扇纹、内腹篦划或篦点纹装饰（图 25），但是装烧工艺仍为垫圈垫烧。该类双面刻划花风格在北宋中期末段就开始于以沙埠窑为代表的黄岩境内出现。该类装饰风格与技法与北方以耀州窑为代表的青瓷或许存在窑业技术交流。酱釉技术成熟，其中黄岩竹家岭产品（图 26）质量最高，部分器物媲美于定窑紫定产品。

第三阶段，北宋末期至南宋早期，窑址分布范围急剧收缩，仅限于黄岩境内的沙埠镇

5　谢西营：《北宋中期越窑瓷业技术传播及相关问题研究——兼论核心区越窑瓷业衰落原因》，《东南文化》2018年第 6 期；郑建华、谢西营、张馨月：《浙江古代青瓷》，浙江人民出版社，2022 年。

图 23　临海凤凰山窑址采集

图 24　黄岩沙埠竹家岭窑址出土执壶

图 25　黄岩沙埠竹家岭窑址出土双面刻划花碗

图 26　黄岩沙埠竹家岭窑址出土酱釉碗

图 27　黄岩沙埠竹家岭窑址出土双面刻划花碗

图 28　黄岩沙埠竹家岭窑址出土碗

和高桥街道，也即现在的沙埠窑分布核心区域。窑址点有竹家岭、凤凰山、下山头、窑坦、金家峇堂、下余和瓦瓷窑址等 7 处。青瓷产品器类单一，主要为碗（图 27、图 28）和盘。装饰技法仍大量流行双面刻划花，但外腹折扇纹已发生变化，转变为四至六道为一组，对称分布。装烧工艺仍为匣钵装烧、垫圈垫烧。

三、相关问题研究

（一）阶段性特征

限于早期调查资料的局限性，在以往的学术研究中，唐宋时期的台州瓷业一向被整体视为越窑体系。通过近年来的持续性考古调查和发掘工作，台州地区唐宋时期瓷业面貌逐步清晰。

整体看来，尽管台州瓷业起源年代较早，但在唐代仍处于缓慢发展时期，窑址数量较少，仅有8处，从唐代早期至唐代晚期，其窑业面貌与以慈溪上林湖越窑为中心越窑核心区面貌较为一致，区别仅在于胎釉成分和部分纹样题材。

台州地区尚未发现明确为五代至北宋早期的窑业遗存，这一现象同样呈现于传统意义上的婺州窑所在的金衢地区、瓯窑所在的温州地区等[6]。

北宋中期，在以上林湖为中心的越窑核心区瓷业技术对外传播、产业向外转移的大背景之下，台州窑业迎来历史机遇，开始走向兴盛。这一阶段以临海梅浦窑址群和黄岩沙埠窑址群最具代表性，此外天台的黄家塘窑址和安科窑址与梅浦窑面貌一致，并均位于灵江流域，应属于同一窑业体系，似可整体归入梅浦窑体系。尽管这一阶段，黄岩沙埠窑开始兴起，但其整体技术水平尚落后于梅浦窑址群。调查资料显示，这一时期梅浦窑产品可分为青釉和酱釉两类。将青釉瓷器的器型、装饰、装烧技法等方面进行综合比对，从窑业技术来看，北宋中期的梅浦窑址群应属于越窑系，其产品主流应属于北宋中期以上林湖为中心的越窑核心区制瓷技术对外传播的结果。但是，梅浦窑址群的个别产品器类、个别装饰纹样、装烧工艺等方面，尤其是装烧工艺具备自身特色。以后门山和凤凰山窑址为例，调查采集的匣钵均为粗瓷质，质量高于同时期以上林湖为中心的越窑核心区，该类匣钵也不见于沙埠窑址群，后者主要采用耐火材料制成的粗质匣钵。结合上林湖越窑考古工作经验，以瓷质匣钵烧造的器物，应属于质量乃至品级较高的产品。酱釉瓷器，尽管均为叠烧（图29），质量不高，但应属于外来技术，暗示着这一区域与以定窑为代表的外来技术存在交流与互动关系。

北宋中期末段开始，黄岩沙埠窑开始走向兴盛，

图29　临海凤凰山窑址采集

6　五代至北宋早期，宁绍地区的越窑瓷业面貌较为清晰，窑业分为三个片区，即以上林湖为核心的慈溪片区、以窑寺前为中心的上虞片区和以东钱湖为中心的鄞州片区。以宁绍越窑五代至北宋早期瓷业面貌为标尺，进行全省的综合对比，从目前公布的材料来看，在宁绍地区之外，我们尚未发现明确为五代至北宋早期的窑业遗存。尽管在一些图录上，个别器物被定为五代至北宋早期这一时段，但均未有明确的纪年证据。

并成为整个台州地区窑业最为鼎盛的地区，这一过程一直持续至北宋晚期。这一时期的窑业面貌呈现出多元化态势，多种窑业技术和面貌在此呈现，尽管北宋中期越窑瓷业技术仍然延续，但是更多是新的窑业技术和风格出现。新技术和风格主要表现为：青瓷碗盘类产品普遍流行外腹折扇纹、内腹篦划纹或篦点纹装饰；酱釉瓷器品质极高，使用垫饼支烧工艺；新出现釉下褐彩瓷器（图

图 30　黄岩沙埠竹家岭窑址出土褐彩执壶

30）等。上述新风格的出现，应该与北方的耀州窑、定窑以及省内的瓯窑存在密切的窑业技术交流与互动。此外，外腹折扇纹、内腹篦划纹或篦点纹的装饰技法也成为后来丽水龙泉窑的普遍装饰风格，但是龙泉窑的装烧技法表现为外底部露胎无釉、泥饼填烧，与沙埠窑仍采用外底部满釉、垫圈垫烧的工艺存在明显差别，而这也是沙埠窑明确区别于龙泉窑系的典型特征。

（二）产品流布

在上文中，我们全面梳理了台州地区唐宋制瓷业的生产状况。限于以往窑址资料的局限性，海内外发现的大量唐宋时期的浙江瓷器，大多被归入到越窑和龙泉窑系之中。尽管上述划分具有一定的道理，但是在具体讨论瓷业产品的对外输出路线时，就无法细化，存在相当局限性。随着近年来台州地区瓷窑遗址考古工作的系统开展，大量的台州地区瓷业产品被鉴别出，尤其是关键遗址的发现，对于判定瓷业产品的性质和等级具有重要价值。

目前整个台州地区的窑业考古工作属沙埠窑最为系统，面貌也最为清晰。以下将以沙埠窑为例，探索其产品流布问题。资料显示，国内发现出土沙埠窑瓷器的遗址有地处窑址附近地区的黄岩九峰出土青釉双凤纹粉盒（图31）、黄岩西街出土青釉莲荷纹执壶[7]（图32），地处章安港附近的章安故城出土青釉双面刻划花碗底[8]（图33），地处宁波港附近的海曙区工地出土青釉双凤纹大盘[9]、药行街"都市仁和中心"地块出土执壶盖[10]、宁波城出土印花青瓷碗[11]，地处温州港的朔门古港遗址出土青釉双面刻划花碗、酱釉碗、炉、盒等[12]，此外绍兴上虞的孔庙遗址出土青釉碗[13]，杭州的海潮寺遗址出土青釉双凤纹大盘[14]、净慈寺遗

7　杨松涛、谢西营：《台州市黄岩区博物馆馆藏沙埠窑青瓷鉴赏》，《文物鉴定与鉴赏》2022年第12期。

8　章安故城附近采集。

9　朱勇伟、陈钢：《宁波古陶瓷拾遗》，宁波出版社，2007年，第53页。

10　朱勇伟、陈钢：《宁波古陶瓷拾遗》，宁波出版社，2007年，第61页。

11　朱勇伟、陈钢：《宁波古陶瓷拾遗》，宁波出版社，2007年，第61页。

12　温州市文物考古研究所发掘资料。

13　绍兴市文物考古研究所发掘资料。

14　杭州藏家胡云法先生告之。

图 31　黄岩九峰出土青釉双凤纹粉盒

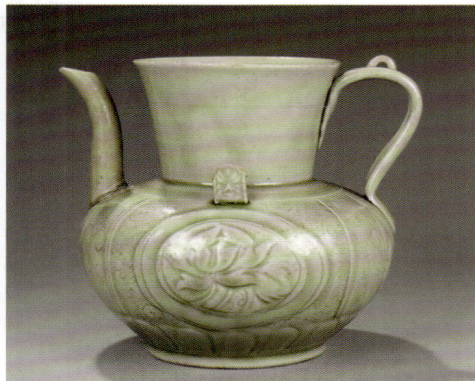

图 32　黄岩西街出土青釉莲荷纹执壶

图 33　章安故城出土青釉双面刻划花碗底

址出土青釉瓷器[15]，上海的青龙镇遗址出土若干双面刻划花碗[16]，开封州桥遗址出土青釉内心篦划纹盘[17]，香港宋皇台遗址出土青釉内心篦划纹盘[18] 等。限于海外资料的刊布情况，目前可以明确存在沙埠窑瓷器的遗址有朝鲜开城遗址[19]（图34），日本福冈博多遗址[20]，菲律宾Babuzanccgianc岛、怡吉戈省和苏洛[21] 等地。此外埃及福斯塔特遗址[22] 出土了大量北宋中晚期的越窑系青瓷（图35），从外观来看也与沙埠窑存在诸多相似之处，当然最终确认还需要结合科技检测手段。

15　杭州市文物考古研究所发掘资料。

16　上海博物馆考古部发掘资料。

17　河南省文物考古研究院发掘资料。

18　刘未：《香港宋皇台遗址出土宋元贸易瓷研究》，《文物》2022 年第 11 期。

19　韩国国立中央博物馆，《（国立中央博物馆藏）中国陶瓷》，韩国国立中央博物馆，2007 年，第 66 页。

20　〔日〕田中克子撰，章灵译：《日本福冈博多遗址群出土中国陶瓷器及流通》，《上海文博论丛（2020）》，上海辞书出版社，2021 年，第 65—83 页。

21　金祖明：《台州窑新论》，《东南文化》1990 年第 6 期。

22　三上次男：《中世中国とエジプト——フスタート遗迹出土の中国陶磁を中心として》，《陶磁の东西交流—エジプト・フスタート遗迹出土の陶磁》，出光美術館，1984 年，第 84—99 页。

图 34 朝鲜开城遗址出土沙埠窑执壶

图 35 埃及福斯塔特遗址出土北宋中期越窑系瓷器

四、结语

　　以上我们从窑址分布与分期、阶段性特征和产品流布三个方面对唐宋时期的台州制瓷业进行了初步研究。从整体窑业面貌来看，唐至北宋中期的台州窑业可归入传统意义上的越窑体系，但从北宋中期末段开始，以沙埠窑为代表的台州瓷业呈现出多元技术交流、融合、创新和创造的迹象，并使得台州瓷业在这一阶段成为整个浙江瓷业史的代表。唐宋时期的台州制瓷业规模较大，目前统计资料共发现 41 处。台州地理位置优越，东濒大海，古有章安港，北有宁波港，南有温州港，具备连通海上丝绸之路的便利条件。基于上述因素，台州地区的瓷器产品在满足当地需求之外，也踏上了海上丝绸之路，温州朔门古港遗址发现的大量沙埠窑瓷器即是明证。限于以往所作系统性考古调查与发掘工作较为薄弱，大量台州地区瓷业产品被错划入越窑系或龙泉窑系之中。其实早于 1993 年，由美国、英国、日本、捷克和印度尼西亚组成的五国文化考察团曾到黄岩沙埠窑进行交流调研，并指出海外出土品中有沙埠窑瓷器[23]。目前我们正在对包括沙埠窑在内的整个台州地区瓷窑遗址调查和发掘资料进行系统整理，在上述工作的基础上，未来台州地区窑业面貌和体系将全面建构，海内外更多的台州瓷器产品将会被辨识出，台州瓷业在海上丝绸之路上所发挥的作用和地位将会更加明晰。

---

23 黄岩区博物馆档案资料。

浙江青瓷上的加彩装饰

郑诚一[1]　郑建明[2]

（1.北京联合大学　2.复旦大学科技考古研究院）

摘要： 浙江青瓷从夏商时期原始瓷的出现开始，一直持续到明代中期龙泉窑的衰落，前后历时3500多年，总体上以造型与釉色取胜，而非以装饰见长，但战国原始瓷、东吴早期越窑青瓷、晚唐越窑均出现了加彩装饰，这些器物均集中在都城、质量精、使用者身份等级高、代表了各自时期最高的制瓷水平，其蕴含的社会文化意义，与以秘色瓷为代表的青瓷审美当有所不同，仍旧值得进一步深入探索。元代龙泉窑面点彩成为重点装饰之一，但与前三个阶段加彩瓷使用者身份之尊贵不同，这一时期的加彩瓷使用对象更多为普通民众。浙江主流青瓷之外的其他窑场如婺州窑与瓯窑，进入南宋时期，窑面貌亦发生本质性改变，其带彩类器物胎釉特征、器型与之前各自地区的青瓷有巨大差异，应当是受浙江以外的窑业影响而出现。

关键词： 浙江青瓷　加彩装饰　越窑　瓯窑

图1　跨湖桥文化跨湖桥遗址出土彩陶

陶瓷上的加彩装饰历史非常悠久，新石器时代早期的浙江上山文化，其红衣陶上即开始出现加彩，主要是红衣上施以白彩，题材主要是太阳、条带以及连珠等简单纹饰。而这装饰技法与题材被跨湖桥文化所继承（图1）。这是陶瓷器上最早出现的加彩装饰之一。

进入新石器时代中晚期，以仰韶文化、马家窑文化为代表的北方诸多原始文化出现了大量的彩绘装饰，彩陶成了这一时期最主要的陶器类别。其装饰题材之丰富、技艺之高超、使用之广泛，将中国早期陶瓷的制作推向了一个高潮（图2）。

高温陶瓷上的加彩装饰，目前的考古材料记载最早的是广东省广州市黄埔区茶岭遗址M133出土的黑彩罐（图3），该件器物为直口，长颈，深弧腹，矮圈足，长颈上以三道黑彩粗弦纹将整个颈分成上下两组，每组各以多道直条纹划分成纵向长方形小块；腹部通体拍

图 2　马家窑文化彩陶罐
甘肃省博物馆藏

图 3　加彩硬陶罐
广州市文物考古研究院藏

印曲折纹，再在腹中部用黑彩绘粗放的类似卷云纹饰。该件器物虽然与晚期的印纹硬陶有所区别，并非属于严格意义上的硬陶，但其质地已较软陶更硬、温度更高，至少处于从软陶向硬陶过渡的时期，时代在新石器时代末期，距今 4000 年多一点 [1]。类似装饰与质地的器物在广东横岭遗址亦有发现 [2]。

一、原始瓷上的加彩装饰

瓷器上的加彩装饰，则迟至西周时期，在西周部分原始瓷底部，见有褐彩涂抹的现象。此类原始瓷一般均作酱褐色厚釉，釉层厚、施釉不均匀，聚釉、凝釉明显，且釉色非常深（图 4）。外底通常不施釉，部分器物上有褐色涂抹，多不规则，其意义不明，暂时可作装饰看待（图 5）。此类厚釉器物原来均作西周晚期至春秋早期之物 [3]，但从目前的考古材料来看，西周早期即开始出现，尤其以浙西、皖东西一带为集中，代表性的有衢州西山墓地 [4]、

1　广州市文物考古研究院南汉二陵博物院展厅说明牌资料。

2　广州市文物考古研究院：《广东从化横岭遗址新石器时代墓葬发掘简报》，《文博学刊》2022 年第 4 期。

3　陈元甫：《论浙江地区土墩墓的分期》，《纪念浙江省文物考古研究所建所二十周年论文集》，西泠印社，1999 年。

4　金华地区文管会：《浙江衢州西山西周土墩墓》，《考古》1984 年第 7 期；衢州市文物管理委员会：《浙江衢州市发现原始青瓷》，《考古》1984 年第 2 期。

图4　西周酱色釉原始瓷
衢州博物馆藏

图5　西周酱色釉原始瓷底部的褐彩
衢州博物馆藏

图6　战国原始瓷褐彩装饰镇
绍兴市柯桥区博物馆藏

黄岩小人尖墓葬[5]、屯溪土墩墓[6]。进入西周晚期至春秋早期，除了浙西以外，浙北地区亦普遍，是青黄色薄釉原始瓷转向此类厚釉深色原始瓷。且在矮圈足器物的底部常见有各种刻划符号，而这一时期的褐彩釉涂抹装饰，常见此类刻划符号共存。目前不仅刻划符号的意义不明，学术界研究较少，褐彩装饰更是最近才由作者所发现，从而将瓷器上的褐彩装饰提早到了西周时期。

但西周原始瓷上的褐彩装饰处于器物底部，且不施釉、形态不规则，类似于一种随意涂抹。出现规则的、与釉共生的褐彩装饰，则要到战国时期。

战国时期原始瓷上的加彩装饰做法有三种：釉下填彩、釉下彩绘与刮釉后涂彩。

其中以釉下填彩技法最为常见。其做法是器物胎体上挖出宽窄不一的凹弦纹多道，然后褐色彩料，填平下凹处，再通体施青黄色薄釉。器型以镇为主，亦有少量的罐类器物，但罐器型亦不大。带褐彩装饰的镇一般都器型较大，造型饱满，制作精良，时代集中在战国早中期左右（图6）。目前考古出土主要集中于绍兴地区的大型墓葬中，这里是越窑的都城所在，尤其是战国早中期，是整个江南地区的政治文化中心[7]。除了墓葬以外，出土褐彩装饰的原始瓷窑址均集中在德清，其中亭子桥窑址出土了两件罐类器物的残片（图7），在

5　浙江省文物考古研究所、黄岩博物馆：《黄岩小人尖西周时期土墩墓》，《浙江省文物考古研究所学刊》，科学出版社，1993年。

6　李国梁：《屯溪土墩墓发掘报告》，安徽人民出版社，2006年。

7　浙江省文物考古研究所：《古越瓷韵》，文物出版社，2010年。

图 7　亭子桥窑址出土带彩原始瓷罐残片　　　图 8　胡堂庙窑址出土带彩原始瓷镇残片　　　图 9　彩绘原始瓷镇
萧山区博物馆藏

肩部有较宽的填彩装饰[8]；在胡堂庙窑址则出土了镇的残件，有明显的多道填彩装饰[9]（图 8）。

彩绘原始瓷发现不多，萧山博物馆征集的一件原始瓷镇，器表有多道褐彩装饰，其装饰的风格与绍兴出土的填彩原始瓷镇接近，但为彩绘而非填彩（图 9）。

刮釉涂彩的做法目前仅在无锡鸿山越国贵族墓中发现一件，器型为錞于，在器腹中部刮釉一圈，然后涂上褐彩[10]（图 10）。此类做法非常特殊。

在成熟青瓷成为主流之前的秦汉时期，原始瓷继续得到发展，这一时期的原始瓷以落灰釉为主[11]，流釉明显，积釉处通常颜色较深。西汉中期以后，流行器物的肩部作凸弦纹装饰，因此在凸弦纹的上方因流釉而形成较厚的积釉带，此积釉带因釉层厚而呈深褐色，形成事实上的条带状褐彩装饰（图 11、图 12）。

图 10　无锡鸿山越国贵族墓出土带彩原始瓷錞于

进入汉六朝时期，东吴偶见有点彩，最著名的是禁山窑址出土胡俑的眼睛是加彩的（浙江上虞禁山早期越窑遗址考古发掘），东晋南朝的越窑、德清窑、婺州窑、瓯窑均出现了大量点彩装饰，其中的瓯窑特别著名。值得重视的是南京出土一批东吴时期器物，是中国陶瓷史上真正的彩绘瓷器，但产地不明确，可能是浙江的。

8　浙江省文物考古研究所、德清县博物馆：《德清亭子桥：战国原始瓷窑址发掘报告》，文物出版社，2011 年。

9　浙江省文物考古研究所、德清县博物馆：《德清县开发区胡堂庙区域发掘简报》，《东方博物（第五十五辑）》，中国书店，2015 年。

10　南京博物院、江苏省考古研究所、无锡市锡山区文物管理委员会：《鸿山越墓出土乐器》，文物出版社，2007 年。

11　郑建明：《秦汉原始瓷》，《故宫博物院院刊》2021 年第 12 期。

图 11　西汉原始瓷瓿
上虞区博物馆藏

图 12　西汉原始瓷壶
上虞区博物馆藏

二、汉六朝浙江成熟瓷器上的加彩装饰

进入东汉时期，瓷器由原始瓷发展成为成熟瓷器，主要是青瓷器，亦兼有少量的黑釉瓷器。这一时期的窑业中心在浙江上虞地区，同时浙江的德清窑、瓯窑、婺州窑，江西的洪州窑，湖南的岳州窑亦逐步发展壮大，同时在岭南地区至少在东晋南朝时期开始烧造青瓷器。

东汉晚期至三国西晋时期是早期越窑的兴盛时期，这一时期主要流行各种条带状的网格纹、连珠纹、弦纹等装饰，亦有各种模印堆贴（图13），褐彩仅在禁山窑址出土的一件俑上有发现，点作黑色的眼珠，其中仅仅一只，另外一只已脱落（图14）[12]。

东晋南朝时期，褐彩装饰迎来了发展的高峰，其中不仅越窑开始较普遍使用，德清窑、婺州窑、洪州窑、岳州窑亦紧随其后，而在瓯窑上，更是形成了密集褐彩点组成的几何形图案。

越窑、德清窑、婺州窑、洪州窑与岳州窑使用的褐彩装饰相对都比较简洁，主要是在碗、盘、罐、盘口壶等器物的口沿上以四点等距装饰为主，亦有在肩部、系面以及鸡首等部分作不规则的点彩装饰。

上虞窑寺前南朝时期的窑址中出土的碗钵类大口器物有使用大块密集点彩装饰的做法，彩斑多不规则（图15），亦有略规则的连珠纹等构成的简单图案（图16、图17）。

---

12 浙江省文物考古研究所、复旦大学文物与博物馆学系、上虞区博物馆，等：《浙江上虞禁山窑址发掘报告》，《考古学报》2024 年第 1 期。

图 13　三足樽
上虞区博物馆藏

图 14　上虞禁山窑址出土带褐彩眼
珠俑

图 15　越窑东晋鸡首壶上点彩装饰
上虞区博物馆藏

图 16　上虞窑寺前窑址出土青瓷碗
内点彩装饰

图 17　上虞窑寺前窑址出土青瓷钵内点彩装饰

图 18　德清小马山窑址出土青瓷罐上点彩装饰

　　德清窑的点彩作法与越窑近似，少量的器物外腹部有密集的点彩（图 18）。这一时期比较特殊的是瓯窑，不仅点彩装饰使用更加广泛，且出现以规则的圆点组成不同的几何形图案（图 19、图 20）。

　　从全国的窑业发展来看，以东晋南朝时期的瓯窑胎色最白、釉色最浅，点彩装饰可以起到极佳的黑白分明效果，因此瓯窑点彩装饰不仅使用普遍，而且形成了其独特的装饰风格。

　　在加彩装饰上，不得不提，且最为重要的是以南京为中心出土的一组器物，器型主要包括带盖双唇罐、盘口壶、三足樽等，出土地点主要以南京为主 [13]，包括附近的马鞍山天子坟大墓 [14] 等。

　　南京的彩绘瓷器除一件带盖双领罐出土于城南秦淮河南岸船板巷旁的皇册家园建设工地外，其余均发现于与大行宫地区毗邻的两个建设工地，其一为中山东路南侧、太平南路东侧的新浦新世纪广场工地；另一为中山东路北侧、长江路"总统府"南侧的南京图书馆

13　王志高、贾维勇：《南京发现的孙吴釉下彩绘瓷器及其相关问题》，《文物》2005 年第 5 期。

14　叶润青：《安徽当涂天子坟东吴墓》，《大众考古》2016 年第 7 期。

图 19　瓯窑东晋青瓷点彩盖钵
温州博物馆藏

图 20　瓯窑东晋青瓷点彩鸡首壶
温州博物馆藏

图 21　南京长岗村 M5 出土彩绘盘口壶

新馆工地 [15]。因此出土地点非常集中，等级极高。

其中一件双唇罐（04NQHT04 ⑦ b：30）肩部相间贴塑衔环铺首和鸟形系各 4 个。除外底和内壁外，通体釉下用褐黑彩彩绘，铺首和鸟形系上亦用褐斑勾勒。领口内绘卷云纹和变体龙纹，领口外绘折线纹，内有"十"字形纹和云纹。肩绘一周覆莲瓣纹，内有"十"字形纹。下腹近底为一周卷云纹。腹部主题花纹分三层，每层有 8 个心形纹样。上层内以铺首和鸟形系为中心，两侧对称绘瑞兽和变体龙纹，中层内绘芝草、瑞兽和珍禽，下层内绘变体龙纹。其间隙还绘"十"字形纹、云气纹及瑞兽纹等。各组纹饰之间以弦纹带相隔 [16]。

盘口壶釉下彩绘纹饰由上至下可分盖、颈、腹三个部分。第一部分，鸟形盖纽两旁各饰一柿蒂纹，盖面周绘四组类似纹饰：两个人首马身的动物分别在一株仙草上方相对飞舞，仙草两侧各有一只动物。第二部分，颈部绘七只异兽，除两只并列外，其余几只之间皆有形状相似的半身异兽图像。第三部分，腹部绘两排持节羽人，高低交错排列，其间绘有疏密有致、飘然欲动的仙草和云气。各部分纹饰之间，隔以折线朵花纹带或莲瓣纹带等。另外，在器盖内面、盘口内外等部位，亦绘有一些仙草、云气、连弧、弦纹等 [17]（图 21）。

这批器物总体上胎色较深而略显疏松，青釉泛白，烧造温度多数较低，胎釉结合欠佳，釉脱落较为严重。胎釉特征与目前已知的越窑等均不相同。但相似的器型、装饰纹样以及堆贴的铺首、佛像等均与越窑同类型器物非常接近。虽然该类产品的产地至今仍旧无法确定，但越窑作为这一时期全国的窑业技术中心，其作为产地的可能性仍旧最大，但需要后续的工作加以确认。

15　王志高、贾维勇：《南京发现的孙吴釉下彩绘瓷器及其相关问题》，《文物》2005 年第 5 期。

16　王志高、贾维勇：《南京发现的孙吴釉下彩绘瓷器及其相关问题》，《文物》2005 年第 5 期。

17　易家胜：《南京出土的六朝早期青瓷釉下彩盘口壶》，《考古》1986 年第 6 期。

三、隋唐五代时期浙江青瓷上的加彩装饰

进入隋唐至五代时期，越窑兴盛，婺州窑、德清窑与瓯窑亦进一步发展，加彩装饰在东晋南朝点彩的基础上，整体演变成块斑状装饰。

越窑的烧造中心从上虞地区逐渐转移到了上林湖地区，形成了更为庞大的窑业中心。窑址数量多、产品种类丰富、制作技艺高超，上林湖地区不仅是唐代南方青瓷的窑业中心，亦是全国的窑业中心。唐代晚期创烧的秘色瓷不仅是技术上的巨大跃进，同时也奠定了高等级青瓷的审美标准：以造型与釉色取胜而非以装饰取胜。因此包括秘色瓷在内的唐代越窑青瓷少有纹样装饰，而多为素面。少量的装饰多为粗划的四叶对称的莲荷纹，极少量的模印纹饰。此外在碗、盘以及执壶类器物外腹作出瓜棱状的凹弧装饰，极简洁明了。但进入唐末五代时期，吴越国钱氏家族墓中出土一批彩绘瓷，器形庞大、胎釉质量高超，通体用褐彩绘如意云纹、莲花等。主要器型有大型的炉、盘口壶以及长明灯等。

钱宽是吴越国开国之君钱镠的父亲，钱宽水邱氏夫妇墓为异穴合葬，其中钱宽墓盗扰严重，瓷器仅出土 19 件白瓷和 3 件青瓷，青瓷质量多不佳。而水邱氏墓保存基本完整，出土的 100 多件随葬品中精制白瓷器 17 件，青瓷器 25 件。青瓷器均为均系越窑产品，大部分制作精细，胎体细腻致密，通体施满釉，釉面匀净莹润，是越窑佳品。其中熏炉、盘口壶、油灯三件器物有褐彩云纹装饰（临 M24:24、临 M24:37、临 M24:21），器形巨大，胎釉极佳，是越窑精品中的精品[18]。

熏炉（临 M24:24）由盖、炉、座三部分组成，通高 66 厘米。炉身宽沿直腹平底，平底下安五只虎足。生烧，表面釉层大多脱落，器身中部有两组各两道褐彩弦纹，弦纹上下以及宽沿上均绘云纹，虎额褐彩书"王"字。盖作宝珠形纽，通体施釉，绘云纹，上半部分镂云纹，孔外圈彩绘，下半部分均绘彩。炉座作圆形须弥座状，座身镂出八个壸门，外圈绘彩，壸门之间绘云纹（图 22）。

盘口壶（亦称罍临 M24:37）带盖，体形较大，通高 66.5 厘米。壶身为盘口，盖作覆钵形，宝珠纽，通体施青黄色薄釉，盖面、颈和肩腹部通体饰有釉下褐彩云纹（图 23）。

油灯（临 M24:21），微敞口，厚唇，腹部微鼓，矮

图 22　水邱氏墓出土褐彩熏炉

18 浙江省文物考古研究所、浙江省博物馆、杭州市文物考古研究所：《晚唐钱宽夫妇墓》，文物出版社，2012 年。

图23　水邱氏墓出土褐彩盘口壶

图24　水邱氏墓出土褐彩灯

圈足。器形硕大。内外施满釉，外腹与圈足通体饰有褐彩如意状云纹，腹部大如意形云纹内填饰有莲花（图24）。

越窑此类带褐彩器物非常少见，除上述三件器物外，仅在临安板桥吴随之墓中出土有一件盘口壶，壶身完整，并通体绘云纹，盖已残，宝珠纽上带彩[19]。器型装饰与水邱氏墓出土盘口壶接近。

此类产品烧造地为上林湖，考古调查中采集到了多件带彩的标本[20]。

婺州窑的褐彩装饰贯穿了整个隋唐时期，整体上以大块的褐色块斑状装饰为主，有以略小的块斑多点密集装饰的（图25），也有大块斑但斑块较少的（图26），部分碗的口沿有四小月牙状黑斑等距分布。这一时期的婺州窑整体上胎色较深，釉色较沉。

德清窑大概在晚唐逐渐走向停烧，其褐彩装饰整体上与婺州窑相近，多为较大的块斑状，其中隋至唐代早期有较小的密集块斑点（图27）。所不同的是，德清窑以黑釉闻名，这一时期黑釉所占的比例在浙江同一时期窑场中仍旧是最高的。

瓯窑隋至唐代早期的窑址目前没有发现，晚唐的窑址主要集中在永嘉楠溪江入瓯江口两岸，有多处窑址经过发掘，其中的加彩装饰非常显眼[21]。主要位于壶、罐等器物的腹部。装饰方法主要有两种：一种是不规则的条带状构成的近似于"山"字形、勾形、直条形褐彩条，装饰于执壶上（图28）；另外一种是以大小不一、较为规则的圆形大斑块，以对称两块或等距三块装饰于罐类器物，多位于腹部近口沿处。后者的数量略多于前者。产品均为青瓷，胎釉质量极佳，胎质细腻，胎色灰白色纯净。以淡青釉为主，施釉均匀，釉面较为莹润，部分高质量的如执壶、罐、瓶、钵、盆类大型器物多施满釉。

总体上来看，隋唐五代时期的加彩装饰并没有成为主流。这一时期的窑业中心为上林湖越窑，由于秘色瓷的创烧，引领着中国高档青瓷以造型与釉色为美的艺术取向，因此多

19 朱晓东编：《物华天宝：吴越国出土文物精粹》，文物出版社，2010年，第146页。

20 慈溪市博物馆：《上林湖越窑》，科学出版社，2002年。

21 浙江省文物考古研究所、温州市文物保护考古所、永嘉县文化馆：《浙江永嘉龙下唐代青瓷窑址发掘简报》，《文物》2012年第11期。

图 25　唐代褐彩盘口瓶
衢州博物馆藏

图 26　唐代褐彩盘口瓶
浙江省博物馆藏

图 27　德清窑墩头窑址采集唐代加彩装饰罐

图 28　永嘉龙下窑址出土青瓷褐彩执壶

不饰纹，但唐末以水邱氏墓为代表的褐彩瓷器，器形大、质量精、等级高，则代表了一种完全不同的艺术取向。此类产品仅限于吴越窑最高等级的墓葬中，与东吴时期的彩绘瓷器一样，亦是身份与地位的重要象征。而瓯窑由于胎色白、釉色浅，延续了东晋南朝以来的褐彩装饰风格而更加豪放。婺州窑与德清窑这一时期总体上胎色深，釉色暗，黑釉占较高比例，青釉多以大块斑装饰见特色，尤其是婺州窑。

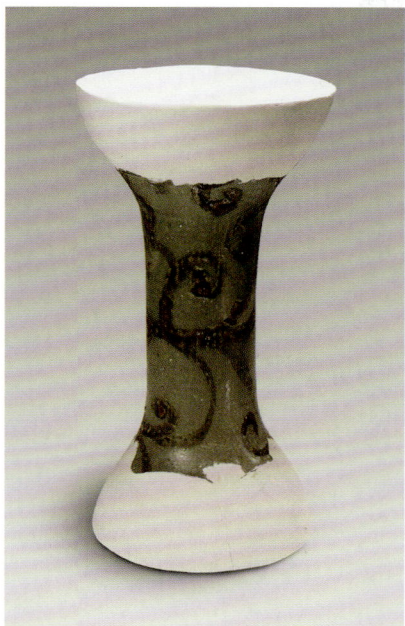

图 29　寺龙口窑址出土南宋越窑青瓷褐彩腰鼓

四、宋元明时期浙江青瓷上的加彩装饰

北宋时期越窑逐渐衰落但仍旧延续到了南宋早期，而龙泉窑从北宋早中期开始成序列成规模出现，并在北宋晚期最终取代了越窑作为窑业中心的地位。德清窑退出历史舞台，婺州窑与瓯窑在北宋延续发展，到了南宋时期青瓷窑业发生质变，瓯窑逐渐停烧，而婺州窑则受钧窑、龙泉窑等影响，最终延续到了明代早期，成为浙江窑业历史上存在时间最长的窑场。

北宋时期的越窑以各种刻划花装饰见长，这一风格延续到了南宋时期，同时开始出现少量的彩绘瓷器。代表性的是寺龙口窑址出土的褐彩腰鼓残片。标本 T1 ① :20，鼓面残，残长 28 厘米。釉色青灰。有釉下褐彩装饰，题材为云纹。这一胎釉特征与装饰风格和唐代水邱氏墓出土三件器物接近（图 29）。

龙泉窑北宋时期开始形成，南宋时期达到鼎盛，以粉青釉最具特色，其乳浊厚釉不适合作刻划花装饰，可以说是延续了秘色瓷以造型与釉色为美的艺术取向，因此装饰极少。而进入元代以后，釉层变薄、釉色变透，开始出现大量令人眼花缭乱的装饰，技法多种多样，有模印、戳印、贴花、刻花、开光、堆塑、剔花、露胎、点彩等，除后期的彩绘瓷器外，单色釉上的所有装饰技法几乎均已使用。其做法一部分是直接将器物作成各种造型，如碗、盘、盆类器物的各种花口形，砚滴的鱼形、牛形，薰的兽首形盖与出香，灯的人物托盏形。另外一种做法是使用各种装饰的题材，有龙、凤、鱼、大雁、鹿、马、牛、梅花、四季花、荷花、灵芝、红豆、鱼莲、桃、鹅、茶花、牡丹、菊花、海棠、莲瓣、菊瓣、葵花、金刚杵、铺首、神仙、人物、云纹及包括石林、吉利、寿、剑川、颖川、各种姓氏在内的戳印文字。许多器物的纹饰几乎满布器身。从南宋的以釉取胜而不饰纹完全变成了以纹取胜，而釉的质量明显下降。

点彩装饰成为这一时期最具特色的装饰技法之一，在明快的青釉上以黑色的小斑块作多点装饰，斑块随意散落，从而形成一种较强烈的装饰对比（图 30）。

婺州窑与瓯窑在南宋时期均发生了质的变化，婺州窑以衢州两弓塘、冬瓜潭为代表的一批窑址，在烧造青瓷的同时，开始出现一种全新的瓷器类型——彩绘瓷器。此类瓷器按胎釉特征可分两类：一是青釉，先在胎上施一层化妆土，再在其上施青釉、绘彩，胎面、涂层和施釉线分别明确;另一类是银灰色釉，不透明，釉层极薄，直接施于胎上，然后绘彩。绘彩瓷的器型主要有盆、罐、瓶、钵、壶、盘、器盖和腰鼓等，以瓶、盘为主，胎质较细，制作较精。时代当在南宋时期。

彩绘瓷中，盆、盘类器物，其图案一般绘器物的内腹与底，也绘于内侧，而钵、罐、壶、

图 30　新安沉船出土点彩盘

图 31　衢州两弓塘窑址出土绘彩瓷扁腹壶

瓶、花盆、鼓和炉等，则绘器物的外表。主要绘画手法有以下几种。

笔绘，是用毛笔类工具描绘，是彩绘瓷中最大量的，一笔绘成，如盆类的牡丹、忍冬。

平涂剔划花，即先用笔平涂出牡丹或鱼类的形状，再用尖杆类工具划剔修饰，使绘面内容立体感更强。

划花填彩，即先用尖杆类工具划出所需内容的形状，再用彩把空余部分填上，成为底色，显出层次感，突出内容。

平涂，用笔涂出图案之形状，此类花或许图案较大，无法一笔完成，如牡丹，一般绘于大盘和盆内底，图案显得呆板。

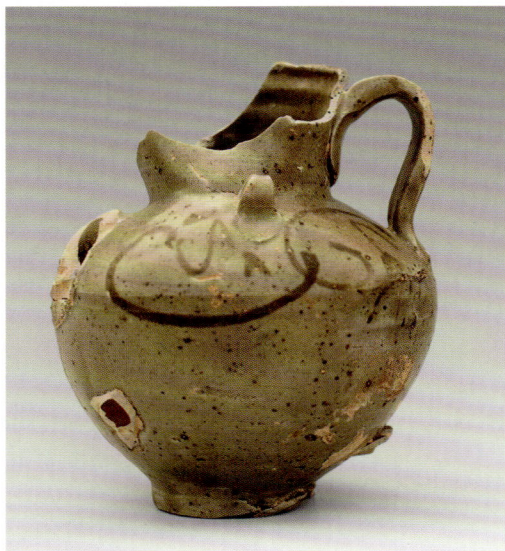

图 32　乐清大荆窑址出土褐彩执壶

勾绘，即用彩勾勒出图案之形状，一般使用复线。

划花勾绘，先用尖状工具划衅案，再用彩勾出图案之外形轮廓，仅发现鱼一种。

题材主要是牡丹、忍冬、缠枝花与鱼等。均为釉上彩一次烧成[22]（图31）。

温州地区的彩绘瓷器与传统的瓯窑相比亦发生极大变化，胎质较粗，釉色较白但釉面干涩，器物种类单一。褐彩简单，多为一笔完成的简单几何形图案。温州地区的窑业由此已进入了尾声[23]（图32）。

22　浙江省文物考古研究所、衢县文物管理委员会：《衢县两弓塘绘彩瓷窑》，《浙江省文物考古研究所学刊：建所十周年纪念》，科学出版社，1993年。

23　温州市文物保护考古所、乐清市文物馆：《乐清大坟庵窑址的调查与认识》，《东方博物（第三十三辑）》，浙江大学出版社，2009年。

五、小结

浙江青瓷从夏商时期原始瓷的出现开始，一直持续到明代中期龙泉窑的衰落，前后历时 3500 多年，是中国制瓷史上出现时间最早、持续时间最长、序列最完整的窑业体系。前后发展过程中共有四个高峰：战国前后的原始瓷、三国前后的早期越窑、晚唐至北宋早期的吴越国越窑、南宋时期的龙泉窑与南宋官窑，这四个高峰前后相继，一浪高过一浪，并最终形成浙江青瓷的主流。浙江青瓷总体上以造型与釉色取胜，而非以装饰见长，但战国原始瓷、东吴早期越窑青瓷、晚唐越窑均出现了加彩装饰，其中战国时期的原始瓷是真正意义上最早出现的釉下彩瓷器，这些器物均集中在都城，质量精，使用者身份等级高，是这一时期的窑业精品，代表了各自时期最高的制瓷水平，其蕴含的社会文化意义，与以秘色瓷为代表的青瓷审美当有所不同，仍旧值得进一步深入探索。南京出土的东吴时期彩绘瓷器，虽然产地仍旧有待进一步探索，但越窑是需要重点关注的。

南宋时期的龙泉窑，继承了越窑的发展，成为新的窑业中心，这一时期乳浊厚釉青瓷产品几乎不作装饰，尤其是高等级的青瓷，而南宋官窑亦如此。进入元代，龙泉窑面貌大变，各种装饰纷繁复杂，点彩为其中之一。与前三个阶段加彩瓷使用者身份之尊贵不同，这一时期的加彩瓷使用对象更多为普通民众，如新安沉船、太仓樊村泾等出土的器物。

浙江青瓷主流之外的其他窑场如婺州窑、德清窑与瓯窑，以瓯窑的东晋南朝时期的点彩、唐代的彩带或彩斑尤其突出。但三窑场基本特征南宋之前仍旧在传统的浙江青瓷范畴之内。进入南宋时期，伴随着越窑的衰落，除了早在唐末即停烧的德清窑，瓯窑与婺州窑面貌亦发生本质性改变，其带彩类器物胎釉特征、器型与之前各自地区的青瓷有巨大差异，应当是受浙江以外的窑业影响而出现。

浙江萧山发现年代最早的纪年墓成熟青瓷

施梦以[1]　施加农[2]

（1.杭州市文物考古研究所　2.中国美术学院）

摘要：浙江萧山是商周时期印纹硬陶与原始瓷重要的产地，同样也是东汉成熟青瓷的产地。在两汉至六朝时期的墓室中发现了大量的陶瓷器随葬品，其中零星发现了一些带有纪年的砖室墓，为早期越窑青瓷的研究、断代提供了非常重要的实物资料。尤其是本文通过对"永康元年"纪年墓的考证，使我国的成熟青瓷发现时间又提前了八年，在我国陶瓷史上具有重要的意义。

关键词：纪年墓　发现　最早　青瓷

萧山，位于浙江偏东北部，北濒钱塘江与古都杭州隔江相望，东南接历史文化名城绍兴。西汉末年置县（一说为秦置县），初名"余暨"，三国吴黄武年间（222—229年）改名"永兴"，唐天宝元年（742年）因境内一山名"萧然"而改名"萧山"[1]。历史上萧山县一直隶属于绍兴府，是越文化重要的组成部分。1959年后划归杭州市，直至当今。萧山属于亚热带季风气候，四季分明，雨量充沛。其地形地貌，西南部为浦阳江、永兴河流域的丘陵地带。中部为丘陵与平原水网地带交融区，平原带水系网布，具

图1　2001年11月考古发掘的萧山进化镇前山春秋战国时期印纹硬陶与原始瓷龙窑遗址

有典型的江南水乡风貌。东北部大面积为近两百年来钱塘江潮涌堆积形成的滩涂淤积沙地平原。故历史文化遗迹和地下埋藏遗存基本集中在中部到西南部地区。

调查发现，在萧山的浦阳江、永兴河流域有大量的瓷矿石山存在，瓷矿石丰富的进化、浦阳、所前等地分布着商周时期的印纹硬陶与原始瓷窑址多达20余处。在进化地区至今流传着"周朝天子八百年，个个山头有窑烟"的民谣（图1）。

最具代表性的茅湾里窑址就达20000平方米，是一个庞大的窑址群，年代在春秋中期

1　民国《萧山县志稿》。

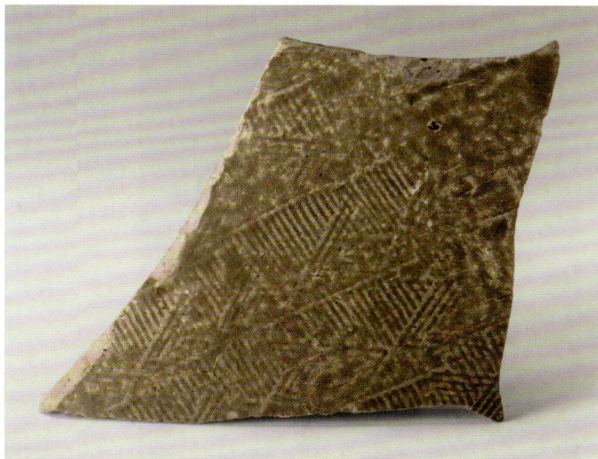

图2 萧山石盖窑出土的东汉印纹青瓷标本

至战国早期阶段。秦汉时期，在所前的孔湖、白鹿塘和进化的钟家坞等地都曾发现过烧制温度略低的印纹陶与原始瓷窑。在永兴河流域发现的古窑址，则是属"越窑"系列的东汉至六朝时期的青瓷窑址，石盖窑遗址中采集的东汉青瓷器，系用印纹陶成型工艺拍印而成，具有明显的汉代特征，延续至西晋时期（图2）。

而上董窑则是从西晋直到南朝时期的产品。萧山发现的这些窑址，从年代上看，几乎是无缝对接，绵延不断，前后跨越1300余年。

经数十年的考古，境内陆续发现了自东汉至南朝时期的纪年墓，并出土了一定数量的青瓷器，对越窑瓷器的研究具有重要的价值。特别是蜀山街道黄家河的"永康元年"纪年墓所发现的青瓷器，非常值得研究与探讨。

2019年6月杭州市文物考古研究所在萧山区蜀山街道黄河村进行考古发掘时，发现M7号砖式墓的墓砖上刻印有"永康元年七月□日□□"等字的纪年款。墓室系凿山体岩石的竖穴砌砖而筑成，墓室坐北向南呈长方形，加上前一很短的甬道，呈"凸"字状。许多砖上刻印有铜钱纹呈整排砌筑，上下叠砌的是纪年铭文砖。墓中出土了15件文物，除一件铁质残器外，其余均为瓷器，在14件瓷器中，除了青瓷器外，还有一件装饰纹样与造型非常独特的酱黑釉瓷罐。当时以保守的观念判断该墓为西晋惠帝时期"永康元年（300年）"的砖室墓（图3、图4）。

后来，经对全部出土器物的仔细研究，发现这些青瓷器明显具有汉代的特征。虽然其中的谷仓、三足洗等青瓷器胎釉结合良好，釉色青绿，全无汉代原始瓷缩釉现象，完全是成熟青瓷器的面貌。但其他多件瓷器从造型、纹饰到釉色等方面都具有明显的汉代特征。一是印纹瓷罍具有典型的汉代印纹陶成型工艺特征，且釉色泛黄。而这种制作印纹陶成型工艺的瓷器在三国后就基本不见踪影。二是双鱼纹青瓷洗，无论是造型、装饰纹样和釉色都具有明显的汉代特征。三是青瓷谷仓的造型，是目前六朝墓中发现的唯一的青瓷谷仓，其造型与萧山博物馆收藏的战国时期印纹硬陶谷仓的造型十分相似。四是青瓷三足洗上的铺首，与汉代青铜器洗上的铺首完全一致，而与六朝时期青瓷上的铺首的衔环也截然不同。于是就对那么多具有汉代特征的瓷器怎么会在西晋的墓葬中产生了疑问。在东汉至西晋时期，冠以"永康"帝王年号的有两个，一个是东汉桓帝时期的"永康"，为167年，第二个是西晋惠帝的"永康"年号，是在300年。（其余的三个"永康"年号都是在十六国和北朝时期）为此，笔者认为这些陪葬品和墓葬应该是东汉永康元年的遗存，理由就从随葬品的特征上来研究考证。

图 3 杭州市萧山区蜀山街道黄家河 M7 永康元年纪年砖室墓俯视（西—东）及随葬品

图 4 墓砖上的"永康元年七月□日□□"铭文

（一）印纹青瓷敛口罍

罍高 29.5 厘米，口径 13.5 厘米，腹径 27.5 厘米，底径 14 厘米。整体浑圆，丰满而敦实。口沿向内呈板状式的敛口，口沿下方有两道弦纹。胫部印有一周带状斜方格纹。主题纹饰均为拍印几何形的纹饰，接近底部。及底处约有 3 厘米露胎，呈深灰色。这件青瓷器的成型工艺完全是继承了商周以来印纹陶的制作方法，即用泥条盘筑法成型，外观留有叠压状的拍印纹饰，而用这种成型工艺制作的印纹瓷器具有明显的汉代特征，这种成型工艺制作的印纹瓷器大约在三国之后就基本消失了。

此印纹瓷罐用瓷土做胎，通体施青黄色釉，体积较大而器形规整，且保存十分完好。胎釉结合较好，基本达到了烧结的程度，虽然釉面上存在若隐若现的原始瓷"缩釉"现象，但比较汉代早期的原始瓷器釉层的均匀度明显趋于完善，已接近于成熟瓷器的状态。从造型上看，这种板状式的敛口罍是汉代流行的造型，目前为止，在西晋墓葬中尚未出现过。

图 5 蜀山黄家河出土的永康元年印纹青瓷敛口罍

笔者认为，这是一件从原始瓷往成熟瓷器过渡的青瓷器，既有汉代陶瓷器成型工艺和釉层中隐约存在原始瓷的缩釉特征，又有趋于完善的青瓷器面貌（图5）。

（二）越窑青瓷双鱼纹洗

该洗高6厘米，口径26.5厘米，底径13.8厘米。宽沿，弧腹，平底略内凹。造型与汉代青铜洗基本一致。宽平的口沿上饰有两道水波纹，底心的主题纹饰由一周水波纹围着中心的两条鲤鱼，两条鲤鱼都张着嘴吐出水波形弧线，在中间形成心形的图案（图6—图8）。让观者理解为使用者要永结同心，是爱情的象征。

洗，在古代还有一种功能，灌上水后可以当镜子用。在商周时期有种专用于照脸的青铜器皿，名曰"鉴"。这种青铜洗（鉴）到了秦汉后随着青铜时代的结束而基本消失，取而代之的是这种用陶瓷做成的洗。由于青瓷的生产成本与青铜器比相对要低得多，因价廉物美，非常符合大众的消费需求，所以很容易推广普及。且瓷器在潮湿的环境下和酸性的土壤中也不易腐烂，因此我们在三国两晋时期墓葬中常常能见到此类文物。它传承了汉代青铜洗造型的特征，又具有青瓷器清丽灵巧的风格，且青瓷器的制作成本远低于青铜器，更易普及。此青瓷洗宽平的口沿便于抓拿，弧形的腹部和内敛的口沿又可防止水的外溢，结构非常合理。结合精美的装饰和富有情感寓意的双鱼吐心纹饰，是融实用性和审美情趣于一体的精品佳作。这样宽大而扁平的瓷器在烧成后不变形，足显窑工们已经掌握了很高制瓷工艺水平。

然而此洗的釉色泛黄，局部影影绰绰有原始瓷釉面"缩釉"的现象，也有种原始瓷到青瓷过渡的痕迹，存在着早期青瓷的特征。外壁除弦纹外无任何装饰纹样。这种痕迹与特征，在西晋越窑青瓷中已基本消失（图9）。

（三）越窑青瓷三兽足洗

洗高11厘米，口径26.5厘米，底径13.5厘米。此洗平口，弧腹，平底，内外施青绿色釉（图10）。底部置三个兽头形足，与三足间隔有三铺首环形系安置于腹部偏下之处，其系形如兽面鼻子似的外凸中空，呈环形（图11、图12），具有实用功能［从同时代的青铜铺首（图13）判断，可能还有能活动的环］。腹部中央印有一道竖条纹和呈波浪形的篦纹，这种精美的纹饰在其他的六朝青瓷器上未曾发现过。只有竖条状纹饰与战国原始上的竖条纹装饰十分相似。而三铺首则具有明显的战国至西汉时期青铜器衔环铺首的特征。自三国吴起，青

图6 蜀山黄家河出土永康元年越窑青瓷双鱼纹洗

图7 双鱼纹洗俯视

图8 双鱼纹细部

图9 西晋太康八年（287年）越窑青瓷洗

图10 永康元年越窑青瓷三兽足洗

图11 三足洗铺首正面

图12 铺首侧面

瓷器上的铺首衔环均为不留孔的贴饰在器物上（图14），纯粹是一种辟邪意义的装饰品，已不存在实用性了。且平而小的口沿与三国以后宽沿板状口沿也完全不同[2]。以此，该三足洗属于东汉成熟青瓷出现初期的产品，而非通常理解的西晋时期的遗物。釉色青中泛绿，全

---

2 浙江省博物馆编：《青色流年——全国出土浙江纪年瓷图集》，文物出版社，2017年。

图13　汉青铜簋上的衔环铺首
萧山博物馆藏

图14　三国越窑青瓷三足洗
绍兴县嘉会乡叶红村出土

图15　蜀山黄家河出土永康元年斜条纹双系三足黑釉瓷罐

无原始瓷的痕迹，完全是学界所说的成熟青瓷器了，这对研究早期越窑青瓷的工艺水平，青瓷三足洗造型的发展演变提供了崭新的实物资料[3]。

（四）斜条纹双系三足酱黑釉小罐

在蜀山黄家河东汉永元年纪年墓的甬道东壁边有一件体积较小的酱黑釉瓷三足双系罐（图15）紧挨着青瓷双鱼纹洗，高5.5厘米，口径4厘米，底径5厘米。口沿收敛，鼓腹敦实，底置三个圆形矮足，肩部有两个环形竖状的系。由于是一件较小的器物，似乎很不起眼。在清洗后才发现这是一件从装饰到造型都非常独特的器物，在四道弦纹相隔间，全身布满了凸起的斜形条状纹，每一组条状纹如扇形的电波纹。而在口沿处则是突起的竖条纹，上下交叉，错落有致。当俯视此罐，圆形的口沿和向外伸展的竖条纹像是光芒四射的太阳，扇形状的电波纹则犹如波浪起伏的海水，十分巧妙。由于每根条纹直径在2毫米左右，半圆形突起，增加了明显的立体感。内外施黑釉，在条纹突起处因釉层薄呈酱褐色，内凹处聚釉呈黑色，以此形成了强烈的视觉冲击。让人惊奇的是这种纹饰并非采用了传统的拍印方法，也非一般的刻划而成线条纹，而是在胎体上逐条刻划出来呈圆凸状的弧形线条，极具立体感。这种装饰技法无论是汉代之前和汉以后三国两晋的陶瓷器上都未曾见过，属于独树一帜的装饰手法，极富创意性。黑釉瓷在东汉时期的越窑产品中时有发现，这是由烧制的温度和胎釉配方中的氧化铁含量高低决定的。在以青瓷占主导地位的汉、三国和六朝

3　绍兴市文物管理局编：《绍兴文化遗产——陶瓷卷》，中华书局，2013年。

图 16　蜀山黄家河出土永康元年越窑青瓷囷　　图 17　萧山博物馆藏的战国印纹硬陶囷　　图 18　越窑青瓷水井

时期，黑釉瓷因其独特的审美成为我国早期瓷器发展历史中的一朵奇葩。此黑釉斜条纹双系三足罐以其独特的造型和装饰纹样对早期黑釉瓷的研究具有特殊的意义。

（五）越窑青瓷囷

高 25 厘米，仓顶直径 21.5 厘米，底径 18.2 厘米。囷，俗称谷仓，这种真正意义上的谷仓，在以往的越窑青瓷中极为罕见。圆形的攒尖拱顶上有四条交叉的屋脊（图16）。谷仓的口子也是设在中部，可防水防鼠，两边安有门插销（门，有可能是木质的，因年代久远而消失），又可防盗。仓口下有一供人站立的台阶。此囷的造型、结构与萧山博物馆收藏的战国印纹硬陶囷[4]和湖北江陵西汉墓葬出土的黑陶囷都十分相似[5]，三者应该是有明显的传承关系（图17）。两者相距的时代不会太久远，应该属于汉代的谷仓，这为研究汉代囷提供了非常珍贵的实物资料。这一发现，也彻底否定了过去人们常把三国两晋时期的青瓷堆塑罐称为"谷仓"的错误判断。

（六）其余随葬瓷器

除前所述，黄家河 M7 号墓还出土有其他如水井、灶、猪圈、簸箕形器、托盘等青瓷器（图18—图23）。

综上研究分析，萧山黄家河 M7 墓的陪葬品汉代特征极为明显，它与已知的西晋越窑青瓷在造型、装饰纹样和少量器物的釉色有显然的不同之处，其中的谷仓、兽头三足洗等已属成熟青瓷，而印纹罐、双鱼纹洗则还存在着原始瓷釉的印迹，是介于原始瓷器向成熟青瓷器过渡阶段那种状况。因此，无法将其列入西晋的时代范围内，应该为东汉永康元年

4　施加农主编：《萧山古陶瓷》，文物出版社，2007 年。

5　国家文物局主编：《中国文物精华大辞典·陶瓷卷》，上海辞书出版社、商务印书馆（香港），1995 年。

图 19　越窑青瓷灶

图 20　越窑青瓷猪圈

图 21　越窑青瓷簸箕形器

图 22　越窑青瓷簸箕形器

图 23　越窑青瓷托盘

（167 年）的遗存。

这一发现，比之前发现的学界公认的东汉时期最早带有纪年的成熟青瓷器浙江奉化"熹平四年（175年）"纪年墓出土的青瓷器早了八年[6]。那么浙江萧山黄家河 M7 墓中出土的瓷器是目前国内发现年代最早的有确切纪年的成熟青瓷器了。这一发现，对研究东汉时期的我国成熟青瓷器的起源、早期成熟青瓷制造工艺、瓷器的发现历史以及汉代的丧葬习俗都具有极为重要的学术意义。

6　王利华、林士民：《奉化白杜汉熹平四年墓清理简报》，《浙江省文物考古所学刊》，文物出版社，1981 年。

吴越国扣金银陶瓷器研究

潘慧敏

（浙江大学）

摘要： 扣金银工艺源于漆木器，唐以后运用于陶瓷。越窑是众陶瓷窑口中，留下相关文献最多的一个，主要集中于吴越国时期，为历次上贡的清单。实物在水邱氏墓、苏州七子山吴越贵族墓、辽萧贵妃墓等墓中也有发现。本文结合文献和考古发现进行分析，试图了解扣金银陶瓷器产生的原因、使用的材料，横向对比一起出土的金银器和漆木器，以了解这种工艺及其蕴含的人文历史信息。

关键词： 吴越国　金棱　扣金银

所谓"金银扣器"，普遍被认为是以金属进行装饰或加固的器物，金属多运用于口沿部位。许慎《说文解字》云："釦，金饰器口。"唐李贤注《后汉书》："釦音口，以金银缘器也。"[1] 如今"釦器"也称为"扣器"。马承源定义为："这是战国出现的一种新技法，将铜扣、银扣与漆器相结合，使漆器既华美多彩，又坚固耐久。因为漆器最忌碰撞，遂在边缘部位镶以金边，可收保护之效。战国、汉的漆卮、漆盒等常见使用。"[2] 这种工艺在战汉漆器中使用广泛，也偶见于玉器。刘芳芳将扣器的起源追溯至山西洪洞永凝堡西周墓出土的一件铜釦木胎漆壶[3]。到唐代，金银扣的工艺发展至陶瓷器上，法门寺地宫出土的两只鎏金银棱平脱雀鸟团花纹秘色瓷碗为其实证。关于金银扣陶瓷器，与吴越国相关的文献上记载尤其多，实物也有出土。

一、文献记载

在各个窑口瓷器中，越窑有最丰富的关于扣金银瓷器的记录，尤其是吴越国期间历次进贡的礼单，有史料价值。

1　（南朝宋）范晔撰，（唐）李贤等注：《后汉书》卷十上，中华书局，1965 年。

2　马承源主编：《文物鉴赏指南》，上海书店出版社，1996 年。

3　刘芳芳：《釦器考略》，《东南文化》2017 年第 2 期。

图 1　唐代越窑鎏金银棱平脱雀鸟团花纹碗

从已知材料看，最早提及金银扣越窑瓷器的文献，当为法门寺地宫的《衣物帐》碑。碑文落款咸通十五年（874 年）。钱镠于开平元年（907 年）受封为吴越王，这二口"银棱秘色碗"要比吴越建国时间早三十多年。可见"银棱"的工艺与越窑相结合，要早于吴越国时期。

1. 法门寺地宫的《衣物帐》碑

咸通十五年（874 年）：

> 瓷秘色碗七口，内二口银棱。瓷秘色盘子、碟子共六枚。

"唐代越窑鎏金银棱平脱雀鸟团花纹碗"（图 1）高 8.2 厘米，口径 23.7 厘米，陕西扶风县法门寺地宫出土。器口及器底均包银棱，内为青黄釉，外壁为糙面髹漆。侈口，圈足，五曲斜腹，五曲各平脱雀鸟团花一朵，纹饰鎏金 [4]。

2.《十国春秋》卷三十六《前蜀二·高祖本纪下》[5]

永平二年（912 年）二月：

> 丁巳，梁遣光禄卿卢玭、阁门副使少府少监李元来聘，推帝为兄，书曰："夫唐虞致治，遵禅让之明文……兼有微礼，具在别幅。谨白。马一十匹、红缨子鞍辔各一事……金棱琉璃碗十只、银棱秘色鈔锣二面……右件药物等或来从燕市，或贡自炎方……特希检留，幸甚。谨白。"
>
> ……（六月）帝答梁主书曰："大蜀皇帝谨致书于大梁皇帝阁下：窃念早岁与皇帝共逢昌运……略陈所志，幸望开览。谨白。谢信物等。右件鞍马及腰带、甲胄、枪剑、麝脐、琥珀、玳瑁、金棱碗、越瓷器，并诸色药物等。皆大梁皇帝降使赐贶。雕鞍撼玉，坚甲烁金。十国希世之珍，六辔绝尘之用。枪森蛇杆，剑耀龙锋。金棱含宝碗之光，秘色抱青瓷之响。上药非蜀都所纪，名香从外国称奇。远有珍华，并由惠好。顾酬谢而增愧，仰渥泽以难胜。捧阅品名，实惭祗受。"

4　陕西省考古研究院、法门寺博物馆、宝鸡市文物局，等编：《法门寺考古发掘报告》，文物出版社，2007 年。

5　（清）吴任臣：《十国春秋》，中华书局，2010 年。

上述历史事件,同样见于《锦里耆旧传》和《全唐文》。记录了梁太祖朱温于永平二年(912年),遣光禄卿卢玭出使于蜀,致信王建称其为兄,并送上厚礼,礼单中含"金棱琉璃碗十只、银棱秘色钞锣二面"。王建回信中称其为"金棱碗、越瓷器",并称赞"金棱含宝碗之光,秘色抱青瓷之响"。陈万里认为,可以肯定这是越州烧进的秘色瓷器,也就是钱氏贡进所称之金棱秘色瓷器。这也许是钱氏所贡于朱梁的[6]。这么看来,这是吴越国贡"扣金银陶瓷器"的最早记录。而此处的"金棱碗"是"金棱琉璃碗",不是瓷器。

3.《册府元龟》卷一六九《纳贡献》[7]

同光二年（924 年）：

> 九月，两浙钱镠遣使钱询贡方物，银器、越绫、吴绫、越绢、龙凤衣、丝鞋屦子、进万寿节金器、盘龙凤锦织成红罗縠袍袄衫段、五色长连衣段、绫绢、金棱秘色瓷器、银装花桐木厨子、金排方盘龙带、御衣、白龙瑙、红地龙凤锦被、红藤龙凤箱等。

4.《册府元龟》卷一六九《纳贡献》

清泰二年（935 年）：

> 九月甲寅，两浙贡茶、香、绫绢三万六千计。是月，杭州钱元瓘进银、绫、绢各五千两、匹、锦绮五百连、金花食器二千两、金棱秘色瓷器二百事

5.《册府元龟》卷一六九《纳贡献》

天福六年（941 年）：

> 十月己丑，吴越王钱元瓘进金带一条、金器三百两、银八千两、绫三千足、绢二万足、金条纱五百足、绵五万两、茶三万斤，谢恩加守尚书令。辛卯，又进象牙、诸色香药、军器、金装茶床、金银棱瓷器、细茶、法酒事件万余。

《十国春秋》同样记录了清泰二年"王贡唐金棱秘色瓷器二百事"这一事件,但《册府元龟》的记录更加全面[8]。

6.《宋会要辑稿·蕃夷》七之四[9]

开宝六年（973 年）二月十二日：

> 钱惟濬进长春节浑金渡银狮子一对一千两、细衣段十四、乳香二千斤，又进宫池银装花舫二、金酒器一副、金香狮子一、金香合一、金托裹玻瑙碗十、碟子二十、金棱牙茶床子十、红藤盘子一、金渡银果子十钉、龙凤翠花十株、金棱七宝装乌纹木椅子、踏床子、金银棱宝装床子十、银装椅子十、金棱秘色瓷器百五十事、银棱盘子十、

6 陈万里：《越器之史的研究》，《瓷器与浙江》，九州出版社，2023 年。

7 （北宋）王钦若等编：《册府元龟》，中华书局，2003 年。

8 郑建华：《越窑贡瓷与相关问题》，《鉴古求真——浙江省文物鉴定站建制 30 周年纪念文集》，浙江古籍出版社，2022 年。

9 （清）徐松：《宋会要辑稿》，中华书局，1957 年。

银装笼子十。

从上述记录可知，"金棱、金银棱"这一工艺，在同时期还用在椅子、床子等家具上。

7.《宋会要辑稿·蕃夷》七之六

开宝九年（976年）六月四日：

> 明州节度使惟治进涂金银香狮子并台重千两，金银香鹿一对重千两，涂金银凤孔雀鹤三对重三千两，白龙脑十斤、金合重二百两，大绫千匹，宝装合盘二十只，瓷器万一千事，内千事银棱。

与《宋会要辑稿》一样，《宋史》卷四百八十《列传·世家三·吴越钱氏》和《十国春秋》卷八十三《吴越七·列传·钱惟治》也记录了这一事件，清单均为："涂金银香狮子、香鹿、凤鹤、孔雀，宝装鬃合，釦金瓷器万事，吴缭绫千匹。"不仅狮子、香鹿、凤鹤、孔雀，宝装鬃合不再写明数量，"白龙脑十斤、金合重二百两"也略去，而且从"瓷器万一千事，内千事银棱"到"釦金瓷器万事"，扣金瓷器的数量从一千升级为一万。前后对比，笔者认为《宋会要辑稿》在这一记录上更加详实。

8.《宋史》卷四百八十《列传·世家三·吴越钱氏》[10]

太平兴国元年（976年）：

> 太宗即位，加食邑五千户。俶贡御衣，通天犀带，绢万匹，金器、玳瑁器百余事，金银扣器五百事、涂金银香台、龙脑檀香床、假银果、水晶花凡数千计，价直巨万；又贡犀角象牙三十株、香药万斤、干姜五万斤、茶五万。俶又请岁增常贡，诏不许。

9.《宋会要辑稿·蕃夷》七之六

太平兴国二年（977年）三月三日：

> 进金银食盒二、红丝络银楪四、银涂金扣越器二百事、银匣二。

10.《宋会要辑稿·蕃夷》七之九

太平兴国三年（978年）：

> 四月二日，进银五万两、钱五万贯，绢十万匹、绫二万匹、锦十万两，牙茶十万斤、建茶万斤、干姜万斤，瓷器五万事，锦缘席千，金银饰画舫三、银饰龙舟四、金饰乌楠木御食案、御床各一，金樽盏各一，金饰玳瑁器三十事、金釦藤盘二、金釦雕象俎十，银假果十株、翠花真珠花三丛，七宝饰食案十、银樽罍十、盏斝副焉，金釦瓷器百五十事、雕银俎五十，密假果、翦萝花各二十株，银釦大盘十，银装鼓二、七宝饰胡琴五弦等各四、银饰箜篌方响羯鼓各四、红牙乐器二十二事，乳香万斤、犀象各百株，香药万斤、苏木万斤。

10（元）脱脱等撰：《宋史》，中华书局，1985年。

11. 《宋史》卷四百八十《列传·世家三·吴越钱氏》

太平兴国三年（978年）：

> 三年三月，来朝……傲贡白金五万两、钱万万，绢十万匹、绫二万匹、绵十万，茶十万斤、建茶万斤、干姜万斤，越器五万事，锦缘席千、金银画舫三、银饰龙舟四，金饰乌楠木御食案、御床各一，金樽盖各一，金饰璃瑁三十事、金釦藤盘二、金釦雕象俎十，银假果树十事、翠毛真珠花三丛，七宝饰食案十、银樽十、盏罩副焉，金釦越器百五十事、雕银俎五十，密假果、剪罗花各二十树，银釦大盘十、银装鼓二、七宝饰胡琴五弦筝各四、银饰箜篌方响羯鼓各四、红牙乐器二十二事，乳香万斤、犀角象牙各一百株，香药万斤、苏木万斤。

对比上述两条，从贡品清单看，记录的当为同一事件。"钱五万贯"对应"钱万万"，可见《宋史》用了虚数，《宋会要辑稿》的数据更加可靠。"瓷器五万事"对应"越器五万事"则难以判断《宋史》是否严谨。

12. 《十国春秋》卷八十二《吴越六》

太平兴国八年（983年）：

> 秋八月，王遣世子惟浚贡宋帝白龙脑香一百斤，金银陶器五百事。冬十一月，王表求罢职。

相关信息汇总如下表（表1）。

表1　扣金银越窑瓷器相关文献汇总表

编号	名称	时间	出处
1	银棱秘色碗二口	874年	法门寺地宫的《衣物帐》碑
2	银棱秘色钞锣二面	912年	《十国春秋》卷三十六《前蜀二·高祖本纪下》
3	金棱秘色瓷器	924年	《册府元龟》卷一六九《纳贡献》
4	金棱秘色瓷器二百事	935年	《册府元龟》卷一六九《纳贡献》
5	金银棱瓷器	941年	《册府元龟》卷一六九《纳贡献》
6	金棱秘色瓷器百五十事	973年	《宋会要辑稿·蕃夷》七之四
7	瓷器万一千事，内千事银棱	976年	《宋会要辑稿·蕃夷》七之六
8	金银扣器五百事	976年	《宋史》卷四百八十《列传·世家三·吴越钱氏》
9	银涂金扣越器二百事	977年	《宋会要辑稿·蕃夷》七之六
10	金扣瓷器百五十事	978年	《宋会要辑稿·蕃夷》七之九
11	金扣越器百五十事	978年	《宋史》卷四百八十《列传·世家三·吴越钱氏》
12	金扣陶器五百事	983年	《十国春秋》卷八十二《吴越六》

二、吴越国墓葬中出土的扣金银陶瓷器

目前已发掘的吴越国王室贵族墓包括 1958 年发掘的杭 M26 吴汉月墓、1962 年发掘的临 M20 钱元玩墓、1965 年发掘的杭 M27 钱元瓘墓、1970 年发掘的临 M21 板桥五代墓、20 世纪 70 年代发掘的临 M22 太庙山下五代墓、1978 年发掘的临 M23 钱宽墓、1979 年发掘的杭 M32 三台山五代墓、1980 年发掘的临 M24 水邱氏墓、1996—1997 年发掘的临 M25 康陵，1979 年在江苏苏州七子山也发掘了一座大型五代吴越国贵族墓 M1[11]。加上 2001 年发掘的临安余村五代墓、2008 年发掘的临安青柯五代墓，梳理信息如下表（表 2）。

表2　吴越国墓葬金银扣陶瓷器统计表[12]

编号	墓葬	墓主人	发掘时间	时代	金银扣陶瓷器	其他陶瓷	金银器	以金银装饰的其他器物
1	临 M23	钱宽	1978 年，古代被盗	葬于900 年	有些白瓷似乎有包过边的痕迹	白瓷器 19 件，青瓷 3 件	无金器，银器仅一块极薄残片	除了壁画局部贴金，再无其他金银装饰
2	临 M24	水邱氏	1980 年，保存完整	卒于901 年	精制白瓷17 件	越窑青瓷器 25 件	出土金发钗 11 件，银器 38 件，银鎏金钱 7 枚	壁画局部贴金；朱镯 2 串，以鎏金银质圈环串起琥珀珠子
3	临 M20	钱元玩	1962 年，被盗	卒于922 年	无	青黄釉四系缸 1 件，口径 62.5 厘米	无	壁画局部施金
4	衣锦城 M1、M2	青柯童府君夫妇	2008 年，保存完整	葬于926 年前后	无	陶瓷器 16 件	无	鎏金铜门钉 8 枚
5	临 M77	可能为钱元玑	2001 年，破坏严重	五代	无	青瓷 11 件	银簪、银璋各 1 件	无
6	临 M25	马氏，钱元瓘王后	1996—1997 年发掘，被盗	葬于939 年	无	秘色青瓷器 44 件，釉陶壶 1 件	金环 1 件，银器 8 件（含 1 件鎏金牛首形饰件）	壁画多处以金箔装饰；玉器、铜镜部分贴金箔；铜环、铜饰件镀金或鎏金
7	杭 M27	钱元瓘	1965 年，被盗严重	卒于941 年	出土龙瓶 1 件，残附 3 小片涂金	陶瓷 8 件，另有洗 6 件、碟 2 件，未明确出处	无	除了壁画局部贴金，龙瓶残附 3 小片涂金，再无其他金银

11　陈元甫：《五代吴越王室贵族墓葬形制等级制度探析》，《东南文化》2013 年第 4 期。

12　浙江省文物考古研究所、浙江省博物馆、杭州市文物考古研究所，等：《晚唐钱宽夫妇墓》，文物出版社，2012 年；浙江省文物管理委员会：《杭州、临安五代墓中的天文图和秘色瓷》，《考古》1975 年第 3 期；浙江省文物考古研究所、杭州市文物考古研究所、临安市文物馆：《临安青柯五代墓葬发掘报告》，《晚唐钱宽夫妇墓》，文物出版社，2012 年；倪亚清、张惠敏：《浙江临安余村五代墓发掘报告》，《东南文化》2016 年第 4 期；张玉兰：《浙江临安五代吴越国康陵发掘简报》，《文物》2000 年第 2 期；浙江省文物管理委员会、杭州师范学院历史系考古组：《杭州郊区施家山古墓发掘报告》，《杭州师范学院学报》1960 年第 1 期；浙江省文物管理委员会：《浙江临安板桥的五代墓》，《文物》1975 年第 8 期；浙江省文物考古所：《杭州三台山五代墓》，《考古》1984 年第 11 期；苏州市文管会、吴县文管会：《苏州七子山五代墓发掘简报》，《文物》1981 年第 2 期。

编号	墓葬	墓主人	发掘时间	时代	金银扣陶瓷器	其他陶瓷	金银器	以金银装饰的其他器物
8	杭 M26	吴汉月	1958 年，屡经盗掘	卒于 952 年	无	白瓷碗 1 件，越窑青瓷 12 件	发现残破的鎏金与银质饰物多件	除了壁画局部贴金，再无其他金银装饰
9	临 M21	吴越前二代吴姓王妃的亲属	1970 年，保存完整	五代早期	无	越窑青瓷 11 件	银器 17 件	无
10	临 M22	吴越国宠臣或钱氏家族成员	20 世纪 70 年代，被盗	五代	无	青黄釉四系缸 1 件，口径 64.7 厘米；其余不明	无	无
11	杭 M32	吴越国官僚或钱氏家族一般成员	1979 年，被盗	五代	无	釉陶器 9 件，青瓷器 10 件	无	无
12	苏州七子山墓	五代吴越国贵族	1979 年，保存完整	五代，钱文奉卒于 969 年	越窑青瓷金扣碗一只（可能为银鎏金）	青瓷高足方盒 9 件；青瓷盖罐、青瓷各 1 件	黄金带扣 1 件，银器 30 多件	铁刀 1 把，镶金银饰

根据"吴越国墓葬金银扣陶瓷器统计表"（表 2）可知，曾经被盗的墓葬基本失去了与扣金银陶瓷器相关的信息。目前已发掘且明确有金银扣陶瓷器出土的吴越国墓葬仅水邱氏墓、苏州七子山吴越国贵族墓；曾经被盗的钱宽墓一些白瓷"似乎有包边痕迹"。临安青柯五代墓（衣锦城 M1、M2）、临安板桥五代墓（临 M21）未曾被盗，但没有发现金银扣陶瓷器。

1. 钱宽墓

钱宽墓古代已经被盗，墓内基本已空，无金器，银器仅一块极薄残片，奇怪的是保留了一批高品质的白瓷，其中部分并未破损。出土白瓷器 19 件，其中精细白瓷器 15 件，含"官"字款 13 件，"新官"款 1 件，无款识执壶 1 件，有些器口似乎有包边痕迹。另出土青瓷 3 件，其中一件残破的青瓷盆制作精致，堪为越窑秘色瓷精品；粗制青瓷 2 件。

2. 水邱氏墓

水邱氏墓出土了大量扣金银陶瓷器。共出土白瓷 17 件，器口和圈足部位普遍包有金银扣；出土越窑青瓷 25 件，大部分为越窑佳品，未发现有金银扣。这 17 件白瓷中，14 件扣银鎏金，其中花口碟的扣边金属含银 95.79%、金 3.35%、铜 0.35%、铁 0.51%[13]。其中鎏金银扣比较完整的有瓜棱形腹执壶（临 M24:13，图 2-1）、白瓷云龙把杯和杯托（临 M24:16，临 M24:34，图 2-2）。瓜棱形腹执壶（临 M24:13）器口、盖口和整个壶嘴包银鎏金，流和纽的底部贴金花边。出土时壶把上有鎏金银环，并留有残断金链。外底浅刻"官"字款。通

---

13 朱晓东、张惠敏：《钱宽、水邱氏墓出土"官""新官"款白瓷器及相关问题探讨》，《故宫博物院八十七华诞定窑学术研讨会论文集（上）》，故宫出版社，2014 年。

图2　水邱氏墓出土的扣金银瓷器[14]
1.唐代白瓷"官"款扣金瓜棱形腹执壶　2.唐代白瓷"新官"款扣金云龙连托把杯

高15.5厘米。白瓷云龙把杯（临M24:16）胎壁厚度不到2毫米，有半透明之感，釉色白净，圈足包鎏金银扣，外底刻有"新官"款。口径8.2厘米，高4厘米。杯托（临M24:34）釉与上述把杯一样特别洁白莹润，虽不是紧挨着出土，但从器型和做工质量分析应该配套。杯托的口沿、托座边和足尖部都包鎏金银扣，外底刻有"新官"款[14]。

水邱氏墓中还出土金发钗11件，出土银器38件，银鎏金钱7枚。银器中，通体鎏金的有盖罐、高足杯各一件，盖2件，明器小鱼5条；纹饰上鎏金的有葵口碟4件，蝶形粉盒1件，手镯2件，以及作为明器的1件镂空银匣，2套小盏及盏托，2件小花插。还有箱奁银构件1套，其中环的外表鎏金，錾、铰链的边缘和花纹贴金。

3. 苏州七子山吴越国贵族墓

该墓出土了越窑青瓷金扣边碗一只（图3）。其口径14.8厘米，金扣边宽0.5厘米，橄榄青色釉，釉色莹润[15]。据《江苏日报》介绍："出土时金色锃亮，使这碗尤显富丽与高贵。"现藏于苏州吴文化博物馆，藏品介绍为"越窑秘色瓷金口碗，口沿镶金扣"。目前其包口呈现银灰色的面积远大于金黄色面积。从视觉效果和出土以来的转变看，都不是黄金的状态，银鎏金的可能性更高。"扣金"的含义，有广义和狭义之分，广义的"扣金"当指用金、银、铜、锡等各种金属对器物进行装饰或加固。

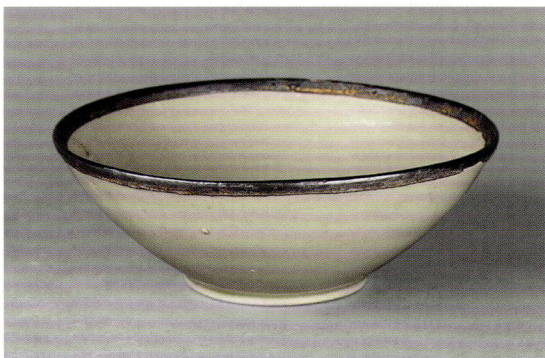

苏州七子山吴越国贵族墓出土银器30多件，

图3　五代越窑青瓷扣金碗

14　浙江省文物考古研究所、浙江省博物馆、杭州市文物考古研究所，等：《晚唐钱宽夫妇墓》，文物出版社，2012年。

15　苏州市文管会、吴县文管会：《苏州七子山五代墓发掘简报》，《文物》1981年第2期。

含鎏金马配饰银牌16件，鎏金银质虎头牌2件，鎏金鸡心饰件4件，鎏金云龙纹银盒等。鎏金银器中，部分为漆木器上的残件，其中一些还有精细纹饰，可约略看出是器物上的包角、饰片等。还出土铁刀一把，刀鞘壳髹漆镶鎏金银饰，鞘末鎏金银壳的正反面刻有狮子、凤穿牡丹、云纹等图案，地纹为连珠纹。出土漆盆银扣二件，漆盆已残朽。大银扣直径98.8厘米，边宽2厘米；小银扣直径25.4厘米，边宽1.3厘米。曾经装饰着这些银鎏金配件的漆木器、这刀鞘及两件漆盆，或称得上"扣金银漆木器"。

4. 临安青柯五代墓、临安板桥五代墓

在这些墓葬中，未经盗墓、保存完整的临安青柯五代墓（衣锦城M1、M2）、临安板桥五代墓（临M21）也没有发现金银扣陶瓷器。根据墓志得知，临安青柯五代墓（衣锦城M1、M2）之男主人官拜"金紫光禄大夫"，为钱氏政权的中下层官员[16]。临安板桥的五代墓（临M21）的墓主人则更显贵。临M21规模结构与临M22相当，临M22距离钱镠墓东侧仅100米，发掘者推测墓主人为吴越国宠臣或钱氏家族成员。所以临M21的级别也不低。墓志残留有"王国功臣镇海吴随□君墓志铭并序"等字。《吴越备史》载，钱镠于光化二年（899年）、开平辛未五年（911年）都曾给官员"赞忠去伪功臣""赞正安国功臣"等封号。加之吴越国前二代统治者钱镠与钱元瓘之妃子中皆有姓吴者，临M21墓志中所记幕主人为"吴随□"，或者就是吴越前二代吴姓王妃的亲属，且为国之功臣，可见其地位相当高。临M21出土越窑瓷器11件，工艺精美，发掘者认为是五代早期越窑秘色瓷的代表作。另出土银器17件，重达6500克，刻云中飞鹤团花、缠枝牡丹团花、莲花、三叶花、缠枝花、连珠纹、圆涡文等，刻工精细，都未鎏金；铜镜2面，钱币230余枚，墓志一方[17]。

5. 具体墓葬信息不知的出土案例

另外，20世纪50年代扬州西湖乡出土两件扣银边的越窑瓷器（图4），惜找不到考古报告，没有墓葬信息。[18]

图4　江苏省扬州西湖乡出土的扣金银瓷器[18]
1. 五代越窑青瓷银棱盏托　2. 五代越窑青瓷扣银执壶

16　浙江省文物考古研究所、杭州市文物考古研究所、临安市文物馆：《临安青柯五代墓葬发掘报告》，《晚唐钱宽夫妇墓》，文物出版社，2012年。

17　浙江省文物管理委员会：《浙江临安板桥的五代墓》，《文物》1975年第8期。

18　彩图见扬州博物馆、扬州文物商店：《扬州古陶瓷》，文物出版社，1996年。转引之谢明良：《陶瓷手记》，上海古籍出版社，2013年。

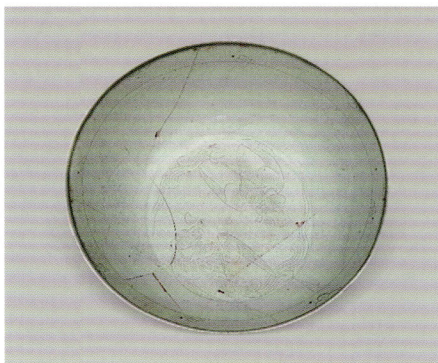

图5 辽萧贵妃墓出土扣金银瓷器
1.鎏金银扣青瓷盏托 2.银扣青瓷执壶
3.银扣青瓷盏托 4.青瓷洗

三、辽墓中出土的扣金银越窑瓷器

2015年，内蒙古多伦县一处古墓葬进行抢救性发掘，从M2的墓志可知墓主人为契丹国（辽国）贵妃萧氏，葬于辽圣宗统和十一年（993年）。萧贵妃墓中出土白瓷9件，含扣器1件，为口沿处有附加金属扣痕迹的白瓷碗（M2：12）；出土青瓷8件、影青瓷1件，含扣器4件，分别是鎏金银扣青瓷盏托（M2：24）、银扣青瓷执壶（M2：3）、鎏金银扣青瓷盏托1件（M2：23），及口沿处有附加金属扣痕迹的青瓷洗（M2：8）[19]。

口沿处有附加金属扣痕迹的白瓷碗（M2：12）外腹壁饰三重仰莲纹，底部刻"官"字款，口径16.5厘米。

鎏金银扣青瓷盏托（M2：24，图5.1）口径15.3厘米，高3厘米。

银扣青瓷执壶（M2：3，图5.2）通高18.8厘米，通体以细线划花装饰，图案有菊花纹、流云纹、叶瓣纹、半花纹、团窠鹦鹉纹、卷草纹。以银片包曲流口部并加可开合的银盖；壶盖扣银口并连接壶柄，或许是模仿银执壶的结构，使其在游牧生活中免于器盖丢失。身口部也加银扣。

银扣青瓷盏托（M2：23，图5.3）托盘口径16.8厘米，通高7.2厘米。托盘内壁以细线划刻折枝花草纹。盏口、托盘口、圈足底缘处均用鎏金银片包饰，但金属光泽偏灰暗，不如鎏金银扣青瓷盏托（M2：24）黄亮璀璨。

口沿处有附加金属扣痕迹的青瓷洗（M2：8，图5.4）器壁较薄，釉色明亮。口径21厘米，底径9.6厘米，高7.5厘米。外壁饰三重仰莲纹；内壁口沿与弦纹间有八朵半花纹，上下各四，方向相反，内底部饰对凤纹，相对盘旋。

---

19 内蒙古文物考古研究所、锡林郭勒盟文物保护管理站、多伦县文物局：《内蒙古多伦县小王力沟辽代墓葬》，《考古》2016年第10期。

四、相关问题探讨

1. "金棱秘色瓷""扣金瓷器"使用的是什么金属?

976年这一次进贡,三本文献分别把同一批器物称为"瓷器万一千事,内千事银棱"和"扣金瓷器万事"。可见"扣金"在此处使用的不是金子,而是银子。《汉书·食货志》云:"金有三等,黄金为上,白金为中,赤金为下。"[20]可见"金"至少包含三种金属。

978年这次进贡,《宋会要辑稿》记载"进银五万两",《宋史》写的是"贡白金五万两",这是银又称"白金"的一个例证。谢明良教授认为:"所谓金银扣陶瓷,是指口沿或圈足等部位装镶有金、银、铜、锡等广义金属边圈的陶瓷器。"[21]

从已出土的实物看,吴越国墓葬中出土的扣金银陶瓷器,扣边材料有银鎏金、银。萧贵妃墓的扣金银瓷器,包括4件扣边的越窑瓷器,也使用了银鎏金或银。目前尚无证据说明吴越国时期有制作过黄金扣边的瓷器,也尚未见到后世曾经出现的扣锡、扣铜瓷器。

2. 扣金银陶瓷器名称的演变

从"扣金银越窑瓷器相关文献汇总表"(表1)可见,扣金银陶瓷器的名称从"金棱秘色瓷器"至"金银棱瓷器",到"金扣瓷器",再到"金银陶器",有个变化的过程。976年这一次进贡,《宋会要辑稿》记录为"瓷器万一千事,内千事银棱"。《宋史》和《十国春秋》记录为"扣金瓷器万事"。除了数字抹零,同一批器物的名称发生了改变。说明在此时,银棱瓷器和扣金瓷器指的还是同一批器物。但此后"棱"便被"扣"取代了,两者的含义是否一样呢?陈万里认为秘色瓷有金棱,越器则金扣,不说"金棱越器"或"金扣秘色瓷",说明金棱与金扣还是有别的[22]。已知秘色瓷和越器是包含关系,"金棱"与"金扣"又是什么关系?

《说文解字》中,清代段玉裁注云:"(扣)金饰器口。谓以金涂器口。许所谓错金。今俗所谓镀金也。汉旧仪。大官尚食。用黄金扣器。中官私官尚食。用白银扣器。后汉和熹邓皇后纪。蜀汉扣器。班固西都赋。玄墀扣切。谓金涂门限也。"

《说文解字》云:"棱,柧也。从木夌声。"

清代段玉裁"说文解字注"云:"柧,棱也。柧与棱二字互训。史以积竹八觚。觚当作柧。觚行而柧废矣。史记酷吏传曰。汉兴。破觚而为圜。应劭曰。觚八棱。有隅者。通俗文曰。木四方为棱。八棱为柧。按通俗文析言之。若浑言之。则急就奇觚,谓四方版也。从木。瓜声。古胡切。五部。"[23]

---

20 (东汉)班固:《汉书》,中华书局,1962年。

21 谢明良:《陶瓷手记》,上海古籍出版社,2013年。

22 陈万里:《越器之史的研究》,《瓷器与浙江》,九州出版社,2023年。

23 (东汉)许慎撰,(清)段玉裁注:《说文解字注》,上海古籍出版社,1981年。

图6 五代越窑秘色瓷浮雕盘龙
纹罂（残）

成语"有棱有角"，比喻为人方正。结合段玉裁的注释，"棱"的含义指的是器物的边。"扣"的含义既然是"金饰器口"，应该包含各种以金属装饰器物的方式，比如描金、错金、金银平脱、银鎏金等。假如"金棱"专指某一种金银装饰工艺，譬如以金银薄片包裹器物口沿，则"金棱"与"金扣"也是一种包含关系。或许到了开宝九年（976年），用金属装饰陶瓷器口沿的方式已经不仅仅是考古出土已见的这种金属皮包边的形式。

至于《十国春秋》卷八十二《吴越六·忠懿王世家下》中记载983年贡"金银陶器五百事"，以及评论忠懿王历次累计贡"金银饰陶器一十四万余事"，使用了"金银陶器""金银饰陶器"这个称呼，则是扩大了涵盖范围。纵观"扣金银越窑瓷器相关文献汇总表"（表1）罗列的各条文献，少则银棱秘色鈔锣二面，多数不过百五十事、二百事、五百事，最多不过千事，总数不可能达到十四万之巨。联系上文《宋会要辑稿》之"瓷器万一千事，内千事银棱"，同一批器物到《宋史》和《十国春秋》成了"扣金瓷器万事"。所以此处"金银饰陶器一十四万余事"应该包含了没有金银扣的其他进贡陶瓷器，甚至这些陶瓷并不一定都是越窑瓷器。譬如忠懿王钱俶还曾经"上金装定器二千事"[24]，这当然不是越窑。吴越国贵族墓葬中，除了出土扣金银瓷器，吴越文穆王钱元瓘墓（杭M27）中还出土了一件龙瓶，肩腹浮雕双龙，出土时龙身残附着三小片涂金。这种工艺不能归为"金棱"或"金扣"，因为涂金并不在口沿上，却称得上"金银饰"。所以扣金银陶瓷器的名称从"金棱秘色瓷器"至"金银棱瓷器"，到"金扣瓷器"，再到"金银陶器"，包含的范围扩大了（图6）。

3."金银棱"的使用范围

法门寺《衣物帐》碑中除了"瓷秘色碗七口，内二口银棱"，还有"银棱檀香木函子"一件。永平二年（912年）梁太祖朱温送前蜀高祖王建的礼单中含"金棱琉璃碗十只、银棱秘色鈔锣二面"。973年，钱惟濬进贡的礼单含"金棱牙茶床子十……金棱七宝装乌纹木椅子……金银棱宝装床子十、银装椅子十、金棱秘色瓷器百五十事、银棱盘子十、银装笼子十"。可见彼时金银棱还适用于檀香木函子、琉璃碗、牙茶床子、七宝装乌纹木椅子、宝装床子等。并且，同一条记录中还出现了银装椅子、银装笼子、金棱七宝装乌纹木椅子，可见"银装"与"银棱"虽材料一样，也是不同的工艺。"棱"更加强调口沿、边沿，"装"更强调面上的装饰性，两者可分开使用，也可以组合使用。

苏州七子山吴越国贵族墓出土漆盆银扣二件，大银扣直径98.8厘米，边宽2厘米；小银扣直径25.4厘米，边宽1.3厘米。这说明吴越国时期，扣金银工艺依然还用在漆器上。

24（清）吴任臣：《十国春秋》卷八十二《吴越六》，中华书局，2010年。

4. 陶瓷器扣金银的难度

陶瓷器扣金银，比制作金银器、给漆木器扣金银更难吗？笔者认为答案是否定的。从上述出土文物看，无论是水邱氏墓出土，还是七子山墓、西湖乡出土，抑或辽萧贵妃墓，这些瓷器的扣边均为素面、宽边。反而是法门寺唐代越窑鎏金银棱平脱雀鸟团花纹碗（图1）为追求金银器的效果，其口沿、底足扣的银边极窄。

且不说水邱氏墓、苏州七子山墓、萧贵妃墓的金银器精彩绝伦，即使是临安板桥的五代墓（临M21），给功臣或王妃的亲眷陪葬的银器，也造型丰富，纹饰华美，如刻云中飞鹤团花、缠枝牡丹团花的银盂，内刻莲花和牡丹花的葵瓣形银盘，刻缠枝花、三叶花的海棠形银盒。这些银器的制作难度，显然高于扣瓷器的素面银皮。银的延展性极佳，工匠能将银皮敲打成厚薄均匀的银盂、银盘、银盒，更能把窄银条严丝合缝包到器物口沿上。

苏州七子山吴越国贵族墓出土的漆盆银扣，大银扣直径98.8厘米，边宽2厘米。同样是给器物口沿扣素面银边，比起给瓷碗、瓷盘、瓷壶这些小器物扣边，给直径近一米的漆盆扣边难度更高。

5. 吴越国给瓷器扣金银的原因

曾经有说法认为，给芒口瓷器扣边，能弥补工艺缺陷。钱宽夫妇墓的这批扣金银白瓷，以及萧贵妃墓出土的口沿处有附加金属釦痕迹的白瓷碗，口沿处均釉水饱满，并非"芒口"。所以为了弥补缺陷扣金属边的说法在这并不成立。钱宽葬于900年，水邱氏卒于901年，萧贵妃葬于993年，苏州七子山墓虽不知纪年，但可以肯定是五代墓。而定窑大量采用覆烧工艺是在北宋中后期，晚于上述墓葬的时间。缺陷尚未出现，弥补的方法已经上市，这不合逻辑。所以扣金银另有原因。

水邱氏墓出土陶瓷扣器的一个规律是"无款多无扣，有款皆有扣"[25]。萧贵妃墓唯一一件扣边白瓷底部刻"官"字款，扣边的青瓷也品质不俗。考虑到战汉时期流行扣金银漆器，原因之一是更耐碰撞。口沿磕缺，同样是瓷器在使用中容易产生的伤害，包金属边不失为一个很好的保护方式。这就可以理解，为什么水邱氏墓只给白瓷扣金银，而萧贵妃墓更多是给越窑青瓷扣金银，远道而来的更加珍惜。《宋会要辑稿》记载，976年明州节度使惟治进"瓷器万一千事，内千事银棱"，想来这银棱的千件当是更加珍贵的瓷器。

吴越国时期，扣金银瓷器或许还是身份象征。未经盗墓、保存完整的临安青柯五代墓（衣锦城M1、M2）、临安板桥五代墓（临M21）都没有发现金银扣陶瓷器。要说临安青柯五代墓（衣锦城M1、M2）墓主作为中下层官员陪葬不够丰厚可以理解；临M21虽然不是核心王室成员，作为功臣或王妃的亲眷，也算显赫，陪葬的有越窑精品和6500克精美银器，其中不乏工艺复杂的。在持续将扣金银陶瓷器作为贡品的吴越国，其功臣或外戚能陪葬精

---

25 朱晓东、张惠敏：《钱宽、水邱氏墓出土"官""新官"款白瓷器及相关问题探讨》，《故宫博物院八十七华诞定窑学术研讨会论文集（上）》，故宫出版社，2014年。

美银器和瓷器，却没有陪葬一件扣银边的瓷器，无法理解为扣银瓷器不招人喜欢，或许是因为墓主人级别不够。陪葬扣金银瓷器的水邱氏和可能有扣金银瓷器的钱宽身份尊贵自不必说，是吴越国第一代国王钱镠的父母；苏州七子山吴越国贵族墓，其墓主人的身份恐怕也不一般。陈元甫通过分析墓葬形制、周边环境、陪葬物品和史料，认为七子山 M1 的墓主人为钱文奉的可能性很大。该墓葬级别仅低于王陵和王后墓，高于王子、王妃等王室成员，当为分封郡王的等级规制 [26]。钱文奉为钱元璙之子。钱元璙奉钱镠之命以中吴军节度使身份镇守苏州，后受封为广陵郡王。钱元璙死后，钱文奉继任中吴军节度使，镇守苏州达三十余年，并累加太尉、中书令，卒于 969 年。

6. 水邱氏墓与辽萧贵妃墓中扣金银陶瓷的区别

为什么水邱氏墓扣金银的陶瓷器均为白瓷，而辽萧贵妃墓中的扣金银陶瓷多为青瓷？真实原因不知，且作两种推测。

其一，两座墓葬均出土白瓷和青瓷。所谓"南青北白"，吴越国盛产青瓷，辽国流行白瓷。水邱氏墓共出土白瓷 17 件，青瓷 25 件；辽萧贵妃墓出土白瓷 9 件，青瓷 8 件。均是本地化的瓷器居多。但水邱氏墓 17 件白瓷大都扣边，其中 14 件扣银鎏金；青瓷均无扣边痕迹。辽萧贵妃的扣金银瓷器中，白瓷 1 件，青瓷 4 件。前文分析给瓷器扣边的动机，其中之一是保护口沿，减少磕缺。从这组数据看，二位或对远道而来的更为珍视。

其二，水邱氏卒于 901 年，早于吴越国频繁贡"金银棱越器"的时期，或许此时尚未到越窑大规模采用扣边工艺的时候。法门寺出土这两件银棱秘色瓷，扣边更窄，工艺与水邱氏墓、辽萧贵妃墓等出土的陶瓷扣器之宽边不同。

7. 扣金银越窑瓷器的稀少

从文献统计的角度来说，进行穷尽式汇总（表1），跨越吴越国时期，并多出 38 年，进贡扣金银陶瓷器 11 次，加上法门寺出土 2 件，有明确数量的 10 次共 2852 件，另有 924 年进金棱秘色瓷器，941 年进金银棱瓷器，虽不知具体数量，按平均数每次进贡不过两百余件。反观进贡的越窑瓷器数量，仅 978 年一次进贡便有"越器五万事"。何况许多次进贡有瓷器而无扣金银瓷器，后者堪为贡品中的稀罕物。

从出土信息看，目前有报告可查的吴越国墓葬中，仅水邱氏墓和苏州七子山吴越国贵族墓明确有扣金银陶瓷器。前者 17 件白瓷普遍包有金银扣；后者出土一件越窑青瓷金扣边碗（图3）。钱宽墓 19 件白瓷，部分残留扣边痕迹。另外，20 世纪 50 年代江苏省扬州西湖乡出土银棱越器、越窑青瓷注壶（图4）各一，算在吴越国境内，可惜墓葬信息不知。要说吴越国时期的扣金银越窑瓷器，上述共计 3 件。辽萧贵妃墓 4 件，法门寺 2 件，虽然都是越窑，时间上与吴越国时期有出入。

---

26 陈元甫：《五代吴越王室贵族墓葬形制等级制度探析》，《东南文化》2013 年第 4 期。

五、结语

本文收录的吴越国纳贡扣金银陶瓷器记录共 9 条,不同文献记录同一次纳贡,只记为一次。另外收录法门寺《衣物帐》碑相关记录,碑文虽然早于吴越建国,但两件"银棱秘色碗"来自越窑,是已知最早的银棱越窑瓷器。又收录太平兴国八年(983 年)的上贡清单,虽然晚于太平兴国三年(978 年)钱弘俶"纳土归宋",但依然是钱氏家族的上贡行为。上述共计 12 条文献。

梳理已发掘的 10 座吴越国王室贵族墓和 2001 年发掘的临安余村五代墓、2008 年发掘的临安青柯五代墓,发现扣金银瓷器仅出于核心王室成员的墓葬中。水邱氏墓中 17 件白瓷大都扣边,其中 14 件为银鎏金扣边。钱宽墓中 19 件白瓷,有些器口似乎有包边痕迹。钱宽和水邱氏是吴越国开国国君钱镠的父母。苏州七子山吴越国贵族墓出土越窑青瓷扣金碗一只,墓葬级别仅低于王陵、王后陵,高于王子、王妃。陈元甫认为其墓主人是钱文奉的可能性大。钱文奉,钱元璙之子,以中吴军节度使身份镇守苏州达三十余年,行使和父亲"广陵郡王"一样的职责。临安板桥五代墓也未经盗掘,保留完好,墓主人为功臣或王妃亲属,陪葬丰厚,既有大量精美瓷器也有大量精美银器,却没有扣银瓷器。可见扣金银瓷器在吴越国也极其少见,或许一定程度上也是阶级象征。

在吴越国的疆域之外,辽萧贵妃墓中出土了 5 件扣金银瓷器,其中 1 件白瓷,4 件为越窑青瓷。其中两件青瓷盏托扣银鎏金。钱宽墓、水邱氏墓、辽萧贵妃墓出土的陶瓷扣器反映出吴越国与辽国比较通畅的交流。

感谢:幸得杭州博物馆沈芯屿老师鼓励,终于在截止时间前完成。并且,沈老师还在研究思路与学术严谨性的角度给出诸多建议,令我获益匪浅,特此感谢! 同时感谢杭州市临安区博物馆张惠敏老师、浙江省考古所李晖达老师提供珍贵资料!

湖南地区宋元时期彩绘瓷装饰技法探析

郭三娟

[湖南博物院（湖南省文物鉴定中心）]

摘要： 文章回顾了湖南地区宋元时期彩绘瓷窑址的考古工作，结合绘画风格将其分为以衡山窑和百梅窑为代表的两种类型，主要兴盛于北宋后期至南宋后期。考察湖南彩绘瓷的纹饰特色与绘画技法，其产生与发展，与自南朝以来湘江流域岳州窑、长沙窑、衡州窑等窑口使用化妆土、彩料与彩釉进行器物装饰的窑业生产背景不可分割；唐五代时期，北方地区耀州窑青釉白彩、素胎黑彩也是影响其产生的重要因素。宋金时期，磁州窑诸窑口彩绘瓷强势发展，生产技法在全国范围内辐射。

关键词： 彩绘瓷　衡山窑　百梅窑　耀州窑　磁州窑　广元窑

衡山窑是湖南境内发现的具有地方特色的彩瓷窑口，位于衡山县贺家乡湘江村湘江北岸的渡口边与赵家堆一带，随着考古工作的进展，近些年来先后发现了衡东大源窑、衡阳蒋家窑、祁东归阳窑、衡南怡谷窑等窑址。另外，在零陵、株洲、湘潭、郴州、邵阳和广西桂林等地，也先后发现了与衡山窑烧制风格相似的瓷器，表明衡山窑的粉地彩釉绘花工艺以衡山为中心，沿湘江中上游及湘江支流蒸水、耒水、洣水辐射周边地区发展[1]。本文将以该窑口为代表的彩绘瓷风格称作衡山窑类型彩绘瓷。以百梅窑为代表的窑口也有一类与衡山窑类型彩绘瓷风格不一的彩绘瓷，主要分布于湘江下游的岳阳市及周边地区，本文将以该窑口为代表的彩绘瓷风格称作百梅窑类型彩绘瓷。

一、考古工作

1976 年冬，衡东县没收了走私文物陶瓷近百件，随后湖南省博物馆前往当地窑址现场勘查，发现两个类似馒头窑的窑室残迹，残片中有绿釉、酱釉、彩绘瓷器等多种[2]。衡山窑

1　李慧星：《衡山窑》，湖南人民出版社，2017 年，第 12、13 页。

2　周世荣：《湖南醴陵、郴县、衡东、耒阳古窑址调查记》，《中国古陶瓷研究》创刊号，紫禁城出版社，1987 年，第 36 页。

类型和百梅窑类型彩绘瓷窑口考古工作的正式开启是在 20 世纪 80 年代。

1982 年 4 月至 6 月，湖南省博物馆与衡阳市博物馆、岳阳地区文物工作队和岳阳市文化局对湘江中下游地区的古窑址进行了调查和复查。其中瓦子墩窑产品种类丰富，包括碗、盘、罐、壶、香炉、三足炉、器盖等，造型古朴，彩绘工艺有釉下白粉绘花和白地彩釉绘花两种，其年代应在北宋前期，下限在南宋末或元代；营田窑产品种类与瓦子墩窑相似，彩绘装饰技法以釉下白粉绘花多见，白地彩釉绘花仅见几例，其烧造时间大致在北宋后期至南宋。文章指出湘江中下游地区彩绘技法的发展是从以白色化妆土为绘画原料到以彩釉为原料的过程，釉下白粉绘花年代可早至南宋前期，白地彩釉绘花应在南宋末或元初 [3]。

1981 年因走私犯高价收购衡山窑址出土的彩瓷，引起群众滥挖，使得窑址遭到严重破坏。1982 年 10 月，湖南省博物馆与当地文化局对衡山窑进行了详细调查，确认衡山窑窑址位于贺家乡湘江村湘江北岸的渡口边、赵家堆一带和衡东大源渡一带，渡口边窑址窄小，主区面积仅约 40 平方米，主要是"萧"家烧制的彩瓷窑址；赵家堆西距渡口边 0.5 公里，主区面积近 400 平方米，除了烧制渡口边同样产品外，还烧制青瓷，并发现了斜坡式龙窑遗迹。此次发掘开了 2 个探方，清理了三座窑址。出土产品种类有碗、碟、壶、罐、瓶、炉等，以碗盏类和壶瓶为主，彩瓷工艺见有粉上彩釉绘花、釉下粉彩绘花、仿彩绘白瓷、双彩、单彩等，花纹装饰的题材以莲花为主，亦有类似牡丹、梅花等纹饰。此外报告最后指出衡南的青冲窑、长沙铜官窑头冲窑以及邵阳的瓦子山窑均属于衡山窑系 [4]。1985 年，衡阳市博物馆对衡阳新塘朱官岭窑址进行了调查，调查发现 5 处窑址，常见碗、盏、碟、壶、钵、炉、器盖、窑具等，多见粉上绘花彩绘瓷器 [5]，同年，在邵阳地区的邵阳、新宁、城步进行文物普查时，发现古窑址 13 处，其中塘渡口窑址的碗、瓶等部分器物施粉地彩釉绘花，其中装饰图案以卷叶花草为主 [6]。

1988 年，湖南省文物考古研究所与湘阴博物馆对湘阴县樟树镇百梅窑的三处地点进行了发掘，在窑堆岭附近清理了宋代龙窑一座，出土壶、瓶、罐、洗、钵等陶瓷器 4000 余件 [7]。

2004 年，岳阳市文物考古研究所对汨罗市屈原管理区营田窑址进行抢救性发掘，2009 年，岳阳市文物考古研究所、屈原区文物管理所对灏东船厂码头工程范围内的烟登山营田窑址又进行了为期 14 天的抢救性发掘，清理出一座呈梯形的斜坡式龙窑，产品以碗、盘、壶、

3 刘茂：《湘江中、下游地区三处古窑址调查》，《中国古代窑址调查发掘报告集》，文物出版社，1984 年，第 251—265 页。

4 周世荣：《湖南首次发现独具彩瓷工艺风格的古窑址——衡山窑》，《中国古代窑址调查发掘报告集》，文物出版社，1984 年，第 266—269 页；周世荣、傅聚良：《衡山窑发掘报告》，《湖南考古辑刊（第 3 集）》，岳麓书社，1986 年，第 132—162 页。

5 冯玉辉：《衡阳新塘朱官岭窑址调查》，《中国古陶瓷研究》第 2 辑，紫禁城出版社，1988 年，第 43—50 页。

6 吕桂林：《邵阳、新宁、城步的宋代窑址》，《湖南考古辑刊（第 4 集）》，岳麓书社，1987 年，第 194 页。

7 湖南省文物局编：《湖南文物概览》，湖南人民出版社，2004 年，第 169 页。

钵、罐等日用器为主，多见青釉，釉色偏黄，彩绘瓷器多为化妆土绘花，肩腹部往往装饰由菊花和卷叶纹组成的带状纹饰。简报指出这类绘画产品分两次烧成，彩绘后先入窑焙烧，再施釉高温烧成，因胎中含铁量较高，露胎处多呈红色[8]。此后湖南彩绘瓷窑址的考古工作比较少，2008—2012 年，湖南省文物考古研究所张兴国对湘江中游地区古窑址进行了系统考察，范围包括零陵潇水入口至衡东涞水入口之间的湘江干流及主要支流流经区域，涉及湘江干流、潇水、春陵水、蒸水、耒水、涞水等水域附近分布的古窑址。调查将湘江中游的彩绘瓷均归为"衡山窑类型"，认为其大量出现应在靖康之难以后，主要证据是馒头窑与衡山窑类型瓷器的窑址相伴出现，一些窑场龙窑与馒头窑共存。在南宋时期，这类型窑场成为湘江中游地区窑业的绝对主流[9]。

此外，2015 年 6 月底到 7 月上旬，湖南省文物考古研究所安排业务人员对祁东县归阳唐家窑遗址进行了为期 17 天的考古调查，初步确定了归阳唐家窑遗址的位置、范围与面积、堆积状况、年代与文化面貌。唐家窑址生产器类有碗、碟、杯、盘、盏、盅、钵、壶、瓶、炉、盂、砚滴、碾槽、蹀轮、器盖、罐、网坠等 20 余种，彩瓷装饰以釉下粉绘和粉底彩釉绘花装饰最常见，多绘牡丹、草叶、梅花点、文字或条带纹等[10]。

图1 衡阳祁东县唐家窑釉下粉彩执壶

二、湖南彩绘瓷器风格

衡山窑类型彩绘瓷从绘画工艺层面来讲，主要分为釉下粉彩和粉地彩釉绘花两种类型。釉下粉彩典型代表为汨罗营田窑、岳阳鹿角窑[11]、衡阳祁东县唐家窑、湘乡棋梓桥窑。釉下粉彩即化妆土绘花，其工艺是用化妆土直接在瓷胎上绘画，然后罩青釉，一次烧成，多见于壶、罐、碗、盘、钵等器类，所绘花纹常见牡丹和菊花（图1），亦有各类几何纹（图2）。粉地彩釉绘花装饰即在施了化妆土的胎体上，采用彩釉进行绘画装饰，分布于衡山窑、衡南青冲窑、衡阳新塘窑、衡东大源窑、邵阳瓦子窑、湘乡窑、耒阳窑等窑址[12]，其中以衡山窑最具代表性。

8 岳阳市文物考古研究所、屈原区文物管理所：《汨罗市屈原管理区虎形山社区营田窑址发掘简报》，《湖南省博物馆馆刊（第八辑）》，岳麓书社，2011 年，第 187—195 页。

9 张兴国：《宋元时期湘江中游地区窑业遗存考察与初步研究》，《湖南省文物考古研究所建所三十周年纪念文集》，科学出版社，2016 年，第 378—397 页。

10 张兴国：《归阳唐家窑考古调查工作简报》，湖南省文物考古研究院，2015 年 7 月 27 日，http://www.hnkgs.com/show_news.aspx?id=1066。

11 周世荣：《湖南陶瓷》，中南大学出版社，2010 年，第 254—259 页。

12 周世荣：《湖湘陶瓷（一）》，湖南美术出版社，2008 年，第 208—260 页。

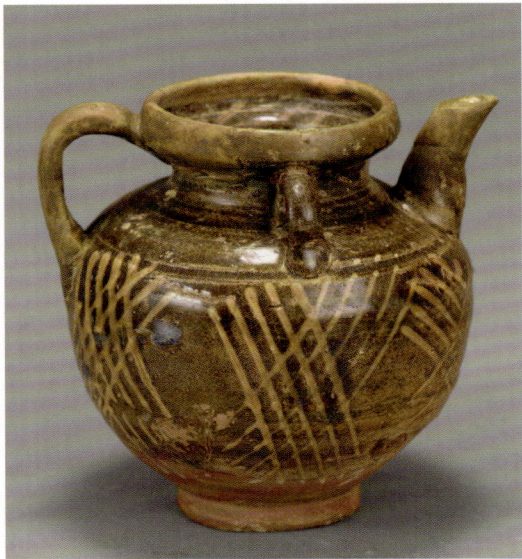

图2　湘乡棋梓桥窑釉下粉彩执壶

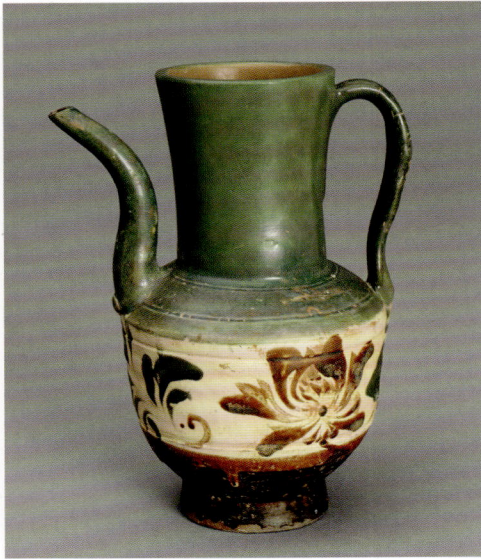

图3　衡山窑粉地彩釉绘牡丹纹执壶

　　在装饰题材上，衡山窑类型彩绘瓷均以花卉纹为主，以牡丹和菊花纹最为多见。在装饰手法上，衡山窑类型的彩釉绘花工艺是在瓷胎上施化妆土，再用褐、绿色釉绘画，外表不再罩釉，一次烧成，多见于壶、瓶、罐、炉、碗等器型，通常采用环带式绘花装饰，中腰为酱、绿色彩釉相间绘画的花带，花常为褐釉，叶为绿釉，上下镶边，上段一般施绿釉，下段施褐釉或酱釉或者直接露胎（图3、图4）。湘乡棋梓桥窑亦有类似的彩釉绘花，装饰工艺与衡山窑主流粉上彩釉工艺一致，不同之处在于其上部或底部镶边，常见褐釉、灰釉（图5），花叶一色，均为褐釉，有些会在花卉纹之上再罩一层透明釉（图6）

　　百梅窑类型的彩绘瓷常见粉地彩釉绘花和釉彩彩绘装饰两种形式。粉地彩釉绘花装饰主要见于壶、瓶、罐、盘、炉等器类，其手法大致分为两类：一类是在施釉的壶、瓶、炉诸器的腹部留出带状粉底的空白处，然后在空白处用单彩绘花叶，口沿或口颈部则施釉（图7、图8）；另一类是在瓶、罐的外表施白色底粉，直接用单彩在底粉上绘花叶，纹饰处不再施釉（图9）。此外，百梅窑釉下彩绘装饰工艺[13]，所装饰器形与粉地彩釉绘花器型基本相同（图10）。与衡山窑类型主要区别在于，百梅窑彩绘以黑、褐釉彩为主，绿彩少见。

　　以衡山窑、百梅窑为代表的宋元时期湘江流域的彩绘瓷，有不少学者进行过探讨。周世荣先生最先指出在素胎上使用彩绘绘花装饰的早期产品早在南朝湘阴窑就已经出现，到唐代长沙窑、耀州窑发展为粉上单彩绘花，衡山窑的装饰技法应与这些窑口有一定的渊源

---

13 周世荣：《湖湘陶瓷（一）》，湖南美术出版社，2008年，第232—237页。

图 4　衡山窑粉地彩釉绘牡丹菊花纹盖碗

图 5　湘乡棋梓桥窑粉地彩釉绘牡丹纹执壶

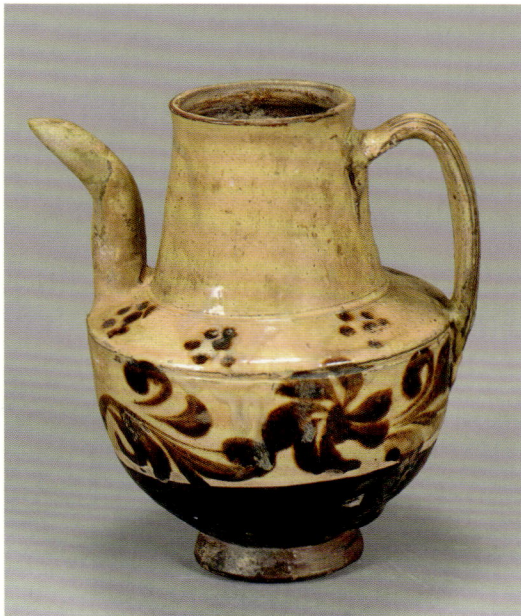

图 6　湘乡棋梓桥窑粉地彩釉绘菊花纹施透明釉执壶

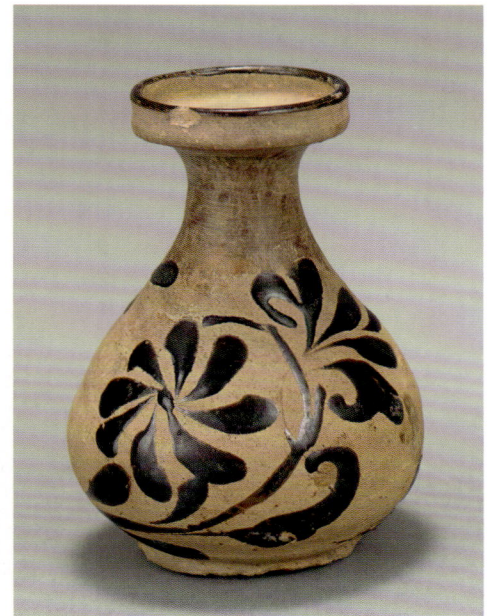

图 7　百梅窑粉地褐釉绘菊花纹盘口瓶

关系[14]，百梅窑等窑址的粉地彩釉绘花应该是受到宁夏灵武窑黑剔花工艺的影响[15]。亦有学者指出衡山窑的粉上彩釉绘花装饰，当是受到山西霍县窑的影响，而衡州窑既有龙窑，又有

14　周世荣、傅聚良：《衡山窑发掘报告》，《湖南考古辑刊（第 3 集）》，岳麓书社，1986 年，第 132 页。

15　周世荣：《湖南陶瓷》，中南大学出版社，2010 年，第 283 页。

馒头窑，则是受到北方窑系影响的直接证据[16]。王小蒙结合耀州窑素胎黑彩瓷的特征，认为除造型和花纹的时代特征外，百梅窑的工艺与耀州窑的素胎黑彩完全相同，虽未必受耀州窑的影响，但应与河南地区的这类产品有关联，是素胎黑彩在南方的传承与发展[17]。从百梅窑、衡山窑等粉地彩釉绘花资料来看，笔者认为湘江流域这类彩绘瓷的产生与此区域自长沙窑始几百年来的彩绘瓷传统是分不开的，但这些兴盛于北宋后期至南宋后期的窑口，其纹饰上与冀南豫北晋南地区的白地黑花有诸多相似之处，所以此区域彩瓷的发展应与北方地区磁州窑类型窑口彩绘瓷也有所关联。

三、技法探析

1. 南北技术传统的融合

化妆土的广泛使用与釉彩装饰技术的发展，是湖南彩绘瓷发展的主要因素。因瓷土质量偏低，湖南地区利用化妆土进行瓷器装饰有悠久的传统，岳州窑在南朝后期就已经使用化妆土来美化釉色，改善产品质量，生产比较高档的产品[18]，但使用范围非常小，仅见零星产品。岳州窑东汉—三国时期就已出现点彩装饰技法，两晋至隋唐时期一直连续使用（图11），此为湖南地区彩绘瓷器的肇始阶段。

到唐代，长沙窑工匠为解决胎粗色灰的问题，化妆土的运用更加普遍，几乎所有器物都会施一层化妆土，在此基础上长沙窑发展出丰富多彩的彩绘瓷器。其中有一类露胎彩绘器物[19]，器型多见碗、盘、碟，其工艺流程是在施满化妆土的器物内壁彩绘各类装饰，或文字，或动植物纹，然后施青釉至器腹上部[20]，器内底部

图8　百梅窑粉地褐釉荷叶边瓶

图9　百梅窑粉地褐彩溜肩壶

图10　百梅窑釉下褐彩牡丹纹盘残片

---

16 何介钧：《湖南考古的世纪回眸》，《考古》2001年第4期。

17 王小蒙：《唐耀州窑素胎黑彩瓷的工艺特点及其渊源、影响》，《考古与文物》2013年第3期。

18 秦大树：《瓷器化妆土工艺的产生与发展》，《华夏考古》2018年第1期。

19 这里的露胎，实则是指施了化妆土的胎。

20 有学者认为这类彩绘瓷为釉上彩，褐色彩绘在露底部位与青釉部位呈色有显著区别，是因为褐彩在高温下与青釉底釉融合后形成了色差，而非褐彩在罩釉和不罩釉的情况下出现的色差。（湖南省文物考古研究所、北京大学考古文博学院、中国社会科学院大学文博教育系：《长沙窑高温釉上彩瓷的检测分析》，《故宫博物院院刊》2020年第5期。）

图 11　湘阴马王塝窑址出土西晋青釉点彩碗

图 12　长沙窑青釉露胎褐彩莲花纹盘

图 13　衡州窑厚施化妆土青釉盒

图 14　衡州窑青釉褐彩花卉纹执壶

未施釉处纹饰，与施釉处纹饰形成反差（图12）。大概在晚唐至北宋时期，位于湘江中部的衡阳衡州窑兴起，衡州窑以青瓷为主流产品，因胎粗色深，这类青瓷产品也经常会在胎釉之间施加一层化妆土（图13）。衡州窑彩绘瓷器非常少见，如湖南博物院藏的青釉执壶，肩部饰以花卉纹两朵，上施褐彩（图14）。湖南本土自东汉岳州窑以来相对连续的瓷器釉彩装饰以及自南朝以来化妆土利用的普遍程度，表明衡山窑粉地彩釉绘花有比较悠久的工艺渊源和技术传统，但晚唐至北宋初期衡州窑的彩绘产品仅是零星出现，画风也与宋元之际的衡山窑、百梅窑彩绘瓷迥异。

此外，耀州窑盛唐到唐末五代时期，即流行一种以黑釉彩直接在素胎或施化妆土的胎体上点绘、描摹构图的素胎黑彩瓷[21]（图15）；晚唐时期又出现一种釉下白彩青瓷，即在含铁量较大的器胎上，用白色化妆土进行绘花，施青釉于还原焰中烧成，在透明青釉下显示

21　王小蒙：《唐耀州窑素胎黑彩瓷的工艺特点及其渊源、影响》，《考古与文物》2013 年第 3 期。

出灰黑胎色底上的白彩纹样[22]（图16），但这两种彩绘瓷装饰在晚唐五代以后的耀州窑瓷器中没有得到继续发展。耀州窑的素胎黑彩和青釉白彩装饰与百梅窑类型黑釉彩绘、衡山窑彩绘瓷中的化妆土绘花在工艺上如出一辙，但二者的流行时段分别在晚唐和南宋，在技术传承上虽无直接关联，但也表明这种利用胎色、化妆土色与釉色相互之间的呈色反差有较早的北方技术传统。

2. 磁州窑诸窑口彩绘风格的辐射

湖南彩绘瓷的化妆土绘花，题材比较单一，以牡丹纹、菊花纹为主，亦见有几何纹类，多表现为等分竖线条纹（图17、图18）和菱格纹（图2），常见于化妆土绘花中的几何纹类装饰，尤其是竖线条纹类，与北方磁州窑系诸窑口中生产的黑釉凸线纹工艺异曲同工。黑釉凸线纹，又称黑釉粉杠，系在胎体上用沥粉法、压印修棱法或二次施化妆土法[23]，作凸于器表的线条，然后施黑釉入窑烧成。在高温熔融状态下，黑釉流动性强，凸起线条部位因釉料稀薄而露出化妆土的颜色，呈现出白色或棕黄色，使得器物黑白分明。凸线纹排列形式多为竖向线条，也有少数呈花卉线条状，前者见于罐、瓶、壶、钵等器型类的腹部，后者见于个别的枕、玩具之上。这类装饰的器物多出土于河北、河南、山东三省，窑口包括磁州窑、鹤壁窑、磁村窑等，出现于北宋末，繁盛于金代中后期，元代以后逐渐衰落[24]（图19）。黑釉凸线纹装饰，对湖南彩绘瓷中的釉下竖线纹装饰应产生了比较重要的影响[25]，其装饰技法也是先在胎

图15 晚唐耀州窑素胎黑彩盒

图16 晚唐耀州窑青釉白彩碗

图17 百梅窑黑釉凸线纹执壶

---

22 禚振西、杜文：《耀州窑瓷鉴定与鉴赏》，江西美术出版社，2000年，第31、32页。

23 杨浩淼：《浅谈黑釉凸线纹装饰艺术——以鹤壁集窑、淄博窑出土凸线纹瓷器为例》，《文物鉴定与鉴赏》2014年第3期。

24 马萌萌：《黑釉凸线纹瓷器初探》，《中国国家博物馆馆刊》2017年第2期。

25 这类装饰在广元窑亦有发现。

图 18 百梅窑褐釉凸线纹罐

图 19 磁州窑黑釉凸线纹罐

图 20 衡山窑绿釉竖线纹罐

体上直接采用沥粉法利用化妆土做出凸于器表的线条，施青釉或褐釉入窑一次烧成，白色化妆土与青色或者褐色釉，色彩对比柔和，产生了与黑釉凸线纹黑白强烈色差对比不同的视觉效果。在化妆土的利用上，湖南以衡山窑为代表的诸窑口在学习吸收这类竖条纹的基础上，又发展出来菱格纹等几何类纹饰。应强调的一点是，衡山窑竖线纹化妆土绘花常应用于钵、碗、油瓶等小件器物之上，且化妆土的线条较细，触之有凹凸感，但远未形成黑釉凸线纹粗线条下装饰视觉上的立体感。另外，在利用竖线条装饰器物上，除单纯化妆土竖线纹装饰之外，衡山窑还发展出一种直接在胎体上用褐色或绿色釉料直接在胎体画线条装饰器腹的技法（图20），这类器物口沿或下腹圈足部分采用纯釉装饰，器腹露胎处绘各类纹样。

在绘画题材上，衡山窑最常见的花卉纹装饰是牡丹纹和菊花纹。宋元时期牡丹纹在瓷器上的装饰，尤以定窑的印花、耀州窑的刻花以及磁州窑的彩绘最具代表性，而磁州窑诸窑口彩绘与衡山窑系列的绘画在技法基本相同，都是利用彩料或釉料直接进行绘画装饰。以衡山窑为代表的彩绘瓷中的牡丹纹为大朵折枝牡丹，花瓣修长简单，左右平直对称伸出，中心留白以花蕊点缀，花瓣组合简练，造型朴实，采用釉料绘于化妆土之上，或利用化妆土直接绘于胎体表面再罩釉。磁州窑植物纹饰中，牡丹纹是很大众的一类，有多种类型，与衡山窑诸窑口中所绘的相同造型的牡丹纹，在磁州窑中主要以白地黑花的彩绘形式表现，即在化妆土之上，直接利用斑花石彩料进行绘画。且多出现于较为精美的器物之上，典型产品如梅瓶（图21）、花口瓶（图22）等，构图上的主要区别在于磁州窑的这类牡丹纹多以缠枝形式出现，满饰于器物之上，生产时段集中在金代中后期磁州窑生产的繁荣期，也表明这些产品当时有比较广泛的受众。磁州窑白地黑花装饰自北宋末期出现以来便迅速发展，并于金代中后期进入繁荣期，成为磁州窑产品中装饰技法的大宗，因产品面向平民阶层，绘画题材世俗化、乡土气息浓厚，多带有吉祥富贵寓意，为大众喜闻乐见。磁州窑在市场上广阔的销路，促使北方地区诸多窑口纷纷效仿，从而形成以冀南豫北晋南为中心的以白地黑花为特色产品的窑场系统，进而影响到山东、内蒙古、辽宁、四川、江西等地区的窑场，在这系列主流产品强势辐射的过程中，湖南地区窑场在彩绘瓷的发展上也接受了部分元素的影响。

高岭土和瓷石是胎土的主要原料，湖南高岭土和瓷石主要集中分布于醴陵、衡阳、衡山、溆浦、新化、长沙、汨罗、常宁、耒阳等地[26]，大部分质地优良，可制作一般细瓷和精细瓷器。衡山窑所在地诸窑口制瓷原料丰富，但胎质一般，含铁量较高，多呈灰色、赭色。胎土条件上的劣势，使得衡山窑诸窑口在外观上并不具竞争性。为打开销路，迎合市场，衡山窑采取了"以我为主，为我所用"的发展策略，积极学习其他主流窑口的技法，生产相类似的产品，而此时恰逢磁州窑诸窑口白地黑花及其他技法发展的繁荣时期。

在发展上衡山窑类型彩绘瓷主要沿两个方向，一是对化妆土的利用及发扬光大。磁州窑利用化妆土主要是遮盖胎土瑕疵以及利用其进行色彩反差装饰，如凸线纹、白地黑花、白釉剔花和白釉黑剔花，后两者则需要比较复杂的工艺程序，而衡山窑系列彩绘瓷在利用化妆土方面，除了进行遮瑕打底及粉上绘画的常规操作外，还发展出直接使用化妆土绘画的方法，并在北方窑口黑釉凸线纹基础上发展出了褐釉、青釉纵向凸线纹和菱格纹。二是对白地黑花的吸收与发展。在白地黑花装饰广为流行的时期或稍晚阶段，衡山窑也发展出极具地域特色的装饰技法，直接采用釉料绘于化妆土之上，虽

26 湖南省地方志编纂委员会编：《湖南省志（第9卷）》，湖南人民出版社，1989年，第72页。

图21　磁州窑白地黑花牡丹纹梅瓶

图22　磁州窑白地黑花牡丹纹花口瓶

装饰题材单一，画风粗犷，但抛却了以黑色或酱色为主的单色彩绘，形成以绿、褐、黄为基础色调的彩绘风格，也代表了宋元之际湖南地区彩绘瓷的风格。

3. 广元窑的媒介作用

与衡山窑彩绘瓷极其相似的装饰技法，包括绘法和纹饰构图等，尤其是牡丹纹绘法，在四川广元窑也有发现。广元窑位于川陕交界处的广元市北郊，依山面水，沿嘉陵江左岸分布，产品以黑色窑变釉为产品特色，另有青灰色、米黄色、黄色、绿色等多种釉色。1953 年西南博物院在宝成铁路沿线调查时发现该窑址并命名为广元窑[27]。1976 年和 1978 年，四川省陶瓷编写组和重庆市博物馆对广元窑进行了两次调查清理工作，初步摸清了其基本面貌和烧造历史。调查中指出广元窑彩绘瓷中有素胎绘花和釉下彩纹饰两种彩绘技法。素胎绘花，即在素胎上施白色化妆土，用酱色釉绘折枝花；釉下彩装饰分为两种，一种是釉下绘六根线条等分碗、盘，施青灰釉；另一种是在棕、黄等色釉下，用化妆土绘牡丹、草叶纹、水藻、游鸭等。根据出土器物特征，此次发掘将广元窑的上限定为五代晚期，下限晚至南宋末或元初[28]。以上广元窑彩绘瓷的两种绘画技法与衡山窑的粉上彩绘和化妆土绘花在工艺上相似，这一点刘茂在《湘江中、下游地区三处古窑址调查》中即已提及[29]。1996 年7—9 月，四川省文物考古研究所、广元市文物保护管理所等单位组成广元瓷窑铺窑址考古队又对瓷窑铺窑址进行了抢救性发掘。此次发掘器物烧造年代大致为北宋中晚期至南宋时期，装饰工艺有粉彩、粉绘和釉下彩绘等[30]。

图 23　广元窑绿釉牡丹纹矮梅瓶
四川博物院藏

单从纹饰题材与画法来讲，衡山窑与广元窑的主要相似点是牡丹纹，在题材上二者都流行折枝大朵牡丹纹，在绘法上也是几乎相同，花瓣左右平直对称伸出，中心留白以花蕊点缀，最显著的区别在于广元窑还流行一种凸线纹与牡丹纹结合的装饰技法（图23）。因彩绘类瓷器在广元窑瓷器中是比较薄弱的产品，而湖南地区彩绘瓷的研究也相对滞后，两个窑口尚未有明朗的研究成果，时代上的早晚关系也难以一锤定音。单从发掘报告上的断代来看，广元窑的彩绘瓷时间似乎比衡山窑略早。若以此为切点，基于两个窑口彩绘瓷的绘画风格上的相似性，笔者暂且推论衡山窑彩绘瓷的出现与发展或受到了广元窑彩绘

27　王家祐：《四川广元黑釉窑初探》，《文物参考资料》1955 年第 3 期。

28　重庆市博物馆：《四川广元瓷窑的调查收获》，《考古与文物》1982 年第 4 期。

29　刘茂：《湘江中、下游地区三处古窑址调查》，《中国古代窑址调查发掘报告集》，文物出版社，1984 年，第 264 页。

30　四川省文物考古研究所、广元市文物保护管理所：《广元市瓷窑铺窑址发掘简报》，《四川文物》2003 年第 3 期。

瓷的影响。而广元窑彩绘瓷的工艺渊源，亦有学者做过论述，其产品中的白地黑花、绿地黑花、褐地绘花等均受磁州窑类型窑口绘画的影响[31]，这与其处陕甘交界、磁州窑系列彩绘瓷辐射区的边缘有关。广元窑在吸收磁州窑诸多窑口彩绘因素之后，又结合自身发展出了素胎绘花和多种釉下彩绘风格，这类彩瓷从广元经过重庆，进长江出夔门而到湘江，进而影响到了湘江流域的彩绘瓷风格。所以从本质上来讲，衡山窑彩绘瓷依然是磁州窑类型彩绘瓷辐射下的产物。

湖南地区彩绘瓷在形成自身风格之后，亦对其他地区窑口产生了影响。有学者认为目前发现的广东地区窑口生产褐色彩绘瓷器即与衡山窑彩绘瓷有关联，只是广东褐彩器器物口沿、圈足仅见施褐彩。广东褐彩器物直接在素胎上用釉料绘花、器表不再施釉的彩绘技法，也应是受到湖南衡山窑的影响，不同之处是其未在素胎施化妆土。雷州窑褐色彩绘器物因胎色灰白，没有使用化妆土，直接在素胎上用釉料绘花，再施青釉或青黄釉后入窑烧成，或许也与衡山窑绘画技法有关联[32]。

四、结语

综上，宋元时期湖南地区彩绘瓷的产生与发展，与本土自岳州窑、长沙窑、衡州窑以来的使用化妆土、使用彩料与彩釉进行器物装饰的窑业生产背景不可分割；唐五代时期，耀州窑青釉白彩、素胎黑彩也是影响其产生的重要因素。宋金时期，磁州窑诸窑口彩绘瓷强势发展，生产技法在全国范围内辐射。湖南地区彩绘瓷器在接收磁州窑彩绘元素影响的过程中，广元窑彩绘瓷起到了重要的媒介作用。在磁州窑以白地黑花为代表的彩绘瓷强势影响下，不同地域彩绘瓷结合自身区位发展出了独具风格的彩绘特色，也表明宋元时期民窑在生产、模仿、创新方面的强大张力。

---

31 董小陈、陈丽琼：《简谈重庆、四川仿磁州窑系绘花艺术》，《中国古陶瓷研究（第 16 辑）》，紫禁城出版社，2010 年，第 457—459 页。

32 张小兰：《广东宋元褐色彩绘瓷器再认识》，《文物世界》2017 年第 5 期。

唐宋元时期石湾地区陶瓷产业概述

黄静

（广东省博物馆）

摘要： 广东省佛山市石湾镇是南国著名的陶瓷之都，制陶业可追溯至新石器时代晚期，至今历经数千年，蕴育了艺术风格独特、蜚声中外的陶瓷文化。石湾陶瓷产品不仅内销兴盛，至少自宋代起，还经广州港出口、沿着海上丝绸之路远销海外。宋元时期是石湾地区陶瓷产品外销的第一个高峰，至明清时期达到鼎盛。石湾地区制作陶瓷的资源非常丰富，从新石器时代至今，陶瓷产业窑火兴旺、延续不断。石湾地区目前所见窑址最早的属于唐代。宋元时期石湾陶瓷产业兴旺，产品内外销两旺。因此石湾陶瓷业具有重要的历史地位。

关键词： 石湾　宋元时期　内销与外销

石湾镇位于广东省佛山市禅城区东南部。2000 年，石湾区辖 2 个街道、4 个镇。2002 年 12 月 8 日，撤销佛山市城区和石湾区，设立佛山市禅城区。禅城区的行政区域包含原佛山市城区、石湾区和原南海市南庄镇的行政区域。2003 年 9 月 21 日设立石湾镇街道。2006 年 7 月禅城区街道行政区划调整后，由石湾、澜石和城南三个街道整合而成新的石湾镇街道，行政区域包括原石湾镇街道沿季华路以南部分以及原澜石和城南街道的区域。本文所言的石湾地区，除了涵盖上述石湾镇街道的区域范围外，还包括与石湾镇紧邻的佛山市南海区等区域。历史上这一地区窑口众多，陶业兴旺，陶瓷产品风格相近，故把这一区域的陶瓷作为一个整体进行探讨和研究。

石湾是南国著名的陶瓷之都，制陶业可追溯至新石器时代晚期，至今历经数千年，孕育了艺术风格独特、蜚声中外的陶瓷文化。其陶瓷产品至少自宋代起，就沿着海上丝绸之路远销海外——从广州港出发，出珠江口经南中国海，进而走向世界各地。宋元时期是石湾地区陶瓷产品外销的第一个高峰，至明清时期达到繁盛，清末至民国早期仍有一定的发展。其后因政局动荡而日渐式微。新中国成立后，在人民政府的大力扶持下，石湾陶瓷的生产和外销都呈现出前所未有的新高度、新辉煌。

图1 新石器晚期圈足陶罐
佛山河宕遗址出土
广东省博物馆藏

图2 唐青釉坛残片
广东省佛山市石湾窑遗址出土
广东省博物馆藏

一、石湾地区陶瓷业的历史综述

石湾地区山岗连绵，陶土、釉料、燃料等资源非常丰富。从新石器时代至今，陶瓷产业窑火兴旺、延续不断。

早在新石器时代晚期，石湾地区就已经开始制作和使用陶器。在目前已发现的佛山石湾地区最早的新石器时代遗址——河宕遗址中，就出土了大量的陶器[1]（图1）。河宕遗址也成了"岭南地区几何印纹陶发达时期的典型遗址"[2]。在此后的春秋战国至汉代的遗址和墓葬中也多有陶器出土。

在石湾地区的唐代墓葬和窑址中，出土了不少青黄釉陶坛，其中有一些附有施釉陶塑装饰。这些精美的人物和动物陶塑，可视为明清石湾陶塑的滥觞（图2）。在该地区的大帽岗、小帽岗等地还发现了不少唐代半倒焰式馒头窑遗址，这是目前石湾已发现的年代最早的古窑址。这些窑炉体积不大，直径约2米。从窑址调查出土的器物看，唐代产品有青釉和酱黄釉的碗、盘、坛、炉等，均施半釉，胎体厚重。有学者认为，石湾大帽岗窑址与其后的石湾窑应是一脉相承的关系[3]。大帽岗窑址的第三层是被叠压的唐代古窑遗物堆积层，内含遗物有青釉和酱黄釉碗、碟、盆、坛、炉等，其中碗、碟与潮州唐代窑址及韶关唐代张九龄墓出土的同类器形基本相同，出土的高身陶坛，与佛山、南海、新会等地唐墓出土

---

1 杨式挺等：《佛山市郊发现一处重要古遗址和古墓群》，《文博通讯》1978年第3期。

2 彭适凡：《中国南方古代印纹陶》，文物出版社，1987年，第182页。

3 黄晓蕙、邱立诚：《古石湾窑产品的外销及相关问题探讨》，《古代外销瓷器研究》，故宫出版社，2013年，第257页。

图 3　北宋佛山南海奇石窑出土贴塑蝴蝶结纹执壶
佛山市博物馆藏

图 4　北宋佛山南海奇石窑出土印花陶罐残片
佛山市博物馆藏

图 5　北宋佛山南海奇石窑刻缠枝菊纹残片
佛山市博物馆藏

图 6　北宋佛山南海奇石窑"政和元年"铭残片
佛山市博物馆藏

的同类器形亦基本一致[4]。从而证实了石湾地区在唐代已有了一定生产规模及技术力量的制陶业。

宋代是中国陶瓷业大发展的时期，石湾地区也不例外——产品较前丰富，且质量更高；工艺与技术也不断改进，全部使用龙窑。在石湾周边调查时发现了一些宋代龙窑遗址，出土的器物有壶、坛、罐、盘、碗等；胎质坚致、造型轻巧，装饰技法有雕塑、刻划、点彩等；釉色以青釉、酱黄釉为主，还有黑釉、白釉等。产品有碗、盘、盏、壶、罐、盒、埕、沙盆、兽头陶塑和堆贴水波纹坛等，均内外施全釉；釉色有青、青黄、黑、酱黑、酱黄等；窑具有匣钵、擂盆、擂杵、渣饼、垫环、试片等。

1976 年，广东省博物馆对位于石湾西北约 15 公里的南海奇石唐宋窑址进行发掘。"窑址分布在九个山岗，绵延 3 公里，共有 20 多座北宋时期的斜坡式龙窑，其中 3 座龙窑下

4　曾广亿：《广东出土的古代陶罐》，《考古》1962 年第 2 期。

图7　北宋佛山南海奇石窑"潘宅"铭陶罐
佛山市博物馆藏

图8　北宋佛山南海奇石窑"太原"铭残片
佛山市博物馆藏

图9　北宋佛山南海奇石窑出土"奇石"
铭陶残片
佛山市博物馆藏

图10　北宋佛山南海文头岭窑褐彩彩绘瓷残片
广东省博物馆藏

压叠着11座已受毁坏的唐代小型馒头窑，堆积层最厚处达7—8米，足见该窑当年的生产颇有规模。"出土的陶瓷器有碗、盘、罐、坛等器物残片，装饰有印花、刻花、彩绘三种（图3—图5）。还有少量窑变釉碎片，其中有青黄釉、酱黄釉四系大罐残片，肩部戳印有"政和元年""嘉佑□""己巳年""庚午年"等北宋年号和干支纪年等铭文（图6）。在佛山市博物馆采集的标本上也有"大吉""陈""潘南""潘宅""太原"等姓氏或其他印章，有的在印章外面还套上图案花纹装饰，应是当时窑工、店号、用户的标记，说明石湾窑的生产进一步成熟，已呈专业化发展[5]（图7、图8）。另，佛山市博物馆于1978年在奇石窑址采集的"奇

5　黄晓蕙、邱立诚：《古石湾窑产品的外销及相关问题探讨》，《古代外销瓷器研究》，故宫出版社，2013年，第257、258页。

图11　北宋佛山南海文头岭窑瓜棱形瓶
广东省博物馆藏

图12　北宋佛山南海文头岭窑壶
广东省博物馆藏

图13　北宋佛山南海文头岭窑酱釉壶
广东省博物馆藏

图14　北宋佛山南海文头岭窑褐彩彩绘军持
广东省博物馆藏

石"铭款瓷片，为奇石窑的烧造地点和定名提供了可靠的实物证据[6]（图9）。

从 20 世纪 70 年代对文头岭窑址的调查和采集的标本来看，其生产的器物有罐、瓶、壶、杯、军持等。装饰工艺有青釉、褐釉、黑釉、褐彩彩绘等（图10—图14）。

2021 年 9 月，广东省文物考古研究院联合佛山市博物馆、佛山祖庙博物馆和佛山南海区博物馆，组成考古队对南海区狮山镇奇石窑和里水镇文头岭窑开展区域性考古调查。考古队清理了两座龙窑和一处作坊遗址，奇石窑清理的龙窑生产的应该是南宋时期盆罐类器

6　北京艺术博物馆编：《中国石湾窑》，中国华侨出版社，2018 年，第 18 页。

图 15　宋代瓷盆（左）、酱釉罐（右）
奇石窑宝头岗地点出土
广东省文物考古研究院藏

图 16　宋年号铭瓷片（左）、陈宅铭瓷片（反文，右）
奇石窑宝头岗地点出土
广东省文物考古研究院藏

物；文头岭窑清理的龙窑生产的是南宋时期的大罐和魂坛等。前者盆罐类器型为主，个体厚重，釉色以青绿和酱色为多。后者器类较为丰富，盆罐类也多，但盆类个体轻薄，大小形状丰富，酱釉器为主，青釉次之。两者都生产"南海 I 号"同类酱釉大罐，且奇石的罐肩有刻印字款和印花纹年号吉语的，文头岭则多见姓氏宅号、酒香等字款。两窑时代应该相当，都大致盛烧于两宋。至 2021 年 12 月调查发掘基本结束。此次工作重新调查确认了南海两处窑址的基本范围，并采集了一批文物资料，掌握两处窑址窑炉的基本形态；明确了"南海 I 号"沉船部分酱釉罐等器类的佛山南海产地，为南海地区窑业生产研究提供重要的实物资料；重新认识广东地区南宋时期被认为式微的窑业生产面貌，此次调查发掘，证实了佛山南海地区窑业生产至少到南宋中期还有很大的规模 [7]。

2021 年 12 月至 2022 年 1 月，考古队在奇石窑宝头岗西坡地点进行发掘，揭露出除窑炉之外的作坊遗迹，窑炉遗迹因破坏严重未见。出土遗物包括有大量青褐釉及酱釉陶瓷片，可辨器类有盆、罐、擂钵、印花印字瓷片、盖、炉、支垫具、魂坛、执壶等，和大量宋代板瓦、筒瓦、瓦当等建筑构件，以及"开元通宝""绍兴元宝"等宋代铜钱、木炭、动物骨骼、贝壳等（图 15、图 16）。通过对遗址内的木炭、动物骨骼、贝壳等标本进行科技检测，确定其年代约为南宋绍兴三十二年（1162 年）至南宋咸淳二年（1266 年），结果指向南宋中晚期。与近期"南海 I 号"出土"乾道（1165—1173 年）"和"淳熙（1174—1189 年）"年号款酱釉罐的情况相吻合 [8]。

同时，考古队还在与宝头岗紧邻（相距 800 米）的周门村地点清理了两座龙窑：Y1 残长约 8.6 米，宽 4.1 米，窑头朝向西北，坡度 8°，残存窑尾、排烟室、一段窑床及窑炉东壁。窑尾处有大量白膏泥，厚 0.1—0.2 米。排烟室残留窑砖。窑床整齐排列圆柱形构件，直径约 0.3 米，每排单个构件的间距为 0.4—0.5 米，其上有多层叠压痕迹，疑为使用过程中加高或修补所致。窑壁由圆柱形砖堆砌，残存最厚处为 0.3 米。内壁有玻璃状钙化烧结面。这

7　广东省文物考古研究院：《佛山市南海区窑址考古工作取得重大成果——明确"南海 I 号"沉船部分陶瓷器的广东产地》，《中国文物报》2022 年 7 月 1 日第 7 版。

8　广东省文物考古研究院、佛山市博物馆、佛山市祖庙博物馆，等：《广东南海奇石宋代窑址宝头岗地点 2021—2022 年发掘简报》，《文博学刊》2023 年第 2 期。

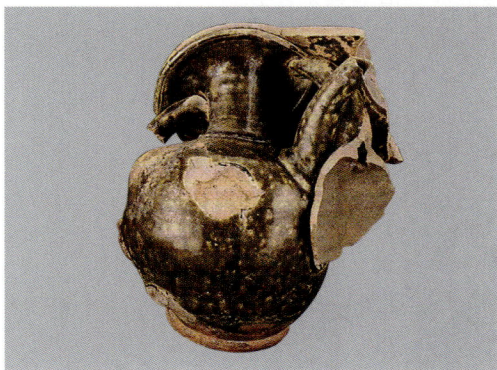

图 17　奇石窑（西门村）出土瓷器残片
1. 酱釉罐　2. 执壶
广东省文物考古研究院藏

图 18　奇石窑（西门村）出土的部分印款标本
广东省文物考古研究院藏

种圆柱形砖长约 14 厘米，直径约 9 厘米。Y2 破坏严重，形制难以辨认，判断为龙窑。Y2 打破 Y1，且利用了 Y1 东部部分窑壁。残长约 4 米，残宽 3 米，推测窑头朝向与坡度与 Y1 一致。窑床破坏严重。窑壁由圆柱形砖堆砌，残存处最厚处为 0.25 米。内壁有玻璃状钙化烧结面。两处窑址均为平焰式龙窑，年代大致在北宋，可能延续至南宋。出土遗物以陶瓷为主，器形不多，以盆、罐为主，同时还有擂钵、执壶、碗、碾槽等，以盆类占绝大多数。此外还有垫具等窑具，未见匣钵。陶瓷多施青釉，多釉不及底[9]（图 17、图 18）。

此外，石湾地区的有些宋墓里也出土了不少精美的陶瓷器。如集捏塑、堆塑、贴塑等技法于一身的陶坛（图 19）。又如澜石宋墓出土的釉下褐彩人物纹梅瓶，腹部主题纹饰绘醉酒图，四个菱花形开光内分别描绘了头束巾、身着袍、袒胸露腹的酒徒豪饮、微醉、醉倒呕吐、醉后昏睡的醉酒全过程的不同状态。制作相当精美（图 20）。奇石窑窑址见有相类似的褐彩彩绘标本出土，因此此瓶很可能就是奇石窑的产品。

2009 年及 2010 年，佛山市文博工作者在佛山市禅城区小望楼岗美陶花园工地发现大量陶瓷残片和残器。经广东省文物考古研究所与文物鉴定站专家鉴定，为唐至民国各时期的制品。唐代器物较少，有青釉罐、青釉碗等，造型和釉色与大帽岗、奇石器物相同。宋代器物最多，有碗、盘、罐、执壶、擂钵、鬲式炉等。元代器物有碗、高足杯、双耳瓶、三足炉、盏杯、灯盏等，釉色有黑釉、酱黑釉、青釉等[10]。其中就有与奇石窑相类的宋代褐彩彩绘瓷器的标本（图 21）。小望楼岗有东平河从北向南环绕流过，其地理位置非常适合陶瓷器的生产和运输。

元代石湾地区的陶瓷生产继续发展，产品仍以日用陶瓷为主，有碗、碟、盆、高足杯等，还有盘口瓶、鬲式炉等器皿；胎体多白而细腻；釉色有青釉、黑釉、酱黄釉及窑变釉，窑

9　广东省文物考古研究院、佛山市博物馆、佛山市祖庙博物馆，等：《广东南海奇石宋代窑址西门村地点 2021 年发掘简报》，《文博学刊》2023 年第 3 期。

10　李燕娟、梁君：《美陶花园工地出土陶瓷器物简报》，《石湾陶》2010 年第 2 期。

图19 宋陶坛
广东省佛山市墓葬出土
广东省博物馆藏

图20 宋褐彩人物纹梅瓶
广东佛山澜石墓葬出土
广东省博物馆藏

图21 宋褐彩彩绘莲瓣纹瓶
佛山禅城区小望楼岗出土
广东石湾陶瓷博物馆藏

变釉数量极少。目前我们未见元代的龙窑遗址。但从佛山博物馆收藏的《太原霍氏族谱》的记载来看，元代石湾地区继续使用龙窑，以宗族组织经营为模式，且规模不小："霍氏原籍山西，南宋前迁于广东南雄，宋咸淳九年（1273年）再迁佛山石湾""三世祖原山公置遗作缸瓦窑壹座，坐在大岸塘坊附近莘岗，窑名文灶。……东西俱十六丈七尺，南北俱二丈五尺。"窑壁两边分别开有两排火眼，火眼之间间距约70—80厘米（图22、图23）。

图22 清康熙六十一年木刻活字印本
《太原霍氏族谱》中关于文灶的记载
佛山市博物馆藏

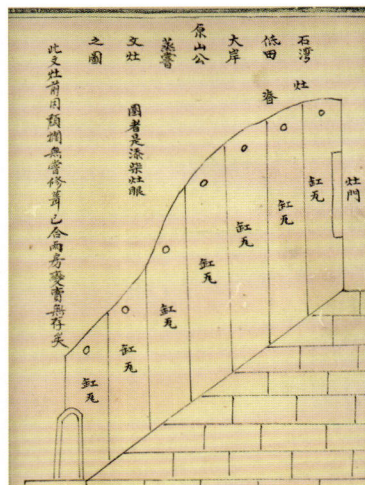

图23 清康熙六十一年木刻活字印本
《太原霍氏族谱》中文灶的结构图
佛山市博物馆藏

明清时期是石湾窑的鼎盛时期，产品实现了从唐、宋、元时期以日用陶瓷为主向艺术陶瓷为主的转变。此时的石湾窑亦称"广窑"，其产品通称石湾陶或"石湾缸瓦"，其陶塑类产品则被人们亲切地称之为"石湾公仔"。产品种类较之前更为丰富，包括器皿类（日用器、文房用具、花瓶、花盆、缸、花几等）和陶塑类（人物、动物、花鸟鱼虫、瓜果、山公盆景，以及瓦脊和窗花等建筑构件）等。器物胎质厚重，胎骨暗灰，釉厚而光润。釉色亦更

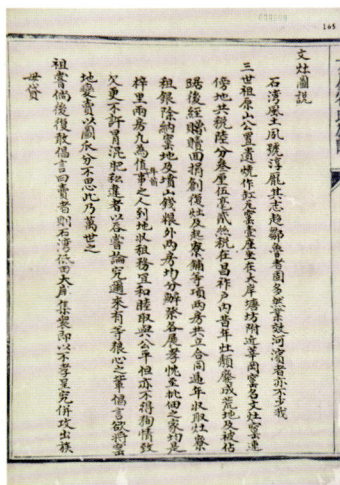

为丰富。因善于仿钧釉，俗称"广钧"。广钧釉以蓝色、玫瑰紫、翠毛等色为佳。此时的石湾陶艺术韵味独特，内外销两旺。《粤中见闻》称："南海之石湾善陶，其瓦器有黑、白、青、黄、红、绿各色，备及工巧，通行二广。"[11] 产业规模扩大，"石湾六七千户，业陶者十居五六"[12]。陶瓷业成了当地主要的经济支柱。而陶业行会的出现，使石湾窑的生产组织比宋元时期的分工更细致，专业化程度更高。明嘉靖年间（1522—1566 年）石湾始出现标志着制陶生产专业化的陶业行会，行会按产品类别、工种类别和地域界限来划分，是对生产者（包括单位与个人）进行保护的一种组织形式。而目前可见最早的行业条规则是天启年间（1621—1627 年）的。行规规定生产分工而行，不可逾越。在早期，它保障了工人的固定工作，从而也促进了产品质量的提高。清代行会随着产业的兴盛亦不断发展。据统计，至清末民初，各种行会多达三十多个。[13] 民国初年李景康《石湾陶业考》载："石湾陶业订定行例，尚有簿籍可稽者，仅传自天启年间，初分八行。"各行，划分制器界限，不容侵越，"内而厘定行列，以杜内部哄争。外以树立团体，以杜外界之滥入"[14]。此时的行会组织，因行业竞争日渐激烈而变得分行更多、更细，限制更严，反而阻碍了产业的发展。

二、宋元时期石湾地区陶瓷的内销与外销

石湾地区地处珠江三角洲腹地，水陆交通十分便利。它北距古代中国对外贸易最重要的港口——广州仅 20 公里，水陆路皆可通达。西南有东平河可入西江。沿江向西可达肇庆及其各县区、广西梧州和南宁；向北可达清远及韶关；向东北可达佛山和广州。正因为其水陆路交通的便利，使石湾地区的陶瓷产品能远销海内外各地。并且到了近现代陶土资源难以为继之时，石湾窑陶器仍能从周边的清远、番禺、东莞、肇庆等地区采购陶土，保证其产业的持续发展。

唐宋元时期石湾地区陶瓷产品的内销主要在珠江三角洲一带，亦即石湾地区的周边区域。产品以盆、罐、壶等日用器皿和瓦、瓦当等建筑材料为主。销售对象包括官府和民间。

奇石窑宝头岗遗址发掘的重要收获之一，就是所出土的建筑构件和魂坛，揭示了珠三角地区宋代同类出土物的产地问题。遗址所出瓦类火候较低，质地松软（如灰黑胎瓦者，出土时如细泥一般，很难提取）；埋藏特征上，现场瓦片集中无序堆放，后续清理未见柱洞一类建筑遗迹；同时，整理修复后部分瓦片可见明显变形，且用瓦规格多样。可见，窑址所遗建筑构件应为奇石窑的次品。其中如"大吉"瓦当、团花纹瓦当等均散见于珠三角

---

11 （清）范端昂：《粤中见闻》卷二三《物部三·瓦缸》，《岭南丛书》，广东高等教育出版社，1988 年，第 264 页。

12 清道光《南海县志·卷七》。

13 张维持：《广东石湾陶器》，广东旅游出版社，1991 年，第 33—52 页。

14 张维持：《广东石湾陶器》，广东旅游出版社，1991 年，第 52 页。

地区宋代建筑遗址[15]。由此推断，奇石窑宝头岗地点应存在瓦窑作坊，且是珠三角地区宋代建筑用瓦的来源地之一。在广东历年的田野考古工作中，出土的宋代魂坛葬具数量不少[16]。经调查采集及本次发掘可知，魂坛亦是该窑的产品之一。通过比较省内各地出土魂坛的形制，可以认为奇石窑为宋代珠三角及周边地区陶制魂坛的产地之一[17]。

2005—2009 年，广州市文物考古研究所等在南越国宫署遗址（原儿童公园内）进行发掘，在发掘区西北部清理出一座由厅堂、天井、房舍、东廊庑、庭院等组成的宋代大型院落式建筑基址。这组建筑在北宋时期建成后一直沿用到南宋淳祐十年（1250 年）才废弃。可确定此为宋代广州公使酒库遗迹。出土遗物有陶质的砖、板瓦、筒瓦和瓦当等建筑材料；陶质瓮、碾轮，盘、碗、碟、盏、炉等青瓷器，白瓷盏、碗、碟、器盖等青白瓷器，以及黑釉和酱釉的陶罐、盆、瓶等等。遗址中宋代遗迹和地层里出土了大量酱釉大罐，其中大量残片上有戳印的"酒墱""清香""百花春""真珠红""醇酊""潘家记""政和元年""大观三年"等铭文或印款。这些大罐应是宋代广州公使酒库的盛酒用器。发掘者通过考古类型学比对，认为这些大罐应产自宋代广东本地窑口，并初步确认其来自佛山市南海区奇石窑和文头岭窑[18]（图24、图25）。公使库是宋代在府、州、军等地方官府设置的管理公使钱物，为地方官员定期举行宴饮以及接待过往官员、外国使节等提供公用物品和经费开支的机构[19]。《元大德南海志残本》卷十《旧志诸司仓库》记载，宋代广州"公使公用库，在州治西庑。公使酒库，在州治东庑。醋库，在清海军门外"[20]。而"南海Ⅰ号"南宋沉船考古发掘中，个别船舱出土了大量的酱釉大罐。其中一批大罐亦有铭文"酒墱""玉液春"

15 南越王宫博物馆筹建处、广州市文物考古研究所：《南越宫苑遗址：1995、1997 年考古发掘报告（下册）》，文物出版社，2008 年，第 258 页；广州市文物考古研究所编：《羊城考古发现与研究（一）》，文物出版社，2005 年，第 233 页；广州市文物考古研究所、黄埔区文化广电新闻出版局：《南海神庙古遗址古码头》，广州出版社，2006 年，第 53—62 页。

16 曾广亿：《广东出土的古代陶罉续介》，《考古》1965 年第 6 期。

17 广东省文物考古研究院、佛山市博物馆、佛山市祖庙博物馆，等：《广东南海奇石宋代窑址宝头岗地点 2021—2022 年发掘简报》，《文博学刊》2023 年第 2 期。

18 广州市文物考古研究所、中国社会科学院考古研究所、南越王博物院：《广州南越国宫署遗址宋代建筑基址 2004—2009 年发掘简报》，《文博学刊》2023 年第 2 期。

19 （宋）王明清撰，田松清校点：《挥麈录·后录》卷之一，上海古籍出版社，2012 年，第 36 页。

20 广州市地方志编纂委员会办公室编：《元大德南海志残本》卷十《旧志诸司仓库》，广东人民出版社，1991 年，第 92 页。

1

2

3

4

5

6

图 24　铭文瓷片
1."大观三年"款　2."政和大保"款
3."化"字款　4."清香"字款
5."酒墱"字款　6."莫九卿宅"字款
宋南越王宫署遗址出土
广州南越王博物院藏

图 25 酱釉罐
宋南越王宫署遗址出土
广州南越王博物院藏

或各姓氏宅号的戳印等信息[21]。这些大罐无论是器型、釉质釉色、胎质胎色，还是印刻字符的制作技法等，与南越国宫署遗址出土的宋代标本非常相近。因此，这些大罐很有可能是广州地方官府或私营作坊在奇石窑和文头岭窑等窑口订制的装酒容器，并用于灌装广州"公使酒库"或家族作坊生产的官酒或私酒，最终通过官府馈赠或贸易形式装载在"南海Ⅰ号"的横隔舱中随船出洋，最后同船沉没于下川岛海域[22]。

广东是南海海上丝绸之路的起点。有史料记载的、具有海外贸易意义的南海海上丝绸之路，至少在西汉时即已形成。广州港自古以来就是最重要的海外贸易港口。从东晋、南朝开始，广东本地生产的青釉瓷器即已通过这条海路输出外销。至唐代，陶瓷器成为海上丝路的重要外销品种，直至清代，历久不衰，因此有的学者把这条海上贸易通道称为"陶瓷之路"。

据《汉书·地理志》记载，汉武帝时期，汉平南越相吕嘉叛乱（前111年）后，即派遣黄门使者出使东南亚和南亚诸国："自日南障塞、徐闻、合浦船行可五月，有都元国；又船行可四月，有邑卢没国；又船行可二十余日，有谌离国；步行可十余日，有夫甘都卢国。自夫甘都卢国船行可二月余，有黄支国，民俗略与珠崖相类。其州广大，户口多，多异物，自武帝以来皆献见。有译长，属黄门，与应募者俱入海市明珠、璧流离、奇石异物，赍黄金杂缯而往。所至国皆禀食为耦，蛮夷贾船，转送致之。亦利交易，剽杀人。又苦逢风波溺死，不者数年来还……自黄支之南，有已程不国，汉之译使自此还矣。"也就是说，汉代海外贸易由少府专营，少府属官之一黄门，设驿长。黄门使者携带黄金、丝绸等物品，率领应募商民，船队从徐闻港（今徐闻县境内）、合浦、日南出发远航，到达马来半岛的都元国，新加坡之西的皮宗国，缅甸境内的邑卢没国、谌离国、夫甘都卢国，印度半岛南部的黄支国，斯里兰卡的已不程国。贩去黄金与丝织物，贩回琥珀、玛瑙、水晶、玻璃与香料等（这些东西在广东汉墓多有出土）。如果不遇劫、不遇险，往返约2—3年：去程12个月，返程10余个月[23]。这就是有史料记载的南海海上丝绸之路的开端。

汉末三国至南北朝时期，是南海海上丝路的初步发展时期。此时由于中原地区战乱，西北陆上丝绸之路受阻。岭南相对稳定，作为南海丝绸之路的中心基地和对外贸易港口，广州的首要地位更加突出。东吴黄武五年（226年），孙权"分交州置广州"[24]，从此番禺正式定名为广州，并不断强化其作为岭南地区政治中心的作用。东吴黄龙三年（231年），东

21　国家文物局水下文化遗产保护中心、广东省文物考古研究所、中国文化遗产研究院，等：《南海Ⅰ号沉船考古报告之二——2014—2015年发掘》，文物出版社，2018年。

22　吴寒筠、李灶新、肖达顺，等：《广州南越国宫署遗址和"南海Ⅰ号"沉船出土酱釉器产地分析》，《文博学刊》2022年第3期。

23　（汉）班固：《汉书·地理志》卷二十八，中华书局，2007年。

24　（晋）陈寿撰，（南朝宋）裴松之注：《三国志·卷四十七·吴书二·吴主传第二》，上海古籍出版社，2016年。

吴政权派朱应和康泰出使扶南（今柬埔寨、老挝南部、越南南部、泰国东南部、马来半岛南端），历时十余年，走访了东南亚数十国，把丝绸贸易从中印半岛和印度尼西亚群岛扩大到了菲律宾群岛。其意义堪比汉代张骞出使西域[25]。东晋南朝时，随着造船技术和航海技术的进步，开通了经中国海南岛东部、西沙群岛北礁，直达东南亚国家的新航线，大大缩短了近海行驶的弯曲路程。因此广州港超过了交州，取代了徐闻、合浦，成为南海海上丝路的第一大港，同时也成为当时中国对外贸易的南方门户。

隋唐至宋时期，南海海上丝绸之路迅速繁盛，达到了新的高峰。隋建立统一政权后，继承北齐制度，设置鸿胪寺，"掌蕃客朝会，吉凶吊祭"[26]，作为中央负责外交事务的专职机构。开皇十四年（594年）又在广州建立南海神庙，祀南海神祝融[27]，以示对发展海外邦交和贸易的重视。唐代社会经济文化空前繁荣，开放政策更达到古代的巅峰。唐贞观十七年（643年）"唐置市舶使，以岭南帅臣监领之"[28]。由此开启了对广州派驻市舶使的制度，人选一般由地方官兼任，情况特殊时由中央派京官担任，专职掌管外贸事务。据《新唐书·地理志》载，出发于广州的这条海上丝路，在唐代得到了空前的延伸：在穿越南海、马六甲海峡，进入印度洋、波斯湾之后，再沿波斯湾西海岸航行，进入阿曼湾、亚丁湾和东非海岸，历经九十余个国家和地区，航期约90天（不计停留时间）。这是唐代最重要的海上航线，也是当时世界最长的远洋航线，唐人称之为"广州通海夷道"。南汉建立后，刘氏政权继续推行开放政策，发展南海贸易。大宝七年（964年），后主尊封南海神为昭明帝，"庙为聪正宫，其衣饰以龙凤"[29]。南海神封号之高，显示南汉王朝对海外贸易的高度重视。宋开宝四年（971年），宋朝灭南汉取得广州的统治权，四个月后即在广州设置了市舶司[30]，负责掌管海外商舶贸易。直至北宋，广州仍然是我国最大的海外贸易港口。至南宋时，偏安一隅的南宋政权格外重视东南沿海的海外贸易，以充实国库之需。宋高宗曾说："市舶之利最厚，若措置得当，所得动以百万计，岂不胜取之于民？"[31]由此促进了海外贸易的蓬勃发展。此时泉州港的地位虽一度上升，但广州仍是重要港口之一。

元承宋制，继续大力发展海外贸易。元至元十四年（1277年），元政府在泉州设置市

---

25 徐德志、黄远璋、成有江，等：《广东对外经济贸易史》，广东人民出版社，1994年，第17页；陈高华、吴泰、郭松义：《海上丝绸之路》，海洋出版社，1991年，第14、15页。

26 （唐）魏征：《隋书·卷十八·百官志》，中华书局，1973年。

27 （唐）魏征：《隋书·卷七·礼仪志》，中华书局，1973年。

28 （明）黄佐：《广东通志》。对于市舶使创设的时间，中外学者多有争论，有太宗说、高宗说、玄宗说等。本文仅取明嘉靖间广东学者黄佐的观点。

29 李焘：《续资治通鉴长编》卷十二，宋太祖开宝四年六月辛未。

30 李焘：《续资治通鉴长编》卷十二，宋军进入广州在二月辛未（五日），设置市舶司在六月壬申（八日）。

31 （清）徐松：《宋会要辑稿·职官》卷四十四，中华书局，2014年。

舶司[32]。至元二十三年（1286 年），元政府在广州设置市舶司[33]，恢复了宋代广州、泉州、明州（今宁波）三市舶司稳定的格局，广州港的地位又开始受到重视。

明清时期，南海海上丝绸之路高度发展。其间虽有实行海禁，但仍未能阻碍海外贸易的发展。随着大航海时代的到来，各条新航线的开通，从广州港出发的贸易之路通达世界各大洲。延续千年的市舶制度，随着明朝的灭亡而终结。清康熙二十三年（1684 年）正式停止海禁[34]。次年下令于广东广州、江苏松江（今上海）、浙江宁波、福建厦门设置粤海关、江海关、浙海关、闽海关等四个海关，此四处为对外贸易港口。此为中国历史上正式建立海关的开始。至此，中国海禁结束，海外贸易进入海关管理时期，南海海上丝路得以迅猛发展。乾隆二十二年（1757 年）十一月清政府下令封闭江、浙、闽三处海关的海外贸易职能，规定外商只许在广东收泊贸易[35]。由此结束了清代多口通商、同时也开启了广州一口通商的历史。广州港因全国海外贸易集中于此而日显繁荣。这种局面直至鸦片战争结束才改变。

从目前考古调查和发掘以及传世资料来看，至少在宋代始，石湾地区生产的陶瓷就已大量行销海外。在上述海上丝绸之路沿线的国家和地区，均可看到历代石湾陶瓷的遗物。宋元时期，石湾地区陶瓷外销的品种主要有盆、钵、碗、壶、罐、瓮等日用器皿。

1974 年和 1975 年，广东省博物馆等单位先后两次到西沙群岛海域进行考古调查，发现西沙海底有 30 多个地点有大量的我国古代外销陶瓷堆积，所采集的从南朝到明清的陶瓷标本中，属于广东窑口的多达 2000 多件，当中就有部分是宋代石湾窑生产的日用陶器[36]。

1980 年 5 月广东考古与地质工作者在海南岛琼州海峡铺前湾和新溪角古代贸易港口遗址中发现了大量外销瓷器碎片，其中有宋代福建和景德镇、宋代和元代浙江龙泉、宋代广东潮州、雷州和佛山石湾等窑口的产品[37]。

2002 年 10 月，香港考古工作人员在香港九龙钻石山进行发掘，出土遗物 1536 件，其中宋代遗物 1285 件，北宋石湾奇石窑酱黄釉、褐釉、黑釉、青釉陶瓷残片 603 片，器型有壶、罐、盆、擂钵等；元代遗物 35 件，其中石湾窑酱釉陶片 20 片，器型有罐、盆、钵、碗等；明代遗物 44 件，其中石湾窑酱釉陶片 19 片，窑变釉陶片 3 片，器型有罐、盆、瓶、枕等[38]。2003 年 8 月，香港考古工作人员在元朗鳌磡进行考古发掘，出土遗物共有 4000 多件。其中宋代陶瓷片 1662 件，明代陶瓷片 10 件。经整理研究，其中有石湾奇石窑酱黑釉、酱黄釉陶片 678 片，器型有碗、壶、钵、罐、盆五种。还有奇石窑擂钵残片 48 件，分大中

32（明）宋濂等撰：《元史·卷九十四·食货志·市舶》，中华书局，1976 年。

33（明）宋濂等撰：《元史·卷十四·世祖纪》，中华书局，1976 年。

34（清）刘锦藻：《清朝文献通考·卷三三·市籴》，浙江古籍出版社，1988 年。

35《军机处上谕档》，《清宫广州十三行档案精选》，广东经济出版社，2002 年，第 107 页。

36 黄卫红：《广东石湾窑的生产与外销》，《中国古陶瓷研究（第十四辑）》，紫禁城出版社，2008 年。

37 曾广亿：《广东明代仿龙泉青瓷及其外销初探》，《中国古代陶瓷的外销》，紫禁城出版社，1987 年。

38 曾广亿：《香港九龙山出土古外销陶瓷考略》，《中国古陶瓷研究（第九辑）》，紫禁城出版社，2003 年。

小三种造型。明代的 10 件遗物中有石湾窑仿钧釉陶片 5 件，器型有缸、盆两类。2002 年 10 月在九龙钻石山遗物地点也出土石湾奇石窑陶瓷片 600 多件 [39]。香港地处珠江出海口，是古代广州港的外港及海外贸易的中转港，该地出土的大量石湾窑陶瓷残片，应是当时海外贸易的遗物。

2003—2004 年，台湾台南县新市乡舍内遗址发现大批 16—19 世纪的陶瓷器，其中除少量是来自泰国等东南亚地区窑口和台湾本地窑口外，更多的是来自江西景德镇及福建德化、漳州等地的窑口，以及来自广东石湾窑的产品，如仿钧釉的陶器等。还有不少被认为属中国南方窑口的陶瓷器，多施褐色釉、酱色釉的盆、钵、碗、碟、壶、罐、盖，其中有许多应来自广东石湾窑 [40]。

属于南宋的"南海 I 号"沉船也出水了不少此类酱釉四系罐，经 2021 年对奇石和文头岭两个窑址的考古发掘，也证实了此类酱釉大罐为该两窑的产品（图 26、图 27）。由此更证实了在宋代，石湾地区的陶瓷产品就已通过海路大量外销至东南亚一带 [41]。

宋代日本受中国茶文化的影响，饮茶之风盛行，茶文化逐步形成并不断完善。宋元时期日本从中国进口了大量的陶瓷茶器。其中酱釉四系罐为储存茶叶的器具，日本人称为"茶壶"，现今在日本仍有不少传世（图 28）。日本学界对此类器物亦有进行研究。这些器物因绕经菲律宾外销至日本，因此一开始在日本被称为"吕宋壶"。1978 年《广东石湾古窑址调查》[42] 一文发表后，经过与奇石窑址调查所出土标本比对，证实此类器物为奇石窑产品。这类壶在印度尼西亚的婆罗洲、史玛托拉、爪哇、雅加达博物馆有藏，菲律宾

图 26 宋"南海 I 号"沉船出水印花四系罐
广东省文物考古研究院藏 图片由肖达顺先生提供

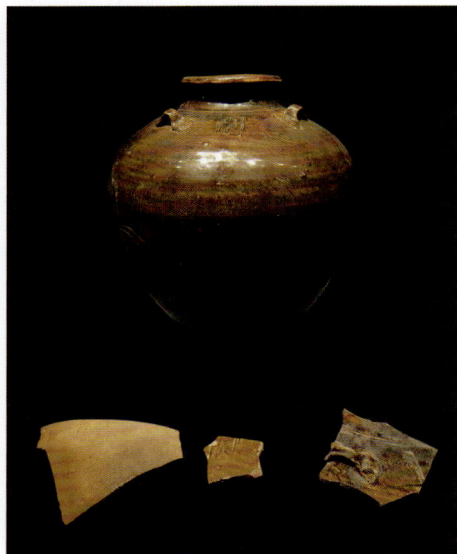

图 27 奇石窑酱釉"酒橙"铭罐及残片
上："南海 I 号"沿船出水 省考古院藏
下左：文头岭采集 佛山博物馆藏
下中：南越王宫署遗址出土 南越王博物院藏
下右：广州科学馆工地出土 广州市考古院藏

39 曾广亿：《香港元朗出土古外销陶瓷分析报告》，《中国古陶瓷研究（第十一辑）》，紫禁城出版社，2005 年。

40 李匡悌：《三舍暨社内遗址受相关水利工程影响范围抢救考古发掘工作计划期末报告》，台北"中研院"历史语言研究所，2004 年。

41 广东省文物考古研究院：《佛山市南海区窑址考古工作取得重大成果——明确"南海 I 号"沉船部分陶瓷器的广东产地》，《中国文物报》2022 年 7 月 1 日第 7 版。

42 佛山市博物馆：《广东石湾古窑址调查》，《考古》1978 年第 3 期。

图28 13-14世纪酱釉四系罐
日本德川美术馆收藏
图片由日本学者森达也先生提供

也有出土或传世品[43]。

日本出土平安时代（794—1192年）到镰仓时代（1185—1333年）的中国陶瓷，有青瓷、白瓷、黑褐釉、黄釉铁绘、三彩、绿釉等多种。在釉底下涂过黄釉的有铁绘纹样的浅盘的陶片，很多是从北九州出土的，也有在畿内中部、关东出土的，据分析，这些浅盘类陶片的制作地点可能是在广东[44]。

1966年5月，日本古陶瓷学者三上次男和日本出光美术馆中东考察队对埃及红海岸边的古代港口埃得哈卜进行了调查。所发现的中国瓷器年代为11—14世纪，种类有晚期越窑、龙泉窑青瓷、景德镇青花和白瓷、德化窑白瓷和棕黑色釉的石湾窑产品。所采集的171片黑釉瓷片中，有一片黑瓷罐残片上带有"清香"二字的窑戳。这片黑瓷很明显是产于广东石湾窑，年代是13—14世纪。石湾窑的产品曾作为盛放香料、酒等物品的容器大量送往东南亚，这件黑瓷罐很可能是经过东南亚的某个港口运到埃及的[45]。

在肯尼亚古代遗址和墓葬出土的9世纪至19世纪中叶的中国瓷器，无论是品种和花样都十分丰富。品种有浙江龙泉青瓷、江西景德镇和乐平的青花瓷、青白瓷和釉里红瓷，还有广东佛山青瓷、福建德化白瓷及各式彩瓷等[46]。

阿拉伯半岛东南部的苏丹阿曼索哈地区，曾经出土过不少中国古陶瓷。其中有五代南海官窑（即南海文头岭窑）彩绘盆，宋代南海奇石窑酱黑釉四耳罐，明代石湾窑杂色釉骑狮人像和黑釉三足炉等[47]。

明清石湾窑陶器形成了自身独特的艺术风格，其产品数量多、品类丰富，随着人们迁徙的脚步和各条贸易航线而遍及两广、港澳、东南亚以及欧美等国家和地区。在此不赘述。

三、结语

石湾地区目前能见到最早的窑址是唐代的，因此以目前所见的材料，可以理解为唐代

43 黄晓蕙、邱立诚:《古石湾窑产品的外销及相关问题探讨》,《古代外销瓷器研究》,故宫出版社,2013年,第261页。

44 〔日〕长谷部乐尔:《日本出土的中国古陶瓷特别展（1975年）》,《中国古外销陶瓷研究资料（第一辑）》,中国古外销陶瓷研究会,1981年。

45 〔日〕三上次男:《中国陶瓷在埃及中世纪遗址中的发现》,《中国古陶瓷研究（第五辑）》,紫禁城出版社,1999年。

46 马希桂:《从中国瓷器的大量出土看中肯两国久远的贸易交往》,《中国古代陶瓷的外销》,紫禁城出版社,1987年。

47 曾广亿:《石湾窑的起源和发展》,《石湾艺术陶器》,岭南美术出版社,1987年。

是石湾陶瓷的滥觞期。因没有对窑址进行正式发掘，因此无法客观、全面地揭示此期石湾陶瓷生产的真实面貌。

宋元时期在全国范围的陶瓷业大发展的前提下，石湾地区也呈现出陶瓷产业兴旺的面貌——窑场众多，窑炉规模不断扩大，烧制技术不断进步，产品内外销两旺。从出土的褐彩彩绘瓷器等品种，以及《太原霍氏族谱》来看，显现出有与北方窑业传播与交流的可能。同时，其产品的大量外销，也印证了南海海上丝绸之路的繁盛。宋元时期石湾地区的陶瓷产业，可以说是处在一个承前启后的关键位置，为明清蜚声海内外的石湾陶独特艺术风格的形成、产品从唐宋元时期生产日用陶瓷向明清时期的以艺术陶瓷为主的转变打下了坚实的技术和工艺基础。然而，这种转变的动因和社会背景是什么，至今仍未能透解。希望以后能有更多的材料出现，以助我们深入探析。

再论佛山奇石窑

黄晓蕙　何咏诗

（佛山市博物馆）

摘要： 奇石窑是佛山宋代重要的陶瓷生产基地，自发现以来，受到海内外学者关注。近年来，珠三角地区以及海内外古港口考古遗址及沉船相继发现奇石窑生产的陶器或碎片；2021年，广东省文物考古研究院会同佛山市、区博物馆对奇石窑址进行抢救性考古发掘，厘清了一些重要问题。本文基于过去及近年来奇石窑的考古调查及海外发现，结合佛山市博物馆馆藏墓葬出土及西江流域河道出水的奇石窑陶器资料，对奇石窑相关问题再做新的探讨。

关键词： 奇石窑　石湾窑　工艺特征　烧制年代　销售网络

一、奇石窑的概况

奇石窑址位于东平河东岸的佛山南海奇石村、西门村一带。沿东平水道往北可进入北江、西江，往东南经潭州水道可至石湾镇一带。过去，从奇石村北至村南面东平河口约三公里的沿河小山岗，几乎都发现有古窑。在开挖环山沟水利灌溉渠时，不少地段的陶瓷堆积层有七八米厚。1976年，广东省博物馆及佛山本地文物工作者对窑址进行调查，发现唐、宋窑址，出土大量唐宋时期日用陶器，釉色多见青黄釉、青釉、酱褐釉。出土的大量四系陶罐残片上戳印有北宋年号、姓氏、吉祥语、地名等字样以及花叶纹样，特色鲜明，其中一陶片上戳印有"奇石"二字[1]。此次调查确定了该窑址的年代、定名及性质，具有里程碑式的意义。2021年9月，广东省文物考古研究院联同佛山市、区博物馆，组成佛山南海窑址考古工作队，对奇石窑和里水镇的文头岭窑进行考古调查及抢救性发掘。此次调查发掘，在奇石村和西门村分别发现宋代平焰式斜坡龙窑和作坊遗迹，出土器物类别、装饰手法、釉色等与1976年调查所见一致，在作坊遗迹中还发现瓦当、滴水、板瓦、筒瓦等建筑构件[2]。

1　佛山市博物馆：《广东石湾古窑址调查》，《考古》1978年第3期。

2　肖达顺：《佛山市南海区宋代窑址考古调查的新认识——兼议"南海I号"沉船出土酱釉器产地问题》，《故宫博物院院刊》2023年第2期。

奇石窑自发现以来，受到海内外学者关注，尤其是其出土的戳印纹陶器残片，在广州、香港，以及日本、菲律宾、新加坡等的部分城市的考古遗址中，还有印尼"爪哇沉船"、韩国"新安沉船"、中国"南海Ⅰ号"等沉船均有类似发现。其中，"南海Ⅰ号"上相当一部分陶器，以及广州南越国宫署遗址出土的同类器物，经化学成分科技分析以及便携式 XRF 产地分析，可确认产自奇石窑或文头岭窑 [3]。

奇石窑近年来的一系列新发现，为我们进一步认识该窑的年代、范围、产品种类及工艺特征、销售网络等提供了线索。本文基于过去及近年来对奇石窑的考古调查及海外发现，结合佛山市博物馆馆藏墓葬出土及西江流域河道出水的奇石窑陶器资料，对奇石窑相关问题再做新的探讨。

二、奇石窑相关问题的再探讨

（一）奇石窑的生产及产品工艺特征

1. 种类

从近几十年来在奇石窑遗址采集到的陶片标本看，奇石窑生产的品种类型较为丰富，有碗（圜底、饼形足、圈足）、盘、高足碗、钵、盆（大、中、小盆）、擂盆、罐（小罐）、炉、执壶（长颈、短颈）、酒埕、魂坛、窑具等，大都为适应人们生活需求的日用陶器。2021 年广东省考古研究院进行了抢救性发掘，采集到的陶片标本除上述品种外，还有陶制模型（佛塔、陶罐）、陶俑（牛、骑俑），以及少量的瓦当、瓦筒（图 1）、板瓦等建筑构件。最近，佛山市博物馆在整理历年墓葬出土器物时，有部分奇石窑生产的魂瓶、罐子（图 2）被辨认出来；近年藏家提供的西江、北江流域河道挖沙出水器物中，也有不少奇石窑的产品，如虎子（图 3）、执壶（图 4）、罐（图 5）、盆（图 6）、碗、擂盆（图 7）、魂瓶等。从遗址采集的标本大多制作粗糙，胎体厚重，胎质疏松，稍能吸水；胎色呈灰色或灰白色，少许砖红色。馆藏墓葬出土魂瓶及西江、北江流域河道出水的器物较为完好，修胎规整，制作也较为精良，这些都为奇石窑的研究补充了新的实物资料。另从遗址中也采集到一些类似龙泉风格的青釉碗的

图 1　2021 年奇石窑址出土的"大吉"款瓦当

图 2　佛山市博物馆藏宋代墓葬出土魂瓶

3　吴寒均、李灶新、肖达顺，等：《广州南越国宫署遗址和"南海Ⅰ号"沉船出土酱釉器产地分析》，《文博学刊》2022 年第 2 期。

图2 佛山市博物馆藏魂瓶

图3 西江流域河道出水青釉虎子

图4 西江流域河道出水青黄釉瓜棱执壶

图5 西江流域河道出水四系印花罐

图6 西江流域河道出水黄釉贴塑波浪纹边盆

图7 西江流域河道出水擂盆

图8 佛山市博物馆藏奇石窑址出土的青釉碗、盘标本

瓷片（图8），胎质细腻坚实，釉色润泽，有专家认为可能是当年陶工们遗留的生活用瓷，也有专家认为可能就是奇石窑所生产，然而没有发现这类瓷窑遗址，有待进一步的考古发掘来证实。

2. 釉色

奇石窑产品的釉色较为单纯，以青釉、青黄釉、酱褐釉为主，少量黑釉、酱釉，也有淡青釉的，但比例比较少。很多器物的釉色不均匀，施釉不到底，釉层容易剥落，素胎无釉的也很多。从出土器物看，唐代器物多施淡青釉，但施釉不均匀，流釉痕明显，很多碗、罐的釉面呈现斑驳点状，也可能是釉的配置和调制不均所致。宋代器物的釉色比唐代丰富，除青釉、青黄釉、酱褐釉外，还有黑釉、酱釉、淡青釉等，釉色较为均匀，但胎釉结合不好，易脱落。施釉方法有了提高，不仅将釉施于器表，还荡于器内壁。

图9 奇石窑址出土的"大吉"款绶带纹陶器残片

3. 纹饰

通观奇石窑出土的陶瓷残件，碗、盘、盆、罐等器物多素面，壶、罐、钵、埕等的装饰手法有贴塑、刻划、彩绘、戳印等多种，魂瓶手捏贴塑纹饰繁复。一执壶的两面贴塑对称结带形纹饰；不少钵和盆的底心和内壁刻划或戳印花卉纹饰，多为折枝花、团花或缠枝菊花、莲花等，外腹壁刻一至两条随意的波浪纹、旋纹，线条深刻有力度，凹凸有致；大量的青黄釉、酱褐釉或酱黄釉的小罐或四耳大罐（埕）的肩部或耳与耳之间，戳印有年号、姓氏、地名、吉祥语等字样以及花叶纹样，胫部一周也刻划有波浪纹，这是奇石窑中最有特色的产品。这些印记款的文字有阳文也有阴文，文体多为楷书，多带长方框，有的外面还套上绶带花纹装饰，特色十分鲜明（图9）。这些戳印款中有表示纪年的，如"大观三年""政和元年"（图10）"绍兴年"等，有表示地

图10 奇石窑址出土的"政和元年"款绶带纹陶罐残片

图 11　奇石窑址出土的"奇石"款陶器残片　　图 12　奇石窑址出土的"潘宅"款陶器残片　　图 13　奇石窑址出土的花卉纹陶器残片

图 14　佛山市博物馆藏宋代墓葬出土的魂瓶

图 15　西江流域河道出水的彩绘长颈瓶

点的，如"奇石"（图11）"太原□"；有表示姓氏的，如"岑宅""陈□""潘宅"（图12）"□宅""进□宅""梁宅"等；有表示吉祥语的，如"大吉""莲花""清香"等；还有的是纯花卉图案（图13）等。表示地点、姓氏的戳印框，多为长方单框或双框，或框外用锯齿纹装饰；表示纪年或吉祥语的，文字外用长方框，框外再套花卉绶带图案。这种使用戳印款手法的罐（埕）在广州南越王宫署遗址及"南海I号"沉船中被大量发现，据广东省文物考古研究院肖达顺所长及南越王博物院李灶新副院长的研究"南海I号"沉船和广州南越王宫署遗址出土的这类陶罐（埕）皆为奇石窑或附近的文头岭窑生产，这些罐正是国内外学术界早已形成共识的"广东罐"[4]。

　　2021 年的奇石窑考古发掘出土的一件魂瓶，与佛山市博物馆藏墓葬出土的多件魂瓶（图14）在造型、胎土、釉色、纹饰及制作手法上极为一致，因此推测馆藏瓶应为奇石窑生产。魂瓶纹饰多为手捏塑制，肩部盘踞一条强健有力的龙，龙身外一圈塑有各式站立、神态各异的人物，上腹部塑有几圈规整的泥捏波浪纹，下腹部塑有立体莲瓣纹或刻划波浪纹，这种随意刻划的波浪纹在罐、盆、碗上也常能看到。另有一件长颈瓶残片，颈部刻划弦纹，又用褐釉填划弦纹，并用褐釉在肩部描画纹饰，制作较精细，描绘较精美。这种彩绘的长颈瓶在小望楼遗址中有出土，在西江流域河道也有出水的完整器（图15），但纹饰的描绘相对比较粗犷。广东省博物馆藏有一件佛山澜石宋墓出土的褐彩开光人物梅瓶（图16），纹饰描绘精美，人物神态描摹生动，学界认为是奇石窑精品。

4　肖达顺：《"南海I号"沉船上的"广东罐"新探》，《文博学刊》2023 年第 2 期。

少量几件青瓷碗盘残件，碗心刻划花卉，碗内壁有水波纹、花卉纹，碗外壁有饰菊瓣纹，制作比较精细，与其他粗制的日用器皿截然不同，修胎方法、釉色及纹饰与浙江龙泉窑的青釉碗风格很相似，专家认为年代为宋、元时期，但是否奇石窑生产还需进一步考证。

4. 工艺特征

从两次对奇石窑的考古调查和正式发掘情况来看，奇石窑产品釉色以青釉、青黄釉、酱褐釉为主，也有少量黑釉、酱釉、淡青釉。唐时期的釉色不均匀，流釉、斑驳状况明显，易剥釉。宋代的釉基本沿袭唐代而来，但釉的质量、施釉方法及煅烧明显比唐代进步。出土器物类别中，以盆、罐（埕）居多，最为大宗。盆的尺寸有大、中、小等多种规格，以唇口微敛、斜弧腹内收、平底为基本造型；盆内满釉，盆外壁施釉仅至上腹部；有的盆外壁口沿下置桥形横耳（图17），有的置横盲耳[5]。这种置桥形横耳的盆，在印尼黑石号沉船出水的器物中有发现，可做对比研究。还有不少盆内有刻划或戳印花纹装饰（图6），笔道流畅有力。罐（埕）也有大、中、小之分，许多罐残片上都有戳印或刻划的文字，尤其是四系大罐，小口短颈，丰肩，肩上置四系，系与系之间有戳印或刻划标记，鼓腹，下腹斜收，平底微内凹。有的底圈外围一周旋切一刀（图18），这种做法在佛山元、明墓葬出土的酱釉罐也有使用。未发现奇石窑采用匣钵装烧，而是采用垫烧、叠烧、套烧方式。碗与碗、盘与盘之间用泥块垫烧叠烧，因此，碗心、盘心会留有多个泥点，碗底、盘底会有多处垫烧痕迹；套烧是以盆与盆对扣，里面置罐子的方式进行，因此盆口沿、盆心、罐子上都会有垫烧的痕迹（图19）。

（二）奇石窑与石湾窑关系再讨论

关于奇石窑和石湾窑的关系，近几十年来，学界的共识认为"石湾窑和奇石窑是同一生产系统的两个窑区，可统称

图16　广东省博物馆藏佛山宋墓出土的褐彩人物梅瓶

图17　奇石窑址出土的盆沿下端置横耳

图18　佛山澜石鼓桑岗宋墓出土的罐罐底外边旋切一刀

5　广东省文物考古研究院、佛山市博物馆、佛山市祖庙博物、南海区博物馆：《广东南海奇石宋代窑址宝头岗地点2021——2022年发掘简报》，《文博学刊》2023年第2期。

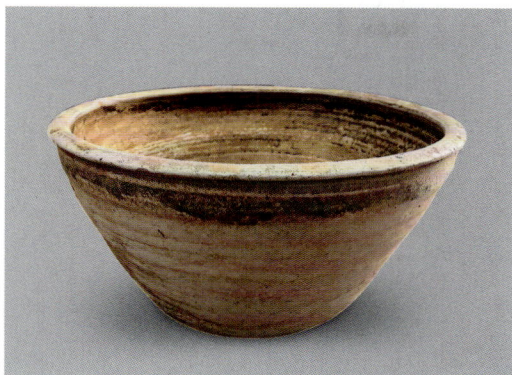

图19　2021年奇石窑址采集的盆，盆沿上有垫烧痕

为石湾窑"[6]，这是基于两窑同处在东平河东岸，相距12公里，直线距离仅9公里，且两窑都是唐宋时期的窑址，两窑的器物，无论在胎质、釉色、煅烧方法都极其一致，几乎难以分辨。奇石窑的主要釉色青黄釉和酱褐釉的原料是草木灰和泥浆，与石湾一致，这两种釉色石湾一直沿用至今。两窑器物耳的做法也一模一样等等，得出的结论。2021年省文物考古研究院对奇石窑、文头岭窑作正式发掘后，他们认为不应把两窑放在同一窑系，而应独立区分。奇石窑的分布范围延绵东平河东岸三四公里不止，甚至延及石湾地区王借岗、大帽岗一带。理由有三个。一是从烧造时间看，奇石窑烧造主体年代是两宋时期，跟盛誉于明清时期的石湾窑有一定的时间断层。从窑口得名看，石湾窑是明清之后才具盛名，而奇石在宋代就已得名，佛山市博物馆藏有一片上面戳印"奇石"的陶片（图11），文献最早有"奇石"地名记载是《元大德南海志残本》。二是两窑的主要分布区域有南北之分，核心区域还是在北面的奇石一带，石湾窑明显属于奇石窑系统的边缘。三是从产品特征看，两窑虽然有部分产品的器型和制作技术相似，但两窑产品的主题内容和装饰风格有明显区别。

笔者认为唐宋时期的石湾窑以境内的大帽岗窑和小望楼岗窑为代表，因此可以此两窑与奇石窑做对比讨论，进一步探讨两窑的关系。

大帽岗窑址位于石湾镇东部大帽岗西南山坡一带，于1957年文物调查时发现[7]。广东省博物馆于1963年对其进行复查和试掘，发现唐、宋时期相互叠压的窑址堆积[8]。1976年，石湾镇工人理论组、中山大学历史系、佛山市博物馆组成调查组对窑址再次进行复查和试掘[9]。综合多次调查、发掘，对该窑址的情况有了初步了解。该窑出土器物有碗、盘、罐、盆、炉、壶、器盖、魂坛等，胎以灰色、灰白色为主，还见有砖红胎、淡黄色胎。釉色有酱黄釉、酱黑釉、酱褐釉、淡青釉、白釉，白釉数量极少。1963年的试掘，在宋代堆积层发现了匣钵、垫圈、垫饼、试片等窑具，以及灰色长方形窑砖[10]。大帽岗窑年代与奇石窑相当，两窑都生产碗、盘、罐、盆、擂盆、壶、炉、魂坛等日用陶，胎质和釉色都比较接近，特别是唐代器物的造型、胎、釉及叠烧手法基本一致。宋代器物中的碗、钵、盆、擂盆、执壶、小罐

6　林乃燊、邹华、石稳：《石湾陶瓷的源流、特色和历史地位》，《中山大学学报》1980年第3期。

7　广东省文物管理委员会：《佛山专区几处古窑址调查简报》，《文物》1959年第12期。

8　广东省博物馆：《佛山石湾、阳江石湾古窑关系初探》，《石湾陶展》，香港大学冯平山博物馆出版社，1979年，第119—168页。

9　佛山市博物馆：《广东石湾古窑址调查》，《考古》1978年第3期。

10　广东省博物馆：《佛山石湾、阳江石湾古窑关系初探》，《石湾陶展》，香港大学冯平山博物馆出版社，1979年，第119—168页。

图20 大帽岗出土碗内底印记拓片

等的胎、釉、造型也比较接近，但奇石窑生产的戳印纹四系罐、刻划花纹大盆则不见于大帽岗窑。大帽岗窑器物多为素面施釉，一些碗、盘内底戳印有带方形或斧形框文字，文字见有"福""安祖""口记"[11]等（图20）。在窑炉营造、装烧技术方面，大帽岗窑宋代堆积发现有长方形窑砖，垫饼、垫环、匣钵、试片等窑具，一些碗、盘内底残留叠烧所垫的3—6个泥块，由此可以推测，宋代时期，该窑使用长方窑砖砌筑窑炉，装烧方式为叠烧，但也同时存在使用匣钵装烧。奇石窑窑炉则用圆柱形窑砖砌筑，在器物装烧上，不使用匣钵，而是采用叠烧或以盆、罐组合套烧的方式进行。

小望楼岗窑址位于石湾镇西南面，临近东平河，与大帽岗相距约500米。窑址在当地楼盘施工时发现，出土了唐至明清各时期陶瓷器，又以宋元时期器物数量最多。器物类型以日用陶为主，包括碗、盘、瓶、罐、执壶、盖盒、擂盆、三足炉、高脚碗等。唐宋时期器物多为灰胎、灰白胎、米白胎、砖红胎，有的胎土还混合了岗沙，釉色以黑釉、酱釉青釉、青黄釉为主，以黑釉、酱釉较多[12]。器物类型方面，奇石窑和小望楼岗窑都生产碗、盘、罐、擂钵、执壶、炉等日用陶；在釉色方面，小望楼岗窑以黑釉、酱釉较多，奇石窑则也有酱釉，但总体以青釉、青黄釉、酱褐釉最为常见，黑釉较少；在装饰手法上，小望楼岗窑与大帽岗窑都流行在碗、盘内底刻印正方形、长方形和斧形框的文字印记，内容有吉祥语、工匠

---

11 广东省博物馆：《佛山石湾、阳江石湾古窑关系初探》，《石湾陶展》，香港大学冯平山博物馆出版社，1979年，第119—168页。

12 李燕娟、梁君：《美陶花园工地出土陶瓷器物简报》，《石湾陶》2010年第2期；王建玲：《石湾窑新发现及其意义》，《佛山科学技术学院学报（社会科学版）》2011年第3期。

图 21　广东石湾陶瓷博物馆藏小望楼岗窑遗址出土的"福"字款青釉碗

图 22　广东石湾陶瓷博物馆藏小望楼岗窑遗址出土的彩绘长颈瓶

姓名[13]（图 21），同样未见奇石窑流行的戳印纹、刻划纹。但小望楼岗窑出土一件素胎彩绘莲瓣纹瓶，其彩绘褐彩与奇石窑、文头岭窑所见相近（图 22）。从出土器物看，小望楼岗窑唐宋时期也采用正烧、叠烧的方法，叠烧器物的底部用 3—5 个泥点或泥饼垫烧[14]，这种烧制方法与奇石窑十分相似。

通过上述对比分析可知，奇石窑与大帽岗窑、小望楼岗窑在产品种类、器物造型、釉色、装烧方式上有较多共同点。在装饰手法上，奇石窑流行的在四系罐肩部戳印姓氏、年号、吉语的做法，与大帽岗窑和小望楼岗窑流行在碗、盘内戳印吉祥语、工匠姓名的做法相似。可见，奇石窑与石湾窑的关系十分紧密。

从石湾、奇石、佛山、南海几个地方建置情况来看，石湾得名没有文献记载，民间相传在南宋时期，何、罗姓氏族户从南雄朱玑巷往南迁，沿河而下，在河道湾角处遇大石阻挡，随后上岸定居，称这里为"石湾"，从而形成石湾村落。石湾村历史上一直都属于南海县管辖，1954 年归佛山市管理。奇石村在宋代已得名，元代文献有记载，一直属南海县管辖。佛山原名季华乡，唐贞观二年（628 年）得名佛山，历史上属南海县管辖，直至 1951 年改镇为市。南海得名于秦始皇三十三年，时称南海郡，隋开皇十年改置南海县，直至 1951 年，南海县与佛山市分治，但县政府仍驻佛山市城区，后南海又并为佛山的一个区。由此可知，在 20 世纪 50 年代以前，石湾、奇石和佛山都属于南海县，是南海县的组成部分，20 世纪 50 年代后，南海县才受佛山市管辖。因此，在唐宋时期的南海县境内，石湾及周边地区就有大帽岗窑、小望楼岗窑及奇石窑等窑口进行着陶瓷器的生产。结合前文的对比分析，可以确认石湾窑与奇石窑有着千丝万缕的关系。

从近些年海内外考古发现情况看，奇石窑的产品在我国"海上丝绸之路"沿线上的城市、地区遗址和沉船上都有发现，可以确认，临近广州这一海上丝绸之路港口城市的奇石

13　广东省博物馆：《佛山石湾、阳江石湾古窑关系初探》，《石湾陶展》，香港大学冯平山博物馆出版社，1979 年，第 130 页。

14　王建玲：《石湾窑新发现及其意义》，《佛山科学技术学院学报（社会科学版）》2011 年第 3 期。

窑，是作为重要的陶器外贸生产基地存在的，因此它的生产规模、销售网络、地位和影响力都要比同时期的大帽岗和小望楼岗窑大许多、重要许多。宋时期的石湾村，虽有烧窑，但规模远不能和奇石相提并论。20 世纪 70 年代，考古人员在奇石村发现满岗遍野都是陶瓷碎片（图 23），许多山岗的横截面上陶瓷堆积层有七八米厚，沿东平河三四公里的小山岗上几乎都发现有古窑址 [15]，可见奇石窑当年的生产规模是多么的庞大，这些都是当年的石湾窑所无法比拟的。因此笔者认为，把唐宋时期的石湾窑归为奇石窑系统或许比较合适。明清以后，由于奇石窑停烧，石湾窑依托广州再度成为我国对外贸易港口的优势，崛起发展兴旺延续至今，成为延续至今日的著名的"南国陶都"，也成为明清后在中国陶瓷史上影响深远的杰出代表。

图 23　1976 年奇石村陶瓷碎片堆积

（三）关于奇石窑的烧制年代

两次的考古调查和发掘，出土器物有典型的唐代碗、盘及有确切纪年戳印铭款的宋代陶片标本，这些发现都明确了奇石窑为唐宋时期窑址。在 1976 年的考古调查中，采集到多件"政和元年"印款的陶片，还有"嘉祐□□□" [16] 的；2021 年广东省文物考古研究院等的发掘中，出土多件有"大观""政和""绍兴年""绍兴二年"等印文款陶片以及"开元通宝""元祐通宝""绍兴通宝"铜钱。近年广州南越王宫署遗址出土"大观三年""政和元年"印款陶片及"皇宋通宝""淳熙元宝"等宋代铜钱 [17]；最近在著名的"南海 I 号"沉船中，出水的被确认为奇石窑生产的"广东罐"（图 24）上，也发现有"丙子年""乾道直□""淳熙十年（1183 年）"纪年款 [18]；据香港考古发掘，香港大磡村考古遗址发现有戳印款"绍兴九年（1139 年）"陶罐碎片；早年在新会官冲窑附近发现了"政和二年"款的酱

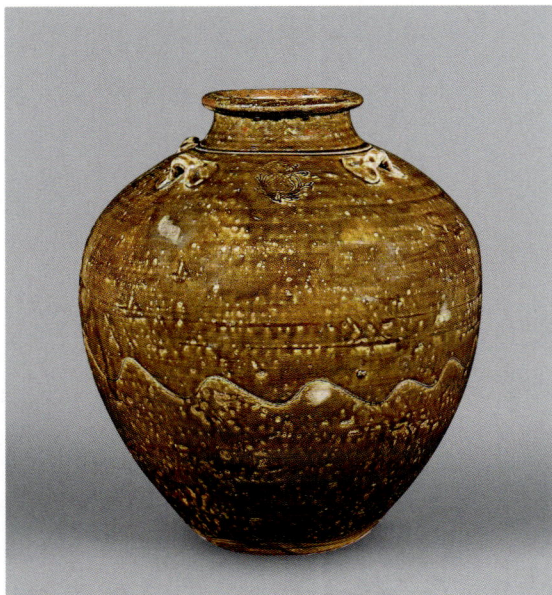

图 24　广东省文物考古研究院藏"南海 I 号"沉船出水的印花陶罐

15　林乃燊、邹华、石稳：《石湾陶瓷的源流、特色和历史地位》，《中山大学学报》1980 年第 3 期。

16　陈智亮：《广东石湾古窑址调查》，《考古》1978 年第 3 期。

17　肖达顺：《"南海 I 号"沉船上的"广东罐"新探》，《文博学刊》2023 年第 2 期。

18　佛山市博物馆：《广东石湾古窑址调查》，《考古》1978 年第 3 期。

图 25 韩国新安沉船出水"清香""正宝"铭款酱黄釉四系罐

釉陶罐残片,现在看来,也应是奇石窑的产品[19]。据此,可以明确断定奇石窑烧制时间应为唐代至南宋中晚期。但是,由于对奇石窑的发掘规模是比较小的,而且历经千年,窑址受各方面的侵蚀和损坏,早已面目全非。小范围发掘出土的标本虽然明确了一些重大问题,但仍不能揭示奇石窑的全貌。1976 年在韩国西南端的全罗南道新安海域发现的"新安沉船",是"至治三年(1323 年)"从中国庆元(浙江宁波)驶往日本博多的。沉船上出水的 2 万多件陶瓷器中,发现有来自广东石湾窑的酱釉四系罐(图 25)[20],有的罐上戳印有"清香""正宝"铭文,按如今的认知,这些四系罐应该是奇石窑的产品。属于十四世纪的新加坡福康宁遗址,发现有"广东罐"陶片 901 片,当中可辨认的带有戳印铭文及纹饰的共 25 片,如"清香""百花春""土生金""火长""宝""主故"等铭文,学者推测可能是奇石窑的产品,时间是 13 世纪末到 14 世纪[21]。新安沉船和福康宁遗址的材料说明,奇石窑烧制年代的下限有可能到南宋末至元代。

(四)奇石窑产品的销售网络

奇石窑濒临东平河,水道便捷,产品便顺着东平河,通过水道交通流向珠三角及周

19 肖达顺:《佛山市南海区宋代窑址考古调查的新认识——兼议"南海 I 号"沉船出土酱釉器产地问题》,《故宫博物院院刊》2023 年第 2 期。

20 森达也:《宋元外销瓷的窑口与输出港口》,《考古与文物》2016 年第 6 期。

21 黄慧怡:《新加坡福康宁遗址出土 14 世纪"广东罐"上的戳印纹饰与沉船货物盛载容器的几个问题》,《航海——文明之迹》,上海古籍出版社,2011 年。

边地区。考古调查资料显示，奇石窑生产的生活日用陶及魂瓶等随葬品，在佛山石湾、澜石地区、新会地区（图26）、西江流域沿河两岸等地出土物中较多见；广州南越王宫署遗址、南海神庙遗址、珠海平沙大虎水井口遗址、香港元朗鳌磡石、九龙钻石山等多处地方，台湾澎湖中屯等都发现带有戳印铭文或花卉纹的残片。而2021年在奇石窑的考古发掘，更发现筒瓦、板瓦、瓦当等建筑构件，发掘者认为奇石窑存在瓦窑作坊，是珠三角地区宋时期建筑用瓦的来源地之一[22]。

图26　新会博物馆藏新会地区出土的奇石窑青黄釉瓜棱执壶

1978年，陈智亮执笔的《广东石湾古窑址调查》的发表，为近几十年海内外中国海上丝绸之路沿岸的城市考古遗址中出土的类似陶片找到了生产的窑口。日本著名陶瓷考古学家三上次男在《陶瓷之路》一书中多次提到广东一带窑口烧制的黑褐釉、褐釉、黄釉、黄褐釉四耳罐的碎片，这些碎片在埃及福斯塔特、中东爱扎布港、肯尼亚曼巴萨的哥迪、巴基斯坦的塔塔，印度的昌德拉瓦利、斯里兰卡马纳尔州满泰地区等考古遗址中都有发现；特别是在中东爱扎布港遗址发现一片黑褐釉罐碎片上印有"清香"铭记，三上次男认为是广州一带制作，里面装着香料运来这里[23]。香港著名学者黄慧怡专注于东南亚地区的陶瓷考古，她对东南亚地区出土发现的具有奇石窑形制及装饰风格的罐子或陶片进行了梳理，在马来西亚雕门岛（Pulau Tioman）、砂捞越（Sarawak）、甘榜加拉（Kampong Juara）、吉打布央河谷（Bujang Valley）、文莱（Brunei）、菲律宾及印尼苏门答腊中国城（Kota Cina）、泰国南部洛坤府 (Nakhon Sri Thammarat) 以及新加坡福宁康遗址等都有发现有戳印铭文或绶带花卉纹的残片[24]。另据国外考古材料所知，在东非阿曼索哈地区曾经出土过不少中国古陶瓷，其中亦有完整的南海五代官窑彩绘盆，同时还有宋代石湾奇石窑的产品[25]。日本著名陶瓷研究学者、被誉为"中国通"的森达也认为日本从13世纪前后开始进口奇石窑酱釉四系罐。它们被用为储存茶叶的容器，称为"茶壶（cha-tsubo）"（图27）。最显著的例子是1323年在朝鲜半岛西南沿沉没的"新安沉船"打捞上来的奇石窑酱釉四系罐，清楚地表明当时日本的进口情况。在日本，13世纪以来宋式茶文化开始流行。其中，奇石窑和福建磁灶窑的酱釉四系罐被用为茶具，许多传世品至今存在。从16世纪后期到17世纪初，日本商船在菲

22　广东省文物考古研究院、佛山市博物馆、佛山市祖庙博物馆，等：《广东南海奇石宋代窑址宝头岗地点2021—2022年发掘简报》，《文博学刊》2023年第2期。

23　三上次男：《陶瓷之路》，文物出版社，1984年。

24　黄慧怡：《香港与广州所见宋代石湾窑印花贮藏罐之初步认识》，《中国石湾窑》，中国华侨出版社，2018年。

25　王文强：《略述我国陶瓷的外销及影响》，《中国古代陶瓷的外销——1987年福建晋江年会论文集》，紫禁城出版社，1988年。

图27　美国弗利尔美术馆购入日本"千种"茶叶罐

律宾等东南亚国家采购奇石窑的酱釉四系罐并带回日本，这类陶罐被称为"吕宋壶（ruson-tsubo）"，也被用作"茶壶"[26]。这类罐子他们本以为是吕宋（菲律宾）生产的，直到1978年《广东石湾古窑址调查》文章的发表，才知道原来是中国奇石窑的产品。为此，多批日本学者前来佛山市博物馆观摩研讨馆藏奇石窑标本。另，印尼"爪哇沉船""鳄鱼岛沉船""林加沉船"，韩国"新安沉船"，中国"南海Ⅰ号"沉船上都发现有奇石窑戳印铭文或花卉纹陶罐及陶罐残片。据此可知，奇石窑产品海外销售范围，东至韩国、日本；西到斯里兰卡、印度、巴基斯坦，经印度洋达阿拉伯半岛的阿曼索哈地区及肯尼亚，再经红海、波斯湾，远达非洲东海岸的埃及、中东的爱扎布港；南至泰国、菲律宾、印尼、新加坡、马来西亚等地，与中国古代"海上丝绸之路"沿线所达的港口城市一致。这说明了奇石窑在宋元时期就参与了"海上丝绸之路"的对外贸易，是广东也是全国的一个重要的外销陶瓷生产基地。

三、结语

奇石窑的新发现让我们对窑址的面貌、历史地位等有了更加全面和深入的认识。尤其是2021年对奇石窑进行的抢救性发掘，实证了奇石窑是广州南越王公署遗址、"南海Ⅰ号"沉船部分陶罐的产地，佛山因此正式加入"海丝申遗城市联盟"。对奇石窑相关问题进行重新探讨，对于理清佛山乃至广东地区唐宋时期陶瓷窑业发展的历史面貌，佛山在"海上丝绸之路"中扮演的角色和历史地位，乃至研究广东海上丝绸之路的贸易情况和中外文化交流等问题都有重大意义。

26　森达也2023年1月在广东石湾陶瓷博物馆主办的《石湾窑与海上丝绸之路》学术研讨会上的演讲。

广西严关窑束口盏的渊薮

袁俊

（桂林博物馆）

摘要：随着北宋点茶法的盛行和斗茶的兴起，束口盏应运而生，在国内多个窑场均有烧制，尤以建窑产品为魁。而广西则直至南宋时期才在严关窑仿制这类束口盏，并且过去多认为是参考建窑造型和装饰等技艺，并结合北方窑业的乳光釉技术进行创新的产物。但是通过与国内各窑场产品的造型、装饰、烧造工艺等方面进行比较，可知严关窑束口盏与湖南棋梓桥窑和玉井窑等窑场产品的风格和工艺最为相似，存在窑业技术的直接交流和工艺传承的可能性，同时进一步探讨严关窑窑业技术的渊薮。

关键词：严关窑　束口盏　风格和工艺　渊薮

黑釉束口盏，因点茶法的盛行和斗茶的兴起而诞生，而建窑所烧制的产品更是获得宋徽宗的青睐，也得到宋代文人的众多赞美之词。在此风潮之下，束口盏在各地窑场多有烧制，面貌不一。南宋时期，广西开始在严关窑烧制类似产品，过去初步的判断是模仿建窑，并加入北方乳光釉技术进行创新。本文通过整理和汇总严关窑束口盏的造型、装饰、烧造工艺等方面情况，并与国内其他窑场的产品进行比对和分析，试图挖掘广西严关窑产品的风格和工艺与其他地区窑业的关系，探讨严关窑束口盏乃至整个窑业技术的渊薮。

一、各窑业束口盏

束口盏造型众多，仅建窑就不下三种，口沿敞或撇，腹部深或浅，差异明显。而本文讨论的束口盏，造型按照宋徽宗《大观茶论·盏》中所述"底必差深而微宽，底深则茶宜立而易于取乳，宽则运筅旋彻不碍击拂，然须度茶之多少"的斗茶需求进行限定，即以建窑首创的"A式束口碗[1]"（图1）为标准，下文均用"束口盏"指代。下面就严关窑与几个典型窑场的类似产品进行介绍，以窥宋代束口盏的大概面貌。

1　叶文程、林忠干：《名窑名瓷名家鉴赏丛书·建窑瓷鉴定与鉴赏》，江西美术出版社，2000年，第21页。

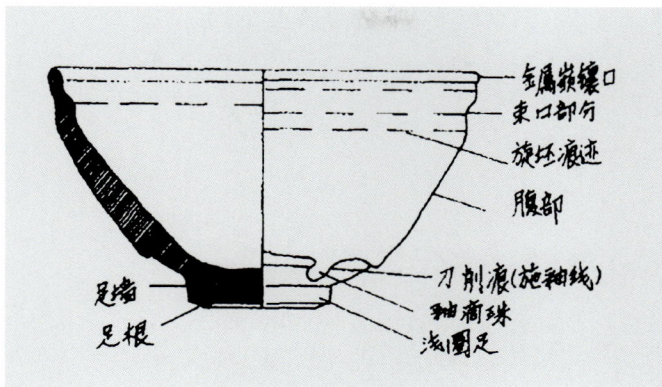

图 1　建窑束口碗示意图 [2]

图 2　严关窑花釉束口盏
故宫博物院藏中国古代窑址标本

（一）广西严关窑

严关窑窑址出土多类盏，以束领型Ⅱ式盏 [3] 最类似束口盏的典型造型，其风格和工艺介绍如下。

1. 风格特征

造型上口沿外侈且呈长弧状，尖唇微微收敛；束口略深则肩部突出明显；斜直腹较深；玉环足或实心饼足。胎体略厚，从口到底厚度变化不大，胎质坚致，胎色青灰为主，见有泛黄。釉薄且亮，内满釉，外施釉不及底。常见青釉、酱黑釉、乳光釉装饰，无印纹，酱黑釉釉色斑驳，不见纯黑，多酱色，无兔毫等装饰。乳光釉为广西最早，多月白，少天青、天蓝；釉层薄，光亮润泽，与河南钧釉的肥厚莹润有所不同；并常常辅以口沿釉、洒酱斑以及流淌花釉装饰，口沿釉装饰如在月白或青釉碗盏口沿施一圈酱釉仿"包铜口"，或在青、酱釉器口沿施一圈乳白釉仿"包银口"效果，并间接促成花釉产生，即在施釉未干的器物上再用不同色釉在局部作多层次的施加，任其自然流淌，互相渗透，形成了自然生动、变化万千的窑变花釉，美不胜收（图2）。

2. 工艺特征

严关窑束口盏放置在坡式长窑（俗称龙窑或蛇窑）中烧造，用柴作燃料，与广西乃至南方大部分窑场类似。烧造方法是不用匣钵，器物之间用手捏的4—6颗小湿泥珠作间隔而叠烧，盏内底和底足上多见垫珠痕甚至粘连垫珠。

（二）其他窑业

随着点茶法的普及和斗茶的风靡，因斗茶而生的建窑束口盏声名鹊起，逐渐一盏难求。因此，两宋之间为了满足各地的需求，束口盏开始在建窑所在的福建地区进行仿烧，并逐

2　叶文程、林忠干：《名窑名瓷名家鉴赏丛书·建窑瓷鉴定与鉴赏》，江西美术出版社，2000年，第23页。

3　广西壮族自治区博物馆编：《广西考古文集》，文物出版社，2004年，第28页。

渐影响到周边江西、浙江、安徽等地的窑场。南宋后，因金兵入关后的战乱、动荡和窑工的迁徙，窑业技术的交流进一步加强，加上需求的刺激和文化的传播，川渝和湖南等地区的窑场也开始出现束口盏这种器型产品，并出现装饰的融合和演变。现对典型窑场介绍如下。

1. 福建地区

（1）建窑

束口盏的始创窑场，口沿曲折，外缘向内收缩，约束一圈浅显的凹槽，内壁则相应形成一圈浅浅的凸圈；深腹，肩部陡起，下部转为弧形壁向内逐渐收缩成小平底，整体造型刚健，曲线优美。胎质坚致，胎体厚重则"爝之久热难冷"，因"凡欲点茶，先须爝盏令热，冷则茶不浮"[5]；胎色灰黑色为主。釉细亮且玻璃质感明显，内外满釉，仅底足无釉，釉多作垂流状，口沿釉极薄，至下渐厚至足根部聚成圆珠状泪痕；多黑釉，见有兔毫、油滴、鹧鸪斑和曜变等装饰，其中兔毫最为宋徽宗所推崇，在《大观茶论》中称"盏色贵青黑，玉毫条达者为上"。建窑束口盏在黑釉下沿露胎处可见施有一层较薄的无玻璃质感的褐色料，即在胎釉之间多施了一层褐色无光釉，其目的是遮盖浅淡的胎色和粗糙的胎面，增加黑釉的色度、均匀度和光亮[6]；这种工艺应当是借鉴了古代髹漆工艺，在宋代国内烧黑釉盏的多个窑场中都有发现，但以建窑的底色层最厚，制作最细致，并间接地促进了兔毫的产生和效果。

束口盏放置于龙窑内烧制，使用漏斗形匣钵一钵一器装烧，多在匣钵底放上圆形垫饼间隔，用柴作燃料。

（2）福清东张窑

窑址出土的盏中发现有比较典型的束口盏造型，也有捺腰式样（腰部向内隆起而收）这类特有风格的束口盏器型。胎色多灰色，胎较建窑稍薄，胎质粗疏不坚致，砂砾等杂质略多。内满釉，外施釉不及底，釉层较建窑稍薄，多见有垂流现象，有圆珠状泪痕。釉色以黑为主，也有酱釉，见有兔毫装饰。胎釉间也见有一层薄釉。烧造工艺同建窑（图3）。

（3）武夷山遇林亭窑

窑场生产的黑釉碗中有比较典型的束口盏造型，胎色多灰色或灰白，胎较建窑稍薄，胎质粗疏不坚致。内满釉，外施釉不及底，釉层较建窑稍薄，见有垂流

图3 福清东张窑黑釉兔毫盏[4]

---

4 叶文程、林忠干：《名窑名瓷名家鉴赏丛书·建窑瓷鉴定与鉴赏》，江西美术出版社，2000年。

5 出自北宋蔡襄《茶录》中的《论茶·爝盏》和《论茶器·茶盏》。

6 李铧、刘志耘：《宋代黑釉茶盏施釉工艺与兔毫形成的关系》，《中国古陶瓷研究（第八辑）》，紫禁城出版社，2002年，第69—72页。

图4　武夷山遇林亭窑
采自《名窑名瓷名家鉴赏丛书·建窑瓷鉴定与鉴赏》

图5　庆元县潘里垄窑址出土南宋黑釉盏

图6　临安天目窑束口盏

现象，有圆珠状泪痕。釉色以黑为主，描画金彩的装饰不见于建窑，甚为独特。胎釉间也见有一层红褐色的薄釉。烧造工艺同建窑（图4）。

2. 浙江地区

（1）庆元县潘里垄窑

窑址出土的盏中有比较典型的束口盏造型，不过束口比较直[7]。胎骨紧密呈黑色。内壁满釉，外壁施釉不及底，釉层较厚，垂流明显，有圆珠状泪痕。多纯黑釉，见有兔毫装饰。胎釉间基本未见多施一层薄釉。烧造工艺同建窑（图5）。

（2）临安天目窑

窑址调查并采集到的束口碗I式[8]为典型的束口盏造型，胎质洁白紧致。内壁满釉，外壁施釉不及底，釉层较厚，玻璃质感强。胎釉间也见有一层褐色的薄釉，施至足部。多黑釉，见有兔毫、玳瑁、鹧鸪斑和曜变等装饰[9]。束口盏放置于龙窑内烧制，似乎与青白瓷一起叠烧，置于最顶处（图6）。

3. 江西地区

（1）江西铅山窑

该窑盛产黑釉茶盏，有"盏窑"之名，以I式茶盏的造型最类似束口盏，胎体较为厚重，胎质稍粗，胎色褐黄色。内满釉，外施釉不及底，釉厚有垂流现象，表面多橘皮坑。多黑釉，见有兔毫、鹧鸪斑等装饰[10]。胎釉间未见多施一层薄釉。烧造工艺同建窑（图7）。

（2）景德镇湖田窑

景德镇湖田窑场也生产一批类建窑黑釉器，胎釉、造型、装饰工艺均类似于建窑同类产品，其中的B型黑釉盏就是束口盏造型，装饰多兔毫，其他品种少。

7　刘建安：《庆元县潘里垄宋代窑址出土茶器考论》，《东方博物（第四十八辑）》，浙江大学出版社，2013年，第76页。

8　姚桂芳：《论天目窑》，《中国古陶瓷研究（第四辑）》，紫禁城出版社，1997年，第68页。

9　蓝春秀：《"天目瓷"之谜初探》，《东南文化》1999年第4期。

10　王立斌：《江西铅山盏窑略考》，《南方文物》1997年第3期。

烧造时间在北宋末至南宋初。烧造工艺也与建窑的类似[11]（图8）。

4. 川渝地区

（1）广元市瓷窑铺窑

遗址探方、窑炉和作坊内出土的 A 型 I 式和 II 式碗[12]，都是束口盏造型，见有捺腰式样[13]。胎色以灰褐色为主，也有深灰色，胎质粗糙，有用化妆土；内满釉，外施釉不及底，常见有垂流现象，外壁近底部有厚重的泪痕。多黑釉，见有兔毫、油滴、鹧鸪斑和曜变等装饰。胎釉间也见有一层红褐色的薄釉（图9）。

束口盏放置于马蹄窑（馒头窑）内烧制，使用漏斗形匣钵一钵一器装烧，大多在匣钵底放置石英砂间隔，用煤做燃料。

（2）重庆市涂山窑

酱园窑址属涂山窑系，位于涂山窑分布区南部一名为"雕堡"的山包上，出土的大盏 Aa 型 I 式[14]为束口盏的造型（小盏 Aa 型 I 式的图示也类似，但口径与通高的实际尺寸比不匹配）。胎色灰或灰白，胎质细腻。釉色光亮晶莹，内满釉，外施釉及底，常见有垂流和积釉现象。多黑釉，见有酱釉；常用兔毫、油滴、鹧鸪斑、虹彩和曜变等装饰。胎釉间也见有一层红褐色的薄釉。烧造工艺同广元窑（图10）。

（3）都江堰市金凤窑

该窑出土的黑釉盏造型各异，以 B 型深腹盏的造型最类似束口盏[15]。胎色以深灰为主，也有灰色、灰黑、深黑、浅黄等，砂质胎，胎体厚重，可能施一层化妆土（参考附近的瓦岗坝窑[16]）。釉面光洁明亮，内满釉，外釉多不及底部，但也有少量通体施釉，外壁多积釉。釉色以黑色为主，见有兔毫和鹧鸪斑等装饰。胎釉间也见有一层红褐色的薄釉。烧造工艺同广元窑（图11）。

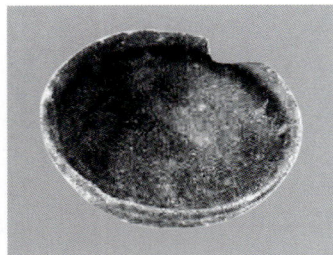
图7　江西铅山窑束口盏
采自《江西铅山盏窑略考》

图8　景德镇湖田窑束口盏
采自《景德镇湖田窑址》

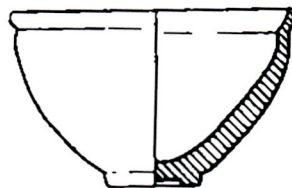
图9　广元市瓷窑铺窑束口盏
采自《广元市瓷窑铺窑址发掘简报》

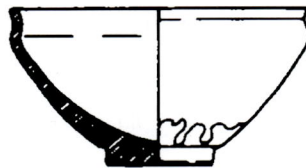
图10　涂山窑束口盏
采自《重庆涂山窑——酱园窑址发掘简报》

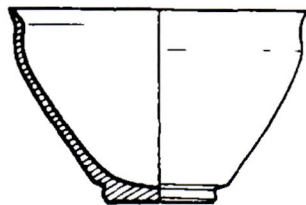
图11　都江堰市金凤窑束口盏

11　江西省文物考古研究所、景德镇民窑博物馆：《景德镇湖田窑址 1988—1999 年考古发掘报告（全二册）》，文物出版社，2007 年，第 331、455、457 页。

12　四川省文物考古研究所、广元市文物保护管理所：《广元市瓷窑铺窑址发掘简报》，《四川文物》2003 年第 3 期。

13　四川省文物考古研究所、广元市文物保护管理所：《广元市瓷窑铺窑址发掘简报》，《四川文物》2003 年第 3 期。

14　林必忠、李大地、杨爱民：《重庆涂山窑——酱园窑址发掘简报》，《江汉考古》2007 年第 1 期。

15　成都市文物考古研究所、都江堰市文物局：《都江堰市金凤窑发掘报告》，《四川地方窑研究论文选》，巴蜀书社，2015 年，第 393 页。

16　成都市文物考古研究所、都江堰市文物局：《都江堰市金凤乡瓦岗坝窑发掘报告》，《成都考古发现 2001》，科学出版社，2003 年，第 291 页。

图12 乐山市西坝窑束口盏
采自《乐山西坝窑址》

图13 衡山窑束口盏

（4）乐山市西坝窑

该窑出土的 F 型盏类似束口盏造型，尤以 Fa 型标本 1 和 3 最接近[17]。胎色以褐色居多，见有泛黑、泛黄和泛红，胎质有粗细之分。釉色明亮，有开片现象，内满釉，外釉多不及底，外壁见有积釉。釉色以黑色为主，见有兔毫等装饰。胎釉间也见有一层薄釉。烧造工艺同广元窑（图12）。

5. 湖南地区

（1）衡阳市衡山窑

遗址分布在湖南省衡阳市衡山县贺家乡湘江北岸的渡口边赵家堆（又名瓦子堆）、江村的枫树河、赵家坡、细堆子和永平村成家滩，衡东县大源村、衡南车江镇沿湘江一带。赵家堆窑、大源窑和新塘窑等窑场均出土束口盏造型的瓷器，如赵家堆二号窑出土的单色釉瓷器Ⅳ式盏和赵家堆一号窑出土的单彩瓷器Ⅱ式盏等[18]。造型丰富，多数束口略深则肩部突出明显，斜直腹较深；也见有口微束[19]、捺腰式样以及外撇圈足等造型的产品[20]。胎质坚硬，叩之发金属声，胎体较粗，胎多呈深灰、赭褐或砖红色。釉层较薄且亮，部分釉面开有细片，胎釉结合较好；内满釉，外施半截釉为多。釉色种类众多，有单色釉和两色釉两大类工艺，单色釉以酱黑色为主，绿色也不少，也见有黄色等釉色；两色釉工艺比较独特，见有外壁施绿釉、内壁施青釉，外壁施黑釉、内壁上蓝釉，口沿施白釉、其余施黑釉（白覆轮），上部施绿釉、下部施褐釉等。基本未见该窑其他装饰工艺，如粉上彩釉绘花、釉下彩、釉上彩、印花、刻花、雕塑、镂空、堆塑和捏塑等（图13）。

束口盏都是用龙窑烧造，用柴作燃料。不用匣钵，放在筒形或圆锥形的墩座上裸烧。

---

17 四川省文物考古研究院、乐山市文物保护研究所、五通桥区文物保护管理所：《乐山西坝窑址》，文物出版社，2017年，第52页。

18 周世荣、傅聚良：《衡山窑发掘报告》，《湖南考古辑刊（第3集）》，岳麓书社，1986年，第156、165页。

19 周世荣、郑均生主编：《衡州窑与衡山窑》，湖南美术出版社，2012年，图2—208。

20 周世荣、傅聚良：《衡山窑发掘报告》，《湖南考古辑刊（第3集）》，岳麓书社，1986年，第146、159页。

并且采用叠烧方式，大量使用垫珠作为间隔具进行叠烧，器内通常留有 4—6 个支烧痕，甚至粘连垫珠。

（2）湘乡市棋梓桥窑

遗址位于湖南省湘潭市湘乡市棋梓镇水府庙水库东北岸一带，深受衡山窑的影响，窑址出土的器物在器型、胎釉、装饰和装烧工艺与衡山窑相似。不过，棋梓桥窑出土的窑变釉瓷为其自身特色，在衡山窑中不见，并影响了永州允山玉井窑[21]。

不过相较于衡山窑，棋梓桥窑出土的束口盏在造型上多见口沿微弧，尖唇，深束口，上腹突出明显，深腹的式样[22]；釉色除了出现窑变釉[23]之外，还不见衡山窑非常流行的两色釉。窑变釉色多呈乳灰、乳白或灰绿色。见有兔毫、玳瑁斑和鹧鸪斑等装饰（图 14）。

图 14　湘乡市棋梓桥窑窑变釉碗
采自《湖南湘乡瓦砾山宋代民窑陶瓷艺术研究》

（3）永州市玉井窑（千家峒窑）

遗址位于湖南省永州市江永县允山镇玉井村，受衡山窑和棋梓桥窑影响。窑址出土的 I 式黑釉盏[24]应当就是典型的束口盏造型。胎体坚质较细腻，有干涩之感，胎色多青灰色。釉层较薄，胎釉普遍结合好，内满釉，大部分器物外施釉不到底。多见黑釉和窑变釉，装饰有玳瑁斑、兔毫斑和鹧鸪斑等，与湘乡棋梓桥窑相似，但比棋梓桥窑品类多。烧造工艺同衡山窑。

二、束口盏的比较

上述这些窑场生产的束口盏受到地方环境的影响，在器型、胎釉、装饰、窑型和窑具上具有自身的独特性和特色，但是在各地域内形成一定的地区趋同性特征。从上文来看大概可以划分为三个区域，分别是以福建为核心并辐射到周边江浙区域的建窑系地区，以衡山窑为源头并包含棋梓桥窑和玉井窑等窑场的湖南地区，以及以广元窑、涂山窑等窑场为代表川渝地区。将广西严关窑束口盏的各方面特征与各地区的窑场进行比较，可以厘清它们之间的关系，以此挖掘出严关窑束口盏的渊薮。

21《中国大百科全书》第三版网络版（专题板块·陶瓷文化·窑业遗存·棋梓桥窑）：https://www.zgbk.com/ecph/words?SiteID=1&ID=504726&Type=bkztb&SubID=878。

22 向丹：《湖南湘乡瓦砾山宋代民窑陶瓷艺术研究》，湖南科技大学硕士学位论文，2014 年。

23 董健丽：《素简玄妙——宋元时期建盏类器物》，《收藏家》2020 年第 4 期。

24 周世荣：《江永千家峒窑》，《中国古陶瓷研究（第八辑）》，紫禁城出版社，2002 年，第 135 页。

（一）器型比较

1. 口部

广西严关窑的口沿长度较长且微弧，整体侈口状，但唇部多尖出并弧状微敛。这种口沿造型也是湖南地区窑场的流行式样；除此之外，衡山窑还有不少其他造型，包括敛口尖出、短侈口尖出以及侈口圆唇直出等。建窑系地区的束口盏多是斜长沿，微侈，直状微尖唇居多 [25]，口沿不及严关窑的长；特别的有潘里垄窑的直口尖圆唇，以及天目窑的尖唇短斜沿等。川渝地区的口沿多是短且敞口微微尖出；而西坝窑有所不同，多为敞口圆唇长直沿。

严关窑和湖南地区的束口一般较深，比较明显；不过衡山窑有口微束的造型。建窑系地区的束口一般较浅，微小的曲线变化却极具美感。川渝地区的束口也较浅，尤其加上口沿较短显得不明显；不过涂山窑束口相对略深，但不及严关窑。

2. 肩腹部

严关窑束口盏一般腹部较深，口径和通高比例一般小于 2:1；肩部突出明显，显得丰满；腹部线条斜直。湖南地区的造型也大体类似，不过衡山窑依旧呈现出多样化的情况，比如腹部略浅，甚至口径和通高比例等于 2:1 的式样；腰部向内隆起而收的捺腰式样；肩部突出不明显，斜弧腹，整体敦厚等式样。建窑系地区肩部突出不明显，斜弧腹近直，渐收至底部，一般较严关窑浅；但也见有东张窑的捺腰式样等特殊风格。川渝地区与建窑系地区的类似，但腹部一般较严关窑更深；不过涂山窑肩部较鼓，而广元市瓷窑铺窑也有捺腰式样的造型。

3. 整体风格

严关窑和湖南地区的束口盏显得秀气修长，但口沿占比例大，加上丰满的肩部，有头重脚轻之感，略显不协调。建窑系地区则线条柔和，比例协调优美，整体一种古拙稳重的感觉。川渝地区则与建窑系地区的类似，但相比之下更加高耸挺拔，但不会出现严关窑头重脚轻的感觉。

（二）胎釉比较

1. 胎

各窑场胎基本使用本地原料，胎色保留本地风格而各有不同，唯有景德镇湖田窑仿建窑黑胎，与本地灰白胎不一致，比较独特。为斗茶所需，束口盏胎体一般比较厚重，并且明显比同窑场其他碗盘类的胎厚，而且从口沿至盏底部胎体渐厚的趋势明显；但严关窑和湖南地区束口盏的胎体相对较薄，而且与同窑场的厚薄相差不大，口至底部厚度也大体相当。川渝地区的束口盏多用化妆土，而严关窑、湖南地区和建窑系地区均未见。

---

25 李德金：《福建建阳县水吉北宋建窑遗址发掘简报》，《考古》1990 年第 12 期。

2. 釉

严关窑束口盏内满釉，外施半截釉居多，釉薄且亮，紧贴胎骨，基本无垂流和积釉现象。湖南地区的与严关窑基本一致。建窑系地区则基本内满釉，外施釉超过半截一般近足底；釉层肥厚，釉面玻璃质感强，多见有垂流现象并在末端聚成圆珠状；胎釉之间多施一层薄釉（仅铅山窑未见）。川渝地区与建窑系地区类同，唯有涂山窑是内外通体施釉。

（三）装饰比较

1. 釉装饰

严关窑束口盏见有施青釉、淡青釉、酱黑釉、口沿釉、乳光釉和花釉装饰等，与湖南地区大体一致，其中尤以棋梓桥窑和玉井窑最接近，较严关窑仅仅多出兔毫釉；而作为两窑源头的衡山窑也基本不见兔毫釉（仅见于圆口形Ⅴ式绿釉盏[26]），更未见乳光釉和花釉，但盏类中多见的两色釉装饰不见于严关窑等三个窑场[27]。建窑系地区束口盏以黑釉为主，分为纯黑釉、兔毫釉、玳瑁釉、油滴釉和曜变釉等。川渝地区比较融合，既有以广元窑为代表的建窑系黑釉，也有以西坝窑为代表的窑变花釉。

2. 彩装饰

束口盏多以釉装饰为主，彩装饰种类少，各窑场以点洒斑装饰为多见。建窑系地区的遇林亭窑所用描画金彩的装饰，甚为特殊，其他窑场几不可见。湖南营田窑出土的Ⅱ式盏为束口盏造型，内壁绘釉下粉彩花朵[28]，极具本地窑场特色。

（四）窑型及窑具比较

严关窑和湖南地区束口盏放置龙窑中烧造，不用匣钵，器物之间用手捏的四至六颗小湿泥珠作间隔而叠烧。建窑地区也是龙窑，但是使用漏斗形匣钵一钵一器装烧，多在匣钵底放上圆形垫饼间隔。川渝地区的束口盏则放置于马蹄窑内烧制，使用漏斗形匣钵一钵一器装烧，大多在匣钵底放置石英砂间隔。

三、总结和思考

（一）束口盏的渊薮

1. 严关窑束口盏

通过上述介绍和比较，我们可以清楚地获知，虽然严关窑束口盏之前多被认为是参考

---

26 周世荣、傅聚良：《衡山窑发掘报告》，《湖南考古辑刊（第3集）》，岳麓书社，1986年，第150页。

27 严关窑的口沿釉装饰可算两色釉中的一种，但不算最典型；而棋梓桥窑和玉井窑就已查到资料中连口沿釉装饰也未见，但窑场资料发掘有限，存在可能性，而且就技术工艺传播情况来看，可能性比较大。

28 周世荣：《湖南唐宋窑址分期与陶瓷的主要特点》，《景德镇陶瓷》1984年S1期。

建窑造型和装饰等技艺，并结合北方窑业的乳光釉技术进行创新的产物；但究其深层，比对严关窑和建窑的器型、胎釉、装饰、窑型、窑具、烧造工艺等方面特点，都找不到它们相互学习和传承的关系。相较之下，严关窑与湖南地区束口盏的风格和工艺如出一辙，尤其是造型的一致、乳光釉的使用、窑变花釉的装饰、胎釉间无一层薄釉和龙窑内垫珠叠烧等共同点，都将严关窑束口盏的渊薮指向了湖南地区的窑场。传播的路线可能是衡山窑的工艺传入棋梓桥窑，并结合乳光釉技术和多种色釉融合施釉技术形成独特的窑变花釉装饰风格，然后传入玉井窑再传入严关窑或者直接传入严关窑。

2. 川渝地区束口盏

川渝地区的黑釉束口盏使用马蹄窑、石英砂间隔和漏斗型匣钵装烧，具有北方窑业的烧造工艺特色。尤其黑釉灰胎的产品还施化妆土，不符合黑釉束口盏的烧造需求，即使是衡山窑的产品都是束口盏无化妆土，但是其他盏施化妆土[29]；可见川渝地区是刻意为之，似乎是模仿北方窑场黑瓷的细白胎。而胎釉之间施一层薄釉，其目的是提升黑釉的黑度和均匀程度，在宋代南北方窑场都差不多时间出现，不属于建窑独特工艺。因此，川渝地区的束口盏应当是传承了北方窑场的窑业工艺技术，仅仅是参考和借鉴了建窑的造型。

唐代川渝地区盛极一时的邛窑，截至目前，未见出土典型的黑釉束口盏，不过邛崃市文物管理局收藏的一件十方堂窑址出土的南宋乳浊蓝绿釉茶盏[30]，造型与束口盏相似，但束口略深、口沿略长、腹部较弧，圈足较深且外撇，相比川渝其他窑场已不够典型，反而更类似严关窑和湖南地区窑场的产品，尤其胎薄且口至底部厚度大体相当这一点（图15）。

图15　宋邛崃窑乳浊蓝绿釉束口茶盏

（二）装饰的思考

1. 兔毫釉

受到宋徽宗推崇备至的兔毫釉装饰，广泛流行于南北方窑场的黑釉产品上，但基本不见于严关窑束口盏上，衡山窑也所见甚少，究其缘由，与严关窑等窑场的工艺和兔毫釉的成因有关。首先，虽然各窑场均生产兔毫釉束口盏，但是他们产生机制可分为两类，姑且可划分为建窑兔毫和钧釉兔毫：建窑兔毫是富含铁的析出形成，而钧釉兔毫是乳光釉分相和两层釉造成的，并且需要形成比较蓝的乳光釉效果，才能明显看出流淌线条感；两者都与气泡排出有关。严关窑和湖南地区的束口盏都少见建窑兔毫，是因为釉较薄，而且胎釉

---

29 周世荣、傅聚良：《衡山窑发掘报告》，《湖南考古辑刊（第3集）》，岳麓书社，1986年，第154页。
30 成都文物考古研究院：《邛窑出土瓷器选粹》，文物出版社，2022年，第274、275页。

之间不多施一层底釉，因此纯黑釉色少见，多酱釉，兔毫更是无法形成。而衡山窑无乳光釉装饰，自然也无法形成钧釉兔毫；严关窑虽然有乳光釉，但是釉薄，呈色月白乳浊多见，可能无法形成明显而稳定的兔毫斑纹。

2. 乳光釉

过去，严关窑束口盏上的乳光釉技术多认为来源于北方钧釉，但具体来源路线未具体寻找；但从前文可以看出，严关窑的乳光釉工艺应当是继承湖南地区的棋梓桥窑和玉井窑等窑场。同时，据科学分析，严关窑与长沙窑、邛窑和处州窑的乳浊釉都是属于区别于钧釉的另一种分相釉[31]，除了原料问题的因素以外，是否与制作工艺有关系。尤其川渝地区的西坝窑乳光釉效果很好，严关窑、湖南地区、川渝地区乳光釉的联系和源头值得探索，是否与长沙窑已经成熟的乳浊釉有一定的联系，是否是窑业技术的自我发展。

3. 流淌花釉

严关窑除了束口盏外，其他器型也大量出现流淌花釉装饰，以目前资料来看，严关窑花釉工艺也与湖南有关。并且，同时期川渝地区的西坝窑等窑场也大量出现花釉产品，此装饰工艺的直接源头也值得探讨，是与北方工艺有关，还是与南方玳瑁斑纹的工艺有所关系。同时，严关窑口沿流釉交融的花釉效果，就已搜集的资料来看不见于包括湖南地区的其他窑场，存在本地工艺创新的可能性。并且严关窑大量生产的这种精美花釉盏在距其下游40多公里的桂林宋代文化层中却难以见到，甚至根本不见记载[32]，因此此种装饰工艺生产的原因和技术来源值得进一步研究，是否与外销或者其他地区定制有一定关系。

（三）用途的探讨

束口盏的出现跟饮茶之风和斗茶的流行有关，因此过去普遍认为严关窑南宋之后开始烧制束口盏，也是基于饮茶文化的传播和茶业经济的刺激。但是考虑到市场需求、斗茶标准和饮茶风俗等，严关窑生产的束口盏可能不作斗茶之物，用途有所改变。

1. 市场需求

从现有的出土资料来看，北方窑场没有烧制黑釉束口盏，但是黑釉斗笠盏等其他盏类器型均有发现，可见在斗茶盛行和束口盏流行的情况下，北方窑场并没有进行仿制。这可能与建窑系地区大量生产以及束口盏的市场需求有限有所关系。而且南宋以后，建窑系地区生产并没有受到破坏，川渝地区也开始大量生产束口盏，是否还需要严关窑以及湖南地区的产品补充，大量的产品销售去何处。

---

31 陈尧成、周学林、李铧：《广西严关窑乳浊花釉分相结构研究》，《古陶瓷科学技术6——国际讨论会论文集》，上海科学技术文献出版社，2005年，第346页。

32 李铧：《广西兴安县严关宋代窑址调查》，《考古》1991年第8期。

2. 斗茶标准

斗茶的束口盏，要求黑釉、平底、器型稳重，并以兔毫装饰为佳。而严关窑的产品未施底釉，则黑釉不纯，酱色为主；尤其还有大量月白釉的产品，依《大观茶论》所述："点茶之色，以纯白为上真，青白为次，灰白次之，黄白又次之"，并不适合观看斗茶；且内外底均有垫珠痕，可能会影响"运筅旋彻"；整体器型略显头重脚轻，不够稳重；并且不见兔毫釉装饰，档次不够。

3. 饮茶风俗

至迟到两宋之间，桂林碑刻上提到的文官士人来桂旅游饮茶，多使用"汲泉煮茗"（靖康改元）、"煎沉水"（绍兴五年）[33] 等字样，可能仍多使用煎茶法，而不用点茶之法。参考扬之水先生提出的"《茶录》与《大观茶论》固然是雅，然而以'九之略'为衡，则依然是俗[34]"可知，在桂林的山野风光之处，自然是煎茶法更有意境。因此，在这种风气的影响下，桂林地区地方士绅之流的流行饮茶方式可能依旧是煎茶法，使用束口盏进行斗茶的点茶法不一定普及。

综合以上情况，可知严关窑乃至湖南地区的束口盏很可能都不是作为斗茶工具，其真实的用途和大量生产的缘由值得进一步研究。

（四）严关窑窑业技术的渊薮

从束口盏、乳光釉工艺、花釉工艺等情况来看，严关窑窑业技术与湖南地区的棋梓桥窑和玉井窑等窑场具有相当的关联性。同时，几个窑场的器物器型、印花工艺和纹样都有相当的相似性。但是，湖南窑场常见的化妆土绘花工艺和釉下彩纹样在严关窑基本未见，而严关窑口沿釉工艺也不见于棋梓桥窑和玉井窑，存在一定的不同。但是考虑到严关窑等窑场都范围巨大，发掘不够彻底，具体情况依旧不够完整；再参考营田窑的釉下彩绘产品多出自下层，而印花多出自上层[35]，且窑业堆积的上层多出土托珠，下层有圈垫[36]，因此严关窑也可能仅传承后期流行的窑业产品和技术。由此可见，严关窑窑业技术依旧存在直接传承于湖南窑场的可能性。

33 桂海碑林博物馆编：《桂林石刻碑文集（上册）》，漓江出版社，2019 年，第 228、246 页。

34 扬之水：《两宋茶事》，《新编终朝采蓝：古名物寻微（上）》，生活·读书·新知三联书店，2017 年，第 116 页。

35 周世荣：《湖南唐宋窑址分期与陶瓷的主要特点》，《景德镇陶瓷》1984 年 S1 期。

36 《中国大百科全书》第三版网络版（专题板块·陶瓷文化·窑业遗存·营田窑）：https://www.zgbk.com/ecph/words?SiteID=1&ID=505691&Type=bkztb&SubID=878。

宋金时期南北黑釉瓷烧造技艺交流探究
——以对四川西坝窑黑釉瓷的影响为例

吴咏梅

（景德镇陶瓷大学／山东艺术学院）

摘要： 对四川西坝窑出土器物特征以及窑炉烧造情况分析后发现，西坝窑黑釉瓷的烧造与同时期南宋统治下各窑场的烧造情况有明显差异。本文通过对宋金时期南北窑场黑釉瓷的造型、装饰和烧成工艺三方面展开比较研究，发现在金人南下时，北方窑工有可能沿自东向西，由南及北的路线迁移到四川，并在四川窑场延续了北方黑釉瓷的烧造技艺。

关键词： 黑釉　陶瓷烧造　技艺交流

宋金时期南北各地窑场中黑釉瓷的生产达到鼎盛。冯先铭先生曾指出："在已发现的宋瓷窑址中，有三分之一以上都见到黑瓷，南北都产。"[1]但在对各窑口的考古出土瓷器进行对比研究后发现，处在南宋统治范围内的四川西坝窑黑釉瓷的烧造深受北方窑口的影响，而不是像李遇忻在其硕士论文《乐山西坝窑陶瓷艺术特征及设计价值研究》中谈到的与同是南宋政府管辖的建窑、吉州窑相似[2]。更有意思的是在对安徽寿州窑宋金出土瓷器分析后，发现寿州窑主要以烧造黄釉瓷器为主，寿州窑址附近煤炭资源丰富，但其烧成方式为柴烧。与其相邻的山东、河南各窑口的器型及主要装饰风格在寿州窑瓷器中并没有延续。由此推断，当金人的铁蹄从东北南下时，河北、河南、山东、山西的窑工迁移路线可能是自东向西，由北及南的路线。

"北宋晚期以后，黑瓷既追求纯黑釉的幽美（北宋初期审美风格），又追求多变的外观华丽，于是就有了多重的装饰黑釉，描金加银、剔刻划花、油滴兔毫、红斑绿彩、尽到人之所能。形制以各式茶碗为主，兼具杯盘盆罐，瓶壶钵盂，渗透到生活的方方面面。可谓色彩缤纷、灿烂夺目、黑釉的发展达到了中国历史的最高峰。"[3]本文将从南北黑釉瓷的造型、

1　中国硅酸盐学会编：《中国陶瓷史》，文物出版社，1982年，第277页。

2　李遇忻：《乐山西坝窑陶瓷艺术特征及设计价值研究》，西华大学硕士学位论文，2020年。

3　深圳文物鉴定所：《知白守黑——北方黑釉瓷文物精品》，岭南美术出版社，2016年，第2页。

图1 淄博窑黑釉白口盏

图2 淄博窑黑釉白口梅瓶

装饰和烧成工艺三个方面展开比较，通过对具体器物特征的比较研究分析宋金时期南北窑场黑釉瓷烧造技术的交流情况。

一、南北黑釉瓷造型的对比分析

1. 黑釉白口碗、盘、碟

唐代以后瓷器逐渐取代金银器成为上至达官贵人，下至平民百姓普遍使用的生活器具。遍布全国的南北窑址中碗、盘、碟、盏是最多的日常用器，也是各窑址考古发现最多的。南方的建阳窑更是以生产黑盏主，有兔毫、玳瑁、鹧鸪斑、天目等。吉州窑、段店窑、磁州窑、介休窑、耀州窑、西坝窑、广元窑、涂山窑等也都有烧制此类窑变黑酱釉茶盏。北方窑址遗物中发现一款黑釉白边盏（碗）（图1），这种黑釉与白釉口的结合被日本人称作"白覆轮"。黑与白形成鲜明的色彩对比，简单、质朴又有变化。大面积黑釉与口沿处一圈白釉产生的面积对比，更加突显碗（盏）的造型，达到提神吸睛的视觉效果。据有关专家推测这种黑釉白口碗（盏）是模仿当时流行的银扣漆器。不管这种推测是否准确，但在工艺层面上，体现出宋金时期陶瓷工匠对器物造型和釉料流淌工艺的熟练掌控。这种黑白釉结合的器物使用的黑釉流动性要小，与白釉的膨胀系数相近。白釉的附着力要大，不透明度要强，才能达到这种近似一体的釉色效果。黑釉一圈白口还有装饰为白釉一圈黑口的器物主要集中在碗、盘、碟等，淄博窑还发现一件黑釉白口的梅瓶（图2），但这样的器物未曾在建阳窑和吉州窑见到，福建将乐县博物馆藏了一件宋代万全窑黑釉白口盏，西坝窑也有生产类似的黑釉白口盘（图3）。

图3 万全窑黑釉白口盏

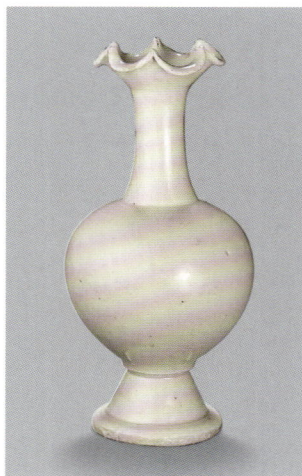

图4　定窑白釉花口瓶　　　　　图5　当阳峪窑黑釉红绿彩花口瓶　　　　　图6　淄博窑黑釉花口瓶

2. 花口瓶

花口瓶是宋金时期北方窑口普遍烧造的一种瓶式造型，因瓶口似开放的百合花瓣，又被称为"百合花瓶"或"花口瓶"。如上文所讲，北方黑釉瓷的烧造晚于白釉瓷，定窑有一件十分精美的白釉花口瓶（图4），花口、细长颈、鼓肩收腹、外撇高足，腹足衔接处有一圈弦线，形态十分优美。河南当阳峪窑发现了黑釉红绿彩花口瓶（图5），同样是花口长颈、鼓肩，但收腹不明显，整体视觉没有定窑白釉花口瓶高挑挺拔，而且黑釉施釉不到底，底足处漏出较疏松的灰白胎体。淄博窑产黑釉凸线纹（又叫起线纹、沥线纹）花口瓶（图6）与定窑白釉花口瓶外形相似度很高，淄博窑黑釉花口瓶的撇口更大，肩腹部有数条纵向的起线装饰，施釉近底足，有一定流釉现象。段店窑产黑釉花口起线纹花口瓶，颈部变粗，瓶体最大直径在腹部，一圈弦纹不在腹足交界处，而是下移，大致在外撇足的中间部分（图7）。西坝窑也有生产黑釉花口瓶，其造型与段店窑接近，肩腹部整体变小，花口的直径与腹径还有底足的直径相近，外撇足上部的弦线更加突出，近乎成为新的造型（图8）。段店窑与西坝窑的黑釉花口瓶施釉都不到底，但西坝窑在施黑釉前还上了一层褐色的护胎釉。花口瓶根据底足造型修足（图9），左边施护胎釉的花口瓶相对右边没有施护胎釉的釉色更加明亮。外足接触面的修整与同时期碗的外足相似，呈倾斜状，尽量减少接触面，避免高温叠烧时产生粘连（图10）。在同时期的建窑和吉州窑几乎没有见到类似的黑釉花口器。

3. 直口双系罐

隋唐时期流行的盘口壶、罐多为三系或四系，系多为细泥条对折挤压成型，而直口双系罐则为宋金时期的新造型。寿州窑称这种口部上下直径近似的瓷罐为直口罐，"直口罐是寿州窑罐类较常见的器物之一，形制为直颈、窄肩、腹下束。腹部形态一般有两种，一种是鼓腹，一种是修长腹。较大的直口罐在颈肩处有两个短小的双股錾系，往往在系的下

图 7　段店窑黑釉花口瓶　　　　图 8　西坝窑黑釉花口瓶　　　　图 9　黑釉花口瓶底足

图 10　寿州窑直口罐

端饰一小乳钉。这种直口罐在同时期的长沙窑中亦有发现，但该窑的直口罐上的双系多见横置的桥形，也有与寿州窑类似的系，而形制上则近麻花绳结状，系也大一些。在长沙窑的直口罐中鲜见修长腹式样的，所见大多数为圆鼓腹"[4]。西坝窑产黑釉直口罐口颈部更长，窄肩鼓腹，外圈足，黑釉施釉不到底，与花口罐一样在施黑釉前先上护胎釉（图11），其造型与寿州窑有很大差别，却与淄博窑产黑釉直口双系罐较为相似（图12），虽然直口与腹部的比例关系不同，但双系的粘结方式几乎一致，同样是外圈足，施釉不到底。吉州窑没有发现类似的双系罐，但有一种口部翻唇的玳瑁直径罐（图13），从外形看与西坝窑差距较大。

4　淮南市博物馆：《寿州窑》，文物出版社，2014年，第221页。

图 11　西坝窑黑釉双系直口罐　　　　　　图 12　淄博窑黑釉双系直口罐　　　　　　图 13　吉州窑玳瑁黑釉直口罐

二、南北黑釉瓷装饰的对比分析

1. 黑釉、白釉、酱釉

宋金时期中国北方同一个窑口兼烧黑釉、白釉、酱釉是十分常见的。而南方窑场却很少出现同一窑口兼烧黑釉、白釉和酱釉，如宋金时期景德镇窑兼烧白釉和青釉，建窑兼烧黑釉、青釉、柿子红釉等，吉州窑烧黑釉、酱釉等。北方的耀州窑烧青釉、酱釉不烧黑釉，"宋代不少窑都烧酱釉，有人认为黑釉烧过了，可以烧制出酱釉，这说法有其一定根据，但耀州窑以烧青瓷为主、兼烧酱釉，不烧黑釉，还有河北、河南、山西、陕西、江西、四川、福建等，酱釉比较普遍出现的原因与宋代漆器有一定关系，是有意仿照宋酱色漆器特征烧制的"[5]。

黑釉、酱釉瓷器的烧制可能源自对漆器的模仿，苏州大学的张朋川先生曾讲："中国古代造物遵循廉价材料模仿高贵材料""宋代一色漆器以黑色为主，兼有红色、褐色、赭色、黄色等。"[6] 但宋代黑釉瓷的大量烧造最直接原因是黑釉的原材料易得，《段店窑——鲁山花瓷》一书中提及段店窑使用当地的黄土（本地人称黑药土）制釉。黑釉与青釉同属于石灰釉，在中国陶瓷史上出现的时间相近，东汉晚期浙江上虞地区烧制的黑釉瓷已经相当成熟，而北方各窑口黑釉瓷的生产却在白瓷之后。因北方白瓷土储存量低，范围小，主要呈"鸡窝状"分布，很难大批量连续生产，再加上精细白瓷的生产工艺复杂，生产成本较高，相比之下黑釉瓷可以掩盖普通疏松瓷土的瑕疵，又能满足大批量民用粗瓷的日用需求。再次是宋代饮茶风尚和宋代统治者宗教信仰的影响。宋人斗茶喜欢用建窑的黑盏，因为黑盏更能衬托白色的茶末。宋徽宗的《大观茶论》中讲："盏色贵青黑，玉毫条达者为上，取其燠发茶采色也。"上行下效，是建阳窑黑釉茶盏风靡一时，其他窑口争先模仿的主要原因。

5　冯先铭著，冯小琦选编：《冯先铭谈宋元陶瓷》，紫禁城出版社，2009 年，第 17 页。

6　熊玮：《漆器》，甘肃文物出版社，2014 年，第 16 页。

图14　鲁山花瓷腰鼓

北方窑场生产窑变黑釉茶盏的产量也很大，有兔毫、油滴、鹧鸪斑等，以山西产黑釉盏最为精美。玄即黑，道家崇尚黑色，宋徽宗信奉道教，曾自封教主道君皇帝，成为道教的最高权威者，促成了朝野上下推崇道教的信仰之风。黑色茶盏在两宋时期流行与皇家的宗教信仰有着千丝万缕的联系。黑色沉静、内敛，蕴含着朴素唯美的道家美学思想，正如庄子所认为的"朴素而天下莫能与之争美"。黑釉瓷在高温烧成后黑亮如漆、宁静自然、质朴无华，于淡薄朴素中呈现出一种纯净内敛之美，久观时又有一种恬淡超然的意境之美。

西坝窑与诸多北方窑场一样，是一个兼烧黑釉、白釉和酱釉的窑址。其烧造基础与当地易得的陶瓷生产原材料与北方窑厂相似有关，但从艺术人类学的角度分析，其烧造产品的丰富性与其生产者是直接相关的，北方窑场的生产者在新的地区仍旧能在适宜的环境中延续自己的创造力。同时西坝窑陶瓷品类的丰富性还与其购买者有直接关系，消费者对自己熟知器物会有亲切感，北方窑口的生产者和消费者迁移到四川地区促成了西坝窑生产的瓷器延续北方窑口的风格特征。而耀州窑拥有自己技艺娴熟的工匠以及足够庞大的消费群，可以一直自己已有的陶瓷风格以生产青瓷、酱釉瓷为主。

2. 黑花釉

河南段店窑在唐代主要烧制黑釉及黑釉上施以蓝斑或月白斑的花釉瓷。现藏于西安大明宫祠的鲁山花瓷腰鼓是一件唐代段店窑烧制的黑褐釉花瓷精品(图14)。腰鼓长65.8厘米，口径22厘米，中间为圆柱，两头为喇叭口，中间圆柱上有三条弦棱，两端口部各有两条弦棱。整体造型与现在朝鲜妇女舞蹈使用的腰鼓相似。瓷鼓先施黑褐色釉，再在黑釉上涂有灰白色花斑，在高温烧成中形成二液分相釉层。产生斑驳绚烂的装饰效果。这种装饰方法在宋金时期不仅影响了与段店窑临近的钧窑、扒村窑。在四川西坝窑出土的器物中也发现黑花釉的装饰器物。西坝窑黑花釉瓷的面釉除白色外还有蓝色、黄色等。

面釉是一种与普通黑釉完全不同的釉，着色氧化物为氧化铜、氧化钛和氧化铁。"在高温烧制过程中由于气泡溢出、釉的流动及固化后在釉层中形成纳米级小液滴对光的反射产生绚丽多彩而又复杂多变的乳白、蓝、褐色色调和流纹。"[7]这种白蓝色乳光是物理反射形成，并非蓝色着色剂（氧化钴等）着色（图15）。南方其他窑口如建窑、吉州窑同时期主要以烧造兔毫纹、鹧鸪斑、玳瑁斑为主，很少有大面积的蓝白斑釉装饰。西坝窑黑釉瓷上装饰蓝白釉斑的装饰方法应该受到河南烧制黑釉花瓷窑口的影响。

3. 凸线装饰

凸线纹又叫起线纹、沥线纹，在山东淄博窑还有一个很好听的名字叫"粉缸瓷"。《宋金时期黑釉凸线纹瓷器"线语言"探究》中讲："白釉凸线纹瓷器可能是由模仿的定窑'出筋'技艺瓷器创烧而成，而且在仿制过程中，恰当地以沥粉工艺技术取代了压印'出筋'技术。"[8]通过对比研究发现这种凸线装饰源自定窑的"出筋"瓷器过于牵强，应该是对商周青铜器纹饰效果的模仿。《宣和博古图》中有周帛女鬲的手绘图是这种竖线装饰[9]（图16），而现存的西周伯先父鬲表面就是明确的凸线纹（图17）。宋金时期北方磁州窑、定窑、淄博窑、段店窑、扒村窑、介休窑等都有凸线装饰瓷器的生产，如上文提到的花口瓶，还有大量双系罐，有凸线装饰的双系罐与直口双系罐在造型上有所区别。凸线装饰双系罐的口部为卷沿圆唇，颈部变短（图18），一般双系上也有凸线装饰（图19）。在西坝窑出土宋金凸线纹黑釉瓷数量较大，也有凸线纹白釉瓷和酱釉瓷。

凸线纹装饰应该是拉坯成型后，坯体未干时借助工具将黏稠的白色泥浆一根一根挤在器物最突出的部位，坯体干燥后施黑釉一次烧成，因白色线条凸起于坯体表面，在高温烧成时，釉层高温熔融时向低平处流动，凸起处釉层变薄，烧成后形成黑釉黄白线纹装饰效果。从图18没有施黑釉处可以清晰看到，挤在坯体上的白色线条。西坝窑也有竖线凸线纹装饰瓷器出土（图21）。重庆琉璃厂窑出土一件黑褐色釉线条纹罐，凸线纹不是竖线装饰，

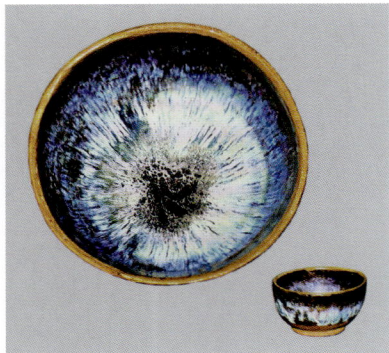

图15　西坝窑黑化釉碗

图16　周帛女鬲

图17　西周伯先父鬲

图18　凸线纹残片

7　梅国建：《段店窑——鲁山花瓷》，四川美术出版社，2014年，第45页。

8　（宋）王黼：《宣和博古图》，上海书店出版社，2017年，第349页。

9　远宏、王宇宇：《宋金时期黑釉凸线纹瓷器"线语言"探究》，《美术观察》2022年第5期。

图 19　凸线纹双系罐

图 20　淄博窑凸线双系罐残件

图 21　西坝窑凸线装饰盘

图 22　琉璃厂窑黄紫釉线条

图 23　商弦纹筒鬲

而是类似图 20 的系下交叉装饰。对比图 20 与图 22，发现图 22 的四根或五根凸线纹沿坯体弧度转折，自左向右和自右向左两组形成自然交叉，如此高难度的线条挤压效果（比竖线条挤压难度更大），线条之间距离相似，猜测应该是借助工具一次挤压而成，这种交叉线条装饰与商代弦纹筒鬲的凸线装饰十分相似（图 23）。受北宋统治阶级的影响，宋代金石学盛行，夏商周三代的青铜器被大量挖掘，这些先古器物的装饰效果伴随着《宣和博古图》的印刷让更多人知晓，宋金黑釉瓷上的凸线纹装饰受青铜器凸线纹装饰影响，在陶瓷器上拓展了新的装饰空间。

三、南北黑釉瓷烧成工艺的对比分析

1. 馒头窑烧成

"2008 年四川省考古研究院开始对西坝窑进行了科学发掘，初步认为西坝窑可能是我国发现宋元时期规模最大的馒头窑。"[10] 西坝窑窑址中清出馒头窑 6 座（图24）、灰坑四个，发掘面积约 325 平方米，发现遗物约400 件，主要陶瓷器物有碗、盘、碟、杯、盏、壶、瓶、罐、炉、花插，还有奁、钵、灯、洗、砚滴、盏托、香薰、瓷塑、谷仓罐等，涵盖生活用具、文房用具、玩具等众多方面。按釉色可以分为黑釉瓷和白釉瓷，其中黑釉瓷占比较大，白釉瓷相对较少。黑釉瓷再按其呈色又可分为黑、黑褐、酱褐、浅褐、灰褐、酱红、赭黄、赭灰、酱绿等。还有蓝色、蓝白色、乳白色、酱褐色、兔毫、油滴、鹧鸪斑等丰富多样的窑变。胎色常见有灰、灰白、灰黑、灰黄、灰褐、黄、黄褐、棕红、红褐、黑、黑褐、白等。白釉瓷一般通体施黄色或灰白色化妆土，黑釉瓷则是在上釉前先上一层黑褐色护胎釉。西坝窑黑釉瓷的施釉方式以浸釉和刷釉为主。

虽然早在东晋至刘宋时期的福建政和县已使用半地穴式馒头窑。广东潮州地区、梅州地区曾发现唐代馒头窑，但在宋金时期，南方烧制黑釉瓷的窑场以龙窑为主。"建窑产品采用坡道式龙窑烧制。"[11] 吉州窑址发现 24 座土包，土包底下是尘封的依山而建的龙窑。上文中提及安徽寿州窑陶瓷烧造使用馒头窑，但主要烧制黄釉瓷器。而北方的磁州窑、淄博窑、段店窑、扒村窑、平定窑、耀州窑等窑口的陶瓷生产一直使用馒头窑。窑址出土遗物与四川西坝窑相似度极高。

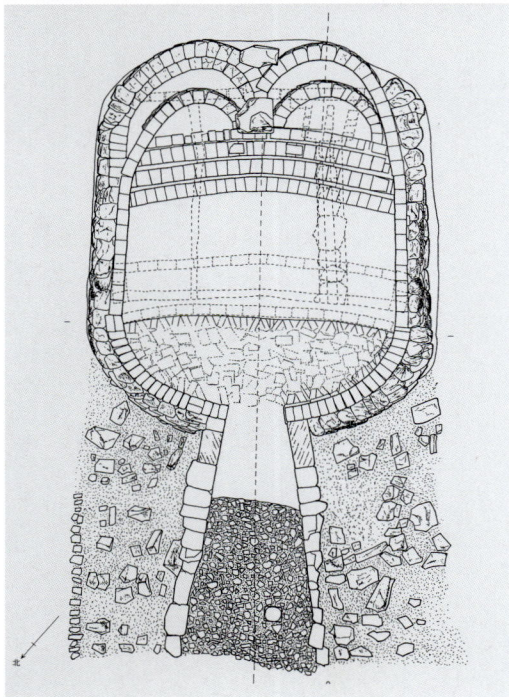

图 24　西坝窑馒头窑窑炉遗址及平面图

---

10 许文明：《四川乐山西坝窑研究》，重庆师范大学硕士学位论文，2018 年，第 2 页。

11 马骋：《建窑》，上海大学出版社，2011 年，第 25 页。

图25 双系罐套烧

2. 窑具

西坝窑侈口腕多采用涩圈叠烧，2 个碗口沿对口沿叠烧，口沿的接触面粘附细石英砂颗粒，不同于定窑的多碗覆烧。敞口碗使用擦内釉叠烧、垫圈叠烧。精致瓷器采用单个装匣仰烧、双系罐内部不施釉，采用大罐套小罐的罐套烧方式（图25）。宋金时期南北各大窑址都有采用。但从西坝窑出土的窑具如漏斗形匣钵、垫钵、垫碟、垫圈等与北方馒头窑窑场出土窑具十分相似。自古窑业生产中，满窑和烧窑属于一个工种的不同人群完成，窑炉的形制决定了满窑的空间，满窑师傅根据需要烧制的器物种类，选择适当的窑具，合理安排烧成空间，尽可能多地烧造器物。西坝窑窑址中发掘的遗物与北方各窑场相似也就决定为避免烧成过程中器物与器物粘连的窑具是相似的（图26—图28）。

3. 烧成方式

西坝窑在清理窑址时发现火膛底部残留一层炉渣与炭灰，推断西坝窑陶瓷烧造可能采用煤烧，这种烧造方式与同时期北方窑口是一致的。究其原因，"南宋至元代，北方进入寒冷期，植被萎缩，各种燃料难以为继，窑业改为煤炭燃料"[12]。因气候原因，北方植被不

图26 西坝窑漏斗匣钵

图27 西坝窑匣钵盖、垫钵

---

12 方李莉：《中国陶瓷史》，齐鲁书局出版社，2013年，第12页。

图 28　西坝窑垫圈

能满足陶瓷烧造，北方产瓷区需要寻找能够替代木柴的燃料，北方瓷土多是伴随煤炭共生，煤炭可燃烧，但煤炭燃烧的火焰较短，原来油脂多的木柴火焰较长，如果用煤炭代替木柴需要有足够烧成经验的师傅调整窑炉结构。木柴烧成后产生炭灰，而煤炭烧成后产生炉渣，陶瓷烧成需要长时间燃烧，煤炭燃烧过程的炉渣需要及时清理，因此火膛的构造也需要调整。寿州窑窑址周围有丰富的煤炭资源，却一直用木柴烧造陶瓷。一方面可能寿州窑周边林木资源丰富，另一方面可能缺少能够建造适宜煤烧馒头窑的工匠。煤烧馒头窑在宋金时期属于新式窑炉烧造技术，四川西坝窑能够用烧煤的馒头窑烧造陶瓷从另一方面传递了北方烧造技艺向西南地区传播的事实。

"西坝窑在受到北方磁州窑、耀州窑等名窑影响的同时。与同时期四川盆地西部的金凤窑—瓦岗坝窑窑区，以及盆地东部的涂山窑的关系非常密切。"[13] 在对比分析西坝窑出土遗物与南北其他窑口出土遗物的造型、装饰和烧成工艺后，可以明显感觉到西坝窑受北方窑口的影响更大，西坝窑也有生产与建窑、吉州窑相似的产品如玳瑁纹、兔毫纹、油滴纹黑釉盏，但生产此类茶盏的不只西坝窑，同时期北方其他窑口如段店窑、介休窑、磁州窑等也有生产。依据北宋时期皇室对建窑的推崇，全国各窑口受建窑的影响生产黑釉盏也是十分可能的。但西坝窑生产的很多器型如花口瓶、双系罐、凸线纹黑釉瓷、黑化釉瓷、黑釉白口瓷等是建窑和吉州窑不曾生产的。宋金时期南北黑釉瓷的生产技艺是各窑口之间相互交流，相互传播的。

---

13 四川省文物考古研究院、乐山市文物保护研究所、五通桥区文物保护管理所：《乐山西坝窑址》，文物出版社，2017 年，第 101 页。

世俗与神圣之间：9 至 11 世纪微型瓷质葫芦瓶之功能探讨

崔越

（复旦大学 / 上海博物馆）

摘要：9 至 11 世纪，一类微型瓷质葫芦瓶曾先后流行于墓葬遗址和佛教遗迹中。"葫芦"内涵的传播、变异与延伸，影响着该类产品在不同时段穿梭于世俗与神圣之间，扮演着迥异的角色。本文以唐宋为界，分时段进行材料梳理，并将目光投射至高丽王朝，综合剖析微型瓷质葫芦瓶在不同阶段、不同场域中的角色功能及其隐含寓意。

关键词：9 至 11 世纪　微型葫芦瓶　功能

　　唐代中晚期至北宋，微型的瓷质葫芦瓶出现并开始流行，其形亚腰双腹，高约 5—10 厘米。值得注意的是，这类产品最初在唐中晚期多见于墓葬、遗址之中，具有或实用或装饰性功能；而接近北宋时期，则作为奉纳物品大量进入佛教场域，甚至接近被置于中心的佛舍利，显示出其在佛教中的特殊地位，且可能影响到高丽时期的朝鲜半岛。这类微型瓷质葫芦瓶在流动的时间阶段里变异出不同面貌和功能，显然有别于高大的葫芦形饮食器如葫芦壶、葫芦执壶等，值得探讨。

　　关于葫芦形陶瓷器，董健丽[1]，董亮、董伟[2]等曾对新石器时代以来不同阶段的代表性产品做了概述性举例，并结合太极阴阳、道教内涵、"福禄"吉祥等文化内涵阐释其兴盛千年的原因。对于葫芦形瓷瓶在佛教遗迹中的现身，已有研究曾将其与其他舍利容器或出土瓷器一并分类罗举[3]，尚未将视角聚焦于葫芦形瓷瓶本身。因此，本文以唐宋为界分时段进行材料梳理，并将目光投射至高丽王朝，试图寻找这类微型瓷质葫芦瓶的踪迹，分析其在不同时段和场域中的功能与涵义。

1　董健丽：《中国古代葫芦形陶瓷器》，江西美术出版社，2010 年；董健丽：《中国古代葫芦形陶瓷器鉴赏》，《文物天地》2015 年第 5 期。

2　董亮、董伟：《漫话陶瓷葫芦瓶》，《收藏界》2009 年第 12 期。

3　王睿：《6—12 世纪塔基地宫、天宫奉纳瓷器》，《南方文物》2021 年第 3 期；张婧文：《陶瓷质佛教舍利容器分类研究》，《南方文物》2017 年第 2 期；隋璐：《宋辽金时期佛塔出土瓷器研究》，《边疆考古研究》2020 年第 2 期。

一、中晚唐时期的多重功能

唐代社会文化背景特殊——道教为皇室所尊崇，佛教色彩亦有所渗透，葫芦的形象因而流行于当世[4]，形体高大的葫芦形瓶类产品在墓葬多有所见[5]，高 20 厘米左右，有实用盛装器或陪葬明器两类。稍晚的，9 世纪始至 10 世纪，同样为亚腰双腹葫芦形但体型微小的瓷瓶频繁出现于墓葬与遗址中，其或许拥有多重功能，在此一一分类进行讨论。

1. 仙丹仙酒的微型容器

道教徒炼丹时喜将葫芦作盛装的容器，所谓"有客相逢说坎离，葫芦中药不容窥"[6]即暗示此意。时人有求仙问道之风，因而葫芦中的丹药亦被视为长生不死的仙药，《太平广记》即记载了一则奇闻：

> 王十八……乃尽令去障蔽等，及汤药，自于腰间取一葫芦开之，泻出药三丸，如小豆大，用苇筒引水半瓯，灌而摇之，少倾，腹中如雷鸣。逡巡开眼，猝然而起，都不似先有疾状……此药一丸，可延十岁。[7]

图1　陕西韩城乐盘村 M218 北宋墓北壁壁画（局部）
采自《陕西韩城宋墓壁画考释》

上好的仙药要用葫芦瓶盛装，葫芦与炼丹求仙、长生不老产生了密不可分的联系。江苏镇江唐墓曾出土一件高约 10 厘米的淡黄绿釉瓷质小葫芦瓶，被置于墓室后部底砖上，内盛硫化辰石、金银合金块和银合金块[8]。与之类似，陕西韩城乐盘村北宋墓壁画（图1）也显示出瓷质小葫芦瓶的这种功能。壁画右侧的长案上置满了小型葫芦瓶和罐子。案后两人，右方男子双手分置两药包，一为"白术"，二为"大黄"，左方男子手捧药书，其名为《太平圣慧方》，该书为刊印于淳化

4　董健丽：《中国古代葫芦形陶瓷器》，江西美术出版社，2010 年，第 65—68 页。

5　如陕西西安总章元年（668 年）李爽墓，棺床东北部见一越窑青瓷大葫芦瓶，另有一件瓷壶、两件瓷罐同出墓室东部，大概为一套陪葬用具，详见《西安羊头镇唐李爽墓的发掘》，《文物》1959 年第 3 期。上元三年（676 年）恭陵哀皇后墓出三件制相同，造型优美的大瓷葫芦瓶，为洛阳唐墓首见，详见谢虎军，张剑：《洛阳纪年墓研究》，大象出版社，2013 年，第 214 页。三门峡庙底沟 208 号唐墓出土一双系黑釉大葫芦瓶，详见河南省文物考古研究所编：《三门峡庙底沟唐宋墓葬》，大象出版社，2006 年，第 141 页。与其形制类似的，还有中和二年（882 年）偃师李抒墓所见灰黄色葫芦瓶，中国社会科学院考古研究所：《偃师杏园唐墓》，科学出版社，2001 年，第 195 页。

6　（宋）刘克庄：《刘克庄集笺校》，中华书局，2011 年，第 503 页。

7　（宋）李昉等编：《太平广记》，中华书局，1961 年，第 246 页。

8　刘建国：《江苏镇江唐墓》，《考古》1985 年第 2 期。

三年（992 年）的北宋著名医书 [9]。总而观之，微型瓷葫芦瓶盛装丹药的功能一目了然。且上述例子表明唐宋两代间，它的这种功能被沿用。

除了盛装丹药，微型葫芦瓶也作为大型盛酒器的微缩版本出现于墓葬中。《酉阳杂俎》载：

> 魏贾璘家累千金，博学善著作。有苍头善别水，常令乘小艇于黄河中，以都孤匏接河源水，一日不过七八升，经宿，器中色赤如绛，以酿酒，名"昆仑觞"。酒之芳味，世中所绝，曾以三十斛上魏庄帝。[10]

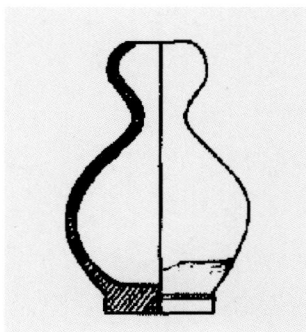

图 2　唐白釉葫芦形瓷瓶
西安市南郊茅坡村唐墓出土
采自孙福喜、王久刚：《西安市南郊茅坡村发现一座唐墓》，《文物》2004 年第 9 期

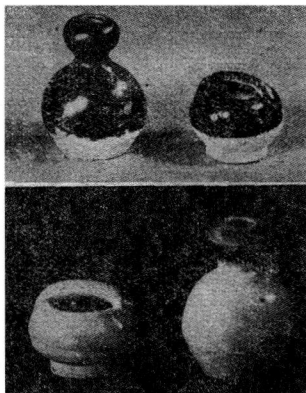

图 3　唐黑白釉葫芦形瓷瓶
河南安阳梅园庄晚唐墓出土
采自武奇琦：《河南安阳西郊唐、宋墓的发掘》，《考古》1959 年第 5 期

葫芦可装仙水，亦可酿仙酒。扬州薛庄唐墓中出土一件青瓷葫芦瓶，高 7.6 厘米，与之同出的还有一件高 6.8 厘米的青瓷小执壶 [11]，推测为一套酒具的小型模具。江苏地区的一座隋代墓葬同样出土一件小型青瓷葫芦瓶，并伴有一白砂胎绿釉执壶 [12]，二者作为组合，可能是为当地的陪葬习俗。

2. 祈愿往生的微型玩具

本文发现中晚唐北方地区的墓葬，尤其是未成年人墓中，这类瓷葫芦瓶常伴随其他微型器物成组成套出现，该现象为判断其扮演的角色提供有力依据。

如，河南陕县大中六年（852 年）韩干儿墓出土一件微型白釉瓷葫芦瓶。墓主为贵族，去世时尚未成年（仅 15 岁）。该瓶釉质均匀，下腹部露出瓷胎，底部为假圈足，伴出有微型的执壶、瓷瓶、瓷钵、瓷罐等 7 件小物，它们胎釉颜色一致，应为同一产地组合产出。另外，还伴有白釉褐彩牛车、白釉褐彩跪地童子、白釉褐彩骑马童子、瓷狮、瓷羊、瓷犬等微型玩具。报告者认为它们是墓主生前的玩弄的日用之器 [13]，而非专为陪葬设置，该观点或有待商榷。类似的，西安南郊茅坡村一座中晚唐墓中也见一件白釉小葫芦瓷瓶（图 2），同出一件微型酱釉执壶，另有青瓷骑马俑 2 件，黑釉瓷狗 1 件等。墓葬虽被盗掘扰乱，但根据陪葬品类，可推测墓主人亦为一名未成年贵族女性 [14]。此外，河南安阳梅园庄晚唐墓也曾出土黑白各一件瓷质小葫芦瓶（图 3），与之配套的还有一黑一白两

9　康保成、孙秉君：《陕西韩城宋墓壁画考释》，《文艺研究》2009 年第 11 期。

10（唐）段成式撰：《酉阳杂俎校笺》，中华书局，2015 年，第 563 页。

11　李则斌：《扬州出土唐青瓷褐彩牛车》，《文物》1999 年第 5 期。

12　金澄、武利华：《江苏铜山县茅村隋墓》，《考古》1983 年第 2 期。

13　赵玉亮：《中国国家博物馆藏唐大中六年韩干儿墓出土器物》，《中国国家博物馆馆刊》2021 年第 6 期。

14　孙福喜、王久刚：《西安市南郊茅坡村发现一座唐墓》，《文物》2004 年第 9 期。

件小型瓷质提梁水桶[15]。该墓也发现了微型瓷人、瓷羊、瓷马等玩具。与上述形貌几近一致的白釉瓷葫芦瓶，还见于西安南郊中晚唐平民墓[16]、三门峡庙底沟48号唐墓[17]等地。

东汉王符著《潜夫论》有言："或作泥车、瓦狗、马骑、倡排，诸戏弄小儿之具以巧诈。"[18]从上述几例墓葬中的器物组合可以看出，微型葫芦形瓷瓶应当是微缩的玩具，常在未成年人的生前身后出现。

值得注意的是，扬州贾庄唐五代手工业作坊曾出土大量微型瓷塑玩具，包括一件高3厘米的黑釉瓷葫芦瓶。该遗址另出土有微型提梁壶、微型水盂、微型壶等，可组成一整套供耍玩的器物[19]。河南巩义黄冶窑亦见许多形体微小的陶塑，高度5—8厘米，有执壶、提梁罐、双鱼瓶等[20]，也出土了几件微型棕红釉瓷质葫芦瓶，高5.5—7厘米[21]。另外，邛窑十方堂遗址五号窑唐宋地层曾出九百余件各式小瓷瓶，也包括葫芦瓶、长颈鼓腹瓶、玉壶春瓶、胆式瓶等，尺寸均在5—10厘米间[22]。不得不提的是，唐宋时家具中的高桌逐渐定型，士人对书房的典雅陈设的追求成风[23]，这些小瓷瓶也可能会作为陈设器。但该窑址也出土了一大批与前述墓葬中所见类似的瓷器组合，如高约5厘米的小罐、瓷杯、提梁杯等[24]，因而其功能尚需其他材料进行补充判断。

另外，一些未成年墓葬中也单独出土了葫芦形微型瓷瓶，不见成组成套器物的情况。陕西凤翔凤南42号唐墓中，墓主约6—8岁，头部及胸部附近置有开元通宝、银耳环、蚌壳、铜镜以及一件高4.8厘米的微型黑釉瓷葫芦瓶[25]，似乎暗示着葫芦形瓶在陪葬品中有特殊地位。江苏地区一晚唐平民墓出土一件青瓷葫芦瓶，高6.9厘米，口径0.7厘米，底径2.9厘米，其同出物为一只银项圈和少许铜钱[26]。李贺《唐儿歌》有言："竹马梢梢摇绿尾，银鸾睒光踏半臂。"[27]"银鸾"即佩戴于童子脖颈上錾刻鸾鸟纹饰的银项圈。陕西凤翔凤南171号唐墓墓主为一位6岁左右孩童，该墓中的陪葬物品除了一陶圆腹罐、一枚开元通宝钱，即为一

15 武寄琦：《河南安阳西郊唐、宋墓的发掘》，《考古》1959年第5期。

16 马红、秦怀戈、范炳南：《西安南郊出土一批唐代瓷器》，《文博》1988年第1期。

17 河南省文物考古研究所编：《三门峡庙底沟唐宋墓葬》，大象出版社，2006年，第25页。

18 （汉）王符著，（清）汪继培笺、彭铎校正：《潜夫论笺校正》，中华书局，1985年，第123页。

19 林海南：《扬州贾庄晚唐五代遗址出土的瓷塑玩具》，《东方博物》2019年第2期。

20 廖永民：《黄冶唐三彩窑址出土的陶塑小品》，《文物》2003年第11期。

21 河南巩义市文物保护管理所：《黄冶唐三彩窑》，科学出版社，2000年，第23页。

22 陈显双、尚崇伟：《邛窑古陶瓷简论——考古发掘简报》，《邛窑古陶瓷研究》，中国科学技术大学出版社，2002年，第163—165页。

23 扬之水：《唐宋家具寻微》，人民美术出版社，2015年，第101—128页。

24 （汉）王符著，（清）汪继培笺、彭铎校正：《潜夫论笺校正》，中华书局，1985年，第123页。

25 陕西省考古研究院、西北大学文博学院：《陕西凤翔隋唐墓：1983—1990年田野考古发掘报告》，文物出版社，2008年，第106页。

26 刘勤、郭菲、夏晶，等：《江苏仪征都市枫林唐宋墓群发掘简报》，《东南文化》2010年第4期。

27 （唐）李贺著，（清）王琦等注：《李贺诗歌集注》，上海人民出版社，1977年，第57页。

件高 8.8 厘米的葫芦形陶瓶[28]，然而，该葫芦瓶更可能是专为墓主陪葬的陶质明器而非其生前的弄器，这不得不令人反思：微型葫芦瓶是否仅仅被赋予玩具功能且并非专为陪葬设置？

奇怪的是，一些成年人的墓葬中亦见小型瓷葫芦瓶作陪葬品。如凤翔凤南 245 号唐墓，墓主为 45 岁左右的女性，报告中提到其陪葬品仅见一件施浅黄釉、高 9.6 厘米的瓷质葫芦瓶[29]。凤南 241 号墓，墓主为 50 岁左右的男性，同样出土了一件葫芦形小瓷瓶[30]。

以上种种现象提示：葫芦形小瓶在中晚唐时期的墓葬中可能扮演着超出其"弄器"属性的角色，富有特殊内涵。

唐代道教风靡的时代背景，给予葫芦形器物流行之机。唐末五代著名道士吕岩曾著："推倒玉葫芦，迸出黄金液……吞归脏腑中，夺得神仙力。妙号一黍珠，延年千万亿。"[31] 葫芦在此间承载了神仙之力。晋代葛洪所著《神仙传》曾载录神仙"壶公"的奇闻：其人远道而来，悬一空壶济世，日落之后跳入壶中，"既入之后，不复见壶，但见楼观五色，重门阁道，见公左右侍者数十人"[32]。仙壶在道教神话中是通往仙境的媒介，对此，谢明良认为，自汉代逝者借由"壶"进入神仙世界便开始存在，流行于吴至西晋间的堆塑罐，亦显示出亡魂仰赖神力通往仙境的愿望[33]。直到如今，云南彝族地区甚至仍保留着类似的习俗，"父母死后，其孝子须将亡灵双双引入葫芦里，供奉于壁龛或供桌上。彝族认为，人祖出自葫芦，死后灵魂也要回到葫芦里，葫芦代表一个小宇宙，为祖灵神仙居住和生息的空间"[34]。

本文认为，中晚唐墓葬所见大量瓷质小葫芦瓶，并非仅承担微型玩具的职能，其存在或许还与时人希望逝者灵魂凭借这类奇特的器物抵达神仙境域有关。宋人李昉等编《太平广记》曾引唐人所撰《前定录》，记载柳及之子甄甄夭折后成为仙童的故事："凡人夭逝，未满七岁者，以生时未有罪状，不受业报。纵使未即托生，多为天曹权禄驱使。某当职役，但送文书来往地府耳。"[35] 表现出人们持有孩童死后即进入天界的认知。出土于未成年人墓葬中的微型葫芦瓶，可能是逝者家属有意选择的陪葬品类，作为引导逝者灵魂转世成仙的器物。而成人墓中所见的微型葫芦形产品，大概亦与该思想观念有关。

由上述多重功能可以看出，葫芦形瓷瓶在此时段大量占据人们生前身后的世俗生活，某种程度上成为引领亡魂和助人飞升的法器，象征着时人对世俗之外神圣境域的向往与追求。

28（汉）王符著，（清）汪继培笺、彭铎校正：《潜夫论笺校正》，中华书局，1985 年，第 214 页。

29（汉）王符著，（清）汪继培笺、彭铎校正：《潜夫论笺校正》，中华书局，1985 年，第 223 页。

30（汉）王符著，（清）汪继培笺、彭铎校正：《潜夫论笺校正》，中华书局，1985 年，第 121 页。

31（清）彭定求等编：《全唐诗》，中华书局，1960 年，第 9708 页。

32（晋）葛洪：《神仙传》，中华书局，1991 年，第 38、39 页。

33 谢明良：《陶瓷手记 5：中国陶瓷的器形、纹饰与图像》，浙江大学出版社，2023 年，第 302—305 页。

34 李世康：《道教"仙葫"与彝族"葫芦"崇拜》，《华夏文化》1995 年第 4 期。

35（宋）李昉等编：《太平广记》，中华书局，1961 年，第 1075 页。

二、北宋时期的神圣功能

北宋时期，微型葫芦瓶作为小巧玩具与盛丹装酒的功能仍在延续，但出于某种原因，此时它们从墓葬中基本消失。不过，本文却在大量的佛教遗迹中发现了其身影。如果说前述时段所见微型瓷葫芦瓶是出现于世俗情境下的通仙超俗之物，那么随着时间向 10 世纪阶段推移，它开始"真正"进入神圣场域。

众所熟知的陕西扶风法门寺地宫于唐咸通十五年（874 年）封闭宫门，其中出土过一件少受关注的白釉小葫芦瓷瓶[36]。由于并未被《物帐碑》记录，韩伟将其归为"有物无载"类，认为这是封闭宫门前百姓奔走云集，竞相施舍的结果[37]。正如碑文对供养人的记载："武功县有百姓社头王宗、张文建、王仲真等一百廿人，各自办衣装程粮，往来舁真身佛塔。"[38]值得关注的是，这件白釉葫芦瓶与前述大中六年（852 年）韩干儿墓出土品极其相似，尺寸方面仅毫厘之差，形制也十分相仿——皆釉质均匀且施釉不到底，下腹部露出瓷胎，具有假圈足；二者年代相近且出土地相距不远，几乎可推断出自同一产地。两只白釉微型瓷葫芦瓶在近乎同一时期进入了两种迥异的场域，而法门寺地宫迎送佛骨活动由皇家主持，场面极为盛大，孩童的微型玩具似乎极不符合奉纳佛骨这一庄严隆重的场合。能将二者串联起来的，或许只有宗教的神圣意象。反之可见，韩干儿墓中所见的那类微型瓷质葫芦瓶，很可能不仅仅作为逝者的弄器而出现在墓葬之中，而是在某种程度上具有神圣意味，代表了时人对亡灵转世轮回升天的祈愿。

目前能够确认为唐代佛寺遗迹中出土的小葫芦瓶，还有西安仙游寺法王塔天宫出土的一件葫芦形琉璃小瓶。据出土碑文记载，该塔为开元十三年寺庙沙门敬玄"舍衣钵之资"主持奉纳[39]。而到了五代宋初，尤其是北宋时期，双腹亚腰形葫芦瓶开始频繁出现于各类佛教遗迹中，如塔基石函、塔基地宫、天宫、覆钵等[40]，位置靠近舍利或直接作为舍利容器出现。本质上，舍利容器即一种带有宗教性质的特殊葬具，这与唐代墓葬中所见微型葫芦瓶或具有相通之处[41]。本部分试图搜集北宋（包括辽代）佛寺遗迹中所见各种材质的微型葫芦瓶，探讨该现象出现的原因与其所反映的文化背景。

---

36 陕西省考古研究院、法门寺博物馆、宝鸡市文物局，等：《法门寺考古发掘报告（上）》，文物出版社，2007 年，第 226 页。

37 韩伟：《法门寺地宫唐代随真身衣物帐考》，《文物》1991 年第 5 期。

38 陕西省考古研究院、法门寺博物馆、宝鸡市文物局，等：《法门寺考古发掘报告（上）》，文物出版社，2007 年，第 229 页。

39 刘呆运：《仙游寺法王塔的天宫地宫与舍利子》，《收藏家》2000 年第 7 期。

40 关于奉纳瓷器与奉纳场所的概念，可参考王睿：《6—12 世纪塔基地宫、天宫奉纳瓷器》，《南方文物》2021 年第 3 期。

41 关于佛教舍利瘗藏的历代变迁以及舍利容器的使用情况尤其是瓷质舍利容器，详见张婧文：《陶瓷质佛教舍利容器分类研究》，《南方文物》2017 年第 2 期。

最早出现于佛教场合的葫芦形瓶为玻璃材质，北魏时期即见单腹小葫芦形玻璃瓶[42]，唐代都多以玻璃容器盛装舍利而少见瓷质产品[43]。宋辽佛教遗迹中则曾出土大量玻璃质小葫芦瓶，如北宋定州净众院塔基地宫出土 34 件国产高铅玻璃瓶，其中 33 件为葫芦形。发现明确作为舍利容器，且内部盛装有舍利者，如甘肃灵台寺咀窨室[44]、江苏南京大报恩寺地宫[45]、江苏苏州瑞光寺塔天宫[46]、山西临猗双塔寺塔基地宫[47]等。瓷质葫芦瓶也不在少数，如，河南登封嵩岳寺塔天宫 2 件[48]、江苏连云港海清寺 1 件[49]、辽代北京密云冶仙塔塔基 1 件[50]等。这大概与玻璃器获取容易因而地位下降，以及北宋以民间为主导的舍利瘞藏制度相关。

本文共统计北宋(辽)时期出土葫芦形瓶的佛教遗迹 21 处(详见附表 1)，其中江苏 3 处，浙江 1 处，其余均为北方地区。器物共 70 件（包括净众院 33 件，静志寺已公布者 2 件），其中瓷质产品 9 件，除一件出自江苏连云港海清寺的青色釉瓷产品，其余均为出自北方的白釉瓷产品，应为供养人就近购买或定制的。笔者发现，瓷质产品虽少于玻璃质产品，但二者在数量上并无反向增减的关系，可见两种材质可相互替代或同时出现，已然具有地位相当的趋势。另外，还见有银、水晶甚至木制的微型葫芦瓶，材质的多种多样反映出此时佛教舍利瘞藏规制较前代并不严密，主持或参与奉纳活动的人员更加驳杂。山东济宁崇觉寺铁塔（1105 年）中的舍利瓷函内，人们甚至用数粒砂石代替了神圣的舍利子[51]。

用葫芦造型的小瓶盛装佛舍利，似乎源于对印度佛教传统的承接。现位于巴基斯坦的犍陀罗地区曾出土公元一世纪的覆钵形舍利塔，内置一水晶小瓶。内部存放有小块金箔包裹的骨头、银币、珍珠等珍贵物品。其球形圆腹与球形瓶盖相接后的形状，与中国自古以来具有重要地位的葫芦高度相似，这不禁让人猜测，北宋时以葫芦瓶盛装佛舍利尤其风靡，与两地的文化交流密切相关。《佛祖统纪》载："(乾德)四年，诏秦凉既通，可遣僧往西

42 刘来成：《河北定县出土北魏石函》，《考古》1966 年第 5 期。另外，玻璃材质的舍利容器于北魏早期大量集中出现于舍利瘞埋遗物中，详见于薇：《圣物制造与中古中国佛教舍利供养》，文物出版社，2018 年，第 62—64 页。

43 玻璃在佛教中有特殊地位，佛教自传入就与其相当的渊源。其一，玻璃质地莹净透明，其表里洞彻、内外相映的特点与佛教所崇信的观念一致，唐宋所见佛教画像中的宝瓶常为玻璃材质。其二，神圣的舍利需以无上珍贵的容器盛载，而玻璃作为高价值产品，珍奇罕见，尤其是唐代和宋初多用进口玻璃时。"时王作八万四千金银琉璃颇梨箧盛佛舍利，又作八万四千宝瓶以盛此箧。"能说明这一点，详见（刘宋）求那跋陀罗译：《杂阿含经 50 卷》（日本新修大藏经本），卷 23，第 491 页。其三，玻璃晶莹剔透且可塑性强，制成的容器尤其适合储藏和展示。宋代《岁时广记》载："《西域记》曰：摩竭陀国，正月十五日，僧徒俗众云集，观佛舍利放光雨花。"即说明玻璃容器更易使信徒观察佛的奇观。参见（宋）陈元靓撰：《岁时广记》，中华书局，2020 年，第 210 页。

44 秦明智、刘得祯：《灵台舍利石棺》，《文物》1983 年第 2 期。

45 黄秋人、王泉、雷雨，等：《南京大报恩寺遗址塔与地宫发掘简报》，《文物》2015 年第 5 期。

46 乐进、廖志豪：《苏州市瑞光寺塔发现一批五代、北宋文物》，《文物》1979 年第 11 期。

47 乔正安：《山西临猗双塔寺北宋塔基地宫清理简报》，《文物》1997 年第 3 期。

48 郭建邦：《登封嵩岳寺塔天宫清理简报》，《文物》1992 年第 1 期。

49 刘洪石：《连云港海清寺阿育王塔文物出土记》，《文物》1981 年第 7 期。

50 王有泉：《北京密云冶仙塔塔基清理简报》，《文物》1994 年第 2 期。

51 夏忠润：《济宁铁塔发现一批文物》，《文物》1987 年第 2 期。

竺求法。时沙门行勤一百五十七人应诏，所历焉耆龟兹迦弥罗等国，并赐诏书谕令遣人前导。"[52]《宋史·外国传六》载："乾德三年，沧州僧道圆自西域还，得佛舍利一水晶器、贝叶梵经四十夹来献……四年，僧行勤等一百五十七人诣阙上言，愿至西域求佛书，许之。"[53]二者虽在细节上有差别，但无妨其互为印证，确有此事。

另外，多见于道教场合的葫芦瓶成为专门供奉的舍利容器，与当时佛道融合的文化背景密不可分。葫芦在道教的特殊内涵前已有述，此外，《酉阳杂俎》还有载：

> 言婆罗门国有药名畔茶佉水，出大山中石臼内，有七种色，或热或冷，能消草木金铁，人手入则消烂。若欲取水，以骆驼髑髅沉于石臼，取水转注瓠芦中。每有此水，则有石柱似人形守之。若彼山人传道此水者则死。[54]

类似记载还有"拘夷国北山有石驼溺，水溺下，以金、银、铜、铁、瓦、木等器盛之皆漏，掌承之亦透，唯瓢不漏。服之，令人身上臭毛落尽得仙"[55]。臭毛落尽，身体香净，这是对肉身的净化，在摒除了身体的污秽与杂尘后，达至一种通透之境，唯有借助葫芦这种独一无二的方器，才能超越世俗而达到神圣空间[56]。北宋佛国禅师惟白所著的华严宗文卷《文殊指南图赞》（图4）中，清晰展示着法器葫芦瓶在佛教中另一种特殊意象：

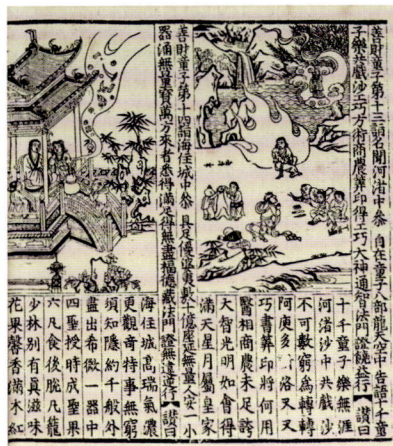

图4 佛国禅师《文殊指南图赞》
采自《吉石庵丛书（初集）》

> 善财童子第十四诣海住城中。参见足优婆夷，数十亿座，延无量人。安一小器，涌无量宝。万方来者悉得满足。得无尽福德藏法门。证无违逆行。

葫芦作为涌现无数宝物的法器，形貌虽小，包容万千，即所谓"芥子纳须弥"，与大乘佛教超脱时、空、物的束缚以实现万物圆融无碍的理念密切相符，无怪乎处处现身于佛教场所中。

此时，微型葫芦瓷瓶不仅在物理层面进入佛教界域，更由于印度佛教传统与其本身的丰富内涵，在精神层面与佛教的神圣境界密切相接、难舍难分，有趣的是，其一步步神化的来源却是正是佛教的平民向与世俗化。其神圣凸显其世俗，其世俗造就其神圣。

---

52 （宋）释志磐撰、释道法校注：《佛祖统纪》，上海古籍出版社，2012年。

53 （元）脱脱等撰：《宋史》，中华书局，1985年，第14103页。

54 （唐）段成式撰：《酉阳杂俎校笺》，中华书局，2015年，第613页。

55 （唐）段成式撰：《酉阳杂俎校笺》，中华书局，2015年，第772页。

56 张黎黎：《道教美学视阈下的葫芦意象》，《宗教学研究》，2021年第3期。

三、微型葫芦瓶在高丽王国

高丽肃宗六年（1101 年）曾铸造并流通过一种特殊形象的银质货币——"银瓶"[57]，早期发行大瓶晚期发行小瓶[58]。政策颁行效果暂且不论，将葫芦形且腹部中空的立体瓶状物作为流通货币，无论从铸造难度抑或实用高度来看，都是极不符合经济节省性规律的。《高丽史》所载"象本国地形"的原因实难令人信服，对此，日本学者田村专之助在 20 世纪40 年代已关注到"银瓶"的出现或与中国唐宋时期上层社会对银器的审美偏好有关[59]。

值得关注的是，以银铸瓶为货币，始于高丽肃宗之弟僧统义天的上疏奏议[60]，时值义天入宋游学求法结束返回高丽国，其提议定然深受在宋朝所见所闻的影响[61]，可见葫芦形瓶在佛学高僧义天的心目中具有特殊地位。

而崇信佛教的高丽王室可能亦将具有葫芦形貌的银瓶作为供养器奉纳入佛寺。《高丽史》《世家第十八》载，毅宗十四年（1160 年），"丙辰，遂幸普贤寺，饭僧，命造银瓶十口重三十斤，各盛五香五药，纳于寺。"《世家第三十四》载，忠肃王元年（1313 年），"丙子上，王饭僧二千燃灯二千于延庆宫五日，施佛银瓶一百，手擎香炉，使伶官奏乐"。佛教中常用宝瓶盛五宝、五香、五药、五谷及香水等以示供养。不过，根据上述文献记载，尚难以确切王室用于礼佛供养的"银瓶"究竟是何形状，但现藏于韩国国立博物馆的小型银质葫芦形瓶或许能提供一些线索。该瓶出土于高丽时期京畿道开城附近，口部的螺旋纹表明其原配盖钮的缺失，瓶身表面花纹錾刻精美，层层莲瓣阴阳分明。有趣的是，山西北宋天宁寺西塔塔基地宫曾出土两件高约 6 厘米的葫芦形小银瓶[62]，腰部以下亦有錾刻的垂莲纹，周身装饰有缠枝花卉，口部荷叶状器盖尚存，与前述韩国国立博物馆的藏品极其相似，后者

---

57 《高丽史》卷七十九，志第三十三，"食货二"："六年四月，铸钱都监奏，'国人始知用钱之利，以为便，乞告于宗庙'。是年，亦用银瓶为货，其制，以银一斤为之，像本国地形，俗名阔口。六月诏曰，'金银，天地之精，国家之宝也。近来奸民，和铜盗铸，自今用银瓶，皆标印以为永式，违者重论。'"另见清人吴骞在《尖阳丛笔》卷三中的记载："高丽旧以银瓶为货，《东国史略》载廉使朱印远恶闻鸣鹊声，令人嚇以弓矢，一闻其声，即征银瓶，即此也。按银瓶又谓之'阔口'，制象其国地形，以白金为之，重一斤。创于明孝王三年，亦有高下。忠肃王十五年，资赡司奏定银瓶价：上品瓶折价布十匹，帖瓶折布八九匹，违者科罪。至恭愍王元年，从谏官议，废瓶用银钱。盖银瓶既重，正如中国大钱，不便于民用，故至今惟用银钱矣。"

58 《高丽史》卷七十九，志第三十三，"食货二"："忠惠王元年四月始用新小银瓶一当五综布十五匹，禁用旧瓶……恭愍王五年九月……若用银瓶则民何以贸易哉……恭让王二年六月……铜钱银瓶俱废不行遂专用五综布为货。"另《朝鲜史》："肃宗时，立铸钱官，铸钱货及银瓶。（以银一斤造之，象其地形，俗谓之关口）忠烈时，用碎银。又自元室颁行至元宝钞、中统宝钞而用之。忠惠颁行小银瓶，当五综布十五匹，禁用旧瓶。恭让时铜钱、银瓶俱废不行，专用五综布。"

59 田村专之助：《高麗の貨幣銀瓶の形態及び性質について》，《浮田和民博士記念史学論文集》，早稻田大學史學会，1943 年，第 323—334 页。

60 黄纯艳点校：《高丽大觉国师文集》，甘肃人民出版社，2007 年，第 45—50 页。

61 "义天在宋期间体验到钱币流通的好处，便向肃宗上书《请铸钱表》。肃宗设铸钱都监，铸造、使用了银瓶钱和海东通宝等钱币。"见〔韩〕金得榥著，柳雪峰译：《韩国宗教史》，社会科学文献出版社，1992 年，第 114 页。

62 商彤流：《山西平定县发现北宋佛塔地宫》，《文物世界》2006 年第 2 期。

内部盛装有舍利子，显示该类产品作为舍利容器的功能。

葫芦形瓶在北宋佛寺中的频繁出现及其特殊功能，似乎引起了高僧义天的注意，或许因其个人偏好，崇信佛教的高丽王室掀动了一场货币改革潮流。时至今日，一旦将"僧统""佛教""葫芦形银瓶"等词汇联结在一起，我们仍能感受到中土地区佛教奉纳风尚对高丽王国的深远影响。

四、结语

微型瓷葫芦瓶曾经流行于 9 至 11 世纪的多种场合，它的用途与其文化内涵息息相关。葫芦意象的衍生，曾推动这类器物角色的多重转化。它穿梭于世俗与神圣之间，是时人最易取得的通达圣域的方器之一。通过出土资料的搜集整理，结合文献史料，本文试图厘清微型瓷质葫芦瓶于该时段的面貌与功能，主要结论如下：①受道教葫芦意象的影响，微型瓷质葫芦瓶常作为盛装药物、美酒等的器具，该功能一直沿用；② 9 至 10 世纪，北方墓葬中所见微型葫芦瓷瓶往往作为器具组合之一，可能是专为逝者购置，祈愿亡灵升仙的陪葬品；③ 10 至 11 世纪，在佛教兴盛的背景下，微型瓷葫芦瓶作为佛教奉纳的重要品类，甚至成为盛装舍利的核心容器，具有神圣地位；④同时期的高丽王国，深受北宋文化的影响，由于王室笃信佛教，其政治、经济与宗教活动中出现了微型葫芦瓶的身影。但是，这类产品如何由墓葬走入佛教遗迹，并在不同时段出现巨大的功能转变，仍值得持续关注并需要更多材料加以佐证。关注这类瓷器及与之相关的其他媒材，有助于还原中古时期的物质文化面貌，了解时人的丧葬观念、佛教信仰与生活文化。

致谢：本文由刘朝晖教授细心指导完成，特在此深表谢意。文章中高丽王国相关的部分材料承蒙成高韵博士提供，邱宁斌博士为佛教研究方面的撰写提供了宝贵的思路，薄小钧师姐与比罗冈丰辉均为本文的修改和完善提出很好的建议，十分感激。

附表　唐宋时期佛教遗迹所见各材质葫芦形瓶

序号	出土地点	材质	年代	颜色	数量	高	腹径	内是否有舍利	参考文献	备注
1	西安仙游寺法王塔天宫	玻璃	唐开元十三年（725 年）	乳白	1	4.2	3.2	有	63	
2	陕西扶风法门寺塔基地宫	陶瓷	唐乾符元年（874 年）	白釉	1	5		否	64	
3	河南登封嵩岳寺塔天宫	陶瓷	唐末宋初	白釉	1	4.1	3	否	65	两件形状相同；出现在盛放细沙和少量舍利子的瓷舍利罐中
4					1	3.6		否		
5	甘肃灵台寺咀窖室	玻璃	五代至北宋初	乳白	1	7.8	5	是	66	
6	同上	玻璃	同上	米黄	1	7.3（残）	5.6	是	同上	器底微残损
7		玻璃		浅绿	1	9.8	6.1			
8	河北定县静志寺塔基地宫	玻璃	北宋太平兴国二年（977 年）	黄	2	4.4		不详	67	该寺出土玻璃质葫芦瓶众多，目前仅公布 2 件
9		玻璃		绿	1	4.3				
10		陶瓷		白釉	1	4.7			68	
11	辽宁朝阳新华路辽代石宫	玻璃	辽统和二年(984 年)		1	3.6	2.3	否	69	
12		玻璃			1			不详		出土于石函外，破损严重
13	河北定县净众院塔基地宫	玻璃	北宋至道元年（995 年）	绿、棕等	33	3—5		不详		该寺出土玻璃质葫芦瓶33 件，目前仅公布一件
14	山西平定县天宁寺西塔塔基地宫	银	北宋至道元年（995 年）		2	约 6		是	70	2 件，具体情况不详
15	河南密县法海寺塔基	玻璃	北宋咸平二年（999 年）		1				71	
16	江苏南京大报恩寺地宫	玻璃	北宋大中祥符四年（1011 年）	深蓝	1	3.6（残）	3	是	72	出土时上部已残碎
17		银			1	3.8	2.7	否		
18		水晶		透明	1	3	2	否		
19	江苏苏州瑞光寺塔天宫	玻璃	北宋大中祥符六年（1013 年）	乳青	1			是	73	

---

63 刘呆运：《仙游寺法王塔的天宫地宫与舍利子》，《收藏家》2000 年第 7 期。

64 陕西省考古研究院、法门寺博物馆、宝鸡市文物局，等：《法门寺考古发掘报告》，文物出版社，2007 年。

65 郭建邦：《登封嵩岳寺塔天宫清理简报》，《文物》1992 年第 1 期。

66 秦明智、刘得祯：《灵台舍利石棺》，《文物》1983 年第 2 期。

67 出光美術館编集：《地下宫殿の遗宝：中国河北省定州北宋塔基出土文物展》，出光美術館，1997 年。

68 浙江省博物馆、定州市博物馆编：《心放俗外——定州静志、净众佛塔地宫文物》，中国书店，2014 年，第 236 页。

69 田立坤、白宝玉、吴正，等：《辽宁朝阳新华路辽代石宫发掘简报》，《文物》2010 年第 11 期。

70 商彤流：《山西平定县发现北宋佛塔地宫》，《文物世界》2006 年第 2 期。

71 金戈：《密县北宋塔基中的三彩琉璃塔和其他文物》，《文物》1972 年第 10 期。

72 黄秫人、王泉、雷雨，等：《南京大报恩寺遗址塔基与地宫发掘简报》，《文物》2015 年第 5 期。

73 乐进、廖志豪：《苏州市瑞光寺塔发现一批五代、北宋文物》，《文物》1979 年第 11 期。

序号	出土地点	材质	年代	颜色	数量	高	腹径	内是否有舍利	参考文献	备注
20	辽代北京密云冶仙塔塔基	陶瓷	年代下限：辽圣宗耶律隆绪开泰年间	白釉褐斑	1	3.5	2.2	否	74	
21	安徽寿县报恩寺	玻璃	北宋天圣五年（1027 年）	孔雀蓝	1	8.6	6.5	是	75	
22		玻璃		浅黄	1	6	6	是		
23	江苏连云港海清寺	陶瓷	北宋天圣九年（1031 年）	青	1			是	76	
24		玻璃		乳白	1			是		
25	河南邓州福胜寺地宫	玻璃	北宋天圣十年（1032 年）	紫红	1	4.5		否	77	
26		玻璃		米黄	1	4.5		否		与另一小玻璃器粘连在一起
27	浙江瑞安慧光塔地宫	银	北宋庆历三年（1043 年）		1	7.5		是	78	腹部刻有"男子陈二十四郎施此瓶子"字样
28	天津蓟县独乐寺塔塔室覆钵	玉	年代下限：辽道宗耶律洪基清宁四年（1058 年）	褐	1	3.1		否	79	同出舍利石函铭刻"清宁四年"
29		陶瓷		白釉	1	3.3		否		
30		玻璃		绿	1	3.7		否		
31		木		褐	1	2.8	1.6	是		
32	山西临猗双塔寺塔基地宫	玻璃	北宋熙宁二年（1069 年）	彩色绞料	1	5	2.6	是	80	
33		玻璃		青釉	1	4.2	2.6	是		
34	河北正定县天宁寺凌霄塔地宫	陶瓷	北宋崇宁二年（1103 年）	白釉彩斑	1	5	3	是	81	
35	辽宁沈阳崇寿寺白塔塔基地宫	陶瓷	辽乾统七年（1107 年）		1			是	82	

74 王有泉：《北京密云冶仙塔塔基清理简报》，《文物》1994 年第 2 期。

75 中国金银玻璃珐琅器全集编辑委员会编：《中国金银玻璃珐琅器全集 4》，河北美术出版社，2004 年。

76 刘洪石：《连云港海清寺阿育王塔文物出土记》，《文物》1981 年第 7 期。

77 郭建邦、陈觉、郭木森：《河南邓州市福胜寺塔地宫》，《文物》1991 年第 6 期。

78 《浙江瑞安北宋慧光塔出土文物》，《文物》1973 年第 1 期。

79 《天津蓟县独乐寺塔》，《考古学报》1989 年第 1 期。

80 乔正安：《山西临猗双塔寺北宋塔基地宫清理简报》，《文物》1997 年第 3 期。

81 刘友恒、樊子林：《河北正定天宁寺凌霄塔地宫出土文物》，《文物》1991 年第 6 期。

82 胡醇、丁军：《沈阳白塔地宫发掘工作》，《文物参考资料》1957 年第 8 期。